W. A. (Wilhelm Adolf) Becker, Hermann Göll

Charikles

Bilder altgriechischer Sitte, zur genaueren Kenntniss des griechischen Privatlebens

W. A. (Wilhelm Adolf) Becker, Hermann Göll

Charikles

Bilder altgriechischer Sitte, zur genaueren Kenntniss des griechischen Privatlebens

ISBN/EAN: 9783743310896

Hergestellt in Europa, USA, Kanada, Australien, Japan

Cover: Foto ©ninafisch / pixelio.de

W. A. (Wilhelm Adolf) Becker, Hermann Göll

Charikles

INHALT DES DRITTEN BANDES.

EXCURS ZUR SIEBENTEN SCENE.

DIE SKLAVEN.

Es ist einer der auffallendsten Widersprüche in der Denkweise der Griechen, dass sie als das Volk, welches vor allen anderen den Werth der persönlichen Freiheit erkannte, welches über jede Bedrohung derselben im bürgerlichen Leben eifersüchtig wachte und mit Gut und Blut sie gegen jeden Angriff von aussen zu vertheidigen bereit war, dass, sage ich, ein solches Volk den gleichen Anspruch des ganzen Geschlechts nicht anerkannte, dass es Millionen anderer Menschen eben dieser Freiheit beraubte oder sie ihnen vorenthielt, sie zur Waare und zum willenlosen Werkzeuge herabwürdigte und den nutzbaren Hausthieren gleichstellte. Man berufe sich, wie man wolle, auf die Allgemeinheit der Sklaverei im Alterthume, die indessen doch eine gewisse Einschränkung erleiden muss; man führe an, dass der Grieche den Barbaren als von Natur sich untergeordnet betrachtete, dass er ihn sich gegenüber nicht in gleichem Sinne als Menschen anerkannte: in dieser ungeheuern Anmassung liegt ja eben der Widerspruch, und wenn das griechische Volk auf eine auszeichnende und comparativ allerdings anzuerkennende Humanität Anspruch machte, so kann die Sitte eben jener Völker, die es so tief unter sich stellte, ihm nicht zur Entschuldigung dienen. Auch mag es mit dieser das Unrecht beschönigenden Ansicht kaum ernstlich gemeint sein und jedenfalls ist sie nicht als der Boden zu

betrachten, aus dem das Sklaventhum erwuchs; vielmehr war
es wohl die allgemeine Abneigung des griechischen Volks gegen niedere Arbeit und eine aus missverstandenem Freiheits-
begriffe entsprungene Scheu vor Dienstbarkeit, welche den
eigenthümlichen Besitz von Sklaven erst wünschenswerth und,
als die Verhältnisse später sich so gestaltet hatten, dass ohne
sie weder der Einzelne noch der Staat bestehen konnte, zur
gebieterischen Nothwendigkeit machten, die den Gedanken an
eine Erwägung des Rechts oder Unrechts kaum aufkommen
liess. Ueberdies hatte man nun eine Menschenklasse vor sich,
die, mitunter viele Generationen hindurch in der Erniedrigung
erzeugt und aufgewachsen, an Sitte und Sinnesart der freien
Bevölkerung sehr unähnlich war und durch gänzlichen Mangel
aller der Eigenschaften, welche als wesentliche Merkmale eines
ἐλεύθερος betrachtet wurden, die Annahme einer natürlichen
Raceverschiedenheit gewissermaassen zu rechtfertigen schien.

Daher erklärt es sich, dass selbst bei dem milden, wohl-
wollenden Plato auch nicht die Ahnung sich ausspricht, als
könne es anders sein, und dass in das Ideal eines Staates, aus
welchem alles nicht Natur- und Vernunftgemässe ausgeschlossen werden soll, das Sklavenelement unbedenklich aufgenommen wird; dass verschiedene Gesetze für Freie und Sklaven
gegeben werden; dass, wo bei dem Freien ein Verweis hin-
reicht, der Sklave körperlich gezüchtigt wird, und wo jener
Geldstrafe zahlt, dieser mit dem Leben für das Vergehen
büsst. Freilich erscheint, wie die Sache nun einmal stand,
eine solche Strenge nothwendig; erstlich um die Kluft, welche
beide Klassen trennen sollte, recht auffallend zu machen, und
dann um die drohende Menge der an Zahl den Freien weit
überlegenen Sklaven niederzuhalten. Der tiefdenkende, aber
kältere Aristoteles hingegen, der die Frage, was den Sklaven zum Sklaven mache und welche Geltung er habe, nicht
umgehen konnte, lässt sich ebenfalls durch die Thatsache, das
Dasein der Sklaven, offenbar verleiten, nicht erst zu unter-

suchen, ob in der Sache ursprünglich etwas Irrationelles, mit dem allgemeinen Menschenrechte im Widerspruche Stehendes liege, und sucht nur in den bestehenden Verhältnissen die Gründe auf, weshalb dem Sklaven der Platz gebühre, der ihm im Leben angewiesen war. Dabei musste er freilich auf zahlreiche Widersprüche stossen, wie wenn er die Frage aufwirft, ob neben den mechanischen Verrichtungen und Dienstleistungen der Sklave noch ein anderes Verdienst haben könne, ob überhaupt Sklaventugend denkbar sei? de republ. I. 13, p. 1259: πρῶτον μὲν οὖν περὶ δούλων ἀπορήσειεν ἄν τις, πότερόν ἐστιν ἀρετή τις δούλου παρὰ τὰς ὀργανικὰς καὶ διακονικὰς ἄλλη τιμιωτέρα τούτων, οἶον σωφροσύνη καὶ ἀνδρία καὶ δικαιοσύνη καὶ τῶν ἄλλων τῶν τοιούτων ἕξεων, ἢ οὐκ ἔστιν οὐδεμία παρὰ τὰς σωματικὰς ὑπηρεσίας· ἔχει γὰρ ἀπορίαν ἀμφοτέρως· εἴτε γὰρ ἔστι, τί διοίσουσι τῶν ἐλευθέρων; εἴτε μή ἐστιν, ὄντων ἀνθρώπων καὶ λόγου κοινωνούντων, ἄτοπον. Die Lösung, auf welche ihn natürlich auf seinem Standpunkte die Erwägung bringen musste: εἰ μὲν γὰρ δεῖ ἀμφοτέρους μετέχειν καλοκἀγαθίας, διὰ τί τὸν μὲν ἄρχειν δέοι ἄν, τὸν δὲ ἄρχεσθαι καθάπαξ; ist eben so der Denkungsart seiner Zeit angemessen, als ihr natürlich die allgemeine Gültigkeit fehlt, da die Prämissen falsch sind. Statt auf die Untersuchung einzugehen, ob die Sklaven, die als Menschen und vernünftige Geschöpfe anerkannt werden, überhaupt bestimmt sein könnten, blosse Werkzeuge Anderer zu sein, wird dieses als unbezweifelt vorausgesetzt und eine besondere ἀρετὴ δούλων angenommen, gleichwie die Tugend des Weibes und Kindes auch eine andere sei, als die des Mannes, wobei das πρῶτον ψεῦδος ganz ausser Acht gelassen wird, dass für die Sklaven ἕτερον γένος angenommen wird, während dieses äussere Verhältniss nur zufälliges Merkmal ist.

Freilich glaubte er die Frage über die Rechtmässigkeit der Sklaverei schon abgethan zu haben. Sie war allerdings von Einigen in Zweifel gezogen worden, vgl. I. 3: τοῖς δὲ

παρὰ φύσιν τὸ δεσπόζειν (εἶναι δοκεῖ)· νόμῳ γὰρ τὸν μὲν δοῦλον εἶναι, τὸν δ᾽ ἐλεύθερον, φύσει δ᾽ οὐθὲν διαφέρειν, διόπερ
οὐδὲ δίκαιον· βίαιον γάρ [vgl. Philemon fragm. 39 bei Meineke Com. Gr. IV, S. 47:

> κἂν δοῦλος ᾖ τις σάρκα τὴν αὐτὴν ἔχει·
> φύσει γὰρ οὐδεὶς δοῦλος ἐγεννήθη ποτέ,
> ἡ δ᾽ αὖ τύχη τὸ σῶμα κατεδουλώσατο],

und nur durch eine künstliche Argumentation, worin er zeigt,
dass überall die natürliche Bestimmung des χρεῖσσον sei, über
das χεῖρον zu herrschen, wie z. B. die Seele über den Körper,
der Mann über das Weib, gelangt er zu der Folgerung, dass
es auch φύσει δούλους gebe, 5. p. 1254b, 16: ὅσοι μὲν οὖν
τοσοῦτον διεστᾶσιν, ὅσον ψυχὴ σώματος καὶ ἄνθρωπος θηρίου
(διάκεινται δὲ τοῦτον τὸν τρόπον, ὅσων ἐστὶν ἔργον ἡ τοῦ σώματος χρῆσις καὶ τοῦτ᾽ ἔστ᾽ ἀπ᾽ αὐτῶν βέλτιστον) οὗτοι μέν εἰσι
φύσει δοῦλοι, οἷς βέλτιόν ἐστιν ἄρχεσθαι ταύτην τὴν ἀρχήν,
εἴπερ καὶ τοῖς εἰρημένοις· ἔστι γὰρ φύσει δοῦλος ὁ δυνάμενος
ἄλλου εἶναι (διὸ καὶ ἄλλου ἐστὶν) καὶ ὁ κοινωνῶν λόγου τοσοῦτον ὅσον αἰσθάνεσθαι, ἀλλὰ μὴ ἔχειν. Wer sind nun aber
diese φύσει δοῦλοι? Nicht die, welche durch das Recht des
Stärkeren, wie die Kriegsgefangenen, dienstbar werden; denn
dann könnte es ja kommen, dass die φύσει ἐλευθερώτατοι so
genannt werden müssten, c. 6: τὸν ἀνάξιον δουλεύειν οὐδαμῶς
ἂν φαίη τις δοῦλον εἶναι· εἰ δὲ μή, συμβήσεται τοὺς εὐγενεστά-
τους εἶναι δοκοῦντας δούλους εἶναι καὶ ἐκ δούλων, ἐὰν συμβῇ πρα-
θῆναι ληφθέντας: also die Barbaren: διόπερ αὐτοὺς οὐ βούλονται λέγειν δούλους, ἀλλὰ τοὺς βαρβάρους· καίτοι ὅταν τοῦτο λέ-
γωσιν, οὐδὲν ἄλλο ζητοῦσιν ἢ τὸ φύσει δοῦλον, ὅπερ ἐξ ἀρχῆς
εἴπομεν. Die Barbaren nämlich, meinte man, sind nur unter
sich (οἴκοι) εὐγενεῖς und ἐλεύθεροι, die Griechen sind es an
sich und allenthalben (πανταχοῦ und ἁπλῶς), c. 2, p. 1252b:
διό φασιν οἱ ποιηταί »βαρβάρων δ᾽ Ἕλληνας ἄρχειν εἰκός«, ὡς
ταὐτὸ φύσει βάρβαρον καὶ δοῦλον ὄν: damit aber, meint er
ferner, ist nichts anders gesagt, als dass δουλεία und ἐλευθε-

ρία sich nach *ἀρετή* und *κακία* bestimmen: *ὅταν δὲ τοῦτο λέ-
γωσιν, οὐθενὶ ἀλλ᾽ ἢ ἀρετῇ καὶ κακίᾳ διορίζουσι τὸ δοῦλον καὶ
ἐλεύθερον καὶ τοὺς εὐγενεῖς καὶ τοὺς δυσγενεῖς:* und nach diesen Voraussetzungen ergibt sich dann die gesuchte Schluss-
folgerung von selbst. Denn wenn es am Schlusse c. 6 in den
Handschriften heisst: *ὅτι μὲν οὖν ἔχει τινὰ λόγον ἡ ἀμφισβήτησις καὶ οὐκ εἰσὶν οἱ μὲν φύσει δοῦλοι, οἱ δ᾽ ἐλεύθεροι, δῆλον,*
so widerspricht dieses durchaus der ganzen Argumentation
und dem schon vorher ausgesprochenen Grundsatze: daher
lassen schon die Ald. 1. u. Bas. 2. 3 die Negation weg, die
Ald. 2. hat *καὶ εἰσὶ καὶ οὐκ εἰσὶν,* und es ist ohne Zweifel zu
lesen: *καί εἰσιν οἱ μὲν φύσει δοῦλοι,* wie Korai und Göttling
gethan haben, wogegen Stahr's Ausweg, der mit Bekker
die Negation behält und übersetzt »nicht durchweg«, weder
in den Textesworten liegt, noch mir eine solche Beschränkung
der Disjunction verständlich ist. Die *ἀμφισβήτησις* liegt in der
Frage, ob die *δουλεία κατὰ νόμον* gerecht sei? Das leugnet
Aristoteles für den Fall, dass sie bloss durch das *βιάσασθαι*
des *κατὰ δύναμιν κρείττονος* bewirkt sei; wohl aber seien
Manche von Natur zum Herrschen (*ἄρχειν*), Andere zum Gehorchen (*ἄρχεσθαι*) bestimmt, was von dem geistigen Ueber-
gewichte abhänge: *ὅτι ἔν τισι διώρισται τὸ τοιοῦτον, ὧν συμφέρει τῷ μὲν τὸ δουλεύειν, τῷ δὲ τὸ δεσπόζειν, καὶ δίκαιον
καὶ δεῖ τὸ μὲν ἄρχεσθαι, τὸ δ᾽ ἄρχειν ἣν πεφύκασιν ἀρχὴν
ἄρχειν, ὥστε καὶ δεσπόζειν:* und diesen Unterschied kann er
nicht selbst wieder aufheben, obgleich man leicht sieht, dass
die ganze Argumentation lahm ist. Namentlich ist das *δεσπόζειν* durch nichts gerechtfertigt, indem dem *εὐγενέστερος*
und *κρείττων* wohl eine *πολιτική* oder *βασιλικὴ ἀρχή* zustehen
kann, nicht aber eine *δεσποτική,* und ein grosser Unterschied
zwischen gehorchen (*ἄρχεσθαι*) und Sklave sein (*δουλεύειν*)
ist. Ferner müsste nach solchen Voraussetzungen jeder Freigeborene, auch der Hellene, wenn ihm die *ἐλευθέρα ψυχή* fehlte,
als *φύσει δοῦλος* betrachtet werden, und sollte es also auch

wirklich sein, was doch in keinem Falle des Aristoteles
Meinung ist; vielmehr geht aus Allem hervor, dass ihm die
Generation der Sklaven, wie sie war, und die Barbaren als
φύσει δοῦλοι gelten, und dass er also auch ihre Sklaverei als
rechtmässig anerkennt. Daher kann ich der Rechtfertigung
nicht beitreten, die Göttling de notione servitutis apud
Aristotelem in den Ann. Acad. Jen. I, p. 457 ff. durch-
zuführen versucht, und vermag bei Aristoteles nur das Bestreben zu erkennen, ein unnatürliches Verhältniss, das, wie
die Sachen sich gestaltet hatten, als nothwendig erschien und
nicht zu beseitigen war, mit den Forderungen der Gerechtig-
keit zu vereinbaren.

[Vgl. Schiller die Lehre des Aristoteles von der
Sklaverei. Erlangen 1847; Nickes de Aristotelis Polit. libris. Bonn 1851; Steinheim Aristoteles über die
Sklavenfrage. Hamb. 1853. Uhde Aristot. quid sense-
rit de servis et liberis hominibus. Berol. 1856; Schück
über die Sklaverei bei den Griechen. Breslau 1875.
Von diesen haben die meisten, sowie auch K. Fr. Hermann
zu Charikles III, S. 7 die handschriftliche Negation mit Recht
beibehalten. Denn der angebliche Widerspruch des Schlusses
von Cap. 6 mit der ganzen vorhergehenden Argumentation löst
sich, wenn man bedenkt, dass letztere durch Herbeiziehen der
Griechen in Bezug auf die Kriegsgefangenschaft eine Ver-
schiebung erlitten hat, da der Philosoph nun in Verlegenheit
geräth, wie er über die Existenz hellenischer Kriegsgefangenen
hinweg kommen soll, nachdem er die Sätze aufgestellt hatte,
dass der Barbar von Natur zum Sklaven bestimmt sei und
dass auch der Stärkere immer der Naturbestimmung gemäss
über den Schwächeren herrsche. Er hilft sich dadurch, dass
er einen Unterschied zwischen δοῦλον εἶναι und δουλεύειν
macht und am Schlusse des Kapitels sagt, der Streit in Bezug auf die Sklaverei habe eine gewisse Berechtigung; denn
nicht Jeder, welcher Sklave oder Freier sei, sei es von Na-

tur; wohl aber habe bei gewissen Menschen — er meint eben
die Barbaren — die Natur eine scharfe Scheidung gemacht,
wobei dann für den Einen nützlich und gerecht sei zu herrschen, für den Andern zu dienen, und dieses Dienen und Herrschen gestalte sich eben ihrem beiderseitigen Wesen nach zum
Verhältnisse des Herrn und Sklaven. — Dass Aristoteles sich
so vor der Nothwendigkeit beugte, kann ihm nicht zum Vorwurf gemacht werden. Denn es hätte einer völligen Umwäl-
zung in staatlicher und moralischer Hinsicht bedurft, um die
Sklaverei zu beseitigen, die ihren Grund nicht in der Arbeits-
scheu der Griechen hatte, (welche ja trotz der Freiheit von
untergeordneten Dienstleistungen nicht der Ueppigkeit und
Schlaffheit anheim fielen), sondern den freien Bürgern eine
höhere Lebensstellung und behagliche Musse gewährte, welche
den Alten zur Entfaltung der vollen bürgerlichen Tugend unerlässlich schien. Kurz man kann sich das hellenische Bür-
gerthum gar nicht ohne jene Grundlage denken und überhaupt ist der Widerspruch in der Denkweise der Griechen in
Rücksicht auf den Werth der persönlichen Freiheit insofern
nicht mit Becker so schroff hervorzuheben, als ihre Humanität
noch keine internationale war und sie sich auch nicht herbei-
liessen, ihren eigenen Anspruch auf Recht und Freiheit ohne
weiteres auf Fremde zu übertragen. Endlich hat schon Hermann auf die griechische Meinung hingewiesen, dass die
Sklaven der Mehrzahl nach aus Ländern stammten, die ohnehin despotisch regiert wurden, und also eigentlich als Sklaven bloss ihre Herren wechselten; und dass auch von Seiten
der Sklaven der Rechtstitel ihrer Herren als ausreichend anerkannt wurde, ergiebt sich aus Stellen, wie Plaut. Rud. I.
2. 11; Trinum. IV, 3. 54.]

Denn, wie Aristoteles selbst sagt, ist das erst ein
vollständiger Hausstand, der aus Sklaven und Freien besteht,
I. 3: οἰκία δὲ τέλειος ἐκ δούλων καὶ ἐλευθέρων. Der Sklave
aber ist nur ein lebendiges Werkzeug und Besitzthum, Ethic.

Nicom. VIII. 13, p. 1161 b: ὁ γὰρ δοῦλος ἔμψυχον ὄργανον,
τὸ δ' ὄργανον ἄψυχος δοῦλος: vgl. V. 11 (9), de republ. I. 4:
καὶ ὁ δοῦλος κτῆμά τι ἔμψυχον: und in Bezug auf die Dienste,
die er dem Herrn leisten muss, unterscheidet er sich wenig
von dem Hausthiere, c. 5, p. 1254 b, 25: καὶ ἡ χρεία δὲ παρ-
αλλάττει μικρόν· ἡ γὰρ πρὸς τἀναγκαῖα τῷ σώματι βοήθεια
γίνεται παρ' ἀμφοῖν, παρά τε τῶν δούλων καὶ παρὰ τῶν ἡμέ-
ρων ζώων. Vgl. Eth. Nic. I. 5; Plato Polit. p. 289.
Dabei blieben die Unfreien freilich immer auch ἄνθρωποι und
es kann, ᾗ ἄνθρωποι, auch zwischen ihnen und dem Herrn
Freundschaft Statt finden, was bei Thieren und leblosen Werk-
zeugen nicht möglich ist; vgl. Philemon bei Stob. Serm.
LXII. 28:

> κἂν δοῦλος ᾖ τις, οὐδὲν ἧττον, δέσποτα,
> ἄνθρωπος οὗτός ἐστιν, ἂν ἄνθρωπος ᾖ:

wie denn dieser Dichter den Gesichtspunkt der Humanität
selbst noch weiter ausdehnt, als ihn die ganze Deduction des
Philosophen verfolgt, z. B. die bereits citirte Compar. Menand. et Philem. p. 361; doch mochte derselbe im Leben
noch oft eben so ausser Acht gelassen werden, wie es in dem
Gespräche bei Júven. VI. 218 ff. geschieht, wenn sich auch
im Ganzen betrachtet die griechischen Sklaven, wie weiter
unten gezeigt werden wird, in' einer weit erträglicheren Lage
als die römischen befanden. Nur Sparta in seinem unmensch-
lichen Verfahren gegen die Heloten wird ausgenommen werden müssen. So sagt Plutarch Lyc. 28: ἐν Λακεδαίμονι καὶ
τὸν ἐλεύθερον μάλιστα ἐλεύθερον εἶναι καὶ τὸν δοῦλον μάλιστα
δοῦλον, vgl. Xenoph. de rep. Ath. 1. 11, und es ist kein
hinreichender Grund vorhanden, die Nachrichten über den
Missbrauch, den Sparta von seiner Gewalt machte, zu verwerfen; sie stehen vielmehr mit dem Charakter des Volkes in
völligem Einklange: s. Limburg-Brouwer Hist. de la
civil. d. Grecs t. III, p. 261 ff. und den von ihm angeführten
Goguet Orig. des loix t. V, p. 415; auch St. John Hel-

lenes t. III, p. 36 ff. [Die wirthschaftliche Lage der Heloten war keineswegs drückend: Plut. Cleom. 23. Dass politische Gründe zu argen Ausschreitungen und Grausamkeiten geführt haben, steht fest. Doch sind auch hier Missverständnisse und Uebertreibungen von Seiten der Schriftsteller vorgekommen. Büchsenschütz Erw. u. Bes. S. 136. Namentlich über die *κρυπτεία* Schömann Griech. Alterth. I, S. 206.] Allein es gehört überhaupt der Fall, wo eine ganze Bevölkerung durch Unterwerfung einem anderen Volke leibeigen wird, nicht hierher und können daher die Heloten so wenig zur Berücksichtigung kommen, als die thessalischen Penesten, die herakleotischen Mariandynen und die kretischen Klaroten oder Aphamioten. S. Plato Leg. VI, p. 776; Posidon. und Theopomp. bei Athen. VI, p. 263; Schol. Theocr. XVI. 35; Poll. III. 83, [Hermann Staatsalterth. §. 19, n. 10 ff. Büchsenschütz S. 126 ff.]

Was die Anfänge des Sklavenwesens betrifft, so sollen in frühester Zeit die Hellenen keine Sklaven gehabt haben. Herodot. VI. 137, wo er sagt, dass die Athener als Grund der Vertreibung der Pelasger anführten, es hätten diese ihren Söhnen und Töchtern nachgestellt, wenn sie an der Enneakrunos Wasser geholt hätten, setzt hinzu: *οὐ γὰρ εἶναι τοῦτον τὸν χρόνον σφίσι κω οὐδὲ τοῖς ἄλλοις Ἕλλησι οἰκέτας.* Damit stimmt das Fragment des Pherekrates bei Athen. VI, p. 263 überein:

> *οὐ γὰρ ἦν τότ᾽ οὔτε Μάνης οὔτε σηκὶς οὐδενί*
> *δοῦλος, ἀλλ᾽ αὐτὰς ἔδει μοχθεῖν ἅπαντ᾽ ἐν οἰκίᾳ·*
> *εἶτα πρὸς τούτοισιν ἦλουν ὄρθριαι τὰ σιτία,*
> *ὥστε τὴν κώμην ὑπηχεῖν θηγανουσῶν τὰς μύλας.*

So früh wir indessen mit hellenischer Sitte durch gleichzeitige Literatur bekannt gemacht werden, d. h. in der Zeit, welche Homer schildert, finden wir das Sklavenwesen schon allgemein verbreitet. Allerdings sind es in dieser Zeit in der Regel Kriegsgefangene, die dem dienen, der sie erbeutet hat (δοριάλωτοι); allein ohne Ausnahme gilt auch das nicht; denn es werden ja bei Homer die Gefangenen auch verkauft und Eumäos selbst ist ja von Phönikern an Laërtes verhandelt, Odyss. XV. 483. [Doch waren die Kaufsklaven männlichen Geschlechts grösstentheils Kinder, da die Männer getödtet zu werden pflegten: Iliad. IX. 589. Auch blieb der Erwerb zu unregelmässig, da keine sicheren Bezugsquellen existirten, und nur Fürsten und Edle besassen viele Sklaven. Endlich scheint das männliche Geschlecht die persönliche Bedienung durch Sklaven nicht für nöthig gefunden zu haben und darauf bezieht sich wohl auch die unten folgende Stelle des Athenaeos.] Erst in der Folge, als bei fortschreitender Gesittung die Raubzüge und Befehdungen mehr und mehr sich verloren und gleichwohl das Bedürfniss der Sklaven wuchs, blieb kein anderer Ausweg, als sie käuflich zu erlangen zu suchen. Zwar bestand der Grundsatz noch immer, dass die mit den Waffen erbeuteten unbedingtes Eigenthum der Sieger seien, Xenoph. Cyrop. VII. 5. 73: *νόμος γὰρ ἐν πᾶσιν ἀνθρώποις ἀίδιός ἐστιν, ὅταν πολεμούντων πόλις ἁλῷ, τῶν ἑλόντων εἶναι καὶ τὰ σώματα τῶν ἐν τῇ πόλει καὶ τὰ χρήματα:* und daher werden auch fortwährend *δοριάλωτοι* und *ἀργυρώνητοι* unterschieden, Isocr. Plataic. §. 18; allein einzelne Fälle besonderer Erbitterung abgerechnet (Plutarch. Nic. 29; Aelian. Var. Hist. II. 9) verschmähete es der Hellene mehr und mehr, Hellenen zu Sklaven zu haben oder als solche zu verkaufen (vgl. Philostr. Vit. Apollon. Tyan. VIII. 7. 12 [und Xenoph. Hell. I. 6. 14; obwohl hier Kallikratidas einen Unterschied macht zwischen den Einwohnern von Methymna und den dort gefangenen athenischen Soldaten.]) und es wurde kriegsrechtlicher Gebrauch, die Gefangenen gegen ein Lösegeld frei zu geben [oder gegen gefangene Landsleute auszuwechseln: Thucyd. V. 3 und überhaupt Böckh. Staatsh. I. S. 100 ff.]. Das Geld wurde oft, wenn sie selbst unvermögend waren, von wohlhabenden Bürgern [vorgeschossen oder von Eranistenvereinen, namentlich wenn die

Gefangenschaft durch Seeraub oder Kaperei herbeigeführt worden war, aufgebracht Demosth. in Nicostr. §. 6 ff.; in Eubul. §. 18.] Desto mehr gewann der Handel mit Barbaren oder Nichtgriechen an Lebhaftigkeit. Was Theopomp. bei Athen. VI. 88, p. 265 von Chios sagt, Χῖοι πρῶτοι τῶν Ἑλλήνων μετὰ Θετταλοὺς καὶ Λακεδαιμονίους ἐχρήσαντο δούλοις, τὴν μέντοι κτῆσιν αὐτῶν οὐ τὸν αὐτὸν τρόπον ἐκείνοις ... Χῖοι δὲ βαρβάρους κέκτηνται τοὺς οἰκέτας καὶ τιμὴν αὐτῶν καταβάλλοντες, und Timaeos bei dems. p. 264: οὐκ ἦν πάτριον τοῖς Ἑλλησιν ὑπὸ ἀργυρωνήτων τὸ παλαιὸν διακονεῖσθαι, verliert seine allgemeine Gültigkeit schon durch die homerischen Beispiele; wahrscheinlich ist es indessen, dass dort zuerst dieser Sklavenhandel allgemeiner und regelmässiger wurde. In der Folge wird stillschweigend vorausgesetzt, dass die Sklaven Barbaren sind, und daher antwortet Aristarch bei Xenoph. M. Socr. II. 7. 6 auf die Frage, wie es komme, dass er die zahlreich zu ihm geflüchteten Verwandten nicht ernähren zu können glaube, da doch Andere von einem geringen Handwerke ihr Haus und viele Sklaven erhielten: οὗτοι μὲν γὰρ ὠνούμενοι βαρβάρους ἀνθρώπους ἔχουσιν, ὥστε ἀναγκάζειν ἐργάζεσθαι, ἃ καλῶς ἔχει. Nirgends aber wird der Grundsatz, dass nur Barbaren Sklaven sein sollen, bestimmter ausgesprochen, als bei Plato Republ. V, p. 469: πρῶτον μὲν ἀνδραποδισμοῦ πέρι, δοκεῖ δίκαιον Ἕλληνας Ἑλληνίδας πόλεις ἀνδραποδίζεσθαι ἢ μηδ᾽ ἄλλῃ ἐπιτρέπειν κατὰ τὸ δυνατὸν καὶ τοῦτο ἐθίζειν, τοῦ Ἑλληνικοῦ γένους φείδεσθαι εὐλαβουμένους τὴν ὑπὸ τῶν βαρβάρων δουλείαν; — Ὅλῳ καὶ παντί, ἔφη, διαφέρει τὸ φείδεσθαι. — Μηδὲ Ἕλληνα ἄρα δοῦλον ἐκτῆσθαι μήτε αὐτοὺς τοῖς τε ἄλλοις Ἕλλησιν οὕτω συμβουλεύειν; — Πάνυ μὲν οὖν, ἔφη· μᾶλλόν γ᾽ ἂν οὖν οὕτω πρὸς τοὺς βαρβάρους τρέποιντο, ἑαυτῶν δ᾽ ἀπέχοιντο. Vgl. Leg. VI, p. 777. [Doch gab es neben der bedeutend überwiegenden Mehrzahl der Barbaren immer Hellenen unter der Sklavenmenge.] Vor Solon wurde, wie bekannt, in Athen der Schuldner, der nicht zu zahlen vermochte, seines Gläubigers Sklave. Das so-

Ionische Gesetz verbot dieses δανείζειν ἐπὶ σώματι (s. Plutarch. Sol. 15); dass es aber in anderen Staaten üblich blieb,
lässt sich aus den Worten μιχρῶν ἕνεχα συμβολαίων δουλεύειν
bei Isocr. Plat. §. 48 (vgl. Diod. Sic. I. 79 und Lys. in
Eratosth. §. 98) folgern, und auch in Athen gab es einen ganz
analogen Fall, wenn nämlich ein Kriegsgefangener das Lösegeld, das ein Anderer ihm vorgeschossen hatte, nicht zurück-
zahlte, Demosth. adv. Nicostr. §. 11: καὶ οἱ νόμοι κελεύουσι
τοῦ λυσαμένου ἐκ τῶν πολεμίων εἶναι τὸν λυθέντα, ἐὰν μὴ ἀπο-
διδῷ τὰ λύτρα. [Hierzu kamen noch die ausgesetzten Kinder,
die rechtlich dem Erzieher als Sklaven gehörten, ferner Metöken und Freigelassene, die ihre gesetzlichen Obliegenheiten
versäumten (Demosth. in Aristog. I. 65; Harpocr. ἀποστασίου und μετοίχιον; Poll. VIII. 99); endlich Fremde, die
sich mit Bürgern verheirathet oder in das attische Bürgerrecht
eingeschlichen hatten (Demosth. in Neaer. 16. Plut. Pericl. 37). Im Allgemeinen vgl. Schiller Die Lehre des
Aristoteles von der Sklaverei, S. 24ff. und Büchsenschütz S. 115ff.]
    Es gab, wie anderwärts, so in Athen einen förmlichen
Sklavenmarkt, wo die verkäuflichen zur Auswahl bereit standen. Harpocr. p. 180: κύκλοι ἐκαλοῦντο οἱ τόποι, ἐν οἷς ἐπω-
λοῦντό τινες· ὠνομάσθησαν δὲ ἀπὸ τοῦ κύκλῳ περιεστάναι τοὺς
πωλουμένους. Μένανδρος Ἐφεσίῳ·

> ἐγὼ μὲν ἤδη μοι δοκῶ νὴ τοὺς θεούς
> ἐν τοῖς κύκλοις ἐμαυτὸν ἐκδεδυκότα
> ὁρᾶν κύκλῳ τρέχοντα καὶ πωλούμενον.

Vgl. Gronov. diatr. Stat. I, p. 152. [Die Sklaven standen
auf einem Gerüste zur Schau: Poll. VII. 11: ἐφ᾽ ὃ δὲ ἀνα-
βαίνοντες οἱ δοῦλοι πιπράσκονται, τοῦτο τράπεζαν Ἀριστοφάνης
καλεῖ, und darum sagt auch bei Lucian in der Vitar. auc-
tio 2 der Herold zu Pythagoras: κατάβηθι καὶ πάρεχε σαυτὸν
ἀναθεωρεῖσθαι τοῖς συνειλεγμένοις. Es ist dies die römische
catasta: Tibull. II. 3. 60. Pers. VI, 76. Sueton. de gramm.

13. Martial. VI. 29. 1. IX. 29. 5. Stat. Silv. II. 1. 72; oder machina: Q. Cicer. de petit. cons. 2, 7. Natürlich verkauften die Sklavenhändler, ἀνδραποδοκάπηλοι, ihre Waare, besonders die bessere (vgl. Gall. II, S. 106), aus freier Hand. Sehr gewöhnlich war aber auch der Weg der Versteigerung (Lucian. a. a. O. und de merc. cond. 23) und dazu diente der πρατὴρ λίθος (vgl. Plaut. Bacch. IV. 7. 17), den Plut. Sol. 8 geradezu τοῦ κήρυκος λίθος nennt. Für den Strafverkauf lässt sich gar kein anderer Modus denken. Diodor. XV. 7. Poll. III. 78.] Ausserdem waren die ausgestellten Sklaven nackt oder mussten sich doch vor den Kauflustigen entkleiden, Lucian. Eunuch. 12: οἱ μὲν ἠξίουν ἀποδύσαντας αὐτὸν ὥσπερ τοὺς ἀργυρωνήτους ἐπισκοπεῖν: und gab es ferner Gesetze, welche den Verkäufer für verschwiegene bedeutende Gebrechen verantwortlich machten, Plato Leg. XI, p. 916; Dio Chrysost. Or. X. 14; [vgl. Meier u. Schömann Att. Process. S. 525.] Der Markt scheint vorzugsweise an gewissen Tagen, namentlich der νουμηνία, dem Neumonde, gehalten worden zu sein. Darauf spielt Aristoph. Equit. 43 an:

— οὗτος τῇ προτέρᾳ νουμηνίᾳ
ἐπρίατο δοῦλον, βυρσοδέψην Παφλαγόνα.

Der Scholiast sagt dazu: ἐν δὲ ταῖς νουμηνίαις οἱ δοῦλοι ἐπωλοῦντο καὶ οἱ στρατηγοὶ ἐχειροτονοῦντο. Eben so heisst es bei Alciphr. epist. III. 38: Φρύγα οἰκέτην ἔχω πονηρόν, ὃς ἀπέβη τοιοῦτος ἐπὶ τῶν ἀγρῶν· ὡς γὰρ τῇ ἕνῃ καὶ νέᾳ κατʼ ἐκλογὴν τοῦτον ἐπριάμην, Νουμήνιον μὲν εὐθὺς ἐθέμην καλεῖσθαι. [Selbst in dem kleinen Sunion gab es einen solchen Markt: Terent. Phorm. V. 5. 9: »ego me ire senibus Sunium dicam ad mercatum, ancillulam emptum.«] Ausserdem scheinen auch die grösseren Messen, πανηγύρεις, vorzugsweise von Sklavenhändlern besucht worden zu sein: die amphiktyonische Pylaea, Zenob. V. 36; Tithoreia Pausan. X. 32. 15; ein vorzüglicher Stapelort im ersten Jahrhundert v. Chr. war Delos, δυναμένη μυριάδας ἀνδραπόδων αὐθημερὸν καὶ δέξασθαι καὶ ἀποπέμψαι, Strabo XIV. 5. 2, p. 668, vgl. Hüllmann Handelsgesch. S. 62. Die Preise, welche man für Sklaven bezahlte, waren natürlich nach Alter, Tüchtigkeit und Geschicklichkeit sehr verschieden. Ausführliche Angaben darüber finden sich bei Böckh Staatsh. Th. I, S. 95ff. [und Büchsenschütz S. 200ff.]; hier mögen einige Nachweisungen der gewöhnlichsten Preise genügen. In den meisten Fällen schwankt der Werth zwischen 1 und 10 Minen, wenn auch untaugliche Subjecte noch wohlfeiler zu kaufen sein mochten, und dagegen für vorzügliche Leute, namentlich solche, die man zu Aufsehern und Vorstehern eines Geschäftes gebrauchen konnte, zuweilen weit mehr bezahlt wurde. Xenoph. M. Socr. II. 5. 2: τῶν γὰρ οἰκετῶν ὁ μέν που δύο μνῶν ἄξιός ἐστιν, ὁ δ' οὐδ' ἡμιμναίου, ὁ δὲ πέντε μνῶν, ὁ δὲ καὶ δέκα· Νικίας δ' ὁ Νικηράτου λέγεται ἐπιστάτην εἰς τἀργύρια πρίασθαι ταλάντου. Plato Amat. p. 135: καὶ γὰρ τέκτονα μὲν ἂν πρίαιο πέντε ἢ ἐξ μνῶν ἄκρον, ἀρχιτέκτονα δὲ οὐδ' ἂν μυρίων δραχμῶν. Als Aristippos von jemandem gefragt wurde, wie viel er für den Unterricht seines Sohnes verlange, forderte er tausend Drachmen, worauf der Vater antwortete, dafür könne er einen Sklaven kaufen, Plutarch. de educ. 7 [Plato wurde von Dionysios für 20 Minen in die Sklaverei verkauft: Diod. XV. 7; Diog. Laërt. III. 20.]. Natürlich waren auch die Fabriksklaven, je nachdem ihre Kunst oder ihr Handwerk höher oder niedriger stand und sie selbst grössere oder mindere Geschicklichkeit besassen, im Preise sehr verschieden. Demosth. in Aphob. I. §. 9: μαχαιροποιοὺς (κατέλιπεν ὁ πατὴρ) τριάκοντα, καὶ δύο ἢ τρεῖς ἀνὰ πέντε μνᾶς ἢ καὶ ἕξ, τοὺς δ' οὐκ ἐλάττονος ἢ τριῶν μνῶν ἀξίους ... κλινοποιοὺς δ' εἴκοσι τὸν ἀριθμὸν τετταράκοντα μνῶν ὑποκειμένους. Letztere werden also durchschnittlich nur zu zwei Minen angeschlagen. Auch anderwärts wird von demselben Redner ein für zwei Minen erkaufter Sklave erwähnt, adv. Spud. §. 8: δύο μὲν μνᾶς ἐμαρτύρησεν Ἀριστογένης ἐγκαλεῖν ἀποθνήσκοντα Πολύευκτον ὀφει-

*λομένας αὐτῷ παρὰ Σπουδίᾳ καὶ τὸν τόκον· τοῦτο δ᾽ ἐστὶν
οἰκέτου τιμή, ὃν ἐωνημένος οὗτος παρὰ Πολυεύκτου τὴν τιμὴν
οὐδ᾽ ἐκείνῳ διέλυσε κ. τ. λ.* Dagegen ist es natürlich, dass
Sklaven, welche zu den gemeinsten Verrichtungen im Hause
oder auf dem Lande gebraucht wurden, einen niedrigeren
Preis hatten. So ungeheuere Summen aber als in Rom (s.
Gallus B. II, S. 107) wurden in Griechenland schwerlich je-
mals gezahlt. [Den grössten Gewinn erzielten die Sklavenhändler bei Masseneinkäufen im Kriegslager. Nach der Eroberung von Theben durch Alexander stellte sich der Durch-
schnittspreis eines Gefangenen auf 88 Drachmen und nach dem
Siege des Lucullus in Pontus gar nur auf 4 Drachmen. Diod.
XVII. 14. Plut. Lucull. 14.]

Zu den erkauften Sklaven, die von Plato Polit. p. 289
ἀναμφισβητήτως δοῦλοι genannt werden, kamen noch die im
Hause geborenen, *οἰκότριβες.* Suidas: *οἰκότριψ δοῦλος οἰκογενής:* vgl. Ammon. diff. vocab. p. 101: *οἰκότριψ καὶ οἰκέτης διαφέρει· οἰκότριψ μὲν γὰρ ὁ ἐν τῇ οἰκίᾳ διατρεφόμενος,
ὃν ἡμεῖς θρεπτὸν καλοῦμεν· οἰκέτης δὲ ὁ δοῦλος ὁ ὠνητός·
παρὰ δὲ Σόλωνι ἐν τοῖς ἄξοσιν οἰκεὺς κέκληται ὁ οἰκότριψ.*
Lysias in Theomn. I, §. 19 erklärt es nur überhaupt durch
θεράπων. [Vgl. Becker Anecd. Gr. S. 286, 18: *οἰκότριβες
οἱ οἰκέται καλοῦνται οἱ δοῦλοι ἐκ δούλων γενόμενοι, οἱ οἰκογε-
νεῖς.* Für den letzten Ausdruck: Plat. Men. 82 B. Sie
heissen auch *οἰκοτραφεῖς:* Poll. III. 78 und (auf den delphischen Inschriften häufig) *ἐνδογενεῖς.*] Sie waren entweder von
dem Herrn mit einer Sklavin erzeugt oder, wenn Vater und
Mutter Sklaven waren, *ἀμφίδουλοι.* Eustath. zu Odyss. II.
290, p. 1445. 51: *λέγεται παρὰ τοῖς παλαιοῖς καὶ ἀμφίδουλος
ὁ ἐξ ἀμφοτέρων γονέων δοῦλος.* Waren die Aeltern selbst *οἰκότριβες,* so wurden sie auch *οἰκοτρίβαιοι* genannt. Poll. III. 76.
Dass ihre Zahl gering und Sklavenehen selten gewesen seien,
[wie z. B. Hüllmann a. a. O. S. 61 und Büchsenschütz
S. 125 behaupten] dafür habe ich keinen Beweis gefunden; eher

für das Gegentheil. Der Fall, dass ein Mann mit einer Sklavin als παλλακή lebte, war gewiss häufig (s. d. Exc. zu Sc.
XII) und die in solcher Verbindung erzeugten Kinder konnten es
nicht sein, die das von Demosth. in Aristocr. §. 53 angeführte Gesetz als freie meint. [Zu berücksichtigen dürfte namentlich sein Aristoph. Eccles. 721:

> καὶ τάς γε δούλας οὐκέτι δεῖ κοσμουμένας
> τὴν τῶν ἐλευθέρων ὑφαρπάζειν κύπριν,
> ἀλλὰ παρὰ τοῖς δούλοισι κοιμᾶσθαι μόνον,

denn vorher sind die πόρναι im Allgemeinen abgefertigt worden. Rechnet doch der Chor bei Aristoph. Pax. 1138 τὴν
Θρᾷτταν κινεῖν τῆς γυναικὸς λουμένης geradezu zu den An-
nehmlichkeiten des Lebens im Frieden. Vgl. Lys. de caed.
Eratosth. §. 12.] Ueber Sklaven finde ich eine Andeutung
bei Xenoph. Oecon. 9. 5: μήτε τεκνοποιῶνται οἱ οἰκέται
ἄνευ τῆς ἡμετέρας γνώμης und Plato Leg. XI, p. 930; δούλη
μὲν ἐὰν συμμίξῃ δούλῳ ἢ ἐλευθέρῳ ἢ ἀπελευθέρῳ, πάντως τοῦ
δεσπότου ἔστω τῆς δούλης τὸ γεννώμενον· ἐὰν δέ τις ἐλευθέρα
δούλῳ συγγίγνηται, τοῦ δεσπότου ἔστω τὸ γιγνόμενον τοῦ δού-
λου· ἐὰν δ᾽ ἐξ αὑτοῦ δούλης ἢ ἐκ δούλου ἑαυτῆς καὶ περιφανὲς
τοῦτ᾽ ᾖ, τὸ μὲν τῆς γυναικὸς αἱ γυναῖκες εἰς ἄλλην χώραν ἐκ-
πεμπόντων σὺν τῷ πατρί, τὸ δὲ τοῦ ἀνδρὸς οἱ νομοφύλακες σὺν
τῇ γεννησάσῃ, welche letztere Bestimmung freilich ihren Grund
nur darin hat, dass Plato überhaupt jeden Umgang mit einem
anderen Weibe als der γαμετή verwirft, s. d. Exc. zu Sc. II,
S. 87. [Aristot. Oec. I. 5 empfiehlt es sogar, die Sklaven
ἐξομηρεύειν ταῖς τεκνοποιίαις. Im Hause des Agrigentiners
Pollis gab es nach Seren. bei Stob. Floril. LXII. 48 sehr
viele Sklavenkinder, und wenn auch die Zahl der Sklavinnen
bei dem Mittelstande den männlichen Sklaven gegenüber sich
in der Minderzahl befunden haben mag, so wird sie in reichen
Familien wohl oft überwogen haben. Vgl. Schömann Gr.
Alt. I, S. 368.]

Die Zahl der Sklaven war nicht nur in Athen, sondern in
ganz Griechenland sehr bedeutend. Nach Ktesikles bei Athen.
VI. 103, p. 272 ergab sich bei einer Zählung der Bewohner
von Attika unter Demetrios Phalereus, dass die Zahl der freien
Bürger 21,000, die der Metöken 10,000, die der Sklaven 400,000
betrug. Daraus erklärt es sich, dass im dekeleischen Kriege
mehr als 20,000 Sklaven nach Dekeleia überlaufen konnten, Thucyd. VII. 27. Korinth soll nach Timaeos bei Athen. a. a. O.
46, Aegina nach Aristoteles 47 Myriaden Sklaven gezählt
haben. [Diese Zahlen sind von Niebuhr Röm. Gesch. II, S. 80;
Clinton Fast. Hell. II, p. 423; St. John Hell. I, p. 69;
Letronne Mémoire sur la population de l'Attique in
den Schriften der Acad. des inscriptions, nouv. ser. t. VI,
p. 156 ff. Wallon Histoire de l'esclavage I, p. 281 und
Schück a. a. O. S. 11, als übertrieben, beanstandet worden;
vertheidigt dagegen hat sie Büchsenschütz, S. 140 und in
Bezug auf Korinth Bursian Geogr. II, S. 13 mit dem Vor-
behalte, dass in der Summe auch sämmtliche Ruderknechte
und die in den auswärtigen Handelsniederlassungen korinthi-
scher Kaufleute befindlichen Sklaven inbegriffen waren.] Am be-
deutendsten aber soll die Anzahl auf Chios gewesen sein, Thucyd. VIII. 40. Doch eine vergleichende Berechnung der freien
und sklavischen Bevölkerung gehört zur Statistik der griechischen Staaten, und es genügt hier auf Böckh Staath. Th. I,
S. 54 und Wachsmuth Hell. Alterth. Th. II, S. 14 zu verweisen. Nur in Phokis und Lokris soll nach dem freilich vielfältig des Irrthums bezichtigten Timaeos das Sklavenwesen
erst spät Eingang gefunden haben, Athen. VI. 86, p. 264.
[Dass sich diese Angabe auf Sklaven zur persönlichen Bedienung beschränkt, hat Büchsenschütz S. 186 behauptet und ergiebt sich besonders auch aus dem Zusatz: εἰθίσθαι γὰρ ἐν
ταῖς οἰκίαις διακονεῖν τοὺς νεωτέρους τοῖς πρεσβυτέροις.] Was
aber die Zahl anlangt, die oft ein einzelner Bürger besass, so
giebt es zwar keine Beispiele einer so ungeheuern Menge, wie

Charikles III.　　　2

wir sie in Rom finden (Gallus B. II, S. 111 ff. vgl. Athen.
VI, p. 272); allein sie war zuweilen doch sehr bedeutend.
Wenn Plato Republ. IX, p. 578 den Fall setzt, dass jemand
50 oder mehr Sklaven habe, so findet sich wirklich diese Zahl
bei Demosthenes' Vater: Demosth. in Aphob. I. §. 31; aber
anderwärts werden noch weit mehr genannt. So hatte Nikias
1000 Sklaven in die thrakischen Bergwerke vermiethet, Hip-
ponikos 600. Xenoph. de vect. 4. 14; Athen. p. 272c; Plutarch. Nic. 4; vgl. Böckh a. a. O. S. 56. Eben so viele als
Nikias hielt des Aristotcles Freund Mnason. Timaeos bei
Athen. p. 264. Diese Menge wurde indessen grösstentheils
zu Fabrikarbeiten oder ähnlichen Zwecken gebraucht, wovon
weiter unten die Rede sein wird; zur eigenen Bedienung im
Hause hatte man in früherer Zeit gewiss sehr wenige; erst
später wuchs auch ihre Zahl bedeutend an und mochte zuweilen so gross sein, dass sie dem Hauswesen mehr hinder-
lich als förderlich wurde wie Aristot. de republ. II. 3 sagt:
ὥσπερ ἐν ταῖς οἰκετικαῖς διακονίαις οἱ παλλοὶ θεράποντες ἐνίοτε
χεῖρον ὑπηρετοῦσι τῶν ἐλαττόνων: vgl. Dio Chrysost. Or.
XIII. 35. Eine bestimmte Angabe über die Stärke der Bedienung in einem grösseren Haushalte ist mir nicht vorgekommen; es lässt sich aber darauf theils aus solchen Stellen
schliessen, wo eine gewisse Zahl als gering und als Zeichen
der Dürftigkeit bezeichnet wird, theils aus der Anzahl der
Begleiter, die man beim Ausgange in der Stadt oder auf Reisen sich folgen liess. Xenophanes klagte bei Hiero, wie Plutarch. Apophth. reg. p. 175d erzählt, μόλις οἰκέτας δύο
τρέφειν. Das ist allerdings schon ein Zeichen grosser Armuth; aber auch sieben Bedienungsklaven werden für die Familie des Aeschines als unzureichend augeführt. Aeschin.
Epist. 12: πριάμενος χωρία τοσούτων ταλάντων, ὅσων εἰκὸς
ἦν τὸν Φιλίππου μὲν πρότερον, εἶτ' Ἀλεξάνδρου μισθωτὸν ὕστερον γενόμενον καὶ Φωκεῖς προδόντα καὶ τὴν τῶν Ἑλλήνων ἐλευ-
θερίαν Μακεδόσι, κάθημαι μεθ' ἑπτὰ θεραπόντων ἐνταῦθα. Die

Familie bestand neben ihm selbst aus seiner Mutter, seiner Frau
und drei Kindern, und sieben Sklaven werden als ein Beweis
seiner beschränkten Vermögensumstände und folglich seiner Un-
bestechlichkeit angegeben. So wird auch eine Begleitung von
vier Sklavinnen, welche der Gnathänion in den Peiräeus folgten, als unansehnlich genannt. Machon b'ei Athen. XIII,
p. 582:

> πανηγύρεως οὔσης ποθ' ἡ Γναθαίνιον
> εἰς Πειραιᾶ κατέβαινε πρὸς ξένον τινά
> ἔμπορον ἐραστὴν εὐτελῶς ἐπ' ἀστράβης,
> τὰ πάντ' ἔχουσ' ὀνάρια μεθ' ἑαυτῆς τρία
> καὶ τρεῖς θεραπαίνας καὶ νέαν τιτθὴν μίαν.

Keinen nachfolgenden Sklaven beim Ausgange mit sich zu
haben, ist ein Zeichen sehr dürftiger Umstände, weshalb Praxagora bei Aristoph. Eccl. 593 sagt, sie wolle es abschaffen,

> μηδὲ γεωργεῖν τὸν μὲν πολλήν, τῷ δ' εἶναι μηδὲ ταφῆναι·
> μηδ' ἀνδραπόδοις τὸν μὲν χρῆσθαι πολλοῖς, τὸν δ' οὐδ' ἀκολούθῳ.

Bei Lysias in Diogit. § 16 wird geklagt, dass Mündel hin-
ausgestossen worden seien οὐ μετὰ ἀκαλούθου, und das Beispiel von Einfachheit, das Phokion's Frau gab, indem sie sich
von einer Sklavin begleiten liess, war so auffallend, dass es
selbst im Theater zur Sprache kam. Denn als ein Schauspieler für eine Weiberrolle ein bedeutendes Gefolge verlangte
und darüber mit dem Choregen in Streit gerieth, rief dieser
laut nach Plutarch. Phoc. 19: τοῦ Φωκίωνος οὐχ ὁρᾷς γυναῖκα προϊοῦσαν ἀεὶ μετὰ μιᾶς θεραπαινίδος, ἀλλ' ἀλαζονεύῃ
καὶ διαφθείρεις τὴν γυναικωνῖτιν; ἐξακούστου δὲ τῆς φωνῆς
γενομένης, ἐδέξατο κρότῳ πολλῷ καὶ θορύβῳ τὸ θέατρον. —
Aber auch Männer hatten oft drei oder mehr Sklaven beim
Ausgange und namentlich auf Reisen bei sich. Demosth.
in Mid. §. 158: καὶ τρεῖς ἀκολούθους ἢ τέτταρας αὐτὸς ἔχων
διὰ τῆς ἀγορᾶς σοβεῖ: Xenoph. Memor. I. 7. 2: ὅτι ἐκεῖνοι
(αὐληταί) σκεύη τε καλὰ κέκτηνται καὶ ἀκολούθους πολλοὺς

2*

περιάγονται. Darum rühmt auch Plutarch. Praec. reip.
ger. 31 als Merkmal eines σώφρων: οὐδὲ ἐνοχλῶν οἰκετῶν
πλήθει περὶ λουτρόν. In dieser späten Zeit mochte freilich
das Gefolge noch viel zahlreicher sein, wie bei der Smyrnäe-
rin, von deren Erscheinen Lucian. Imag. 5 sagt: θεραπεία
δὲ πολλὴ καὶ ἄλλη περὶ αὐτὴν παρασκευὴ λαμπρὰ καὶ εὐνούχων
τι πλῆθος καὶ ἅβραι πάνυ πολλαί: vgl. dess. Rhet. praec. 15;
doch kann man aus den angeführten Beispielen abnehmen,
dass die Zahl der Haussklaven auch in der noch einfacheren
Zeit immer bedeutend war.

Abgesehen von diesem Luxus in der Bedienung erklärt
sich übrigens die grosse Zahl der Sklaven aus den sehr verschiedenen Zwecken, für die man sie verwendete. Wenn oben
von 50—1000 Sklaven, die ein Herr besass, gesprochen worden ist, so wurde doch nur der kleinste Theil oder in den
dort genannten Fällen keiner derselben als Haussklave gebraucht, sondern sie arbeiteten als Handwerker entweder für
Rechnung des Herrn oder zahlten ihm nur eine tägliche Abgabe. Darin eben liegt der grosse Unterschied zwischen dem
römischen und griechischen Sklavenwesen, dass sie hier als
Zinsen tragendes Capital angesehen wurden, dort nur für die
Bedürfnisse des Herrn sorgten oder seinem Luxus und seiner
Eitelkeit dienten. So bemerkt Athen. p. 272 d: καὶ γὰρ μυ-
ρίους καὶ δισμυρίους καὶ ἔτι πλείους δὲ πάμπολλοι κέκτηνται,
οὐκ ἐπὶ προσόδοις δέ, ὥσπερ ὁ τῶν Ἑλλήνων ζάπλουτος Νικίας,
ἀλλ' οἱ πλείους τῶν Ῥωμαίων συμπροϊόντας ἔχουσι τοὺς πλείστους. Der römische Sklave arbeitete wohl auch selbst in
der familia urbana als Handwerker und Künstler, aber nur
für das Bedürfniss des Herrn; der griechische ist Fabrik-
sklave und lebt als solcher von seiner Hände Arbeit. Aristot.
de republ. III. 4, p. 1277 a, 37: δούλου δ᾽ εἴδη πλείω λέγο-
μεν· αἱ γὰρ ἐργασίαι πλείους, ὧν ἓν μέρος κατέχουσιν οἱ χερ-
νῆτες· οὗτοι δ᾽ εἰσίν, ὥσπερ σημαίνει καὶ τοὔνομ᾽ αὐτούς, οἱ
ζῶντες ἀπὸ τῶν χειρῶν, ἐν οἷς ὁ βάναυσος τεχνίτης ἐστίν. Der

Nutzen, den der Herr daraus zog, bestand zum Theile in einer täglichen Abgabe. So sagt A e s c h i n e s, indem er Timarch's Vermögen berechnet, §. 97: χωρὶς δὲ οἰκέτας δημιουργοὺς τῆς σκυτοτομικῆς τέχνης ἐννέα ἢ δέκα, ὧν ἕκαστος τούτῳ δύ᾽ ὀβολοὺς ἀπέφερε τῆς ἡμέρας, ὁ δ᾽ ἡγεμὼν τοῦ ἐργαστηρίου τριώβολον. Auf gleiche Weise trugen Sklaven, die man in Bergwerke vermiethete, dem Herrn täglich ein gewisses Geld ein. X e n o p h. d e v e c t. 4. 14: ὅτι Νικίας ποτὲ ὁ Νικηράτου ἐκτήσατο ἐν τοῖς ἀργυρίοις χιλίους ἀνθρώπους, οὓς ἐκεῖνος Σωσίᾳ τῷ Θρᾳκὶ ἐξεμίσθωσεν, ἐφ᾽ ᾧ ὀβολὸν μὲν ἀτελῆ ἑκάστου τῆς ἡμέρας ἀποδιδόναι. Auch die ἀνδράποδα μισθοφοροῦντα bei I s a e u s d e C i r o n. h e r e d. §. 35 können nur als solche gedacht werden, die für Lohn arbeitend ihrem Herrn Gewinn brachten, so gut als die vorher genannte οἰκία μισθοφοροῦσα: und dasselbe mag der Fall gewesen sein, wenn Sklaven für eigene Rechnung eine Arbeit wie eine Ernte oder Weinlese in Accord nahmen, wovon ein Beispiel bei D e m o s t h. a d v. N i c o s t r. §. 21 vorkommt. Indem der Redner den Beweis führt, dass die fraglichen Sklaven dem Arethusios angehören, sagt er: ὁπότε γὰρ οἱ ἄνθρωποι οὗτοι ἢ ὀπώραν πρίαιντο ἢ θέρος μισθοῖντο ἐκθερίσαι ἢ ἄλλο τι τῶν περὶ γεωργίαν ἔργων ἀναιροῖντο, Ἀρεθούσιος ἦν ὁ ὠνούμενος καὶ μισθούμενος ὑπὲρ αὐτῶν. Es scheint selbst geschehen zu sein, dass von dem Herrn an Sklaven Aecker zur Bewirthschaftung gegen eine bestimmte Abgabe oder Pacht überlassen wurden. Wenigstens sagt P l a t o L e g. VII, p. 806: γεωργίαι δὲ ἐκδεδομέναι δούλοις ἀπαρχὴν τῶν ἐκ τῆς γῆς ἀποτελοῦσιν ἱκανὴν ἀνθρώποις ζῶσι κοσμίως. [Ueber diese unabhängigere Klasse der Sklaven vergl. noch D i o g. L a ë r t. VII. 169; T e l e s in S t o b. F l o r i l. XCV. 21; X e n o p h. d e r c p. A t h. 1. 11 u. 17. Nach T h e o p h r. C h a r. 30 liessen sich filzige Herren auf die in Kupfergeld eingezahlte ἀποφορά (den Obrok der früheren Leibeigenen in Russland) noch ein Agio legen!] — Die zweite Art der Benutzung war, dass sie als Handwerker für Rechnung des Herrn arbei-

teten, der dann aus dem Erlös der gefertigten Waaren seinen
Gewinn zog. Das geschah wohl meistens bei solchen Gewer-
ben, die einen grösseren Fonds zur Anschaffung des Materials
erforderten. So war es bei Demosthenes' Vater, der als Fabri-
kant eine doppelte Werkstätte besass. Demosth. in Aphob.
I, §. 9: μαχαιροποιοὺς μὲν τριάκοντα . . . ἀφ' ὧν τριάκοντα μνᾶς
ἀτελεῖς ἐλάμβανε τοῦ ἐνιαυτοῦ τὴν πρόσοδον· κλινοποιοὺς δ'
εἴκοσι τὸν ἀριθμὸν τετταράκοντα μνῶν ὑποκειμένους, οἳ δώδεκα μνᾶς ἀτελεῖς αὐτῷ προσέφερον. Vgl. in Olympiod.
§. 12; Xenoph. M. Socr. II. 7. 3; III. 11. 4; [Hermann
Privatalterth. §. 42, n. 12ff. 49, n. 17ff. und Büchsenschütz S. 192ff.]

Bewirthschaftete der Herr seine Landgrundstücke selbst,
wie Ischomachos bei Xenophon, so hatte er natürlich dort
auch eine grössere Anzahl Sklaven, die unter einem Aufseher,
ἐπίτροπος, ebenfalls einem Sklaven, standen. Xenoph. Oecon.
12. 2. Ihnen war oft die ganze Verwaltung überlassen, während der Besitzer sich Staatsgeschäften und anderen höher
stehenden Beschäftigungen widmete. Aristot. de republ.
I. 7: ἃ γὰρ τὸν δοῦλον ἐπίστασθαι δεῖ ποιεῖν, ἐκεῖνον (τὸν δεσπότην) δεῖ ταῦτα ἐπίστασθαι ἐπιτάττειν· διὸ ὅσοις ἐξουσία μὴ
αὐτοὺς κακοπαθεῖν, ἐπίτροπος λαμβάνει ταύτην τὴν τιμήν, αὐτοὶ
δὲ πολιτεύονται ἢ φιλοσοφοῦσιν. Vgl. Oecon. 1. 5: δούλων
δὲ εἴδη δύο, ἐπίτροπος καὶ ἐργάτης κ. τ. λ. [Vgl. ἡγεμὼν τοῦ
ἐργαστηρίου bei Aeschin. in Tim. §. 97.] Dasselbe ist auch
im Hause der ταμίας, wie denn die Ausdrücke ἐπίτροπος, οἰκονόμος und ταμίας vielfältig gleichbedeutend gebraucht werden.
Dem ταμίας oder der ταμία — denn auch Sklavinnen wurden
dazu gebraucht, wie bei Ischomachos: Xenoph. Oec. 9. 11
— gehört, insofern nicht Herr und Hausfrau sich darum selbst
bekümmerten, die Verwaltung des ganzen Haushaltes an. Ihrer
Obhut sind die Vorräthe anvertraut; sie geben davon heraus,
was nöthig ist, und halten das Uebrige unter Schloss und
Siegel. Daher sagt Philokleon bei Aristoph. Vesp. 612,

dass er es nicht leiden könne, auf den ταμίας warten zu
müssen, bis er das Frühstück vorsetze. Für den Zweck der
Aufbewahrung der ihm übergebenen Güter wurde ihm wohl
von dem Herrn ein Siegelring gegeben. So lässt sich aus
den doppelsinnigen Worten des Demos bei Aristoph. Equit.
947 und Kleon's Antwort schliessen:

> καὶ νῦν ἀπόδος τὸν δακτύλιον, ὡς οὐκ ἔτι
> ἐμοὶ ταμιεύσεις. ΚΛ. ἔχε· τοσοῦτο δ᾽ ἴσθ᾽, ὅτι,
> εἰ μή μ᾽ ἐάσεις ἐπιτροπεύειν, ἕτερος αὖ
> ἐμοῦ πανουργότερός τις ἀναφανήσεται.

Vgl. B. II, S. 149. Der ἐπίτροπος und οἰκονόμος bei Lucian.
de merc. cond. 12 u. 38 gehören nicht hierher. Es ist römische
Sitte gemeint und letzterer, der zugleich den Zahlmeister des
Hauses macht, ist der dispensator. S. Gallus B. II, S. 116. Die
Uebrigen waren Hausssklaven zu den verschiedensten Verrichtungen, vom οἰνοχόος und ἀγοραστής (s. B. II, S. 200, vgl.
Xenoph. Mem. I. 5. 2) bis zum ὑδροφόρος (Lucian. Vit.
auct. 7), λασανοφόρος (Plutarch. Apophth. reg. p. 182);
[und θυρωρός, über dessen Stellung es bei Aristot. Oeco-
nom. I. 6 heisst: δοκεῖ δὲ καὶ ἐν ταῖς μεγάλαις οἰκονομίαις χρή-
σιμος εἶναι θυρωρός, ὃς ἂν ᾖ ἄχρηστος τῶν ἄλλων ἔργων, πρὸς
σωτηρίαν τῶν εἰσφερομένων καὶ ἐκφερομένων.] Ihre Geschäfte
bedürfen keiner weiteren Erklärung; nur über die weibliche
Dienerschaft ist noch besonders zu sprechen. Dass der Sklavinnen im Allgemeinen nicht so viele waren, als der männlichen
Sklaven, ist natürlich, da sie nicht in gleicher Weise für die
Gewerbe und zu schwerer Arbeit verwendet werden konnten.
Man hatte deren zwar auch, die Arbeiten zum Verkaufe lieferten, wie die γυνὴ ἀμόργινα ἐπισταμένη ἐργάζεσθαι καὶ ἔργα
λεπτὰ εἰς τὴν ἀγορὰν ἐκφέρουσα bei Aeschin. in Timarch.
§. 97; allein es liegt in der Natur der Sache, dass deren Zahl
nicht gross war; und die meisten weiblichen Arbeiten, wie
Weben, Sticken (ἀνὴρ ποικιλτής, Aeschin. ebend.) wurden
auch von Männern betrieben. Im Hause aber für die eigent-

liche Bedienung mochte ihre Zahl bei Wohlhabenderen nicht
unbedeutend sein, und es muss dieses schon darum angenommen werden, weil eine Menge Bedürfnisse, die wir gewöhnt
sind zum Gebrauche fertig zu kaufen, erst durch sie gefertigt
werden mussten. Es ist nur ein kleiner Haushalt, von dem
Isaeus de Ciron. her. §. 35 spricht, und darum bat der
Mann neben den männlichen Sklaven auch nur δύο θεραπαίνας καὶ παιδίσκην hinterlassen; aber in reicheren Häusern gab
es gewiss für Mühle und Küche, für die Erhaltung der Ordnung und Reinlichkeit im Hause der Sklavinnen mehr. Dazu
kommen die, welche mit Spinnen und anderen weiblichen Arbeiten beschäftigt wurden, die Ammen und Wärterinnen und
die eigentliche Bedienung der Frau, die κομμώτριαι. Unter
ihnen befand sich wohl oft eine, die, bevorzugt von der Ge-
bieterin, deren eigentliche Zofe war und ἅβρα genannt wurde.
Suidas: ἅβρα οὔτε ἁπλῶς θεράπαινα οὔτε ἡ εὔμορφος θεράπαινα λέγεται, ἀλλ' οἰκότριψ γυναικὸς κόρη καὶ ἔντιμος, εἴτε
οἰκογενὴς εἴτε μή. Eustath. zu Odyss. XIX. 28, p. 1854. 15:
ἔστι δὲ ἅβρα (s. Bekk. Anecd. Gr. p. 322) κατὰ Παυσανίαν
ἡ σύντροφος καὶ παρὰ χεῖρα θεράπαινα, ἡ καὶ οἰκότριψ πυρο-
ξυτόνως κατὰ Αἴλιον Διονύσιον καὶ ἔντιμος. Vgl. Alciphr.
epist. I. 34 und mehr bei Meineke ad Menand. Fragm.
p. 25. 182 und d'Orville ad Charit. p. 226. Dass sie nicht
οἰκογενής zu sein brauchte, folgt aus der von Suidas und Eu-
stathius angeführten Stelle Menander's selbst. Dagegen sagt
Poll. III. 76, dass der dem οἰκότριψ entsprechende Name der
Sklavin, die im Hause geboren sei, σηκίς sei. S. Aristoph.
Vesp. 768. Der Scholiast sagt bloss: σηκίδα τὴν κατ' οἶκον
θεράπαιναν λέγουσι: aber bei Suidas heisst es auch: σηκίδες
τὰ οἰκογενῆ παιδισκάρια. — Dass, wenn auch bei Isaeus
a. a. O. eine παιδίσκη von den übrigen θεραπαίναις unterschieden wird, dieses nicht einer besonderen Eigenschaft als Sklavin gilt, sondern damit eine junge Sklavin gemeint ist, hat
Lobeck zu Phryn. p. 239 hinreichend gezeigt. Eine allge-

meine Benennung für weibliche Sklaven ist δουλάρια, und nach
Lucian. Lexiph. 25 wurden männliche darunter nicht verstanden.

Gelehrte Sklaven, die zu wissenschaftlichen Zwecken ver-
wendet worden wären, wie in Rom, gab es im griechischen
Hause nicht. [Ueber die γραμματεῖς bei Plut. de nobil. 20
vgl. B. II, S. 166. Sklaven, die an der wissenschaftlichen
Ausbildnng ihrer Herren theilnahmen, blieben Ausnahmen:
Gell. Noct. Att. II. 18; Suid. s. v. Ἄβρων und Ἴστρος;
Diog. Laërt. IV. 46. Uebrigens liess man in den häuslichen
Dienstleistungen, welche Gewandtheit und Anstand erforderten,
ἐγκύκλια διακονήματα, Unterricht ertheilen: Aristot. Polit.
I. 2, p. 11, vgl. Athen. VI, p. 263. Die Forderung bei
Aristot. Oecon. I. 5: ἐπεὶ δὲ ὁρῶμεν, ὅτι αἱ παιδεῖαι ποιούς
τινας ποιοῦσι τοὺς νέους ἀναγκαῖον καὶ παρασκευασάμενον τρέφειν, οἷς τὰ ἐλευθέρια τῶν ἔργων προστακτέον scheint besonders auf die Heranbildung von ἐπιτρόπους zu gehen. In dem
eigenen Gewerbe und in den gewöhnlichen Feld- und Haus-
arbeiten gab der Herr selbst die nöthige Anleitung: Xenoph.
Oecon. XII. 16. Anderenfalls wurden die jungen Leute gegen
Lehrgeld einem Meister übergeben: Xenoph. de re equ. II.
2; Plat. Men. p. 90 D; Inscr. Delph. n. 213. 239. Die
bereits weit fortgeschrittene Theilung der Arbeit in den Fabriken erleichterte natürlich die Aueignung der Fertigkeiten
ungemein: Xenoph. Cyrop. VIII. 2. 5. Memor. Socr. II,
7. 6. Vgl. Büchsenschütz S. 341 und über dieselbe Theilung der Kunstarbeit Friedländer Darstell. aus d. Sittengesch. Roms B. III, S. 197.] Selbst solche Sklaven, die
nur dem Vergnügen als Musiker, Tänzer, Schauspieler u. s. w.
dienten, begegnen uns erst in später Zeit, wo der Einfluss
römischer Sitte unverkennbar ist, wie bei Lucian. Amor. 10:
Χαρικλεῖ γε μὴν πολὺς ὀρχηστρίδων καὶ μουσουργῶν χορὸς
εἵπετο, während dieses in Rom schon zu Cicero's Zeit etwas
Gewöhnliches war; nur Neger und Eunuchen hielten sich Rei-

chere gern auch wohl schon früher. Erstere dienten nur zum
Staate und gelten als ein Zeichen der Eitelkeit, Theophr.
Char. 21: (μιχροφιλοτίμου) ἐπιμεληθῆναι ὅπως αὐτῷ ὁ ἀχό-
λουθος Αἰθίοψ ἔσται: vgl. Terent. Eun. I. 2. 85; III. 2. 18.
Die Eunuchen aber waren geschätzt, weil sie für besonders
treu galten, eine Ansicht, die, in der Natur der Sache begründet, von den Barbaren auf die Griechen übergegangen zu
sein scheint. Herodot. VIII. 105: παρὰ γὰρ τοῖς βαρβάροισι
τιμιώτεροι εἰσι οἱ εὐνοῦχοι πίστιος εἵνεκα τῆς πάσης τῶν ἐνορ-
χίων. Den Grund gibt Heliodor. Aethiop. VIII. 17 an:
Περσῶν γὰρ βασιλείοις αὐλαῖς ὀφθαλμοὶ καὶ ἀκοαὶ τὸ εὐνούχων γένος, οὐ παίδων, οὐ συγγενείας τὸ πιστὸν τῆς εὐνοίας με-
τασπώσης, ἀλλὰ μόνου τοῦ πιστεύσαντος ἀναρτώσης. Vgl. Xenoph. Cyr. VII. 5. 58ff. Darum brauchte man sie auch zu
Schatzmeistern. Plutarch. Demetr. 25: ἐπιεικῶς γὰρ εἰώθεσαν εὐνούχους ἔχειν γαζοφύλακας. Wenn Tereut. a. a. O.
sagt: porro eunuchum dixti velle te, quia solae utuntur his re-
ginae, so kann es mit dieser Einschränkung in keinem Falle
streng genommen werden. Abgesehen von dem πλῆθος εὐνούχων bei Lucian. Imagin. 2 findet sich bereits in Kallias'
Hause ein Eunuch als Thürhüter: Plato Protag. p. 314.
Dass man sie aber zur Bewachung der Frauen gebraucht habe,
ist eine durch keinen Beweis gerechtfertigte Annahme.

Was das Verhältniss der Sklaven zum Herrn anlangt, so
mussten natürlich die als Handwerker arbeitenden unabhängi-
ger sein, als die Haussklaven. Den letzteren gab, wie sich von
selbst versteht, der Herr Wohnung, Kleidung und Nahrung
(namentlich täglich einen χοῖνιξ = 1,094 Liter Gerste, auch
Wein, wogegen sich aber Plato Leg. II, p. 674 und Aristot.
Oecon. I. 5 erklären; vgl. B. II. S. 338), was der Chor den
Sklaven des Philokleon in's Gedächtniss ruft, Aristoph.
Vesp. 442:

— καὶ νῦν γε τούτω τὸν παλαιὸν δεσπότην
πρὸς βίαν χειροῦσιν οὐδὲν τῶν πάλαι μεμνημένοι
διφθερῶν κᾆξωμίδων, ἃς οὗτος αὐτοῖς ἡμπόλα,
καὶ κυνᾶς, καὶ τοὺς πόδας χειμῶνος ὄντος ὠφέλει.

Bei den Handwerkern konnte es wohl nur dann der Fall sein,
wenn sie für Rechnung des Herrn arbeiteten; s. Aristot. Oecon. I. 5; wo aber, wie in dem von Aeschin. in Timarch.
§. 97 angeführten Falle, sie dem Herrn nur eine tägliche Abgabe zahlten, müssen sie nothwendig sich selbst unterhalten
haben. Ausserdem hatte der Herr jeden Schaden, der Anderen durch seine Sklaven geschah, zu vertreten. Demosth.
in Nicostr. §. 20: παρ' οἷς τοίνυν εἰργάσατο πώποτε, ὡς τοὺς
μισθοὺς Ἀρεθούσιος ἐκομίζετο τοὺς ὑπὲρ αὐτοῦ, καὶ δίκας καὶ
ἐλάμβανε καὶ ἐδίδου, ὁπότε κακόν τι ἐργάσαιτο, ὡς δεσπότης
ὤν, τούτων ὑμῖν τοὺς εἰδότας μάρτυρας παρέξομαι und Plat.
Legg. XI, p. 936 D. Dagegen beziehen sich die von Becker
hier citirten Worte eines solonischen Gesetzes bei Lys. in
Theomn. I. §. 19: οἰκῆος καὶ δούλης τὴν βλάβην ὀφείλειν (so
auch Frohberger nach Heraldus) sehr wahrscheinlich auf
die an Sklaven oder Sklavinnen verübten Gewaltthaten. Im Allgemeinen vgl. Meier und Schömann Att. Process S. 477
u. 573.]

Im Uebrigen war die Lage der griechischen Sklaven weniger drückend als die der römischen, und es ist namentlich
dem Charakter der Athener ganz angemessen, dass dort ein
vertraulicheres Verhältniss zwischen Sklaven und Herren Statt
fand. Bezeichnend dafür ist, was Plutarch. de garrul. 18
von dem stummen Gehorsam der römischen und der familiären
Schwatzhaftigkeit der griechischen Sklaven anführt. Er erzählt, dass M. Piso seinen Sklaven befohlen habe, nichts zu
sprechen, als wonach er sie fragen werde. Einst habe er zu
einem Festmahle den Clodius eingeladen. Die Gäste seien ver-
sammelt gewesen; nur Clodius habe noch gefehlt. Piso habe
den Sklaven, der die Einladung besorgt hatte, wiederholt ab-

geschickt, um uachzusehen, ob er komme. Endlich fragte er,
ob er ihn auch eingeladen habe? Der Sklave bejahte es. Warum kommt er aber nicht? fragte Piso. Weil er es abgeschla-
gen hat, war die Antwort. Und warum hast du das nicht
gleich gesagt? Weil du mich nicht danach gefragt hast! Plutarch setzt hinzu: οὕτως μὲν Ῥωμαϊκὸς οἰκέτης· ὁ δὲ Ἀττικὸς
ἐρεῖ τῷ δεσπότῃ σκάπτων, ἐφ᾽ οἷς γεγόνασιν αἱ διαλύσεις, οὕτως μέγα πρὸς πάντα ὁ ἐθισμός ἐστι. Diese δούλων ἄνεσις
war, wie Aristot. de republ. V. 11, p. 1313. 35 sagt,
eine Folge der athenischen Verfassung, die allerdings den
Sklaven mehr Schutz und grösseren Spielraum gewährte, als
anderwärts geschehen zu sein scheint, vgl. Xenoph. de republ. Ath. 1. 12: διὰ τοῦτο οὖν ἰσηγορίαν καὶ τοῖς δούλοις
πρὸς τοὺς ἐλευθέρους ἐποιήσαμεν: und wenn Eurip. Phoen.
390 es im Grundsatze allerdings ganz richtig als härtestes
Loos des Sklaven bezeichnet, dass ihm die παῤῥησία nicht
gestattet sei:

— τί φυγάσιν τὸ δυσχερές; —
ἓν μὲν μέγιστον, οὐκ ἔχει παῤῥησίαν. —
δούλου τόδ᾽ εἶπας, μὴ λέγειν ἅ τις φρονεῖ:

so hören wir, was Athen anlangt, gerade das Gegentheil bei
Demosth. Phil. III, §. 3: ὑμεῖς τὴν παῤῥησίαν ἐπὶ μὲν τῶν ἄλλων οὕτω κοινὴν οἴεσθε δεῖν εἶναι πᾶσι τοῖς ἐν τῇ πόλει, ὥστε
καὶ τοῖς ξένοις καὶ τοῖς δούλοις αὐτῆς μεταδεδώκατε, καὶ πολλοὺς ἄν τις οἰκέτας ἴδοι παρ᾽ ὑμῖν μετὰ πλείονος ἐξουσίας ὅ, τι
βούλονται λέγοντας ἢ πολίτας ἐν ἐνίαις τῶν ἄλλων πύλεων.
[Vgl. noch Plaut. Stich. III. 1. 37:

atque id ne vos miremini, homines servulos
potare, amare, atque ad coenam condicere:
licet hoc Athenis nobis.

Tadelnd sagt in offenbarem Bezug hierauf Plat. de republ.
VIII, p. 563 B: τὸ δέ γε ἔσχατον τῆς ἐλευθερίας τοῦ πλήθους
— -- ὅταν δὴ οἱ ἐωνημένοι καὶ αἱ ἐωνημέναι μηδὲν ἧττον ἐλεύθεροι ὦσι τῶν πριαμένων. Vgl. Rötscher Aristophanes

S. 111. Aber auch in Bezug auf andere Gegenden: Plaut. Captiv. II. 2. 22. Appul. Met. X. 13. Theopomp. bei Athen. IV, p. 149.]

Freilich muss man hierin theils das Verhältniss zum eigenen Herrn und zu Anderen, welchen der fremde Sklave keinen Gehorsam schuldig war, unterscheiden, theils die Gesichtspunkte, aus welchen diese Vergünstigungen flossen, näher in's Auge fassen. In ersterer Hinsicht hing natürlich von dem Charakter des Herrn Alles ab, nicht nur in wiefern bei ihm Billigkeit oder Härte vorwalteten, sondern auch in wieweit er nicht den Sklaven als Mitwisser unrechter Handlungen zu schonen hatte. *Δοῦλοι γὰρ τὰ δεσποτῶν ἐπίστανται καὶ καλὰ καὶ αἰσχρά*, sagt Lucian. Asin. 5; und daher verlangt Plato im Umgange mit den eigenen Sklaven stets den grössten Ernst, Leg. VI, p. 777: *τὴν δὲ οἰκέτου πρόσρησιν χρὴ σχεδὸν ἐπίταξιν πᾶσαν γίγνεσθαι, μὴ προσπαίζοντας μηδαμῇ μηδαμῶς οἰκέταις μήτ' οὖν θηλείαις μήτε ἄῤῥεσιν.* Wenn ferner auch in Athen den Sklaven eine grössere Freiheit eingeräumt wurde, so geschah dies doch nicht um ihrer selbst willen in Anerkennung ihrer natürlichen Rechte, und selbst die Gesetze, welche zu ihrem Schutze gegeben wurden, gingen aus anderen Motiven, nicht aus Gerechtigkeitsliebe hervor; vgl. Xenophon de republ. Ath. 1. 10: *τῶν δούλων αὖ καὶ τῶν μετοίκων πλείστη ἐστὶν Ἀθήνῃσιν ἀκολασία, καὶ οὔτε πατάξαι ἔξεστιν αὐτόθι οὔτε ὑπεκστήσεταί σοι ὁ δοῦλος· οὖ δ' ἕνεκέν ἐστι τοῦτο ἐπιχώριον, ἐγὼ φράσω. εἰ νόμος ἦν, τὸν δοῦλον ὑπὸ τοῦ ἐλευθέρου τύπτεσθαι ἢ τὸν μέτοικον ἢ τὸν ἀπελεύθερον, πολλάκις ἂν οἰηθεὶς εἶναι τὸν Ἀθηναῖον δοῦλον ἐπάταξεν ἄν· ἐσθῆτά τε γὰρ οὐδὲν βελτίω ἔχει ὁ δῆμος αὐτόθι ἢ οἱ δοῦλοι καὶ οἱ μέτοικοι, καὶ τὰ εἴδη οὐδὲν βελτίους εἰσίν.* Ueber den Sinn und die Ausdehnung dieses Verbots, die Sklaven — es versteht sich, dass nur von fremden, nicht den eigenen die Rede ist — zu schlagen, sind in neuerer Zeit mehrfache Zweifel angeregt worden. Von zwei Rednern

werden gesetzliche Bestimmungen angeführt, nach welchen eine
γραφὴ ὕβρεως auch wegen Vergehen an Sklaven zulässig war,
Aeschin. in Timarch. §. 16: ἄν τις Ἀθηναίων ἐλεύθερον
παῖδα ὑβρίσῃ, γραφέσθω ὁ κύριος τοῦ παιδὸς πρὸς τοὺς θεσμοθέτας ... ἔνοχοι δὲ ἔστωσαν ταῖσδε ταῖς αἰτίαις καὶ οἱ εἰς
τὰ οἰκετικὰ σώματα ἐξαμαρτάνοντες: und Demosth. in Mid.
§. 47: ἐάν τις ὑβρίσῃ εἴς τινα ἢ παῖδα ἢ γυναῖκα ἢ ἄνδρα τῶν
ἐλευθέρων ἢ τῶν δούλων ἢ παράνομόν τι ποιήσῃ εἰς τούτων τινά,
γραφέσθω πρὸς τοὺς θεσμοθέτας ὁ βουλόμενος Ἀθηναίων, οἷς
ἔξεστιν: und wenn Meier Att. Process S. 321 ff. von der Ansicht ausgehend, dass Schläge, die einem fremden Sklaven ertheilt wurden, wohl eine δίκη αἰκίας oder βλάβης von Seiten
des Eigenthümers, nicht aber eine γραφὴ ὕβρεως hätten begründen können und dass eine ὕβρις an Sklaven nur δι' αἰσχρουργίας
möglich gewesen sei, annimmt, dass beide Redner auf ein und
dasselbe Gesetz sich bezögen, so kann ich mich davon durchaus
nicht überzeugen. Das solonische Gesetz, welches Aeschines anführt, handelt ganz speciell von dem Missbrauche der Knaben
und machte einen Theil der Gesetze aus, welche zu Erhaltung
der Sittlichkeit unter der Jugend gegeben waren; das demo-
sthenische ist ein allgemeines Gesetz περὶ ὕβρεως, in welchem
παῖδες, γυναῖκες, ἄνδρες und δοῦλοι genannt werden; und lassen
wir es auch unerwogen, ob bei dem weiblichen Geschlechte
eine ὕβρις δι' αἰσχρουργίας angenommen werden könne, so
deutet schon der Umstand, dass ἄνδρες ohne Unterschied mit
eingeschlossen sind, darauf hin, dass hier nicht bloss von ὕβρις
dieser Art die Rede ist. Auch sind beide Gesetze dem Ausdrucke wie dem Umfange nach sehr verschieden: während dort
dem κύριος des Knaben die Klage zur Pflicht gemacht wird,
heisst es hier γραφέσθω ὁ βουλόμενος τῶν Ἀθηναίων: und
während hier die δοῦλοι neben den Uebrigen aufgeführt werden,
sind sie dort in einem Zusatze am Schlusse des Gesetzes genannt, was Aeschines ausdrücklich noch mit den Worten
bestätigt: τί δήποτε τῷ νόμῳ τῷ τῆς ὕβρεως προσεγράφη τοῦτο

τὸ ῥῆμα, τὸ τῶν δούλων. Uebrigens beruft sich Athen. VI. 92, p. 266 nicht nur auf Demosthenes, sondern auch auf Lykurg und Hyperides; und wie sehr auch die Redner die Gesetze zu ihrem Vortheile interpretirt haben mögen, so ist doch schwerlich vorauszusetzen, dass alle dem Gesetze, welches nur von αἰσχρουργία sprach, »advocatenmässig« die Ausdehnung auf ὕβρις διὰ πληγῶν sollten gegeben haben; oder wenn man auch glaubt, es seien die Gesetze erst später, und zwar ungenau, den Reden beigeschrieben worden, so hätte doch auch die gewissenloseste Nachlässigkeit nicht so verschiedene Texte hervorbringen können, und man müsste geradezu annehmen, eines derselben sei fingirt, [was nur in Bezug auf Aeschines denkbar wäre. Vgl. Hermann Symbolae ad doctr. jur. Att. de injur. actionibus. Gott. 1847, p. 18ff. und Büchsenschütz a. a. O. S. 159. 1.]

Nun scheint allerdings die Erzähluug bei Demosth. in Nicostr. §. 16, wo ein freier Knabe (παιδάριον ἀστόν) in einen Garten geschickt wird, um eine Rosenpflanzung zu vernichten, gegen die Annahme zu sprchen, dass eine γραφὴ ὕβρεως wegen solcher Schläge, die einem Sklaven zugefügt waren, zulässig gewesen sei; denn der Kläger setzt hinzu: ἵν', εἰ καταλαβὼν αὐτὸν ἐγὼ πρὸς ὀργὴν δήσαιμι ἢ πατάξαιμι ὡς δοῦλον ὄντα, γραφήν με γράψαιντο ὕβρεως: allein bei genauerer Erwägung kann ich ihr gar keine Beweiskraft zugestehen. Denn im Grunde kann hier von gar keiner ὕβρις die Rede sein, weil die Kriterien des ἄρχεσθαι χειρῶν ἀδίκων und des προπηλακισμός fehlen. Die aus Aristot. Rhet. II. 24, p. 1402 Bekk. angeführte Stelle beweist gegen ein specielles attisches Gesetz gar nichts; wohl aber dient sie dazu, es ausser Zweifel zu setzen, dass in dem obigen Falle überhaupt keine ὕβρις statuirt werden könne. Aristoteles spricht von Sätzen, denen die allgemeine Gültigkeit fehle und die daher, als Prämissen gebraucht, zu falschen Schlüssen führen müssten. Als Beispiel führt er unter Anderem an: εἴ τις φαίη τὸ τύπτειν τοὺς ἐλευθέρους ὕβριν εἶναι· οὐ γὰρ πάντως· ἀλλ’ ὅταν ἄρχῃ χειρῶν ἀδίκων.

Nun kann darüber kein Zweifel sein, dass, wenn ein Sklave abgeschickt wurde, um den Garten zu verwüsten, und dieser von dem Eigenthümer dafür eine Züchtigung erfuhr, an begangene ὕβρις gar nicht gedacht werden konnte; eher aber war es möglich, von der Misshandlung eines freien Knaben den Vorwand zu einer γραφὴ ὕβρεως herzunehmen; und so ungerecht diese auch gewesen sein würde, so kann eine solche Absicht mitten unter allen den Niederträchtigkeiten, die dort erzählt werden, durchaus nicht befremden. [Vgl. Funkhänel in N. Jahrb. B. XXXV, S. 414.] Aus diesen Gründen kann ich mich für die von den Verfassern des Attischen Processes gegebene Auslegung des νόμος ὕβρεως nicht erklären und eben so wenig kann ich beipflichten, wenn die Aeusserung gethan wird, dass Xenophon, oder wer der Verfasser der Schrift de republica Atheniensium sein möge, nur aus Feindschaft gegen die athenische Demokratie den Grund zu dem Verbote, Sklaven zu schlagen, in der Möglichkeit der Verwechselung mit Freien suche. Denn ganz in demselben Sinne sagt Aeschines in Timarch. §. 17: ἴσως ἂν οὖν τις θαυμάσειεν ἐξαίφνης ἀκούσας, τί δήποτε τῷ νόμῳ τῷ τῆς ὕβρεως προσεγράφη τοῦτο τὸ ῥῆμα, τὸ τῶν δούλων· τοῦτο δέ, ἐὰν σκοπῆτε, εὑρήσετε, ὦ ἄνδρες Ἀθηναῖοι, ὅτι πάντων ἄριστα ἔχει· οὐ γὰρ ὑπὲρ τῶν οἰκετῶν ἐσπούδακεν ὁ νομοθέτης, ἀλλὰ βουλόμενος ἡμᾶς ἐθίσαι πολὺ ἀπέχειν τῆς τῶν ἐλευθέρων ὕβρεως, προσέγραψε, μηδ’ εἰς τοὺς δούλους ὑβρίζειν, oder Demosth. Mid. §. 46: οὐ γὰρ ὅστις ὁ πάσχων ᾤετο δεῖν σκοπεῖν, ἀλλὰ τὸ πρᾶγμα ὁποῖόν τι τὸ γιγνόμενον· ἐπειδὴ δ’ εὗρεν οὐκ ἐπιτήδειον, μήτε πρὸς δοῦλον μήθ’ ὅλως ἐξεῖναι πράττειν ἐπέταξεν, und das ist so ganz griechische Denkungsart, nach welcher die Sklaven nur der Freien wegen da sind und neben ihnen gar nicht in Betracht kommen, dass man sich nicht wundern darf, sie selbst bei Plato, wenn auch gemildert ausgesprochen zu finden. Leg. VI, p. 777: τρέφειν

ὃ᾽ αὐτοὺς ὀρθῶς, μὴ μόνον ἐκείνων ἕνεκα, πλέον δὲ αὐτῶν
προτιμῶντας· ἡ δὲ τροφὴ τῶν τοιούτων μήτε τινὰ ὕβριν ὑβρίζειν εἰς τοὺς οἰκέτας, ἧττον δέ, εἰ δυνατόν, ἀδικεῖν ἢ τοὺς ἐξ
ἴσου· διάδηλος γὰρ ὁ φύσει καὶ μὴ πλαστῶς σέβων τὴν δίκην,
μισῶν δὲ ὄντως τὸ ἄδικον ἐν τούτοις τῶν ἀνθρώπων, ἐν οἷς
αὐτῷ ῥᾴδιον ἀδικεῖν.

Auch sonstige Spuren freundlicher Behandlung der Sklaven lassen ähnliche Motive wahrnehmen. So scheint mit der
Geringschätzung ihrer Person auf den ersten Blick seltsam
der Gebrauch zu contrastiren, nach welchem man beim Eintritte eines neu gekauften Sklaven in das Haus Naschwerk,
καταχύσματα, ausstreuete, wie es auch beim Empfange einer
Braut geschah. Demosth. in Steph. I, §. 74: ἀλλ᾽ αὐτὸς
μὲν οὐκ ὤκνησε τὴν δέσποιναν γῆμαι καὶ ᾗ, τὰ καταχύσματα
αὐτοῦ κατέχεε τύθ᾽ ἡνίκα ἐωνήθη, ταύτῃ συνοικεῖν: vgl. Aristoph. Plut. 768:

> φέρε νῦν ἰοῦσ᾽ εἴσω κωμίσω καταχύσματα
> ὥσπερ νεωνήτοισιν ὀφθαλμοῖς ἐγώ.

Allein das gilt im Grunde nicht dem Empfange des Sklaven,
sondern es geschieht guter Vorbedeutung wegen. Der Scholiast zu Aristophanes sagt: τῶν γὰρ νεωνήτων δούλων τῶν
πρῶτον εἰσιώντων εἰς τὴν οἰκίαν ἢ ἁπλῶς τῶν ἐφ᾽ ὧν οἰωνίσα-
σθαί τι ἀγαθὸν ἐβούλοντο, ὡς καὶ ἐπὶ τοῦ νυμφίου, περὶ τὴν
ἑστίαν τὰ τραγήματα κατέχεον εἰς σημεῖον εὐπορίας ... σύγ-
κειται δὲ τὰ καταχύσματα ἀπὸ φοινίκων, κολλύβων, τρωγαλίων,
ἰσχάδων καὶ καρύων, ἅπερ ἥρπαζον οἱ σύνδουλοι· κυρίως δὲ
ἐλέγοντο, ὅτε δοῦλον ἠγόραζον· ἔφερον γὰρ αὐτὸν ἐπὶ τὴν ἑστίαν
καὶ καθίζοντες κατὰ τῆς κεφαλῆς κατέχεον κόλλυβα: vgl. Poll.
III. 77, Harpocr. u. Suid. s. καταχύσματα u. s. w. Die gute
Vorbedeutung liegt darin, dass der über den Sklaven ausge-
schüttete Reichthum gleichsam von ihm herabregnet. [Vgl.
auch Schol. zu Hermog. bei Walz Rhet. Gr. V, S. 529:
εὔκαρπον αὐτοῖς τὴν κτῆσιν καὶ ὀνήσιμον ἐπευχόμενοι γενέσθαι.]
Ganz denselben Sinn hatte ein entgegengesetzter Gebrauch in

Chaeroneia, nach welchem man an einem bestimmten Tage einen Sklaven als Symbol des Unheils und Mangels unter Misshandlungen aus dem Hause jagte. Plutarch. Symp. VI. 8: θυσία τίς ἐστι πάτριος, ἥν ὁ μὲν ἄρχων ἐπὶ τῆς κοινῆς ἑστίας δρᾷ, τῶν δὲ ἄλλων ἕκαστος ἐπ' οἴκου· καλεῖται δὲ βουλίμου ἐξέλασις· καὶ τῶν οἰκετῶν ἕνα τύπτοντες ἁγνίαις ῥάβδοις διὰ θυρῶν ἐξελαύνουσιν ἐπιλέγοντες, ἔξω βούλιμον, ἔσω δὲ πλοῦτον καὶ ὑγίειαν. [Doch nahmen die Sklaven an vielen gottesdienstlichen Handlungen der Familie und der Gemeinde Theil. Aristot. Oecon. I. 5: καὶ τὰς θυσίας καὶ τὰς ἀπολαύσεις μᾶλλον τῶν δούλων ἕνεκα ποιεῖν ἢ τῶν ἐλευθέρων· πλείονα γὰρ ἔχουσιν οὗτοι οὗπερ ἕνεκα τὰ τοιαῦτα ἐνομίσθη. Aeschyl. Agam. 1031: ἐπεὶ σ' ἔθηκε Ζεὺς ἀμηνίτοις δόμοις κοινωνὸν εἶναι χερνίβων πολλῶν μετὰ δούλων, σταθεῖσαν κτησίου βωμοῦ πέλας. Isaeus de Cir. §. 16: τῷ Διὶ θύων τῷ κτησίῳ, περὶ ἣν μάλιστα ἐκεῖνος θυσίαν ἐσπούδαζε καὶ οὔτε δούλους προσῆγεν οὔτ' ἐλευθέρους ὀθνείους. Demosth. in Neaer. §. 85: οὐκέτ' ἔξεστιν αὐτῇ ἐλθεῖν εἰς οὐδὲν τῶν ἱερῶν καὶ δημοτελῶν, εἰς ὃ καὶ ξένην καὶ τὴν δούλην ἐλθεῖν ἐξουσίαν ἔδοσαν οἱ νόμοι καὶ θεασομένην καὶ ἱκετεύουσαν εἰσιέναι. Sie waren von den Dionysien nicht ausgeschlossen: Etym. Magn. p. 109: θύραζε Κᾶρες· οὐκέτ' Ἀνθεστήρια. Plut. in Epicur. 16; Athen. IV, p. 139; X, p. 437. Dass die Sklaven hellenischer Abkunft auch zu den eleusinischen Mysterien Zutritt erlangen konnten, lässt sich aus Demosth. in Neaer. §. 21 nicht erweisen, da Metaneira als Freigeborene angemeldet worden zu sein scheint. Ueber Feste, an denen die Sklaven sogar Bevorzugung genossen, s. Büchsenschütz S. 149 und Hermann Gottesd. Alterth. §. 43, n. 10; 52, n. 30; 53, n. 37; 64, n. 39; 67, n. 36; 68, n. 33.]

Ueberhaupt blieb bei aller Humanität im Einzelnen doch aus dem rechtlichen Gesichtspunkte ihre Behandlung von der der Freien grundverschieden. Die Vergehen, die sie sich zu Schulden kommen lassen, sollen auch nach Plato's Absicht strenge Strafen zur Folge haben, nicht Zurechtweisung und Ermahnung, was nur für Freie gehört: Leg. VI, p. 778: κολάζειν γε μὴν ἐν δίκῃ δούλους ἀεὶ καὶ μὴ νουθετοῦντας, ὡς ἐλευθέρους, θρύπτεσθαι ποιεῖν: und derselben Art sind alle Gesetze Plato's, die Strafbestimmungen über gleiche Vergehen Freier und Sklaven enthalten, s. Leg. VIII, p. 845; IX, p. 865 u. 881. Ganz eben so aber ist im bürgerlichen Rechte der Hauptunterschied zwischen beiden der, dass der Sklave jederzeit körperlich büsst, bei dem Freien hingegen dieses das letzte Mittel ist. Demosth. in Timocr. §. 167: καὶ μὴν εἰ θέλοιτε σκέψασθαι παρ' ὑμῖν αὐτοῖς, ὦ ἄνδρες δικασταί, τί δοῦλον ἢ ἐλεύθερον εἶναι διαφέρει, τοῦτο μέγιστον ἂν εὕροιτε, ὅτι τοῖς μὲν δούλοις τὸ σῶμα τῶν ἀδικημάτων ἁπάντων ὑπεύθυνόν ἐστι, τοῖς δ' ἐλευθέροις ὕστατον τοῦτο προσήκει κολάζειν. Daher auch die Verschiedenheit der Beweismittel vor Gericht: Antipho de Choreut §. 25: καὶ ἐξείη μὲν τοὺς ἐλευθέρους ὅρκοις καὶ πίστεσιν ἀναγκάζειν, ἃ τοῖς ἐλευθέροις μέγιστα καὶ περὶ πλείστου ἐστίν· ἐξείη δὲ τοὺς δούλους ἑτέραις ἀνάγκαις, ὑφ' ὧν, καὶ ἢν μέλλωσιν ἀποθανεῖσθαι κατειπόντες, ὅμως ἀναγκάζονται τἀληθῆ λέγειν. Endlich liegt das Schmachvollste ihres Zustandes darin, dass, wenn sie Unrecht und Misshandlungen erdulden, sie nicht selbst sich Hülfe verschaffen können, Plato Gorg. p. 483: οὐδὲ γὰρ ἀνδρὸς τοῦτό γ' ἐστὶ τὸ πάθημα, τὸ ἀδικεῖσθαι, ἀλλὰ ἀδραπόδου τινός, ᾧ κρεῖττον τεθνάναι ἐστὶν ἢ ζῆν, ὅστις ἀδικούμενος καὶ προπηλακιζόμενος μὴ οἷός τέ ἐστιν αὐτὸς αὑτῷ βοηθεῖν μηδὲ ἄλλῳ, οὗ ἂν κήδηται: vgl. Aristot. Eth. Nic. IV. 5. Bei Beeinträchtigungen, die sie von Fremden erfuhren, stand dem Herrn das Recht der Klage zu, da sie selbst keine Rechtsfähigkeit besassen, Demosth. c. Pantaen. §. 51, c. Callicl. §. 31, c. Nicostr. §. 21; gegen Grausamkeit des eigenen Herrn war ihr einziger Schutz, in das Theseion oder an irgend einen anderen Altar sich zu flüchten, worauf der Herr gezwungen werden konnte, sie zu verkaufen, vgl. Eurip. Suppl. 268 und mehr bei Petit. Leg. Att.

3*

p. 258; Hemsterh. zu Lucian. Deor. dial. XXIV. 2, p. 277;
Wytt. zu Plutarch. de superst. 4; [Poll. VII. 13; Lucian. Dial. deor. 24. 2; Plut. Thes. 36; de exsil. 18;
Diod. IV. 62; Thucyd. VI. 61; Aristoph. Equ. 1312;
Plaut. Mostell. V, 1. 48. Möglicherweise galt die in der
Mysterieninschrift vom messenischen Andania (Abhandl. d.
k. Gesellsch. d. Wissensch. zu Göttingen VIII, S. 217,
Z. 85) stehende Bestimmung: ὁ δὲ ἱερεὺς ἐπικρινέτω περὶ τῶν
δραπετικῶν, ὅσοι κα ἧνται ἐκ τᾶς ἁμετέρας πόλεος, καὶ ὅσους
κα καταχρίνει, παραδότω τοῖς χυρίοις· ἂν δὲ μὴ παραδιδῷ,
ἐξέστω τῷ χυρίῳ ἀποτρέχειν ἔχοντι, also ein Gutachten der
Priesterschaft in Bezug auf die Gründe der Asylsuchenden,
auch in anderen Tempeln. Mit Recht dagegen bezweifelt
Büchsenschütz S. 153 die von Curtius Inscript. Attic.
nup. rep. p. 19 aufgestellte Vermuthung, dass die Flüchtlinge
gegen ein Weihgeschenk an das Heiligthum ihre Freiheit erlangt hätten. Uebrigens gewährte dem Sklaven der bei festlichen Gelegenheiten getragene Kranz augenblicklichen Schutz
gegen Misshandlungen: Aristoph. Plut. 20.] Meier und
Schömann att. Process S. 403 ff. 557 ff. Selbst öffentliche
Sklaven, bei denen kein Herr die Klage αἰκίας anstellen konnte,
suchten auf solche Weise Schutz, wie man aus der Erzählung
bei Aeschin. in Timarch. §. 60 sieht: τῇ δὲ ὑστεραίᾳ
ὑπεραγανακτήσας τῷ πράγματι ὁ Πιττάλαχος ἔρχεται γυμνὸς
εἰς τὴν ἀγορὰν καὶ καθίζει ἐπὶ τὸν βωμὸν τὸν τῆς μητρὸς τῶν
θεῶν: und daraus scheint doch hervorzugehen, dass auch sie
in eigener Person keine Klage anstellen konnten, [wenn sie
auch sonst den Privatsklaven gegenüber gewisse juristische
Vortheile genossen: Meier u. Schömann S. 560].

Völlig übereinstimmend mit dieser Behandlung ist dann
auch die Art und Weise, wie man sich der Sklaven als Zeugen bediente. Ihre einfache Aussage war — einzelne Fälle,
wo sie als μηνυταί schwerer Verbrechen [Hermann Staatsalterth. §. 133, n. 4] auftraten, ausgenommen — nicht gültig,

vgl. Antiph. Tetral. I. 2, §. 7: *ἀπιστουμένων δὲ καὶ τῶν ἄλλων δούλων ἐν ταῖς μαρτυρίαις· οὐ γὰρ ἂν ἐβασανίζομεν αὐτούς.* Desto mehr Gewicht aber wurde den Aussagen auf der Folter beigelegt, so dass z. B. Demosth. in Onet. I. §. 37 sagt: *δούλων δὲ βασανισθέντων οὐδένες πώποτ' ἐξηλέγχθησαν, ὡς οὐκ ἀληθῆ τὰ ἐκ τῆς βασάνου εἶπον:* und Isaeus de Ciron. her. §. 12: *ὁπόταν δοῦλοι καὶ ἐλεύθεροι παραγένωνται καὶ δέῃ εὑρεθῆναί τι τῶν ζητουμένων, οὐ χρῆσθε ταῖς τῶν ἐλευθέρων μαρτυρίαις, ἀλλὰ τοὺς δούλους βασανίζοντες οὕτω ζητεῖτε εὑρεῖν τὴν ἀλήθειαν τῶν γεγενημένων.* Man nannte das *ἐκ τοῦ σώματος* oder *ἐν τῷ δέρματι τὸν ἔλεγχον διδόναι,* vgl. Demosth. adv. Timoth. §. 55 und ähnliche Stellen mehr bei Hudtwalcker Diäteten S. 51, auch Meier u. Schömann S. 679 und letzteren zu Isaeus p. 385. Dieser Vorzug der auf der Folter erzwungenen Geständnisse enthält auf der einen Seite ein schmachvolles Zeugniss wider die Glaubwürdigkeit der von Freien gemachten Aussagen, da man es, wie Lycurg. in Leocr. §. 29 sagt, für sicherer hielt, *βασανίζειν καὶ τοῖς ἔργοις μᾶλλον ἢ τοῖς λόγοις πιστεύειν;* auf der anderen lässt sich daraus auf das Verhältniss zwischen Herrn und Sklaven schliessen; denn man muss glauben, dass letzterem das Schicksal seines Herrn nicht genug am Herzen lag, um bei standhafter Ertragung der Martern ihm nachtheilige Aussagen zu unterdrücken. Nichtsdestoweniger leuchtet die Unzuverlässigkeit dieses Beweismittels ein, und die Redner berufen sich je nach ihrem Bedürfnisse einmal auf die erprobte Wahrheit der Foltergeständnisse, und wieder auf ihre Unsicherheit. So kommt es, dass Antipho de Choreuta §. 25 sie für den sichersten Beweis erklärt und dagegen de caede Herod. §. 31 als unglaubwürdig verwirft; vgl. Gorg. p. Palam. §. 11: *δούλοις δὲ πῶς οὐκ ἄπιστον; ἑκόντες γὰρ ἐπ' ἐλευθερίᾳ χειμαζόμενοί τε δι' ἀνάγκην κατηγοροῦσιν* [Auch war kein gesetzlicher Zwang zur Lieferung der eigenen Sklaven an die Folter und zur Annahme fremder als Zeugen vorhanden; ja, es konnte,

wenn es geschehen war, sogar eine Klage auf Ersatz des von
den gefolterten Sklaven erlittenen Schadens erhoben werden:
Büchsenschütz S. 147.]

Die Strafen, mit welchen die Sklaven belegt wurden, bestanden fast ohne Ausnahme in körperlicher Züchtigung; Be-
strafungsarten, die nur den Zweck der Beschämung gehabt
hätten, wie die römische furca (Gallus B. II, S. 149), habe
ich nicht genannt gefunden, man müsste denn den *κλοιός* oder
κυφών dahin rechnen, der aber doch mehr dem römischen
collare (das. S. 146) entspricht; vgl. Lucian. Merc. cond. 1:
καθάπερ ὑπὸ κλοιῷ τινι χρυσῷ τὸν αὐχένα δεθέντα, und bei
dems. Lexiph. 10 *περιδέραιον:* über *κυφών* Schol. Aristoph.
Plut. 476: *ξύλον ὅμοιον ζυγῷ, ὃν τιθέασιν κατὰ τῶν τραχή-
λων τῶν δικαζομένων, κύπτειν αὐτοὺς παρασκευάζον κ. τ. λ.*
Sehr häufig wurden auch Fesseln, *πέδαι*, an die Füsse gelegt;
nicht nur als Strafmittel, sondern auch um das Entlaufen zu
verhüten, namentlich bei denen, welche auf den Aeckern oder
in den Bergwerken arbeiteten. Athen. VI, p. 272: *καὶ αἱ
πολλαὶ δὲ αὗται Ἀττικαὶ μυριάδες τῶν οἰκετῶν δεδεμέναι εἰρ-
γάζοντο τὰ μέταλλα.* Eine beschwerlichere Fessel, die als
Strafe angewendet wurde, war die *ποδοκάκη* oder richtiger
(s. Harpocr. p. 246) *πυδοκάκκη*, auch in den solonischen Gesetzen gebraucht, vergl. Lysias in Theomn. I, §. 16 und
Demosth. in Timocr. §. 105. Ersterer nennt es einen
veralteten Ausdruck für *ξύλον*, und so erklären es auch die
Lexikographen, obgleich dieses auch eine weitere Bedeutung
hat. Vgl. Poll. VIII. 71 und Suidas: *ποδοκάκκη ξύλον, εἰς
ὃ ἐν εἱρκτῇ τοὺς πόδας ἐμβάλλοντες συνέχουσιν.* Er meint,
man könne sie auch *ποδοστράβη* nennen, was sonst ein Werkzeug der Jäger ist; s. indessen Lucian. Lexiph. 10. Dasselbe oder etwas Aehnliches bedeutet die *χοῖνιξ*, worauf sich
Aristoph. Vesp. 440 mit doppelsinniger Rede bezieht:

οὓς ἐγὼ 'δίδαξα κλάειν τέτταρ' ἐς τὴν χοίνικα.

Der Scholiast bemerkt dazu: *οὐ γὰρ μόνον τὸ μέτρον ἀλλὰ καὶ τὰς πέδας σημαίνει τὸ ὄνομα.* Nichts anderes war vermuthlich auch, in der Hauptsache wenigstens, der *σφαλός* oder *σφαλλός*. Poll. a. a. O. Hesych. — Dagegen bedeutet *ξύλον* auch ein schlimmeres Strafwerkzeug, in welchem der Straffällige krumm geschlossen wurde, so dass Hals, Hände und Füsse durch fünf Oeffnungen desselben gesteckt wurden. Darum sagt der Wursthändler bei Aristoph. Equit. 1049: ´

— *τουτονί*
δῆσαί σ' ἐκέλευε πεντεσυρίγγῳ ξύλῳ,

was der Scholiast erklärt: *πέντε ὑπὰς ἔχοντι, δι' ὧν οἵ τε πόδες καὶ αἱ χεῖρες καὶ ὁ τράχηλος ἐνεβάλλετο.* — Auf diese Weise war ein solches *ξύλον* nicht sehr verschieden von dem *κλοιός*, nur dass durch diesen bloss Hals und Hände (Xenoph. Hist. Gr. III. 3. 11) oder nur ersterer gefesselt wurden, während das *ξύλον* den ganzen Körper in Bande schlug, vgl. Lucian. Toxar. 29: *καὶ πονήρως εἶχεν, οἷον εἰκὸς χαμαὶ καθεύδοντα καὶ τῆς νυκτὸς οὐδὲ προτείνειν τὰ σκέλη δυνάμενον ἐν τῷ ξύλῳ κατακεκλεισμένα· τῆς μὲν γὰρ ἡμέρας ὁ κλοιὸς ἧρκει καὶ ἡ ἑτέρα χεὶρ πεπεδημένη, εἰς δὲ τὴν νύκτα ἔδει ὅλον καταδεδέσθαι.* Solche Strafen werden nun zwar auch gerichtlich und über Freie verhängt, aber es sind auch gewöhnliche häusliche Züchtigungsmittel für Sklaven, die mit dem Stocke, dem Riemen oder der Peitsche Hand in Hand gehen; nur die *τύμπανα* Schol. Aristoph. Plut. 476, die *στρέβλαι* und der *τροχός* Antiph. de venef. §. 20 sind wohl ausschliesslich Werkzeuge des *δήμιος* oder *δημόκοινος*. [Hermann Staatsalterth. §. 151, n. 14; Privatalt. §. 73, n. 23; Büchsenschütz, S. 165.] Eine sehr gewöhnliche Strafe war Brandmarkung, namentlich wohl für Entlaufen, Diebstahl u. dergl. Aristoph. Av. 759: *δραπέτης ἐστιγμένος*: vgl. Lysistr. 331; [Xenoph. Hell. V, 3. 24; Aeschin. de fals. leg. §. 79; Lucian. Tim. 17 und die Lexicogr. s. *στιγματίας*.] Es wurde irgend ein Zeichen auf die Stirne gebrannt, daher es

Manche unter den Haaren zu verbergen suchten. Diphil. bei
Athen. VI, p. 225:

> κόμην τρέφων μὲν πρῶτον ἱερὰν τοῦ θεοῦ,
> ὡς φησίν, οὐ διὰ τοῦτό γ᾽, ἀλλ᾽ ἐστιγμένος
> πρὸ τοῦ μετώπου παραπέτασμ᾽ αὐτὴν ἔχει.

Zuweilen, in Fällen besonderer Erbitterung, geschah dieses
auch mit den im Kriege Gefangenen. Plutarch. Pericl. 26:
οἱ δὲ Σάμιοι τοὺς αἰχμαλώτους τῶν Ἀθηναίων ἀνθυβρίζοντες
ἔστιζον εἰς τὸ μέτωπον γλαύκας· καὶ γὰρ ἐκείνους οἱ Ἀθηναῖοι
σάμαιναν: vgl. Aelian. Var. Hist. II. 9 und Plutarch.
Nic. 29: καὶ τοὺς οἰκέτας ἐπώλουν στίζοντες ἵππον εἰς τὸ μέτωπον. — Todesstrafe hingegen konnte auch über Sklaven nur
gerichtlich verhängt werden, nicht wie bei den Römern nach
Willkür des Herrn. Antipho de caede Herod. §. 48: καίτοι οὐδὲ οἱ τοὺς δεσπότας ἀποκτείναντες, ἐὰν ἐπ᾽ αὐτοφώρῳ
ληφθῶσιν, οὐδ᾽ οὗτοι θνήσκουσιν ὑπ᾽ αὐτῶν τῶν προσηκόντων,
ἀλλὰ παραδιδόασιν αὐτοὺς τῇ ἀρχῇ κατὰ νόμους ὑμετέρους
πατρίους. Darauf bezieht sich Eurip. Hec. 289:

> νόμος δ᾽ ἐν ὑμῖν τοῖς τ᾽ ἐλευθέροις ἴσος
> καὶ τοῖσι δούλοις αἵματος κεῖται πέρι,

[Isocr. Panath. §. 181. Aber die drakonische Bestimmung
über die Tödtung der Sklaven bei Lycurg. in Leocr. §. 65
hat sich in der Praxis bedeutend gemildert. Der an einem
Sklaven verübte Todtschlag ward dem unvorsätzlichen gleich-
gestellt: Schol. zu Aeschin. de fals. leg. §. 87 und Isocr.
in Callim. §. 52, und der Herr, welcher seinen Sklaven getödtet hatte, bedurfte nur der religiösen Blutsühne: Antiph.
de chor. §. 4. Vgl. Plat. Legg. IX, p. 865 D und Schömann Griech. Alterth. B. II, S. 355.]

Fragt man nun, in wie weit diese Geringschätzung der
Person des Sklaven und diese unwürdige Behandlung im Charakter der Sklaven selbst etwa ihre Rechtfertigung fanden, so
ist es allerdings schwer, zu einer recht klaren Ueberzeugung

zu gelangen, da es eben nur immer die Stimmen ihrer Herren
sind, durch welche uns Urtheile über sie bekannt werden.
Es wäre eine Thorheit, leugnen zu wollen, dass unter der
Menge von Sklaven, welche Griechenland hielt, sich gewiss
eine grosse Zahl verständiger und braver, ja edler Menschen
werde befunden haben. Sagt doch Plato Leg. VI, p. 776:
πολλοὶ γὰρ ἀδελφῶν ἤδη δοῦλοι καὶ υἱέων τισὶ κρείττους πρὸς
ἀρετὴν πᾶσαν γενόμενοι σεσώκασι δεσπότας καὶ κτήματα τάς
τε οἰκήσεις αὐτῶν ὅλας: und muss doch auch Aristoteles
eingestehen, dass die Natur sich zuweilen vergreife und dem
Sklaven die Eigenschaften des Freien verleihe, de republ. I. 5,
ein Erfahrungssatz, der allerdings in seiner Theorie von der
natürlichen Bestimmung zur Sklaverei sehr störend sein musste.
Das wahrhaft rührende Beispiel des Tyndarus in den Gefangenen des Plautus entbehrt gewiss nicht seiner Stütze in
der Wirklichkeit; und wenn dergleichen Charaktere uns selten
vorgeführt werden, so geschieht es nur darum, weil sie für
den Zweck der Komödie weniger geeignet sind. [Xenoph.
Oecon. 9. 12 und 12. 15. Corp. Inscr. I, n. 939. 2344.
Philostr. vit. sophist. II. 10.] Allein auf der anderen
Seite mag es wahr sein — und wie hätte es anders kommen
können? — dass dieselben grossentheils auch durch Niedrig-
keit der Gesinnung, durch Untreue gegen den Herrn und
Schlechtigkeit aller Art die Lage zu verdienen schienen, in
der sie sich befanden. Daher sagt Plato a. a. O.: οὐκοῦν
καὶ τοὐναντίον (ἴσμεν λεγόμενον), ὡς ὑγιὲς οὐδὲν ψυχῆς δούλης
οὐδὲ πιστεύειν οὐδέποτ᾽ οὐδὲν τῷ γένει δεῖ τὸν νοῦν κεκτημέ-
νον, mit Berufung auf Odyss. XVII. 322, und mit demselben
Ausdrucke Phaed. p. 69: μὴ σκιαγραφία τις ᾖ ἡ τοιαύτη
ἀρετὴ καὶ τῷ ὄντι ἀνδραποδώδης τε καὶ οὐδὲν ὑγιὲς οὐδ᾽ ἀληθὲς ἔχῃ. An dieser moralischen Unwürdigkeit aber hatte nun
[ausser ihrer Abstammung aus meist wenig gesitteten Ländern]
eben die Behandlungsweise der Herren selbst grossen Antheil,
vergl. Leg. p. 777: ταῦτα δὴ διαλαβόντες ἕκαστοι τοῖς δια-

νοήμασιν οἱ μὲν πιστεύουσί τε οὐδὲν γένει οἰκετῶν, κατὰ δὲ θηρίων φύσιν κέντροις καὶ μάστιξιν οὐ τρὶς μόνον ἀλλὰ πολλάκις ἀπεργάζονται δούλας τὰς ψυχὰς τῶν οἰκετῶν· οἱ δ᾽ αὖ τἀναντία δρῶσι τούτων πάντα: und mit Recht schliesst man von der Schlechtigkeit der Sklaven auf den Charakter des Herrn und den Zustand der Haushaltung. Xenoph. Oecon. 3.4: τί οὖν; ἦν σοι, ἔφη, καὶ οἰκέτας αὖ ἐπιδεικνύω ἔνθα μὲν πάντας, ὡς εἰπεῖν, δεδεμένους καὶ τούτους θαμινὰ ἀποδιδράσκοντας, ἔνθα δὲ λελυμένους καὶ ἐθέλοντάς τε ἐργάζεσθαι καὶ παραμένειν, οὐ καὶ τοῦτό σοι δόξω ἀξιοθέατον τῆς οἰκονομίας ἔργον ἐπιδεικνύναι; Einzelne schwere Verbrechen, wie wenn bei Antipho de caede Herod. §. 69 erzählt wird, dass ein zwölfjähriger Sklave den Herrn habe morden wollen, beweisen natürlich nichts; aber nirgends wird die gemeine Sinnesart der Sklaven besser geschildert als in dem Gespräche des Aeakos mit Xanthias bei Aristoph. Ran. 745 ff.

A. μάλα γ᾽ ἐποπτεύειν δοκῶ,
ὅταν καταράσωμαι λάθρα τῷ δεσπότῃ.
Ξ. τί δὲ τονθορύζων, ἡνίκ᾽ ἂν πληγὰς λαβών
πολλὰς ἀπίῃς θύραζε; Α. καὶ τουθ᾽ ἥδομαι.
Ξ. τί δὲ πολλὰ πράττων; Α. ὡς, μὰ Δί᾽, οὐδὲν οἶδ᾽ ἐγώ.
Ξ. ὁμόγνιε Ζεῦ· καὶ παρακούων δεσποτῶν
ἅττ᾽ ἂν λαλῶσι; Α. μᾶλλα πλεῖν ἢ μαίνομαι.
Ξ. τί δὲ τοῖς θύραζε ταῦτα καταλαλῶν; Α. ἐγώ;
μὰ Δί᾽, ἀλλ᾽ ὅταν δρῶ τοῦτο, κἀκμιαίνομαι.

Das ist ganz der Charakter der gemeinen Sklavennatur; es ist die χαρὰ ἀνδραπόδων, die sich überhaupt nie über das Niedrige erheben kann, die, wo sie sich äussert, unsittlicher oder grobsinnlicher Art ist. Plutarch. Non posse suav. 8: χαίροντες ἀνδραπόδων τινὰ χαρὰν ἢ δεσμίων ἐξ εἱργμοῦ λυθέντων, ἀσμένως ἀλειψαμένων καὶ ἀπολυσαμένων μετ᾽ αἰκίας καὶ μάστιγας, ἐλευθέρας δὲ καὶ καθαρᾶς καὶ ἀμιγοῦς καὶ ἀπουλωτίστου χαρᾶς ἀγεύστων καὶ ἀθεάτων. Daher heisst auch ein unedles Vergnügen geradehin ἡδονὴ ἀνδραπυδώδης, Plato

Epist. VII, p. 335; vgl. Aristot. Eth. Nic. III, 10. 11 und Plutarch. Amat. 4. Ehrgefühl spricht man ihnen ab und ihr ganzer Ruhm besteht darin, wenn sie keine Verbrechen begehen. Philostr. Vit. Apoll. Tyan. III. 25: ἔπαινον ποιοῦνται τῶν ἀνδραπόδων τὸ μὴ κλέπτειν αὐτά. [Charakterfigur der neueren Komödie: Ovid. Amor. I, 15. 17:

> dum fallax servus, durus pater, improba lena
> vixerit et meretrix blanda, Menandros erit.

Vgl. Wallon. a. a. O. I, S. 304 ff.]

Der Fall, dass Sklaven ihren Herren entliefen, mag sehr häufig gewesen sein, auch wenn nicht eben Krieg die Ausreisser besonders begünstigte; s. ausser den angeführten Beispielen Plato Prot. p. 310 und Xenoph. M. Socr. II, 10. 1. Daher liess man wohl selbst beim Ausgange den begleitenden Sklaven nicht nachfolgen, sondern vorausgehen. Theophr. Char. 18: καὶ τὸν παῖδα δὲ ἀκολουθοῦντα κελεύειν αὐτοῦ ὄπισθεν μὴ βαδίζειν ἀλλ' ἔμπροσθεν, ἵνα φυλάττηται αὐτῷ, μὴ ἐν τῇ ὁδῷ ἀποδράσῃ: vergl. Plaut. Pseud. I, 2. 37. [Die Flüchtlinge verfolgte der Herr selbst oder durch Andere: Demosth. in Nicostr. 6; in Neaer. 9. Ueber Bekanntmachungen und Steckbriefe B. I, S. 305. Eine Art von Versicherungsanstalt gegen das Entlaufen der Sklaven gründete der Rhodier Antigenes zu Alexander's Zeit in Babylonien. Nach Aristot. Oecon. II, fin. liess er sich eine jährliche Prämie von 8 Drachmen zahlen und versprach, dafür den Flüchtling entweder wiederzuschaffen oder zu ersetzen. Die ganze Sache war aber insofern Schwindel, als er die Prämien in die Tasche steckte und die unter ihm stehenden Satrapen für den Schadenersatz aufzukommen zwang!] — Auch Sklavenaufstände haben mehr als einmal stattgefunden; s. Plato Leg. VI, p. 777 und Athen. VI, p. 265 f. 272 f.; und dass wenigstens von der Gesinnung der Sklaven dergleichen Auftritte immer zu befürchten waren, lehrt ersterer auch Republ.

IX, p. 578: τί δέ; εἴ τις θεῶν ἄνδρα ἕνα, ὅτῳ ἐστὶν ἀνδράποδα πεντήχοντα ἢ καὶ πλείω, ἄρας ἐκ τῆς πόλεως αὐτόν τε
καὶ γυναῖκα καὶ παῖδας θείη εἰς ἐρημίαν μετὰ τῆς ἄλλης οὐσίας
τε καὶ τῶν οἰκετῶν, ὅπου αὐτῷ μηδεὶς τῶν ἐλευθέρων μέλλοι
βοηθήσειν, ἐν ποίῳ ἄν τινι καὶ πόσῳ φόβῳ οἴει ἂν γενέσθαι
αὐτὸν περί τε αὑτοῦ καὶ παίδων καὶ γυναικός, μὴ ἀπόλοιντο
ὑπὸ τῶν οἰκετῶν; [Man milderte deshalb ihre Behandlung in
Kriegszeiten. Aristoph. Nub. 5:

> ἀπόλοιω δῆτ᾽ ὦ πόλεμε πολλῶν οὕνεκα,
> ὅτ᾽ οὐδὲ κολάσ᾽ ἔξεστί μοι τοὺς οἰκέτας.

Auch vermied man es, viele Landsleute unter seinem Gesinde
zu haben: Plat. Leg. VI, p. 777, und suchte sie durch besondere Behandlung, namentlich in Bezug auf τροφή, ἔργον
und κόλασις zu trennen: Aristot. Oec. I, 5.]

Zur völligen Freiheit gelangten Sklaven entweder durch
den Staat für geleistete Dienste, wie Anzeige schwerer Verbrechen oder gutes Benehmen im Kriege, jedenfalls mit Entschädigung der Eigenthümer. [Plat. Leg. XI, p. 914. Vgl.
Phot. s. Σαμίων. Lys. pro Call. §. 5; περὶ τοῦ σηκοῦ §. 16.
Xenoph. Hellen. VII, 3. 8. Aristoph. Ran. 33. 192. 693.
Die von ihren Herren Freigelassenen, ἀπελεύθεροι, erhielten
nicht Isopolitie, sondern traten in das Verhältniss der Metöken
(Böckh Staatsh. I, S. 447 ff.). Der Loskauf wird natürlich
den ihren Herren nur eine ἀποφορά zahlenden Sklaven am
leichtesten gefallen sein: Xenoph. republ. Athen. I. 11.
Die Summe beruhte auf gegenseitiger Uebereinkunft. Oft be-
gnügten sich die Besitzer mit dem Kaufpreise: Diog. Laërt.
V. 72. Demosth. in Neaer. §. 30. Plaut. Casin. II. 5. 7.
und Aulul. V. 1. 9. Noch häufiger aber waren förmliche
Verträge, mit allerlei Nebenbestimmungen über die Zahlungs-
art und über sonstige Leistungen und Verpflichtungen der Frei-
zulassenden, und da der Sklave keine rechtsgiltigen Handlungen
vornehmen konnte, so übertrug er oft die Abschliessung des

Kontraktes der Priesterschaft angesehener Tempel. Vgl. Curtius
Anecdota Delphica. Berol. 1843. Wescher et Foucart
Inscriptions recueillies à Delphes. Paris, 1863. Foucart de l'affranchissement des esclaves par forme
de vente à une divinité in den Comptes rendues des
séances de l'acad. des inscript. 1863. Büchsenschütz
S. 174 ff. Hermann Privatalt. §. 59. n. 14 ff. Ausserdem
wurden auch Freilassungen im Theater, in Gerichtslokalen und
an Altären durch den Herold bekannt gemacht: Aeschin. in
Ctesiph. §. 41. Isaei fragm. orat. pro Eumath. in Orat.
Att. ed. Becker III, p. 143 und Suid. s. Κράτης. Sehr
allgemein war auch die Sitte, im Testamente die Freilassung
zu verfügen. Vgl. Diog. Laërt. III. 30. V. 15; 55; 63; 72.
X. 21. Inscr. rec. à Delphes n. 419 u. 436.]. Die Freigelassenen blieben aber immer in einem Abhängigkeitsverhält-
nisse zu dem früheren Herrn, welchen die Vernachlässigung
ihrer Pflichten zur δίχη ἀποστασίου berechtigte (Hermann
Staatsalterth. §. 114 n. 18, Meier u. Schömann S. 473),
und insofern konnten sie fortwährend, wenn auch nicht οἰχέ-
ται, doch immer noch δοῦλοι heissen, Athen. VI, p. 267: διαφέρειν δέ φησι Χρύσιππος δοῦλον οἰκέτου — διὰ τὸ τοὺς ἀπελευ-
θέρους μὲν δούλους ἔτι εἶναι, οἰκέτας δὲ τοὺς μὴ τῆς κτήσεως
ἀφειμένους: [Besonders kam viel darauf an, ob ihnen bei der
Freilassung erlaubt wurde, zu wohnen, wo sie wollten, was
z. B. besonders hervorgehoben wird: Demosth. adv. Euerg.
§. 72. Inscr. de Delphes n. 115. 121. 179. Es gehört dies
überhaupt zur πανελευθερία auf der thespischen Inschrift bei
K. Keil in N. Jahrbb. f. Philol. Suppl. II, S. 522, und
solche Freigelassene heissen κυριεύοντες αὐτοὶ αὑτῶν: Inscr.
Delph. n. 145. 376. 384. 407; καθ' ἑαυτοὺς ὄντες oder ἀπαλ-
λαγέντες παρὰ τῶν κυρίων: Demosth. pro Phorm. §. 4 u. 28,
und χωρὶς οἰκοῦντες: Demosth. in Phil. I. §. 36 (vergl.
Büchsenschütz in N. Jahrb. f. Phil. XCV, S. 20 ff. u.
Erwerb u. Besitz S. 195), wiewohl auch die Sklaven, welche

die *ἀποφορά* entrichteten, so genannt worden sein sollen:
Böckh Staatsh. I, S. 365.] Sie blieben oft ganz im Dienste
des früheren Herrn, wie z. B. bei Isaeus de Philoctem.
her. §. 20, und mochten sich leicht in dieser Lage besser
befinden, als wenn sie sich selbständig unterhielten; s. Phi-
lippos bei Stob. Serm. LXII, 35:

> ὡς κρεῖττόν ἐστι δεσπότου χρηστοῦ τυχεῖν,
> ἢ ζῆν ταπεινῶς καὶ κακῶς ἐλεύθερον.

Sehr oft aber — und das hing natürlich grösstentheils von
der erlittenen Behandlung ab — mochte ihre Gesinnung gegen
den *προστάτης* auch nicht die freundlichste sein.   So sagt
Demosth. in Timocr. §. 124: πονηρῶν καὶ ἀχαρίστων οἰκετῶν τρόπους ἔχοντες· καὶ γὰρ ἐκείνων ὅσοι ἂν ἐλεύθεροι γέ-
νωνται, οὐ τῆς ἐλευθερίας χάριν ἔχουσι τοῖς δεσπόταις, ἀλλὰ
μισοῦσι μάλιστα ἀνθρώπων ἁπάντων, ὅτι συνίσασιν αὐτοῖς δου-
λεύσασιν.

Nachdem diese Verhältnisse auseinander gesetzt worden
sind, bleibt nur noch übrig mit wenigen Worten daran zu
erinnern, dass neben den Sklaven auch noch gar Viele der
armen Klasse, namentlich wohl aus der Zahl der *ξένοι* oder
μέτοικοι, gleiche Dienste für Lohn verrichteten, *μισθωτοί*, *πε-
λάται*, *θῆτες*: vgl. Plato Republ. II, p. 371: οἱ δὴ πωλοῦν-
τες τὴν τῆς ἰσχύος χρείαν, τὴν τιμὴν ταύτην μισθὸν καλοῦντες,
κέκληνται, ὡς ἐγῷμαι, μισθωτοί, und Polit. p. 290: οὕς γε
ὁρῶμεν μισθωτοὺς καὶ θῆτας πᾶσιν ἑτοίμους ὑπηρετοῦντας:
auch Aristot. de republ. I, 11; [aber auch heruntergekom-
mene Bürger: Xenoph. Memor. II, 8. 1; Isaeus de Di-
caearch. hered. §.39; Athen. IV, p. 168]. Man miethete
Leute dieser Art nicht nur zu Handarbeit, wie z. B. zu Be-
stellung der Aecker, sondern auch für den Dienst im Hause.
So verneint Lysis, dass seine Aeltern ihm erlaubten, die Pferde
selbst zu lenken, und sagt bei Plato Lys. p. 208: ἔστι τις
ἡνίοχος, παρὰ τοῦ πατρὸς μισθὸν φέρων. [Theophr. Char. 4:
καὶ τοῖς παρ' αὐτῷ ἐργαζομένοις μισθωτοῖς ἐν ἀγρῷ πάντα τὰ

ἀπὸ τῆς ἐκκλησίας διηγεῖσθαι. Bei Plat. Euthyphr. p. 4 C
arbeitet ein πελάτης mit den Sklaven zusammen auf dem Felde.
Gemiethete Aufwärter bei Tische erwähnt Theophr. Char. 22.
Ueber Last- und Gepäckträger vgl. Poll. VII, 130. Aristoph.
Ran. 172 ff. Eccles. 310. Alciphr. Ep. III. 7.] Der Frauen,
die sich als Ammen vermietheten, ist schon B. II, S. 29 gedacht worden; aber auch selbst die Begleiter beim Ausgange
wurden zuweilen gemiethet, Theophr. Char. 22: μισθοῦσθαι
εἰς τὰς ἐξόδους παιδίον ἀκολουθῆσον: und es findet sich selbst,
dass ein armer Verwandter den begleitenden Diener macht.
Isaeus de Dicaeog. her. §. 11: τὸν ἐκείνου ἀδελφιδοῦν
Κηφισόδοτον τῷ ἑαυτοῦ ἀδελφῷ συνέπεμψεν εἰς Κόρινθον ἀντ'
ἀκολούθου: vgl. Aristot. de republ. VI, 8, p. 1323. Endlich hatte Athen auch, wie unsere grossen Städte, eine Art
Eckensteher, die zu augenblicklichen Diensten an einer Stelle
des Marktes bereit standen, Poll. VII, 132: δύο γὰρ ὄντων
τῶν Κολωνῶν ὁ μὲν ἵππιος ἐκαλεῖτο ... ὁ δ' ἦν ἐν ἀγορᾷ
παρὰ τὸ Εὐρυσάκειον, οὗ συνῄεσαν οἱ μισθαρνοῦντες: vergl.
Harpocr. u. Suid. s. Κολωνίτης.] Der Hügel Kolonos selbst,
an dessen Fusse die Dienstsuchenden standen, hiess deshalb
μίσθιος und ἐργατικός: Schol. zu Aristoph. Av. 997 und
zu Aeschin. in Tim. §. 125. Ueber das davon stammende
Sprichwort: ὄφ' ἦλθες ἀλλ' εἰς τὸν Κολωνὸν ἷεσο vgl. Suid.
u. Phot. s. ὄφ' ἦλθες und Paroemiogr. Gott. t. I, p. 444.
Ueber die Lohnverhältnisse s. Büchsenschütz, S. 347. Auf
einem 1832 auf Paros gefundenen Ehrendekret (bei Rangabé
Antiqu. Hellén. II, n. 770 c.) wird ein dortiger Agoranom
belobt, dass er das Striken der Lohnarbeiter nicht geduldet
habe: περί τε τῶν μισθοῦ ἐργαζομένων καὶ τῶν μισθουμένων
αὐτοὺς ὅπως μηδέτεροι ἀδικῶνται ἐφρόντιζεν, ἐπαναγκάζων
κατὰ τοὺς νόμους τοὺς μὲν μὴ ἀθετεῖν ἀλλὰ ἐπὶ τὸ ἔργον πορεύεσθαι, τοὺς δὲ ἀποδιδόναι τοῖς ἐργαζομένοις τὸν μισθὸν
ἄνευ δίκης.]

ERSTER EXCURS ZUR ACHTEN SCENE.

DIE ÄRZTE.

Wenn es meine Absicht wäre, die griechischen Aerzte in ihrer Berufsthätigkeit zu schildern und ihr Wirken vom Standpunkte der Wissenschaft zu würdigen, so möchte man mir mit Recht entgegenhalten, dass, um sich auf diesen Standpunkt zu erheben, man selbst mit der Wissenschaft vertraut sein, dass man, ausgerüstet mit den erforderlichen Kenntnissen, ein tiefes Studium der medicinischen Literatur des Alterthums gemacht haben müsse, um über Werth oder Unwerth, Methode und Leistungen der Aerzte jener Zeit sprechen zu können. Allein eine solche kritische Darstellung der ärztlichen Wirksamkeit wird überhaupt in diesem Buche, das nur ein Bild des täglichen Lebens zu geben verspricht, Niemand erwarten. Hingegen kann es nicht uninteressant sein, bei der Uebersicht der verschiedenen Lebensverhältnisse auch einmal einen Blick von den frohen Zuständen und heiteren Scenen hinweg auf das Schmerzenslager einer Krankenstube zu werfen und die Wege kennen zu lernen, auf welchen man in einer der wichtigsten Angelegenheiten Rath und Hülfe suchte. Bietet nun die Person des Arztes in einem solchen Gemälde bei weitem die interessanteste Figur dar, so mag immerhin dieser Excurs sich nach ihm benennen, wenn auch noch andere Heilversuche erwähnt werden, die mit seiner Kunst und Wissenschaft nichts gemein haben. Den Arzt selbst betrachte ich nur seiner Per-

sönlichkeit, seinem Erscheinen im gewöhnlichen Leben nach.
Welcher Art seine Stellung in der bürgerlichen Gesellschaft
war, welches Ansehen seine Kunst genoss, wie er bald be-
suchend, bald in seiner Bude der Kranken wartend sie übt,
sein Benehmen gegen den Kranken, das Honorar seiner Be-
mühungen, das sind die Punkte, welche hier hauptsächlich
zur Berücksichtigung kommen. Daher sind auch die einzelnen
Züge nicht sowohl aus den Schriften der alten Aerzte entlehnt als den gelegentlichen Erwähnungen anderer Schriftsteller entnommen, weil aus ihnen allein sich das Urtheil der
Zeit selbst und das Factische des ganzen Verhältnisses erkennen lässt.

Im Allgemeinen ist es leicht zu bemerken, dass in Griechenland die Heilkunde und der Stand der Aerzte in weit höherem
Ansehen stand als in Rom (Gallus B. II, S. 121. Marquardt Röm. Privatalterth. II, S. 365 ff.). Iatrik und
Mantik wurden in frühester Zeit als im genauesten Zusammenhange stehend betrachtet, und auch die spätere Zeit erkennt
die Verwandtschaft der beiden Begriffe an. Eustath. zu
Iliad. I, 63, p. 48. 35: οἱ δὲ παλαιοὶ ἐν τῷ »ἀλλ᾽ ἄγε δή τινα
μάντιν ἐρείομεν« φασὶ καί, ὅτι κοινή πώς ἐστι τέχνη ἰατρικὴ
καὶ μαντική· Μελάμπους οὖν καὶ Πολύειδος ἀμφότεροι ἐπ᾽ ἀμφοῖν ἔνδοξοι ἐγένοντο, καὶ Αἰσχύλος δέ που, φασί, τὸν ἰατρὸν
μάντιν ὀνομάζει· καὶ Ἀχιλλεὺς δὲ ἰατρικῶς νοήσας τὰ κατὰ τὸν
λοιμὸν μαντικῆς δέεται. War nun überdies die Wissenschaft
göttlicher Abkunft und galten die Aerzte in gewissem Sinne
fortwährend als Nachkommen des Asklepios, so musste ein
solcher Glaube die Achtung des Standes fester begründen,
wie er umgekehrt schon den Beweis derselben in sich enthält.
Und dieser Glaube scheint in der That etwas mehr als blosses
Spiel mit den mythischen Ueberlieferungen der Dichter gewesen zu sein. Von dem Sohne Apollo's auf die Asklepiaden
vererbt, von diesen den späteren Geschlechtern der Aerzte
überliefert, galt die Kunst fortdauernd als eine göttliche; und

so unähnlich auch die spätere Iatrik dem früheren einfachen
Heilverfahren sein mochte, so betrachteten doch die Aerzte
jederzeit den Asklepios als ihren πρόγονος, sich als dessen
ἔκγονοι. So spricht der Arzt Eryximachos bei Plato Symp.
p. 186: πάντα τὰ τοιαῦτα τούτοις (τοῖς ἐναντίοις) ἐπιστηθεὶς
ἔρωτα ἐμποιῆσαι καὶ ὁμόνοιαν ὁ ἡμέτερος πρόγονος Ἀσκληπιός, ὥς
φασιν οἵδε οἱ ποιηταὶ καὶ ἐγὼ πείθομαι, συνέστησε τὴν ἡμετέραν
τέχνην. An einem andern Orte, Republ. III, p. 406, wird
ausführlicher von der Abstammung der Heilkunst von Asklepios gehandelt und die Unzweckmässigkeit des früheren Ver-
fahrens mit dem göttlichen Ursprunge in Einklang zu bringen
versucht. Auf die Bemerkung, dass bei Homer (Iliad. XI,
638 ff.) ganz sonderbare, unpassende Heilmittel angewendet
würden, wird entgegnet: ὅτι τῇ παιδαγωγικῇ τῶν νοσημάτων
ταύτῃ τῇ νῦν ἰατρικῇ προτοῦ Ἀσκληπιάδαι οὐκ ἐχρῶντο, ὥς
φασι, πρὶν Ἡρόδικον γενέσθαι: Herodikos und der späteren
Aerzte Kunst bestehe darin, μακρὸν τὸν θάνατον ποιῆσαι, indem sie unheilbare Krankheiten in die Länge zu ziehen suchten. Dann heisst es: ὅτι Ἀσκληπιὸς οὐκ ἀγνοίᾳ οὐδὲ ἀπειρίᾳ
τούτου τοῦ εἴδους τῆς ἰατρικῆς τοῖς ἐκγόνοις οὐ κατέδειξεν
αὐτό, ἀλλ᾽ εἰδώς, ὅτι πᾶσι τοῖς εὐνομουμένοις ἔργον τι ἑκάστῳ
ἐν τῇ πόλει προστέτακτει, ὃ ἀναγκαῖον ἐργάζεσθαι, καὶ οὐδενὶ
σχολὴ διὰ βίου κάμνειν ἰατρευομένῳ. [Vergl. Plat. Rep. X,
p. 599: τίνας ὑγιεῖς ποιητής τις τῶν παλαιῶν ἢ τῶν νέων λέγεται πεποιηκέναι, ὥσπερ Ἀσκληπιός, ἢ τίνας μαθητὰς ἰατρικῆς
κατελίπετο, ὥσπερ ἐκεῖνος τοὺς ἐκγόνους; Noch in der römischen Kaiserzeit legten sich deshalb die Aerzte sehr gern den
Namen Ἀσκληπιάδης bei. Vgl. Harless Medicorum veterum Asclepiades dictorum lustratio historica. Bonn.
1828.] Jener letzte Grundsatz, nach welchem der Arzt keinen
Dank verdienen soll, wenn er ein gebrechliches Leben fristet,
findet sich mit dürren Worten ausgesprochen von dem Lake-
dämonier Pausanias bei Plutarch. Apophth. Lac. p. 231:
κράτιστον δὲ ἔλεγε τοῦτον ἰατρὸν εἶναι τὸν μὴ κατασήποντα

τοὺς ἀῤῥωστοῦντας, ἀλλὰ τάχιστα θάπτοντα. Bei einem Spartaner kann eine solche Ansicht am wenigsten befremden; überhaupt aber scheint Pausanias nicht besonders von den Aerzten gedacht zu haben, wie die ebendaselbst erzählten Anekdoten beweisen, s. B. μεμφομένου δέ τινος αὐτὸν τῶν φίλων, διότι ἰατρόν τινα κακῶς λέγει πεῖραν οὐκ ἔχων αὐτοῦ οὐδὲ ἀδικηθείς τι, ὅτι, εἶπεν, εἰ ἔλαβον αὐτοῦ πεῖραν, οὐκ ἂν ἔζων. Es werden noch zwei ganz ähnliche Aeusserungen angeführt. [Am stärksten bat Plato den obigen Gedanken ausgesprochen Crit. p. 47: ἀρ' οὖν βιωτὸν ἡμῖν ἐστι μετὰ μοχθηροῦ καὶ διεφθαρμένου σώματος; Vgl. Schleiermacher Red. u. Abhandl. S. 273 ff. Aristot. Rhetor. I, 5. 10: πολλοὶ γὰρ ὑγιαίνουσιν, ὥσπερ Ἡρόδικος λέγεται, οὓς οὐδεὶς ἂν εὐδαιμονήσειε τῆς ὑγιείας διὰ τὸ πάντων ἀπέχεσθαι τῶν ἀνθρωπίνων ἢ τῶν πλείστων.] Wenn ausserdem hier und da ungünstig über die Aerzte geurtheilt wird, wenn Aristophanes Nub. 332 die ἰατροτέχνας unter die Schwindler zählt, wenn im Plutus 407 auf des Blepsidemos Vorschlag, den blinden Plutos von einem Arzte behandeln zu lassen, Chremylos sagt:

τίς δῆτ' ἰατρός ἐστι νῦν ἐν τῇ πόλει;
οὔτε γὰρ ὁ μισθὸς οὐδέν ἐστ' οὔθ' ἡ τέχνη,

wenn Athenäos sie als Charlatane und Pedanten bezeichnet, IX, p. 277: μέγας δ' ἐστὶ σοφιστὴς καὶ οὐδὲν ἥττων τῶν ἰατρῶν εἰς ἀλαζονείαν καὶ ὁ παρὰ Σωσιπάτρῳ μάγειρος, und XV, p. 666: εἰ μὴ ἰατροὶ ἦσαν, οὐδὲν ἂν ἦν τῶν γραμματικῶν μωρότερον, wenn selbst die Carikatur eines Arztes bei Plautus Menaechm. V, 3—5 einem griechischen Originale angehören sollte und nicht dem Römer, der den Stand der Aerzte wenig achtete, gern verdächtigte und persiflirte [es wird wohl das Original griechisch gewesen sein; hatten doch nicht weniger als vier Komödien den Arzt als Titelrolle: Meineke Fragm. com. I, p. 336. 410. 435. 582]; so würde man doch vergeblich dadurch zu beweisen suchen, dass die Heilkunde und die sie Ausübenden in Griechenland in geringem

4*

Ansehen gestanden hätten. Schlechte Aerzte gab es natürlich
eben so gut als jetzt. [Vgl. Ἀκεσίας bei Zenob. Proverb.
I, 52; Plut. Prov. 98; Suid. s. v. Liban. Epist. 319.
1134, und den ἰατρὸς ἄτεχνος bei Babr. Fab. 75]; aber
neben ihnen auch Männer, deren Einsicht und Erfahrung Vertrauen verdiente. Bei Antipho Tetral. III, 2, §. 4 wird
der Tod eines Mannes der ungeschickten Behandlung des
Arztes Schuld gegeben; allein dessen Anklage enthält zugleich
die Rechtfertigung seiner Collegen: νῦν δὲ πολλαῖς ἡμέραις
ὕστερον πονηρῷ ἰατρῷ ἐπιτρεφθεὶς διὰ τὴν τοῦ ἰατροῦ μοχθη-
ρίαν καὶ οὐ διὰ τὰς πληγὰς ἀπέθανε· προλεγόντων γὰρ αὐτῷ
τῶν ἄλλων ἰατρῶν, εἰ ταύτην τὴν θεραπείαν θεραπεύσοιτο, ὅτι
ἰάσιμος ὢν διαφθαρήσοιτο, δι' ὑμᾶς τοὺς συμβούλους διαφθα-
ρεὶς ἐμοὶ ἀνόσιον ἔγκλημα προσέβαλεν. [Dennoch that es auch
in Griechenland der Achtung der Aerzte Eintrag, dass sie
sich bezahlen liessen. Sie waren Banausen: Plat. Gorg.
p. 512 und Sokrates stellt ihre Kunst p. 517 u. 518 nur über
die der Köche und Bäcker.]

In Rom zog man es zum Theil vor, in der Sklavenfamilie
seinen eigenen Hausarzt zu haben und nicht an einen der
für Geld heilenden, immer mit Misstrauen betrachteten Aerzte
sich zu wenden. Der ältere Cato begnügte sich mit einer
schriftlichen Anweisung, commentarius, die vermuthlich allerhand Mittel für gewisse Fälle anrieth (Gallus B. II, S. 123);
in Griechenland dachte man anders. Hatte man auch von
Musäos an (ἀκέσεις νόσων, Aristoph. Ran. 1033) zahlreiche
und gediegene Schriften (πολλὰ γὰρ καὶ ἰατρῶν ἐστι συγγράμ-
ματα, Xenoph. Mem. Socr. IV, 2. 10), so sah man doch
ein, dass dergleichen allgemeine Vorschriften für die einzelnen
Fälle nicht ausreichend seien und dass ein ἰατρεύεσθαι κατὰ
γράμματα, das kein Individualisiren zulässt, nichts tauge;
vielmehr nahm man jederzeit seine Zuflucht zu dem Arzte als
dem, welcher die Wissenschaft zu handhaben verstehe. So
sagt schon Euripides bei Stob. Serm. C. 3:

πρὸς τὴν νόσον τοι καὶ τὸν ἰατρὸν χρεών
ἰδόντ᾽ ἀκεῖσθαι, μὴ 'πιτακτὰ φάρμακα
διδόντ᾽, ἐὰν μὴ ταῦτα τῇ νόσῳ πρέπῃ.

Aristoteles, welcher de republ. III, 16 den Grundsatz durchführt, dass der Staat nicht durch die Willkür eines Einzelnen, in dessen Hand alle Gewalt gelegt sei, sondern nach einem feststehenden Gesetze regiert werden müsse, begegnet dem Einwurfe, dass der Kranke sich nicht nach geschriebenen Regeln und Gesetzen, sondern nach der Einsicht und dem Ermessen des Arztes behandeln lasse, p. 1287 Bekk.: τὸ δὲ τῶν τεχνῶν εἶναι δοκεῖ παράδειγμα ψεῦδος, ὅτι τὸ κατὰ γράμματα ἰατρεύεσθαι φαῦλον, ἀλλὰ καὶ αἱρετώτερον χρῆσθαι τοῖς ἔχουσι τὰς τέχνας· οἱ μὲν γὰρ οὐδὲν διὰ φιλίαν παρὰ τὸν λόγον ποιοῦσιν, ἀλλ᾽ ἄρνυνται τὸν μισθὸν τοὺς κάμνοντας ὑγιάσαντες. Nur wo der Verdacht eintreten könne, setzt er hinzu, der Arzt sei bestochen und behandle den Kranken absichtlich falsch, werde man allerdings die γράμματα vorziehen; und die Art und Weise, wie Plato auf die Gefährlichkeit der Aerzte aufmerksam macht, lässt uns, wenn dort auch etwas Anderes bewiesen werden soll, doch ahnen, dass solcher Verdacht mitunter nicht unbegründet sein mochte, Polit. p. 298: οἷον εἰ πάντες περὶ αὐτῶν (ἰατρῶν καὶ κυβερνητῶν) διανοηθείημεν, ὅτι δεινότατα ὑπ᾽ αὐτῶν πάσχομεν· ὃν μὲν γὰρ ἐθελήσωσιν ἡμῶν τούτων ἑκάτεροι σώζειν, ὁμοίως δὴ σώζουσιν· ὃν δ᾽ ἂν λωβᾶσθαι βουληθῶσι, λωβῶνται τέμνοντες καὶ καίοντες καὶ προστάττοντες ἀναλώματα φέρειν παρ᾽ ἑαυτούς, οἷον φόρους· ὧν σμικρὰ μὲν εἰς τὸν κάμνοντα καὶ οὐδὲν ἀναλίσκουσι, τοῖς δ᾽ ἄλλοις αὐτοί τε καὶ οἱ οἰκέται χρῶνται· καὶ δὴ καὶ τελευτῶντες ἢ παρὰ ξυγγενῶν ἢ παρά τινων ἐχθρῶν τοῦ κάμνοντος χρήματα μισθὸν λαμβάνοντες ἀποκτιννύασιν. Der Arzt wurde dabei von dem Gesetze begünstigt, das ihn, wie natürlich, bei einem unglücklichen Ausgange der Kur von Verantwortlichkeit freisprach. Antiph. Tetral. III. 3, §. 5: εἰ δ᾽ ἔτι καὶ ὑπὸ τοῦ ἰατροῦ ἀπέθανεν, ὡς οὐκ ἀπέθανεν, ὁ μὲν ἰατρὸς οὐ φονεὺς αὐτοῦ ἐστιν, ὁ γὰρ νόμος ἀπολύει

αὐτόν κ. τ. λ. Wie daher Plinius N. Hist. XXIX. §. 19 mit
rhetorischer Uebertreibung sagt: »medico tantum hominem oc-
cidisse impunitas summa est«, so spricht sich auf gleiche Weise
auch Philem. jun. bei Stob. Serm. CII. 6 aus:

> μόνῳ δ' ἰατρῷ τοῦτο καὶ συνηγόρῳ
> ἔξεστιν, ἀποκτείνειν μέν, ἀποθνήσκειν δὲ μή:

vgl. Plato Leg. IX, p. 865: ἰατρῶν δὲ πέρι πάντων, ἂν ὁ
θεραπευόμενος ὑπ' αὐτῶν ἀκόντων τελευτᾷ, καθαρὸς ἔστω κατὰ
νόμον: und das entgegengesetzte ägyptische Gesetz bei Aristot. de republ. III. 15, p. 1286 Bekk. Indessen scheint
es doch, als habe man sie in gewissen Fällen zur Rechenschaft
über ihre Behandlung ziehen können. Aristoteles, wo er
von der Verantwortlichkeit der an die Spitze des Staats Ge-
stellten spricht, de republ. III. 10, p. 1281 extr., sagt in
Bezug auf die Frage, vor wem die Euthynen Statt finden sollen: ἔχει δ' ἡ τάξις αὕτη τῆς πολιτείας ἀπορίαν πρώτην μὲν
ὅτι δόξειεν ἂν τοῦ αὐτοῦ εἶναι τὸ κρῖναι τίς ὀρθῶς ἰάτρευκεν,
οὗπερ καὶ τὸ ἰατρεῦσαι καὶ ποιῆσαι ὑγιᾶ τὸν κάμνοντα τῆς νόσου
τῆς παρούσης· οὗτος δ' ἐστὶν ἰατρός· ὁμοίως δὲ τοῦτο καὶ περὶ
τὰς ἄλλας ἐμπειρίας καὶ τέχνας· ὥσπερ οὖν ἰατρὸν δεῖ διδόναι
τὰς εὐθύνας ἐν ἰατροῖς, οὕτω καὶ τοὺς ἄλλους ἐν τοῖς ὁμοίοις:
ein Beispiel, das mir doch nicht recht passend scheinen will,
wenn das διδόναι εὐθύνας beim Arzte überhaupt nicht vorkam.

[Die ärztliche Praxis war vollkommen frei und wie in
Rom (vgl. Marquardt Röm. Privatalt. II, S. 360) übte
der Staat keine Controle. Es erhellt dies schon aus dem Vor-
handensein der weiter unten zu erwähnenden zahlreichen Quacksalber und Medizinpfuscher (z. B. Platon. Phaedr. p. 268:
ἐκ βιβλίου ποθὲν ἀκούσας ἢ περιτυχὼν φαρμακίοις ἰατρὸς οἴεται
γεγονέναι οὐδὲν ἐπαΐων τῆς τέχνης.). Es gab aber öffentliche,
vom Staate angestellte Aerzte und deren Wahl hing natürlich
von einem Ausweise über ihre Lehrer und Leistungen ab.
Vgl. Xenoph. Memor. IV. 2. 5, wo Sokrates dem Euthydemos
durch Beispiele die Thorheit zu Gemüthe führt, keinen Lehrer

haben zu wollen: ἁρμόσειε δ᾽ ἂν οὕτω προοιμιάζεσθαι κα‍ὶ το‍ῖς βουλομένοις παρὰ τῆς πόλεως ἰατρικὸν ἔργον λαβεῖν· ἐπιτήδειον γὰρ αὐτοῖς εἴη τοῦ λόγου ἄρχεσθαι ἐντεῦθεν· παρ᾽ οὐδενὸς μὲν πώποτε, ὦ ἄνδρες Ἀθηναῖοι, τὴν ἰατρικὴν τέχνην ἔμαθον οὐδ᾽ ἐζήτησα διδάσκαλον ἐμαυτῷ γενέσθαι τῶν ἰατρῶν οὐδένα· διατετέλεκα γὰρ φυλαττόμενος οὐ μόνον τὸ μαθεῖν τι παρὰ τῶν ἰατρῶν, ἀλλὰ καὶ τὸ δόξαι μεμαθηκέναι τὴν τέχνην ταύτην· ὅμως δέ μοι τὸ ἰατρικὸν ἔργον δότε· πειράσομαι γὰρ ἐν ὑμῖν ἀποκινδυνεύων μανθάνειν, und dazu Teles bei Stob. Sermon. XL. 8, p. 83: ὥσπερ εἰ τὸν ἄριστον ἰατρὸν ἀφέντες φαρμακοπώλην εἵλοντο καὶ τούτῳ τὸ δημόσιον ἔργον ἐνεχείρισαν: auch Xenoph. inst. Cyr. 1. 6. 15: ἀκούων καὶ ὁρῶν ὅτι καὶ πόλεις αἱ χρῄζουσαι ὑγιαίνειν ἰατροὺς αἱροῦνται. Diesen Unterschied zwischen öffentlich angestellten und auf eigene Faust praktizirenden Aerzten hat neuerdings wieder G. Ritter v. Rittershain die Heilkünstler des alten Roms und ihre bürgerliche Stellung, Berlin 1875 übersehen, wenn er, auf die bekannte Geschichte von der Hebamme Agnodike bei Hygin. Fab. 274 s. f. fussend, S. 18 schreibt: »In Rom blieb bis in die spätesten Zeiten die Ausübung der ärztlichen Kunst ein freies Gewerbe, an keinerlei Beweise der dazu erlangten Tüchtigkeit geknüpft. In Griechenland dagegen scheint die Berechtigung zur Ausübung der Heilkunst wenigstens als Regel von einer bei einzelnen Aerzten oder in den ärztlichen Kollegien, die an die Stelle der Priesterkollegien getreten waren (?), oder an den Gymnasien (?) erhaltenen Unterweisung und nachgewiesenen Befähigung abhängig gewesen, sowie als Gewerbe unter einem gewissen behördlichen Schutze gestanden zu sein. So waren z. B. in Athen Sklaven (!) und Frauen vom Studium der Heilkunde ausgeschlossen, obwohl letztere zugelassen wurden«. Doch werden über die μαιευτικὴ τέχνη (Plat. Theaet. p. 161c und Alciphr. Ep. I. 28) nur wenige Frauen hinausgekommen sein, wie die von Plinius H. N. häufig genannten Schriftstellerinnen Salpe und Olym-

pias. Vgl. Böttiger klein. Schr. B. III, S. 6 und Sprengel Gesch. d. Medizin. Th. I, S. 609.] Als Dikäopolis
von dem geplünderten Landmanne gebeten wird, ihm die vom
Weinen kranken Augen mit Friedenssalbe zu streichen, sagt
er bei Aristoph. Acharn. 1029:

ἀλλ', ὦ πόνηρ', οὐ δημοσιεύων τυγχάνω,

und weiset ihn an die Leute eines solchen (πρὸς τοὺς Πιττάλου), wohin sich auch nachher Lamachos tragen lässt. Der
Scholiast sagt zu ersterer Stelle: δημοσίᾳ χειροτονούμενοι
ἰατροὶ καὶ δημόσιοι προῖκα ἐθεράπευον, und darauf bezieht
sich auch jedenfalls Plato Gorg. p. 455: ὅταν περὶ ἰατρῶν
αἱρέσεως ᾖ τῇ πόλει ξύλλογος: allein dass alle Aerzte ohne
Unterschied im Staatsdienste gewesen seien, wird Niemand
annehmen, und Plato selbst unterscheidet im Polit. p. 259
zwei Klassen: εἴ τῳ τις τῶν δημοσιευόντων ἰατρῶν ἱκανὸς συμβουλεύειν, ἰδιωτεύων αὐτός. So hatte der Krotoniate Demokedes schon ein Jahr auf Aegina seine Kunst privatisirend ausgeübt, ehe er von den Aegineten in öffentlichen Sold genommen wurde, Herodot. III. 131; vgl. Strabo IV. 1. 5, wo
von der Aufnahme griechischer Sitte in Gallien die Rede ist:
σοφιστὰς γοῦν ὑποδέχονται τοὺς μὲν ἰδίᾳ, τοὺς δὲ κοινῇ μισθούμενοι, καθάπερ καὶ ἰατρούς. Dieser Sold war übrigens,
wie man aus eben diesem Beispiele sieht, zuweilen sehr bedeutend. Demokedes erhielt von den Aegineten auf ein Jahr
ein Talent; im nächsten Jahre beriefen ihn die Athener zu
sich und zahlten ihm hundert Minen; endlich gewann ihn Polykrates von Samos und zahlte ihm zwei Talente. Es scheint
wenig darauf anzukommen, ob man diese Summen für zu hoch
angegeben hält. Vgl. Valckenaer u. Baehr zu Herod·
a. a. O., Böckh Staatshaush. Th. I, S. 169. [Büchsen-
schütz, S. 575 ff. Welcker kl. Schr. III, S. 226 ff. Aus
dem angeführten Schol. zu Aristoph. Acharn. 1029 und
Diodor. XII. 13: δημοσίῳ μισθῷ τοὺς νοσοῦντας τῶν ἰδιωτῶν
ὑπὸ ἰατρῶν θεραπεύεσθαι ergiebt sich, dass die öffentlichen

Aerzte kein Honorar von den Patienten beanspruchen konnten.
Doch scheint es, als habe ihnen der Staat die Auslagen für
die Medikamente vergütet; denn in einem 1840 auf der Akropolis zu Athen gefundenen Ehrendekret bei Rangabé Antiqu. Hellén. II. n. 378 heisst es: [ἐπειδὴ Εὐήνωρ ὁ ἰ]ατρὸς
πρότερόν τε ε[ὔνους μὲν ἦν τῇ πό|λει καὶ τῷ δήμῳ καὶ [χρή-
σιμον ἑαυτὸν πα[ρέσχηκεν κατὰ τὴν τέχν[ην, πολλοὺς δὲ ἰᾶτο]
τῶμ πολιτῶν καὶ τῶν ἀλ[λων τῶν ἐνοικούντω]ν τῇ πόλει, καὶ
νῦν ἐπ[ὶ τῶν φαρμάκων αἱρεθε]ὶς τὴν παρασκευὴν τάλ[αντον
ἀνήλωσεν, ἀγαθ]ῇ τύχῃ, δεδόχθαι τῷ [δήμῳ κ. τ. λ.] Auch kam
es vor, dass sich Aerzte erboten, die Stadtpraxis umsonst zu übernehmen, wenn sie zu Vermögen gekommen waren. Vgl. Köhler Inscript. Att. II, 1. n. 256 b (304/3 v. Chr.): ἐπειδὴ
Φειδίας ὁ ἰατρὸς διατελεῖ πράττων τὰ συμφέροντα τῷ δήμῳ
τῷ Ἀθηναίων καὶ τοὺς δεομένους Ἀθηναίων θεραπεύων φιλοτίμως καὶ νῦν ἐπιδέδωκεν ἑαυτὸν δημοσιεύειν δωρεὰν ἐνδεικνύ-
μενος τὴν εὔνοιαν ἣν ἔχει πρὸς τὴν πόλιν· ἀγαθεῖ τύχει δεδόχθαι τῷ δήμῳ ἐπαινέσαι Φειδίαν Ἀπολλωνίου Ῥόδιον — —
καὶ στεφανῶσαι.

Die übrigen Aerzte erhielten von den Kranken, die sich
ihres Beistandes bedienten, ein Honorar, wie Aristoteles
a. a. O. sagt: ἄρνυνται τὸν μισθὸν τοὺς κάμνοντας ὑγιάσαντες.
[Vgl. die bereits citirte Stelle Aristoph. Plut. 407:

> τίς δῆτ' ἰατρός ἐστι νῦν ἐν τῇ πόλει;
> οὔτε γὰρ ὁ μισθὸς οὐδὲν ἔστ' οὔθ' ἡ τέχνη.]

Wenn der Römer nach Plinius grossen Anstoss daran nahm,
dass man sich die Lebensrettung mit hohem Preise bezahlen
lasse, so scheint dieses in Griechenland weniger der Fall gewesen zu sein. Zwar könnte die bekannte Sage darauf bezogen werden, dass Zeus den Asklepios mit dem Blitze getödtet
habe, weil er für Geld sich habe bewegen lassen, Todte oder
doch bereits dem Tode Verfallene wieder in's Leben zu rufen
und zu heilen (Pind. Pyth. III. 98ff., Plato Republ. III,
p. 408), und spöttelnd sagt auch Aristoph. Av. 583:

εἶθ' ὅ γ' Ἀπόλλων ἰατρός γ' ὢν ἰάσθω· μισθοφορεῖ γάρ:
allein im gewöhnlichen Leben würde man schwerlich auf Andeutungen stossen, woraus sich ergäbe, dass ein solcher Sold
ganz besondere Missbilligung erfahren habe. Auch wurden
ihm ausser dem allgemeinen Namen μισθός andere ehrenvol-
lere Benennungen gegeben, wie σῶστρα und ἰατρεῖα. Poll.
IV, 177: καὶ ὁ μισθὸς ἰατρεῖα. VI. 186: ἐπὶ τοῦ αὐτοῦ δὲ
λέγοιτ' ἂν δωρεά, τιμή, ἆθλον, γέρας, μισθός, ἐπίχειρα· ἰδίως
δὲ ἰατρῷ μὲν σῶστρα, σωτήρια καὶ ἰατρεῖα. Zuweilen findet
es sich, dass der Arzt sich das Honorar pränumeriren liess,
ehe er die Kur begann. So z. B. erzählt Aelian. Var. Hist.
XII. 1 von der nachmals unter dem Namen der phokäischen
Aspasia bekannt gewordenen Milto, der als Kind ein Gewächs
(φῦμα) das Gesicht entstellte: δείκνυσι γοῦν αὐτὴν ὁ πατὴρ ἰατρῷ, ὁ δὲ ὑπέσχετο ἰάσασθαι εἰ λάβοι τρεῖς στατῆρας, ὁ δὲ
ἔφατο μὴ ἔχειν, ὁ δὲ ἰατρὸς μηδὲ αὐτὸς εὐπορεῖν φαρμάκου.
Gleicher Art ist die Erzählung bei Achill. Tat. IV. 15: αἰτεῖ
δὲ χρυσοῦς τέτταρας ὑπὲρ τῆς ἰάσεως· ἔχει γάρ, φησίν, ἐτέ-
ρου φαρμάκου σκευήν, δι' οὗ λύσει τὸ πρότερον: ferner der
Vergleich des Elephanten mit einem Charlatane von Arzt ebend.
c. 4: οἶδεν οὖν τὴν θεραπείαν καὶ προῖκα οὐκ ἀνοίγει τὸ στόμα,
ἀλλ' ἐστὶν ἰατρὸς ἀλαζὼν καὶ τὸν μισθὸν πρῶτος αἰτεῖ.

In dem von Aelian erzählten Falle, und vermuthlich
noch oft, hatte freilich wohl die Forderung der Vorausbezah-
lung ihren Grund auch darin, dass der Arzt zugleich die Mittel
besorgte, welche angewendet werden sollten. Dasselbe finden
wir in den gegen die Aerzte aufgestellten Bedenken bei Plato
Polit. p. 298: προστάττοντες ἀναλώματα φέρειν παρ' ἑαυτοὺς
οἷον φόρους, ὧν σμικρὰ μὲν εἰς τὸν κάμνοντα καὶ οὐδὲν ἀναλίσκουσι, τοῖς δ' ἄλλοις αὐτοί τε καὶ·οἱ οἰκέται χρῶνται. Das
eigene Dispensiren der Arzneien war unvermeidlich, da man
keine pharmaceutischen Anstalten wie unsere Apotheken hatte,
wo die verordneten Mittel bereitet worden wären. [Für das
Vorausbedingen einer Summe spricht: Babr. Fab. 94, die

die oben angeführte Stelle bei Plat. Pol. p. 298 und Plin.
N. Hist. XXIX, §. 22: »notum est, ab eodem Charmide unum
aegrum ex provincialibus HS. ducentis reconductum;« für das
Bezahlen nach der Krankheit: Diog. Laërt. V. 72 aus Ly-
kon's Testamente: τιμάσητω δὲ καὶ τοὺς ἰατροὺς Πασίδεμιν καὶ
Μειδίαν, ἀξίους ὄντας καὶ διὰ τὴν ἐπιμέλειαν τὴν περὶ ἐμὲ καὶ
τὴν τέχνην καὶ μείζονος ἔτι τιμῆς. Dass das Honorar auch
nach Belieben entrichtet werden konnte, erhellt aus dem Scherze
des Cynikers Krates bei Diog. Laërt. VI. 86: τίθει μαγείρῳ
μνᾶς δέκ', ἰατρῷ δραχμήν κ. τ. λ. vgl. mit Cic. Ep. ad. fam.
XVI. 4 u. 14.]
Etwas ganz anderes waren die Läden der φαρμακοπῶλαι.
Diese Leute, mit welchen der Grieche keinen viel besseren
Begriff als wir mit Quacksalbern und Marktschreiern verbunden haben mag, verkauften zwar neben mancherlei anderen
Dingen auch Arzneimittel, aber solche, welche von ihnen ohne
Concurrenz eines eigentlichen Arztes gefertigt waren und ge-
meiniglich wohl nur wider gewöhnliche Krankheiten helfen
sollten. Diese verkauften sie nicht nur in ihren Läden oder
Buden, sondern trugen sie auch ausrufend umher. Lucian.
pro merc. cond. 7: τὸ δ' ὅλον ἐκείνῳ τῷ φαρμακοπώλῃ ἔοικας, ὃς ἀποκηρύττων βηχὸς φάρμακον καὶ αὐτίκα παύσειν τοὺς
πάσχοντας ὑπισχνούμενος αὐτὸς μεταξὺ σπώμενος ὑπὸ βηχὸς
ἐφαίνετο. Wie man sie wohl von den eigentlichen Aerzten zu
unterscheiden habe, sieht man aus Plutarch. de prof. in
virt. 8: ὡς τούς γε μανθάνοντας ἔτι καὶ πραγματευομένους
καὶ σκοποῦντας ὃ λαβόντες ἐκ φιλοσοφίας εὐθὺς εἰς ἀγορὰν ἢ
νέων διατριβὴν ἢ βασιλικὸν συμπόσιον ἐκκυκλήσουσιν οὐ μᾶλλον
οἴεσθαι χρὴ φιλοσοφεῖν ἢ τοὺς τὰ φάρμακα ἢ τὰ μίγματα πω-
λοῦντας ἰατρεύειν. In den Kästen, worin sie ihre mancherlei
Mittel umhertrugen, führten vermuthlich manche zum Behufe
geheimnissvoller Gaukeleien auch Schlangen bei sich. So er-
kläre ich mir ein Fragment des Aristophanes bei Poll. X.
180: κίσται δὲ οὐ μόνον ὀψοφόροι οὐδὲ ἄλλως ἀγγεῖα εἰς ἐσθή-

των ἀπόθεσιν, ἀλλὰ καὶ αἱ τῶν φαρμακοπωλῶν ἂν καλοῖντο,
ὡς ἐν Ἀμφιαράῳ Ἀριστοφάνης·

> καὶ τοὺς μὲν ὄφεις, οὓς ἐπιπέμπεις,
> ἐν κίστῃ που κατασήμηναι
> καὶ παῦσαι φαρμακοπωλῶν·

ὥσπερ που καὶ θεύπομπος ἐν Ἀλθαίᾳ·

> τὴν οἰκίαν γὰρ εὗρον εἰσελθὼν ὅλην
> κίστην γεγονυῖαν φαρμακοπώλου Μεγαρικοῦ.

[Vgl Aristot. Hist. anim. VIII. 4 extr.] Aber sie verkauften auch andere Dinge, die in ihren Kram passten. Es ist
z. B. ganz angemessen, dass die von Aristophanes erwähnten
allbekannten Brenngläser gerade bei den Pharmakopolen zu
kaufen sind, wohin sie als pbysikalische Curiositäten am
ersten gehören, Nub. 766:

> ἤδη παρὰ τοῖσι φαρμακοπώλαις τὴν λίθον
> ταύτην εὔρακας, τὴν καλήν, τὴν διαφανῆ,
> ἀφ᾽ ἧς τὸ πῦρ ἅπτουσι; — τὴν ὕαλον λέγεις;

und überhaupt hat ja das Wort φάρμακον eine so weite Bedeutung, dass man nicht entscheiden kann, ob die von Demosth. in Olympiod. §. 13 erwähnten φαρμακοτρίβαι Medikamente oder Farben oder etwas Anderes rieben. [Vergl.
Lucian. Amor. 39: καθάπερ ἐν φαρμακοπώλου πυξίδων ὄχλον,
ἀγγεῖα μεστὰ πολλῆς κακοδαιμονίας. Zu einem solchen begab
sich wohl auch der Mann bei Aristoph. Thesmoph. 504:
ὁ δ᾽ ἀνὴρ περιέτρεχ᾽ ὠκυτόκι᾽ ὠνούμενος. Anthol. Gr. ed.
Jac. I, p. 183. n. 9. Das Gewerbe findet sich unter demselben
Namen in Rom: Cic. pro Cluent. 14; Cato bei Gell. N.
Att. I. 15, und sowie Aristoteles (Oec. II. 22) diese Krämer
mit den Gauklern zusammenstellt, nennt Horaz (Sat. I. 2. 1)
neben ihnen ambubaiae, mendici, mimae und balatrones. Auf
einem Vasenbild bei Panofka Bild. ant. Lebens. Taf. VII. 5
befühlt ein Quacksalber unter dem Dache einer Marktbude
den Kopf eines Patienten, den ein Diener die Treppe hinauf-
schiebt.]

Der wirkliche Arzt aber bereitete ebenfalls seine Mittel
selbst, wobei er übrigens so gut, als es nach der heutigen
Receptirkunst geschieht, die unangenehm schmeckenden Substanzen in Süssigkeiten u. dergl. einzuwickeln bemüht war,
Plutarch. de educ. puer. 18: καθάπερ ἰατροὶ τὰ πικρὰ
τῶν φαρμάκων τοῖς γλυκέσι χυμοῖς καταμιγνύντες τὴν τέρψιν
ἐπὶ τὸ συμφέρον πάροδον εὗρον: vergl. Xenoph. Mem. IV.
2. 17, Plato Leg. II, p. 659 und mehr bei Spanheim ad
Julian. Caesar. p. 114 u. 280. — Zum Theil nun erwartete
er die Kranken in dem ἰατρεῖον, gewissermaassen seiner Werkstatt, wie es denn auch geradehin ἐργαστήριον genannt wird,
Aeschin. c. Timarch. §. 124, zum Theil ging er umher,
die seiner Pflege Befohlenen in ihren Wohnungen zu besuchen.
Plato Leg. IV, p. 720: ἰατρεύουσι περιτρέχοντες καὶ ἐν τοῖς
ἰατρείοις περιμένοντες. [Xenoph. Hellen. II. 1. 3. Plaut.
Menaechm. V. 5.] Ein solches ἰατρεῖον war zugleich Bade-
anstalt, Apotheke und chirurgische Werkstatt; daher Büchsen,
πυξίδες oder κυλικίδες (Athen. XI, p. 480; Eustath. zu
Odyss. V. 296, p. 1538. 41), Schröpfköpfe, Klystirspritzen,
Badewannen oder Becken u. dergl. als die dort zu findenden
Geräthschaften genannt werden. Das vollständigste Bild einer
solchen Stube giebt ein Fragment des Antiphanes bei Poll.
X. 46: ἐπὶ δὲ τῶν παρὰ τοῖς ἰατροῖς ἐκλουτρῶν ὀνομαζομένων
Ἀντιφάνης ἐν Τραυματίᾳ ·

> κατεσκευασμένος
> λαμπρότατον ἰατρεῖον εὐχάλκοις πάνυ
> λουτηρίοισιν, ἐξαλείπτροις, κυλικίσιν,
> σικύαισιν, ὑποθέτοισι.

Vgl. X. 149 und Hippokrates περὶ τῶν κατ’ ἰητρεῖον πρατ-
τομένων mit Galen t. XVIII B, p. 665 ff. Kühn. In diese
Arzneistuben gingen nur leichtere Kranke, um sich wider ihr
Uebelbefinden an Ort und Stelle ein Mittel geben zu lassen,
ἐπὶ φαρμακοποσίᾳ. Plato Leg. I, p. 646: τοὺς εἰς τὰ ἰατρεῖα
αὐτοὺς βαδίζοντας ἐπὶ φαρμακοποσίᾳ ἀγνοεῖν οἰόμεθα, ὅτι μετ’

ὀλίγον ὕστερον καὶ ἐπὶ πολλὰς ἡμέρας ἕξουσι τοιοῦτον τὸ σῶμα,
οἷον εἰ διὰ τέλους ἔχειν μέλλοιεν, ζῆν οὐκ ἂν δέξαιντο; - Es
liessen sich aber wohl auch bedeutendere Kranke dahin tragen,
wie Lamachos bei Aristoph. Acharn. 1022. [Es fanden
sich aber in diesen Tabernen auch müssige Leute aller Art
ein: Aelian. Var. Hist. III. 7: θεασάμενός τινας καθεζο-
μένους ἐν ἰατρείῳ ψογεροὺς καὶ κακῶς ἀγορεύειν ἐκ παντὸς
τρόπου διψῶντας und Plaut. Amph. IV. 1. 3:

nam omnis plateas perreptavi, gymnasia et myropolia,
apud emporium atque in macello, in palaestra atque in foro,
in medicinis, in tonstrinis, apud omnis aedis sacras.]

Zugleich hatte er dort seine Gehülfen, welche seine Verordnungen zur Ausführung brachten, Plato Leg. IV, p. 720:
εἰσί πού τινες ἰατροί, φαμέν, καί τινες ὑπηρέται τῶν ἰατρῶν;
ἰατροὺς δὲ καλοῦμεν δή που καὶ τούτους; und dazu kamen
ausserdem noch oft junge Leute, die sich als Schüler in dem
ἰατρεῖον aufhielten. So finden wir den Timarch bei Euthy-
dikos, einem Arzte im Peiräeus, angeblich der Kunst sich
widmend, Aeschin. in Timarch. §. 40: οὗτος γὰρ πρῶτον
πάντων μέν, ἐπειδὴ ἀπηλλάγη ἐκ παίδων, ἐκάθητο ἐν Πειραιεῖ
ἐπὶ τοῦ Εὐθυδίκου ἰατρείου, προφάσει μὲν τῆς τέχνης μαθητής.
Darum sagt auch Aristoph. Acharn. 1031: κλαῖε πρὸς τοὺς
Πιττάλου, [und der Scholiast' bemerkt dazu: ὁ Πίτταλος
οὗτος ἰατρὸς παρὰ Ἀθηναίοις· λείπει δὲ τὸ μαθητάς. Die Lehr-
linge zahlten natürlich Lehrgeld: Plat. Men. p. 90. Sie wurden aber auch von dem Arzte auf seinen Krankenbesuchen
mitgenommen. Denn es ist ohne Zweifel eben griechische
Sitte, worüber noch Martial klagt V. 9:

languebam; sed tu comitatus protinus ad me
venisti centum, Symmache, discipulis.
centum me tetigere manus Aquilone gelatae:
non habui febrem, Symmache, nunc habeo.

Ebenso erwähnt Galenus X, p. 5, dass der Arzt Thessalos

aus Tralles seine Schüler mit an die Krankenbetten geführt
und ihnen nach sechs Monaten die eigene Praxis erlaubt habe.]
Die Gebülfen der Aerzte waren zum Theil, wie es scheint,
Sklaven, und diese mochten dann auch vorzugsweise mit der
Behandlung ihrer Klasse beauftragt werden; denn dass Sklaven
auf ihre eigene Hand die Kunst ausgeübt haben sollten, dürfte
schwerlich anzunehmen sein [Doch wohl, denn wie könnte
es sonst bei Diog. Laërt. VI. 30 von Diogenes heissen:
ἔλεγε τῷ Ξενιάδῃ τῷ πριαμένῳ αὐτὸν, δεῖν πείθεσθαι αὐτῷ, εἰ
καὶ δοῦλος εἴη· καὶ γὰρ ἰατρὸς ἢ κυβερνήτης εἰ δοῦλος εἴη,
πεισθῆναι δεῖν αὐτῷ. Vergl. Inscr. Delph. n. 234: εἰ δὲ
χρείαν ἔχοι Διονύσιος συνιατρευέτω Δάμων μετ᾽ αὐτοῦ ἔτη
πέντε λαμβάνων τὰ ἐς τὰν τροφὰν πάντα καὶ ἐνδυδισκόμενος
καὶ στρώματα λαμβάνων, und so auch n. 462.] Eine sehr
interessante Stelle über diese Sklavenärzte, aus der sich ergiebt, dass ihre Kranken mit keiner besonderen Sorgfalt und
Gewissenhaftigkeit behandelt wurden, findet sich bei Plato
Leg. IV, p. 720: ἆρ᾽ οὖν καὶ ξυννοεῖς, ὅτι δούλων καὶ ἐλευθέρων ὄντων τῶν καμνόντων ἐν ταῖς πόλεσι, τοὺς μὲν δούλους
σχεδόν τι οἱ δοῦλοι τὰ πυλλὰ ἰατρεύουσι περιτρέχοντες καὶ ἐν
τοῖς ἰατρείοις περιμένοντες; καὶ οὔτε τινὰ λόγον ἑκάστου περὶ
νοσήματος ἑκάστου τῶν οἰκετῶν οὐδεὶς τῶν τοιούτων ἰατρῶν
δίδωσιν οὐδ᾽ ἀποδέχεται, προστάξας δ᾽ αὐτῷ τὰ δόξαντα ἐξ
ἐμπειρίας, ὡς ἀκριβῶς εἰδώς, καθάπερ τύραννος αὐθαδῶς οἰχέ-
ται ἀποπηδήσας πρὸς ἄλλον κάμνοντα οἰκέτην. Anders stand
es um die Freien, namentlich wohl auch wieder die Wohlhabenderen, die nur Freie zu Aerzten hatten, welche selbst
als eigentliche Hausärzte erscheinen, z. B. bei Demosth. in
Euerg. §. 67: εἰσήγαγον ἰατρόν, ᾧ πολλὰ ἔτη ἐχρώμην. Wenn
jene Sklavenärzte nach ihrem Gutdünken und ohne die Krankheit durch Befragen des Leidenden genauer zu erforschen die
anzuwendenden Mittel verordneten und flüchtig von einem zum
andern eilten, so verfuhren diese, welche man allein als wirkliche Aerzte betrachten kann, nach Plato's Schilderung sehr

gewissenhaft: ὁ δὲ ἐλεύθερος ὡς ἐπὶ τὸ πλεῖστον τὰ τῶν ἐλευθέρων νοσήματα θεραπεύει τε καὶ ἐπισκοπεῖ· καὶ ταῦτα ἐξε-
τάζων ἀπ᾽ ἀρχῆς καὶ κατὰ φύσιν τῷ κάμνοντι κοινούμενος
αὐτῷ τε καὶ τοῖς φίλοις ἅμα μὲν αὐτὸς μανθάνει τι παρὰ τῶν
νοσούντων, ἅμα δὲ καθόσον οἷός τέ ἐστι διδάσκει τὸν ἀσθενοῦντα αὐτὸν καὶ οὐ πρότερον ἐπέταξε, πρὶν ἄν πη ξυμπείσῃ·
τότε δὲ μετὰ πειθοῦς ἡμερούμενον ἀεὶ παρασκευάζων τὸν κάμνοντα εἰς τὴν ὑγίειαν ἄγων ἀποτελεῖν πειρᾶται. [Dass übrigens
auch Sklaven von Freien ärztlich behandelt wurden, beweist
Xenoph. Mem. Socr. II. 4. 3 und 10. 6.]

Was das äussere Erscheinen des Arztes anlangt, so verlangte wenigstens Hippokrates, dass es äusserst anständig sein
und alles vermeiden solle, was auf den Kranken einen unan-
genehmen Eindruck machen könnte. Daher sollte er sich nicht
nur durch Reinlichkeit und Sauberkeit in Haar und Barttracht,
sondern auch durch Eleganz der Kleidung auszeichnen, vgl.
Galen. in Hippocr. Epid. t. XVII. 2, p. 138 und p. 149,
wo verlangt wird, man solle sich darin nach dem Sinne des
Kranken richten: ἐσθής· καὶ αὕτη κατὰ τὸν αὐτὸν λόγον ἔστω
μέση μήτε πολυτελής, ὡς ἀλαζονείαν ἐμφαίνειν, μήτε ῥυπαρὰ
καὶ πάνυ ταπεινή, πλὴν εἴ ποθ᾽ ὁ κάμνων αὐτὸς εἴη τῶν ἀμε-
τρότερον ἢ τὰ πολυτελῆ φιλούντων ἢ τοῖς ῥυπαροῖς ἡδομένων.
Sein Benehmen soll gleich weit von demüthigem Wesen und
Wichtigthuerei und Grosssprecherei entfernt sein, p. 148, voll
Ruhe und Behutsamkeit in Aeusserungen über den Zustand des
Kranken. In wie weit im Allgemeinen diesen Anforderungen
genügt werden mochte, das lässt sich aus dem von Galen
selbst über manche Aerzte ausgesprochenen Tadel schliessen,
p. 144: ἰατροὶ δέ τινές εἰσιν, οἳ μέχρι τοσούτου μωραίνουσίν,
ὡς καὶ τοῖς κοιμωμένοις ἐπεισιέναι μετὰ ψόφου ποδῶν, φωνῆς
μείζονος, ὑφ᾽ ὧν ἐνίοτε διεγερθέντες οἱ νοσοῦντες ἀγανακτοῦσι
κ. τ. λ. Deren giebt es freilich auch bei uns. Wie Galen
p. 145 nach Bakcheios und Zeuxis erzählt, antwortete ein Arzt

dem Kranken, welcher äusserte, er werde wohl sterben, mit dem Verse:

εἰ μή σε Λητὼ καλλίπαις ἐγείνατο,

und ein anderer auf dieselbe Aeusserung mit noch weniger Schonung:

κάτθανε καὶ Πάτροκλος, ὅπερ σέο πολλὸν ἀμείνων.

Galen setzt hinzu: *ἔνιοι δὲ τῶν νῦν ἰατρῶν, εἰ καὶ μετριώτεροι Καλλιάναντός εἰσιν, ἀλλὰ τραχέως καὶ αὐτοὶ προσφέρονται τοῖς νοσοῦσιν ὡς μισηθῆναι, καθάπερ ἄλλοι τινὲς ἐξ ὑπεναντίου δουλοπρεπῶς κολακεύοντες ἐξ αὐτοῦ τούτου κατεφρονήθησαν.* Ich habe diese als Thatsachen angeführten Züge hier nicht unerwähnt lassen wollen, weil sie bei der Dürftigkeit der übrigen Nachrichten schätzbare Beiträge zur Charakteristik der griechischen Aerzte enthalten. Freilich werden sie wohl auf alle Zeiten Anwendung leiden. Andererseits ist auch das nicht uninteressant, was Lucian. adv. indoct. 29 von dem Strategem untauglicher Aerzte sagt, die durch Eleganz ihres Apparates zu blenden und dahinter ihre Unwissenheit zu verbergen suchten: *ὅτι καὶ οἱ ἀμαθέστατοι τῶν ἰατρῶν τὸ αὐτό σοι ποιοῦσιν, ἐλεφαντίνους νάρθηκας καὶ σικύας ἀργυρᾶς ποιούμενοι καὶ σμίλας χρυσοκολλήτους· ὁπόταν δὲ καὶ χρήσασθαι τούτοις δέῃ, οἱ μὲν οὐδὲ ὅπως χρὴ μεταχειρίσασθαι αὐτὰ ἴσασι, παρελθὼν δέ τις εἰς τὸ μέσον τῶν μεμαθηκότων φλεβοτόμον εὖ μάλα ἠκονημένον ἔχων ἰοῦ τἆλλα μεστὸν ἀπήλλαξε τῆς ὀδύνης τὸν νοσοῦντα.* Dergleichen Leute mochten wohl genug umherwandeln; wenigstens gedenkt ihrer auch Xenoph. Oecon. 15. 7: *ὅμοιος ἄν μοι δοκῶ εἶναι τῷ περιιόντι ἰατρῷ καὶ ἐπισκοποῦντι τοὺς κάμνοντας, εἰδότι δὲ οὐδὲν ὅ τι συμφέρει τοῖς κάμνουσιν.* So sagt ja schon Hippokrates selbst t. I, p. 67 Kühn: *κατὰ γὰρ ἀγορὴν ἐργαζόμενοι οὗτοι μετὰ βαναυσίης ἀπατεῦντες καὶ ἐν πόλεσι ἀνακυκλέοντες οἱ αὐτοί· ἴδοι δέ τις καὶ ἐπ' ἐσθῆτος καὶ τῇσι ἄλλῃσι περιγραφῇσι, κἢν ἔωσι ὑπερηφανέως κεκοσμημένοι, πολὺ μᾶλλον φευ-*

κτέοι καὶ μισητέοι τοῖσι θεωμένοισί εἰσι. [Ueber das prunkende Auftreten mancher Aerzte vgl. Welcker a. a. O. S. 227 ff.] Der griechische Arzt behandelte übrigens ebensowohl äussere als innere Leiden, d. h. er war zugleich Chirurg. [Plaut. Menaechm. V. 3. 6 ff.]. Bei Plutarch. de san. tuend. 15 findet sich der kühne Versuch einer Laryngotomie bei einem Manne, der eine Fischgräte verschluckt hatte. Freilich starb der Mann daran. Bei dieser Gelegenheit kann ich nicht umhin, auf einige Beispiele im Alterthume vorgenommener Leichenöffnungen aufmerksam zu machen. Man hat gewöhnlich behauptet, es hätte den Alten für ein πρᾶγμα ἀνοσιώτατον gegolten, einen menschlichen Leichnam zu seciren. Auch dem Aristoteles spricht man es ab; man hat sogar die sonderbare Stelle über das menschliche Herz als Beweis gebraucht, obgleich die drei Kammern doch auch auf die Herzen der Thiere nicht passen würden. Es finden sich indessen in der That Fälle von Untersuchungen des Innern menschlicher Körper, wenn auch nicht für wissenschaftliche Zwecke. Steph. de urb. s. Ἀνθανία erzählt von dem Helden Aristomenes: τοῦτον οἱ Λακεδαιμόνιοι πολλάκις αὐτοὺς νικήσαντα θαυμάσαντες, ὡς μόλις ἐκράτησαν ἐν τῇ Μεσσηνιακῇ, ἀνατεμόντες ἐσκόπουν, εἰ παρὰ τοὺς λοιποὺς ἐστί τι, καὶ εὗρον σπλάγχνον ἐξηλλαγμένον καὶ τὴν καρδίαν δασεῖαν, ὡς Ἡρόδοτος καὶ Πλούταρχος καὶ Ῥιανός. Hier war Neugierde die Ursache; in einem anderen Falle gekränktes Ehrgefühl. Denn von dem Messenier Aristodemos, dessen Tochter der Schwangerschaft beschuldigt wurde, sagt Pausan. IV. 9. 5: τέλος δὲ ἐς τοσοῦτον Ἀριστόδημον προήγαγεν, ὡς ἐκμανέντα ὑπὸ τοῦ θυμοῦ τὴν θυγατέρα ἀποκτεῖναι· μετὰ δὲ ἀνέτεμνε καὶ ἐπεδείκνυεν αὐτὴν οὐκ ἔχουσαν ἐν γαστρί. Auf das erste Faktum bezieht sich vielleicht neben Erwähnung anderer Beispiele Eustath. zu Iliad. I. 189, p. 78, 45: οὐ γὰρ δή που τετρίχωνται τὸ κῆρ ἐξ ἀνάγκης, εἰ καί τινες καρδίαι ἐξ ἀνατομῆς τοιαῦται ἐφάνησαν κατὰ τὴν παλαιὰν ἱστορίαν, ὡς καὶ ἡ τοῦ Λυσάνδρου καὶ ἡ τοῦ κυνὸς *τοῦ Ἀλεξάνδρου.* Allerdings sind das, wie gesagt, keine Sectionen zu wissenschaftlichem Zwecke aus dem Gesichtspunkte des Anatomen; es fragt sich jedoch, wieviel sich auch dafür aus diesen Analogien schliessen lässt? [Thiersectionen nahm zuerst vor Alcmaeon aus Kroton, angeblich (Diog. Laërt. VIII. 83) persönlicher Schüler des Pythagoras: Chalcid. in Plat. Tim. p. 368 Fabric. Ein ehernes Skelett in Delphi wurde dem Hippokrates zugeschrieben: Pausan. X. 2. 4. Nach Cels. praef. I, p. 4 Darenb. wurde die menschliche Anatomie erst seit den ersten Ptolemäern in Alexandria regelmässig studirt. Ueber die spätere Zeit vgl. Galen. *περὶ ἀνατ. ἐγχειρήσ.* ed. Kuehn III. 220: *ἐστὶ ἐν Ἀλεξανδρείᾳ μὲν τοῦτο πάνυ ῥᾴδιον* (die Aneignung der Osteologie) *ὥστε καὶ τὴν διδασκαλίαν αὐτῶν τοῖς φοιτηταῖς οἱ κατ' ἐκεῖνο τὸ χωρίον ἰατροὶ μετὰ τῆς αὐτοψίας πορίζονται καὶ πειρατέον ἐστί σοι, κἂν μὴ δι' ἄλλο τι, διὰ τοῦτο γοῦν αὐτὸ μόνον ἐν Ἀλεξανδρείᾳ γενέσθαι.* Für die Ausbildung griechischer Aerzte in Alexandria: Plut. Anton. 28: *διηγεῖτο γοῦν ἡμῶν τῷ πάππῳ Λαμπρίᾳ Φιλώτας, ὁ Ἀμφισσεὺς ἰατρός, εἶναι μὲν ἐν Ἀλεξανδρείᾳ τότε μανθάνων τὴν τέχνην.* Vgl. Welcker a. a. O. S. 224.]

Erst spät scheint die Heilkunde sich in einzelne Zweige gespalten zu haben, so dass es z. B. besondere Augenärzte (Lucian. Lexiph. 4), Zahnärzte u. s. w. gab. Ob dieses schon zu Diogenes des Kynikers Zeit Statt gefunden habe, wird sich aus Dio Chrysost. Or. VIII. 7 kaum beweisen, freilich auch nicht verneinen lassen. Er sagt allerdings: *ἔλεγε θαυμάζειν, ὅτι εἰ μὲν ἔφη ὀδόντας ἰᾶσθαι, πάντες ἂν αὐτῷ προσῇεσαν οἱ δεόμενοι ὀδόντα ἐξελέσθαι, καὶ νὴ Δία εἰ ὑπέσχετο ὀφθαλμοὺς θεραπεύειν, πάντες ἄνθρωποι ὀφθαλμοὺς αὐτῷ ἐπεδείκνυον· ὁμοίως δὲ εἰ σπληνὸς ἢ ποδάγρας ἢ κορύζης εἰδέναι φάρμακον.* Vgl. Gallus B. II, S. 123. — Eine besondere Klasse scheinen die *ἰατραλεῖπται* gewesen zu sein, die vermuthlich nicht nur durch Einreibungen, sondern durch Verbindung

5*

körperlicher Uebungen mit einer strengen Diät körperliche
Gebrechen zu heilen bemüht waren. Das scheint Plato Republ. III, p. 406 zu meinen, wenn er sagt: Ἡρόδικος γάρ,
παιδοτρίβης ὢν καὶ νοσώδης γενόμενος, μίξας γυμναστικὴν
ἰατρικῇ ἀπέκναισε πρῶτον μὲν καὶ μάλιστα ἑαυτόν, ἔπειτ᾿
ἄλλους ὕστερον πολλούς : [vgl. über ihr System Plin. N. Hist.
XXIX. 2, Krause Gymnastik S. 629 u. Grasberger Erz.
u. Unterr. I. 2, S. 268 u. 341.]

Die griechischen Aerzte mochten in ihrer Praxis auf vielfältige Hindernisse stossen, die ihnen (vielleicht mehr noch
als bei uns geschieht) Unvernunft, Misstrauen und besonders
thörichter Aberglaube in den Weg legten. Eine merkwürdige
Parallele zu der Aufregung, welche wir in neuester Zeit bei
verheerenden Epidemien aus dem Wahne beabsichtigter allgemeiner Vergiftung haben hervorgehen sehen, bietet der
gleiche Fall der Pest in Athen während des peloponnesischen
Kriegs dar. Auch dort glaubte man an eine Brunnenvergif-
tung, Thucyd. II. 48: καὶ τὸ πρῶτον ἐν τῷ Πειραιεῖ ἥψατο
τῶν ἀνθρώπων, ὥστε καὶ ἐλέχθη ὑπ᾿ αὐτῶν, ὡς οἱ Πελοπον-
νήσιοι φάρμακα ἐσβεβλήκοιεν ἐς τὰ φρέατα. Allgemeiner war
der Aberglaube, dass es Leute gebe, welche durch allerhand
geheime Künste, durch Zaubergesänge, Knüpfung magischer
Knoten u. dergl. Anderen zu schaden und namentlich auch
Krankheiten hervorzubringen vermöchten, was mit dem allgemeinen Namen μαγευτική oder auch φαρμακεία, und in den
verschiedenen Nüancen durch μαγγανεία, γοητεία u. s. w. bezeichnet wird. Es ist merkwürdig, wie Plato, der sehr oft
davon spricht, doch nicht zur klaren Ueberzeugung gelangt,
dass dieses Aberglaube sei. Zwar scheinen jene angeblichen
Künste Republ. II, p. 364 geradehin für Betrügerei erklärt
zu werden; allein in den Gesetzen, wo er weitläufig davon
handelt, entscheidet er nicht mit Bestimmtheit darüber, was
davon zu halten sei, wenn auch die Gesetze, welche er giebt,
die Wirklichkeit solcher Wirkungen immer problematisch lassen.

Er unterscheidet überhaupt zwei Arten der φαρμακεία, deren eine σώματι σώματα κακουργοῦσα ist, z. B. durch Gift; dann heisst es von der andern XI, p. 933: ἄλλῃ δέ, ἢ μαγγανείαις τέ τισι καὶ ἐπῳδαῖς καὶ καταδέσεσι λεγομέναις πείθει τοὺς μὲν τολμῶντας βλάπτειν αὐτοὺς ὡς δύνανται τὸ τοιοῦτον, τοὺς δ᾽ ὡς παντὸς μᾶλλον ὑπὸ τούτων δυναμένων γοητεύειν βλάπτονται· ταῦτ᾽ οὖν καὶ περὶ τὰ τοιαῦτα ξύμπαντα οὔτε ῥᾴδιον ὅπως ποτὲ πέφυκε γιγνώσκειν οὔτ᾽, εἴ τις γνοίη, πείθειν εὐπετὲς ἑτέρους. Bei diesem sehr allgemeinen Glauben war es dann aber natürlich, dass man eben auch durch gleiche Gegenmittel, ἀλεξιφάρμακα (Plato Polit. p. 280), sich zu schützen suchte und dass sympathetische Kuren sehr häufig versucht wurden. So sagt das vor Liebe erkrankte Mädchen bei Theocr. II. 91:

ἢ ποίας ἔλιπον γραίας δόμον, ἅτις ἐπᾷδεν;

Eine der deutlichsten Beweisstellen für solches Gewerbe findet sich bei Demosth. in Aristog. I, §. 79: ἐφ᾽ οἷς ὑμεῖς τὴν μιαρὰν θεωρίδα τὴν Λημνίαν, τὴν φαρμακίδα, καὶ αὐτὴν καὶ τὸ γένος ἅπαν ἀπεκτείνατε, ταῦτα λαβὼν τὰ φάρμακα καὶ τὰς ἐπῳδὰς παρὰ τῆς θεραπαίνης αὐτῆς ... μαγγανεύει καὶ ψεναχίζει καὶ τοὺς ἐπιλήπτους φησὶν ἰᾶσθαι κ. τ. λ. Verschiedene bei dergleichen sympathetischen Kuren übliche Gebräuche nennt ein interessantes Bruchstück des Menander bei Clem. Alex. Strom. VII. 4. 27, p. 713:

περιμαξάτωσάν σ᾽ αἱ γυναῖκες ἐν κύκλῳ
καὶ περιθειωσάτωσαν, ἀπὸ χρουνῶν τριῶν
ὕδατι περίρραιν᾽ ἐμβαλὼν ἅλας, φακούς.

[Selbst Perikles und Bion liessen sich überreden zur Sympathie zu greifen: Plut. Pericl. 38; Diog. Laërt. IV. 55 u. 56; Plut. de superst. 7., an die schliesslich auch Galen geglaubt haben soll: Alex. v. Tralles VIII. 4, p. 145.] Das sind sogenannte περικαθαρτήρια: nur fehlt ein wesentliches Stück, die Gesänge oder Sprüche, ἐπῳδαί, ohne welche die

Mittel keine Wirkung haben sollten. So sagt scherzend Sokrates bei Plato Charm. p. 155: *καὶ ἐγὼ μὲν εἶπον, ὅτι αὐτὸ μὲν εἴη φύλλον τι, ἐπῳδὴ δέ τις ἐπὶ τῷ φαρμάκῳ εἴη, ἣν εἰ μέν τις ἐπᾴδοι ἅμα καὶ χρῷτο αὐτῷ, παντάπασιν ὑγιᾶ ποιοῖ τὸ φάρμακον, ἄνευ δὲ τῆς ἐπῳδῆς οὐδὲν ὄφελος εἴη τοῦ φύλλου.* Leute, welche sich mit einem solchen Gewerbe befassten, wurden mit allgemeinem Namen *φαρμακοί, φαρμακίδες, γόητες* u. s. w. genannt; vgl. Eustath. zu Iliad. XI. 739, p. 881. 57; Odyss. I. 260, p. 1415. 64, und Einzelnes mehr oben Sc. X, Anm. 32. [Vgl. Welcker a. a. O. S. 64—88. Jahn Ueber die Wirkung des bösen Blickes bei den Alten in den Berichten der Leipz. Gesellsch. d. Wissensch. 1855. S. 29 ff.; Becker u. Marquardt Handb. d. Röm. Alterth. B. IV, S. 116 ff. Manchen Eintrag ausser den Pfuschern thaten den Aerzten in ihrem Verdienste die von den Priestern des Asklepios geleiteten Incubationen, über welche vgl. Hermann Gr. Privatalt. §. 38 n. 16; Gottesd. Alterth. §. 41 n. 17 ff.; Göll Culturbild. aus Hellas und Rom. II, S. 288 ff.; Welcker a. a. O. S. 87 ff. Speziell auf den Asklepiostempel zu Athen beziehen sich: Aristoph. Plut. 653 ff.; Vesp. 122; Diog. Laërt. IV. 24; Plut. de soll. an. 13; Plaut. Curcul. I. 1. 14 ff. II. 1 u. 2. Ueber die Priester und Aerzte desselben vgl. Corp. Inscr. Att. v. II, 1 ed. Köhler n. 256 b; 352 b; 373 b; 477 b. Nach 352 b opferten die *ἰατροὶ δημοσιεύοντες* jährlich zweimal im Asklepiostempel für sich und ihre Patienten.]

ZWEITER EXCURS ZUR ACHTEN SCENE.

DAS HAUSGERÄTH.

[Die zum Wohnen und Schlafen bestimmten Räume waren jedenfalls, wie die in Pompeji gefundenen, kleiner als dieselben in unseren heutigen bürgerlichen Wohnungen. Ausserdem erscheint aber auch den vielfältigen Bedürfnissen des modernen Luxus gegenüber das antike Mobiliar sehr kärglich. Es fehlten z. B. die Schreibtische, Kommoden Glasschränke und Wandspiegel und die ganze Einrichtung beschränkte sich auf Ruhebetten, Tische, Stühle, Candelaber und nebenbei auf Schränke und Truhen, wobei freilich die Schönheit und Anmuth der Form für die Fülle der Gegenstände reichliche Entschädigung bot.]

Was im Gallus B. II, S. 284 ff. über das römische Bett gesagt ist, gilt in der Hauptsache auch von dem griechischen Lager; aber die Nachrichten, welche besonders Pollux von dem letzteren giebt, sind noch reichhaltiger, so dass man bei gehöriger Benutzung derselben sich eine sehr deutliche Vorstellung davon bilden kann. Bei Homer ist das Lager sehr einfach: über das Gestelle werden bloss Decken gelegt, und es ist von keinem Polster die Rede; [Die Hauptbestandtheile der Einlage in dem bereits mit einem Gurt versehenen (Odyss. XXIII. 201) Gestelle nennt Il. IX. 657: κώεά τε ῥῆγός τε λίνοιό τε λεπτὸν ἄωτον. Vergleicht man damit die weitere Ausführung Od. IV. 297:

δέμνι' ὑπ' αἰθούσῃ θέμεναι καὶ ῥήγεα καλά
πορφύρε' ἐμβαλέειν, στορέσαι δ' ἐφύπερθε τάπητας,
χλαίνας δ' ἐνθέμεναι οὔλας καθύπερθεν ἕσασθαι:

so fehlen hier die *κώεα* und das *λίνον* und dafür erscheinen
die *χλαῖναι*, während wieder XXIII. 179 Penelope befiehlt:

ἔνθα οἱ ἐκθεῖσαι πυκινὸν λέχος ἔμβαλετ' εὐνήν,
κώεα καὶ χλαίνας καὶ ῥήγεα σιγαλόεντα.

Man sieht, dass die Schafvliesse, welche die Stelle der Matratze vertraten, ebenso allemal vorausgesetzt werden, wie der
Laken, der über die wollenen Decken gebreitet zu werden
pflegte (vergl. XIII. 73. 118). Die *χλαῖναι* gehören zum Zu-
decken (vgl. Soph. Trachin. 540), wie die *τάπητες*, und
man wickelte sich bei kalter Witterung in dieselben: Od. I.
443. XX. 143. Das Weichste im Lager der Vornehmen waren
die *ῥήγεα*, feinere und buntfarbige wollene Tücher, die, weil
sie auch gewaschen wurden (Od. VI. 38), wohl schwerlich mit
Voss, Grashof (Ueber das Hausgeräth bei Homer
und Hesiod. Düsseld. 1858, S. 22) und Ameis zu Od. III.
349 als Kissen oder Polster aufgefasst werden dürfen. Die
ärmeren Leute schliefen auf blossen Fellen oder einer Streu:
Od. XI. 188 ff. XIV. 519. XX. 139 ff., wie später die spartanischen *σιδεῦναι*: Plut. Lyc. 16; Inst. Lac. 5 und Phot.
Lex. p. 107.] Auch in späterer Zeit mochten sich die Betten
der ärmeren Klasse und sehr einfach Lebender wenig von
jenen unterscheiden: es wurden da oft statt des Polsters nur
starke Decken und besonders *κώδια*, Schafpelze, untergebreitet.
So heisst es von dem Redner Lykurg Vit. X Orat. p. 842:
ἐμελέτα δὲ νυκτὸς καὶ ἡμέρας οὐκ εὖ πρὸς τὰ αὐτοσχέδια
πεφυκώς, κλινιδίου δὲ αὐτῷ ὑποκειμένου, ἐφ' ᾧ μόνον ἦν κώ-
διον καὶ προσκεφάλαιον, ὅπως ἐγείροιτο ῥᾳδίως καὶ μελετῴη:
vgl. über Demostheues ebend. p. 844; Plat. Prot. p. 315 D;
Aristoph. Nub. 10. Wenn aber von dem vollständigen Bette,
εὐνή, eines Wohlhabenden die Rede sein soll, so lassen sich

als Theile desselben unterscheiden: κλίνη, ἐπίτονοι, τυλεῖον oder κνέφαλλον, προσκεφάλαιον, und ἐπιβλήματα oder περιβλήματα. Die κλίνη oder das Gestelle war von sehr einfachem Baue. Man hat sich ihre vier Seiten, die ἐνήλατα, att. κραστήρια (Phryn. p. 178) genannt wurden, nicht als Bretter, sondern mehr als Pfosten oder Stangen zu denken, welche in einander eingezapft auf den Füssen ruhten [und über welche der Gurt auf der oberen Seite gezogen wurde. Wie in Rom unterschied man die Wandseite des Bettes (pluteus) von der offenen, äusseren (sponda): Artemid. Onir. I. 74: τῶν δὲ ἐνηλάτων τὸ μὲν ἔσω ἰδίως τὴν γυναῖκα, τὸ δὲ ἔξω τὸν ἄνδρα (σημαίνει).] Nur an dem einen Ende, wo der Kopf lag, war eine Lehne, ἀνάκλιντρον oder ἐπίκλιντρον. Poll. X. 34: μέρη δὲ κλίνης καὶ ἐνήλατα καὶ ἐπίκλιντρον· τὸ μέν γε ἐπίκλιντρον ὑπὸ Ἀριστοφάνους εἰρημένον, Σοφοκλῆς δ᾽ ἐν Ἰχνευταῖς σατύροις ἔφη· ἐνήλατα ξύλα τρίγομφα διατορεῦσαί σε δεῖται. Vgl. VI. 9: τὸ δὲ καλούμενον ἀνάκλιντρον ἐπίκλιντρον Ἀριστοφάνης εἶπε, τὸ δὲ ἐνήλατον, κλιντήριον, [Aristoph. Eccles. 907] und Phryn. p. 130. Ausnahmsweise hatte man wohl auch Gestelle, die oben und unten mit einer Lehne versehen waren, und ein solches Geräth scheint die κλίνη ἀμφικνέφαλλος zu sein, die von Poll. X. 36 unter den Δημιοπράτοις aus dem Besitze des Alkibiades angeführt wird; ich kann mich aber durchaus nicht überzeugen, dass dieses die richtige Lesart sei. Denn abgesehen davon, dass diese Bezeichnung überhaupt sehr undeutlich sein würde, ist auch κνέφαλλον etwas ganz anderes als προσκεφάλαιον. Jenes ist so viel als τυλεῖον, wovon sogleich gesprochen werden wird, dieses ist das Kopfkissen oder überhaupt ein Kissen. Daher konnte Aristophanes bei dems. X. 40 sagen: κνέφαλλον ἅμα καὶ προσκεφάλαιον τῶν λινῶν. Es scheint mir unzweifelhaft, dass zu lesen ist ἀμφικέφαλος, wofür man die Belege bei Hemsterhuys findet. [Wie schon K. F. Hermann zu dieser Stelle bemerkt hat, wird die Vermuthung Becker's zur Gewissheit durch Etym. M. p. 90. 30: ἀμφικέφαλος κλίνης εἶδος παρὰ τὸ ἑκατέρωθεν ἀνάκλισιν ἔχειν καὶ προσκεφάλαιον, vgl. mit Phot. Lex. p. 171. 6 und Lobeck ad Phryn. p. 132.] Die κλίνη war gewöhnlich von Holz; daher ἐνήλατα ξύλα. Gewiss nahm man oft besonders geschätzte Holzarten dazu, wie z. B. Ahorn, σφένδαμνος, Poll. X. 35, oder Buchsbaum, κλίνη ἀμφίκολλος πυξίνη das. 34. Man scheint sie aber auch bloss damit fournirt zu haben; wenigstens kann ich die χαμεύνη παράκολλος das. 36 nicht anders verstehen. Die von Passow gegebene Erklärung »ein niedriges Ruhebett, an dessen einem Ende nur ein ἀνακλιντήριον befestigt war, auf dem der Kopf ruhete: hatte es ein solches an beiden Enden, so hiess es, ἀμφίκολλος« ist nicht nur der Etymologie nach unbegreiflich, sondern widerspricht auch dem, was Poll. 34 über das zweite Wort sagt: οὕτω γὰρ τὴν κατακεχολλημένην ὠνόμασεν ἐν ταῖς Ἑορταῖς Πλάτων. Schon daraus, das Pollux hier nur vom Materiale spricht, ergibt sich, dass an das ἀνακλιντήριον gar nicht zu denken ist; und die κλίνη ἀμφίκολλος πυξίνη ist nichts anderes, als die unmittelbar vorher aus Kratinos angeführte παράπυξος, d. h. mit Buchsbaum belegt. Dass das Fourniren im Alterthume gewöhnlich war, habe ich im Gallus B. II, S. 304 [vgl. Marquardt II, S. 313 und über erhaltene Reste Semper der Stil in den technischen u. tektonischen Künsten. 1860. B. II, S. 262] gezeigt. — Ausserdem wird man jedenfalls auch Gestelle von Erz gehabt haben [dies ergiebt sich namentlich aus Thucyd. III. 68]; wenn aber Pollux X. 35 hinzusetzt: σὺ δὲ κἂν ἐλεφαντίνην εἴποις καὶ χελώνης, so wird an Schildpatt wohl nur in der späten Zeit zu denken sein [Plin. Hist. N. IX. 33: »testudinum putamina secare in laminas, lectosque et repositoria his vestire Carvilius Pollio instituit.«] und als besonderes Beispiel von Luxus in Akragas berichtet Timaeos bei Aelian. V. H. XII. 29: ὅτι ἀργυραῖς ληκύθοις καὶ στλεγγίσιν ἐχρῶντο καὶ

ἐλεφαντίνας κλίνας εἶχον ὅλας. Vgl. Dio Chrysost.
Or. XIII. 34. Hingegen gab man der *κλίνη* gern Füsse von
besserem Materiale, von Elfenbein oder edlem Metalle; daher
bei Poll. 34 *ἀργυρόπους:* vgl. Clearch. bei Athen. VI,
p. 255: *κατέχειτο δι' ὑπερβάλλουσαν τρυφὴν ἐπὶ ἀργυρόποδος
κλίνης,* und Plato Com. bei dems. II, p. 48:

> *κᾆτ' ἐν κλίναις ἐλεφαντόποσιν καὶ στρώμασι πορφυροβάπτοις
> κἀν φοινικίσι Σαρδιανικαῖς κοσμησάμενοι κατάκεινται.*

Die bei Platää erbeuteten persischen *κλῖναι* waren *ἐπίχρυσοι
καὶ ἐπάργυροι,* Herodot. IX. 80. 82. [Ueberhaupt hat man
bei den lecti eburati, aurati: Plaut. Stich. II. 2. 53 und
κλῖναι ἀργύρου: Platon. Epist. I, p. 310 immer nur an Ein-
lagen und Ueberzüge aus ciselirtem edlen Metall zu denken,
eine Kunst, die schon zur Zeit der Entstehung von Hom.
Odyss. XXIII. 200 bekannt war. Noch von Heliogabel fiel
es nach Lamprid. Heliog. 20 auf, dass er Bettstellen aus
massivem Silber besass. Vgl. Clem. Alex. Paedag. II. 3,
p. 188: *κλῖναι ἀργυρόποδες καὶ ἐλεφαντοκόλλητοι χρυσοστικτοί
τε καὶ χελώνης πεποικιλμέναι κοίτης κλισιάδες.*]
Die *κλίνη* war mit Gurten bespannt, um die Decken oder
das Polster (Matratze) darauf zu legen. Poll. X. 36: *καὶ μὴν
τό γε τῇ κλίνῃ ἢ τῷ σκίμποδι ἐντεταμένον, ὡς φέρειν τὰ τυλεῖα, σπαρτία, σπάρτα, τόνος, χειρία· τάχα δὲ καὶ σχοῖνος καὶ
σχοινία καὶ πάλοι.* Der allgemeine Name dafür ist *τόνος,* Aristoph. Lysistr. 923; als Gurt heisst es *χειρία,* und damit
waren vermuthlich die anständigeren Betten bespannt, gemeinere mit Stricken. Aristoph. Av. 815:

> *Σπάρτην γὰρ ἂν θείμην ἐγὼ τὴμῇ πόλει;
> οὐδ' ἂν χαμεύνῃ, πάνυ γε χειρίαν ἔχων.*

wozu ein Scholion sagt: *ἡ δὲ χειρία εἶδος ζώνης ἐκ σχοινίων
παρεοικὸς ἱμάντι, ᾗ δεσμοῦσι τὰς κλίνας.* Vgl. Plat. Alc. 16.
Darauf lag eine Matratze *κνέφαλλον* oder *τυλεῖον,* κοινῶς auch
τύλη. S. Lobeck zu Phryn. p. 173. Der Ueberzug dieser

Matratze, das Inlett, war von linnenem oder wollenem Zeuge, auch von Leder. Poll. §. 40: ἐν δὲ Ἀμφιαράῳ Ἀριστοφάνους·

κνέφαλλον ἅμα καὶ κροσκεφάλαιον τῶν λινῶν,

δηλονότι ὡς καὶ σκυτίνων καὶ ἐρεῶν γιγνομένων, ὡς καὶ ἐν τοῖς Ἀλκιβιάδου πέπραται προσκεφάλαιον σκύτινον καὶ ἐρεοῦν καὶ λινοῦν. Daher auch aus Sophokles bei dems. §. 39 λινορραφῇ τυλεῖα. Ob die folgenden Worte §. 41: ἡ μέντοι καλουμένη λυχνὶς ἀνθήλη ἐκαλεῖτο, auf vegetabilische Stoffe als Füllung gehen und was unter dem Namen λυχνίς hier zu verstehen sei, vermag ich nicht anzugeben [bei Theophr. hist. pl. IV. 10. 4 und 11. 4 bedeutet ἀνθήλη soviel wie Rohrbüschel. Auch die von ihrer Aehnlichkeit mit den Wollflocken den Namen besitzende Pflanze γναφάλιον, vielleicht die sogenannte Wiesenwolle, wurde zu demselben Zwecke benutzt: Dioscor. III. 122 und Plin. Hist. N. XXVII. 88. Ueber das Stopfen der Pfühle mit Baumwolle: Strab. XV, p. 693: ἐκ τούτου δὲ (ἐρίου) Νέαρχός φησι τὰς εὐητρίους ὑφαίνεσθαι σινδόνας, τοὺς δὲ Μακεδόνας ἀντὶ κνεφάλλων αὐτοῖς χρῆσθαι καὶ τοῖς σάγμασι σάγης. Marquardt, II, S. 101 und Blümner Technol. u. Terminol. der Gewerbe und Künste I, S. 206.]; das gewöhnlichste Material, womit sie gestopft wurden, τὸ ἐμβαλλόμενον πλήρωμα, ὃ γράφαλον καλοῦσι, waren Wollenflocken, daher auch überhaupt das κνέφαλλον (κνάφαλον) vom κναφεύς seinen Namen hat. Vgl. Herodian. π. μον. λέξ. p. 137 Lehrs: τύλη, ὅπερ σύνηθες, Ἀττικοῖς κνέφαλλον καλεῖν, ὁμωνύμως τῷ περιεχομένῳ τὴν περιέχουσαν ... ὠνομάσθη δὲ ἀπὸ τοῦ κνάφου, ἥτις σημαίνει ἀκανθώδη ὕλην, ᾗ περιπετανύντες τὰς ἐσθῆτας ἐξέθλιβον τὸ πλεονάζον τοῦ περὶ τὰς ἐσθῆτας χνοῦ, ᾧ καὶ πρὸς τὰς τύλας ἐχρῶντο ... μέμνηται δὲ αὐτοῦ τοῦ ἐμβαλλομένου Πλάτων ὁ κωμικὸς ἐν Πεισάνδρῳ·

ὥσπερ κνεφάλλων ἢ πτίλων σεσαγμένος.

[Aus dieser Stelle ergiebt sich auch, dass bereits Federn

zum Füllen der Kissen in Anwendung kamen. Vgl. Poll.
VI. 10: ὅτι δὲ καὶ πτίλοις τὰ κνέφαλλα ἀνεπλήρουν Εὔβουλος
ἐν Ἀγχίσῃ διδάσκει καὶ πτερωτὰ καὶ πιλωτὰ προσκεφάλεια ὀνομάζουσιν, und X. 38. In Beziehung auf die Pfühle heisst es
bei Suid. s. v. γνάφαλοι: ἔδοξέ τις ἐν τῇ τύλῃ πυροὺς ἔχειν
ἀντὶ γναφάλλων (Artemid. Onir. V. 8)· πτίλων τῶν ὑπὸ γνά-
θοις κειμένων. Clem. Alex. Paedag. II. 9, und Appul.
Met. X, p. 248. 25. Ueber die προσκεφάλαια vgl. B. II,
S. 305 ff. Abbildungen: Lenormant u. de Witte Élite
ceramogr. II. 49. 23a; Gerhard in d. Abhandl. d. Berl.
Academie 1836 und Guhl u. Koner S. 154 ff.]
Ueber das κνέφαλλον wurden Decken gebreitet, die mit
den mannichfaltigsten Namen benannt werden. Poll. VI. 10:
περιστρώματα, ὑποστρώματα, ἐπιβλήματα, ἐφεστρίδες, χλαῖναι,
ἀμφιεστρίδες, ἐπιβόλαια, δάπιδες, ψιλοδάπιδες, ξυστίδες χρυσόπαστοι, ὡς Εὔβουλος·

τᾶς ξυστίσιν τᾶς χρυσοπάστοις στρώννυται.

Vgl. X. 42. Dazu kommen noch die schon vorher genannten
τάπητες und ἀμφιτάπητες, VI. 9: ἀμφιτάπητες οἱ ἐξ ἑκατέρου
δασεῖς, τάπητες δὲ οἱ ἐκ θατέρου. Die letzteren waren also
auf einer Seite zottig, die ersteren auf beiden; und dasselbe
bedeutet X. 38 ἀμφίμιτος στρωμνή, was durch ἀμφιδάσεια erklärt wird. Es ist dasselbe was ἀμφίμαλλος, VII. 57: ὥσπερ
τὸν ἀμφίμαλλον χιτῶνα δασὺν καὶ ἀμφίμιτον. Das Gegentheil
davon ist ψιλόδαπις. Die übrigen Namen bedürfen entweder
keiner Erklärung oder lassen keine sichere zu. In diesen
Decken aber bot sich besonders die Gelegenheit dar, einen
verschwenderischen Luxus zu entfalten. Wenn auch der grösste
Theil der unzähligen Beiwörter, welche Pollux X. 42 anführt und die sich alle auf bunte Pracht beziehen, mehr den
Symposien angehören mögen, so ist es doch gewiss, dass man
auch für das eigentliche Bett prächtig bunte Teppiche hatte.
Ueberhaupt unterscheidet sich das Lager für die Mahlzeit und
für den Schlaf wenig oder gar nicht, [vgl. Plat. Symp. p. 217]

höchstens dass bei ersterem noch grössere Eleganz Statt fand,
die vorzüglich in Kissen und Decken sich zeigte. So berichtet
Phylarch. bei Atben. IV. 20, p. 142 von Sparta aus der
Zeit, wo an die Stelle der früheren Einfachheit ein luxuriöses
Leben getreten war: στρωμναί τε (παρεσκευάζοντο) τοῖς μεγέ-
θεσιν οὕτως ἐξῃσκημέναι πολυτελῶς καὶ τῇ ποικιλίᾳ διαφόρως,
ὥστε τῶν ξένων ἐνίους τῶν παραληφθέντων ὀκνεῖν τὸν ἀγκῶνα
ἐπὶ τὰ προσκεφάλαια ἐρείδειν: doch kann man da wohl annehmen, dass auch das nächtliche Lager verhältnissmässig
prächtig gewesen sein werde. Hatte ja selbst Isokrates nach
Vit. X. Orat. p. 839 a ein προσκεφάλαιον κρόκῳ διάβροχον.
Demungeachtet galt den Asiaten das griechische Bett für gering und im Allgemeinen urtheilten sie, es verstünden die
Griechen kein Lager zu bereiten. Athen. II, p. 48: πρῶτοι
δὲ Πέρσαι, ὥς φησιν Ἡρακλείδης, καὶ τοὺς λεγομένους στρώτας
ἐφεῦρον, ἵνα κόσμον ἔχῃ ἡ στρῶσις καὶ εὐάφειαν· τὸν οὖν Κρῆτα
Τιμαγόραν ἢ τὸν ἐκ Γόρτυνος, ὥς φησι Φανίας ὁ περιπατητι-
κός, Ἔντιμον, ὃς ζήλῳ Θεμιστοκλέους ἀνέβη ὡς βασιλέα, τιμῶν
Ἀρταξέρξης σκηνήν τε ἔδωκεν αὐτῷ διαφέρουσαν τὸ κάλλος
καὶ τὸ μέγεθος καὶ κλίνην ἀργυρόποδα, ἔπεμψε δὲ καὶ στρώματα πολυτελῆ καὶ τὸν ὑποστρώσοντα, φάσκων οὐκ ἐπίστασθαι
τοὺς Ἕλληνας ὑποστρωννύειν. Vgl. Plutarch. Pelop. 30.
[Doch fanden die persischen Thiermuster später auch Eingang
in Hellas. Plaut. Pseudol. I. 2. 15 erwähnt Alexandrina
belluata tapetia und in Bezug auf Kranke sagt Oribasius II,
p. 310 Daremb.: ἡ δὲ ποικίλη καὶ ἐνυφάσματα ἔχουσα ζῴων —
ταραχῆς αἰτία γίγνεται, vgl. Lucret. II. 34 und Clem. Alex.
Paed. II. 10, p. 235—237.]
     Die berühmtesten στρώματα lieferte, wenigstens in früherer
Zeit, Milet, Aristoph. Ran. 542, und wie es scheint auch
Korinth; vgl. Antiphan. bei Atben. I, p. 27, wo ein Schwel-
ger alle Bedürfnisse aus den Ländern bezogen haben will, in
welchen sie am vorzüglichsten sich finden, und darunter auch

ἐκ Κορίνθου στρώματα. In gleicher Weise nennt auch Hermippos ebend. p. 28 Karthago:

Καρχηδὼν δάκιδας καὶ ποικίλα προσκεφάλαια.

In diese Decken hüllte man sich dann auch zugleich des Nachts,
wiewohl man noch ein besonderes Schlafkleid, *ἐνεύναιον* (Herod. p. 470 Lob.), anlegte. Poll. X. 123: *ὁ παρὰ τοῖς κωμῳδοῖς χιτὼν εὐνητήρ, ὃς τοῦ νῦν ἐγκοιμήτωρ ἰδίων.* Im Winter aber gebrauchte man als Decken auch Pelze, vgl. Plato
Prot. p. 315: *ὁ μὲν οὖν Πρόδικος ἔτι κατέκειτο ἐγκεκαλυμμέ-
νος ἐν κωδίοις τισὶ καὶ στρώμασι, καὶ μάλα πολλοῖς ὡς ἐφαίνετο.* Das *κώδιον* ist, wie Poll. VII. 16 sagt, *προβάτου δορά*,
ein Schafpelz; vorzüglich aber wird oft als Decke für die Nacht
ein Ziegenfell, *σισύρα*, genannt, Aristoph. Nub. 10:

ἐν πέντε σισύραις ἐγκεκορδυλημένος:

vgl. Eccl. 347. Av. 122. Lysistr. 933. Eccl. 421 mit
Poll. X. 123: *καὶ χειμῶνος σισύραι καὶ τὸ παρ' Ἀριστοφάνει
χείμαστρον*, und Allg. VII. 70: *ἡ δὲ σισύρα περίβλημα ἂν εἴη
ἐκ διφθέρας:* [vgl. Valck. ad Ammon. p. 205 u. Ruhnk.
ad Tim. p. 231.]

Die letztere Art von Decken mag übrigens im Ganzen
mehr von den weniger Bemittelten gebraucht worden sein, die
sich natürlich überhaupt mit einem viel geringeren Lager begnügen mussten. Mit komischer Uebertreibung beschreibt
Chremylos bei Aristoph. Plut. 540 ff. das Bett des Armen:

*πρὸς δέ γε τούτοις ἀνθ' ἱματίου μὲν ἔχειν ῥάκος, ἀντὶ δὲ κλίνης
στιβάδα σχοίνων κόρεων μεστήν, ἣ τοὺς εὕδοντας ἐγείρει,
καὶ φορμὸν ἔχειν ἀντὶ τάπητος σαπρόν, ἀντὶ δὲ προσκεφαλαίου
λίθον εὐμεγέθη πρὸς τῇ κεφαλῇ.*

Damit vergleiche man Lysistr. 916 ff., wo nach und nach
alle zu einem gewöhnlichen Bette gehörige Stücke, als *κλινίδιον, τύνος* (nicht *ἐπίτονος*), *ψίαθος, προσκεφάλαιον* und *σισύρα*

genannt werden. — Das Gestell eines solchen geringeren Bettes heisst σκίμπους, ἀσκάντης, κράββατος. Auf einem σκίμπους schläft auch Sokrates. Plato Prot. p. 310: καὶ ἅμα ἐπιψηλαφήσας τοῦ σκίμποδος ἐκαθέζετο παρὰ τοὺς πόδας μου: vgl. Hesychius: σκιμπόδιον εὐτελὲς κλινίδιον μονόκοιτον [Vit. X. Orat. p. 842: κλινιδίου αὐτῷ (Lykurg) ὑποκειμένου, ἐφ᾽ ᾧ μόνον ἦν κώδιον καὶ προσκεφάλαιον.]. Die drei Namen sind völlig gleichbedeutend, nur dass der dritte von den Atticisten durchaus verworfen wird. So heisst es bei Aristoph. Nub. 633: ἕξει τὸν ἀσκάντην λαβών, und bald darauf von demselben Lager v. 709: ἐκ τοῦ σκίμποδος δάκνουσί μ᾽ ἐξέρποντες οἱ Κορίνθιοι. Vgl. Poll. X. 35: ἀλλὰ καὶ σκίμπους τῶν ἔνδον σκευῶν, ὃς καὶ ἀσκάντης ἐστὶν εἰρημένος καὶ σκιμπύδιον· ἐν δὲ τῇ Κρίτωνος Μεσσηνίᾳ καὶ τῷ Ῥίνθωνος Τηλέφῳ καὶ κράββατον εἰρῆσθαι λέγουσιν: auch VI. 9 und Eustath. zu Odyss. XXIII. 184, p. 1944. 18: λέχος δὲ δῆλον ὅτι τὴν κλίνην λέγει, ἣν οἱ ὕστερον καὶ ἀσκάντην καὶ σκίμποδα ἔλεγον, ὡς δηλοῖ ὁ γράψας οὕτως· ἀσκάντης Ἀττικῶς, συνηθέστερον δὲ ὁ σκίμπους, ὁ δὲ κράββατος, φησί, παρ᾽ οὐδενί: zu Iliad. XVI. 608, p. 1077. 64: τὸν παρ᾽ Ἀττικοῖς σκίμποδα, εὐτελῆ κλίνην καὶ χθαμαλήν, πελάζουσαν τῇ γῇ, mit Lobeck zu Phryn. p. 62 und Gerhard in Ann. dell' Instit. arch. 1831, p. 338. Für noch geringer gilt die χαμεύνη oder χαμεύνιον, im eigentlichen Sinne eine Streu. Theocr. XIII, 33:

ἐκβάντες δ᾽ ἐπὶ θῖνα κατὰ ζυγὰ δαῖτα πένοντο
δειελινοί, πολλοὶ δὲ μίαν στορέσαντο χαμεύναν·
λειμὼν γάρ σφιν ἔκειτο, μέγα στιβάδεσσιν ὄνειαρ,
ἔνθεν βούτομον ὀξὺ βαθύν τ᾽ ἐτάμοντο κύπειρον.

wozu der Schol.: στιβάδα δὲ καλοῦσι τὴν ἐξ ὕλης χορτώδη κατάστρωσιν. Vgl. Plutarch. Lycurg. 16: ἐκάθευδον — ἐπὶ στιβάδων, ἃς αὐτοὶ συνεφόρουν τοῦ παρὰ τὸν Εὐρώταν πεφυκότος καλάμου. Dasselbe mögen bei Poll. VI. 9 φυλλάδες sein. Nachher bedeutet der Name ein niedriges, dem Erdboden nahes Bett, wie man schon aus der oben erwähnten χαμεύνη παράκολλος sieht. Daher wird das χαμεύνιον der höheren κλίνη entgegengesetzt. Liban. Orat. XXXVII. t. IV, p. 634: ἐν χαμευνίοις δεῖ σε καθεύδειν, ἥν κελεύω, καὶ πάλιν ἐπὶ κλίνης, ἥν ἐπιτρέπω. S. Poll. X. 35: τῶν γὰρ ἀδοξοτέρων ἡ χαμεύνη καὶ τὸ χαμεύνιον, und mehr bei Ruhnk. ad Tim. p. 272. Sie war das gewöhnliche Lager der Sklaven und der ärmsten Klasse und bestand aus Binsen-, Rohr- oder Bastmatten. Poll. §. 43: καὶ μὴν τοῖς μὲν οἰκέταις ἐν κοιτῶνι ἢ προκοιτῶνι ἢ πρὸ κοιτῶνος ἀναγκαῖα σκεύη χαμεύνια καὶ ψίαθοι καὶ φορμοὶ καὶ σάμαξ· ἔστι δὲ ὁ σάμαξ ῥὶψ καλάμου τοῦ καλουμένου σάκτου· μάλιστα δὲ ἐπὶ στρατιᾶς τούτῳ ἐχρῶντο. Anderwärts §. 175 heisst es: καὶ ῥιπίδα δ' ἄν τις φαίη πλέγμα τι ψιάθῳ ἢ φορμῷ παραπλήσιον. Die ψίαθος ist eben eine Matte aus Binsen oder Bast, §. 178: ψίαθος φλοίνη: und sie dient zur χαμεύνη, VI. 11: τὰς δὲ ἐγκομηττρίας ψιάθους χαμευνίας ἐκάλουν. Dasselbe aber mag φορμός bedeuten. Theocrit. XXI. 13: νέρθεν τᾶς κεφαλᾶς φορμὸς βραχύς u. Schol. Aristoph. Plut. 542: φορμὸς πᾶν πλεκτόν, ἐνταῦθα δὲ τὸ ψιάθιον [vgl. Herod. III. 98: οὗτοι μὲν δὴ τῶν Ἰνδῶν φορέουσι ἐσθῆτα φλοίνην· ἥν ἐπεὰν ἐκ τοῦ ποταμοῦ φλοῦν ἀμήσωσι καὶ κόψωσι, τὸ ἐνθεῦτεν φορμοῦ τρόπον καταπλέξαντες ὡς θώρηκα ἐνδυνέουσι.

Was ferner die Tische betrifft, die für unsere Verhältnisse zu niedrig waren, so dienten sie meist nur zum Daraufsetzen der Speisen und Getränke. Denn beim Schreiben pflegte man, entweder auf der Kline gelagert oder auf niedrigen Sesseln sitzend, das rechte Knie zum Stützpunkt zu nehmen (vgl. Gallus B. II, S. 295 u. Guhl u. Koner S. 237). Ueber den bereits B. I, S. 220 als beliebtes Material bezeichneten Ahorn vgl. noch für Rom Horat. Sat. II. 8. 10. Martial. XIV. 90. Plin. Hist. N. XVI. 26. Dass die τρίποδες nichts destoweniger auch τράπεζαι hiessen, hatte seinen Grund darin, dass letzteres Wort zunächst nur die viereckige Platte bedeutete (Stark zu Hermann Griech. Privatalt. §. 20, n. 7.).

Doch ist es auch möglich, dass überhaupt der viereckige Tisch die älteste Form war; denn bei Homer bedeutet τρίπους noch nicht den Tisch und auch die römische Analogie spricht dafür. Varro Ling. L. V. 118: »mensam escariam cillibam appellabant; ea erat quadrata, ut etiam nunc in castris est. Postea rotunda facta.« Vgl. Paul. p. 77 M. Die einfüssigen Prunktische, abaci, monopodia, sind nach Liv. XXXIX. 6 und Plin. Hist. N. XXXIV, 14 im Jahre 187 v. Chr. durch den Triumph des C. Manlius aus Kleinasien nach Rom gekommen. Ueber ihre Form vgl. Marquardt Röm. Privatalt. I, S. 328. Bekanntlich verwendete man eine grosse Sorgfalt auf die künstlerische Ausstattung der Füsse und als Material diente hierzu später vorzugsweise Bronce und Elfenbein.

Zu den B. I, S. 221 nur oberflächlich berührten Geräthschaften zum Sitzen bemerken wir noch kurz Folgendes. Die einfache hölzerne Bank, βάθρον, auch σκίμπους, fehlte wohl, wie in Rom in keiner Haushaltung (Marquardt B. I, S. 183 und II, S. 316) und war namentlich in der Schule in Gebrauch: Demosth. pro cor. §. 258; Diog. Laërt. II. 130; VII. 22; auch vor Gericht: Lucian. Piscat. 21. Von den eigentlichen Stühlen gab es drei Arten die bei Athen. V. 20, p. 192 so geschieden werden: ὁ γὰρ θρόνος αὐτὸ μόνον ἐλευθέριός ἐστι καθέδρα σὺν ὑποποδίῳ, — — ὁ δὲ κλισμὸς περιττοτέρως κεκόσμηται ἀνακλίσει· τούτων δ᾽ εὐτελέστερος ἦν ὁ δίφρος. Der δίφρος entsprach der römischen sella, hatte keine Lehne und entweder senkrechte oder sägebockartig gestellte und dann auch oft geschweifte Beine. So glich er, unseren Feldstühlen, konnte, wie diese, zusammengeklappt werden und hiess dann ὀκλαδίας: Poll. X. 47; Suid. s. v.; Athen. XII. 5, p. 512a; Aristoph. Equit. 1384; Aelian. V. Hist. IV. 22. Vgl. Pausan. I. 27. 1 und Lucian. Lexiph. 6. Vgl. für vertikalbeinige δίφροι: Müller und Oesterley Denkmäl. I, Fig. 115, 115e, 115f; Guhl und Koner, Fig. 183d, 184c; für kreuzbeinige: Guhl und Koner, Fig. 183a, b, c.

Jahn in Bericht. d. sächs. Gesellsch. d. Wiss. 1861
Taf. X, Fig. 1 u. XII, Fig. 1. — Der ϑρόνος = dem römischen solium, war ein schwerer, hober Stuhl mit geraden
Füssen und gerader, bis zur Kopfhöhe aufsteigender oder auch
niedrigerer Rückenlehne, der auch mit Armlehnen versehen
war. Er war ein Ehrensitz für Götter, Priester, Beamte und
Hausväter und zu ihm gehörte das oben erwähnte ὑποπόδιον,
bei Homer ϑρῆνυς, ein Fussauftritt, der theils an ihm befestigt
war (schon Hom. Odyss. XIX. 58), theils beweglich (vgl.
Annali dell' Instit. arch. 1830, Tav. adg. G.). Beispiele bei
Müller und Oesterley I, Fig. 33. 40. 115f. 275a; II, 15.
16. 76. 88. 257. 928; Stephani Compte rendu pour 1862
pl. VI. Mus. Borb. VII. 20; IX. 3; XI, 39; XIV, 1. Unter
κλισμός, κλιντήρ, κλισίη, der römischen cathedra, hat man einen
bequemen Stuhl zu verstehen, mit sanft nach hinten geschweif-
ter, mitunter halbrunder Rücklehne und zierlichen nach aussen
gekrümmten Füssen, aber ohne Armstützen. Die Meinung von
Grashof über das Hausgeräth bei Homer und Hesiod,
S. 8, dem sich auch Ameis zu Odyss. IV. 123 anschliesst,
dass die κλισίη auch zusammengeklappt hätte werden können,
wird durch die Denkmäler keineswegs bestätigt und die Becker-
sche Aenderung des εὔτυκτον bei Homer a. a. O. in εὔπτυκτον
fällt damit zugleich. Auch wenn Hesychius von ϑρόνος πτυ-
κτός spricht, so meint er damit den ὀκλαδίας: vgl. das allgemeine ϑρονοποιός bei Poll. VII. 182. Ueber den κλισμός
vgl. Lenormant u. de Witte Élite ceramogr. II. 79. 80.
91. Stephani Compte rendu pour 1874, pl. III, Mus.
Borb. III. 22; IV. 51 und 97. Dass alle Stühle nicht ge-
polstert waren, sondern mit Decken und Kissen belegt wurden, ist B. I, S. 221 bereits erwähnt (vgl. noch Stephani
Compte rendu pour 1864, pl. IV). Einen Stuhl aus Korb-
geflecht zeigt eine athenische Terracottagruppe in Archaeolog. Zeit. 1863, Taf. 173, p. 37.
 Die von Homer geschilderte Zeit kannte weder Schränke

noch Kommoden, sondern nur Truhen und Laden, χηλοί, φω-
ριαμοί, zur Aufbewahrung von Kleidern und Kostbarkeiten, die
einen beweglichen Deckel, πῶμα, hatten, durch ein künstlich
geknotetes Band verschlossen wurden (auch Herod. III. 123
und Plin. H. Nat. XXXIII. 12) und an den Aussenseiten mit
Verzierungen versehen waren (II. XVI. 222: χηλὸς καλή, δαι-
δαλέη). Kleiderschränke, in welchen die Gewänder hingen,
hatten die Alten schon wegen der tücherähnlichen Form der
Obergewänder weniger nöthig als wir. Auch die römischen
armaria scheinen durchweg mit Fächern versehen gewesen zu
sein (Jahn in Bericht. der sächs. Ges. d. Wiss. Taf. X,
Fig. 9a und Pitturo d'Ercolano I, p. 187) und dienten
nicht bloss zur Unterbringung von Waaren, sondern auch von
Geld, Schmucksachen, Geräthen, Kleidern und Büchern. Dass
die Griechen in der vorrömischen Periode an den Wänden
stehende Schränke oder Spinde besassen, scheint man gewöhnlich bezweifeln zu wollen und allerdings beweisen die von
Artemid. Onirocr. I. 76 mit κίσταις und θησαυροφυλακίοις
verbundenen πυργίσκοι, die nach Aelian. Var. Hist. IX. 13
im Gegensatze zu κιβωτός bis an das Kinn eines Mannes
reichende Spinde sind, für die frühere Zeit nichts. Auch von
den aus dem Orient stammenden κανδυτάλιδες (Diphil. bei
Poll. X. 147) oder κανδυτάναι, die von den Lexikographen
als ἱματιοθῆκαι, ἱματιοφορίδες erklärt werden, weiss man nicht,
ob man an Truhen oder Schränke oder offene Kleiderhalter denken soll. Ebenso versteht man unter armariola Graeca bei
Plaut. Trucul. I. 1. 35 lieber die κιβώτια, jene kleinen
tragbaren Kistchen zum Aufheben von Pretiosen, Salben und
Spezereien (Xenoph. Anab. VII. 5. 14; Aristoph. Plut.
711; Plut. Alex. 26; Rangabé Antiqu. Hellén. II. n.
839. 845. 852.), von deren Form man bei Guhl und Koner
Fig. 190 Beispiele findet. Tempelförmige Kästchen zur Aufbewahrung des Schmuckes weist nach Stephani Compte
rendu pour 1860, p. 36; 1869, p. 189 u. 232; 1870 u. 1871,

p. 165. Die grösseren Laden, κιβωτοί, λάρνακες, κοῖται, ζύγαστρα, (vgl. Gerhard Auserles. griech. Vasenb. IV. Taf. 301) befanden sich, wie B. II, S. 138 gezeigt worden ist, im θάλαμος oder δωμάτιον. Man pflegte sie zu versiegeln; dass sie aber, wenigstens seit der Mitte des dritten Jahrhunderts, auch Schlösser hatten, ergiebt sich aus Theocr. Id. XV. 33: ἁ κλᾲξ τᾶς μεγάλας πᾷ λάρνακος; und Theophr. Char. 17: ἐρωτᾷν — εἰ κέκλεικε τὴν κιβωτὸν καὶ εἰ σεσήμανται τὸ κυλικούχιον.

Spiegel, als Schmuck der Wände, fehlten in den Zimmern und nur die Barbiere hingen in ihren Tabernen für ihre Kunden Spiegel auf: Vitruv IX. 9. (8.) und Lucian. adv. ind. 29. Die gewöhnlichen Handspiegel bestanden gewöhnlich aus blankpolirten Broncescheiben mit künstlerisch ausgestatteten Griffen. Ueber die mit schützenden Klappen versehenen vgl. Stephani Compte rendu pour 1870 u. 1871, p. 27; Friedrichs Berlins ant. Bild. Th. II, S. 19; im Allgemeinen über die Spiegel: Gerhard Etrusk. Spiegel B. I—IV und De Witte les miroirs chez les anciens. Brux. 1873.

Ein, wie es nach den Bildwerken scheint, besonders bei dem weiblichen Geschlechte sehr beliebtes Geräth war das θυμιατήριον, auf welchem wohl Weihrauch und wohlriechende Substanzen verbrannt wurden. Stephani Compte rendu pour 1861, pl. V.; 1872, pl. VI, p. 217; 1873, p. 146 u. 247. Vgl. Cic. Verrin. IV. 21, 46 und Krause Angeiologie, S. 430 ff.

Die Beleuchtung wurde im homerischen Zeitalter bewerkstelligt durch Fackeln: Odyss. II. 105. XIX. 48 und feststehende Leuchtpfannen, λαμπτῆρες, die mit Kienspänen gefüllt waren: Odyss. XVIII. 307 ff. (Schol.: μετέωροι ἐσχάραι); 343; XIX. 60. Nur XIX. 35 heisst es von Athene: χρύσεον λύχνον ἔχουσα φάος περικαλλὲς ἐποίεεν. Es fragt sich aber sehr, ob damit, wie Hermann Privatalt. §. 20, n. 26 und Ameis zur genannten Stelle annehmen, die Oellampe gemeint ist. Denn λύχνος ist ein so allgemeiner Begriff, dass auch die späteren Griechen, denen nach den Bildwerken (vgl. Millingen Mon. ined. XXXVI; Bötticher in Archäol. Zeit. 1858, n. 116. 117; Gerhard Denkmäler u. Forschungen 1858, Taf. CXVII. 9) die Kerzen doch nicht ganz unbekannt waren, keinen Namen dafür hatten, sondern nur von λύχνοι sprechen (vergl. Herod. VII, 215: περὶ λύχνων ἁφάς). Man könnte daher bei dem homerischen λύχνος auch an einen φανός (B. I, S. 248) mit Hülse und Untersatz aus Metall denken. Doch möchte ich nicht allzuviel darauf geben, dass es bei Athen. XV, p. 700 heisst: οὐ παλαιὸν δ' εὕρημα λύχνος, φλογὶ δ' οἱ παλαιοὶ τῆς τε δᾳδὸς καὶ τῶν ἄλλων ξύλων ἐχρῶντο. Denn wenn auch V. Hehn Kulturpflanzen u. Hausthiere (zweite Aufl.) S. 87 ff. besonders auch mit Bezug auf Herod. V. 82: λέγεται δὲ καὶ ὡς ἐλαῖαι ἦσαν ἄλλοθι γῆς οὐδαμοῦ κατ' ἐκεῖνον τὸν χρόνον, ἢ Ἀθήνῃσι beweist, dass erst von der Zeit der Pisistratiden an der attische Oelbau in grösserem Massstab begonnen habe, so ist doch bei dem regen Verkehr mit den früh ölreichen (vergl. Aristot. Pol. I. 4. 5 und Aeschyl. Pers. 884) jonischen Inseln und Küsten auch ein die homerische Zeit bald weit übertreffender Import des Oeles vorauszusetzen und wenn man Suid. Ἀθηνᾶς ἄγαλμα· διδύασιν αὐτῇ — καὶ ἐλαίαν, ὡς καθαρωτάτης οὐσίας οὔσης· φωτὸς γὰρ ὕλη ἡ ἐλαία Glauben schenken will, so wäre sogar das Brennen des Oels seiner Verwendung, als Nahrungsmittel, vorausgegangen. War doch auch im Nillande, wohl von uralter Zeit her, das Brennen des Kiköls in Lampen üblich: Herod. II. 94; vgl. II. 62 und 130. Vgl. Friedländer die Oelkultur bei Homer in N. Jahrb. für klass. Phil. CVII (1873), S. 89—94.] Die Form der Lampen, die in der Regel von gebrannter Erde (τροχήλατοι Aristoph. Eccl. 1—5), aber auch von Metall waren, ist bekannt genug. Sie hatten bald eine, bald zwei oder auch mehrere Oeffnungen für den Docht, die wegen ihrer Aehnlichkeit mit den Nasenlöchern μυκτῆρες und

μύξαι genannt wurden; daher *λύχνοι δίμυξοι, τρίμυξοι* u. s. w.
Poll. II. 72. [20 Dochte hat die von Kallimachos in Jacobs Anthol. Gr. I, p. 218, n. 23 besungene Lampe, vgl.
Caylus Recueil, VII, p. 152, pl. 37.] Der Docht, bei den Attikern *θρυαλλίς*, sonst auch *ἐλλύχνιον* und *φλόμος* (Poll. VI. 103. X. 115; Phryn. Eclog., p. 162), wurde zum Theil wenigstens aus den wolligen Blättern einer Pflanze [einer Verbascumart] bereitet, welche deshalb auch *φλόμος λυχνῖτις* hiess. Dioscor. IV. 106; Plin. Hist. N. XXV. 121; Hesych. *φλόμος· πόα τις, ᾗ καὶ ἀντὶ ἐλλυχνίου χρῶνται· ἡ αὐτὴ δὲ καὶ θρυαλλίς.* Phot. Lex. p. 95: *θρυαλλίς· ἐσχάρα, λύχνος, ἀκτίς, καὶ βοτάνη πρὸς λύχνον ἁρμόζουσα.* [Die Lampe hatte dann noch in der Mitte ein verschliessbares Loch zum Eingiessen des Oels und zuweilen noch ein zweites, um vermittelst einer Nadel den Docht aufzustochern, *στόματα:* Millin Monum. ant. inéd. II, p. 178; Gallus II, S. 344 ff.]

Da die Lampen in der Regel klein und niedrig, ohne Fuss waren, so wurden sie auf einen Leuchter, *λυχνίον* oder *λύχνιον*, auch *λυχνία* (Phryn. p. 313) und *λυχνεῖον* (Athen. XV. 60, p. 700), gesetzt, den Candelaber der Römer. Ueber diesen vgl. Gallus II, S. 347 [und Overbeck Pompeji II, S. 58 ff.] und hier noch besonders Athen. IV, 28 (*ὑψίλυχνοι αὐγαί*) und Poll. X, 118 f. Nur einen Ausdruck finde ich nöthig besonders zu erklären. Poll. sagt §. 117: *τὸ δὲ ὀβελισκολύχνιον, στρατιωτικὸν μέν τι τὸ χρῆμα, εἴρηται δὲ ὑπὸ Θεοπόμπου τοῦ κωμικοῦ ἐν Εἰρήνῃ,*

ἡμᾶς δ' ἀπαλλαχθέντας ἐν ἀγαθαῖς τύχαις
ὀβελισκολυχνίου καὶ ξιφομαχαίρας πικρᾶς.

Auf dieselbe Stelle bezieht sich Athen. p. 700: *ξυλολυχνούχου δὲ μέμνηται Ἄλεξις· καὶ τάχα τούτῳ ὅμοιόν ἐστι τὸ παρὰ Θεοπόμπῳ ὀβελισκολύχνιον.* Beide scheinen nicht verstanden zu haben, was das Wort bedeutet; aus welchem Grunde aber Theopomp ein solches Geräthe gerade für den Kriegsdienst

anführt und was man überhaupt unter einem *ὀβελισκολύχνιον*
zu verstehen habe, das lässt sich aus Aristot. de republ.
IV, 15, p. 1299 Bekk. schliessen. Aristoteles spricht von
der Nothwendigkeit, in kleinen Staaten einer Person mehrere
Aemter zu übertragen, weil nicht Leute genug vorhanden
wären, um sie einzeln zu übernehmen und doch abzuwechseln:
ἐν δὲ ταῖς μικραῖς ἀνάγκη συνάγειν εἰς ὀλίγους πολλὰς ἀρχάς·
διὰ γὰρ ὀλιγανθρωπίαν οὐ ῥᾴδιόν ἐστι πολλοὺς ἐν ταῖς ἀρχαῖς
εἶναι· τίνες γὰρ οἱ τούτους ἔσονται διαδεξόμενοι πάλιν; Gleichwohl bedürften die kleinen Staaten oft derselben Aemter wie die
grossen; nur seien die Geschäfte nicht so bedeutend. Darum
sagt er: διόπερ οὐδὲν κωλύει πολλὰς ἐπιμελείας ἅμα προστάτ-
τειν· οὐ γὰρ ἐμποδιοῦσιν ἀλλήλαις, καὶ πρὸς τὴν ὀλιγανθρωπίαν
ἀναγαῖον τὰ ἀρχεῖα οἷον ὀβελισκολύχνια ποιεῖν. Nun
könnte man, da Aristoteles von der Häufung der Aemter auf
eine Person spricht, an einen Candelaber denken, der obelisken-
artig von unten bis zur Spitze mit Lampen besetzt worden
sei; allein da Theopomp es mit *ξιφομάχαιρα* verbindet, die
einen doppelten Gebrauch zuliess, so scheint es gewiss, dass
auf die Mehrzahl der Aemter bei dem Vergleiche nicht Rücksicht genommen und das tertium comparationis darin zu suchen
ist, dass eine Person bald zu diesem bald zu jenem amtlichen
Geschäfte gebraucht wird, wie das *ὀβελισκολύχνιον* zugleich
als Leuchter und als Spiess dient, was allerdings für die com-
pendiöse Equipage eines Soldaten passend ist. [Doch dürfte
wohl an Stocklaternen (Stark zu Hermann's Privatalt. §.20,
n. 28) weniger zu denken sein, als an Unschlittlichte, die in
den Zelten aus Mangel an Lampen und Oel von den Soldaten
improvisirt und auf Spiesse gesteckt wurden, sowie ja auch
die ursprünglichen römischen candelabra zu demselben Zwecke
oben mit Stacheln versehen waren. Vergl. Isidor. XX. 10:
»funalia candelabra apud veteres exstantes stimulos habuerunt
aduncos, quibus funiculi cera vel hujusmodi alimento luminis

obliti figebantur; idem itaque et stimuli praeacuti funalia dicebantur.‹ Die Beschaffenheit des griechischen Feuerzeugs, πυρεῖον, (erwähnt Hom. Hymn. Merc. 111; Soph. Phil. 36; Apollon. Rh. 1184) ergiebt sich aus Plat. Republ. IV, p. 435 a: τάχ' ἂν τρίβοντες ὥσπερ ἐκ πυρείων ἐκλάμψαι ποήσαιμεν τὴν δικαιοσύνην und Lucian. Ver. Hist. I. 32: τὰ πυρεῖα συντρίψαντες. Es waren zwei harte Hölzer, von denen das eine feststand und ἐσχάρα oder στορεύς hiess (Schol. zu Apoll. Rh. a. a. O.), das andere in einem Loche desselben rasch gedreht wurde.

Von dem Speisegeschirr war der πίναξ bei Homer. Odyss. I. 141; IV. 57 u. s. w. ein hölzerner Teller; denn die von Ameis angenommene Bedeutung ›Fleischscheibe‹ passt nicht zu dem Sprachgebrauch der späteren Zeit (noch Aristoph. Thesmoph. 778), wo der Ausdruck auch auf thönerne und metallene Schüsseln überging: Poll. X. 82; Matron bei Athen. IV, p. 135. Ja, nach Juba bei Athen. VI, p. 229 war das Speisegeschirr aus Thon bis in die makedonische Zeit gebräuchlich und erhielt sich auch später noch im Volke. Aristoph. Plut. 812 gilt es als Zeichen des Reichthums, dass der Kochtopf, χύτρα, der Essigkrug, ὀξίς, die Schüsseln, λοπάδια (in denen aber auch gekocht wurde: Aristoph. Vesp. 511), nun ehern sind, während die Fischplatte, πινάκισκος ἰχθυηρός, sich in Silber verwandelt hat. Ebenso sind die τρύβλια genannten Schaalen theils irden (Aristoph. Eccl. 252), theils silbern (Athen. VI, p. 230, 17 u. 18). Von den Trinkgeschirren gilt dasselbe. Theopompos sagt bei Athen. VI, p. 230, 18: ἐξ ἀργυρωμάτων δὲ καὶ χρυσῶν πίνει (Theocritos, † 301 v. Chr.), καὶ τοῖς σκεύεσι χρῆται τοῖς ἐπὶ τῆς τραπέζης ἑτέροις τοιούτοις, ὁ πρότερον οὐχ ὅπως ἐξ ἀργυρωμάτων οὐκ ἔχων πίνειν, ἀλλ' οὐδὲ χαλκῶν, ἀλλ' ἐκ κεραμέων, καὶ τούτων ἐνίοτε κολοβῶν, und für spätere Zeit vgl. Plut. vit. aer. alien. 2: ἐκπώματα ἔχεις, παροψίδας ἀργυρᾶς, λεκανίδας; ὑπόθου ταῦτα τῇ χρείᾳ·

τὴν δὲ τράπεζαν ἡ καλὴ Αὖλις ἢ Τένεδος ἀντικοσμήσει τοῖς κεραμεοῖς καθαρωτέροις οὖσι τῶν ἀργυρῶν. Auf Rhodos wurden parfümirte Thongeschirre fabriciert: Athen. XI, p. 464. 66. Ueber die θηρίκλεια vergl. Welcker Kl. Schrift. III, S. 499 ff. und Marquardt Röm. Privatalt. II, S. 273, der das Eigenthümliche derselben weder mit Welcker in den Thierfiguren, noch mit Schwenck im Philolog. XXIV. 3, S. 552 ff. in der schwarzen Glasur, sondern mit Bentley Briefe d. Phalaris, deutsch v. Ribbeck, S. 162 der Ueberlieferung gemäss in der trichterartigen Form der Becher findet.] Wie bei uns auch der weniger Bemittelte einiges Silbergeräth als Löffel u. dergl. besitzt, so fand sich auch in jeder griechischen nicht ganz armen Familie etwas von silbernen Bechern und Schaalen, die theils als Opfergeräthe, theils als Trinkgeschirre gebraucht wurden. Von Sicilien sagt Cic. Verr. IV. 21: »nam domus erat ante istum praetorem nulla paullo locupletior, qua in domo haec non essent, etiamsi praeterea nihil esset argenti: patella grandis cum sigillis ac simulacris deorum, patera qua mulieres ad res divinas uterentur, turibulum«. Aber auch Trinkgeschirre werden sehr oft erwähnt, und man führte deren auch auf der Reise bei sich. Ein Beispiel s. bei Demosth. adv. Mid. §. 133. Auch das κυμβίον der Freigelassenen, dessen ders. in Euerg. §. 58 gedenkt, war gewiss von Silber; sonst würden schwerlich die Plünderer das Weib so gemisshandelt haben, um es zu erlangen. [Lys. adv. Eratosth. §. 11: φιάλας ἀργυρᾶς τέσσαρας. Lysias besass aber wohl noch mehr Silberzeug. Denn die Schaalen befanden sich im κιβωτός; er bewirthete aber gleichzeitig Gastfreunde. Die Komiker spotten über das Grossthun mit vielem, aber dünnem Silbergeschirr: Athen. VI, p. 230. 17.] Bei weitem die gewöhnlichsten Becherformen, die immer auf Denkmälern wiederkehren, sind die der κύλιξ, der φιάλη und allenfalls des καρχήσιον oder des diesem wenigstens sehr nahe stehenden κάνθαρος. Am häufigsten sieht man die κύλιξ, die, wenn sie leer ist, gewöhnlich an einem der beiden Henkel aufrecht gehalten wird. Die φιάλη, eine flache Schaale ohne Henkel und Fuss, ruht auf der inneren Fläche der linken Hand, während zuweilen die rechte noch ein zweites Trinkgeschirr hält. [Das καργήσιον war nach Athen. XI, p. 474. 48 ein uraltes Trinkgefäss, das länglich war, in der Mitte der Höhlung sich verengte und Henkel hatte, die bis zum Fusse hinunter griffen. Nach Macrob. Saturn. V. 21. 3 war es bei den Römern nicht gebräuchlich. Der κάνθαρος unterscheidet sich von ihm, wie man annimmt, durch einen hohen Fuss, runde Form und weitgeschweifte dünne Henkel. Dass seine Grösse der Mode unterworfen war, sieht man aus Epigenes bei Athen. XI, p. 474. 47:

ἀλλ᾽ οὐδὲ κεραμεύουσι νῦν τοὺς κανθάρους,
ὦ τάλαν, ἐκείνους τοὺς ἀδροὺς, ταπεινὰ δὲ
καὶ γλαφυρὰ πάντες, ὡσπερεὶ τὰ ποτήρια
αὖτ᾽, οὐ τὸν οἶνον πιώμενοι.

Die Angabe der Vasengemälde in Bezug auf den κάνθαρος siehe bei Stephani Compte rendu pour 1873, p. 156. Dass der B. II, S. 350 nur als Schöpfgefäss erwähnte κύαθος auch zum Trinken benutzt wurde, beweisen: Stephani in Compte rendu pour 1868, p. 147. 154—156; Jahn in Abhandl. der königl. sächs. Ges. d. Wissensch. VIII, Taf. 7; Mon. pubbl. dell' Inst. archaeol. T. VIII. tav. 27. T. IX. tav. 13.]

Die Trinkhörner, κέρατα oder ῥυτά, kommen bekanntlich in den verschiedensten Formen vor. Die älteste und ursprüngliche ist unstreitig die des einfachen Stierhornes (Gerhard Auserles. Vasenb. 16. 23. 25), dessen spitzes Ende aber später zu mannichfaltigen Thierformen umgewandelt wurde. Ueber sein Alter und seine Erfindung, die Athen. XI, p. 497 nach dem jetzigen Texte unter Ptolemäos Philadelphos geschehen lässt, während er vorher selbst die Erwähnung der ῥυτά bei Demosth. in Mid. §. 158 anführt, s. besonders Cramer Styl u. Herkunft d. bemalten griech. Thongef. S. 125 ff. Die Vermuthung, dass bei Athenaeos etwas ausgefallen sein möge und dass die Nachricht von der Erfindung sich auf ein δίκερας beziehe, ist sehr wahrscheinlich und die Emendation des Verses des Theokles, τὸ δίκερας, selbst Lesart des Palatinus. Das eigentliche ῥυτόν hatte auf dem Boden eine Oeffnung, aus der man den Wein ausströmen liess und den Strahl mit dem Munde auffing, wie man es auf einem Wandgemälde, Pitt. d'Ercol. V. t. 46; Zahn Ornam. t. 90 sieht. So berichtet nicht nur Dorotheos bei Athen. a. a. O.: τὰ ῥυτὰ κέρασιν ὅμοια εἶναι, διατετρημένα δ᾽ εἶναι, ἐξ ὧν κρουνιζόντων λεπτῶς κάτωθεν πίνουσιν· ὠνομάσθαι δὲ ἀπὸ τῆς ῥύσεως, sondern es geht dieses auch aus dem Epigramme des Hedylos auf ein hydraulisches Kunstwerk des Ktesibios hervor; denn κρούνου πρὸς ῥύσιν οἰγομένου bezieht sich eben auf die Oeffnung des ῥυτόν. Da aber das ῥυτόν in der Form von dem κέρας sich nicht unterschied, so kann es nichts Auffallendes haben, wenn der Name auch von den gleichgeformten Geschirren, die keine Oeffnung hatten, gebräuchlich wurde. Je nachdem nun der untere Theil des Rhyton bald in diesen, bald in jenen Thierkopf auslief, gab es auch dafür verschiedene Namen, wie γρύψ, κάπρος, ἵππος, πήγασος u. dergl. mehr. S. Panofka Recherches sur les noms de vases pl. 5; die griech. Trinkhörner u. ihre Verzierungen, Berl. 1851. 4; Jahn Vasensamml. Kön. Ludwigs, S. XCIX ff.

[Den Werth des Hausgeräthes von einer Familie aus dem Mittelstande in Athen darf man nicht zu hoch anschlagen. Selbst in Häusern, wo die niedrige Habsucht der Sykophanten viel zu finden hoffte, wurde oft die Erwartung arg getäuscht. Lys. de re famil. Aristoph. §. 27: ὅτι μὲν τοίνυν οὐ κατέλιπεν Ἀριστοφάνης ἀργύριον οὐδὲ χρυσίον, ῥᾴδιον γνῶναι ἐκ τῶν εἰρημένων καὶ μεμαρτυρημένων· χαλκώματα δὲ σύμμικτα οὐ πολλὰ ἐκέκτητο, ἀλλὰ καὶ ὅθ᾽ ἑστία τοὺς παρ᾽ Εὐαγόρου πρεσβεύοντας, αἰτησάμενος ἐχρήσατο, und von den ἔπιπλα im

Allgemeinen heisst es dann §. 30: ἀλλ' οὐδ' οἱ πάλαι πλούσιοι δοκοῦντες εἶναι ἄξια λόγου ἔχοιεν ἂν ἐξενεγκεῖν. Büchsenschütz Bes. u. Erw. S. 231 zieht auch hierzu Demosth. adv. Aphob. I. 10 u. 13, wo das Hausgeräth und die Kleidung der Eltern und zweier Kinder auf den siebenzehnten Theil vom Werthe des ganzen Nachlasses veranschlagt wird.

ANHANG.

ÜBER DIE STELLUNG DER HANDWERKER.

[Es handelte sich im vorigen Excurse nicht um eine vollständige Aufzählung aller Geräthe und deren Besprechung. Manche einzelne Gegenstände sind zerstreut an anderen Orten berührt, andere mussten, als unwichtiger, übergangen werden, Vieles gehört auch in die eigentliche Kunstgeschichte. Hier soll nur noch kurz auf die Stellung der Handwerker selbst eingegangen werden. In der homerischen Periode war die öffentliche Meinung den Gewerbetreibenden entschieden günstig. Wenn Homer nicht (Od. XVII. 383 ff.) neben den Arzt, Seher und Sänger, als Demiurgen, κλητοί γε βροτῶν ἐπ' ἀπείρονα γαῖαν, auch den τέκτων δούρων, also den Holzarbeiter, namentlich Schiffszimmermann (Riedenauer Handwerk u. Handwerker in d. homer. Zeit. 1873, S. 86, 167 u. 194 gegen Ameis zur obigen Stelle), gestellt hätte, so könnte man, wenn auch Kunst und Handwerk sich noch nicht geschieden hatte, doch eine absichtliche Trennung argwöhnen; allein nirgend auch an anderen Stellen wird mit geringerer Achtung von dem χαλκεύς, κεραμεύς, χρυσοχόος, σκυτοτόμος u. s. w. gesprochen und wenn sie auch ihre Arbeit nicht unentgeltlich verrichteten, waren doch die Begriffe μίσθος und δῶρον noch nicht schroff entgegengesetzte (vgl. Hom. Il. X. 303 ff.) und sie wurden auch wirklich honorirt, nicht abgelohnt. Noch Hesiod sagt zwar Op. et d. 311: ἔργον δ᾽ οὐδὲν ὄνειδος, ἀεργίη δέ τ᾽ ὄνειδος vgl. 274—286; aber Fr. Greil Streiflichter auf die sociale Lage des Alterthums. Passau 1867, S. 6 hat nicht mit Unrecht darin einen Beweis gefunden, dass es in jener Zeit bereits Leute gab, die das Handwerk und selbst den Ackerbau, um den es sich an jener Stelle handelt, mit scheelen Augen ansahen. Es hängt diese Erscheinung, wie Riedenauer S. 48 und Büchsenschütz S. 258 und 267 nachgewiesen haben, mit der strengeren Sonderung der Stände, einer Folge aristokratischer Staatsverfassungen, zusammen. Es begannen nun die unbesoldeten Demiurgen, als Staatsdiener und in edlen Geschlechtern mit ihrer Kunst forterbend, sich von den aus Noth zur Lohnarbeit greifenden Banausen zu scheiden. So nennt auch Aristot. Pol. IV. 3. 14: τὸ δημιουργικὸν καὶ τὸ περὶ τὰς ἀρχὰς λειτουργοῦν πλῆθος und dann τὸ βάναυσον. Die Abneigung steigerte sich natürlich mehr auch noch durch den Umstand, dass immer mehr Arbeit auf die Schultern der Sklaven gewälzt ward und in Staaten, welche die damals entstandenen Verfassungen festhielten (wie Sparta und Thespiä), blieb Gewerbebetrieb und Ackerbau den Vollbürgern geradezu verboten. Eine Hauptstelle für die geschichtliche Entwicklung von der Missachtung der Arbeit ist Herod. II. 167. Nachdem er von Aegypten gesprochen hat, fährt er fort: εἰ μὲν νῦν καὶ τοῦτο παρ᾽ Αἰγυπτίων μεμαθήκασιν οἱ Ἕλληνες, οὐκ ἔχω ἀτρεκέως κρῖναι, ὁρέων καὶ Θρήικας καὶ Σκύθας καὶ Πέρσας καὶ Λυδοὺς καὶ σχεδὸν πάντας τοὺς βαρβάρους ἀποτιμοτέρους τῶν ἄλλων ἡγημένους πολιητέων τοὺς τὰς τέχνας μανθάνοντας καὶ τοὺς ἐκγόνους τούτων, τοὺς δὲ ἀπαλλαγμένους τῶν χειρωναξιέων γενναίους νομιζομένους εἶναι καὶ μάλιστα τοὺς ἐς τὸν πόλεμον ἀνειμένους. μεμαθήκασι δ' ἂν τοῦτο πάντες οἱ Ἕλληνες καὶ μάλιστα Λακεδαιμόνιοι· ἥκιστα δὲ Κορίνθιοι ὄνονται τοὺς χειροτέχνας. Aber auch nach dem Sturze der Aristokratie vererbte sich das Vorurtheil gegen die Arbeit auf die Demokratie (Gipfelpunkt bei Aelian. V. Hist. X. 14: Σωκράτης ἔλεγε, ὅτι ἡ ἀργία ἀδελφὴ τῆς ἐλευθερίας ἐστί). Die auf timokratischem Prinzipe ruhende Verfassung Solon's suchte zwar die Gegensätze zu vermitteln durch einige Bestimmungen, wie Plut. Sol. 22: υἱῷ τρέφειν τὸν πατέρα μὴ διδαξάμενον τέχνην ἐπάναγκες μὴ εἶναι, und Demosth. in Eubul. §. 30: ἔνοχον εἶναι τῇ κακηγορίᾳ τὸν τὴν ἐργασίαν τὴν ἐν τῇ ἀγορᾷ ἢ τῶν πολιτῶν ἢ τῶν πολιτίδων ὀνειδίζοντά τινι, namentlich Aeschin. in Timarch. §. 27: οὐκ ἀπελαύνει (νομοθέτης) ἀπὸ τοῦ βήματος, εἴ τις — τέχνην τινὰ ἐργάζεται ἐπικουρῶν τῇ ἀναγκαίᾳ τροφῇ, ἀλλὰ τούτους καὶ μάλιστα ἀσπάζεται. Allein trotz der demokratischen Gleichstellung aller Bürger dünkte sich überall der wohlhabendere, der Mühe um des Lebens Nothdurft enthobene Mann immer etwas Besseres zu sein, als der zu regelmässiger körperlicher Arbeit durch die Verhältnisse gezwungene, weil dieser sich dadurch auf gleiche Linie mit den Fremden und Sklaven stellte und seine dem Staate schuldige Zeit und Kraft zu persönlichem Nutzen verwendete. Richtig sagt darum auch Frohberger de opificum apud vet. Graecos conditione diss. I. 1866, p. 11: »non vacabant reipublicae, qui victui quaerendo intenti omne tempus consumebant in opificiis aliisque id genus negotiis agendis. Ergo opifices non videbantur, etsi vellent, boni esse posse cives, quippe quibus per vitae rationes ne liceret quidem reipublicae praestare officia, in quibus colendis sita esset civium honestas«. Und mit dieser allgemeinen Meinung stimmen auch die Philosophen überein, welche über das Verhältniss der Stände zu sprechen sich veranlasst sehen, wie Plato, Xenophon und Aristoteles.] Am deutlichsten äussert sich über die relative Unwürdigkeit Plato Charm. p. 163, wo Sokrates in Bezug auf das hesiodische ἔργον δ᾽ οὐδὲν ὄνειδος den Charmides fragt: οἴει οὖν αὐτόν, εἰ τὰ τοιαῦτα ἔργα ἐκάλει καὶ ἐργάζεσθαι καὶ πράττειν, οἷα νῦν δὴ σὺ ἔλεγες, οὐδενὶ ἂν ὄνειδος φάναι εἶναι σκυτοτομοῦντι ἢ ταριχοπωλοῦντι ἢ ἐπ᾽ οἰκήματος καθημένῳ; Οὐκ οἴεσθαί γε χρή, ὦ Σώκρατες. Das Gewerbe an sich hat also nichts Schimpfliches; aber es schickt sich nicht für Jeden. Allgemeiner aber ist es mit der Frage de republ. IX, p. 590 gemeint: βαναυσία δὲ καὶ χειροτεχνία διὰ τί, οἴει, ὄνειδος φέρει; Hier sind es ethische Gründe, aus denen das Handwerkerleben ungünstig beurtheilt wird; denn, wie der Körper, so meint er, leidet unter solchen Beschäftigungen auch der Geist. Ebend. VI, p. 495: ὥσπερ τὰ σώματα λελώβηνται, οὕτω καὶ τὰς ψυχὰς συγκεκλασμένοι τε καὶ ἀποτεθρυμμένοι διὰ τὰς βαναυσίας τυγχάνουσιν. Darum will er auch alle Gewerbetreibenden von seinem Staate ausgeschlossen wissen, da es nicht möglich sei, dass neben der niederen Beschäftigung, auf die ihr Sinn gerichtet sei und die ihre ganze Thätigkeit in Anspruch nehme, die Befähigung zur Theilnahme an den öffentlichen Angelegenheiten in ihrer Seele Platz finde: Legg. VIII, p. 846. Nicht günstiger lautet das Urtheil bei Xenophon Oecon. 4. 2: καὶ γὰρ αἵ γε βαναυσικαὶ καλούμεναι καὶ ἐπίῤῥητοί εἰσι καὶ εἰκότως μέντοι πάνυ ἀποδοξοῦνται πρὸς τῶν πόλεων. καταλυμαίνονται γὰρ τὰ σώματα τῶν τε ἐργαζομένων καὶ τῶν ἐπιμελομένων, ἀναγκάζουσαι καθῆσθαι καὶ σκιατραφεῖσθαι, ἔνιαι δὲ καὶ πρὸς πῦρ ἡμερεύειν· τῶν δὲ σωμάτων θηλυνομένων καὶ αἱ ψυχαὶ πολὺ ἀῤρωστότεραι γίγνονται: vgl. Memor. IV. 2. 22: οἱ γὰρ πλεῖστοι τῶν γε τὰ τοιαῦτα ἐπισταμένων (χαλκεύειν, τεκταίνεσθαι, σκυτεύειν) ἀνδραποδώδεις εἰσίν. Noch weit bestimmter spricht sich Aristoteles bei der Erwägung, was der νέος ἐλεύθερος erlernen solle, aus de republ. VIII. 2, p. 1337 Bekk.: ὅτι μὲν οὖν τὰ ἀναγκαῖα δεῖ διδάσκεσθαι τῶν χρησίμων, οὐκ ἄδηλον· ὅτι δὲ οὐ πάντα, δῃρημένων τῶν τε ἐλευθέρων ἔργων καὶ τῶν ἀνελευθέρων, φανερὸν ὅτι τῶν τοιούτων δεῖ μετέχειν.

ὅσα τῶν χρησίμων ποιήσει τὸν μετέχοντα μὴ βάναυσον. βάναυσον δ' ἔργον εἶναι δεῖ τοῦτο νομίζειν καὶ τέχνην ταύτην καὶ μάθησιν, ὅσαι πρὸς τὰς χρήσεις καὶ τὰς πράξεις τὰς τῆς ἀρετῆς ἄχρηστον ἀπεργάζονται τὸ σῶμα τῶν ἐλευθέρων ἢ τὴν ψυχὴν ἢ τὴν διάνοιαν. διὸ τάς τε τοιαύτας τέχνας, ὅσαι τὸ σῶμα κατασκευάζουσι χεῖρον διακεῖσθαι, βαναύσους καλοῦμεν καὶ τὰς μισθαρνικὰς ἐργασίας. Er billigt es, dass vor der von ihm jederzeit ungünstig beurtheilten reinen Demokratie mehrere Staaten alle Gewerbetreibenden von der Verwaltung und allen Aemtern ausgeschlossen hätten, III. 4, p. 1277 b: διὸ παρ' ἐνίοις οὐ μετεῖχον οἱ δημιουργοὶ τὸ παλαιὸν ἀρχῶν, πρὶν δῆμον γενέσθαι τὸν ἔσχατον: denn diese Staaten betrachteten das Betreiben eines Handwerks als nur für Sklaven oder Nichtbürger (ξένοι) gehörig, c. 5, p. 1278: ἐν μὲν τοῖς ἀρχαίοις χρόνοις παρ' ἐνίοις ἦν δοῦλον τὸ βάναυσον ἢ ξενικόν: und wie ganz das seine eigene Ansicht ist, spricht er in den Worten aus: ἡ δὲ βελτίστη πόλις οὐ ποιήσει βάναυσον πολίτην. Etwas anderes war es, wenn vermögende Bürger durch Sklaven ein Gewerbe für ihre Rechnung fabrikmässig betreiben liessen. Es ist eine irrige Annahne Krause's Gymn. u. Agonist. d. Hell. S. 28, dass dieses einen Vorwurf begründet und den Komikern Gelegenheit zu Spöttereien gegeben habe. Die angesehensten Bürger thaten es, wie der Vater des Demosthenes, so gut, als sie ihr Geld zu Handelsgeschäften hergaben, ohne selbst Handel zu treiben; und wenn man dem Kleon und anderen ihr Gewerbe vorgeworfen hat, so hat das sonstige Gründe. Vgl. Böckh Staatshaush. B. I, S. 64 ff. [Büchsenschütz, S. 335 und Drumann, die Arbeiter u. Communisten in Griechenl. u. Rom. 1860, S. 63 ff.]

DRITTER EXCURS ZUR ACHTEN SCENE.

DIE BÄDER.

[Bereits im heroischen Zeitalter war das Schwimmen und Baden im Meere und in den Flüssen etwas Gewöhnliches (z. B. Hom. Od. VI. 224). Aber nach bedeutenden Anstrengungen, z. B. dem Kampfe, der Jagd und der Reise pflegte man sich auch ein Warmbad bereiten zu lassen: Od. VIII. 451 und X. 363: ὄφρα μοι ἐκ κάματον θυμοφθόρον εἴλετο γυίων (vgl. für die spätere Zeit Aristoph. Ran. 1279. Lucian Lexiph. 2.). Der Badende sass dabei in der Wanne, ἀσάμινθος, und liess sich von oben herab mit dem lauwarmen Wasser begiessen (besonders Odyss. X. 358 ff.). Dann folgte das Salben des Körpers mit Olivenöl nach orientalischer Sitte. An eine tägliche Wiederholung ist für jene Zeit nicht zu denken und von den üppigen Phäaken wird dieselbe eben besonders hervorgehoben Od. VIII. 248: αἰεὶ δ' ἥμιν δαίς τε φίλη κίθαρίς τε χοροί τε εἵματά τ' ἐξημοιβὰ λοετρά τε θερμὰ καὶ εὐναί. Vgl. Artemid. I. 64: πάλαι μὲν γὰρ εἰκὸς εἶναι πονηρὰ τὰ βαλανεῖα, ἐπεὶ μὴ συνεχῶς ἐλούοντο οἱ ἄνθρωποι, μηδὲ εἶχον τοσαῦτα βαλανεῖα, ἀλλὰ ἢ πόλεμον καταστρεψάμενοι ἢ μεγάλου παυσάμενοι πόνου ἐλούοντο. Auch die Warnung Hesiod's Opp. 753: μηδὲ γυναικείῳ λουτρῷ χρόα φαιδρύνεσθαι ἀνέρα beziehe ich mit Becker auf die Warmbäder, aber in Bezug auf die den Frauen angenehme höhere Temperatur des Wassers, nicht mit Clem. Alex. Paedag. III. 6 und Hermann Pri-

vatalt. §. 23, n. 27 auf besondere Frauenbäder; denn das
μὴ λόεσθαι ἀπὸ χυτροπόδων ἀνεπιρρέχτων, v. 749, ist ein allgemeines Verbot für beide Geschlechter. Die Spartaner blieben bei dem ψυχρολουτεῖν im Eurotas: [Schol. zu Thucyd.
II. 36. Plut. Alcib. 23.] Ueber die Einrichtung der Bäder
aus der historischen Zeit wissen wir nicht viel und sind daher oft
genöthigt, von den römischen auf die griechischen zu schliessen.
Im Allgemeinen lässt sich wahrnehmen, dass ein so unabweis-
bares Bedürfniss, als für den Römer, das tägliche Bad für
den Griechen nicht war und dass nicht nur viele sich desselben seltener bedienen mochten, sondern dass es selbst für
manche Verhältnisse unangemessen erachtet und als ein Zeichen der verfallenden Sitte und überhandnehmenden Weich-
lichkeit angesehen wurde, wenn die Bäder zahlreich besucht
waren. Insoweit freilich das Bad Sache der Reinlichkeit ist,
wurde Vernachlässigung desselben zum Vorwurfe gemacht, wie
bei Aristoph. Lysistr. 280: ῥυπῶν, ἀπαράτιλτος, ἐξ ἐτῶν
ἄλουτος, und Nub. 835:

> ὧν ὑπὸ τῆς φειδωλίας
> ἀπεχείρατ᾽ οὐδεὶς πώποτ᾽ οὐδ᾽ ἠλείψατο
> οὐδ᾽ ἐς βαλανεῖον ἦλθε λουσόμενος:

ja spottweise sagte man den Dardanern nach, dass sie nur
drei Male im Leben ein Bad nähmen, Nicol. Damasc. bei
Stob. V. 51: Δαρδανεῖς, Ἰλλυρικὸν ἔθνος, τρὶς ἐν τῷ βίῳ λούονται μόνον, ὅταν γεννῶνται καὶ ἐπὶ γάμοις καὶ τελευτῶντες. Vgl.
Ael. Var. Hist. IV. 1. [Schon die Trockenheit der Haut und
Haare, αὐχμεῖν, eine Folge von Unterlassung der Bäder, galt
den Griechen für gleichbedeutend mit Unreinlichkeit. Ausser
den von Hermann Privatalt. §. 23, n. 33 citirten Stellen
vgl. Anaxandrides bei Athen. VI, p. 242:

> λιπαρὸς περιπατεῖ Δημοκλῆς, ζωμὸς κατωνόμασται·
> χαίρει τις αὐχμῶν ἢ ῥυπῶν, κονιορτὸς ἀναπέφηνεν.]

Allein der häufige Gebrauch der Bäder in den βαλανείοις oder den dazu eingerichteten Badeanstalten [namentlich ohne vorhergegangene gymnastische Uebungen] galt in den Zeiten besserer Sitte als τρυφή und einfach Lebende enthielten sich desselben. Von Sokrates sagt Aristodemos bei Plat. Symp. p. 174: ἔφη γάρ οἱ Σωκράτη ἐντυχεῖν λελουμένον καὶ τὰς βλαύτας ὑποδεδεμένον, ἃ ἐκεῖνος ὀλιγάκις ἐποίει: von Phokion Plutarch. c. 4 nach Duris: οὔτε γελάσαντά τις οὔτε κλαύσαντα ῥᾳδίως Ἀθηναίων εἶδεν οὐδ' ἐν βαλανείῳ δημοσιεύοντι λουσάμενον: und bei Demosth. adv. Polycl. §. 35 wird der Besuch eines Badehauses geradezu unter den Zeichen der schlechten Disciplin einer Schiffsmannschaft aufgeführt: διεφθαρμένον πλήρωμα καὶ εἰωθὸς ἀργύριον πολὺ προλαμβάνειν καὶ ἀτελείας ἄγειν τῶν νομιζομένων ἐν τῇ νηΐ λειτουργιῶν καὶ λοῦσθαι ἐν βαλανείῳ. In demselben Sinne räth der Δίκαιος λόγος bei Aristoph. Nub. 991 dem Jünglinge βαλανείων ἀπέχεσθαι und rechtfertigt es v. 1045 gegen die Frage des Ἄδικος λόγος:

καίτοι τίνα γνώμην ἔχων ψέγεις τὰ θερμὰ λουτρά;
Δ. ὁτιὴ κάκιστόν ἐστι καὶ δειλὸν ποιεῖ τὸν ἄνδρα.

Vgl. Polyaen. IV. 2. 1: Φίλιππος ἐπὶ στρατοπέδου δόκιμον Ταραντῖνον λουτρῷ θερμῷ χρησάμενον τὴν ἡγεμονίαν ἀφείλετο φήσας· ἀγνοεῖν μοι δοκεῖς τὰ Μακεδόνων, παρ' οἷς οὐδὲ γυνὴ τεκοῦσα θερμῷ λούεται. Daher blieb auch die heranwachsende Jugend in Sparta nach Plutarch. Lycurg. 16 καὶ λουτρῶν καὶ ἀλειμμάτων ἄπειρος, πλὴν ὀλίγας ἡμέρας τινὰς τοῦ ἐνιαυτοῦ τῆς τοιαύτης φιλανθρωπίας μετεῖχον. Immer sind es jedoch allein die βαλανεῖα, warme Bäder, welche verworfen und deren Anstalten in früheren Zeiten nicht einmal innerhalb der Städte gelitten wurden: Ath. I, p. 18: προσφάτως δὲ καὶ τὰ βαλανεῖα παρῆκται, τὴν ἀρχὴν οὐδὲ ἔνδον τῆς πόλεως ἐώντων εἶναι αὐτά, mit dem Bruchstücke des Hermippos:

μὰ τὸν Δί' οὐ μέντοι μεθύειν τὸν ἄνδρα χρή
τὸν ἀγαθὸν οὐδὲ θερμολουτεῖν, ἃ σὺ ποιεῖς:

vgl. Plat. Leg. VI, p. 761, der sie nur den Greisen als γε-

ροντιχὰ λουτρὰ θερμά zugesteht, während sie P.hilostr. Vit.
Apollon. I. 16 selbst ein *γῆρας ἀνθρώπων* nennt. Kalte
Bäder dagegen waren von Jugend auf ein Lebensbedürfniss
des Griechen, wie schon das Sprüchwort zeigt *μήτε νεῖν μήτε
γράμματα ἐπὶ τῶν ἀμαθῶν· ταῦτα γὰρ ἐκπαιδόθεν ἐν ταῖς Ἀθήναις ἐμάνθανον,* Diogenian. VI. 56; vgl. Rhet. Graeci ed.
Walz II. p. 45. 439. Anders freilich urtheilt Plutarch. de
san. tuend. 17 seiner Zeit gemäss über die Warmbäder; indessen erklärt er sich auch gegen die üblich gewordenen all-
zuheissen Bäder, wenn er Symp. VIII. 9 meint, die Alten
würden von den Bädern seiner Zeit gesagt haben:

ἔνθα μὲν εἰς Ἀχέροντα Πυριφλεγέθων τε ῥέουσι.

Τοῦτο γάρ, heisst es dort, *ἄν τις εἰπεῖν μοι δοκεῖ τῶν ὀλίγον
ἡμῶν ἔμπροσθεν γεγονότων βαλανείου θύρας ἀνοιχθείσης· ἐκεῖνοι γὰρ οὕτως ἀνειμένοις ἐχρῶντο καὶ μαλακοῖς, ὥστε Ἀλέξανδρος μὲν ὁ βασιλεὺς ἐν τῷ λουτρῶνι πυρέττων ἐκάθευδεν ...
νῦν δὲ λυττῶσιν ἔοικε τὰ βαλανεῖα καὶ ὑλακτοῦσι καὶ σπαράτ-
τουσιν, ὁ δὲ ἑλκόμενος ἀὴρ ἐν αὐτοῖς, ὑγροῦ μῖγμα καὶ πυρὸς
γεγονώς, οὐδὲν ἐᾷ τοῦ σώματος ἡσυχίαν ἄγειν κ. τ. λ.* [Ueber-
haupt verstummen nach dem peloponnesischen Kriege die Klagen über den Besuch der warmen Bäder und die zahlreichen
Erwähnungen z. B. bei Theophrast, lassen die Sache als
eine alltägliche Gewohnheit erscheinen.]

Die *βαλανεῖα* waren entweder öffentliche, *δημόσια, δημο-
σιεύοντα* (vgl. Xenoph. de rep. Ath. 2. 10) oder Privatan-
stalten, *ἴδια, ἰδιωτικά,* wenn man diese Ausdrücke nicht auch
von Privatbädern im eigenen Hause gelten lassen will; denn
natürlich gab es deren auch; s. Xenoph. a. a. O. Auf einem
Vasengemälde bei Tischbein Recueil. I. 58 findet sich
auf dem Badebecken die Inschrift *ΔΗΜΟΣΙΑ*: vgl. Millin
Peint. d. Vases II. 45 und Raoul-Rochette Mon. inéd.
p. 236. Von einem öffentlichen Bade ist es auch zu verstehen,
wenn bei Diog. Laërt. VII. 12 Zenon *τῶν εἰς τὴν ἐπισκευὴν*

τοῦ λουτρῶνος συμβαλλομένων εἰς genannt wird. [Jedes Gymnasium hatte natürlich sein Bad und selbst die Palästra kann nicht ohne dasselbe gedacht werden. Wo freilich kein anderes öffentliches Bad vorhanden war, begnügte sich die ganze Bevölkerung mit den Badeeinrichtungen des Gymnasiums. Vgl. Pausan. X. 36. 9. von Antikyra: τοῦ γυμνασίου δὲ, ἐν ᾧ καὶ τὰ λουτρά σφισι πεποίηται, τούτου πέραν ἄλλο γυμνάσιόν ἐστιν ἀρχαῖον.] Ein Privatbad wird von Isaeus de Dicaeog. her. §. 22 erwähnt; bei dems. de Philoctem. her. §. 33 findet sich, dass ein solches für 3000 Drachmen verkauft wurde, und auch Plutarch. Demetr. 24 nennt ein βαλανεῖον ἰδιωτικόν, eben so Alciphr. epist. I. 23. In diesen Bädern nicht nur, sondern gewiss auch in den öffentlichen, zahlte man an den βαλανεύς eine Kleinigkeit, ἐπίλουτρον. Das folgt schon daraus, dass Aristoph. Nub. 835 sagt, Sokrates und seine Schüler badeten aus Sparsamkeit nicht, und lässt sich auch daraus schliessen, dass in dess. Ran. 710 der βαλανεύς beschuldigt wird, mit dem statt Seife dienenden ῥύμμα zu betrügen; ausdrücklich sagt es aber Lucian. Lexiph. 2: σὺ δέ, ὦ παῖ, στλεγγίδα μοι καὶ βύρσαν καὶ φωσώνια καὶ ῥύμματα ναυστολεῖν ἐς τὸ βαλανεῖον καὶ τοὐπίλουτρον κομίζειν· ἔχεις δὲ χαμᾶζε παρὰ τὴν ἐγγυοθήκην δύ᾽ ὀβολώ. Hierzu bemerkt der Scholiast: τὸ ἐπίλουτρον δὲ τὸ ἐν τῇ συνηθείᾳ βαλανικόν, und dass dieses auch von öffentlichen Bädern zu verstehen ist, ergibt sich aus der Erzählung von dem in Phaselis geltenden Gesetze bei Athen. VIII. 45, p. 351: ἐν Φασήλιδι δὲ πρὸς τὸν παῖδα διαμφισβητοῦντος τοῦ βαλανέως περὶ τοῦ ἀργυρίου· ἦν γὰρ νόμος πλείονος λούειν τοὺς ξένους· ὦ μιαρέ, ἔφη, παῖ, παρὰ χαλκοῦν με μικροῦ Φασηλίτην ἐποίησας.

Ueber die Einrichtung der Bäder erfahren wir viel zu wenig, um uns ein deutliches Bild davon entwerfen zu können; denn Lucian's Hippias kann hier gar nicht zur Berücksichtigung kommen, da dieses Bad dem späteren Geschmacke und Bedürfnisse entsprechend eingerichtet ist. Es ist auffal-

lend, dass auf allen Vasengemälden, welche Bäder, auch die
als öffentliche bezeichneten, vorstellen, man nichts einem Bassin
oder einer Wanne ähnliches sieht, worin die Badenden
stehen oder sitzen könnten. Ueberall findet sich nur ein rundes
oder ovales Becken, das auf einem Fusse ruht und an
dem die Badenden, ganz entkleidet und sich waschend, stehen.
Diese Becken sind es unstreitig, an welche man bei dem Namen
λουτῆρες und λουτήρια zu denken.hat; denn der Vers des
Anaxilas bei Poll. VII. 167 oder X. 46:

$$\text{ἐν τοῖς βαλανείοις οὐ τίθεται λουτήρια[;]}$$

kann jedenfalls nichts dagegen beweisen, da man den Zusammenhang
nicht kennt. In der letzteren Stelle sagt Pollux:
οὐ μὴν ἀλλὰ καὶ ἐν τοῖς Δημιοπράτοις εὑρίσκομεν λουτήριον καὶ
ὑπόστατον. Dieses ὑπόστατον ist eben der Untersatz oder der
Fuss, worauf das Becken ruht. Von dem Prachtschiffe des
Hieron erzählt Moschion bei Athen. V. 42, p. 207: ἦν δὲ
καὶ βαλανεῖον τρίκλινον πυρίας χαλκᾶς ἔχον τρεῖς καὶ λουτῆρα
πέντε μετρητὰς δεχόμενον ποικίλου τοῦ Ταυρομενίτου λίθου.
Bei dem Maasse von fünf Metreten kann man an ein Bassin
für mehrere nicht, wohl aber an ein Gefäss denken, wie es
auf jenen Vasen zu sehen ist. Dass es aber in den Bädern
auch Wannen oder Becken gab, in welche man stieg, darüber
ist kein Zweifel. Sie heissen πύελοι. Hesych. πύαλος ἡ ἀσάμυνθος:
vgl. Schol. Aristoph. Equit. 1060: τὰς πυέλους
·ἤγουν τὰς ἐμβάσεις· πύελος γὰρ ὄρυγμα, ἐμβατή, ἔνθα ἀπολούονται,
und Poll. VII. 166, der ein Fragment des Aristophanes
anführt: ἀλλ' ἀρτίως κατέλιπον αὐτὴν σμωμένην ἐν
τῇ πυέλῳ. Unter diesen hat man nicht nur Wannen für eine
Person, sondern auch grössere Wasserbehälter für mehrere zu
denken. Das sieht man aus einer Stelle aus Eupolis, welche
Poll. VII. 168 beibringt: Εὔπολις καὶ τὴν πύελον τὴν ἐν τῷ
βαλανείῳ μάκτραν ὠνόμασεν, ὡς οἱ νῦν· λέγει γοῦν ἐν Διαιτῶντι,
εἰς βαλανεῖον εἰσελθὼν μὴ ζηλοτυπήσῃς τὸν συμβαίνοντά

σοι εἰς τὴν μάκτραν. [Vgl. Vitruv. IX. praef. »tunc is (Archimedes) casu venit in balneum ibique cum in solium descenderet, animadvertit, quantum corporis sui in eo resideret, tantum aquae extra solium effluere.« Von Epikur heisst es bei Diog. Laërt. X. 15: ἐμβάντα αὐτὸν εἰς πύελον χαλκῆν, κεκραμμένην ὕδατι θερμῷ, καὶ αἰτήσαντα ἄκρατον, ῥοφῆσαι. Vom Hausbade Aristoph. Pax 843: τὴν πύελον κατάκλυζε καὶ θέρμαιν' ὕδωρ. Luc. Lexiph. 4 vom Lykeion: εἶτα συντριβέντες καὶ ἀλλήλους κατανωτισάμενοι καὶ ἐμπαίξαντες τῷ γυμνασίῳ ἐγὼ μὲν καὶ Φιλῖνος ἐν τῇ θερμῇ πυέλῳ καταιονηθέντες ἐξῄειμεν· οἱ λοιποὶ δὲ τὸ ψυχρόβαφες κάρα δελφινίσαντες παρένεον ὑποβρύχιοι θαυμασίως. Galen. Meth. med. VII. 6: ἐπὶ πλεῖστον γὰρ χρὴ τὸν ἄνθρωπον ἐνδιατρίβειν τῷ ὕδατι καὶ διὰ τοῦτο καὶ αἱ κολυμβῆθραι βελτίους εἰσὶ τῶν μικρῶν πυέλων. Diese κολυμβῆθραι θερμοῦ ὕδατος sind erst in Rom aufgekommen: Dio Cass. LV. 7. Vitruv. V. 11. 4; ebenso wie die Luft- und Röhrenheizung: Senec. Ep. 90. 25. Plin. N. Hist. IX. 54. Vorzüglich der λουτήρ, das römische labrum, diente zu kalten Uebergiessungen, die πύελος entspricht dem alveus oder solium (Marquardt Röm. Privatalt. II, S. 293) und dass man die Wahl hatte zwischen dem Wannenbad und dem Begiessenlassen ausserhalb der πύελος erhellt besonders aus Cels. I. 4, wo der Kranke nach Verlassen des Tepidarium soll: »transire in caldarium; ubi sudavit, in solium non descendere, sed multa calida aqua per caput se totum perfundere, tum tepida, dein frigida«.

Im βαλανεῖον befand sich ferner ein Schwitz- oder Dampfbad, πυρία, πυριατήριον, vgl. Böttiger Vasengem. H. III, S. 178 ff. Der Gebrauch solcher Bäder ist alt, und Herodot. IV. 75 erwähnt die Ἑλληνικὴ πυρίη im Gegensatze zu dem Gebrauche der Skythen als etwas Gewöhnliches. Ebenso führt Poll. IX. 43 aus Eupolis πυριατήριον an und Aristoteles spricht davon in drei Stellen der Probl. II. 11. 29. 32; Poll. VII. 168. [Dass das griechische Dampfbad mit der concamerata sudatio (Vitruv. V. 11. 5) oder dem römischen Laconicum (zuerst Cic. ad Attic. IV. 10) identisch war, hat Marquardt S. 296 ff. überzeugend gegen Becker u. Rein Gall. III, S. 96 ff. nachgewiesen. Zu Vitruv a. a. O. »Laconicum sudationesque sunt conjungendae tepidario, eaeque quam latae fuerint, tantam altitudinem habeant ad imam curvaturam hemisphaerii mediumque lumen in hemisphaerio relinquatur, ex eoque clypeum aeneum catenis pendeat, per cujus reductiones et demissiones perficietur sudationis temperatura; ipsumque ad circinum fieri oportere videtur, ut aequaliter a medio flammae vaporisque vis per curvaturae rotundationes pervagetur« stimmt Timarchos bei Athen. XI, p. 501: τὰ πλεῖστα τῶν Ἀθήνῃσι βαλανείων κυκλοειδῆ ταῖς κατασκευαῖς ὄντα τοὺς ἐξαγωγοὺς ἔχει κατὰ μέσον, ἐφ' οὗ χαλκοῦς ὀμφαλὸς ἔπεστιν, und ebendaselbst Eratosthenes: τῶν γὰρ φιαλῶν οἱ ὀμφαλοὶ καὶ τῶν βαλανείων οἱ θόλοι παρόμοιοι. Auch Alciphr. Ep. I. 23 heisst es: ἐβουλευσάμην οὖν Ὀδύσσειον βούλευμα δραμεῖν εἰς τοὺς θόλους ἢ τὰς καμίνους τῶν βαλανείων. Dass der θόλος aber ein wirkliches Gemach war, ist ersichtlich aus Plut. Cim. 1: κατελθόντα δὲ (Δάμωνα) γυμνασίαρχον κατέστησαν, εἶτ' ἀλειφόμενον ἐν τῷ πυριατηρίῳ διέφθειραν. Es war also ein kreisförmiger Raum mit halbkugelförmigem Gewölbe, in dessen Mitte sich eine Oeffnung befand, die sowohl das Licht einliess, als auch die Hitze zu reguliren erlaubte, je nachdem man seinen Verschluss, den ὀμφαλός (clypeus aeneus) hinauf- oder herunterzog. Das Plut. Demetr. 24 genannte, mit einem Deckel, πῶμα, versehene χάλκωμα mit kochendem Wasser (vgl. Theophr. Char. 9) gehörte in das gewöhnliche Warmbad. Denn das Transpiriren (διαφορεῖσθαι: Alex. Aphrod. Probl. I. 41) im πυριατήριον wurde durch Heizung erzeugt. Daher die Ausdrücke ξηρὸν βαλανεῖον: Galen. de san. tuenda III, Vol. VI, p. 228 K. und ξηρὸς θόλος: Alexand. Aphrod. Probl. I. 41. Vgl. Senec. Ep. 51. 6: »quid mihi — cum sudatoriis, in quae siccus vapor corpora exhausturus includitur?« und

Cic. ad Quint. fr. III. 1. 2: »in balneariis assa in alterum apodyterii angulum promovi, propterea quod ita erant posita, ut eorum vaporarium esset subiectum cubiculis.« Die Sybariten warteten nach Athen. XII, p. 519 das Schwitzen in Wannen ab. Vgl. Phrynich. Epit. p. 325. Auf das Transpiriren folgte sofort das Uebergiessen mit kaltem Wasser.] Plutarch. de primo frig. 10: ἱκανῶς δὲ καὶ ὁ τῶν μετὰ λουτρὸν ἢ πυρίαν περιχεαμένων ψυχρὸν ἀνιὼν ἀτμὸς ἐνδείκνυται: vgl. Procl. zu Hesiod. Opp. 746: ἐλούοντο δὲ περιχεύμενοι κατὰ κρατός τε καὶ ὤμων. Daher klagt Pausan. II. 34. 2 über die Mangelhaftigkeit der natürlichen Thermen bei Methana: λουσαμένῳ δὲ ἐνταῦθα οὔτε ὕδωρ ἐστὶν ἐγγὺς ψυχρὸν οὔτε ἐσπεσόντα ἐς τὴν θάλασσαν ἀκινδύνως νήχεσθαι. Auf den Strom der Rede es anwendend gedenkt dieses Uebergiessens auch Plato Republ. I, p. 344: ὥσπερ βαλανεὺς ἡμῶν καταντλήσας κατὰ τῶν ὤτων ἀθρόον καὶ πολὺν λόγον: und mit offenbarer Nachahmung Lucian. Demosth. encom. 16: ἢ πού γε, ἔφην, διανοῇ καταχεῖν μου τῶν ὤτων ὥσπερ βαλανεὺς καταντλήσας τὸν λοιπὸν λόγον; |Wegen Rom: Suet. Aug. 82 u. Martial. VI. 42. 16:

> ritus si placeant tibi Laconum,
> contentus potes arido vapore
> cruda Virgine Marciave mergi

Vgl. Petron. 28; Sidon. Apoll. Carm. 19 und Plin. N. Hist. XXVIII. 55. Das griechische Dampfbad, schon zu Plautus' Zeit in Rom bekannt (Stich. I. 3. 73:

> vel unctiones Graecas sudatorias
> vendo, vel alias malacas crapularias),

wurde Laconicum genannt, wie Dio Cass. LIII. 27 meint, ἐπειδήπερ οἱ Λακεδαιμόνιοι γυμνοῦσθαί τε ἐν τῷ τότε χρόνῳ καὶ λίπα ἀσκεῖν μάλιστα ἐδόκουν. Diese Auskunft ist aber zu vag. Wenn dagegen Strabo III. 3. 6, p. 154 von den Lusitanern sagt: ἐνίους δὲ τῶν προσοικούντων τῷ Δουρίῳ ποταμῷ

Λακονικῶς διάγειν φασίν, ἀλειπτηρίοις χρωμένους δὶς καὶ πυρίαις ἐκ λίθων διαπύρων καὶ ψυχρολοτοῦν- τας, so kann man sicher bei diesem vielgereisten Autor keinen Irrthum voraussetzen. Ueberhaupt darf man die Sitte nicht vom römischen Standpunkte aus beurtheilen. In Rom war sie aus Hellas eingewandert und blieb ein Bedürfniss des Luxus und ein Kurmittel (Vgl. Marquardt, S. 297). Dem lusitani- schen Gebirgsbewohner und dem skythischen Nomaden (He- rod. IV. 75) war, wie dem heutigen russischen Bauer, das Transpiriren mit darauf folgendem Kaltwasserbad eine auf Reinigung und Stärkung des Leibes berechnete Gewohnheit. Warum sollte man also nicht annehmen, dass die überhaupt auch in Hellas nationale *πυρίη* später, aber vielleicht auch von jeher, in Sparta mit dem *ψυχρολουτεῖν* verbunden war?] Endlich gehört zu einer Badeanstalt auch ein Salbzimmer, *ἀλειπτήριον*, vermuthlich dasselbe, was Vitruv elaeothesium nennt [?]. Poll. VII. 166: *μέρος δὲ βαλανείου καὶ ἐσχάρα καὶ ἀλειπτήριον· φησὶ γοῦν Ἄλεξις ἐν Καυνίοις·*

    ἐν τῷ βαλανείῳ μήτε τὸ πῦρ ταῖς ἐσχάραις
    ἐνὸν κεκλεισμένον τε τἀλειπτήριον.

[Theophr. de sudore §. 28: *καὶ ἐν τοῖς ἀλειπτηρίοις, ἐὰν μὲν εὐθὺς ποιήσῃ τις πολὺ πῦρ, ἧττον ἱδρώσει.* Vgl. Böckh Corp. I. II. n. 2782 und Keil Sylloge Inscr. Boeot. XI, p. 72: *ἐλῃοχριστείριον.* Es ist das Unctorium: Plin. Ep. II. 17. 11.] Dass ein besonderes *ἀποδυτήριον*, wo man die Kleider ablegte, auch ein wesentlicher Theil einer vollständigen Bade- einrichtung gewesen sei, möchte ich bezweifeln und vielmehr behaupten, dass diese Fürsorge erst spät getroffen worden sei. Bei Lucian. Hipp. 8 ist es allerdings so, und dort sind auch Aufseher, *ἱματιοφυλακοῦντες* (die römischen capsarii) an- gestellt; allein noch in der makedonischen Zeit kannte man dergleichen Leute nicht und die Badenden hatten ihre Kleider unter ihren Augen. So sagt Aristot. Problem. XXIX. 14: *διὰ τί ποτε, ἐὰν μέν τις ἐκ βαλανείου κλέψῃ ἢ ἐκ παλαίστρας*

ἢ ἐξ ἀγορᾶς ἢ τῶν τοιούτων τινός, θανάτῳ ζημιοῦται, ἐὰν δέ
τις ἐξ οἰκίας, διπλοῦν τῆς ἀξίας τοῦ κλέμματος ἀποτίνει; Er
giebt den sehr richtigen Grund an, dass man sich im Hause
dagegen schützen könne, und fährt dann fort: ἐν δὲ τῷ βαλανείῳ καὶ ἐν τοῖς οὕτω κοινοῖς οὖσιν, ὥσπερ τὸ βαλανεῖον,
ῥᾴδιον τῷ βουλομένῳ κακουργεῖν· οὐδὲν γὰρ ἰσχυρὸν ἔχουσι
πρὸς τὴν φυλακὴν οἱ τιθέντες ἀλλ᾽ ἢ τὸ αὐτῶν ὄμμα, ὥστε,
ἂν μόνον τις παραβλέψῃ, ἐπὶ τῷ κλέπτοντι ἤδη γίνεται. Dasselbe ergiebt sich aus Theophr. Char. 8; und überhaupt
werden solche Diebe, ἱματιοκλέπται oder βαλανειοκλέπται, oft
erwähnt. S. Diog. Laërt. VI. 52, Athen. III, p. 97, und
mehr bei Lobeck zu Phryn. p. 224.

Eine Frage, für die ich nur aus Denkmälern Entschei-
dungsgründe zu entnehmen weiss, ist, ob es auch für Frauen
gemeinsame Badeanstalten gegeben habe. Auf Vasen sind
allerdings die zum Theil sehr üppigen Darstellungen ziemlich
zahlreich, wo mehrere Frauen an einem λουτήρ sich waschen.
Vergl. Tischbein Rec. III. 35, IV. 26 ff., Mill. II. 9 mit
(Lanci) intorno un antico specchio metallico, Rom.
1842. 4, auch Gerhard Vasenbilder griech. Alltags-
lebens I. 1, insbesondere aber ein Gefäss im königlichen
Museum zu Berlin bei Panofka Bilder ant. Lebens 18. 9
[und darüber Guhl u. Koner S. 225.], auf dem ebenfalls ein
Frauenbad, aber sehr besonderer Art, dargestellt ist, indem
das Wasser aus Hähnen in Gestalt von Thierköpfen, welche
an den Capitellen der das Badezimmer andeutenden Säulen
angebracht sind, als Douche oder Staubregen auf die darunter
stehenden Badenden fällt und dadurch zugleich die frühe Bekanntschaft mit einer Vorrichtung erweist, deren Erfindung
die neuere Zeit sich vindicirt. Lassen nun aber diese Darstellungen den Gedanken an ein Bad im eigenen Hause nicht
zu, so müssen wir allerdings annehmen, dass es gemeinschaft-
liche, vielleicht auch öffentliche Frauenbäder gegeben habe,
und es ist mir sehr wahrscheinlich, dass die undeutliche In-

schrift auf dem λουτήρ des grossen Frauenbades bei Tischbein IV. 30 auch ΔΗΜΟΣΙΑ zu lesen ist; denn ΚΑΛΟΣ,
was man mit zwei noch angehängten unleserlichen Buchstaben
daraus gemacht hat, würde schwerlich auf das Becken, sondern auf den Grund des Gemäldes geschrieben worden sein.
In Athen freilich widerspricht die ganze Lebensweise der
Frauen [aus vornehmerem Stande] einer solchen Annahme; allein
deshalb kann die Sache immer in anderen Städten, wo die
Frauen weniger eingeschränkt lebten, vielleicht besonders in
Grossgriechenland, stattgefunden haben; und für Hetären lässt
sie sich selbst aus der Annahme schliessen, welche Athen.
XIII. 59, p. 590 in Beziehung auf Phryne macht: τοῖς δημοσίοις οὐκ ἐχρῆτο βαλανείοις. [Aber warum sollte man aus
dieser Stelle bloss auf Hetären schliessen dürfen? Es ist doch
geradezu undenkbar, dass man in Athen — denn hier hatte
ja Phryne ihren Hauptwohnsitz — lediglich für Hetären öffentliche Frauenbäder gebaut habe! Auch bei Aristoph. Pax
1139: χᾶμα τὴν Θρᾷτταν κινῶν τῆς γυναικὸς λουμένης lässt
sich nicht gut an ein Hausbad denken. Endlich hat das
griechische balneum, das in Rom seit der zweiten Hälfte des
dritten Jahrhunderts n. Chr. Eingang fand, gleich von Anfang an nach den Geschlechtern getrennte Abtheilungen gehabt: Varro de Lingua Lat. IX, 68: »primum balneum
(nomen ut Graecum introiit in urbem) publice ibi consedit,
ubi bina essent conjuncta aedificia lavandi causa, unum, ubi
viri, alterum, ubi mulieres lavarentur.«] Uebrigens sind auf
jenen Vasenbildern die Frauen ganz entkleidet, mit einer einzigen Ausnahme bei Tischbein I. 59, wo die eine ein dünnes
Hemd trägt, ἐχέσαρκον χιτώνιον, wie es Athen. a. a. O. nennt.
Pollux sagt X. 181: τὸ μέντοι δέρμα, ᾧ ὑποζώννυνται αἱ
γυναῖκες λουόμεναι ἢ οἱ λοῦντες αὐτάς, ᾧαν λουτρίδα ἔξεστι
καλεῖν, Θεοπόμπου εἰπόντος ἐν Παισί·

> τηνδὶ περιζωσάμενος ᾧαν λουτρίδα
> κατάδεσμον ἥβης περιπέτασον.

Φερεκράτης δὲ ἐν Ἴπνῳ καταλέγων τὰ ἐργαλεῖα τῆς παιδο-
τριβικῆς·
    ἤδη μὲν ᾦαν λούμενος προζώννυται.

In beiden Stellen ist indessen nicht von Frauen die Rede und
man sieht nirgends ein solches *περίζωμα* oder *ὑπόζωμα*. Vgl.
Jacobs ad Anthol. t. IV, p. 224. Was man ausser dem Wasser zum Bade brauchte, brachte
man grösstentheils mit, d. h. man liess es sich vom Sklaven
dahin tragen, namentlich Striegeln, Badetuch und Oel. S. Gallus B. III, S. 108. Für die Form der oben gekrümmten und
mit einer Rinne versehenen Striegel oder des Schabeisens,
στλεγγίς oder *ξύστρα* (Phryn. p. 299. 460), sei die Stelle
aus Aristoph. Thesm. 556 angeführt:
    ἐπεὶ τόδ' οὐκ εἴρηχ', ὁρᾷς, ὡς στλεγγίδας λαβοῦσαι
    ἔπειτα σιφωνίζομεν τὸν οἶνον.

Sie waren gewöhnlich von Eisen, bei den Spartanern von Rohr,
Plutarch. Inst. Lac. 32; in Akragas nach Aelian. V. Hist.
XII. 29 sowie die *λήκυθοι* von Silber. [In Bezug auf letztere
vgl. Theophr. Char. 10: *καὶ ἐκ ληκυθίων μικρῶν πάνυ ἀλει-*
φόμενος. Silberne *στλεγγίδες:* Stephani Compte rendu
pour 1862, pl. 1. n. 1.] Von eigenthümlicher Form sieht man
sie zuweilen auf Vasen und geschnittenen Steinen. Millingen
Coghill. pl. 15. 27, Millin. Peint. d. Vas. II. 45. 63,
Bracci Memor. d. incis. I. 52. [Man pflegte auch *ξύστρον*
und *λήκυθος* durch einen Ring zu verbinden (*ξυστρολήκυθον*
Letronne Récomp. prom. p. 16 ff.; Mus. Borb. VII, tav.
16; Gallus III, S. 108; Jahn die Ficoron. Cista. S. 38.]
An der Güte des Oels erkannte man den anständigen Mann:
Theophr. Char. 11. Aber das *ῥύμμα* lieferte wohl in der
Regel der *βαλανεύς*, weshalb das Weib bei Aristoph. Ly-
sistr. 377 spottend sagt:
    εἰ ῥύμμα τυγχάνεις ἔχων, λουτρόν γέ σοι παρέξω.
Deutlicher ist die Klage Ran. 710:
    ὁ πονηρότατος βαλανεύς, ὁπόσοι κρατοῦσι κυκησιτέφρου,
    ψευδονίτρου κονίας καὶ Κιμωλίας γῆς,

wozu der Scholiast: ταῦτα τοιαῦτα καθάρματά ἐστιν, οἷς οἱ λουόμενοι χρῶνται τῶν βαλανέων πωλούντων. Ueber die verschiedenen Arten der ῥύμματα: Lauge, κονία, natürliches Laugensalz, Erdsalz, νίτρον, χαλαστραῖον, und Walkererde, γῆ Κιμωλία, vgl. Plat. Republ. IV, p. 430 mit den Erkl. B. II, S. 324 und Fiedler's Reise Th. II, S. 353 ff.

Das Begiessen im Bade geschah eben durch den βαλανεύς, der dazu auch seine Gehülfen hatte, welche παραχύται genannt wurden und überhaupt zur Bedienung in den Bädern bestimmt waren. Plutarch. de invid. 6 sagt, die Ankläger des Sokrates seien so verhasst gewesen, ὥστε μήτε πῦρ αὔειν μήτε ἀποκρίνεσθαι πυνθανομένοις μήτε λουομένοις κοινωνεῖν ὕδατος, ἀλλ᾽ ἀναγκάζειν ἐχχεῖν ἐκεῖνο τοὺς παραχύτας ὡς μεμιασμένον: vgl. Apophth. Lac. 49: Ἀλκιβιάδῃ τῷ Ἀθηναίῳ βαλανέως ἐπὶ πλεῖστον παραχέοντος ὕδωρ, Λάκων εἶπε· τί τούτῳ ὡς οὐ καθαρῷ; σφόδρα δὲ ῥυπαρῷ πλεῖον παράχει: und Hesych. λοετροχύος und βαλανεύς. Das Gefäss, mit welchem der παραχύτης das Wasser schöpfte und dann über den Badenden goss, hiess ἀρύταινα, angeblich auch ἀρύβαλλος. Darauf beziehen sich die sich überbietenden Verheissungen des Kleon und Wursthändlers bei Aristoph. Equit. 1090:

> ἀλλ᾽ ἐγὼ εἶδον ὄναρ καί μοι ᾽δόκει ἡ θεὸς αὐτή
> τοῦ δήμου καταχεῖν ἀρυταίνῃ πλουθυγίειαν.
> ΑΛΛ. νὴ Δία καὶ γὰρ ἐγώ· καί μοι ᾽δόκει ἡ θεὸς αὐτή
> ἐκ πόλεως ἐλθεῖν καὶ γλαὺξ αὐτῇ ᾽πικαθῆσθαι·
> εἶτα κατασπένδειν κατὰ τῆς κεφαλῆς ἀρυβάλλῳ
> ἀμβροσίην κατὰ σοῦ, κατὰ τούτου δὲ σκοροδάλμην.

Bloss diese Stelle, wie es scheint, hat Poll. VII. 166 und X. 63 veranlasst, ἀρύταινα und ἀρύβαλλος für gleichbedeutend zu nehmen, während der Name vom Scholiasten und den Lexikographen anders erklärt wird, obgleich der Etymologie nach er auch ein Schöpfgefäss zu bezeichnen scheint, s. Athen. XI. 26, p. 783 f. Die erstere Benennung ist unzweideutig, vgl. Theophr. Char. 9: δεινὸς δὲ καὶ πρὸς τὰ

χεαλχῖα τὰ ἐν τῷ βαλανείῳ προσελθὼν καὶ βάψας ἀρύταιναν
βοῶντος τοῦ βαλανέως αὐτὸς αὑτοῦ καταχέασθαι, vgl. Zenob.
Proverb. III. 58. Auf dem einen der angeführten Vasenbilder,
Tischbein I. 58, kommt eben der eine der Knaben als παραχύτης mit der ἀρύταινα herbei; den Akt des Begiessens
eines kauernden Weibes (man hat wohl nicht nöthig an Aphrodite zu denken) sieht man auf dem Vasenbilde bei Moses
Collect. of antique vases p. 14 Vign. und Panofka 18.
10. Noch sei erwähnt, dass die παραχύται auch Zuträger des
heissen Wassers sind, wie man aus dem sieht, was den Sy-
bariten vermuthlich nur angefabelt wird. Athen. XII. 15,
p. 518: περὶ δὲ Συβαριτῶν τί δεῖ καὶ λέγειν; παρ᾽ οἷς πρώ-
τοις εἰσήχθησαν εἰς τὰ βαλανεῖα λουτροχόοι καὶ παραχύται πε-
πεδημένοι, τοῦ μὴ θᾶττον ἰέναι καὶ ὅπως μὴ σπεύδοντες κατα-
καίωσι τοὺς λουομένους.

Die Stunde des Badens ist in der besseren Zeit die der
Hauptmahlzeit, δεῖπνον, vorhergehende, wofür es keines Be-
weises bedarf; [vgl. Hermann Privatalt. §. 28, n. 4.] In
der späten Zeit entarteter Sitte wird einige Male die Mittag-
stunde genannt. Lucian. Lexiph. 4: καὶ γὰρ ὁ γνώμων
σκιάζει μέσην τὴν πόλον καὶ δέος, μὴ ἐν λουτρίῳ ἀπολουσώ-
μεθα κ. τ. λ. Alciphr. Epist. III. 60: ὡς γὰρ ἐλούσαντο οἱ
πολλοὶ καὶ μεσοῦσα ἡμέρα ἦν. Aber viel früher schon badeten
Weichlinge mehrmals des Tages. Menander bei Athen. IV,
p. 166:

> καίτοι νέος ποτ᾽ ἐγενόμην κἀγώ, γύναι·
> ἀλλ᾽ οὐκ ἐλούμην πεντάκις τῆς ἡμέρας
> τότ᾽, ἀλλὰ νῦν.

Vgl. dazu Meineke p. 127 und die von ihm angeführten Verse
des Simonides bei Aelian. H. Anim. XVI. 24:

> λοῦται δὲ πάσης ἡμέρας ἀπο ῥύπον
> δίς, ἄλλοτε τρίς, καὶ μύροις ἀλείφεται.

Doch blieb auch dann noch immer das Bad hauptsächlich die
Vorbereitung zur Mahlzeit. Artemid. Onirocr. I. 64: νῦν·

δὲ οἱ μὲν οὐ πρότερον ἐσθίουσιν, εἰ μὴ λούοιντο· οἱ δὲ καὶ
ἐμφαγόντες, εἶτα δὴ λούονται μέλλοντες δειπνήσειν, καὶ ἔστι
νῦν τὸ βαλανεῖον οὐδὲν ἄλλο ἢ ὁδὸς ἐπὶ τροφήν. Dann wurden
auch wohl Belustigungen, wie das Kottabosspiel, in dem Bade
angestellt, Diog. Laërt. VI. 46. Den Armen dienten oft im
Winter die Bäder, besonders der Heizungsplatz und das Laconicum, als Aufenthalt, um sich zu wärmen. Aristoph.
Plut. 951:

> ΔΙΚ. καὶ μήν, ἐπειδὴ τὴν πανοπλίαν τὴν ἐμὴν
> ἔχων βαδίζεις, ἐς τὸ βαλανεῖον τρέχε·
> ἔπειτ᾽ ἐκεῖ κορυφαῖος ἑστηκὼς θέρου,
> κἀγὼ γὰρ εἶχον τὴν στάσιν ταύτην ποτέ.
> ΧΡ. ἀλλ᾽ ὁ βαλανεὺς ἕλξει θύραζ᾽ αὐτόν :

vgl. 535. Vortrefflich zur Erklärung dieser Verse ist die schon
berührte Stelle in Alciphr. Epist. I. 23: ἐβουλευσάμην οὖν
Ὀδύσσειον βούλευμα, δραμεῖν εἰς τοὺς θύλους ἢ τὰς καμίνους
τῶν βαλανείων· ἀλλ᾽ οὐδὲ ἐκεῖσε συνεχώρουν οἱ τῶν ὁμοτέχνων
περὶ ταῦτα ἀλινδούμενοι ... ὡς οὖν ἠσθύμην οὐκ εἶναί μοι εἰς
ταῦτα εἰσιτητόν, δραμὼν ἐπὶ τὸ Θρασύλλου βαλανεῖον ἰδιωτικῆς
οἰκίας εὗρον τοῦτο κενὸν καὶ καταβαλὼν ὀβολοὺς δύο καὶ τὸν
βαλανέα τούτοις ἵλεων καταστήσας ἐθερόμην. Vgl. Teles bei
Stob. Serm. XCVII. 31, p. 272: εἰ ἀλείψασθαι χρείαν ἔχοι,
εἰσελθὼν ἂν εἰς τὸ βαλανεῖον τῷ γλοιῷ ἠλείψατο ... καὶ ἐκά-
θευδε τὸ μὲν θέρος ἐν τοῖς ἱεροῖς, τὸν δὲ χειμῶνα ἐν τοῖς
βαλανείοις. [In den Bädern fanden mannigfaltige Unterhal-
tungen statt. Theophr. Char. 8: πολλάκις γὰρ αὐτῶν (λο-
γοποιῶν) οἱ μὲν ἐν τοῖς βαλανείοις περιστάσεις ποιούμενοι τὰ
ἱμάτια ἀποβεβλήκασι. Dagegen das ᾆσαι ἐν βαλανείῳ rechnet
er c. 4 zur bäurischen Sitte. Der βαλανεύς gilt für πολυ-
πράγμων und περίεργος: Hesych. s. v. Vgl. Diogenian.
III. 64: βαλανεὺς ἐπὶ τῶν πολυπραγμόνων· οὗτοι γὰρ σχολὴν
ἄγοντες πολυπραγμονοῦσι.]

EXCURS ZUR NEUNTEN SCENE.

DIE BEGRÄBNISSE.

Ein sehr hervorstechender Charakterzug der Griechen war die fromme Gewissenhaftigkeit in der Erfüllung der Pflichten, welche ein tief in dem Gemüthe des Volkes wurzelnder Glaube den Lebenden gegen die Verstorbenen auferlegte. Wir finden wohl bei anderen Völkern des Alterthums ein grösseres Gepränge der Bestattungen, wir finden Gebräuche, die einen noch lauteren Ausdruck des Schmerzes beabsichtigen, der bis zur Grässlichkeit blutiger Selbstopfer sich steigert; aber jene stille Frömmigkeit, die es sich zur theuern Pflicht macht, dem Dahingeschiedenen den letzten Dienst der Liebe zu erweisen und durch sorgfältige Pflege seiner Grabstätte, durch wiederkehrende Gaben ihm wohlthuende Beweise fortdauernden Andenkens zu geben, mag vielleicht nirgends in so deutlichen Zügen hervortreten als bei dem griechischen Volke. Es ist wohl natürlich, dass ursprünglich die Klugheit, welche die Nachtheile unterlassener Beerdigung der Leichname für die Lebenden verhüten wollte, den Glauben wenigstens nährte, dass die nicht erfolgte Bestattung für den Schatten des Verstorbenen den qualvollen Zustand unsteten Umherirrens herbeiführe; allein schon in Homer's Zeit ist diese polizeiliche Rücksicht vergessen und es steht bereits fest, dass auf der einen Seite ein ehrenvolles Begräbniss das wünschenswertheste Loos der Abgeschiedenen ist, auf der andern die heiligste Pflicht der

Ueberlebenden. In diesem Sinne wünscht Odysseus V. 311, als Poseidon sein Floss zertrümmert hat, vor Troja gefallen zu sein, denn, sagt er, τῷ x' ἔλαχον κτερέων, so wie Telemach ein Gleiches thut; und dieselbe Gesinnung bewahrt die spätere Zeit, nach deren Ansicht ein stattliches Begräbniss eine wesentliche Bedingung menschlichen Glücks ist. Plato Hipp. maj. p. 291: λέγω τοίνυν ἀεὶ καὶ παντὶ καὶ πανταχοῦ κάλλιστον εἶναι ἀνδρὶ πλουτοῦντι ὑγιαίνοντι τιμωμένῳ ὑπὸ τῶν Ἑλλήνων ἀφικομένῳ εἰς γῆρας τοὺς αὐτοῦ γονέας τελευτήσαντας καλῶς περιστείλαντι ὑπὸ τῶν αὐτοῦ ἐκγόνων καλῶς καὶ μεγαλοπρεπῶς ταφῆναι.

Daher wurde es auch durchaus kriegsrechtlicher Gebrauch der Hellenen, dem im Kampfe gefallenen Feinde die Bestattung nicht zu entziehen, und nur in einzelnen Fällen besonderer Erbitterung geschah es, dass den Gefallenen auf der Seite der Gegner die Schmach der Nichtbeerdigung angethan wurde. Das ist allgemein hellenisches Gesetz, wie Theseus bei Eurip. Suppl. 524 ff. sagt:

νεκροὺς δὲ τοὺς θανόντας, οὐ βλάπτων πόλιν
οὐδ᾽ ἀνδροκμῆτας προσφέρων ἀγωνίας,
θάψαι δικαιῶ τὸν Πανελλήνων νόμον
σῴζων· τί τούτων ἐστὶν οὐ καλῶς ἔχον;

Wo aber Leidenschaft und bitterer Hass zu einer Abweichung davon verleitete, erfuhr dies jederzeit schwere Missbilligung und die Beschimpfung fiel mit grösserem Gewicht auf den das allgemeine Recht Verletzenden zurück. So sagt Isokrates, der sich eben auf das von Euripides bearbeitete Factum bezieht, Plat. §. 55: ἔστι δ᾽ οὐκ ἴσον κακὸν οὐδ᾽ ὅμοιον τοὺς τεθνεῶτας ταφῆς εἴργεσθαι καὶ τοὺς ζῶντας πατρίδος ἀποστερεῖσθαι καὶ τῶν ἄλλων ἀγαθῶν ἁπάντων, ἀλλὰ τὸ μὲν δεινότερον τοῖς κωλύουσιν ἢ τοῖς ἀτυχοῦσιν κ. τ. λ. Wie tief man von der natürlichen Gesetzmässigkeit einer Auslieferung der Todten zum Behufe der Bestattung überzeugt war, beweist,

116   Excurs zur neunten Scene.

dass man selbst bei Thieren etwas Aehnliches für möglich
hielt, und die lächerlich klingende Beobachtung, welche Kleanthes an Ameisen gemacht haben wollte, ist zu charakteristisch
für die allgemeine Ansicht, um sie unerwähnt zu lassen. Plutarch. de sol. anim. 11: *ὁ μὲν οὖν Κλεάνθης ἔλεγε, καίπερ
οὐ φάσκων μετέχειν λόγου τὰ ζῶα, τοιαύτῃ θεωρίᾳ παρατυχεῖν·
μύρμηκας ἐλθεῖν ἐπὶ μυρμηκιὰν ἑτέραν μύρμηκα νεκρὸν φέρον-
τας· ἀνιόντας οὖν ἐκ τῆς μυρμηκιᾶς ἑτέρους οἷον ἐντυγχάνειν
αὐτοῖς καὶ πάλιν κατέρχεσθαι, καὶ τοῦτο δὶς ἢ τρὶς γενέσθαι,
τέλος δὲ τοὺς μὲν κάτωθεν ἀνενεγκεῖν ὥσπερ λύτρα τοῦ νεκροῦ
σκώληκα, τοὺς δὲ ἐκεῖνον ἀραμένους ἀποδύντας δὲ τὸν νεκρὸν
οἴχεσθαι.* [Vgl. Antist. Or. Ulyx. T. VIII, p. 61 Rsk.: *τοὺς
γὰρ νεκροὺς οὐ τοῖς οὐκ ἀναιρουμένοις αἰσχρόν, ἀλλὰ τοῖς μὴ
ἀποδιδοῦσι* und Plat. Republ. VI, p. 469 E; namentlich auch
Dio Chrysost. LXXVII. 5: *τὸ γοῦν μὴ κωλύειν τοὺς νεκροὺς
θάπτειν οὐδαμῇ γέγραπται· ἀλλ' ἔθος ἐστὶ τὸ ποιοῦν τῆς φιλανθρωπίας ταύτης τοὺς κατοιχομένους τυγχάνειν.*]

Um so natürlicher ist es, dass im bürgerlichen Leben die
Pflicht der Bestattung als eine sehr heilige angesehen wurde,
und selbst wo das Gesetz die Kinder aller andern Pflichten
gegen unwürdige Aeltern entband, war doch bei ihrem Tode
die Beerdigung geboten. So bestimmt das solonische Gesetz
bei Aeschin. in Timarch. §. 13: *μὴ ἐπάναγκες εἶναι τῷ
παιδὶ ἡβήσαντι τρέφειν τὸν πατέρα μηδὲ οἴκησιν παρέχειν, ὃς
ἂν ἐκμισθωθῇ ἑταιρεῖν· ἀποθανόντα δὲ θαπτέτω καὶ τἆλλα
ποιείτω τὰ νομιζόμενα.* Wenn demungeachtet Beispiele vorkommen, dass die nächsten Angehörigen das Begräbniss ver-
nachlässigen, so ist das kein Beweis gegen die allgemeine
Gesinnung, sondern nur ein Zeugniss für die Verworfenheit
solcher Einzelner. So sagt allerdings von Aristogeiton Demosth. in Aristog. I, §. 54: *πρὸς μὲν γὰρ τῷ τὸν πατέρα
προδοὺς ἀπελθεῖν ἐξ Ἐρετρίας, ὥσπερ ἡκούσατε Φαίδρου, ἀποθανόντα ὁ ἀσεβὴς οὗτος καὶ μιαρὸς οὐκ ἔθαψεν οὐδὲ τοῖς θά-
ψασι τὴν ταφὴν ἀπέδωκεν, ἀλλὰ καὶ δίκην προσέλαχε,* was

durch Dinarch. in Aristog. §. 11 bestätigt wird. So findet sich auch das Beispiel, dass die Mutter dem Sohne nicht traut und einen Fremden mit ihrem Begräbnisse beauftragt, Lysias in Phil. §. 21: *ἐκείνη γὰρ τούτῳ μὲν ἠπίστησεν ἀποθανοῦσαν ἑαυτὴν ἐπιτρέψαι· Ἀντιφάνει δέ, οὐδὲν προσήκουσα, πιστεύσασα ἔδωκεν εἰς τὴν ἑαυτῆς ταφὴν τρεῖς μνᾶς ἀργυρίου, παραλιποῦσα τοῦτον υἱὸν ὄντα ἑαυτῆς.* Vgl. Isaeus de Philoctem. her. §. 40, de Nicostr. her. §. 19, Lysias in Alcib. I, §. 27. Aber das sind eben einzelne Beispiele verworfener und zum Theil in der allgemeinen Meinung geächteter Menschen. Die allgemeine bessere Gesinnung hingegen gebot selbst die Pflicht an Fremden zu erfüllen und einen Unbeerdigten, wenn man ihn auch nicht förmlich bestatten konnte, doch mit Erde zu bewerfen, vgl. Aelian. Var. Hist. V. 14; [Pausan. I. 32. 4; IX. 32. 6; Pindar. Nem. XI. 16; Schol. zu Soph. Antig. 255]; und die Ausdrücke selbst, mit welchen man im Allgemeinen die Bestattungsgebräuche nannte, *τὰ δίκαια, νόμιμα* oder *νομιζόμεναι, προσήκοντα,* bezeichneten sie als etwas, worauf der Verstorbene einen Rechtsanspruch hatte.

Was nun die Art und Weise der Bestattung anlangt, so hatte die zunehmende Gesittung allmählich die barbarischen Gebräuche der früheren Zeit verdrängt. Plato Min. p. 315: *ὥσπερ καὶ ἡμᾶς αὐτοὺς οἴσθά που καὶ αὐτὸς ἀκούων, οἴοις νόμοις ἐχρώμεθα προτοῦ περὶ τοὺς ἀποθανόντας, ἱερεῖά τε προσφάττοντες πρὸ τῆς ἐκφορᾶς τοῦ νεκροῦ καὶ ἐγχυτριστρίας μεταπεμπόμενοι· οἱ δ' αὖ ἐκείνων πρότεροι αὐτοῦ καὶ ἔθαπτον ἐν τῇ οἰκίᾳ τοὺς ἀποθανόντας· ἡμεῖς δὲ τούτων οὐδὲν ποιοῦμεν.* Diese Veränderung war in Athen vorzüglich durch das solonische Gesetz hervorgebracht, das sich zum Theil bei Demosth. in Macart. §. 62 findet. Vgl. Plutarch. Sol. 12. 21, und über die durch Lykurg gebotene Einfachheit der spartanischen Sitte Lyc. 27. — Für die Begräbnissgebräuche der Alten überhaupt gibt es mehrere ausführliche Schriften, namentlich Meursius und Laurentius de funere, J. A. Quen-

stedt sepultura veterum, Witt. 1660. 8, auch mit den
vorhergehenden in Gronov. Thes. t. XI, und Guther de
jure Manium in Graev. Thes. t. XII; jene alle jedoch,
Meursius nicht ausgenommen, berücksichtigen weit mehr die
römische als die griechische Sitte oder vermengen beide auf
die ungehörigste Weise. Mehr Werth als sie alle haben die
von Stackelberg, die Gräber der Hellenen, Berl. 1835.
Fol., mitgetheilten Ergebnisse der Ausgrabungen. [Vgl. die
Recension von Gerhard in der Allg. Lit.-Zeit. 1838, Er-
gänz.-Bl. Nr. 73—77, die Berichte von Ross im Arch. In-
tell.-Bl. 1837 Nr. 6. 13. 14. 15 und Kunstbl. 1836 Nr. 22.
54. 56. 76, 1838 Nr. 59; desselben Archaeol. Aufsätze I,
S. 62ff. Bergk im Rhein. Mus. N. F. XV, S. 467ff. Ur-
lichs über die Gräber der Alten im N. Schweiz. Mus.
I. Jahrg. 3. H. (1861), S. 149ff. Nathusius de more humandi et concremandi mortuos apud Graecos usitato.
Hal. 1863.]

Die Reihenfolge der Bestattungsgebräuche ersieht man am
deutlichsten aus Lucian. de luctu 10; denn es ist kein Grund
vorhanden, eine Verschiedenheit früherer Sitte anzunehmen,
vielmehr finden sich Lucian's Angaben überall bestätigt. Das
Erste, was geschah, wenn Jemand gestorben war und an die
Bestattung gedacht wurde, war, ihm einen Obolos in den Mund
zu stecken, als ναῦλον für den Fährmann im Hades : ἐπειδάν
τις ἀποθάνῃ τῶν οἰκείων, πρῶτα μὲν φέροντες ὀβολὸν ἐς τὸ
στόμα κατέθηκαν αὐτῷ μισθὸν τῷ πορθμεῖ ναυτιλίας γενησόμε-
νον. Daher sagt Krates bei dems. Mort. dial. XI. 4: οἱ δὲ
ὀβολὸν ἥξουσι κομίζοντες καὶ τοῦτον ἄχρι τοῦ πορθμέως: vgl.
I. 3, XXII. 1. Wenn Herakles bei Aristoph. Ran. 140 sagt:

   ἐν πλοιαρίῳ τυννουτῳῖ σ᾽ ἀνὴρ γέρων
   ναύτης διάξει δύ᾽ ὀβολὼ μισθὸν λαβών,

so liegt der Grund darin, dass Dionysos den Xanthias bei sich
hat und also für zwei Personen bezahlen muss. Vgl. d. Schol.
Dieses ναῦλον wurde auch κατιτήριον (Moeris p. 222) oder

δανάκη genannt. H e s y c h. *δανάκη, νομισμάτιόν τι βαρβαρικὸν (Περσικόν) δυνάμενον πλέον ὀβολοῦ ὀλίγῳ τινί· ἐλέγετο δὲ
καὶ ὁ τοῖς νεκροῖς διδόμενος ὀβολός.* Vgl. S u i d. u. E t y m. M.
Interessant ist es, dass man bei Oeffnung von Gräbern die
Münze noch zwischen den Zähnen der Gerippe fand, S t a c k e l -
berg Gräber d. H e l l e n e n S. 42; vgl. S t u a r t u. R e v e t t
Alterth. v. A t h e n, übers. v. W a g n e r, Th. III, S. 77 [und
Raoul-Rochette Troisième Mémoire sur les antiqui-
tés chrétiennes des Catacombes in Mém. de l'acad.
des Inscript. Vol. XIII (1838), p. 665. Ueber die heutige
Sitte der Griechen und Albanesen in Makedonien und Kleinasien vgl. W a c h s m u t h das alte G r i e c h e n l. im n e u e n,
S. 118. Der Obolos hängt mit dem Glauben an Charon zusammen und diesen fand P a u s a n. X, 28. 2 zuerst in der
Minyas erwähnt. Vgl. P r e l l e r G r i e c h. M y t h o l. I, S. 639.
Doch hat dieser Glaube, wie sich aus den für Griechenland
im Ganzen seltneren Funden ergiebt, keine dogmatische Bestimmtheit gewonnen. Wegen des Mundes, als Aufbewahrungs-
ortes für das Fährgeld, habe ich bereits in d. G r i e c h. Privatalterth. bei E r s c h u. G r u b e r A l l g e m. E n c y k l o p.
B. LXXXIII, S. 155 an die aus A r i s t o p h. E c c l e s. 818;
Vesp. 609; Av. 503; fragm. 111 u. 114 und T h e o p h r.
Char. 6. sich ergebende Sitte erinnert, auch im gewöhnlichen
Leben die Scheidemünze in der Backenhöhle zu führen.] Wie
es scheint, beeilte man sich den Todten damit zu versehen,
weil man glaubte, dass dann um so schneller die Ueberfahrt
erfolge. Wenigstens sagt Mikyllos bei L u c i a n. C a t a p l. 18:
*ἀδικεῖς, ὦ Χάρων, ἔωλον ἤδη νεκρὸν ἀπολιμπάνων· ἀμέλει
γράψομαί σε παρανόμων ἐπὶ τοῦ Ῥαθαμάνθυος.*

Von den weiteren Gebräuchen sagt L u c i a n §. 11: *μετὰ
ταῦτα δὲ λούσαντες αὐτούς, ὡς οὐχ ἱκανῆς τῆς κάτω λίμνης
λουτρὸν εἶναι τοῖς ἐκεῖ, καὶ μύρῳ τῷ καλλίστῳ χρίσαντες τὸ
σῶμα πρὸς δυσωδίαν ἤδη βιαζόμενον καὶ στεφανώσαντες τοῖς
ὡραίοις ἄνθεσι προτίθενται λαμπρῶς ἀμφιέσαντες, ἵνα μὴ ῥιγῷεν*

δηλονότι παρὰ τὴν ὁδὸν μηδὲ γυμνοὶ βλέποιντο τῷ Κερβέρῳ. Das sind so ziemlich vollständig die einzelnen Gebräuche bis zu der ἐκφορά, die jedoch noch weiter zu erörtern sind. — Das Baden, Salben und Ankleiden besorgte nicht eine fremde dafür bezahlte Person, wie bei den Römern der pollinctor, sondern regelmässig unterziehen sich diesem Geschäfte die nächsten Angehörigen, namentlich die Frauen. [Schon Od. XXIV. 45] Isaeus de Philoctem. her. §. 41: αἱ μὲν οὖν γυναῖκες, οἷον εἰκός, περὶ τὸν τετελευτηκότα ἦσαν: de Ciron. her. §. 22: δεομένης δὲ τῆς τοῦ πάππου γυναικός, ἐκ τῆς οἰκίας αὐτὸν ἐκείνης θάπτειν, καὶ λεγούσης, ὅτι βούλοιτ᾽ ἂν αὐτὴ τὸ σῶμα ἐκείνου συμμεταχειρίζεσθαι μεθ᾽ ἡμῶν καὶ κοσμῆσαι — ἐπείσθην. Daher verlangt auch Antigone bei Eurip. Phoen. 1667:

σὺ δ᾽ ἀλλὰ νεκρῷ λουτρὰ περιβαλεῖν μ᾽ ἔα:

dagegen sagt Sokrates bei Plato Phaed. p. 115: σχεδόν τί μοι ὥρα τραπέσθαι πρὸς τὸ λουτρόν· δοκεῖ γὰρ βέλτιον εἶναι λουσάμενον πιεῖν τὸ φάρμακον καὶ μὴ πράγματα ταῖς γυναιξὶ παρέχειν νεκρὸν λούειν. Es war jedenfalls ein weisses Gewand, das dem Todten angelegt wurde. Zwar könnte man aus dem, was Plato über das auszeichnende Begräbniss eines ἱερεύς anordnet, schliessen, dass es gewöhnlich nicht so gewesen sei; er sagt Leg. XII, p. 947; τελευτήσασι δὲ προθέσεις τε καὶ ἐκφορὰς καὶ θήκας διαφόρους εἶναι τῶν ἄλλων πολιτῶν· λευκὴν μὲν τὴν στολὴν ἔχειν πᾶσαν κ. τ. λ. Allein es ist nicht nothwendig, das Abweichende der Gebräuche auch in der Kleidung zu suchen, sondern vielmehr in den weiterhin folgenden Verordnungen. Das weisse Todtenkleid wird aber anderwärts mehrmals erwähnt. Archiloch. bei Plutarch. de aud. poët. 9: ὅταν δὲ τὸν ἄνδρα τῆς ἀδελφῆς ἠφανισμένον ἐν θαλάττῃ καὶ μὴ τυχόντα νομίμου ταφῆς λέγῃ θρηνῶν, μετριώτερον ἂν τὴν συμφορὰν ἐνεγκεῖν,

εἰ κείνου κεφαλὴν καὶ χαρίεντα μέλη
Ἥφαιστος καθαροῖσιν ἐν εἵμασιν ἀμφεπονήθη.

Unter καθαροῖς εἴμασιν hat man doch jedenfalls weisse zu denken, und so schliesst Aristodem aus seinem Traume von dem weissen Gewande auf sein Ende. Pausan. IV. 13. 1: τὴν δέ οἱ θυγατέρα ἐπιφανῆναι μέλαιναν ἐσθῆτα ἔχουσαν καὶ φαίνουσαν τό τε στέρνον καὶ τὴν γαστέρα ἀνατετμημένα, ἀναφανεῖσαν δὲ ἀπορρῖψαι μὲν τὰ ἀπὸ τῆς τραπέζης, ἀφελέσθαι δὲ αὐτοῦ τὰ ὅπλα, ἀντὶ τούτων δὲ στέφανον ἐπιθεῖναι χρυσοῦν καὶ ἱμάτιον ἐπιβαλεῖν λευκόν. Vgl. Plutarch. Quaest. Rom. 26 und Artemidor. Onirocr. II. 3: ἀνδρὶ δὲ νοσοῦντι λευκὰ ἔχειν ἱμάτια θάνατον προαγορεύει διὰ τὸ τοὺς ἀποθανόντας ἐν λευκοῖς ἐκφέρεσθαι, τὸ δὲ μέλαν ἱμάτιον σωτηρίαν προσημαίνει· οὐ γὰρ οἱ ἀποθανόντες, ἀλλ᾽ οἱ πενθοῦντες τοὺς ἀποθνήσκοντας τοιούτοις χρῶνται ἱματίοις. Daher wird auch Lucian. Philops. 32 nicht beweisen können, dass das Todtengewand schwarz gewesen sei. Es wird dort erzählt, wie einige junge Leute die Unerschrockenheit Demokrit's hätten auf die Probe stellen wollen: καί τινες τῶν νεανίσκων, ἐρεσχελεῖν βουλόμενοι αὐτὸν καὶ δειματοῦν, στειλάμενοι νεκρικῶς ἐσθῆτι μελαίνῃ καὶ προσωπείοις ἐς τὰ κρανία μεμιμημένοις περιστάντες αὐτὸν περιεχόρευον. Der Scholiast sagt auch wirklich dazu: ὅτι τοὺς νεκροὺς οἱ παλαιοὶ μελαίναις στολαῖς ἀμφιέννυσαν: allein diese Nachricht ist vielleicht eben nur aus obiger Stelle geschöpft. Wenn man das Erscheinen eines Verstorbenen dachte, so gehörte natürlich ein schwarzes Gewand dazu; denn der Tod selbst ist, wie die Nacht und ihre Kinder, die Träume, μελάμπεπλος. Eurip. Alcest. 860, Aristoph. Ran. 1336; [vgl. Mönch de nigro vestium colore, Eisleben 1843. 4. Weisse Todtengewänder, und zwar drei, eines zur Unterlage, στρῶμα, eines zur Bekleidung, ἔνδυμα, und eines zur Umhüllung, περίβλημα, erwähnt eine Inschrift auf Keos: Bergk im Rhein. Mus. XV. 1860, p. 468. Nur die Spartaner wollten in dem rothen Kriegsgewande begraben sein: Plut. Lycurg. 27.]

Der Todte wurde zugleich bekränzt; das scheint allgemein üblich gewesen zu sein. Aristoph. Eccles. 538; Lysistr.

602. Darauf bezieht sich auch Eccl. 1032 *ταινίωσαι*. Solche
Kränze brachten oder schickten, wie bei uns, auch wohl Ver-
wandte und Freunde, besonders bei dem Tode junger Personen.
Bei Alciphr. Epist. I. 36 klagt eine Hetäre: *ἐγὼ δὲ ἡ τά-
λαινα θρηνῳδόν, οὐκ ἐραστὴν ἔχω, στεφάνιά μοι καὶ ῥόδα
ὥσπερ δώρῳ τάφῳ πέμπει.* Man nahm zu diesen Kränzen
Blumen, wie sie eben die Jahreszeit bot. Lucian. *στεφανώσαντες τοῖς ὡραίοις ἄνθεσι:* am gewöhnlichsten scheinen die
Blätter des Eppichs, *σέλινον*, gewesen zu sein. S. Sc. VIII,
Anm. 7. [In südrussischen Gräbern fand man auch goldene
Kränze von Lorbeer, Olive und Früchten; Wieseler Gött.
Gel. Anz. 1869, S. 2110 ff. Uebrigens gehörte die Tänie
nicht nothwendig zum Kranze und man pflegte auch Tänien
ohne Kränze zu schicken: Schol. zu Aristoph. Lysistr.
603; *τὰς ταινίας, ἃς τοῖς νεκροῖς ἔπεμπον οἱ φίλοι.* Diese sowohl, als besonders die von Freunden und Bekannten gesandten
Blumen und Guirlanden wurden hauptsächlich zum Schmücken
der Grabstätte verwendet. Der Todte scheint bloss einen
Kranz gehabt zu haben. Vgl. die Archemorosvase und W.
Stassoff in Compte rendu pour 1872, p. 315: »jamais les
Romains, les Grecs seuls ont eu la coutume de couronner la
tôte de leurs défunts de fleurs, et nous ne savons rien d'une
coutume grecque ou romaine, de poser les guirlandes de fleurs
sur le cou des défunts ou de leur mettre entre les mains
(Stephani der ausruhende Heracles p. 35. 111. 112.
116. 198). Cependant aujourd'hui il est déjà hors de doute,
que les guirlaudes formées de fleurs, introduites dans des
petits sacs longs, ont appartenu au nombre des objets sépul-
craux de l'antiquité, et selon toute probabilité il faudra accep-
ter pour tels plusieurs des figures oblongues, évidemment plates,
et considérer comme sacs remplis de fleurs.« Dieser Ansicht
über die mit Blumen gefüllten Tänien stimmt auch bei Stephani in Compte rendu pour 1874, p. 114.]
   Noch wird angeführt, dass man den Todten einen Honig-

kuchen, μελιτοῦττα, mitgegeben habe. Allerdings heisst es bei
Aristoph. Lysistr. 599ff.:

> σὺ δὲ δὴ τί παθὼν οὐκ ἀποθνήσκεις;
> χαίριος ἐσσί γε, σορὸν ὠνήσει·
> μελιτοῦτταν ἐγὼ καὶ δὴ μάξω,
> λαβὲ ταυτὶ καὶ στεφάνωσαι:

und der Scholiast sagt dazu: ἡ μελιτοῦττα ἐδίδοτο τοῖς νεκροῖς ὡς εἰς τὸν Κέρβερον, καὶ ὀβολὸς τῷ πορθμεῖ, στέφανος
ὡς τὸν βίον διηγωνισμένοις. Auch Sibylla besänftigt auf solche
Weise den dreiköpfigen Wächter in Virg. Aen. VI, 419 ff.:

> Cui vates, horrere videns iam colla colubris,
> Melle soporatam et medicatis frugibus offam
> Obiicit; ille fame rabida tria guttura pandens
> Corripit obiectam atque immania terga resolvit
> Fusus humi totoque ingens extenditur antro.

Allein das ist, wie man sieht, ein Zaubermittel, und bei Aristophanes kann die μελιτοῦττα zu den bald darauf erwähnten τρί-
τοις gehören. [K. F. Hermann vergleicht zu dieser Stelle des
Charikles denselben Gebrauch, welchen die Befrager des Tropho-
nios in dessen Orakelhöhle beobachteten nach Aristoph. Nub.
507. Poll. VI. 76 u. Philostr. Vit. Apoll. VIII. 19. Vgl.
Schömann Gr. Alterth. II. S. 336. Preller Mythol. II,
S. 501. Es lässt sich jedoch nicht gut an eine Verallgemei-
nerung dieser Sitte denken.]

So gekleidet und mit allem Nöthigen versehen wurde der
Leichnam auf einem Bette, κλίνη, im Hause ausgestellt (προτίθεσθαι, πρόθεσις [schon Hom. Il. XIX. 212 und XXIV. 720]).
Der Scholiast zu Aristoph. Lysistr. 611 sagt zwar: τοὺς
νεκροὺς γὰρ οἱ ἀρχαῖοι προετίθεσαν πρὸ τῶν θυρῶν καὶ
ἐκόπτοντο: in Athen aber war letzteres wenigstens durchaus
nicht der Fall und das solonische Gesetz schrieb selbst vor:
τὸν ἀποθανόντα προτίθεσθαι ἔνδον, ὅπως ἂν βούληται, Demosth. in Macart. §. 62. Diese Ausstellung sollte nicht

blosses Gepränge sein, sondern sie erscheint gewissermaassen
als polizeiliche Maasregel, gleichsam als eine öffentliche Lei-
chenschau, Poll. VIII. 65: καὶ αἱ προθέσεις δὲ διὰ τοῦτο ἐγί-
γνοντο, ὡς ὁρῷτο ὁ νεκρός, μή τι βιαίως πέπονθε: wozu noch
der fernere Grund kam, dass man dadurch auch das Begraben
von Scheintodten verhüten wollte. Plato Leg. XII, p. 959:
τὰς δὲ προθέσεις πρότερον μὲν (τοῦ θάπτειν) μὴ μακρότερον
χρόνον ἔνδον γίγνεσθαι τοῦ δηλοῦντος τόν τε ἐκτεθνεῶτα καὶ
τὸν ὄντως τεθνηκότα. Am vollständigsten ersieht man die
Gebräuche bei der πρόθεσις aus Aristoph. Eccl. 1030:

> ὑποστύρεσαί νυν πρῶτα τῆς ὀριγάνου,
> καὶ κλήμαϑ' ὁπόθου ξυγκλάσασα τέτταρα,
> καὶ ταινίωσαι καὶ παράθου τὰς ληκύθους,
> ὕδατός τε κατάθου τοὔστρακον πρὸ τῆς θύρας.

Von der Sitte, den Todten auf ὀρίγανος (jedenfalls Ἡρακλεια-
τική) und gebrochene Weinreben zu betten, erinnere ich mich
nicht anderwärts etwas gelesen zu haben. — Neben das Bett
wurden irdene bemalte Gefässe gestellt, die mit allgemeinem
Namen λήκυθοι genannt werden, ohne dass man wohl nöthig
hat, Gefässe von anderer Form auszuschliessen. Indessen waren
allerdings die Lekythen wesentlich. Ausser der obigen Stelle
gedenkt ihrer Aristophanes noch an zwei anderen derselben
Komödie, v. 538:

> ᾤχου καταλιποῦσ' ὡσπερεὶ προκείμενον,
> μόνον οὐ στεφανώσασ' οὐδ' ἐπιθεῖσα λήκυθον,

und in den berühmten Versen 994 ff.:

> ἀλλ', ὦ μέλ', ὀρρωδῶ τὸν ἐραστήν σου. — τίνα;
> τὸν τῶν γραφέων ἄριστον. — οὗτος δ' ἔστι τίς;
> ὃς τοῖς νεκροῖσι ζωγραφεῖ τὰς ληκύθους.

[Vgl. Inghirami degli antichi vasi fittili sepolcrali,
Flor. 1824. 4; Müller Handb. d. Arch. §. 301. 2; Gerhard
Ges. akadem. Abhandl. 1866. I, S. 1 ff.; Conze, über
att. Vasenbild. in Mon. dell' Instit. arch. VIII. 4. 5;

Annal. 1864, p. 183 ff.; Benndorf, griech. und sicil. Vasenbilder 1869. I, S. 8. II (1870), Taf. 18 u. 24, wo solche λήκυθοι abgebildet sind, wie sie eben von Sudlern verfertigt zu werden pflegten.] Die κλίνη war wohl ein gewöhnliches Bettgestelle, auf dem auch das Rücken und Kopf stützende προσκεφάλαιον nicht fehlte. Lysias in Erastoth. §. 18: ἀλλὰ τῶν φίλων ὁ μὲν ἱμάτιον, ὁ δὲ προσκεφάλαιον, ὁ δὲ ὅτι ἕκαστος ἔτυχεν ἔδωκεν εἰς τὴν ἐκείνου ταφήν. Doch stand sie vermuthlich höher als gewöhnlich die Betten; denn Lucian. de luctu 12 sagt: ὁ δὲ εὐσχήμων καὶ καλὸς καὶ καθ' ὑπερβολὴν ἐστεφανωμένος ὑψηλὸς πρόκειται καὶ μετέωρος. Der Todte lag darauf, die Füsse der Hausthüre zugewendet, ἀνὰ πρόθυρα τετραμμένος, Eustath. zu Iliad. XIX. 212, p. 1180. 22. [Von dem ὕδατος ὄστρακον oder ἀρδάνιον ist bereits Sc. IX, Anm. 13 gehandelt worden.]

Zu dieser Ausstellung des Todten fanden sich in dem Trauerhause die Verwandten und Freunde ein [denen eine besondere Einladung zuzugehen pflegte: Theophr. Char. 14: ἀπαγγελθέντος αὐτῷ, ὅτι τετελεύτηκέ τις αὐτοῦ τῶν φίλων, ἵνα παράγενηται κ. τ. λ.], auch wohl manche, welche in keiner besonderen Beziehung zu dem Verstorbenen gestanden hatten, und um das Bett klagten und weinten die Frauen. Die Sitte wird am anschaulichsten durch das Gesetz, welches Plato Leg. XII, p. 947 über das Begräbniss eines ἱερεύς giebt, wenn auch die Art und Weise der Ceremonie in der Wirklichkeit sich so nie fand. Er sagt: τελευτήσασι δὲ προθέσεις τε καὶ ἐκφορὰς καὶ θήκας διαφόρους εἶναι τῶν ἄλλων πολιτῶν· λευκὴν μὲν τὴν στολὴν ἔχειν πᾶσαν, θρήνων δὲ καὶ ὀδυρμῶν χωρὶς γίγνεσθαι, χορῶν δὲ χορὸν πεντεκαίδεκα καὶ ἀῤῥένων ἕτερον περιϊσταμένους τῇ κλίνῃ ἑκατέρους οἷον ὕμνον πεποιημένον ἔπαινον εἰς τοὺς ἱερέας ἐν μέρει ἑκατέρους ᾄδειν, εὐδαιμονίζοντας ᾠδῇ διὰ πάσης τῆς ἡμέρας. Das gilt eben von der πρόθεσις, nur dass in der Wirklichkeit an die Stelle der ὕμνοι die θρῆνοι treten. In älterer Zeit mochten diese Klagescenen auf eine widerwärtige Weise übertrieben werden; aber Solon beschränkte die Ceremonie und verbot namentlich die ausschweifenden Schmerzgebärden der Weiber; vgl. Plutarch. Sol. 12: τὸ σκληρὸν ἀφελὼν καὶ τὸ βαρβαρικὸν, ᾧ συνείχοντο πρότερον αἱ πλεῖσται γυναῖκες, und genauer c. 21: ἀμυχὰς δὲ κοπτομένων καὶ τὸ θρηνεῖν πεποιημένα καὶ τὸ κωκύειν ἄλλον ἐν ταφαῖς ἑτέρων ἀφεῖλεν, ἐναγίζειν δὲ βοῦν οὐκ εἴασεν οὐδὲ συντιθέναι πλέον ἱματίων τριῶν: auch Cic. de leg. II. 23. In wie weit indessen diesem Gesetze Folge geleistet worden sei, darüber können allerdings mehrfache Zweifel beigehen. Der Jungfrauenchor am Grabe Agamemnon's wiederholt bei Darbringung des Todtenopfers alle jene Ausbrüche des Schmerzes, als Schlagen der Brust, Blutigkratzen der Wangen, Zerreissen der Kleider. Aeschyl. Choëph. 20 ff.:

> ἰαλτὸς ἐκ δόμων ἔβην
> χοὰς προπομπὸς ὀξύχειρι σὺν κτύπῳ·
> πρέπει παρηὶς φοινίοις ἀμυγμοῖς
> ὄνυχος ἄλοκι νεοτόμῳ,
> δι' αἰῶνος δ' ἰυγμοῖσι βόσκεται κέαρ·
> λινοφθόροι δ' ὑφασμάτων
> λακίδες ἔφλαδον ὑπ' ἄλγεσιν
> πρόστερνοι στολμοὶ πέπλων ἀγελάστοις
> ξυμφοραῖς πεπληγμένων.

Vgl. Eurip. Hec. 642 ff. Hel. 1089. Man kann freilich annehmen, dass der Dichter die Sitte der früben Zeit treu schildere, aus der sein Stoff entnommen ist, und überhaupt gestattet ja die poetische Redeweise den stärkeren Auftrag lebhafter Farben; allein anderwärts wenigsteus mögen jene roheren Gebräuche bis in späte Zeit fortgedauert haben. Noch Plutarch lobt seine Frau, dass sie bei dem Tode des Kindes sie unterlassen habe, Consol. ad uxor. 3: καὶ τοῦτο λέγουσιν οἱ παραγενόμενοι καὶ θαυμάζουσιν, ὡς οὐδὲ ἱμάτιον ἀνείληφας πένθιμον οὐδὲ σαυτῇ τινα προσήγαγες ἢ θεραπαινίσιν ἀμορφίαν καὶ αἰκίαν, und Lucian führt sie sämmtlich an: οἰμω-

γαὶ δὲ ἐπὶ τούτοις καὶ κωκυτὸς γυναικῶν καὶ παρὰ πάντων
δάκρυα καὶ στέρνα τυπτόμενα καὶ σπαραττομένη κόμη καὶ φοι-
νισσόμεναι παρειαί, καί που καὶ ἐσθὴς καταρρήγνυται καὶ κόνις
ἐπὶ τῇ κεφαλῇ πάσσεται καὶ οἱ ζῶντες οἰκτρότεροι τοῦ νεκροῦ·
οἱ μὲν γὰρ χαμαὶ καλινδοῦνται πολλάκις καὶ τὰς κεφαλὰς ἀράτ-
τουσι πρὸς τὸ ἔδαφος. Endlich stimmen auch damit die Kunstdarstellungen, z. B. die Verbrennungsscene im Mns. Capit.
IV. 40 u. a. überein. Ein Gesetz des Charondas ging noch
weiter als Solon; es verbot alles Klagen und Weinen um den
Verstorbenen. Stob. Serm. XLIV. 40: χρὴ δὲ καὶ τῶν τε-
λευτώντων ἔκαστον τιμᾶν μὴ δακρύοις μηδὲ οἴκτοις, ἀλλὰ μνήμῃ
ἀγαθῇ καὶ τῇ τῶν κατ᾽ ἔτος ὡραίων ἐπιφορᾷ, ὡς ἀχαριστίας
οὔσης πρὸς δαίμονας χθονίους λύπης ὑπὲρ τὸ μέτρον γιγνομένης.
Vielleicht mit Bezug darauf sagt sehr schön Plato Leg. XII,
p. 960: δακρύειν μὲν τὸν τετελευτηκότα ἐπιτάττειν ἢ μή, ἄμορ-
φον, θρηνεῖν δὲ καὶ ἔξω τῆς οἰκίας φωνὴν ἐξαγγέλλειν ἀπαγο-
ρεύειν. [In Betreff der Todtenklage ist noch hinzuzufügen,
dass sie später, wie schon im heroischen Zeitalter (Hom. Il.
XXIV. 719. Odyss. XXIV. 60), in regelrechter Weise vor sich
ging, indem der Refrain der von gemietheten Personen gesunge-
nen Lieder und Anreden von der Versammlung wiederholt wurde.
Lucian. de luctu 20: ἀλλ᾽ ὅμως οἱ μάταιοι καὶ βοῶσι καὶ
μεταστειλάμενοί τινα θρήνων σοφιστὴν, πολλὰς συνειληχότα πα-
λαιὰς συμφοράς, τούτῳ συναγωνιστῇ καὶ χορηγῷ τῆς ἀνοίας
καταχρῶνται, ὅποι ἂν ἐκεῖνος ἐξάρχῃ, πρὸς τὸ μέλος ἐπαιάζον-
τες. Vgl. Poll. VI. 202: θρηνώδης καὶ θρήνων ἔξαρχος καὶ
θρηνῳδός. Alciphr. Epist. I, 36; Suid. s. θρήνους und
Stark zu Hermann's Griech. Privatalt. §. 39, n. 15.
Darstellung einer Todtenklage: Benndorf Vasenb. H. I.
Taf. V. 2. S. 3 ff.] — Solon gab zugleich die Bestimmung, dass
nur die nächsten Verwandtinnen, ausser ihnen aber keine
Frauen, die nicht über sechsig Jahre wären, sich an den Be-
stattungsgebräuchen betheiligen sollten. Demosth. a. a. O.
γυναῖκα δὲ μὴ ἐξεῖναι εἰσιέναι εἰς τὰ τοῦ ἀποθανόντος μηδ᾽

ἀκολουθεῖν ἀποθανόντι, ὅταν εἰς τὰ σήματα ἄγηται, ἐντὸς ἑξή-
κοντ' ἐτῶν γεγονυῖαν, πλὴν ὅσαι ἐντὸς ἀνεψιαδῶν εἰσί. Dass
bei den Worten εἰσιέναι εἰς τὰ τοῦ ἀποθανόντος an die πρόθεσις gedacht werden müsse, lehrt die weiterhin folgende Erklärung: ταύτας κελεύει τὰς προσηκούσας καὶ παρεῖναι τῇ προ-
θέσει τοῦ τετελευτηκότος καὶ ἐπὶ τὸ μνῆμα ἀκολουθεῖν. Dass
aber die Theilnahme auf die ἀνεψιαδᾶς, die Töchter der Ge-
schwisterkinder, beschränkt wird, hat unstreitig seinen Grund
darin, dass dieser Grad auch die Grenze der ἀγχιστεία oder
Erbgemeinschaft ist.
Die Ausstellung geschah am nächsten Tage nach dem
Tode. Eine baldige Bestattung, glaubte man, sei dem Verstorbenen angenehm, Eustath. z. Iliad. VIII. 410, p. 688. 7:
νεκροῦ μείλιγμα μὲν ἡ ὠκεῖα ταφὴ — μήνιμα δὲ τὸ μὴ ταχὺ
θάπτεσθαι: und schon Iliad. XXIII. 71 fordert der Schatten
des Patroklos den Freund auf: θάπτε με ὅττι τάχιστα, πύλας
Ἀΐδαο περήσω. So sagt auch Xenoph. Memor. I. 2. 53: τῆς
ψυχῆς ἐξελθούσης ... τὸ σῶμα τοῦ οἰκειοτάτου ἀνθρώπου τὴν
ταχίστην ἐξενέγκαντες ἀφανίζουσιν: und bei Isaeus de Philoctem. her. §. 40 wird es zum schweren Vorwurfe gemacht,
dass der Todte schon zwei Tage gelegen habe, ehe Anstalten
zur πρόθεσις getroffen wurden. Das solonische Gesetz, das
überhaupt von Demosthenes in keinem Falle vollständig mit-
getheilt wird, giebt darüber keine Bestimmung; aber eine
klare Beweisstelle findet sich bei Antipho de chor. §. 34:
οὗτοι γὰρ τῇ μὲν πρώτῃ ἡμέρᾳ, ᾗ ἀπέθανεν ὁ παῖς, καὶ τῇ
ὑστεραίᾳ, ᾗ προέκειτο, οὐδ' αὐτοὶ ἠξίουν αἰτιᾶσθαι ἐμὲ οὐδ'
ἀδικεῖν ἐν τῷ πράγματι τούτῳ οὐδέν, ἀλλὰ συνῆσαν ἐμοὶ καὶ
διελέγοντο· τῇ δὲ τρίτῃ ἡμέρᾳ, ᾗ ἐξεφέρετο ὁ παῖς, ταύτῃ δὲ
πεπεισμένοι ἦσάν τινες ὑπὸ τῶν ἐχθρῶν τῶν ἐμῶν κ. τ. λ. Vgl.
d. Schol. zu Thucyd. II. 34.
Am Tage darauf, am frühen Morgen, fand nach dem Gesetze die ἐκφορά statt. Demosth. a. a. O. ἐκφέρειν δὲ τὸν
ἀποθανόντα τῇ ὑστεραίᾳ, ᾗ ἂν προθῶνται, πρὶν ἥλιον ἐξέχειν.

Das wird auch durch die eben aus Antipho angeführte Stelle
bestätigt, und ebenso sagt Plato Leg. XII, p. 959: εἴη δ᾽ ἂν
σχεδόν, ὡς τἀνθρώπινα μέτρον ἔχουσα, τριταία πρὸς τὸ μνῆμα
ἐκφορά. Auch er verlangt, dass es in der Frühe des Morgens
geschehe, p. 960: πρὸ ἡμέρας ἔξω τῆς πόλεως εἶναι. [Vgl.
Heracl. Alleg. Hom. c. 68: ἦν δὲ παλαιὸν ἔθος τὰ σώματα
τῶν καμνόντων μήτε νύκτωρ ἐκκομίζειν μήθ᾽ ὅταν ὑπὲρ γᾶς
τὸ μεσημβρινὸν ἐπιτείνηται θάλπος, ἀλλὰ πρὸς βαθὺν ὄρθρον,
ἀπύροις ἡλίου ἀκτῖσιν ἀνιόντος. Gegen die Ansicht Gerhard's
in Gesamm. Abhandl. I, S. 98, dass der Sonnenschirm bei
der πρόθεσις des Archemoros auf die alte Vorstellung hin-
deute, kraft deren das Licht des Helios den Todten zur finste-
ren Behausung geleiten sollte (wiederholt von Guhl u. Koner,
S. 358), spricht namentlich Eurip. Alcest. 20, wo Apollon
sagt:

> τῇδε γάρ σφ᾽ ἐν ἡμέρᾳ
> θανεῖν πέπρωται καὶ μεταστῆναι βίου.
> ἐγὼ δὲ, μὴ μίασμά μ᾽ ἐν δόμοις κίχῃ,
> λείπω μελάθρων τῶνδε φιλτάτην στέγην.

Dagegen war auch das Begräbniss in der Nacht nicht anständig und wohl von alter Zeit her für Verbrecher und Selbstmörder gebräuchlich. Eurip. Troad. 446: ἢ κακὸς κακῶς
ταφήσει νυκτός, οὐκ ἐν ἡμέρᾳ.] An anderen Orten und vielleicht in späterer Zeit kann es üblich gewesen sein, die Verstorbenen noch schleuniger, schon am zweiten Tage zu begraben. Davon spricht Callimachus epigr. 15:

> δαίμονα τίς δ᾽ εὖ οἶδε τὸν αὔριον; ἡνίκα καὶ σέ,
> Χάρμι, τὸν ὀφθαλμοῖς χθιζὸν ἐν ἡμετέροις
> τῇ ἑτέρῃ κλαύσαντες ἐθάπτομεν·

und so wird von Pherekydes erzählt, dass er auf den folgenden Tag seine Freunde zu seinem Begräbnisse eingeladen
habe. Diog. Laërt. I. 122: καὶ προεῖπα αὐτοῖσι ἥκειν εἰς
τὴν ὑστεραίην ἐπὶ τὰς Φερεκύδεω ταφάς. Dagegen wurde Timoleon's Bestattung mehrere Tage verschoben, damit Aus-

wärtige daran Theil nehmen könnten. Plutarch. Timol. 39: ἡμερῶν δοθεισῶν τοῖς μὲν Συρακουσίοις εἰς τὸ παρασκευάσαι τὰ περὶ τὴν ταφήν, τοῖς δὲ περιοίκοις καὶ ξένοις εἰς τὸ συνελθεῖν. Der Todte wurde mit der κλίνη, worauf er lag, an den Begräbnissplatz getragen. Wer ihn trug, ergiebt sich nicht mit Gewissheit; es ist mir aber nicht wahrscheinlich, dass man für diesen Zweck besondere Leichenträger gehabt habe. Zwar sagt Poll. VII. 195: εἶεν δ᾽ ἄν τινες καὶ νεκροφόροι καὶ ταφεῖς, und νεκροθάπται, auch νεκροτάφοι, werden hier und da genannt; aber eine Erwähnung derselben bei einem früheren Schriftsteller ist mir nicht bekannt und es ist glaublicher, dass es durch die Angehörigen selbst geschah. In einzelnen Fällen, wo dem Verstorbenen eine besondere Auszeichnung zu Theil werden sollte, geschah es durch besonders dazu ausgewählte junge Leute (Epheben). So verlangt es nicht nur Plato Leg. XII, p. 947: ἔωθεν δ᾽ εἰς τὴν θήκην φέρειν αὐτὴν μὲν τὴν κλίνην ἑκατὸν τῶν νέων τῶν ἐν τοῖς γυμνασίοις, οὓς ἂν οἱ προσήκοντες τοῦ τελευτήσαντος ἐπόψωνται, sondern es geschah in Wirklichkeit bei Timoleon's Bestattung. Plutarch. Timol. 39: καὶ τὸ λέχος οἱ ψήφῳ τῶν νεανίσκων προκριθέντες ἔφερον. So wurde die Leiche des Demonax von Sophisten getragen, Lucian. Demon. 67. Vgl. auch Plutarch. Philop. 21 und Herodes Attikos bei Philostr. V. Sophist. II. 1. 15, p. 565: Ἀθηναῖοι ταῖς τῶν ἐφήβων χερσὶν ἁρπάσαντες ἐς ἄστυ ἤνεγκαν προαπαντῶντες τῷ λέχει πᾶσα ἡλικία δακρύοις ἅμα καὶ ἀνευφημοῦντες κ. τ. λ., [sowie überhaupt das zu Scen. IX, Anm. 38 Gesagte.]

Dass dem Leichenzuge gedungene θρηνῳδοί folgten oder vorangingen, in ähnlicher Weise wie bei den Römern die praeficae, die cornicines und tubicines, sieht man aus Plato Leg. VII, p. 800: οἷον οἱ περὶ τοὺς τελευτήσαντας μισθούμενοι Καρικῇ τινι μούσῃ προπέμπουσι τοὺς τελευτήσαντας. Bemerkenswerth ist, dass Plato das Masculinum gebraucht, da sonst Weiber, die den Namen *Καρίναι* führen, genannt werden. Hesych. *Καρίναι θρηνῳδοὶ μουσικαὶ αἱ τοὺς νεκροὺς τῷ θρήνῳ παραπέμπουσαι πρὸς τὰς ταφὰς καὶ τὰ κήδη· παρελαμβάνοντο δὲ αἱ ἀπὸ Καρίας γυναῖκες.* Vgl. d. Schol. zu Plato und Meineke zu Menand. p. 91. Wenn man damit vergleicht, was Poll. IV. 75 sagt: *λέγεται δὲ καὶ Φρύγας εὑρεῖν αὐλὸν θρηνητικόν, ᾧ κεχρῆσθαι τοὺς Κᾶρας παρ' ἐκείνων λαβόντας· θρηνῶδες γὰρ τὸ αὔλημα τὸ Καρικόν,* so wird es einleuchtend, dass man dabei an Flötenbläserinnen zu denken hat. Auch Plato verlangt bei jenem solennen Begräbnisse p. 947 Gesang.

Die übrige Begleitung bestand aus den Verwandten und Anderen, die sich anschlossen, Männern und Weibern, und zwar gebot das solonische Gesetz bei Demosth. a. a. O.: *βαδίζειν δὲ τοὺς ἄνδρας πρόσθεν, ὅταν ἐκφέρωνται, τὰς δὲ γυναῖκας ὄπισθεν.* So ordnet seinen feierlichen Zug auch Plato a. a. O.: *πρώτους δὲ προϊέναι τοὺς ἠϊθέους τὴν πολεμικὴν σκευὴν ἐνδεδυκότας ἑκάστους ... καὶ τοὺς ἄλλους ὡσαύτως, παῖδας δὲ περὶ αὐτὴν τὴν κλίνην ἔμπροσθεν τὸ πάτριον μέλος ἐφυμνεῖν καὶ κόρας ἑπομένας ἐξύπισθεν ὅσαι τ' ἂν γυναῖκες τῆς παιδοποιήσεως ἀπηλλαγμέναι τυγχάνωσι.* Bei dem Leichenbegängnisse der Kallirrhoe, Charit. I. 6, ist freilich der Zug auf ganz andere Weise geordnet; aber wer möchte daraus Folgerungen für die wahre griechische Sitte ziehen? — Hinsichtlich des weiblichen Geschlechts bestimmte das Gesetz den schon oben angegebenen Verwandtschaftsgrad, der allein zur Begleitung die Berechtigung gab. In wie weit man sich an dieses Gesetz gebunden habe, erfährt man nicht; jedenfalls aber fand die Begleitung auch bei naher Affinität statt. Ein Beispiel, wo die Schwiegertochter dem Leichenzuge der Schwiegermutter folgt, erwähnt Lysias de caede Erat. §. 8: *ἐπειδὴ δέ μοι ἡ μήτηρ ἐτελεύτησε, πάντων τῶν κακῶν ἀποθανοῦσα αἰτία μοι γεγένηται· ἐπ' ἐκφορὰν γὰρ αὐτῇ ἀκολουθήσασα ἡ ἐμὴ γυνὴ ὑπὸ τούτου τοῦ ἀνθρώπου ὀφθεῖσα χρόνῳ διαφθείρεται.* Auch

9*

bei Terent. Andr. I. 1. 90 begleitet Glycerium ihre angebliche Schwester Chrysis nicht allein, sondern es sind noch
andere Frauen gegenwärtig, obgleich Chrysis in Athen keine
Verwandte hatte.

Ueber keinen Punkt sind verschiedenere und so geradehin
sich entgegenstehende Meinungen ausgesprochen worden als
über die Frage, ob der Leichnam beerdigt oder verbrannt
worden sei. Lucian. de luctu 21 sagt: ὁ μὲν ῞Ελλην ἔκαυσεν, ὁ δὲ Πέρσης ἔθαψεν, und dieses ganz allgemein aus-
gesprochene Urtheil nimmt Böttiger Kl. Schriften B. III,
S. 14 und Kunstmythol. B. I, S. 34 geradehin und ohne
weitere Einschränkung an; dagegen sagt Wachsmuth Hell.
Alterth. B. II, S. 427: »in der historischen Zeit kam Beerdigung fast allgemein in Gebrauch«; und bei so ganz entgegengesetzten Behauptungen zweier namhafter Gelehrter lässt sich
nichts anderes erwarten, als dass keine von beiden ausschliesslich richtig ist, wie es sich denn auch wirklich verhält. Denn
dass erstlich das Verbrennen der Leichname nicht auf das
heroische Zeitalter beschränkt, sondern in jeder Zeit üblich
war, dafür giebt es die unzweideutigsten und ausdrücklichsten
Belege. Plato Phaed. p. 115: ἵνα Κρίτων ῥᾷον φέρῃ καὶ μὴ
ὁρῶν μου τὸ σῶμα ἢ καύμενον ἢ κατορυττόμενον ἀγα-
νακτῇ ὑπὲρ ἐμοῦ ὡς δεινὰ ἄττα πάσχοντος, [und Chrysippos
bei Athen. IV, p. 159: τὸν δὲ ἕτερον, ῥαψάμενον εἴς τινα
χιτῶνα καὶ ἐνδύντ᾽ αὐτὸν, ἐπισκῆψαι τοῖς οἰκείοις, θάψαι οὕτως
μήτε καύσαντας μήτε θεραπεύσαντας.] In der schon früher
angeführten Stelle bei Plutarch. de aud. poët. 6 sagt Ar-
chilochos:

> εἰ κείνου κεφαλὴν καὶ χαρίεντα μέλη
> Ἥφαιστος καθαροῖσιν ἐν εἵμασιν ἀμφεπονήθη.

Um die freche Unverschämtheit des Chariades, der den Nikostratos beerben will, zu erweisen, fragt Isaeus de Nicostr. her. §. 19: ὅπου γὰρ τὸν αὐτὸν ποιησάμενον κληρονύ-

μον οὔτ᾽ ἀποθανόντα ἀνείλετο οὔτ᾽ ἔκαυσεν οὔτε ὠστο-
λόγησεν, ἀλλὰ πάντα τοῖς μηδὲν προσήκουσι παρῆκε ποῆσαι,
πῶς οὐκ ἀνοσιώτατος εἴη; Die Sage, dass Solon's Asche auf
Salamis umhergestreut worden sei, wird zwar von Plutarch
selbst für absurd erklärt, Sol. 32: ἡ δὲ διασπορὰ κατακαυ-
θέντος αὐτοῦ τῆς τέφρας περὶ τὴν Σαλαμινίων νῆσον ἔστι μὲν
διὰ τὴν ἀτοπίαν ἀπίθανος παντάπασι καὶ μυθώδης: allein sie
beweist nichtsdestoweniger, dass man seine Verbrennung voraussetzte. Verlangt man noch wirkliche Thatsachen, so seien
aus denselben die Beispiele des Timoleon und Philopoemen
angeführt: Timol. 39: τῆς κλίνης ἐπὶ τὴν πυρὰν τεθείσης:
Philop. 21: τὸ δὲ σῶμα καύσαντες αὐτοῦ καὶ τὰ λείψανα
συνθέντες εἰς ὑδρίαν, ἀνεζεύγνυσαν κ. τ. λ. In des Peripatetikers Lykon Testamente bei Diog. Laërt. V. 70 wird verordnet: περὶ δὲ τῆς ἐκφορᾶς καὶ καύσεως ἐπιμεληθήτωσαν
Βούλων καὶ Κάλλινος μετὰ τῶν συνήθων, ὅπως μήτ᾽ ἀνελεύθερος γένηται μήτε περίεργος. Wie möchte man also behaupten können, dass die Sitte des Beerdigens in irgend einer
Zeit allgemein gewesen sei! [Nathusius S. 33 meint, dass
der Beerdigung bei Homer nur deshalb keine Erwähnung geschehe, weil die im Kriege Umgekommenen durchweg verbrannt wurden, um ihre Asche leicht mit nach Hause nehmen
zu können (Hom. Il. VII. 333; Aeschyl. Agam. 418 und
für die spätere Zeit namentlich Thucyd. VI. 71 u. 72). Es
scheint aber doch, als habe damals ausnahmslose die Verbrennung stattgefunden. Denn bei Elpenor's Bestattung (Od.
XII. 13) kann jener Grund nicht geltend gemacht werden.
Dagegen sind auch die letzten Worte Becker's zu scharf zu-
gespitzt. Denn wenn, wie er selbst im Folgenden schlagend
dargethan hat, das Begraben neben dem Verbrennen hergegangen ist, so kann man schon a priori annehmen, dass
die unteren Schichten der Bevölkerung schon wegen des
Kostenpunktes vorherrschend das Beerdigen vorgezogen haben
werden!]

Dagegen finden sich auch wieder die sichersten Beweise, dass man die Todten im eigentlichen Sinne begrub. Wenn nur überhaupt der Ausdruck θάπτειν gebraucht wird, so lässt sich daraus allerdings nichts folgern; denn er wird von jeder Art der Bestattung gebraucht [Ueber die Wurzel von θάπτω herrscht noch Streit. Pott etymol. Forsch. Th. I, S. 257 und J. Grimm in Abh. d. Berliner Akademie, 1849, S. 202 halten an tap = brennen fest. Gegen diese Ableitung, sowie gegen die von dhab = beschädigen erklärt sich Curtius, Grundzüge d. griech. Etymol. S. 465; Weber in Jahrb. f. Philol. 1863, S. 397 denkt an dha = setzen, beisetzen.] und ist namentlich auch von dem Beisetzen der Asche zu verstehen, weshalb auch καίειν und θάπτειν verbunden werden. Dionys. Hal. Ant. Rom. V. 48: ἀλλ' ἐμέλλησαν αὐτὸν οἱ συγγενεῖς φαύλως πως καὶ ὡς ἕνα τῶν ἐπιτυχόντων ἐκκομίσαντες ἐκ τῆς πόλεως καίειν τε καὶ θάπτειν. Wenn umgekehrt συγκαταφλέγεσθαι von dem mitgegebenen πλοῦτος gesagt zu werden scheint, wo gar nicht vom Verbrennen des Leichnams die Rede ist, Charit. I. 6: ἐπεθύμει γάρ, εἰ δυνατὸν ἦν, πᾶσαν τὴν οὐσίαν συγκαταφλέξαι τῇ γυναικί (und doch wird sie unverbrannt in der Gruft beigesetzt), so muss man bedenken, dass nur gesagt werden soll, Chärea würde dazu bereit gewesen sein, und der Fall ist anders als bei Xenoph. Ephes. III. 48: πολλὴν ἐσθῆτα καὶ κόσμον ἄλλον ἐπικαύσας: denn hier werden diese Dinge wirklich verbrannt. Der eigentliche Ausdruck aber für die Beerdigung ist κατορύττειν. So lässt Sokrates in der angeführten Stelle des Phaedon von seinem Begräbnisse sprechend die Wahl zwischen καίειν und κατορύττειν. Zweifelhaft kann es wohl scheinen, ob überall, wo Behälter, wie σοροί, πύελοι, ληνοί und δροῖται (s. Spanh. bei Haupt zu Aeschyl. Agam. 1541) genannt werden, wirkliche Särge, den unverbrannten Körper aufzunehmen bestimmt, verstanden werden müssen, oder ob man dabei auch an Aschenbehälter denken könne. Allerdings sagt schon Achilles bei Homer, Iliad. XXIII. 91:

> ὡς δὲ καὶ ὀστέα νῶϊν ὁμὴ σορὸς ἀμφικαλύπτοι,
> χρύσεος ἀμφιφορεύς, τόν τοι πόρε πότνια μήτηρ,

und von den Gebeinen Hektor's heisst es XXIV. 795:

> καὶ τάγε χρυσείην ἐς λάρνακα θῆκαν ἑλόντες:

allein für die spätere Zeit schwindet jenes Bedenken durch ein Fragment des Pherekrates bei Poll. X. 150:

> ἢ μὴν σὺ σαυτὸν μακαριεῖς, ὦ τᾶν, ὅταν
> οὗτοί σε κατορύττωσιν. — Οὐ δῆτ'· ἀλλ' ἐγώ
> τούτους πρότερον, οὗτοι δὲ μακαριοῦσί με·
> καίτοι πόθεν ληνοὺς τοσαύτας λήψομαι;

Wenn also Lysistrate bei Aristoph. v. 600 zu dem πρόβου-λος sagt: σορὸν ὠνήσει, so ist jedenfalls an einen wirklichen Sarg und an eigentliche Beerdigung zu denken. Vgl. Vesp. 1365. An nichts Anderes denkt auch Eurip. Suppl. 531 ff.

> ἐάσατ' ἤδη γῇ καλυφθῆναι νεκρούς.
> ὅθεν δ' ἕκαστον ἐς τὸ σῶμ' ἀφίκετο,
> ἐνταῦθ' ἀπῆλθε, πνεῦμα μὲν πρὸς αἰθέρα,
> τὸ σῶμα δ' ἐς γῆν.

[Ganz ähnlich heisst es Corp. Inscr. Gr. n. 1001:

> γαῖα μὲν εἰς φάος ἦρε Σίβυρτιν, γαῖα δὲ κεύθει
> σῶμα· πνοὴν δ' αἰθὴρ ἔλαβεν πάλιν, ὥσπερ ἔδωκεν.

Von Diogenes aus Sinope sagt Diog. Laört. VI. 31: ἔνθα καὶ πυνθανομένου τοῦ Ξενιάδου, πῶς αὐτὸν θάψειεν, ἔφη, 'Επὶ πρόσωπον· τοῦ δὲ ἐρομένου, Διὰ τί; Ὅτι μετ' ὀλίγον, εἶπε, μέλλει τὰ κάτω ἀναστρέφεσθαι. Noch als allgemeiner bezeichnet die Sitte Herod. IV. 190: θάπτουσι δὲ τοὺς ἀποθνήσκοντας οἱ νομάδες κατάπερ οἱ Ἕλληνες πλὴν Νασαμώνων, οὗτοι δὲ κατημένους θάπτουσι, φυλάσσοντες, ἐπεὰν ἀπίῃ τὴν ψυχὴν ὅκως μιν κατίσουσι μηδὲ ὕπτιος ἀποθανέεται. Kinder, die noch nicht gezahnt hatten, wurden auch in Griechenland nicht verbrannt:

Plin. H. Nat. VII. 72: »hominem prius quam genito dente
cremari mos gentium non est.« Nach Cic. de legg. II. 25.
63 hätte Kekrops das Begraben in Athen eingebürgert. Dunker Gesch. d. Alterth. IV, S. 257 nimmt Einwanderung der
Sitte von Asien her an. Curtius Griech. Gesch. I, S. 498
hebt die Beförderung derselben von Seiten der delphischen
Priesterschaft hervor und erinnert an die dort entstandene
Sage vom unterweltlichen Dämon Eurynomos, der nach Pausan. X. 28. 4 das Fleisch der Beerdigten verzehre, die Gebeine aber unversehrt lasse. Bei Apollon. Rhod. IV. 480
und 1530 ff. begraben die Argonauten ihre Todten. Endlich
scheint auch Westermann in N. Jahrb. B. XXX, S. 373
den Befehl Solon's bei Plut. Sol. 21: οὐδὲ συντιθέναι πλέον
ἱματίων τριῶν (s. o. die Inschr. von Keos) richtig auf das
Begraben bezogen zu haben.] Vgl. auch Plato Leg. XII,
p. 958. — Dass aber auch schon in sehr früher Zeit das
Beerdigen gewöhnlich war, das folgt aus Erzählungen von
geöffneten Gräbern. Die Sage von den Gebeinen des Theseus,
welche in Folge eines delphischen Orakels von Skyros nach
Athen gebracht wurden, wovon es bei Plutarch. Thes. 36
heisst: εὑρέθη δὲ θήκη τε μεγάλου σώματος αἰχμή τε παρα-
κειμένη χαλκῆ καὶ ξίφος, kann nur beweisen, dass man ein
Begraben in jener Zeit voraussetzte, am allerwenigsten darin
etwas Auffallendes fand. [Von dem in Tegea gefundenen Grabe
des Orestes heisst es bei Herod. I. 68: ὀρύσσων ἐπέτυχον
σορῷ ἑπταπήχεϊ — καὶ εἶδον τὸν νεκρὸν μήκεϊ ἴσον ἐόντα τῇ
σορῷ. Auch die neuerdings auf der Akropolis zu Mykenä gefundenen Skelette gehören hierher, so gern auch Schliemann
seinem Agamemnon zu Liebe in der die Gebeine umgeben-
den schwärzlichen Erde die Asche der Verbrennung erkennen
möchte.] Aber mit völliger Gewissheit ergiebt sich die Sitte
aus dem Streite zwischen Athen und Megara um den Besitz
von Salamis, wobei die verschiedene Weise des Begrabens als
ein Hauptargument für den Rechtsanspruch angesehen wurde.

Plutarch. Sol. 10: *ἔτι δὲ μᾶλλον ἐξελέγξαι τοὺς Μεγαρέας βουλόμενον ἰσχυρίσασθαι περὶ τῶν νεκρῶν ὡς οὐχ ὃν τρόπον ἐκεῖνοι θάπτουσι κεχρηδευμένων, ἀλλ᾽ ὃν αὐτοί· θάπτουσι δὲ Μεγαρεῖς πρὸς ἕω τοὺς νεκροὺς στρέφοντες, Ἀθηναῖοι δὲ πρὸς ἑσπέραν. Ἡρέας δ᾽ ὁ Μεγαρεὺς ἐνιστάμενος λέγει καὶ Μεγαρέας πρὸς ἑσπέραν τετραμμένα τὰ σώματα τῶν νεκρῶν τιθέναι.* Vgl. Aelian. Var.. Hist. V. 14, VII. 19 und Diog. Laërt. I. 48, der die Sitte umkehrt, ohne dass jedoch das Resultat selbst sich änderte. Dazu kommt, was Pausan. II. 7. 3 von der Bestattungsweise der Sikyonier sagt: *αὐτοὶ δὲ Σιχυώνιοι τὰ πολλὰ ἐοικότι τρόπῳ θάπτουσι, τὸ μὲν σῶμα γῇ κρύπτουσι κ. τ. λ.* Auch in Sparta war, wie man aus Plutarch. Lyc. 27 sieht, die Sitte des Begrabens die herrschende; damit stimmt Thucyd. I. 134 überein [und auch die Sitte, die im Auslande gestorbenen Könige, in Honig gebettet, nach Sparta zu bringen (Xenoph. Hellen. V. 3. 19 und Plut. Ages. 40; Nep. Ages. 8), scheint darauf hinzudeuten].

So lässt sich schon aus den Schriftstellern der Beweis führen, dass beides, Begraben und Verbrennen, neben einander bestand; und diese Beweisführung war nöthig, um nicht dem Gedanken Raum zu geben, als habe die eine oder die andere Sitte einer gewissen Zeit ausschliessend angehört. Auch in Lucian's Zeit, wenn er wirklich Verfasser jener Schrift ist, wiewohl er sagt: *ὁ μὴν Ἕλλην ἔκαυσε*, muss das Begraben üblich gewesen sein; denn was hätte sonst ein Sprüchwort wie *τὸν ἕτερον πόδα ἐν τῇ σορῷ ἔχειν*, Hermot. 78, und *οἰόμενος ἐπιθήσειν αὐτὸν τῆς σοροῦ*, Mort. dial. VI. 4, für einen Sinn? Ich trage auch kein Bedenken, zwei Stellen aus Appulejus geltend zu machen, da sie doch wohl dem griechischen Originale angehören: Metam. IV. 18: »monumentum quoddam conspicamur procul a via remoto et abdito loco positum; ibi capulos carie et vetustate semitectos, quis inhabitabant pulverei et iam cinerosi mortui, passim ad futurae praedae receptacula reseramus«, und X. 12: itur »confestim

magna cum festinatione ad illud sepulchrum, quo corpus pueri
depositum iacebat ... ecce pater suis manibus cooperculo ca-
puli remoto ... deprehendit filium«; [dazu fügt Westermann
a. a. O. als entscheidenden Beweis aus derselben Zeit noch die
bekannte, von Göthe in seiner Braut von Korinth benutzte
Stelle bei Phlegon Mirabil. 1, wo namentlich die Worte
hierher passen: ἀνοιχθείσης δὲ ὑφ᾽ ἡμῶν τῆς χαμάρας, εἰς ἣν
πάντες οἱ οἰκεῖοι μεταλλάσσοντες ἐτίθεντο, ἐπὶ μὲν τῶν ἄλλων
κλινῶν ἐφάνη τὰ σώματα κείμενα, τῶν δὲ παλαίτερον τετελευτηκότων τὰ ὀστᾶ. Es gehört aber auch hierher die von Petron. Sat. 111 erzählte Geschichte von der ephesischen Wittwe
und die Beisetzung Antheia's bei Xenoph. Ephes. III. 7.].

Indessen würde auch ohne alle diese Nachrichten die Thatsache einer doppelten Bestattungsweise durch die Ausgrabungen altgriechischer Gräber ausser allen Zweifel gesetzt sein.
Die grossgriechischen Todtenkammern, welche uns zuerst den
überschwänglichen Reichthum bemalter Thongefässe erschlossen,
lieferten den unwiderlegbaren Beweis einer grossen Verbreitung
der Beerdigungssitte; denn in den aus Steinen oder Ziegeln
aufgemauerten Gräbern fand man die unverbrannten Gerippe
von jenen Gefässen umstellt. S. Tischbein Recueil I Titelk.
Böttiger Vasengem. H. 1 Titelk. S. 32 [A. de Iorio Me-
todo per rinvenire e frugare i sepolcri degli antichi, Neap. 1824. 8; Raoul-Rochette Troisième Mémoire sur les antiqu. chrét. des catacombes in Mém.
de l'acad. des Inscr. XIII, p. 539 ff.; Stephani Compte
rendu pour 1865, p. 9 ff.] Aber so fest hatte der Glaube
an ausschliessliche Verbrennung gewurzelt, dass Böttiger
S. 43 schreiben konnte: »Ich gestehe es aufrichtig, dass der
sonderbare Umstand, dass man die Todten in allen diesen
Gräbern um Nola und Capua nicht verbrannt, sondern bloss
eingegraben findet, mich oft daran zweifeln liess, ob dies
auch griechische Todte gewesen.« Dieses ohnehin in jeder
Hinsicht ungegründete Bedenken ist durch Ausgrabungen in

Griechenland selbst für immer beseitigt, und diese griechischen
Gräber lieferten den Beweis der doppelten Bestattungssitte,
indem man ebensowohl die Reste verbrannter Körper als un-
zerstörte Gerippe fand, wofür sich die Belege in Stackelberg's trefflichem Werke, die Gräber der Hellenen, Berl.
1837 fol., Fiedler's Reisen, Lpz. 1840. 8, B. II, S. 53 ff. und
Ross Inselreise I, S. 67 ff. finden. Möglich ist es, dass
die eine Sitte in der oder jener Zeit allgemeiner war oder für
anständiger gehalten wurde; aber völlig verdrängt wurde nie
weder die eine noch die andere, bis die grössere Verbreitung
des Christenthums nach und nach dem Verbrennen gänzlich
ein Ende machte. [Macrob. Saturn. VII. 7. 4: »licet urendi
corpora defunctorum usus nostro saeculo nullus sit.« Vergl.
Wylie the burning and burial of the dead in Archaeologia XXXVII (1857) p. 455 ff. und Preller Demeter
u. Persephone S. 219 ff.]
    Die Särge waren zum Theil von Holz, wie z. B. von
Thucyd. II. 34 λάρνακες κυπαρίσσιναι genannt werden, in
denen die Gebeine der gefallenen Krieger bestattet wurden;
[vgl. das Handwerk der σοροπηγοί, Aristoph. Nub. 845;]
allein in den meisten Fällen scheinen sie vom Töpfer gefertigt
gewesen zu sein. Stackelberg theilt Taf. 7 u. 8 mehrere
Formen derselben mit. Die von ihm für die älteste erklärte
ist die eines dreiseitigen Prisma, aus mehreren Ziegelplatten
bestehend. Zum Theil sind solche Sargziegel mit Arabesken-
malerei geschmückt; s. Taf. 5 u. 6. Aber der Sarg eines
Kindes, seines Inhalts wegen besonders interessant (Taf. 8),
ist aus dem Ganzen und eine eigentliche πύελος oder μάκτρα,
oval und muldenartig, schwarz gefirnisst, mit einem ringsum
laufenden rothen Streifen. [Auch in Tanagra hat man eine
Anzahl thönerner Kindersärge von ovaler Form und durchschnittlich 1,06 lang, 0,34 breit, 0,16 hoch, gefunden: Archäolog. Zeit. VIII. B. 1876, S. 149. Vgl. die Funde von
Kameiros: Archäol. Anz. 1864, S. 162 und Gela: Bull.

Sicil. I, p. 19 ff. Auch kann man noch anführen Plin. N.
Hist. XXXV. 160: »quin et defunctos sese multi fictilibus
soliis condi maluere.«] — Die bei Nola und Capua geöffneten
Gräber waren etwas anderer Art und vielmehr ausgemauerte
Grüfte als Särge zu nennen. Sie waren von Stein oder Ziegeln aufgemauert, so dass über den niedrigen verticalen Sei-
tenwänden convergirende Platten ein kleines Giebeldach bildeten. S. Böttiger und A. de Iorio a. a. O. Doch hat es
ebenso auch in Griechenland steinerne Särge gegeben [Guhl
u. Koner S. 107]; und wenn man dem Briefe, auf welchen
sich Poll. X. 150 bezieht, Aechtheit zutrauen darf, so kannte
man schon in Plato's Zeit die problematisch merkwürdige Eigenschaft des lapis sarcophagus, der bei Assos gebrochen wurde.
Es heisst dort: οἵ τε γὰρ περὶ Ἔραστον καὶ Κορίσκον Πλάτωνι
ἐπιστέλλοντες γράφουσι ληνὸν Ἀσσίαν τῆς σαρκοφάγου λίθου
καὶ ἐπάγουσι περὶ τοῦ αὐτοῦ λέγοντες σορῷ. Vgl. Theophr.
de igne §. 46, Plin. N. H. II. 96, XXXVI. 17, Steph. Byz.
Ἄσσος, Müller Kunstarchäol. S. 403 und Braun Erklär.
eines antiken Sarkophags zu Trier, Bonn 1850. 4,
S. 5 ff. Vielleicht bezieht sich darauf selbst der Vers des
Stratonikos bei Strabo XIII. 1. 57, p. 610:

Ἆσσον ἴθ᾽, ὥς κεν θᾶσσον ὀλέθρου πείραθ᾽ ἵκηαι.

Ob die Verbrennung, wenn sie Statt fand, an der Grabstätte selbst geschah, oder ob es vielleicht einen besonders
dazu bestimmten Ort, καῦστρον, gegeben habe, darüber finden
sich keine bestimmten Nachrichten. Bei Terent. Andr. I.
1. 100 heisst es allerdings: »funus interim procedit; sequimur:
ad sepulchrum venimus: in ignem imposita est: fletur«; allein
wenn auch diese Komödie aus Menander's Originale überge-
tragen ist, so würden doch eben so bestimmte Worte eines
griechischen Schriftstellers willkommener sein. Timoleon's
Leiche wenigstens scheint nicht an der Begräbnissstätte verbrannt worden zu sein. [Ueber den Scheiterhaufen, πυρά, vgl.
Welcker alte Denkm. Th. I, S. 377. Auf das Anzünden,

das, wie es scheint (Vergil. Aen. VI. 224), von einem nahen
Verwandten mit abgewandtem Haupte geschah, folgte der con-
clamatio der Römer entsprechend das βοᾶν: Hom. Od. IX.
65 mit Schol. Pindar. Pyth. IV. 284; Theocr, Id. XIII.
58; Jacobs Anthol. I, p. 134, n. 19 u. p. 185, n. 7, 2. Vgl.
Terent. Andr. I. 1. 102: »in ignem imposita est, fletur.«]
Das Sammeln der Gebeine nach beendigter Verbrennung (ὀστο-
λογεῖν) war ein Act der Pietät und durfte nicht Fremden
überlassen werden: Isaeus Or. de Nicostr. hered. §. 19.
Aeschyl. fr. 173. 174 Nauck. Die gesammelten wurden in
irgend einem Behälter beigesetzt, wozu wohl häufig irdene,
aber auch Erzgefässe dienten, Sophocl. Electr. 54. 747,
Plutarch. Philop. 21. [Häufig finden sich metallene halb-
kugelförmige und viereckige Aschebehälter in marmornen
Schachteln: Ross Archaelog. Aufsätze I, S. 62. Bullett.
d. Inst. 1860, p. 116.]

Die Begräbnisse selbst, für welche die allgemeinsten Benennungen θῆκαι, τάφοι, μνήματα, μνημεῖα (bei Thucyd. I.
138 s. Poll. IX. 15) und σήματα sind, befanden sich ebensowenig an einem zu gemeinsamem Gebrauche bestimmten Orte.
Wenn man in alter Zeit nach Plato Min. p. 315 zur Begräb-
nissstelle das eigene Haus wählte, um die theuern Ueberreste
der Verstorbenen sich so nahe als möglich zu wissen, so war
es in der Folge wohl hauptsächlich der Gedanke, dass jede
Berührung der Todten und überhaupt ihre Nähe verunreinige,
welcher das Verbot aller Begräbnisse innerhalb der Stadt ver-
anlasste. [Zwischen den Häuserplätzen des ältesten Athens
hat man über hundert Gräber gefunden: Curtius Attische
Stud. I, S. 19.] So wurde es wenigstens in Athen gehalten
und von Sikyon erfahren wir dasselbe. Allgemein aber war
diese Abneigung gegen die Nähe der Verstorbenen nicht, und
wenn man wirklich das Begraben innerhalb der Stadt darum
unterliess, weil deren Mauern die Tempel der Götter einschlos-
sen, so war die Ansicht, dass diese dadurch entweiht werden

könnten, wenigstens keine allgemein griechische. Lykurg soll, angeblich um alle Furcht und alles Grauen vor Tod und Verstorbenen durch Gewöhnung zu verbannen, die Begräbnisse innerhalb der Stadt nachgelassen oder gar angeordnet haben. Plutarch. Lyc. 27; Instit. Lac. 18, p. 238. Diese Abweichung würde bei so vielen Eigenthümlichkeiten der spartanischen Sitte und Gesetzgebung nicht befremden können; nur sieht man daraus, dass Pausanias nach Thucyd. I. 134 im Heiligthume der Athene selbst nach einem delphischen Orakel beigesetzt werden konnte, dass man darin keine Entweihung des Ortes fand. Dasselbe gilt von Tarent, wo in Folge eines Orakels alle Gräber in einem bestimmten Stadttheile waren. Polyb. VIII. 30: τὸ γὰρ πρὸς ἕω μέρος τῆς τῶν Ταραντίνων πόλεως μνημάτων ἐστὶ πλῆρες διὰ τὸ τοὺς τελευτήσαντας ἔτι καὶ νῦν θάπτεσθαι παρ’ αὑτοῖς πάντας ἐντὸς τῶν τειχῶν κατά τι λόγιον ἀρχαῖον. Aber auch in Megara begrub man innerhalb der Stadt, Paus. I. 43. 2: εἰσὶ δὲ τάφοι Μεγαρέων ἐν τῇ πόλει, und es gab Gräber unmittelbar am Tempel des Dionysos; Timoleon's Asche wurde auf dem Markte von Syrakus beigesetzt und ein nach ihm benanntes Gymnasion darüber erbaut, Plutarch. Timol. 39; und wenn derselbe Arat. 53 von den Sikyoniern sagt: νόμου ὄντος ἀρχαίου, μηδένα θάπτεσθαι τειχῶν ἐντός, ἰσχυρᾶς τε τῷ νόμῳ δεισιδαιμονίας προσούσης, so liegt schon darin, dass es als ein besonderes Gesetz angeführt wird, der Beweis, dass es nicht überall so war. Vgl. auch Böckh ad Pind. Pyth. V, p. 292. In Athen aber waren selbst die Kenotaphien der gefallenen Krieger ausserhalb der Stadt, am Wege nach der Akademie, Thucyd. II. 34, Paus. I. 29. 4; und auf Delos durften seit Peisistratos, so weit man vom Tempel aus umhersehen konnte, und seit dem sechsten Jahre des peloponnesischen Kriegs im ganzen Bereiche der Insel keine Gräber sein. Thucyd. III. 104: τότε δὲ πᾶσα ἐκαθάρθη τοιῷδε τρόπῳ· θῆκαι ὅσαι ἦσαν τῶν τεθνεώτων ἐν Δήλῳ πάσας ἀνεῖλον καὶ τὸ λοιπὸν προεῖπον μήτε ἐναποθνήσκειν ἐν τῇ νήσῳ μήτε ἐντίκτειν, ἀλλ᾽ ἐς τὴν Ῥήνειαν διακομίζεσθαι. Vgl. I. 8, Strabo X. 5. 5, [Für die spätere athen. Sitte vgl. Serv. Sulpicius bei Cic. Fam. IV. 12: »ab Atheniensibus locum sepulturae intra urbem ut darent impetrare non potui, quod religione se impediri dicerent; neque tamen id antea cuiquam concesserant.«] Daher werden von Poll. IX. 15 unter die μέρη τῶν πρὸ πόλεως auch ἠρία, τάφοι u. s. w. gerechnet; [vgl. K. F. Hermann's Privatalt. §. 40 n. 18 mit B. Stark's Zusätzen.]

Wer ein eigenes Landgrundstück besass, der liess sich häufig auch daselbst begraben und daher waren die Gräber oft mitten in den Feldern. Vgl. Demosth. in Euerg. §. 65; Donat. zu Terent. Eun. Prol. 10. Am liebsten jedoch wählte man einen Platz an einem belebten Wege. So war das Familienbegräbniss des Isokrates in der Nähe des Kynosarges, X Or. vit. p. 838, das des Thukydides am melitischen Thore, Marcell. V. Thucyd. §. 17, das des Sophokles auf dem Wege nach Dekeleia u. s. w. In der Grabschrift eines Kindes heisst es Corp. Inscr. p. 545, n. 1003:

ἣν γονέες πενθοῦντες ἐπὶ τριόδου κατέθαψαν.

Allein eine grosse Zahl hatte natürlich weder Grundbesitz noch die Mittel, sich mit grösseren Kosten eine solche Stelle zu erwerben, wie Aristoph. Eccl. 592 sagt:

μηδὲ γεωργεῖν τὸν μὲν πολλήν, τῷ δ᾽ εἶναι μηδὲ ταφῆναι,

und es musste also wohl einen Ort geben, der bestimmt war, die Leichname der Armen aufzunehmen. In Atben war das der Platz zwischen dem itonischen Thore und der peiräischen Strasse und das dorthin führende Thor hiess deshalb das Gräberthor, Ἠρίαι πύλαι. Theophr. Char. 14: πόσους οἴει κατὰ τὰς Ἠρίας πύλας ἐξενηνέχθαι νεκρούς; Etym. M. Ἠρίαι πύλαι Ἀθήνησι διὰ τὸ τοὺς νεκροὺς ἐκφέρεσθαι ἐκεῖ ἐπὶ τὰ ἠρία, ὅ ἐστι τοὺς τάφους. Vielleicht entsprach dieser Platz bei Athen der Forderung Plato's, der Leg. XII, p. 958 verlangt, dass

nur unfruchtbarer Boden zu Begräbnissen genommen werden
sollte. [Ross nimmt die *Ἠρίαι πύλαι* in der zwischen der
nordwestlichen Seite des Pnyxhügels und dem Nymphenhügel
(Sternwarte) liegenden Einsenkung an, also zwischen dem peiräischen und melitischen Thor. Vgl. Bursian Geogr. B. I,
S. 278. Ausserdem Curtius der attische Friedhof vor
dem Dipylon in Archaeolog. Zeit. N. F. B. IV, H. I,
S. 12 ff.].

Die Privatgrabmäler blieben unantastbares Eigenthum der
Familie und kein nicht zu ihr Gehöriger durfte darin beigesetzt werden, so dass selbst vor Gericht der Beweis der Verwandtschaft daher entlehnt werden konnte. Demosth. in
Eubulid. §. 28: ἔτι τοίνυν παίδων αὐτῷ τεττάρων γενομένων
ὁμομητρίων ἐμοὶ καὶ τελευτησάντων, ἔθαψε τούτους εἰς τὰ πατρῷα μνήματα, ὧν ὅσοιπέρ εἰσι τοῦ γένους κοινωνοῦσιν· καὶ
τούτων οὐδεὶς οὐκ ἀπεῖπε πώποτε, οὐκ ἐκώλυσεν, οὐ δίκην
ἔλαχε· καίτοι τίς ἐστιν ὅστις ἂν εἰς τὰ πατρῷα αὐτῶν μνήματα
τοὺς μηδὲν ἐν γένει τιθέντας [l. τεθέντας?] ἐάσαι; Ders. in
Macart. §. 79: ἀλλὰ καὶ μνήματος ὄντος κοινοῦ ἅπασι τοῖς
ἀπὸ τοῦ Βουσέλου γενομένοις — καὶ καλεῖται τὸ μνῆμα Βου-
σελιδῶν, πολὺς τόπος περιβεβλημένος, ὥσπερ οἱ ἀρχαῖοι ἐνόμιζον — ἐν τούτῳ τῷ μνήματι οἱ μὲν ἄλλοι πάντες οἱ ἀπὸ τοῦ
Βουσέλου γενόμενοι κεῖνται καὶ ὁ Ἁγνίας κ. τ. λ. Vgl. Vit.
X Or. p. 838. Plut. Phoc. 23 und de sui laude c. 17. Ja
es war selbst das Beisetzen in einem fremden Grabmale durch
das solonische Gesetz verboten. Cic. de leg. II. 26: »de se-
pulchris autem nihil est apud Solonem amplius quam ne quis.
ea deleat neve alienum inferat.«

Die Beschaffenheit solcher Denkmäler ist durch Ausgrabungen hinreichend bekannt. Bei aller Verschiedenheit lassen
sich ausser den blossen von Erde oder Steinen aufgeworfenen
Hügeln χώματα, κολῶναι, τύμβοι [vgl. E. Curtius in Gerhard's archäol. Zeit. 1853, S. 152 ff.], besonders vier Haupt-
formen unterscheiden: Pfeiler, στῆλαι, eigentliche Säulen, κίο-

νες, tempelartige kleine Gebäude, ναίδια, auch ἡρῷα, und liegende Grabsteine, τράπεζαι. Für die von Cicero II. 25 gerühmte Einfachheit altattischer Sitte: »nam et Athenis iam ille mos a Cecrope, ut aiunt, permansit, hoc ius [l. hominis?] terra humandi, quam quum proximi iniecerant obductaque terra erat, frugibus obserebatur«, dürfte sich aus griechischen Schriftstellern kein Beweis entnehmen lassen. Gewöhnlich wurde über dem Grabhügel ein steinernes Denkmal errichtet [Vgl. Iliad. XI. 371, XVI. 675, XVII. 434; Odyss. XII. 14] und dies geschah zum Theil mit so bedeutendem Aufwande, dass nach Solon's Zeit ein Gesetz nöthig gefunden wurde: »ne quis sepulcrum faceret operosius, quam quod decom homines effecerint triduo.« Cic. c. 26. Aehnliches verordnet auch Plato Leg. XII, p. 958: χῶμα δὲ μὴ χωννύναι ὑψηλότερον πέντε ἀνδρῶν ἔργον, ἐν πένθ᾽ ἡμέραις ἀποτελούμενον· λίθινα δὲ ἐπιστήματα μὴ μείζω ποιεῖν ἢ ὅσα δέχεσθαι τὰ τοῦ τετελευτηκότος ἐγκώμια βίου, μὴ πλείω τεττάρων ἡρωϊκῶν στίχων. Jedoch ist dieses Gesetz schwerlich lange in Kraft gewesen und wir finden, dass bedeutende Summen zur Errichtung von Grabmälern verwendet worden. So wird ein mit mässigem Aufwande für 25 Minen (c. 1950 Mk.) erbautes Denkmal erwähnt, Lysias in Diogit. §. 21, und der betrügerische Vormund giebt die doppelte Summe an. So errichtet Phormion bei Demosth. in Stephan. I, §. 79 dem Weibe, mit dem er im Einverständnisse gelebt hatte, ein Grabmal für mehr als zwei Talente; [das der Hetäre Pythionike, der Geliebten des Harpalos, hatte dreissig Talente gekostet, Plut. Phoc. 22; vgl. Athen. XIII, p. 595 und Paus. I. 37.] Noch einmal soll Demetrios Phalereus diesem Luxus Einhalt zu thun versucht haben, Cic. a. a. O.: »sepulcris autem novis finivit modum; nam super terrae tumulum noluit quid statui nisi columellam tribus cubitis ne altiorem aut mensam aut labellum, et huic procurationi certum magistratum praefecerat«; man darf aber wohl glauben, dass dieses Gesetz kein anderes Schicksal gehabt haben werde, als die früheren.

Charikles III. 10

Die στῆλαι im eigentlichen Sinne — denn oft werden
überhaupt Grabmäler aller Art darunter verstanden — müssen
weniger als starke Pfeiler; als nach Art aufrecht stehender
Steintafeln gedacht werden. Auf ihnen ruhte gewöhnlich ein
Aufsatz, ἐπίθημα (Paus. I. 2. 3), der bald giebelartig, bald
gerundet nach Art der Stirnziegel geformt und meistens
mit einer Arabeske verziert war. Oft waren sie mit Reliefs
geschmückt [εἰκών, Arch. Zeit. 1854, S. 437], auch mit Gemälden (Paus. II. 7. 4), wie denn auch die Arabesken zuweilen mit lebhaften Farben auf den weissen Marmor gemalt
sind. S. Stackelberg Titelk. u. Taf. 1—6 [und über gemalte
Grabstelen insbesondere Ross im Kunstblatt 1837 No. 15,
1838 No. 59; auch Gerhard Festgedanken an Winckelmann, Berl. 1841. 4, Taf. 2; Pervanoglu die Grabsteine
der alten Griechen nach den in Athen erhaltenen
Resten untersucht, 1863 S. 12; Michaelis Polychro-
mie der Grabstelen in d. Leipziger Bericht. d. K. S.
Ges. d. Wissensch. 1867 S. 113 ff.] Eine eigenthümliche,
wie es scheint, nicht allgemein übliche Form hatten die Denk-
steine der Sikyonier. Paus. II. 7. 3: λίθου δὲ ἐποικοδομήσαν-
τες κρηπῖδα κίονας ἐφιστᾶσι καὶ ἐπ' αὐτοῖς ἐπίθημα ποιοῦσι κατὰ
τοὺς ἀετοὺς μάλιστα τοὺς ἐν τοῖς ναοῖς. Nach Anleitung dieser
Nachricht hat Stackelberg Taf. 4 ein bei Epidauros gefun-
denes giebelartiges ἐπίθημα benutzt, um einen Aufriss eines
solchen Grabmals zu geben, der indessen doch problematisch
bleibt. — Die eigentlichen Säulen, κίονες, sieht man häufig
auf Vasen, z. B. auf sieben polychromen Lekythen bei Stackelberg Taf. 44—46; ebenso Millin Peint. d. Vases I. 16. II.
51; Millingen Peint. d. Vases 39, Coghill 45; Ann.
dell' Inst. 1830, tav. d'agg. D; Inghirami Pitt. di Vasi
151. 153. 156—158. 236, grossentheils ionischer Ordnung,
vgl. Journal d. Savants 1833, p. 155; dagegen eine στήλη
mit vielen Tänien Tischbein II. 15. 30, III. 33. 40; Millin
Tomb. de Canosa 12. 13; Inghirami 21. 53. 140—142.

155. 321; Thiersch in Abh. d. Bayer. Akad. 1844, Taf. 1
und ebenso kommen tempelartige Grabmäler besonders auf unter-
italischen Gefässen häufig vor; s. Millingen Vases Coghill
49; Inghirami 139; Raoul-Rochette Mon. d'antiqu.
fig. 30, besonders aber Millin II. 29, wo ein Denkmal der
Art mit allerlei Grabesspenden, als zwei *καλάθοις*, drei Salb-
gefässen und anscheinend zwei Broden und drei Eiern dargestellt ist. Auch die Rückseite der grossen Poniatowsky-
Vase scheint eine Vorstellung der Art zu enthalten, zumal
wenn man sie mit dem gleichen Relief auf einer *στήλη* bei
Stackelberg Taf. II, n. 2 und Millin II. 33 vergleicht. Die
von Cicero genannte mensa war entweder ein Würfel oder ein
anderer viereckiger Stein, der oben eine ebene Fläche darbot,
während an den Seiten sich vielleicht Reliefs befanden. So lässt
sich aus dem schliessen, was Vit. X Or. p. 838 von dem
Grabe des Isokrates sagen: *ἦν δὲ καὶ αὐτοῦ τράπεζα πλησίον ἔχουσα ποιητάς τε καὶ τοὺς διδασκάλους αὐτοῦ, ἐν οἷς
καὶ Γοργίαν εἰς σφαῖραν ἀστρολογικὴν βλέποντα, αὐτόν τε τὸν
Ἰσοκράτην παρεστῶτα.* Die tabella aber mag man wohl durch
πύελοι oder *ληνοί* übersetzen, und vielleicht sind dahin manche
der sogenannten Sarkophage zu rechnen. [Vergl. überhaupt
Canina Architett. t. V, p. 539 ff. und Petersen Motive
antiker Grabmäler in Gerhard's Arch. Zeit. 1850,
Nr. 23. 24; über Reliefbilder insbesondere (*κατὰ γραφὴν ἐκ-
τετυπωμένοι,* Plat. Symp. p. 193) Friedländer de operi-
bus anaglyphis in monum. sepulcr. Graec., Regiom.
1847. 8; auch Welcker alte Denkmäler Th. II, S. 232 ff.
Stark in Arch. Zeit. 1853, S. 369; Stephani der ausruhende Heracles in Mém. de l'acad. de Petersb.
Série VI Sciences pol. hist. phil. Vol. VIII. 1855, p. 253 ff.
Alfr. Holländer de anaglyphis sepulcralibus Grae-
cis, quae coenam repraesentare dicuntur. Berol. 1865.
Pervanoglu das Familienmahl auf altgriech. Grab-
steinen. Leipz. 1872. Hermann u. Stark Privatalt. §. 40

148 Excurs zur neunten Scene.

n. 33. Auf den κίονες befanden sich oft Sirenenstatuen, wie
auf dem Grabe des Sophokles und Isokrates. Vgl. Stephani
Compte rendu pour 1866, p. 40 ff. Curtius Archaeol.
Zeit. 1872, S. 23.]
Die Inschriften der Denkmäler enthielten gewöhnlich ausser
dem Namen des Verstorbenen einige Notizen über sein Leben,
meistens in epigrammatischer Form, Lehren für die Zurück-
gelassenen, oft auch Verwünschungen derer, welche das Grabmal antasten oder entweihen würden. Merkwürdige Beispiele
solcher Verwünschungen finden sich bei Böckh Corp. Inscr.
p. 531, n. 916: παραδίδωμι τοῖς καταχθονίο[ι]ς θεοῖς τοῦτο
τὸ ἡρῷον φυλάσσειν, Πλούτωνι καὶ Δήμητρι καὶ Περσεφόνῃ καὶ
Ἐρ[ι]νύσι καὶ πᾶσι τοῖς κατα[χ]θονίοις θεοῖς· εἴ τις ἀποκο-
σμήσει τοῦτο τὸ ἡρῷον ἢ ἀναστομ[ώ]σει ἤ τι καὶ ἕτερον μετα-
κινήσει ἢ αὐτὸς ἢ δι' ἄλλου, μὴ γῆ βατή, μὴ θάλασσα πλωτή
[ἔστω], ἀλλὰ ἐκριζωθήσεται πανγενεί· πᾶσι τοῖς κακοῖς πεῖραν
δώσει καὶ φρείκῃ καὶ π[υ]ρε[τῷ τριταίῳ] καὶ τεταρταίῳ καὶ
ἐλέφαντι, καὶ ὅσα κακὰ καὶ [ὀλέθρια] γίνεται, ταῦτα γενέσθω
τῷ τολμήσαντι ἐκ τούτου τοῦ ἡρῴου μετακινῆσαί τι. Vergl.
p. 541, n. 989. 990. 991, Gallus B. III, S. 383. Zur Siche-
rung verordneten wohl gar Manche, dass Sklaven bei dem
Denkmale bleiben sollten. Lucian. Nigr. 30: οἱ δὲ καὶ παραμένειν τινὰς οἰκέτας τοῖς τάφοις (κελεύουσιν). Vgl. Petron.
71. — An manchen Orten waren die Grabschriften dagegen
sehr kurz und einfach. Paus. II. 7. 3 von Sikyon: ἐπίγραμμα
δὲ ἄλλο μὲν γράφουσιν οὐδέν, τὸ δὲ ὄνομα ἐφ' ἑαυτοῦ καὶ οὐ
πατρόθεν ὑπειπόντες κελεύουσι τὸν νεκρὸν χαίρειν. Lykurg
erlaubte nicht einmal den Namen auf das Denkmal zu setzen.
Plutarch. Lyc. 27. [Dagegen heisst es bei Theophr. Char.
13 vom περίεργος: καὶ γυναικὸς δὲ τελευτησάσης ἐπιγράψαι
ἐπὶ τὸ μνῆμα τοῦ τε ἀνδρὸς αὐτῆς καὶ τοῦ πατρὸς καὶ τῆς
μητρὸς καὶ αὐτῆς τῆς γυναικὸς τοὔνομα καὶ ποδαπή ἐστι, καὶ
προσεπιγράψαι, ὅτι »Οὗτοι πάντες χρηστοὶ ἦσαν.« Nach Pervanoglu a. a. O. finden sich die Zusätze χαῖρε und χρηστός

bei den Namen der Verstorbenen zuerst in makedonischer Zeit, und zwar noch selten; sehr häufig dagegen in römischer.] Durch diese Inschriften sowohl als durch die Werke der Kunst wurden diese Denkmäler merkwürdig genug und Diodoros mit dem Beinamen Περσηγήτης schrieb ein eigenes Werk: περὶ μνημάτων, Plutarch. Themist. 32; vgl. Westermann ad Vit. X Orat. p. 85 und Preller ad Polemon. p. 170 ff. Das Alter scheint keinen Unterschied gemacht zu haben; denn auch Kinder, welche im ersten Lebensalter verstorben waren, erhielten Grabstelen und Inschriften. Es finden sich deren auf Kinder von sechs und sieben Jahren, Corp. Inscr. p. 544, n. 997; p. 545, n. 1001. 1003; selbst von zwei Jahren, p. 500, n. 632; p. 535, n. 942.

Mitgegeben wurden in das Grab mancherlei Geräthschaften, namentlich aber irdene Gefässe und gewiss auch die λήκυθοι, welche bei der πρόθεσις gedient hatten, wie denn auch diese, wo Verbrennung stattfand, mit auf den Scheiterhaufen gesetzt wurden, weshalb sie zum Theil auf den Resten des verbrannten Körpers zerbrochen und vom Feuer angegriffen gefunden werden. Stackelberg S. 37 und Raoul-Rochette a. a. O. p. 589. Dass diese Art der Mitgabe schon in sehr alter Zeit üblich gewesen ist, ersieht man aus dem Funde, als Agesilaos das angebliche Grab der Alkmene aufgraben liess, Plutarch. de gen. Socr. 5. Es wurde darin gefunden: ψέλιον χαλκοῦν οὐ μέγα καὶ δύο ἀμφορέες κεράμειοι γῆν ἔχοντες ἐντὸς ὑπὸ χρόνου λελιθωμένην ἤδη καὶ συμπεπηγυῖαν. Wessen auch das Grab gewesen sein möge, jedenfalls war es sehr alt, wie auch die eherne Tafel mit ungewöhnlichen Schriftzügen beweist. In den grossgriechischen gemauerten Gräbern finden sich diese Gefässe um den Todten umherstehend oder an der Wand aufgehängt; ebenso findet man sie auch stehend oder liegend in den thönernen Särgen. Besonders interessant ist in dieser Hinsicht der schon erwähnte Sarg eines Kindes (Stackelb. Taf. 8), in welchem fünfzehn Gefässe von verschie-

dener Form, darunter auch vier grössere Lekythen, nebst vier
sitzenden Thonfiguren (Arbeit der Koroplathen) liegen. Ausserdem wurde auch anderes Geräth, als Spiegel, Schmuck u. s. w.
mitgegeben. S. dergl. Gegenstände bei Stackelb. Taf. 72 ff.
Ganz besonders verdanken wir den unschätzbaren Reichthum
bemalter Thongefässe den geöffneten Gräbern, und der Stil
der Gemälde lehrt, dass die Sitte bis über die blühendsten
Zeiten der griechischen Kunst hinaus dauerte. Wann sie aber
aufgehört habe, darüber giebt es nur Vermuthungen. S. besond.
Kramer über Styl und Herkunft d. bemalten Thongefässe S. 137 ff. So viel nur ist gewiss, dass der Gebrauch
zu Cäsar's Zeit in Griechenland selbst schon so ganz vergessen war, dass, als mau bei dem Wiederaufbau Korinth's
auf Gräber stiess, welche solche Gefässe enthielten, sie als
seltene Merkwürdigkeiten von den Römern begierig gesammelt
wurden. Strabo VIII. 6. 23: οἱ δὲ τὰ ἐρείπια κινοῦντες καὶ
τοὺς τάφους συνανασκάπτοντες εὕρισκον ὀστρακίνων τορευμά-
των πλήθη, πολλὰ δὲ καὶ χαλκώματα, θαυμάζοντες δὲ τὴν κα-
τασκευὴν οὐδένα τάφον ἀσκευώρητον εἴασαν, ὥστε εὐπορήσαν-
τες τῶν τοιούτων καὶ διατιθέμενοι πολλοῦ Νεκροκορινθίων ἐπλή-
ρωσαν τὴν Ῥώμην· οὕτω γὰρ ἐκάλουν τὰ ἐκ τῶν τάφων ληφθέντα καὶ μάλιστα τὰ ὀστράκινα. [Hierzu kommt noch in Bezug auf Capua die Stelle bei Sueton. Jul. Caes. 81: »coloni
ad exstruendas villas vetustissima sepulcra disiecerunt idque
eo studiosius fecerunt, quod aliquantum vasculorum operis an-
tiqui scrutantes reperiebant«. Hermann hat an den τορεύ-
ματα ὀστράκινα Anstoss genommen und dabei an thönerne
Reliefgefässe gedacht (Archaeol. Zeit. 1848, S. 203 und
Osann in Denkschr. d. Giessener Ges. d. Wissensch.
1847 S. 40). Allein, wenn auch solche vorkommen, wäre doch
ein solcher Massenfund in Korinth geradezu unglaublich und
eher möchte man an eine Ungenauigkeit im Ausdrucke glauben; vielleicht könnte man dabei mit Recht an das Einritzen
der inneren Conturen auf den Vasen des älteren Stils denken.

Das Staunen der römischen Kolonisten ist ferner gerechtfertigt genug, da die Römer und Latiner bemalte Vasen weder in ihrem Hausgeräthe hatten, noch zum Schmucke der Gräber verwendeten. Deshalb brauchte allerdings der Gebrauch als solcher noch nicht ganz erloschen zu sein. Uebrigens behauptet Jahn Vasensamml. Kön. Ludw. S. CXXXIV, dass die in den Gräbern in Etrurien, Campanien und Sicilien gefundenen Vasen keine Hindeutungen auf Grab und Tod enthielten und als eine Erinnerung an das Leben der Verstorbenen in das Grab mitgegeben worden seien, während nach demselben S. CXXXIV—CXXXIX und Benndorf griech. u. sicil. Vasenb. I, S. 8 ff. die aus attischen Fabriken stammenden Gefässe Scenen stiller Trauer und eines poetischen Cultus an den Gräbern zeigen und speziell zum sepulcralen Zweck verfertigt zu sein scheinen.]

Auf die Bestattung der Todten folgte ein Todtenmahl, περίδειπνον. Lucian. de luctu 24: ἐπὶ πᾶσι δὲ τούτοις τὸ περίδειπνον, καὶ πάρεισιν οἱ προσήκοντες καὶ τοὺς γονέας παραμυθοῦνται τοῦ τετελευτηκότος καὶ πείθουσι γεύσασθαι ὡς οὐκ ἀηδῶς μὰ Δί᾽ οὐδ᾽ αὐτοὺς ἀναγκαζομένους, ἀλλ᾽ ἤδη ὑπὸ λιμοῦ τριῶν ἑξῆς ἡμερῶν ἀπηυδηκότας: vgl. Cic. leg. II. 25: »sequebantur epulae, quas inibant parentes coronati, apud quas de mortui laude, cum quid veri erat, praedicatum; nam mentiri nefas habebatur«. [Den Todten Böses nachzureden hatte ja überhaupt Solon verboten: Plut. Sol. 21. Natürlich wurde es auch mit dem Gegentheile nicht immer allzugenau genommen. Wenigstens sagt Zenob. V. 28: εἰώθεσαν γὰρ οἱ παλαιοὶ ἐν τοῖς περιδείπνοις τὸν τελευτήσαντα ἐπαινεῖν, καὶ εἰ φαῦλος ἦν. Welche Sitte aber Cicero bei coronati im Sinne gehabt haben mag, ist in Rücksicht auf den bestimmt ausgesprochenen allgemeinen Gebrauch nicht zu ersehen. Athen. XV. p. 675: ὁμοιοπαθείᾳ τοῦ κεκμηκότος κολοβοῦμεν ἡμᾶς αὐτοὺς τῇ τε κουρᾷ τῶν τριχῶν καὶ τῇ τῶν στεφάνων ἀφαιρέσει. Vgl. Diog. Laërt. II. 54 und Aeschin. in Ctesiph. §. 77.] Es ver-

steht sich wohl von selbst, dass dieses Mahl, zu dem die Verwandten sich einfanden, im Hause der Angehörigen, überhaupt
bei dem nächsten Verwandten, gehalten wurde. Als daher
nach der Schlacht bei Chäroneia die Todtenfeier für die
gefallenen Athener stattfand und Demosthenes erwählt worden war, die Leichenrede zu halten, vereinigten sich die
Eltern und Brüder der Gebliebenen dabin, das περίδειπνον
bei ihm als dem Repräsentanten Aller zu halten. Demosth.
de cor. §. 288: ἀλλὰ δέον ποιεῖν αὐτοὺς τὸ περίδειπνον, ὡς
παρ᾽ οἰκειοτάτῳ τῶν τετελευτηκότων, ὥσπερ τἄλλ᾽ εἴωθε γίγνεσθαι, τοῦτ᾽ ἐποίησαν παρ᾽ ἐμοί. Darauf beziehe ich auch
die Worte des Gesetzes in Macart. §. 62: μηδ᾽ εἰς τὰ τοῦ
ἀποθανόντος εἰσιέναι, ἐπειδὰν ἐξενεχθῇ ὁ νέκυς, γυναῖκα μηδε-
μίαν πλὴν ὅσαι ἐντὸς τῶν ἀνεψιαδῶν εἰσίν. Poll. VIII. 65
sagt bloss: ἡ δὲ ἐπὶ τῷ πένθει σύνοδος περίδειπνον: aber in
Glossarien wird silicernium durch περίδειπνον mit dem Zusatze
übersetzt: λύχνους γὰρ ἅπτειν ἐν πένθει οὐ θέμις. Es scheint
also, man habe silicernium für aus solucernium entstanden angesehen. S. Hemsterhuis zu Lucian. Char. 22. Nur weiss
ich nicht, in welcher Beziehung zu dem Namen dieses stehen
könne. Auf einen besonderen Gebrauch lässt dieser Name
allerdings um so mehr schliessen, als Cic. leg. II. 24 ihn
durch circumpotatio übersetzt. Vgl. auch Eustath. zu Iliad.
XXIII. 29, p. 1285. 39. [Uebrigens sagt auch Varro bei
Non. p. 48 (Sat. Men. 55, 11 Oehler): »funus exsequiati laute
ad sepulcrum antiquo more silicernium confecimus, id est περίδειπνον, quo pransi discedentes dicimus alius alii vale.« Noch
ist endlich als Hauptstelle über das περίδειπνον nachzutragen
Hegesippos bei Athen. VII, p. 290:

> ὅταν ἐν περιδείπνῳ τυγχάνω διακονῶν,
> ἐπὰν τάχιστ᾽ ἔλθωσιν ἐκ τῆς ἐκφορᾶς,
> τὰ βάπτ᾽ ἔχοντες, τοὐπίθημα τῆς χύτρας
> ἀφελὼν ἐποίησα τοὺς δακρύοντας γελᾶν.]

Aus dem von Suidas angeführten Fragmente: καὶ τοῦτο ἐδείπνουν τὸ Ἀττικὸν περίδειπνον, würde man übrigens fälschlich folgern, dass dieses Todtenmahl nur attischer Gebrauch sei. Er wird z. B. von Heracl. Pol. 29 aus Lokris erwähnt. — Als eigentlicher Gastgeber wurde bei diesem Mahle der Todte selbst betrachtet. Artemidor. Onirocr. V. 82: ἔθος μὲν γὰρ τοῖς συμβιώταις καὶ εἰς τὰ τῶν ἀποθανόντων εἰσιέναι καὶ δειπνεῖν, ἡ δὲ ὑποδοχὴ λέγεται γενέσθαι ὑπὸ τοῦ ἀποθανόντος κατὰ τιμὴν τὴν ἐκ τῶν συμβιωτῶν εἰς τὸν ἀποθανόντα. Es ist also vielleicht dieses Todtenmahl, welches Plutarch νεκροῦ δεῖπνον nennt, t. V, p. 881: ἔοικεν ὁ τῶν φιλαργύρων βίος νεκροῦ δείπνῳ· πάντα γὰρ ἔχων τὸν εὐφρανθησόμενον οὐκ ἔχει. Doch kann man darunter auch ἐναγίσματα verstehen. [Nach dem Begräbniss reinigten sich alle Hausgenossen wenigstens durch Waschungen: Schol. zu Aristoph. Nub. 838: ἐπεὶ ἔθος ἦν μετὰ τὴν ἐκκομιδὴν τοῦ νεκροῦ λούεσθαι τοὺς κατ' οἶκον καθαρμοῦ χάριν. Vgl. Suid. s. καταλούει. Zu diesen Gebräuchen wurden auch kluge Weiber ἐγχυτρίστριαι zugezogen: Plat. Min. p. 315D und Schol. zu Aristoph. Vesp. 289.]

In den nächsten Tagen fanden verschiedene Todtenopfer statt. Dahin gehören zuerst die τρίτα, Poll. VIII. 146 (in richtiger Aufeinanderfolge): προθέσεις, ἐκφοραί, τρίτα, ἔνατα, τριακάδες, ἐναγίσματα, χοαί, τὰ νενομισμένα. Auf dieses am dritten Tage gebrachte Opfer bezieht sich Aristoph. Lysistr. 611:

μῶν ἐγκαλεῖς, ὅτι οὐχὶ προὐθέμεσθά σε;
ἀλλ' ἐς τρίτην γοῦν ἡμέραν σοι πρῷ πάνυ
ἥξει παρ' ἡμῶν τὰ τρίτ' ἐπεσκευασμένα.

Schol. ἐπειδὴ τῇ τρίτῃ τὸ τῶν νεκρῶν ἄριστον ἐφέρετο. Das eigentliche solenne Opfer aber waren die ἔνατα, welche am neunten Tage gebracht wurden und den Beschluss der wesentlichen Bestattungsgebräuche machten. Aeschin. in Ctesiph. §. 225: τίς ἂν εἴη τοιοῦτος ἰατρός, ὅστις τῷ νοσοῦντι μεταξὺ μὲν ἀσθενοῦντι μηδὲν συμβουλεύοι, τελευτήσαντος δὲ αὐτοῦ ἐλθὼν εἰς τὰ ἔνατα διεξίοι πρὸς τοὺς οἰκείους, ἃ ἐπιτηδεύσας ὑγιὴς ἂν ἐγένετο. Isaeus de Ciron. her. §. 39: καὶ τὰ ἔνατα ἐπήνεγκα ὡς οἷόν τε κάλλιστα παρασκευάσας. Worin diese ἔνατα bestanden, wird weiter nicht angegeben; jedoch ersieht man aus einer Aeusserung bei Plautus, dass dem Todten eine förmliche Mahlzeit bereitet wurde. Aul. II. 4. 45:

Coquus ille nundinalis est: in nonum diem
Solet ire coctum;

was seine Erklärung in einer zweiten Stelle findet, Pseud. III. 2. 4 ff.

Peiorem haut potui quam hunc quem duco ducere,
Multiloquum, gloriosum, insulsum, inutilem.
Quin ab eam rem Orcus recipere ad se hunc noluit,
Ut esset hic qui mortuis cenam coquat;
Nam hic solus illis coquere quod placeat potest.

[Was die Opferthiere anlangt, so wurde ihr Blut in eine Grube gelassen, der Körper in Stücke geschnitten und Alles verbrannt; die Asche aber an der Stelle vergraben. Ueber einen solchen Platz zur Verbrennung von Thieren und mit einer Grube daneben auf der Halbinsel Taman vgl. Stephani in Compte rendu pour 1864, p. VIII und 1865, p. 6 ff. Rinder zu opfern hatte Solon verboten: Plut. Sol. 21, vgl. die oben citirte Inschrift aus Keos.] Damit war indessen die Trauer der Hinterlassenen selbst nicht beendigt. Wenn Aeschin. in Ctesiph. §. 77 dem Demosthenes den Vorwurf macht: ἑβδόμην δ᾽ ἡμέραν τῆς θυγατρὸς αὐτῷ τετελευτηκυίας, πρὶν πενθῆσαι καὶ τὰ νομιζόμενα ποῆσαι, στεφανωσάμενος καὶ λευκὴν ἐσθῆτα λαβὼν ἐβουθύτει καὶ παρενόμει τὴν μόνην ὁ δείλαιος καὶ πρώτην αὐτὸν πατέρα προσειποῦσαν ἀπολέσας (vgl. Plutarch. Demosth. 22; Consol. ad Apollon. 33), so liegt der Tadel nicht sowohl darin, dass Demosthenes dieses vor dem neunten Tage that, was freilich noch auffälliger war, sondern überhaupt ehe die Zeit der Trauer vorüber war.

Wie lange diese Trauer der Hinterlassenen gewährt habe,

dafür weiss ich einen entscheidenden Ausspruch nicht anzuführen; in den meisten Fällen ist es mir jedoch wahrscheinlich, dass sie nicht vor dem dreissigsten Tage zu Ende ging. In Sparta hatte allerdings Lykurg eine kürzere Dauer angeordnet, Plutarch. Lyc. 27: χρόνον δὲ πένθους ὀλίγον προσώρισεν, ἡμέρας ἕνδεκα· τῇ δὲ δωδεκάτῃ θύσαντας ἔδει Δήμητρι λύειν τὸ πένθος: anderwärts aber fand eine Beschränkung auf so wenige Tage nicht statt. [Nur bei den epizephyrischen Lokrern wurde gar keine Trauer angelegt, sondern bloss ein Leichenmahl nach der Bestattung gehalten: Heracl. Pont. c. 30. p. 24 Schneidew. Von Gambreion in Mysien haben wir jetzt im Corp. Inscr. n. 3562 eine bestimmte Vorschrift über diesen Gegenstand: νόμον εἶναι Γαμβρεώταις τὰς πενθούσας ἔχειν φαιὰν ἐσθῆτα μὴ κατερρυπωμένην, χρῆσθαι δὲ καὶ τοὺς ἄνδρας καὶ τοὺς παῖδας τοὺς πενθοῦντας ἐσθῆτι φαιᾷ, ἐὰν μὴ βούλωνται λευκῇ· ἐπιτελεῖν δὲ τὰ νόμιμα τοῖς ἀποιχομένοις ἔσχατον ἐν τρισὶ μησίν, τῷ δὲ τετάρτῳ λύειν τὰ πένθη τοὺς ἄνδρας, τὰς δὲ γυναῖκας τῷ πέμπτῳ, καὶ ἐξανίστασθαι ἐκ τῆς κηδείας καὶ ἐκπορεύεσθαι τὰς γυναῖκας ἐπὶ τὰς ἐξόδους τὰς ἐν τῷ νόμῳ γεγραμμένας.] Von Argos sagt Plutarch. Quaest. Gr. 24: τοῖς ἀποβαλοῦσί τινα συγγενῶν ἢ συνήθων ἔθος ἐστὶ μετὰ πένθος εὐθὺς τῷ Ἀπόλλωνι θύειν, ἡμέραις δὲ ὕστερον τριάκοντα τῷ Ἑρμῇ: und wenn es auch unklar ist, ob man die Worte μετὰ πένθος εὐθύς von dem Ablegen der Trauerkleider oder von dem Begräbnisse oder wenigstens von den ἐνάτοις verstehen soll, so bleibt doch das letzte Opfer, das in Bezug auf den Todesfall gebracht wird, jedenfalls auch der letzte Act der Trauerceremonie, vor dessen Verrichtung man auch deren äussere Zeichen nicht abgelegt haben wird. Für Athen endlich, glaube ich, kann man mit Sicherheit den dreissigsten Tag als die Grenze der Trauer annehmen. So schliesse ich aus Lysias de caede Erat. §. 14, wo Euphiletos von seiner Frau sagt: ἔδοξε δέ μοι, ὦ ἄνδρες, ἐψιμυθιῶσθαι τοῦ ἀδελφοῦ τεθνεῶτος οὔπω τριάκονθ᾽ ἡμέρας. Damit stimmt es überein,

dass am dreissigsten Tage ein Todtenopfer gebracht wurde,
τριακάς oder τριακάδες. Harpocr. τριακάς, ἡ τριακοστὴ
τοῦ μηνός· τοῖς τετελευτηκόσιν ἤγετο ἡ τριακὰς ἡμέρα διὰ
θανάτου καὶ ἐλέγετο τριακάς, ὡς Ὑπερίδης ἐν τῷ περὶ τοῦ
Ἱππέως κλήρου δηλοῖ, ἐνικῶς τε καὶ πληθυντικῶς τριακάδα
καὶ τριακάδας τὴν ἡμέραν καλῶν. Es mag immerhin der
dreissigste Tag des Monats oder eigentlich der Zeitabschnitt
von dreissig Tagen τριακάς genannt worden sein: davon kann
keine Rede sein, dass an jedem dreissigsten Tage den Todten
geopfert worden wäre, sondern in Bezug auf die Verstorbenen
ist τριακάς der dreissigste Tag nach dem Tode, wo in Athen
am Grabe eine Feier stattfand, die vermuthlich eben die
Trauer beschloss. Poll. I. 66: ἰδίως παρ' Ἀθηναίοις καλοῦνται τριακάδες.

Die äusseren Zeichen der Trauer bestanden in geflissent-
licher Vermeidung alles dessen, was auf eine frohe Stim-
mung und glückliche Lage hindeuten konnte; Ablegung der
gewohnten Kleidung, ja selbst Entäusserung des natürlichen
Schmuckes der Haare. Von den ältesten Zeiten her schnitt
man sich als Zeichen der Trauer das Haar ab (πλόκαμος πεν-
θητήριος, Aeschyl. Choëph. 7; Eustath. zu Iliad. II. 6,
p. 165. 4; vgl. Nitzsch zu Odyss. IV. 195) und legte ein
schwarzes Gewand an. Eurip. Helen. 1087:

> ἐγὼ δ' ἐς οἴκους βᾶσα βοστρύχους τεμῶ
> πέπλων τε λευκῶν μέλανας ἀνταλλάξομαι.

Iphig. Aul. 1416:

> μήτ' οὖν γε τὸν σὸν πλόκαμον ἐκτέμῃς τριχός
> μήτ' ἀμφὶ σῶμα μέλανας ἀμπίσχῃ πέπλους.

Vgl. Phoen. 372. Daher sagt Isaeus de Nicostr. her.
§. 7, weil so Viele auf die Erbschaft Anspruch machten: τίς
γὰρ οὐκ ἀπεχείρατο, ἐπειδὴ τὼ δύο ταλάντω ἑξάκις ἤλθετον;
ἢ τίς οὐ μέλαν ἱμάτιον ἐφόρησεν ὡς διὰ τὸ πένθος κληρονο-
μήσων τῆς οὐσίας; Bei dieser Sitte blieb es bis in die spätesten

Zeiten. Plutarch. Consol. ad ux. 4: *κουρὰς συγχωρεῖν πενθίμους καὶ βαφὰς ἐσθῆτος μελαίνης.* Vgl. die oben citirte Stelle Athen. XV, p. 675. Dasselbe geschah zuweilen bei dem Tode eines besonders beliebten Mannes, z. B. eines Feldherrn, indem das ganze Heer sich das Haar und, nach einer auch bei den Barbaren üblichen Sitte, den Pferden die Mähnen abschnitt. Plutarch. Pelop. 33, Herodot. IX. 24. Sehr passend sagt daher Lysias Funebr. §. 60: *ὥστ᾽ ἄξιον ἦν ἐπὶ τῷδε τῷ τάφῳ τότε κείρασθαι τῇ Ἑλλάδι καὶ πενθῆσαι τοὺς ἐνθάδε κειμένους, ὡς συγκαταθαπτομένης τῆς αὐτῶν ἐλευθερίας τῇ τούτων ἀρετῇ.* In demselben Sinne beging Alexander bei dem Tode Hephästion's die Thorheit, die Mauerzinnen mehrerer Städte abbrechen zu lassen. Plutarch. Alex. 72: *εὐθὺς μὲν ἵππους τε κεῖραι πάντας ἐπὶ πένθει καὶ ἡμιόνους ἐκέλευσε καὶ τῶν πέριξ πόλεων ἀφεῖλε τὰς ἐπάλξεις.* Vgl. Pelop. 34, wo er hinzusetzt: *ὡς ἂν δοκοῖεν αἱ πόλεις πενθεῖν ἀντὶ τῆς πρόσθεν μορφῆς κούριμον σχῆμα καὶ ἄτιμον ἀναλαμβάνουσαι.* Aelian. V. Hist. VII. 8: *τὴν τῶν Ἐκβατάνων ἀκρόπολιν περικείρας καὶ τὸ τεῖχος αὐτῆς ἀφελόμενος.* — Bei der vielfältigen Erwähnung des Gebrauchs, sich des Schmuckes der Haare zu entäussern, muss eine Aeusserung Plutarch's sehr auffallend erscheinen. Er sagt Quaest. Rom. 14: *καὶ γὰρ παρ᾽ Ἕλλησιν, ὅταν δυστυχία τις γένηται, κείρονται μὲν αἱ γυναῖκες, κομῶσι δὲ οἱ ἄνδρες, ὅτι τοῖς μὲν τὸ κείρεσθαι, ταῖς δὲ τὸ κομᾶν σύνηθές ἐστιν.* Mit ihm stimmt überein Artemidor. Onirocr. I. 19: *ἡ δὲ ἀτημέλητος ἐν συμφοραῖς αὔξεται θρίξ,* und 22: *καὶ μέντοι οὐδεὶς ἐν περιστάσει πονηρᾷ ἢ συμφορᾷ τινι καθεστὼς κείρεται.* Wenn man dagegen hält, was Athenaeos a. a. O. und Eustath. zu Iliad. II. 6, p. 165. 6 sagt: *λέγονται δὲ τὸν μὲν ἄλλον πάντα χρόνον κομᾶν οἱ Ἕλληνες, ἐν δὲ πένθους καιρῷ κείρεσθαι,* endlich Plutarch selbst de superst. 7: *ἔστιν ἀνθρώπου μὴ πεπεισμένου θεὸν εἶναι, λυπουμένου δ᾽ ἄλλως καὶ περιπαθοῦντος, ἀπομάξαι δάκρυον, ἀποκεῖραι κόμην, ἀφελέσθαι τὸ ἱμάτιον,* so scheinen

diese Widersprüche kaum eine Vereinbarung zuzulassen. Es
ist aber wohl möglich, dass in Plutarch's Zeit das κείρειν
der Männer nicht allentbalben mehr stattfand, zumal da seit
Alexander eine grosse Veränderung in der Weise, Haar und
Bart zu tragen, vorgegangen war. [Auch ist wohl zu unterscheiden zwischen der Spende einiger Locken und dem Ab-
scheeren des ganzen Haares: Welcker im Rhein. Mus. IX,
S. 277.] S. Exc. III zu Sc. XI.

Das Trauergewand war, wie schon aus den oben angeführten Stellen hervorgeht, in der Regel schwarz. Bedarf es noch
mehrerer Beweise, so erinnere man sich der Worte, mit denen
Perikles sich rühmte: οὐδεὶς δι᾽ ἐμὲ τῶν ὄντων Ἀθηναίων μέλαν ἱμάτιον περιεβάλετο, Plutarch. Pericl. 38, und der schon
oben angeführten Stelle aus Artemidor. Onirocr. II. 3: οὐ
γὰρ οἱ ἀποθανόντες, ἀλλ᾽ οἱ πενθοῦντες τοὺς ἀποθνήσκοντας
τοιούτοις χρῶνται ἱματίοις. Auch geschah es nicht nur bei
Todesfälleu, dass man ein schwarzes Gewand umnahm, sondern
überhaupt, wenn man über irgend ein Ereigniss seine Trauer
an den Tag legen wollte. Lysias in Agorat. §. 40: καὶ
δὴ καὶ Διονυσόδωρος μεταπέμπεται τὴν ἀδελφὴν τὴν ἐμὴν εἰς
τὸ δεσμωτήριον γυναῖκα ἑαυτοῦ οὖσαν, πυθομένη δ᾽ ἐκείνη ἀφι-
κνεῖται μέλαν τε ἱμάτιον ἠμφιεσμένη, ὡς εἰκὸς ἦν ἐπὶ τῷ ἀνδρὶ
αὐτῆς τοιαύτῃ συμφορᾷ κεχρημένῳ. Von Isokrates wird X Or.
vit. p. 839 erzäblt: ἐλυπήθη δὲ καὶ οὐ μετρίως ἐπὶ τῷ Σωκρά-
τους θανάτῳ καὶ μελανειμονῶν τῇ ὑστεραίᾳ προῆλθε: und deshalb fragt Dikäopolis den geplünderten Landmann bei Aristoph. Acharn. 1023:

ὦ τρισκακοδαίμων, εἶτα λευκὸν ἀμπέχει;

Dennoch wich die Sitte einzelner Staaten hierin ab, und in
Argos z. B. trauerte man in weissem Gewande. Plutarch.
Quaest. Rom. 26: ἐν δὲ Ἄργει λευκὰ φοροῦσιν ἐν τοῖς πέν-
θεσιν, ὡς Σωκράτης φησίν, ὑδατόκλυστα. [Weisse Trauerklei-
der erlaubt auch neben der schwarzgrauen das oben erwähnte
Gesetz von Gambreion und in der römischen Kaiserzeit kam

es häufig vor: Plut. Quaest. Rom. VII, p. 95 R. u. Herodian. IV. 2. 3.] Uebrigens muss man nicht unbeachtet lassen, dass überall nur ein schwarzes Himation erwähnt wird, und es ist um so wahrscheinlicher, dass die Veränderung in der Kleidung sich nicht auf den Chiton erstreckte, als man ohne Zweifel nicht nur weisse, sondern auch dunkelfarbige Unterkleider im gewöhnlichen Leben trug.

Die Gräber wurden mit der gewissenhaftesten Observanz von den Angehörigen gepflegt und als die theuersten Gegenstände betrachtet. In der mächtigen Aufforderung zum Kampfe bei Salamis heisst es bei Aeschyl. Pers. 408:

> ὦ παῖδες Ἑλλήνων, ἴτε
> ἐλευθεροῦτε πατρίδ᾽, ἐλευθεροῦτε δέ
> παῖδας γυναῖκας θεῶν τε πατρῴων ἕδη
> θήκας τε προγόνων· νῦν ὑπὲρ πάντων ἀγών.

Daher fragt Lycurg. in Leocr. §. 8: τί γὰρ χρὴ παθεῖν τὸν ἐκλιπόντα μὲν τὴν πατρίδα, μὴ βοηθήσαντα δὲ τοῖς πατρῴοις ἱεροῖς, ἐγκαταλιπόντα δὲ τὰς τῶν προγόνων θήκας; und bei der Dokimasie der athenischen Archonten kam auch das in Frage, ob der zu Erwählende die Gräber der Vorfahren nicht vernachlässigt habe? Xenoph. Memor. II. 2. 13: καὶ νὴ Δία, ἐάν τις τῶν γονέων τελευτησάντων τοὺς τάφους μὴ κοσμῇ, καὶ τοῦτο ἐξετάζει ἡ πόλις ἐν ταῖς τῶν ἀρχόντων δοκιμασίαις. Vgl. Dinarch. in Aristog. §. 17; Isocr. Plat. §. 61; Harpocr. s. ἀπύταφος. An gewissen Tagen wurden sie bekränzt und mit Tänien geschmückt und mancherlei Gaben ihnen dargebracht. Dahin gehören namentlich die schon von Herodot IV. 26 als griechische Sitte erwähnten γενέσια, von denen jedoch sehr verschiedene Erklärungen gegeben werden, indem bald die Todtenfeier am Geburtstage des Verstorbenen, bald am Sterbetage, bald ein allgemeines attisches Todtenfest darunter verstanden wird. Suidas: γενέσια, ἡ δι᾽ ἐνιαυτοῦ ἐπιφοιτῶσα τοῦ τεχθέντος μνήμη, was durch die Worte des von Lobeck zu Phryn. p. 104 angeführten Gramm. γενέθλια ἡ δι᾽ ἐνιαυτοῦ ἐπιφοιτῶσα τοῦ τεχθέντος ἑ ο ρ τ ή, γ ε ν έ σ ι α ἡ δ ι ’ ἐ ν ι α υ τ ο ῦ ἐπιφοιτῶσα τοῦ τεχθέντος μ ν ή μ η, seine volle Bestätigung und Erklärung findet. Dagegen sagt Ammonius: ἐπὶ τῶν τεθνη- κότων ἐν ᾖ ἕκαστος ἡμέρᾳ τετελεύτηκε. Die erstere Erklärung wird durch die Etymologie so offenbar unterstützt, dass man an ihrer Richtigkeit nicht zweifeln kann, und sie erhält die unzweideutigste Bestätigung durch das Testament Epikur's, in welchem es bei Diog. Laërt. X. 18 heisst: ἐκ δὲ τῶν γινο- μένων προσόδων τῶν δεδομένων ὑφ’ ἡμῶν Ἀμυνομάχῳ καὶ Τι- μοκράτει κατὰ τὸ δυνατὸν μεριζέσθωσαν μεθ’ Ἑρμάρχου σκο- πούμενοι εἴς τε τὰ ἐναγίσματα τῷ τε πατρὶ καὶ τῇ μητρὶ καὶ τοῖς ἀδελφοῖς κ α ὶ ἡ μ ῖ ν ε ἰ ς τ ὴ ν ε ἰ θ ι σ μ έ ν η ν ἄ γ ε σ θ α ι γ ε ν έ- θ λ ι ο ν ἡ μ έ ρ α ν ἑκάστου ἔτους τῇ προτέρᾳ δεκάτῃ τοῦ Γαμη- λιῶνος . . . συντελείτωσαν δὲ καὶ τὴν τῶν ἀδελφῶν ἡμέραν τοῦ Ποσειδεῶνος καθάπερ καὶ ἡμεῖς, συντελείτωσαν δὲ καὶ τὴν Πολυαίνου τοῦ Μεταγειτνιῶνος. [Vgl. auch das Testament der reichen Epikteta aus Thera: Corp. Inscr. n. 2448.] Analog ist es auch, wenn Plutarch. Symp. VIII. 1. 1 des Sokrates und Plato Geburtstage feiert. Aber eben so gewiss darf man annehmen, dass auch am Sterbetage jährlich wiederkehrende Todtenfeiern statt fanden. Ausserdem werden aber auch die zu Athen allgemein gefeierten νεκύσια so genannt. Hesych. γενέσια, ἑορτὴ πένθιμος Ἀθηναίοις, οἱ δὲ τὰ νεκύσια· καὶ ἐν τῇ ἡμέρᾳ τῇ, γῇ θύουσι. Bekk. Anecd. p. 231: γενέσια, ἑορτὴ παρὰ Ἀθηναίοις πενθήμερος, οἱ δὲ νεκύσια. Solche Tage sind es, welche von Plato Leg. VII, p. 800 ἀποφράδες ἡμέραι genannt werden. Tim. Lex. p. 47: ἀποφράδες ἡμέραι, ἐν αἷς τοῖς κατοιχομένοις χοὰς ἐπιφέρουσιν. [Vgl. Petersen die Geburtstagsfeier bei d. Griechen in Jahrb. für class. Phil. 1857. Supplem. II, S. 301. Die γενέσια leitet Mauro- phrydes in Philistor II, p. 177 nicht von γένεσις ab, son- dern von Ϝένω, vgl. φόνος und funus.]

Die Handlung des Opferns am Grabe hiess ἐναγίζειν und das Opfer selbst daher ἐνάγισμα, gewöhnlich χοαί, auch χθόνια

λουτρά, Zenob. VI. 45, wenn blutige Opfer damit verbunden
waren, αἱμαχουρίαι. Worin diese χοαί bestanden, ersieht man
am vollständigsten aus Aeschyl. Pers. 615 ff.:

> παιδὸς πατρὶ πρευμενεῖς χοάς
> φέρουσ᾽, ἅπερ νεκροῖσι μειλιχτήρια,
> βοός τ᾽ ἀφ᾽ ἁγνῆς λευχὸν εὔποτον γάλα,
> τῆς τ᾽ ἀνθεμουργοῦ στάγμα παμφαὲς μέλι
> λιβάσιν ὑδρηλαῖς παρθένου πηγῆς μέτα,
> ἀκήρατόν τε μητρὸς ἀγρίας ἄπο
> ποτὸν παλαιᾶς ἀμπέλου γάνος τόδε·
> τῆς τ᾽ αἰὲν ἐν φύλλοισι θαλλούσης βίον
> ξανθῆς ἐλαίας καρπὸς εὐώδης πάρα
> ἄνθη τε πλεκτά, παμφόρου γαίας τέκνα.

Vgl. Choëph. 86 ff. So sieht man auch gewöhnlich auf Denkmälern, wie besonders Kränze, Tänien und Salbgefässe dargebracht werden. [Vgl. E. Schulze de vasculo picto et
Amazonis pugnam et inferiarum ritus repraesen-
tante. Gotha. 1870.] Es geschah aber auch noch mehr und
es wurden den Todten förmliche Mahlzeiten zugerichtet und
verbrannt. Lucian. Char. 22: τί οὖν ἐκεῖνοι στεφανοῦσι
τοὺς λίθους καὶ χρίουσι μύρῳ; οἱ δὲ καὶ πυρὰν νήσαντες πρὸ
τῶν χωμάτων καὶ βόθρον τινὰ ὀρύξαντες καίουσί τε ταυτὶ τὰ
πολυτελῆ δεῖπνα καὶ εἰς τὰ ὀρύγματα οἶνον καὶ μελίκρατον, ὡς
γοῦν εἰκάσαι, ἐγχέουσιν. Anderwärts spricht Lucian von
einem dabei veranstalteten Mahle, de merc. cond. 28: ἔοικας
γὰρ τότε στήλῃ ἑώλου τινὸς νεκροῦ ἄγοντος ἐναγίσματα· καὶ
γὰρ ἐκείνου καταχέαντες μύρον καὶ τὸν στέφανον ἐπιθέντες
αὐτοὶ πίνουσι καὶ εὐωχοῦνται τὰ παρεσκευασμένα. Wegen
ἑώλου glaube ich nicht, dass an das περίδειπνον zu denken
ist. Uebrigens sagt auch Artemidor. Onirocr. IV. 81: τὰ
ἐν νεκυσίοις καὶ περιδείπνοις παρατιθέμενά τισιν οὔτε ἰδεῖν οὔτε
φαγεῖν ἀγαθὸν οὔτε περιδειπνεῖσθαι. Solon hatte auch diese
Todtenfeiern beschränkt und die Theilnahme nur den Verwandten nachgelassen. Plutarch. Sol. 21: οὐδ᾽ ἐπ᾽ ἀλ-

λότρια μνήματα βαδίζειν χωρὶς ἐχχομιδῆς. — Uebrigens wurde
es nicht nur an jenen bestimmten Tagen als Pflicht der
Frömmigkeit betrachtet, die Gräber zu besuchen; vielmehr
fand man eine Aufforderung, es öfter zu thun, in dem Glauben, dass die Anwesenheit im Leben geliebter Personen dem
Verstorbenen ebenso wohlthuend sei, als die Annäherung ge-
hasster und übel gesinnter unangenehm. Isaeus de Astyph.
her. §. 4: καὶ τὸν ἐμὸν πατέρα ἀσθενοῦντα ἐπὶ τὸ μνῆμα ἦγα-
γον εὖ εἰδότες, ὅτι ἀσπάζοιτο αὐτὸν Ἀστύφιλος. Vgl. de Philoctem. her. §. 51 und Charit. I. 14: ἰδοῦ, φησίν, ἄλλος
τάφος, ἐν ᾧ Θήρων με κατέκλεισεν, ἐρημύτερος ἐκείνου μᾶλ-
λον· μήτηρ γὰρ ἂν ἐκεῖ προσῆλθε καὶ πατὴρ καὶ Χαιρέας
ἐπέσπεισε δακρύων, ἠσθόμην ἂν καὶ τεθνεῶσα. Dagegen findet sich anderwärts, dass ein Sterbender verordnet, gewisse
Personen nicht an sein Grab zu lassen. Isaeus Astyph.
§. 19: ὡς δὲ ὅτε ἀπέθνησκεν ὁ Εὐθυκράτης ὁ πατὴρ Ἀστυ-
φίλου, ἐπέσκηψε τοῖς οἰκείοις, μηδένα ποτὲ ἐάσειν ἐλθεῖν τῶν
Θουδίππου ἐπὶ τὸ μνῆμά τὸ ἑαυτοῦ. Darum sagt auch Teukros
bei Sophocl. Ai. 1372:

> σὲ δ᾽, ὦ γεραιοῦ σπέρμα Λαέρτου πατρός,
> τάφου μὲν ὀκνῶ τοῦδ᾽ ἐπιψαύειν ἐᾶν,
> μὴ τῷ θανόντι τοῦτο δυσχερὲς ποιῶ.

[Zu den Verletzungen der Gräber gehört es namentlich, wenn
fremde und unberechtigte Personen darin bestattet werden.
Daher die Verwünschungen gegen Verletzende auf den Grabmälern: Corp. Inscr. n. 516. 589—591, und die Drohungen
gegen die Angehörigen: ebendas. n. 2824—2835.]

Nach Erörterung dieser allgemeinen Bestattungsgebräuche
sind noch die besonderen Fälle zu berücksichtigen, in welchen
aus religiösen oder politischen Gründen die Bestattung entweder ganz unterlassen wurde oder in besonderer Weise stattfand, oder an die Stelle des wirklichen Begräbnisses, wenn
man den Leichnam selbst nicht erlangen konnte, stellvertretende Ceremonien traten. — Zuvörderst wurden die Körper

der vom Blitze Erschlagenen entweder ganz unbeerdigt gelassen oder, weil man sie als von der Gottheit berührt und darum als *ἱεροὺς νεκρούς* ansah, wenigstens nicht in einem Begräbnisse mit Mehreren beigesetzt. Letzteres ersieht man aus dem Gespräche zwischen Theseus und Adrastos bei Eurip. Suppl. 935:

> Θ. τὸν μὲν Διὸς πληγέντα Καπανέα πυρί —
> A. ἦ χωρίς, ἱερὸν ὡς νεκρόν, θάψαι θέλεις;
> Θ. ναί, τοὺς δέ γ' ἄλλους πάντας ἐν μιᾷ πυρᾷ.

Damit stimmt Artemidor. Onirocr. II. 9 überein: οὐδεὶς γὰρ κεραυνωθεὶς ἄτιμός ἐστιν· ὅθεν γε καὶ ὡς θεὸς τιμᾶται. Er führt bald darauf an, dass die Erschlagenen an Ort und Stelle begraben würden: οὐ γὰρ οἱ κεραυνωθέντες μετατίθενται, ἀλλ' ὅπου ἂν ὑπὸ τοῦ πυρὸς καταληφθῶσιν, ἐνταῦθα θάπτονται. Vgl. jedoch Philostr. Imag. II. 31. Dagegen sagt Plutarch. Symp. IV. 2. 3: πάντων δὲ θαυμασιώτατον, ὃ πάντες ὡς ἔπος εἰπεῖν ἴσμεν, ὅτι τῶν ὑπὸ κεραυνοῦ διαφθαρέντων ἄσηπτα τὰ σώματα διαμένει· πολλοὶ γὰρ οὔτε καίουσιν οὔτε κατορύττουσιν, ἀλλ' ἐῶσι περιφράξαντες ὥστε ὑρᾶσθαι τοὺς ἀσήπτους ἀεί. Unbeerdigt blieben ferner Verbrecher, welche, zum Tode verurtheilt worden waren, wiewohl dieses immer nur als Schärfung der Strafe erscheint. In Athen wird ein besonders dazu bestimmter Ort, wohin dergleichen Leichname geworfen wurden, genannt, Plutarch. Themist. 22: (ἐν Μελίτῃ) οὗ νῦν τὰ σώματα τῶν θανατουμένων οἱ δήμιοι προβάλλουσι καὶ τὰ ἱμάτια καὶ τοὺς βρόχους τῶν ἀπαγχομένων καὶ καθαιρεθέντων ἐκφέρουσιν· [vgl. Plat. Republ. IV, p. 439: ἀνιὼν ἐκ Πειραιῶς ὑπὸ τὸ βόρειον τεῖχος ἐκτὸς αἰσθανόμενος νεκροὺς παρὰ τῷ δημίῳ κειμένους, also ausserhalb des melitischen Thores und in der Nähe der nördlichen langen Mauer (Bursian. Geogr. I, S. 274). Ueber das βάραθρον oder ὄρυγμα vgl. noch Becker Anecd. I, p. 219. Xenoph. Hellen. I. 7. 20. Dinarch. c. Demosth. §. 62. Schol. zu Aristoph. Plut. 431 u. zu Eccles. 1089; ausserdem:

Equit. 1362. Nub. 1450 u. Ran. 574. Plat. Gorg. p. 516D.
Plut. Aristid. 4. Lycurg. c. Leocr. §. 121. Suid. und
Harpocr. s. v. Vgl. Curtius Att. Stud. I, S. 7 ff.] und
ebenso in Sparta, Thucyd. I. 134: καὶ αὐτὸν ἐμέλλησαν μὲν
ἐς τὸν κεάδαν, οὕπερ τοὺς κακούργους ἐμβάλλειν εἰώθεσαν
[und Pausan. IV. 18. 6]. Besonders verweigerte man die
Bestattung denen, welche am Vaterlande oder überhaupt an
der allgemeinen Sache zu Verräthern geworden waren. Daher
soll Polyneikes, daher Aias nicht begraben werden, und so
war auch die Sage von Palamedes, Philostr. Heroic. 7.
Vgl. Thucyd. a. a. O. und das Decret gegen Antiphon in
Vit. X. Orat. p. 834 und Dio Chrysost. XXXI. 28.
Selbstmörder erfuhren zwar schwere Missbilligung (Plato
Phaed. p. 61 ff.) und wurden noch am Leichname durch Ab-
hacken der rechten Hand gestraft, gewiss in demselben Sinne,
in welchem man auch leblose Dinge, welche zufällig einen
Todtschlag verursacht hatten, über die Landesgrenze brachte;
aber der Leichnam wurde begraben. Aeschin. in Ctesiph.
§. 244: καὶ ἐάν τις αὐτὸν διαχρήσηται, τὴν χεῖρα τὴν τοῦτο
πράξασαν χωρὶς τοῦ σώματος θάπτομεν. Plato will, dass
sie in der Stille allein und ohne Denkstein begraben werden
sollen. Leg. IX, p. 873: τάφους δ' εἶναι τοῖς οὕτω φθαρεῖσι
πρῶτον μὲν κατὰ μόνας μηδὲ μεθ' ἑνὸς ξυντάφου, εἶτα ἐν τοῖς
τῶν δώδεκα ὁρίοισι μερῶν τῶν ὅσα ἀργὰ καὶ ἀνώνυμα θάπτειν
ἀκλεεῖς αὐτοὺς μήτε στήλαις μήτε ὀνόμασι δηλοῦντας τοὺς τάφους. Ob der Nachricht bei Philostr. Heroic. p. 721, dass
Kalchas als Exeget nicht gelitten habe, dass der Leichnam
des Aias verbrannt worden sei, ὡς οὐχ ὅσιοι πυρὶ θάπτεσθαι
οἱ ἑαυτοὺς ἀποκτείναντες, eine im wirklichen Leben begründete
Observanz zu Grunde liege, weiss ich nicht zu sagen. Bei
Quint. Smyrn. V. 618 ff. und Andern wird er verbrannt;
[bei Sophokles dagegen scheint es nach v. 1403, als sollte er
begraben werden und Welcker ep. Cyklus B. II, S. 238
führt Philostr. Imag. II, 7 extr. und Stat. Theb. III. 97

für die Meinung an, dass das Feuer durch den Selbstmörder
verunreinigt werde.] Jedenfalls ist es wahrscheinlich, dass
solche Bestattungen in der Stille stattfanden, und dann fiel
auch der Pomp der Verbrennungsscene von selbst weg. Vielleicht geschahen sie sogar des Nachts, was wenigstens unter
gewissen Umständen stattgefunden zu haben scheint; denn so
prophezeit Kassandra dem Agamemnon, Eurip. Troad. 448:

$$\H{\eta} \; \varkappa\alpha\varkappa\grave{o}\varsigma \; \varkappa\alpha\varkappa\tilde{\omega}\varsigma \; \tau\alpha\varphi\acute{\eta}\sigma\epsilon\iota \; \nu\nu\varkappa\tau\acute{o}\varsigma, \; o\grave{\nu}\varkappa \; \grave{\epsilon}\nu \; \H{\eta}\mu\acute{\epsilon}\rho\alpha.$$

[Auf Cypern soll nach Dio Chrysost. LXIV. 3, p. 592 ein
Verbot des Begräbnisses für Selbstmörder bestanden haben
und in Theben gingen dieselben nach Aristot. bei Zenob.
Prov. VI. 17 aller Todtenehren verlustig. Vgl. Artemid.
Onirocr. I. 4. u. v. Lasaulx in Abhandl. d. Bayr. Akad.
1847, Phil. Cl. B. V, S. 125.]

Mit besonderen Förmlichkeiten war die Bestattung derer
verbunden, die eines gewaltsamen Todes gestorben waren. Als
Symbol der Verfolgung des Mörders, welche den Verwandten
oblag, wurde dem Zuge eine Lanze vorausgetragen und an
dem Grabe aufgesteckt, dieses aber drei Tage lang bewacht.
So verordnen die Exegeten über das Begräbniss der an Misshandlungen gestorbenen Freigelassenen bei Demosth. in
Euerg. §. 69: πρῶτον μὲν ἐπενεγκεῖν δόρυ ἐπὶ τῇ ἐκφορᾷ καὶ
προαγορεύειν ἐπὶ τῷ μνήματι, εἴ τις προσήκων ἐστὶ τῆς ἀνθρώ-
που· ἔπειτα τὸ μνῆμα φυλάττειν ἐπὶ τρεῖς ἡμέρας. Vgl. Harpocr. ἐπενεγκεῖν δόρυ und die darauf sich beziehenden Verse
bei Eurip. Troad. 1137:

$$\H{\eta}\mu\epsilon\tilde{\iota}\varsigma \; \mu\grave{\epsilon}\nu \; o\tilde{\nu}\nu, \; \H{o}\tau\alpha\nu \; \sigma\grave{\nu} \; \varkappa o\sigma\mu\acute{\eta}\sigma\H{\eta}\varsigma \; \nu\acute{\epsilon}\varkappa\nu\nu,$$
$$\gamma\tilde{\eta}\nu \; \tau\tilde{\omega}\delta' \; \grave{\epsilon}\pi\alpha\mu\pi\acute{\iota}\sigma\chi o\nu\tau\epsilon\varsigma \; \alpha\H{\iota}\rho o\mu\epsilon\nu \; \delta\acute{o}\rho\nu.$$

War Jemand verunglückt, z. B. auf dem Meere, so dass man
seines Körpers nicht habhaft werden konnte, so wurde, um
doch die Pflicht der Bestattung nicht zu versäumen, ein
Scheinbegräbniss angestellt. Charit. IV. 1: καὶ γὰρ εἰ μὴ
τὸ σῶμα εὕρηται τοῦ δυστυχοῦς, ἀλλὰ νόμος οὗτος ἀρχαῖος

Ἑλλήνων ὥστε καὶ τοὺς ἀφανεῖς τάφοις κοσμεῖν. Eurip.
Helen. 1241:

> Ἑλλησίν ἐστι νόμος, ὃς ἂν πόντῳ θάνῃ —
> κενοῖσι θάπτειν ἐν πέπλων ὑφάσμασιν.

Aus dem aber, was Helena und Menelaos darauf von den
einzelnen Gebräuchen sagen, lässt sich nicht auf die Wirklichkeit schliessen, weil sie nur den Theoklymenos täuschen
wollen und Gelegenheit zur Flucht suchen. Bei dem Schein-
begräbnisse des Chäreas, das Kallirrhoe veranstaltet, wird sein
Bild (εἴδωλον) auf der κλίνη getragen. Charit. IV. 1, p. 86:
*ἐπόμπευε δ᾽ εἴδωλον Χαιρέου πρὸς τὴν ἐν τῷ δακτυλίῳ σφρα-
γῖδα διατυπωθέν.* Ein Schriftsteller wie Chariton ist freilich
in solchen Dingen keine unbedingt gültige Autorität, zumal
da die römische Sitte, nach welcher bei den Leichenbegäng-
nissen der Kaiser ein Wachsbild auf dem lectus lag, leicht
Veranlassung zu solcher Fiction geben konnte. Da aber bei
der Adonisfeier etwas Aehnliches geschah, so mag es wohl
möglich scheinen, dass zuweilen wirklich ein Wachsbild die
Stelle des Leichnams vertrat. Auch bei öffentlichen Begräbnissen im Kriege Gefallener wurde mit der wirklichen Bestattung der vorhandenen Körper oder Gebeine eine solche
stellvertretende Ceremonie für die verbunden, welche vielleicht
nicht aufgefunden worden waren. Thucyd. II. 34: *ἐπειδὰν
δὲ ἡ ἐκφορὰ ᾖ, λάρνακας κυπαρισσίνας ἄγουσιν ἅμαξαι, φυλῆς
ἑκάστης μίαν· ἔνεστι δὲ καὶ τὰ ὀστᾶ, ἧς ἕκαστος ἦν φυλῆς·
μία δὲ κλίνη κενὴ φέρεται ἐστρωμένη τῶν ἀφανῶν, οἳ ἂν μὴ
εὑρεθῶσιν ἐς ἀναίρεσιν.* Vermuthlich beeilte man sich nicht
mit dieser Ceremonie, weil es für den, welchem sie irrthüm-
lich gehalten worden war, wenn er wieder unter den Lebenden auftrat, grosse Nachtheile hatte. Plutarch. Quaest.
Rom. 5 sagt, nachdem er von der römischen Weise, diesen
Nachtheilen zu begegnen, gesprochen hat: *ὅρα δέ, μὴ καὶ
ταῦτα τρόπον τινὰ τοῖς Ἑλληνικοῖς ἔοικεν· οὐ γὰρ ἐνόμιζον
ἁγνοὺς οὐδὲ κατεμίγνυσαν ἑαυτοῖς οὐδὲ εἴων ἱεροῖς πλησιάζειν,*

οἷς ἐκφορὰ γεγόνει καὶ τάφος ὡς τεθνηκόσι. Ein delphisches
Orakel gebot in einem solchen Falle einem gewissen Aristinos:

> ὅσσα περ ἐν λεχέεσσι γυνὴ τίκτουσα τελεῖται,
> ταῦτα πάλιν τελέσαντα θύειν μακάρεσσι θεοῖσι,

τὸν οὖν Ἀριστῖνον εὖ φρονήσαντα παρασχεῖν ἑαυτὸν ὥσπερ ἐξ
ἀρχῆς τικτόμενον ταῖς γυναιξὶν ἀπολοῦσαι καὶ σπαργανῶσαι καὶ
θηλὴν ἐπισχεῖν, οὕτω δὲ δρᾶν καὶ τοὺς ἄλλους ἅπαντας ὑστεροπότμους προσαγορευομένους· ἔνιοι δὲ καὶ πρὸ τοῦ Ἀριστίνου
ταῦτα γίνεσθαι περὶ τοὺς ὑστεροπότμους καὶ τὸ ἔθος εἶναι παλαιόν. Dieselbe Nachricht findet sich bei Hesychius s. δευτε-
ρόποτμος und ὑστερόποτμος und die Worte: ὡς ἔθος ἦν παρὰ
Ἀθηναίοις ἐκ δευτέρου γεννᾶσθαι, erklären sich aus Plutarch's
Erzählung.

EXCURS ZUR ZEHNTEN SCENE.

DER THEATERBESUCH.

Es wird kaum der Erinnerung bedürfen, dass ich in dieser Abhandlung von jeder Untersuchung über das Theater selbst, die Weise der scenischen Darstellung, überhaupt das gesammte Bühnenwesen gänzlich absehe. Die Zuschauer allein sind es, die ich in's Auge fasse, um Rechenschaft davon zu geben, wer sie waren, wie sie erschienen, mit welcher Theilnahme sie billigend oder missbilligend den Darstellungen beiwohnten, wie griechischer Charakter und griechische Sitte in dieser Richtung sich äusserten.

Ich wende mich zunächst zu der Frage: Wer waren die Zuschauer? einer Frage, welche für unsere Zeit sonderbar klingen mag, deren Beantwortung aber für das griechische Alterthum keineswegs leicht ist. Gleichwohl ist sie für die richtige Auffassung der wichtigsten Verhältnisse, namentlich was die Stellung der Frauen und den Takt in der Erziehung anlangt, dann aber auch für die Beurtheilung der alten Dramatik und des Charakters der dramatischen Dichter von so hoher Wichtigkeit, dass es durchaus wünschenswerth sein muss, ihre Beantwortung so viel als möglich zur Gewissheit zu bringen. Man darf sich daher auch nicht wundern, wenn in neuerer Zeit darüber ein lebhafter Streit entstanden ist, an dem besonders Böttiger, Fr. Schlegel, Böckh, Jacobs und Andere Theil genommen haben. Böttiger war es, der den

Apfel der Eris hinwarf, indem er zuerst in Wieland's deutschem Merkur 1796, 1 St. (Kl. Schr. Th. I, S. 295ff.) die Frage aufwarf: »Waren die Frauen in Athen Zuschauerinnen bei den dramatischen Vorstellungen?« und sie verneinte; gegen Schlegel (Griechen u. Römer B. I, S. 312) seine Ansicht vertheidigte (D. Merk. 1797, 3 St., Kl. Schr. I, S. 308 ff.); in der Furienmaske S. 3 (Kl. Schr. I, S. 190) sie abermals geltend zu machen suchte; gegen Böckh's Widerspruch (Graec. trag. princ. p. 37) sie von Neuem in Schutz nahm (Morgenbl. 1808, n. 309—311; Kl. Schr. S. 313 ff.) und noch in der Aldobr. Hochzeit S. 137 dabei beharrte. Er blieb dabei nicht stehen, die Frauen auszuschliessen: er schrieb nicht unüberlegt beim ersten Anlasse, sondern in der Vertheidigung gegen Schlegel, Kl. Schr. S. 310: »Nun ist es aber eine ausgemachte Sache, dass vor Anfang des 18. Jahres kein junger Athenienser das Theater besuchen durfte; dann erst wurde er feierlich unter die Epheben aufgenommen; von da au konnte er die Theater bei Volksversammlungen und also auch bei theatralischen Vorstellungen besuchen; von da an fand er im Theater seinen eigenen Platz, den Pollux ausdrücklich den Sitz der Epheben nennt.« Im auffallendsten Widerspruche damit steht jedoch, was von demselben in einem zuerst in den Kl. Schr. Th. II, S. 279 ff. gedruckten Aufsatze über den Kordaxtanz gesagt wird: »Die Acteurs, die ihn in der alten Komödie auf den Theatern tanzten, hatten einen ungeheuren Phallus von rothem Leder um die Schamtheile gebunden und erregten dadurch das Gelächter der Weiber und Kinder.« Man muss wohl annehmen, dass dieser Aufsatz früher geschrieben ist als Böttiger zu jener Ansicht gelangt war; aber auffallend genug ist es auch dann, dass er der Stelle aus Aristophanes, auf die er sich bezieht, nicht wieder gedachte, da sie allerdings von Kindern, wenn auch keineswegs von Frauen spricht. Ausserdem sprachen sich gelegentlich für die Anwesenheit der Frauen aus Heindorf zu Plato Gorg.

p. 502, Welcker zu Arist. Ran. 1050, Voss zu Arist.
Ran. 174, Eccl. 210, letztere selbst für die Komödie, und
in Bezug auf die Tragödie trat dieser Ansicht auch Jacobs
Verm. Schr. Th. IV, S. 272 bei, während er früher in den
Anmerk. zu den Athen. Briefen Th. I, S. 539 sich an Böttiger anzuschliessen schien. In neuerer Zeit ist die Frage
wiederum namentlich von M. H. E. Meier in Allg. Lit.-
Zeit. 1836, n. 119, S. 317 bei Gelegenheit von Schneider's
Att. Theaterw., Weimar 1835, besprochen worden, und wenn
auch dort nur das höchst schwankende, selbst jeder sichern
Basis entbehrende und die Sache um nichts fördernde Urtheil
gefällt wird, dass »anständige Frauen oder gar Jungfrauen
in Athen nicht viele das Theater besucht haben werden;« so
hat diese Recension, wie es scheint, W. A. Passow zu einem
besonderen Aufsatze »über den Theaterbesuch der athenischen
Frauen in der Blüthezeit des Staats« in der Zeitschr. für
Alterthumsw. 1837, n. 29 veranlasst, dessen verständiger
Erwägung, die sich für die Anwesenheit der Frauen in der
Tragödie, gegen dieselbe in der Komödie erklärt, man gern
seinen Beifall schenken wird. [Ebenso Schwanitz Platon.
Stud. 1864 I, S. 25. Ed. du Méril in Révue archéol. 1863
VIII, p. 128 ff. Bernhardy Grundr. der griech. Literat.
B. II. 2, S. 122. K. F. Hermann zu Becker's Charikles III,
S. 139, der nicht einmal an der Anwesenheit von Frauen in
der Komödie zweifelt, aber in der Sitte und Zucht des weiblichen Geschlechts einen Damm gegen die Ausübung des Rech-
tes findet, während Egger Hist. de la critique. Paris
1849, p. 507 ohne genügenden Grund den Besuch der Komödie vom letzten vorchristlichen Jahrhundert an zugiebt. Voll
dagegen für den Lustspielbesuch sind eingetreten: Richter
Aristophanisches. Berlin 1845, S. 22 ff. Sommerbrodt
in Berlin. Jahrbb. 1845, N. 37 (Scaenica. 1876, S. 70 ff.);
St. John Hellenes T. I. p. 408. O. Benndorf Beiträge
zur Kenntniss des attisch. Theaters in Zeitschr. für

östreich. Gymnasien. XXVI, S. 1—29, der aber freilich
auch S. 10 meint, die Frage, in welcher Ausdehnung Schau-
spielbesuch von Frauen vorausgesetzt werden dürfe, könne mit
Bestimmtheit kaum zu beantworten sein.]

Das Material, das man zur Begründung eines Urtheils benutzen kann, ist in Folge des Streits nach und nach fast vollständig herbeigeschafft worden. Es ist wohl zu bemerken, dass
sich darunter nicht eine Stelle findet, welche die Anwesenheit
der Frauen leugnete, und dass die Argumente dagegen theils
ganz allgemeiner Art und von der (postulirten) Sitte, hauptsächlich aber a silentio entnommen sind. Dagegen vermisst
man auch jeden directen Ausspruch, dass sie Zuschauerinnen
gewesen seien; keine für die bessere Zeit gültige Beziehung,
keine klar zeugende Anekdote ist beigebracht worden; wohl
aber zahlreiche Andeutungen, welche ohne vorgefasste Meinung
Niemand anders als von den Frauen als Zuschauerinnen verstehen würde, und die von den Gegnern dieser Ansicht müh-
sam haben beseitigt werden müssen. Gäbe es nun ein Zeugniss, welches unzweideutig die Anwesenheit der griechischen Frauen im Theater als Thatsache erwiese, so
würde man gern von allen diesen künstlichen Erklärungen ab-
sehen und einfach das annehmen, was die Stellen ohne Vorurtheil und Zweifel betrachtet bieten. Und ein solches Zeugniss, glaube ich, gibt es; allein ich kann es nicht an die Spitze
der Untersuchung stellen; ich kann es nicht umgehen, das
schon früher benutzte Material noch einmal sichtend zu be-
leuchten und das Ergebniss der Prüfung festzustellen, ehe ich
durch jene bisher übersehene Nachricht meine Meinung fester
begründe. Eine Frage aber muss ich vorher aufwerfen, deren
Beantwortung für die ganze Untersuchung von Einfluss ist und
daher abgethan sein will, damit man sich klar bewusst sei,
was man eigentlich wolle: es ist die Frage, warum man eigentlich nicht annehmen zu können glaubt, dass die Frauen Zuschauerinnen der Schauspiele (ich spreche zunächst nur von

der Tragödie) hätten sein dürfen? In der Tragödie selbst,
dieser ernstesten Dichtung, die voll Würde und Anstand im
gemessensten Tone und in der edelsten Sprache bildend, be-
lehrend und warnend dem Menschen entgegentritt, ihm die
Nichtigkeit des Sterblichen und die Macht der Gottheit, das
Verderbliche der Leidenschaft, den hohen Werth besonnenen
und gerechten Thuns, die späte Ahndung halbverschuldeter
Unthat, mit einem Worte, das erhabenste Bild menschlichen
Handelns und Duldens vorhält: in solcher Dichtung an sich
kann nimmermehr ein Grund gefunden, es kann in keiner Weise
für gefährlich oder unanständig gehalten werden, dass Frauen
Zuschauerinnen abgaben, im Gegentheil müsste man sich wundern, dass eben Griechen, denen Poesie ein so allgemein an-
erkanntes Bildungsmittel war, es den Frauen geradehin ver-
sagt hätten, wenn nicht andere Rücksichten hindernd in den
Weg traten. Welche Rücksichten konnten es also sein? Es
bleibt nichts übrig als mit Böttiger anzunehmen, dass die
herrschenden Begriffe von weiblicher Zucht und Sittsamkeit
ihnen nicht gestatteten, öffentlich unter Männern zu erscheinen:
»dass, eine Atheneriu unter den Männern im Theater sitzen
zu sehen, durchaus für ein öffentliches Aergerniss und eine
unverzeihliche Schamlosigkeit gegolten haben müsste.« Es
ist also nicht das Zuschauen, es ist das Erscheinen im Theater, das für unanständig gehalten wird, und hätte nicht die
strenge Zucht verboten, die Frauen zuzulassen, so würde man
ersteres für unverfänglich gehalten haben. Auf diese Bemerkung werde ich später zurückkommen, wenn ich zur Beantwortung der Hauptfrage selbst gelangt bin.

Ich stelle die Frage nicht auf Athen, auch nicht auf die
aristophanische Zeit; ich fasse sie vorerst ganz allgemein, das
ganze griechische Alterthum einschliessend. Aus der Untersuchung wird sich von selbst darstellen, was für Athen und von
welcher Zeit es gelten solle. Ich beginne mit den Stellen aus
späten Schriftstellern, bei denen sich die Anwesenheit der

Frauen im Theater entschieden ausgesprochen findet. Der Sophist Kraton, der die mimischen Tänze verwirft und die Zumuthung, den Zuschauer abzugeben, zurückweist, sagt bei Lucian. de salt. 5: ἔτι γὰρ τοῦτό μοι τὸ λοιπὸν ἦν, ἐν βαθεῖ τούτῳ πώγωνι καὶ πολιᾷ τῇ κόμῃ καθῆσθαι μέσον ἐν τοῖς γυναίοις καὶ τοῖς μεμηνόσιν ἐκείνοις θεαταῖς κ. τ. λ. Plutarch. Consol. ad uxor. 5 schreibt die εὐτέλεια seiner Frau lobend: οὔτε τῶν πολιτῶν (οὐδείς ἐστιν) ᾧ μὴ θέαμα παρέχεις ἐν ἱεροῖς καὶ θυσίαις καὶ θεάτροις τὴν σεαυτῆς ἀφέλειαν. Allein diese Zeugnisse beweisen nichts; denn das ist eine entartete Zeit, in welcher die griechische Sitte unter römischem Einflusse viel Fremdartiges angenommen hat. Spricht doch Philostr. Vit. Apollon. Tyan. IV. 22 aus derselben Zeit erzählend von Gladiatorenkämpfen im Theater zu Athen und Korinth, und die Pantomimen selbst, welche Lucian rühmt, stammen aus Rom, wie er selbst angiebt. Nur so viel folgt daraus, dass man nicht etwa aus Liban. Or. LXIII. t. III, p. 370 f., der keine Frauen erwähnt, schliessen dürfe, sie hätten auch in so später Zeit das Theater nicht besucht.

Geringe Beweiskraft kann man ferner den Stellen zuerkennen, in welchen Frauen zwar Zuschauerinnen genannt werden, aber nichts zur näheren Bezeichnung des Schauspiels hinzugefügt wird. So sagt Phintys bei Stob. Serm. LXXIV. 61 von den Fällen sprechend, in denen die Frau sich öffentlich zeigen dürfe: ἔπειτα μήτε ὀρφνᾶς ἀνισταμένας μήτε ἑσπέρας, ἀλλὰ πλαθούσας ἀγορᾶς καταφανέα γινομέναν τὰν ἔξοδον ποιεῖσθαι θεωρίας ἕνεκά τινος ἢ ἀγορασμῶ οἰκήω: allein ob dort eine θεωρία im Theater gemeint sei, geht daraus nicht hervor. Eben so verhält es sich leider auch mit einigen Fragmenten bei Pollux, die nur durch den Zusammenhang Licht erhalten könnten. Der Onomastiker sagt II. 56: καὶ θεάτρια καὶ συνθεάτρια ἡ παλαιὰ κωμῳδία. Vgl. IV. 121. VI. 158. Die einzige Stelle vielleicht, in der er das letztere Wort gefunden hatte, führt er X. 67 an: καὶ τὴν ἐν Ἀριστοφάνους Σκηνὰς καταλαμβανούσαις λήκυθον·

τὴν ἑπταχότυλον, τὴν χυτραίαν, τὴν χαλήν,
ἢν ἐφερόμην, ἵν' ἔχοιμι συνθεάτριαν.

Es scheint ausgemacht zu sein, dass hier ein Weib spricht;
ich glaube auch, dass vom Theater die Rede ist; aber beweisen lässt sich durch diese Worte um so weniger, als der
Titel des Stücks zu errathen giebt, dass auch hier eine Art
verkehrter Welt dargestellt worden sei. Dasselbe haben schon
Böttiger und Passow gegen ein zweites Fragment geltend
gemacht, das derselbe IX. 44 anführt:

ἐνταῦθα περὶ τὴν ἐσχάτην δεῖ κερκίδα
ὑμᾶς καθιζούσας θεωρεῖν ὡς ξένας.

Das Stück des Alexis, aus dem diese Verse entnommen sind,
war Γυναικοκρατία betitelt und es lässt sich aus diesem Namen
allerdings auf einen ähnlichen Inhalt wie in den Ekklesiazusen
schliessen. Das Bedenken aber, welches Passow gegen das
Wort θεωρεῖν erhebt, als ob es nicht θεᾶσθαι, von dem Zuschauen im Theater, sondern bei rein religiösen Festlichkeiten
gebraucht werde, ist ganz ungegründet. Sagt doch Demosth.
de cor. §. 265: ἐτριταγωνίστεις, ἐγὼ δ' ἐθεώρουν: Theophr.
Char. 11: συρίττειν οὓς ἡδέως θεωροῦσιν οἱ λοιποί u. s. w.
[Becker hat weiter unten selbst zugegeben, dass der Vergleich
ὡς ξένας aus der wirklichen Welt entlehnt sein müsse. Benndorf bringt S. 12 die Stelle in Verbindung mit Aristoph.
Pax 964:

OIKETHΣ νὴ τὸν Ἑρμῆν ὥστε γε
τούτων ὅσοιπέρ εἰσι τῶν θεωμένων
οὐκ ἔστιν οὐδεὶς ὅστις οὐ κριθὴν ἔχει.
ΤΡΥΓ. οὐχ αἱ γυναῖκες γ' ἔλαβον.

Schon Hermann hatte hierzu bemerkt, man brauche bloss das
Geschlecht in ὅσοιπέρ εἰσι in's Auge zu fassen, um sich zu
überzeugen, dass die Worte des Trygäos nichts weniger als
eine Abwesenheit des weiblichen Geschlechts im Lustspiele
voraussetzten. Benndorf aber folgert aus beiden Stellen, dass

die Frauen, wie in Rom (Becker Handb. IV, S. 531), in
summa cavea sassen.] In dieselbe Kategorie gehören zwei aus Aristophanes
angeführte Stellen, oder vielmehr, sie finden gar keine Anwendung auf unsere Frage. In der einen, Thesm. 832—841,
wird scherzweise für Frauen, welche tüchtige Söhne hätten,
eine Proedrie verlangt; aber vom Theater ist da gar nicht
die Rede. Die andere, Eccles. 23, lautet:

$$\hat{\eta} \; \delta' \; \dot{\epsilon}\varkappa\varkappa\lambda\eta\sigma\dot{\iota}a$$
$$a\dot{\upsilon}\tau\dot{\iota}\varkappa a \; \mu\acute{a}\lambda' \; \check{\epsilon}\sigma\tau a\iota \cdot \; \varkappa a\tau a\lambda a\beta\epsilon\tilde{\iota}\nu \; \delta' \; \hat{\eta}\mu\tilde{a}\varsigma \; \check{\epsilon}\delta\rho a\varsigma,$$
$$\hat{a}\varsigma \; \varPhi\upsilon\rho\acute{o}\mu a\chi\acute{o}\varsigma \; \pi o\tau' \; \epsilon\tilde{\iota}\pi\epsilon\nu, \; \epsilon\grave{\iota} \; \mu\acute{\epsilon}\mu\nu\eta\sigma\vartheta' \; \check{\epsilon}\tau\iota \cdot$$
$$\delta\epsilon\tilde{\iota} \; \tau\grave{a}\varsigma \; \dot{\epsilon}\tau\acute{\epsilon}\rho a\varsigma \; \pi\omega\varsigma \; \varkappa\grave{a}\gamma\varkappa a\vartheta\epsilon\zeta o\mu\acute{\epsilon}\nu a\varsigma \; \lambda a\vartheta\epsilon\tilde{\iota}\nu.$$

Diese Verse erhalten erst durch die Scholien Bedeutung für
die Theaterfrage; denn da heisst es: γρ. ἃς Κλεόμαχος· φασὶ
Κλεόμαχον τραγικὸν ὑποκριτήν· οὗτος φαίνεται ὑποκρινόμενός
ποτε εἰρηκέναι ἕδρας ἐν δράματι καὶ ἐσκῶφθαι διὰ τὸ κακέμ-
φατον· ὁ δὲ Φυρόμαχος ψήφισμα εἰρηγήσατο, ὥστε τὰς γυναῖκας καὶ τοὺς ἄνδρας χωρὶς καθέζεσθαι καὶ τὰς ἑταίρας χωρὶς τῶν ἐλευθέρων· οἱ δὲ ὅτι τὰς γυναῖκας καὶ τοὺς ἄνδρας
χωρὶς καθέζεσθαι. Dass auf einen Fehler in der Aussprache
angespielt werde und dass dieser auf irgend eine Weise auf
das Wort ἕδρας bezogen werden müsse, daran lässt sich nicht
zweifeln; worin er aber bestand, das ist wohl für uns auf
immer verloren. Das von dem Scholiasten nach doppelter
Tradition angeführte und als von ihm selbst wenigsteus nicht
erdichtete Psephisma kann historischen Grund haben: wer
will das leugnen? aber eben so gut kann es die Erfindung
eines um den Sinn verlegenen Erklärers sein, und auf die
Stelle selbst leidet es durchaus keine Anwendung; [aber
doch auf die ventilirte Frage, in Bezug auf welche dem Scholion doch nicht alle Beweiskraft abgesprochen werden kann.
Ein voreuklidischer Archon Basileus Φυρόμαχος findet sich
Corp. Inscr. Att. I, n. 539. Vgl. Keil Anal. epigr.
p. 211. Kock in Fleckeisen's Jahrb. Suppl. III, p. 265.
Meineke Vind. Aristoph. p. 184.]

Anders dagegen verhält es sich mit einer dritten Stelle
in den Fröschen, wo Aeschylos dem Euripides Vorwürfe
macht, dass er durch Wahl unzüchtiger Fabeln für seine Tragödien die Weiber verführe oder vor Scham aufs Aeusserste
bringe. Da fragt Euripides v. 1049:

καὶ τί βλάπτουσ', ὦ σχέτλι' ἀνδρῶν, τὴν πόλιν ἁμαί Σθενέβοιαι;
Α. ὅτι γενναίας καὶ γενναίων ἀνδρῶν ἀλόχους ἀνέπεισας
κώνεια πιεῖν αἰσχυνθείσας διὰ τοὺς σοὺς Βελλεροφόντας.
Ε. πότερον δ' οὐκ ὄντα λόγον τοῦτον περὶ τῆς Φαίδρας ξυνέθηκα;
Α. μὰ Δί', ἀλλ' ὄντ'· ἀλλ' ἀποκρύπτειν χρὴ τὸ πονηρὸν τόν γε
                                                    ποιητήν
καὶ μὴ παράγειν μηδὲ διδάσκειν· τοῖς μὲν γὰρ παιδαρίοισιν
ἔστι διδάσκαλος ὅστις φράζει, τοῖς δ' ἡβῶσίν γε ποιηταί.

Ich habe lange gezweifelt, ob ich nicht das κώνεια πιεῖν auf
Sthenebôa und Phädra selbst beziehen solle; allein eine solche
Erklärung scheint ganz unzulässig, weil dann dem Vorwurfe
jede Pointe fehlen würde. Für Männer konnten solche Stücke
weder etwas Verführendes noch Beschämendes haben; im Gegen-
theil verdienten die Charaktere des Hippolytos und Bellerophon
Achtung; das weibliche Geschlecht aber, so gleichsam an den
Pranger gestellt, musste sich auf das Empfindlichste verletzt
fühlen. Dann fragt es sich nun aber, wie ein so mächtiger
Eindruck, als ihn Aeschylos schildert, hervorgebracht werden
konnte, wenn die Frauen nicht Zuschauerinnen waren? Wollen
wir etwa annehmen, die Männer hätten sich beeilt, ihren
Frauen die sauberen Geschichten zu erzählen? Das wird wohl
Niemandem einfallen, der einigermaassen das Verhältniss erwägt, das zwischen Mann und Frau in Athen bestand. Und
wäre es auch geschehen, so würde die blosse Relation nimmermehr einen solchen Eindruck haben machen können, zumal da
die Fabeln selbst, wie Euripides sagt, alt und bekannt waren
und nur in der Behandlungsweise des Dichters das Beleidi-
gende liegen mochte. Oder wollen wir vielleicht gar glauben,
die Frauen hätten sich eiligst Abschriften der Stücke verschafft

und lesend an den Tragödien des Euripides ein Aergerniss genommen? Das wäre mir ein erwünschter Beweis für den Buchhandel in dieser Zeit; aber der Gedanke ist eine Lächerlichkeit. Nein, wer unbefangen die Stelle liest, der wird nichts anderes darin finden, als dass ergriffen und beschämt durch die Darstellung selbst edle Frauen auf's Tiefste die ihrem Geschlechte angethane Schmach fühlten, während vielleicht in leichtfertigeren unkeusche Empfindungen angeregt wurden.

Nur im Vorbeigehen gedenke ich hier der bekannten Erzählung von dem Entsetzen der Frauen, als der Chor in den Eumeniden des Aeschylos aufgetreten sei: Vit. Aeschyl. §. 9: τινὲς δέ φασιν ἐν τῇ ἐπιδείξει τῶν Εὐμενίδων σποράδην εἰσαγαγόντα τὸν χορὸν τοσοῦτον ἐκπλῆξαι τὸν δῆμον, ὥστε τὰ μὲν νήπια ἐκψῦξαι, τὰ δὲ ἔμβρυα ἐξαμβλωθῆναι. Dieser Erzählung kann Wahrheit zu Grunde liegen, wie Böckh a. a. O. p. 37, sie kann eine spätere Erdichtung oder übertreibende Ausschmückung enthalten, wie G. Hermann Opusc. t. II, p. 130 und Böttiger annehmen, und wie mir auch wahrscheinlich ist; für unsere Frage hat sie des späten und apokryphen Zeugnisses wegen keine Bedeutung, obgleich man sie andererseits auch wieder nicht bloss aus dem Grunde verwerfen soll, weil es keine Frauen im Theater gegeben habe. Denn dafür zeugt ferner auch Plato an mehreren Stellen, welchen man trotz des auch dagegen erhobenen Widerspruchs ihre Beweiskraft nicht wird absprechen können. Auf die eine zwar, Leg. II, p. 658, lege ich selbst kein grosses Gewicht. Um zu zeigen, wie durch verschiedene Stufen der Bildung und des Alters verschiedene Urtheile bedingt würden, wird beispielsweise der Fall angenommen, dass ein Wettstreit zwischen Gauklern, Komöden, Tragöden und Rhapsoden stattfinde. Da heisst es: εἰ μὲν τοίνυν τὰ πάνυ σμικρὰ κρίνοι παιδία, κρινοῦσι τὸν τὰ θαύματα ἀποδεικνύντα ... ἐὰν δέ γ᾽ οἱ μείζους παῖδες, τὸν τὰς κωμωδίας· τραγωδίαν δὲ αἵ τε πεπαιδευμέναι τῶν γυναικῶν καὶ τὰ νέα μειφάκια καὶ σχεδὸν ἴσως τὸ πλῆθος πάντων κ. τ. λ. Muss man sich auch wundern, wie die von allen Schauspielen ausgeschlossenen Frauen plötzlich (und unnöthigerweise) zum Geschmack für die Tragödie kommen, so lässt sich doch mit solchem hypothetischem Urtheile, zumal da es auf Plato's Staat angewendet wird, kein Beweis führen. Gültiger aber ist die zweite Stelle, Leg. VII, p. 817. Hier sagt Plato, mit welchen Worten die Bürger seines Staats tragische Dichter und Schauspieler zurückweisen würden, die zu ihnen kämen, um sich sehen und hören zu lassen. Sie würden sagen, dass sie selbst Schöpfer der herrlichsten Tragödie seien (μίμησις τοῦ καλλίστου καὶ ἀρίστου βίου) und darum: μὴ δὴ δόξητε ἡμᾶς ῥᾳδίως γε οὕτως ὑμᾶς ποτε παρ' ἡμῖν ἐάσειν σκηνάς τε πήξαντας κατ' ἀγορὰν καὶ καλλιφώνους ὑποκριτὰς εἰσαγομένους μεῖζον φθεγγομένους ἡμῶν ἐπιτρέψειν ὑμῖν δημηγορεῖν πρὸς παῖδάς τε καὶ γυναῖκας καὶ τὸν πάντα ὄχλον κ. τ. λ. Ist dies gleich auch kein Fall aus der Wirklichkeit, so muss man doch anerkennen, dass es höchst unpassend sein würde, wenn den fremden Schauspielern geantwortet werden sollte, man werde sie nicht zu Weibern und Kindern sprechen lassen, sobald diese überhaupt vom Theater ausgeschlossen waren; denn dann konnten ja jene das überhaupt gar nicht im Sinne haben. Noch schlagender endlich ist die dritte, im Gorg. p. 502. Φέρε δή, sagt Sokrates, εἴ τις περιέλοιτο τῆς ποιήσεως πάσης τό τε μέλος καὶ τὸν ῥυθμὸν καὶ τὸ μέτρον, ἄλλο τι ἢ λόγοι γίγνονται τὸ λειπόμενον; — Ἀνάγκη. — Οὐκοῦν πρὸς πολὺν ὄχλον καὶ δῆμον οὗτοι λέγονται οἱ λόγοι; — Φημί. — Δημηγορία ἄρα τίς ἐστιν ἡ ποιητική; — Φαίνεται. — Οὐκοῦν ἡ ῥητορικὴ δημηγορία ἂν εἴη, ἢ οὐ ῥητορεύειν δοκοῦσί σοι οἱ ποιηταὶ ἐν τοῖς θεάτροις; — Ἔμοιγε. — Νῦν ἄρα ἡμεῖς εὑρήκαμεν ῥητορικήν τινα πρὸς δῆμον, τοιοῦτον οἷον παίδων τε ὁμοῦ καὶ γυναικῶν καὶ ἀνδρῶν καὶ δούλων καὶ ἐλευθέρων, ἣν οὐ πάνυ ἀγάμεθα· κολακικὴν γὰρ αὐτὴν φαμὲν εἶναι. Hier ist glücklicherweise die Ausflucht eigenthümlicher platonischer Ideen abgeschnitten. Es wird mit nackten Worten gesagt, aus was für Leuten der δῆμος im Theater bestehe, und durch den gleich folgenden Gegensatz wird die Sache noch klarer. Denn Sokrates fragt weiter: τί δὲ ἡ πρὸς τὸν Ἀθηναίων δῆμον ῥητορικὴ καὶ τοὺς ἄλλους τοὺς ἐν ταῖς πόλεσι δήμους τοὺς τῶν ἐλευθέρων ἀνδρῶν. So bildet also der δῆμος in der Volksversammlung, aus freien Männern bestehend, den Gegensatz zu dem δῆμος im Theater, unter dem sich eben so wohl Kinder und Frauen als Männer, eben so wohl Sklaven als Freie befinden. Böttiger scheint das Gewicht dieser Stelle gefühlt zu haben; allein statt anzuerkennen, was sich nicht wegleugnen lässt, verdächtigt er diese Zuschauerinnen, S. 314: »schon die Gesellschaft der Sklaven, in der sie hier erscheinen, zeigt, zu welcher Klasse sie gehörten.« Das heisst absichtlich die Stelle missverstehen; denn es werden ja die Frauen gar nicht in Verbindung mit den Sklaven genannt; es wird gesagt, die Zuschauer in der Tragödie (denn nur von ihr spricht Plato: ἡ τῶν τραγῳδῶν ποίησις) wären eines Theils ein πλῆθος παίδων, γυναικῶν καὶ ἀνδρῶν, andern Theils δούλων καὶ ἐλευθέρων. [Auch Sommerbrodt hat auf diese platonische Stelle den grössten Werth gelegt, aber auch mit Recht Becker gegenüber hervorgehoben, dass es sich nicht bloss um die Tragödie dort handle, sondern, wie aus den Worten εἴ τις περιέλοιτο τῆς ποιήσεως πάσης hervorgeht, um die gesammte dramatische Poesie!]

Dass allerdings auch Hetären das Theater besuchten, unterliegt keinem Zweifel; man braucht sich nur des Beinamens θεατροπόρνη zu erinnern, welchen bei Athen. IV. 45, p. 157 Melissa führt, weil ihr Erscheinen das Theater in Aufruhr brachte; aber gerade einzelne Personen dieser Art hätten unter einer Versammlung von lauter Männern sehr auffällig sein müssen; und deshalb muss es uns sehr willkommen sein, auch für sonstige Frauen ein ebenso ausdrückliches Zeugniss zu besitzen, dass sich solche bei einer bestimmten Gelegenheit im

Theater befanden haben. Ein solches Zeugniss giebt uns
ein Fragment aus den *Βίοις* des Peripatetikers Satyros bei
Athen. XII. 47, p. 534. Er sagt von Alkibiades: *ὅτε δὲ*
χορηγοίη πομπεύων ἐν πορφυρίδι, εἰσιὼν εἰς τὸ θέατρον ἐθαυ-
μάζετο οὐ μόνον ὑπὸ τῶν ἀνδρῶν, ἀλλὰ καὶ ὑπὸ τῶν γυ-
ναικῶν. Hier finden wir das Volk, Männer und Frauen, im
Theater, um Zuschauer der Schauspieler zu sein ; es ist Athen,
von wo es berichtet wird, und es ist die Zeit des peloponnesischen Kriegs. Man hat durchaus keinen Grund, der Angabe des Satyros in Bezug auf Ort und Zeit zu misstrauen;
und wollte man es selbst, wo wäre wiederum ein Grund anzunehmen, dass in seiner Zeit eine solche Veränderung in der
Sitte vorgegangen sei, die ihm überdies schon so fern liegen
müsste, dass er den Anachronismus nicht fühlte? Auch die
Einwendung besorge ich nicht, dass keine dramatischen Darstellungen genannt werden. Man könnte seine Zuflucht dazu
nehmen, den Alkibiades als *χορηγὸς παίδων* zu denken oder
αὐλητῶν ἀνδρῶν, wie Demosthenes in der bekannten Streit-
sache mit Meidias; vgl. in Mid. §. 156; allein darauf kommt
überhaupt gar nichts an; denn wie oben gezeigt worden ist,
wird ja die Unanständigkeit nicht in dem Schauen der Tragödie, sondern in dem Erscheinen der Frauen unter den Männern im Theater gesucht.

Zu allen diesen Argumenten kommt ausserdem noch ein
höchst merkwürdiges Denkmal. Auf einer griechischen, bei
Aulis gefundenen Vase bei Millin Peint. d. Vases t. II,
pl. 55. 56 ist in drei Abtheilungen ein griechisches Theater
dargestellt. Die eine derselben zeigt einen Theil der Büh ne,
wo eben die Vorstellung stattfindet; die beiden anderen die
Sitze für die Zuschauer. Die räthselhafte Darstellung auf dem
ersten Gemälde ist von dem Sicilianer Scrofani mit sehr
wenig Wahrscheinlichkeit auf den gefesselten Prometheus des
Aeschylos bezogen worden; wie dem aber auch sei, es kommt
hier auf ihre Deutung nichts an. So viel ist gewiss, wir

haben ein Theater vor uns, und die darüber angedeuteten
Tempel der Akropolis lassen keinen Zweifel, dass wir an das
Dionysos-Theater zu Athen zu denken haben, wenn auch natürlich diese Andeutungen nur ganz flüchtig und allgemein
sind. Die eine Abtheilung der Sitze ist leer, wie es denn
überhaupt dem griechischen Künstler ganz fern liegen musste,
besonders in einem solchen Werke, ein gefülltes Schauspiel-
haus darzustellen; auf der zweiten grösseren aber sehen wir
zwei Frauen im langen Chiton und Himation, die eine sitzend,
die andere stehend; dahinter noch eine dritte weibliche Figur
im blossen Chiton und daneben einen jungen Mann in der
Chlamys. Dass durch diese wenigen Figuren die ganze Zahl
der Zuschauer repräsentirt wird, das kann Niemanden befremden, der mit dem einfach andeutenden Stile dieser Vasenbilder bekannt ist. Wie aber hätten auf einem ächt griechischen Werke überhaupt Frauen im Theater dargestellt werden
können, wenn sie ganz davon ausgeschlossen waren? Anders
fasst Wieseler Denkm. d. Bühnenwesens S. 34 diese
Scene auf; für eine Mischung der Geschlechter als Zuschauer
bleibt sie jedoch immerhin beweisend. [Wenn noch Bernhardy a. a. O. vor den neuerlichen Ausgrabungen im grossen
Theater schrieb: »Plätze für Frauen finden sich nirgend im
attischen Theater angedeutet«, so heisst es bei Benndorf
a. a. O. S. 5: »Auf den untersten Stufen eine glänzende Reihe
marmorner Throne, bestimmt, wie ihre Inschriften lehren, für
die angesehensten Geistlichen und Kultusbeamten, die höchsten
Würdenträger des Staats und einzelne Privatpersonen, denen
persönlich oder erblich das Recht des Vorsitzes bei den Schauspielen zuerkannt war. Hinter den Bänken der Männer
waren die gewöhnlichen Sitzbänke bis hinauf zum
zwanzigsten einer grossen Zahl von Priesterinnen
und Kultusdienerinnen eingeräumt.« Vergl. Gelzer
Monatsber. d. Berlin. Akad. d. Wiss. 1872, S. 164 ff.]
Jedenfalls aber hat man den Besuch des Theaters von

Seiten der Frauen, in früherer Zeit wenigstens, auf die Tragödie zu beschränken, wie auch Jacobs und Passow gethan
haben. Dass sie bei der Komödie nicht gegenwärtig waren,
das muss man nicht nur um des Charakters dieser Spiele
willen annehmen, der nur allenfalls vor Männern Entschuldigung finden kann; sondern es wird sich auch aus dem ergeben, was ich sogleich über die Anwesenheit der Knaben
zu sagen habe. Aber auch das ist mir sehr unwahrscheinlich,
dass Jungfrauen, bei der klösterlichen Einsamkeit, in der sie
gehalten wurden, selbst nur zur Tragödie der Zutritt gestattet
worden sei. [Das Letzte wird man gern zugeben. Aber sich
für das Nichterscheinen der Frauen in der Komödie auf den
Charakter dieser Spiele beziehen zu wollen, während man
ihnen die Tragödie frei lässt und damit doch zugleich die
Zoten und lasciven Sikinnistänze der Satyristen in den Kauf
giebt, ist ein zu starker Widerspruch, der sich eben nur löst,
wenn man — und dies gilt auch von der Anwesenheit der
Knaben — für jene Zeit eine ganz andere Grenze für das
Schickliche zieht und namentlich in Beziehung auf die ge-
schlechtlichen Verhältnisse dem Witze einen weiteren Spielraum lässt. Denn, wenn man auch oft in dem obscönen
Schmutze ein Mittel erkennen kann, um Widerwillen gegen
die gemeine Wirklichkeit, auch auf Kosten des gesellschaft-
lichen Anstandes, zu erwecken, so trat doch überhaupt an
das weibliche Geschlecht schon in der Jugend die naturalisti-
sche Gemeinheit zu nahe heran (ich erinnere nur an die vielen
Terracottazwerge oder νᾶνοι mit beweglichem Phallos. Vergl.
Stephani Compte rendu pour 1874), als dass die groben
Spässe der Komödie einer grossen sittlichen Entrüstung hätten
begegnen können. Vgl. auch die Jungfrauen als Kanephoren
neben den Phallosträgern und die der Prozession nachschauen-
den Weiber an den ländlichen Dionysien: Aristoph. Acharn.
241 ff. Andererseits mögen aber auch — und hierin stimme
ich Hermann bei — anständige Frauen nicht oft das

Theater besucht haben. Darauf deutet schon die von Böttiger zu seinem Zwecke benutzte Stelle bei Aristoph. Av. 793 hin:

> εἴ τε μοιχεύων τις ὑμῶν ἐστιν ὅστις τυγχάνει,
> χᾆθ' ὁρᾷ τὸν ἄνδρα τῆς γυναικὸς ἐν βουλευτικῷ,
> οὗτος ἂν πάλιν παρ' ὑμῶν πτερυγίσας ἀνέπτετο,
> εἶτα βινήσας ἐκεῖθεν αὖθις αὖ καθέζετο.

Ist dies eine Hindeutung in Bezug auf die Komödie, so wird die Abwesenheit der Hausfrau auch in der Komödie vorausgesetzt Thesmoph. 395:

> ὥστ' εὐθὺς εἰσιόντες ἀπὸ τῶν ἰκρίων
> ὑποβλέπουσ' ἡμᾶς σκοπυῦνται τ' εὐθέως,
> μὴ μοιχὸς ἔνδον ᾖ τις ἀποκεκρυμμένος.]

Wie wenig man mit allgemeinen, von strenger Zucht und rücksichtsvollem Anstande entlehnten Gründen gegen obige Beweise ausrichten könne, welchen Werth überhaupt solche Gründe, die immer eine petitio principii einschliessen, haben, das wird durch nichts einleuchtender, als durch die Gewissheit, dass Knaben, bei denen in der Erziehung durchaus und in jeder Hinsicht auf εὐκοσμία hingearbeitet werden sollte, unbedenklich nicht etwa nur der Tragödie, sondern entschieden der Komödie beiwohnen durften. Wie ergötzlich auch die Lustspiele des Aristophanes durch komische Laune und Witze sind; wie geistreich und wahr die Auffassung des athenischen Lebens genannt werden muss; wie tiefer Ernst sich hinter diesen Possen als bittere Arznei hinter Süssigkeiten verbirgt; wie gross auch die politische Wichtigkeit dieser Redefreiheit erscheinen mag, die eben nur auf der Bühne in vollem Maasse gelitten war, wie Isocr. de pace §. 14 sagt: ὅτι δημοκρατίας οὔσης οὐκ ἔστι παῤῥησία πλὴν ἐνθάδε μὲν τοῖς ἀφρονεστάτοις καὶ μηδὲν ὑμῶν φροντίζουσιν, ἐν δὲ τῷ θεάτρῳ τοῖς κωμῳδοδιδασκάλοις — den Vorwurf der äussersten Gemeinheit und Unanständigkeit wird man von diesen oft mit sehr wohlfeilen Mitteln den Beifall der Menge

erhaschenden Komödien nie abwenden können, und die Gebildeten und Besonnenen urtheilten selbst in jener [aber namentlich in späterer] Zeit nicht anders. Wenn Rötscher
Aristoph. u. s. Zeitalter S. 18 ff. die hohe Achtung Plato's
für Aristophanes und namentlich die Bewunderung seiner Dich-
tungen theils aus dem eines Plato Namen führenden Epigramme, theils aus der Anwesenheit beim Gastmable, endlich
aus der Sage, dass Plato dem Dionysios gerathen habe, die
aristophanischen Komödien zu lesen, um Athen kennen zu
lernen, erweisen will, so lässt sich neben vielem Anderen dagegen erinnern, dass man mit einem so geistreichen Manne,
wie dieser Dichter, wohl gern umgehen und die treffende Darstellung der Verhältnisse und Charaktere anerkennen mag,
ohne gerade diese Form gut zu heissen. [Vgl. Zimmermann
de Aristophanis et Platonis amicitia aut simultate,
Marb. 1834. 8.] Dass aber Plato von dieser Komödie um
ihrer schonungslosen Misshandlung wirklicher Personen willen
überhaupt nicht gut dachte, das konnte daraus ersehen werden, dass er sie in dieser Tendenz aus seinem Staate verbannt
wissen will: Leg. XI, p. 935: ποιητῇ δὲ κωμῳδίας ἤ τινος
ἰάμβων ἢ μουσῶν μελῳδίας μὴ ἐξέστω μήτε λόγῳ μήτε εἰκόνι
μήτε θυμῷ μήτ᾽ ἄνευ θυμοῦ μηδαμῶς μηδένα τῶν πολιτῶν κω-
μῳδεῖν: und eben so wenig wird er die Plattheiten und Un-
züchtigkeiten gebilligt haben, die Plutarch in seiner Vergleichung Menander's mit Aristophanes mit solcher Schärfe
zum Nachtheile des letzteren geltend macht.

Uebrigens ist keineswegs Plutarch der erste, welcher
sich gegen das Wesen der alten Komödie erklärte. Das Urtheil, das er a. a. O. p. 854 und kürzer Symp. VII. 8. 3 über
die alte Komödie fällt: τῶν δὲ κωμῳδιῶν ἡ μὲν ἀρχαία διὰ
τὴν ἀνωμαλίαν ἀνάρμοστος ἀνθρώποις πίνουσιν· ἥ τε γὰρ ἐν
ταῖς λεγομέναις παραβάσεσιν αὐτῶν σπουδὴ καὶ παρρησία λίαν
ἄκρατός ἐστι καὶ σύντονος, ἥ τε πρὸς τὰ σκώμματα καὶ βω-
μολοχίας εὐχέρεια δεινῶς κατάκορος καὶ ἀναπεπταμένη καὶ

γέμουσα ῥημάτων ἀκόσμων καὶ ἀκολάστων ὀνομάτων, findet
sich, wenn auch nicht mit so harten Worten, viel früher in
einer dem Dichter nahe stehenden Zeit ausgesprochen. Ich
will mich nicht auf die angebliche Verachtung des Sokrates
beziehen, von der Aelian (welcher den Dichter selbst βωμο-
λόχον ἄνδρα καὶ γελοῖον ὄντα καὶ εἶναι σπεύδοντα nennt) Var.
Hist. II. 13 berichtet: ὁ δὲ αὐτοῖς (τοῖς κωμῳδοῖς) οὐκ ἠρέ-
σκετο, ἀλλὰ δεινῶς κατεφρόνει — ἀνδρῶν κερτόμων καὶ ὑβρι-
στῶν καὶ ὑγιὲς λεγόντων οὐδέν, ich meine vielmehr den Vergleich, den Aristoteles Eth. Nic. IV. 8 zwischen der alten
und neuen Komödie anstellt. Der Philosoph spricht in dem
ganzen Kapitel von dem rechten Maasse und der rechten Weise
des Scherzes. Zwischen dem βωμολόχος καὶ φορτικός und
dem ἄγριος καὶ σκληρός halte die rechte Mitte (τὴν μέσην ἕξιν)
der εὐτράπελος καὶ ἐπιδέξιος. Indem er auf letztere Eigenschaft kommt, sagt er: τοῦ δ' ἐπιδεξίου ἐστὶ τοιαῦτα λέγειν
καὶ ἀκούειν, οἷα τῷ ἐπιεικεῖ καὶ ἐλευθερίῳ ἁρμόττει· ἔστι γάρ
τινα πρέποντα τῷ τοιούτῳ λέγειν ἐν παιδιᾶς μέρει καὶ ἀκούειν·
καὶ ἡ τοῦ ἐλευθερίου παιδιὰ διαφέρει τῆς τοῦ ἀνδραποδώδους,
καὶ πεπαιδευμένου καὶ ἀπαιδεύτου. ἴδοι δ' ἄν τις καὶ ἐκ τῶν
κωμῳδιῶν τῶν παλαιῶν καὶ τῶν καινῶν· τοῖς μὲν γὰρ ἦν γελοῖον ἡ αἰσχρολογία, τοῖς δὲ μᾶλλον ἡ ὑπόνοια· διαφέρει δ'
οὐ μικρὸν ταῦτα πρὸς εὐσχημοσύνην. πότερον οὖν τὸν εὖ σκώ-
πτοντα ὁριστέον τῷ λέγειν μὴ ἀπρεπῆ ἐλευθερίῳ ἢ τῷ μὴ λυ-
πεῖν τὸν ἀκούοντα κ. τ. λ. Ich kann mich nicht völlig mit
Meineke Hist. crit. com. Gr. p. 273 einverstanden erklären, wenn er sagt: »αἰσχρολογία autem non de verborum ob-
scoenitate, sed de ignominiosa nullisque involucris septa ca-
villatione intelligendum est«; denn das αἰσχρολογεῖν schliesst
beides ein, wie auch aus den parallelen Ausdrücken ἀσχήμονα
und ἀπρεπῆ ἐλευθερίῳ λέγειν deutlich genug hervorgeht. Es
sind nicht Obscönitäten an sich, wohl aber in wiefern Jemandem dergleichen garstige Reden angehängt werden. Das ersieht man noch deutlicher aus der von Meineke auch, aber

unvollständig aus Plato de republ. III, p. 395 angeführten Stelle: *κακηγοροῦντάς τε καὶ κωμῳδοῦντας ἀλλήλους καὶ αἰσχρολογοῦντας, μεθύοντας καὶ νήφοντας ἢ καὶ ἄλλα ὅσα οἱ τοιοῦτοι καὶ ἐν λόγοις καὶ ἐν ἔργοις ἁμαρτάνουσιν εἰς αὐτούς τε καὶ εἰς ἀλλήλους*. Sollte hier *αἰσχρολογεῖν* nichts anderes bedeuten als Jemandem offen Schlechtigkeiten vorwerfen, so würde es durch das vorhergehende *κακηγορεῖν* überflüssig gemacht werden. Am schlagendsten aber zeugt dafür, dass Aristoteles unter *αἰσχρολογία* unsittliche Reden versteht, eine zweite Stelle desselben de republ. VII. 17, p. 1336 Bekk., wo er von der Erziehung sprechend sagt: *εὔλογον οὖν ἀπελαύνειν ἀπὸ τῶν ἀκουσμάτων καὶ τῶν ὁραμάτων ἀνελευθερίας καὶ τηλικούτους ὄντας. ὅλως μὲν οὖν αἰσχρολογίαν ἐκ τῆς πόλεως ὥσπερ ἄλλο τι δεῖ τὸν νομοθέτην ἐξορίζειν· ἐκ τοῦ γὰρ εὐχερῶς λέγειν ὁτιοῦν τῶν αἰσχρῶν γίνεται καὶ τὸ ποιεῖν σύνεγγυς, μάλιστα μὲν οὖν ἐκ τῶν νέων, ὅπως μήτε λέγωσι μήτε ἀκούωσι μηδὲν τοιοῦτον*. Wenn irgend ein Zweifel Platz finden könnte, was unter *αἰσχρολογία* zu verstehen sei, so würden ihn die folgenden Worte niederschlagen: *ἐπεὶ δὲ τὸ λέγειν τι τῶν τοιούτων ἐξορίζομεν, φανερὸν ὅτι καὶ τὸ θεωρεῖν ἢ γραφὰς ἢ λόγους ἀσχήμονας. ἐπιμελὲς μὲν οὖν ἔστω τοῖς ἄρχουσι μηθὲν μήτε ἄγαλμα μήτε γραφὴν εἶναι τοιούτων πράξεων μίμησιν, εἰ μὴ παρά τισι θεοῖς τοιούτοις, οἷς καὶ τὸν τωθασμὸν ἀποδιδῶσιν ὁ νόμος*. So ist dann auch die Stelle aus Artemid. Onirocr. I. 56 zu fassen, und wer will es überhaupt ableugnen, dass die Komödie gar sehr das *γελοῖον* in solchen Aeschrologien gesucht hat? Man sehe, was Aristoph. Ran. 12 ff. selbst darüber sagt. Doch auf dieses Wort kommt es nicht einmal an: so viel geht aus Aristoteles' Worten hervor, dass er den Ton der alten Komödie, diese Weise des *σκώπτειν* nicht für einem *ἐλευθέριος* ziemend erklärt. [Vergl. Bernhardy Grundr. II. 2. S. 547.]

Wenn nun derselbe, wiewohl die Komödie in seiner Zeit einen anderen Charakter angenommen hatte, dennoch nicht dul-

den will, dass Knaben den Vorstellungen beiwohnen, de republ. a. a. O.: *τοὺς δὲ νεωτέρους οὔτ᾽ ἰάμβων οὔτε κωμῳ
δίας θεατὰς νομοθετητέον πρὶν ἢ τὴν ἡλικίαν λάβωσιν, ἐν ᾗ
καὶ κατακλίσεως ὑπάρξει κοινωνεῖν ἤδη καὶ μέθης κ. τ. λ.*, so
muss es um so mehr befremden, dass sie Zuschauer der aristophanischen Stücke sein durften. Und doch kann darüber so
wenig ein Zweifel stattfinden, dass man Böttiger's oben erwähnte Behauptung völlig unbegreiflich nennen muss. Es ergab sich die Anwesenheit der Knaben im Theater schon aus
den oben behandelten Stellen Plato's, doch hauptsächlich
für die Tragödie. Man kann hinzufügen Pausan. I. 2. 3:
*λέγεται μὲν δὴ καὶ ἄλλα οὐκ ἀληθῆ παρὰ τοῖς πολλοῖς οἷα ἱστο
ρίας ἀνηκόοις οὖσι καὶ ὁπόσα ἤκουον εὐθὺς ἐκ παίδων ἔν τε
χοροῖς καὶ τραγῳδίαις πιστὰ ἡγουμένοις*, und Theophr. Char.
9, der als Merkmal der *ἀναισχυντία* angibt: *καὶ ξένοις δὲ αὐτοῦ
θέαν ἀγοράσας μὴ δοὺς τὸ μέρος συνθεωρεῖν, ἄγειν δὲ καὶ
τοὺς υἱεῖς εἰς τὴν ὑστεραίαν καὶ τὸν παιδαγωγόν.* Man könnte
hier vielleicht fragen, warum nicht auch die Frau genannt
werde, wenn einmal der Mensch so unbescheiden war, seine
Familie auf Kosten des Gastes mit in das Theater zu nehmen?
Das erklärt sich, auch wenn man annimmt, dass nur Tragödien zu verstehen sind, leicht, wenn man bedenkt, dass wahrscheinlich die Frauen abgesondert von den Männern sassen
und jene also diese Plätze nicht benutzen konnten. Es lassen
sich aber auch noch andere Möglichkeiten denken. Dazu
kommt Isaeus de Ciron. her. §. 15: *ἀλλὰ καὶ εἰς Διονύσια
εἰς ἀγρὸν ἦγεν ἀεὶ ἡμᾶς καὶ μετ᾽ ἐκείνου (τοῦ πάππου) τε ἐθε
ωροῦμεν καθήμενοι παρ᾽ αὐτόν κ. τ. λ.* Für die Komödie, selbst
die obscönsten Darstellungen, geben uns die Komiker selbst den
Beweis. Aristoph. Nub. 537 rühmt in einer Parabase die Vorzüge seiner Komödie im Vergleiche zu denen anderer Dichter:

> *ὡς δὲ σώφρων ἐστὶ φύσει, σκέψασθ᾽· ἥτις πρῶτα μέν
> οὐδὲν ἦλθε ῥαψαμένη σκύτινον καθειμένον
> ἐρυθρὸν ἐξ ἄκρου, παχύ, τοῖς παιδίοις ἵν᾽ ᾖ γέλως.*

Derselbe lässt Pax 50 ff., wo den Zuschauern Aufschluss über
die Manie des Trygäos gegeben wird, den Sklaven sprechen:

ἐγὼ δὲ τὸν λόγον γε τοῖσι παιδίοις
καὶ τοῖσιν ἀνδρίοισι καὶ τοῖς ἀνδράσι
καὶ τοῖς ὑπερτάτοισιν ἀνδράσιν φράσω:

und wiederum in einer Parabase den Beifall der Zuschauer
fordernd v. 766:

πρὸς ταῦτα χρεὼν εἶναι μετ᾽ ἐμοῦ
καὶ τοὺς ἄνδρας καὶ τοὺς παῖδας.

Dazu kommt noch ein Fragment des Eupolis bei Aristot.
Eth. Nic. IV. 2:

τὸ δεῖν᾽ ἀκούεις, Ἡράκλεις, τοῦτ᾽ ἔστι σοι
τὸ σκῶμμ᾽ ἀσελγὲς καὶ Μεγαρικὸν καὶ σφόδρα
ψυχρόν· γελῶσιν, ὡς ὁρᾷς, τὰ παιδία:

und endlich aus späterer Zeit, was Lucian. de gymn. 22
dem Solon in den Mund legt: καὶ μέντοι καὶ ἐς τὸ θέατρον
συνάγοντες αὐτοὺς δημοσίᾳ παιδεύομεν ὑπὸ κωμῳδίαις καὶ τραγῳδίαις ἀρετάς τε ἀνδρῶν παλαιῶν καὶ κακίας θεωμένους, ὡς
τῶν μὲν ἀποτρέποιντο, ἐπ᾽ ἐκεῖνα δὲ σπεύδοιεν. Ich weiss den
Widerspruch zwischen dieser Nachsicht gegen die Komödie
und der Strenge, mit welcher man sonst auf Anstand bei der
Jugend drang, mir nicht hinreichend zu lösen und gestehe,
dass ich mir einen Autolykos und Charmides nicht als Zuschauer eines aristophanischen Lustspiels denken kann; indessen wird er etwas gemildert durch die Betrachtung, dass an
den Festen des Dionysos man überhaupt aus dem gewöhnlichen Geleise des Lebens heraustrat. Diese Tage, an denen
ja Plato selbst sich zu betrinken erlaubt, gleichen unabhän-
gigen Zwischenspielen eines Dramas, dessen Gang und Ent-
wickelung durch sie auf keine Weise bedingt wird, und mit
ihrem Ende tritt man aus dem Rausche des Vergnügens in
die Nüchternheit des gewöhnlichen Lebens wieder ein. Uebrigens hat man ja den Besuch des Theaters nicht in völliger

Allgemeinheit zu denken ; vielmehr darf man mit grosser Wahrscheinlichkeit annehmen, dass Väter, welche grössere Sorgfalt
auf die Erziehung ihrer Söhne wandten, ihn für die Komödie
nicht gestatteten. So haben wir denn uns die zuschauende Menge nicht nur
als Männer, sondern auch als Knaben und als Frauen zu denken; allein Plato nennt noch einen vierten Bestandtheil, indem er sagt, das Volk im Theater bestehe aus Freien und
Sklaven. In welcher Ausdehnung diese Angabe zu verstehen
sei, ist zweifelhaft. Aus der oben angeführten Stelle Theophrast's geht allerdings hervor, dass man mit den Kindern
auch die Pädagogen, das sind Sklaven, mit in das Theater
nahm, und überhaupt ist es wahrscheinlich, dass man auch
zum Theater nicht ohne begleitenden Sklaven, ἀκόλουθος, ging,
zumal da man sich dahin allerhand Bedürfnisse nachtragen
lassen musste, z. B. das Kissen, auf das man sich setzte. Das
erhellt deutlich aus Theophr. Char. 2, der von der Dienstfertigkeit des κόλαξ sprechend sagt: καὶ τοῦ παιδὸς ἐν τῷ θεάτρῳ ἀφελόμενος τὰ προσκεφάλαια αὐτὸς ὑποστρῶσαι, d. h. er
nimmt dem Sklaven das Kissen ab und legt es selbst dem
unter, gegen den er sich dienstfertig zeigen will. Man vergleiche damit Aeschin. in Ctesiphont. §. 76: ἀλλὰ τότε
μόνον καὶ πρῶτον πρέσβεις εἰς προεδρίαν ἐκάλεσε (Δημοσθένης)
καὶ προσκεφάλαια ἔθηκε καὶ φοινικίδας περιεπέτασε. Aber
ob diese bedienenden Sklaven anwesend blieben und ob andere auf ihre eigene Hand das Theater besuchen durften, das
bleibt zweifelhaft. In Rom war es wenigstens zu der Zeit,
wo der Prolog zum Poenulus des Plautus geschrieben
wurde, nicht gestattet; denn darin heisst es v. 23 :

> Servi ne obsideant, liberis ut sit locus,
> Aut aes pro capite dent: si id facere non queunt,
> Domum abeant; vitent ancipiti infortunio,
> Ne et hic varientur virgis et loris domi:

und dass die pedisequi, welche auch den Römer begleiteten, das Theater wieder verliessen, ersieht man aus v. 40:

Et hoc quoque etiam, quod paene oblitus fui,
Dum ludi fiunt, in popinam pedisequi
Irruptionem facite.

In Athen aber, wo das Verhältniss zwischen Freien und Sklaven etwas anders war, halte ich es nicht für unmöglich, dass Sklaven sich den Eintritt erkauften. Die als Handwerker arbeitenden näherten sich durch ihre Beschäftigung und grössere Unabhängigkeit den ξένοις; die öffentlichen Sklaven, die zum Theile sehr wohlhabend waren, wurden von Freien nicht gemieden; die ἀπελεύθεροι, welche immer noch als δοῦλοι, wenigstens nicht als ἐλεύθεροι, angesehen waren, unterschieden sich von den ξένοις noch weniger, und ich will daher die Möglichkeit nicht leugnen, dass seit der Zeit, wo man Eintrittsgeld bezahlte, auch Sklaven sich den Zutritt erkauften.

Dieses Eintrittsgeld, θεωρικόν, das seit Perikles den ärmeren und nachmals allen Bürgern aus Staatsmitteln ersetzt wurde, bestand in zwei Obolen, die man an den Unternehmer des Baus (ἀρχιτέκτων) oder den Theaterpächter (θεατρώνης) bezahlte, weshalb letzterer, insofern er die Sitze wieder vermiethete, auch θεατροπώλης heissen konnte, ὁ θέαν ἀπομισθῶν, Poll. VII. 199; doch braucht man nicht anzunehmen, dass alle Plätze denselben Preis hatten, vielmehr scheint es nach Plato's Apol. p. 26, als habe der θεατρώνης die besseren Plätze, was Aelian. Var. Hist. II. 13 und Alciphr. III. 20 τὸ καλὸν τοῦ θεάτρου nennen, theuerer und bis zu einer Drachme verkauft. Ich enthalte mich, mehr darüber zu sagen, da über dieses θεωρικόν von Böckh Staatsh. Th. I, S. 306 ff. ausführlich gesprochen worden ist. Ob man aus Aristoph. Equit. 704:

ἰδοῦ προεδρίαν· οἷον ὄψομαί σ' ἐγώ
ἐκ τῆς προεδρίας ἔσχατον θεώμενον,

schliessen dürfe, dass für gewisse Klassen auch gewisse Abtheilungen bestimmt gewesen seien, wie in Rom, wofür allerdings durch die Proedrien und die besonderen Sitze der Buleuten und Epheben [Poll. IV. 122, Aristoph. Av. 794, mit d. Schol. Hesych. u. Suid. s. βουλευτικόν] die Analogie gegeben ist, will ich nicht behaupten; aber wahrscheinlich ist es mir, und diesen Beweis möchte ich wenigstens aus den oben angeführten Versen des Alexis:

> ἐνταῦθα περὶ τὴν ἐσχάτην δεῖ κερκίδα
> ὑμᾶς καθιζούσας θεωρεῖν ὡς ξένας,

entnehmen; denn der Vergleich muss aus der wirklichen Welt entlehnt sein. [Benndorf a.a.O. S. 12 schliesst aus Theophr. Char. 9 (s. o.), dass auch den ξένοι in summa cavea ein Platz nach bestimmtem Raume zugemessen wurde, was im Haupttheile der cavea schwerlich in Anwendung kommen konnte.] Vielleicht gehört auch hierher eine sehr bemerkenswerthe Stelle aus Demosth. in Mid. §. 178, wo der πάρεδρος eines Archon einen nicht am gehörigen Platze Sitzenden mit eigener Hand gewaltthätig vertreibt: ἕτερος ἀδικεῖν ποτ᾽ ἔδοξεν ὑμῖν περὶ τὰ Διονύσια καὶ κατεχειροτονήσατ᾽ αὐτοῦ παρεδρεύοντος ἄρχοντι τῷ υἱεῖ, ὅτι θέαν τινὸς καταλαμβάνοντος ἥψατο ἐξείργων ἐκ τοῦ θεάτρου· ἦν δ᾽ οὗτος ὁ τοῦ βελτίστου πατὴρ Χαρικλείδου τοῦ ἄρξαντος· καὶ μέγα γ᾽ ὑμῖν τοῦτ᾽ ἐδόκει καὶ δίκαιον ἔχειν ὁ προβαλλόμενος λέγειν· εἰ κατελάμβανον, ἄνθρωπε, θέαν καὶ εἰ μὴ τοῖς κηρύγμασιν ὡς σύ με φῂς ἐπειθόμην, τίνος ἐκ τῶν νόμων εἰ κύριος καὶ ὁ ἄρχων αὐτός; τοῖς ὑπηρέταις ἐξείργειν εἰπεῖν, οὐκ αὐτὸς τύπτειν· οὐδ᾽ οὕτω πείθομαι; ἐπιβολὴν ἐπιβάλλειν, πάντα μᾶλλον πλὴν αὐτὸς ἅψασθαι τῇ χειρί. Mir scheint es wenigstens natürlicher, dass der Mensch einen Platz eingenommen hatte, der ihm überhaupt nicht gebührte, als dass er sich nur auf den eines Anderen gedrängt habe, wie Ulpian es erklärt: καθέδραν ἀλλοτρίαν κατέχειν, aber mit Gewissheit lässt sich darüber nichts sagen. [Die übrigen Zu-

schauer sassen im Theater, wie in der Volksversammlung, nach
Phylen geordnet, wie aus den nach den einzelnen Phylen mit
verschiedenem Stempel versehenen Theatermarken hervorgeht.
Den Widerspruch zwischen Lucian. Tim. 49, der das Theorikon nach Phylen, und Demosth. in Leochar. §. 37, der
es nach Demen vertheilen lässt, sucht Benndorf zu heben,
indem er Vertheilung innerhalb der einzelnen Phylen auf Grund
der Einschreibung in das γραμματεῖον ληξιαρχικόν nach Demen
in der Volksversammlung annimmt. Bursian aber in Jen.
Literaturzeit. 1876, No. 43 behauptet, dass Lucian sich ge-
irrt oder einen späteren Modus auf frühere Zeit übertragen
habe und dass die Vertheilung in der Volksversammlung nirgend bezeugt werde, da Aeschin. c. Ctesiph. §. 251 bloss
von Ueberschüssen die Rede sei. Für die Auszahlung des
Theorikon in Geld (Benndorf S. 23 hatte Freimarken angenommen) macht ebenderselbe geltend Hyperid. in Demosth.
fragm. X, p. 13 Blass: καὶ Κόν[ων] μὲν ὁ Παιανιεύς, [ὅτι]
ὑπὲρ τοῦ υἱοῦ ἔλα[βεν] τὸ θεωρικὸν ἀ[ποδη]μοῦντος πέντε δραχμῶν ἕνεκεν [ἱκε]τεύων ὑμᾶς τάλαντον ὦφλεν ἐν τῷ δικαστηρίῳ
τούτων κατηγορούντων.] Die von Demosthenes genannten ὑπηρέται sind die ῥαβδοφόροι oder μαστιγοφόροι, welche zur Erhaltung der Ordnung gebraucht wurden, wie wir im römischen
Theater die praecones finden, die ebenfalls die nicht an ihrem
Orte Sitzenden zum Aufstehen nöthigen, suscitant. S. den
Schol. zu Aristoph. Pax 735, den Suidas ausgeschrie-
ben hat, und Lucian Piscat. 33.

Die Annahme, dass die Sitze der Frauen von denen der
Männer getrennt waren, scheint mir eine bedeutende Unterstützung durch die Inschriften des Theaters zu Syrakus zu
erhalten, über welche Göttling im Rhein. Mus. 1834,
S. 103 ff. einen einsichtsvollen Bericht gegeben hat; vgl. auch
Raoul-Rochette ebend. 1836, S. 68 ff. Das Theater bestand
aus drei Stockwerken, welche durch acht Fuss breite Wege (δια-
ζώματα) getrennt waren. Die sämmtlichen Sitze durch alle

drei Stockwerke hindurch sind in neun *κατατομάς* oder *κερ-*
κίδας (coneos) abgetheilt und an den meisten sind noch
jetzt ganz oder theilweise die Namen zu lesen, welche ihnen
zur Unterscheidung gegeben waren. Die erste östliche *κερ-*
κίς zeigt keine Inschrift mehr, auf der zweiten liest man
ΒΑΣΙΛΙΣΣΑΣ ΝΗΡΗΙΔΟΣ, auf der dritten *ΒΑΣΙΛΙΣΣΑΣ*
ΦΙΛΙΣΤΙΔΟΣ, auf der vierten *ΒΑΣ*.......*ΝΟΣ*. Weiter
nach Westen sind die Inschriften mehr zerstört, und Göttling
fand auf der fünften und siebenten nur einzelne Wortfragmente;
Landolina aber, der gegen das Ende des vorigen Jahrhunderts die Inschriften noch vollständiger sah, las auf der fünften (der mittelsten) *ΔΙΟΣ ΟΛΥ*.. *ΙΟΥ* und auf der siebenten
Η. ΑΚΛΕΟΣΕ. ΦΡΟΝΙΟΥ; [Mommsen im Rh. Mus. 1845
B. IV, S. 647 verbessert: *ἡρΑΚΛΕΟΣκΡΑΤερώΦΡΟΝος:* vgl.
C. Inscr. t. III, p. 566, wo auch für die vierte Abtheilung
mit Wahrscheinlichkeit *ΒΑΣιλέως ἱέρωΝΟΣ* vermuthet ist.]
Man wird dies schwerlich für zufällig und willkürlich halten
können, sondern annehmen dürfen, dass die Sitze für Frauen
durch weibliche, die für Männer durch männliche Namen bezeichnet waren. [Die Vermuthung Becker's ist aber dadurch
hinfällig geworden, dass diese Benennungen von Statuen her-
rühren, welche in den *κερκίδες* aufgestellt waren: Henzen
annali d'instituto 1848, p. 278 ff. Wieseler de tesseris
eburneis osseisque theatralibus I u. II. Benndorf
a. a. O. S. 10.] Dass die Inschriften nicht die Sitze gewisser
Personen angeben, sondern Benennungen der ganzen *κατατομή*
sind, hat Göttling hinreichend dargethan; es ergiebt sich
daraus, dass sie sich über den grössten Theil der Präcinctions-
wand jeder *κερκίς* hinziehen, und mit Recht ist in einem Nach-
trage S. 189 f. auf die Verschiedenheit der ähnlichen Inschriften im Odeion zu Melos ihrer Lokalität nach hingewiesen;
denn diese befinden sich an den Sitzen; [*τοῖς τεχνείταις* liest
man im Theater zu Larissa, vgl. Ussing Inscr. inedit. p. 26
Das athenische Dionysostheater enthält etwa 100 Sitzstufen

und ist durch 14 Treppen in 13 κερκίδες getheilt.] Keine
Angabe finde ich darüber, ob die einzelnen Plätze durch in
den Stein gegrabene Linien abgetheilt waren, wie man es in
den Amphitheatern zu Pola und Pompeji gefunden hat. ‹
Die Vorstellungen begannen mit dem frühen Morgen und
man ging ἔωθεν in das Theater. Was Philochor. bei Athen.
XI. 13, p. 464 sagt: Ἀθηναῖοι τοῖς Διονυσιακοῖς ἀγῶσι τὸ μὲν πρῶτον ἠριστηκότες καὶ πεπωκότες ἐβάδιζον ἐπὶ τὴν θέαν καὶ ἐστε-
φανωμένοι ἐθεώρουν, παρὰ δὲ τὸν ἀγῶνα πάντα ᾠνοχοεῖτο καὶ
τραγήματα παρεφέρετο, καὶ τοῖς χοροῖς εἰσιοῦσιν ἐνέχεον πίνειν
καὶ διηγωνισμένοις ὅτ᾽ ἐξεπορεύοντο ἐνέχεον πάλιν· μαρτυρεῖν
δὲ τούτοις καὶ Φερεκράτη τὸν κωμικόν, ὅτι μέχρι τῆς καθ᾽
ἑαυτὸν ἡλικίας οὐκ ἀσίτους εἶναι τοὺς θεωροῦντας, könnte
eben nur höchstens von der frühesten Zeit gelten; dass es
in Aristophanes' Zeitalter nicht so war, sagt dieser Dichter
selbst Av. 784 ff.:

> οὐδέν ἐστ᾽ ἄμεινον οὐδ᾽ ἥδιον ἢ φῦσαι πτερά·
> αὐτίχ᾽ ὑμῶν τῶν θεατῶν εἴ τις ἦν ὑπόπτερος,
> εἶτα πεινῶν τοῖς χοροῖσι τῶν τραγῳδῶν ἤχθετο,
> ἐκπτόμενος ἂν οὗτος ἠρίστησεν ἐλθὼν οἴκαδε
> κᾆτ᾽ ἂν ἐμπλησθεὶς ἐφ᾽ ἡμᾶς αὖθις αὖ κατέπτετο.

[Doch braucht der Dichter hier nicht nothwendig an die Dionysien gedacht zu haben. Vgl. Kock zu dieser Stelle des
Aristophanes.] So findet man überall, dass mit dem frühesten
Morgen schon das Theater besucht wurde, Aeschin. in Ctesiph. §. 76: καὶ ἅμα τῇ ἡμέρᾳ ἡγεῖτο τοῖς πρέσβεσιν εἰς τὸ
θέατρον. Darum sagt auch Demosth. in Mid. §. 74: ἐγὼ δ᾽
ὑπ᾽ ἐχθροῦ νήφοντος ἔωθεν — ὑβριζόμην: und Gleiches blieb bis
in späte Zeit üblich. Plutarch. Non posse suav. 13: τί λέγεις ὦ Ἐπίκουρε; κιθαρῳδῶν καὶ αὐλητῶν ἔωθεν ἀκροασόμενος
εἰς τὸ θέατρον βαδίζεις κ.τ.λ. Sicher ist, dass man darin ass und
trank, aber auch, dass Viele nur theilweise die Vorstellungen ab-
warteten, so wie Andere erst später und selbst dann erst herein-
kamen, wenn, wie bei uns gegen das Ende der Vorstellung, die

Kasse geschlossen war und der θεατρώνης nichts mehr von den Eintretenden verlangte. So sagt in der Charakteristik der αἰσχρο-κερδεία Theophr. Char. 30: καὶ ἐπὶ θέαν τηνικάδε πορεύεσθαι ἄγων τοὺς υἱεῖς, ἡνίκα προῖκα ἀφιᾶσιν οἱ θεατρῶναι. Andere aber blieben vom Anfange bis zum Ende wie Dio Chrysost. XXVII. 5 sagt: καὶ τούτων (τῶν θεατῶν) ὅσοι σφόδρα ἐσπου-δακότες εἰς τὸ πρᾶγμα, διατελοῦσιν οὐθὲν ἄλλο πράττοντες ἐξ ἑωθινοῦ.

Dass es selbst während des Spiels nicht sehr ruhig herging, dass Beifall und Missfallen durch den lautesten Lärm zu erkennen gegeben wurden, dass man letzteres selbst thätlich ausliess, das geht aus Allem hervor. Und nicht nur gegen die Schauspieler richteten sich diese Aeusserungen der Zufriedenheit oder Unzufriedenheit, sondern oft auch gegen einzelne Zuschauer, die mit Pfeifen und Schnalzen der Zunge empfangen wurden, wenn sie aus irgend einem Grunde missfällig waren. Demosth. in Mid. §. 226: ὑμῶν οἱ θεώμενοι τοῖς Διονυσίοις εἰσιόντα εἰς τὸ θέατρον τοῦτον (Μειδίαν) ἐσυ-ρίττετε καὶ ἐκλώζετε καὶ πάντα ἃ μίσους ἐστὶ σημεῖα ταῦτ᾽ ἐποιεῖτε. Ebenso sagt Aeschin. in Ctesiph. §. 76, die Dienstfertigkeit des Demosthenes gegen die Gesandten Philipp's sei dem Volke so verächtlich gewesen, ὥστε καὶ συρίτ-τεσθαι διὰ τὴν ἀσχημοσύνην καὶ κολακείαν. Dagegen glaube ich wohl, dass ausgezeichneten und beliebten Männern auch Beweise allgemeiner Achtung zu Theil wurden, wie z. B. bei den olympischen Spielen Alles aufstand, als Themistokles erschien, Pausan. VIII. 50. 3, und wie auch in andern Fällen geschah, Lucian. Demon. 63. [K. F. Hermann bemerkt hierzu: »Eine ziemlich auffallende Art von Beifallsbezeugung ist es, die Hesychius und Suidas s. Δράκων erzählen: εὐφημούμενος ὑπὸ τῶν Αἰγινητῶν ἐν τῷ θεάτρῳ ἐπιῤῥιψάντων αὐτῷ ἐπὶ τὴν κεφαλὴν πετάσους πλείονας καὶ χιτῶνας καὶ ἱμά-τια ἀπεπνίγη: mit Blumen und dergleichen zu werfen (φυλλο-βολία, ἀνθοβολεῖν) erscheint aber namentlich in späterer Zeit

13*

als beliebte Sitte, vgl. Schol. Eurip. Hecub. 574 und mehr bei Schneidewin ad Ibyc. p. 120, Welcker in Ann. dell' Inst. arch. t. IV, p. 381, Boissonade ad Pachym. Declam. p. 248ε.] Gegen Dichter und Schauspieler gab man den Beifall durch Händeklatschen und lauten Zuruf zu erkennen, und dieses θορυβεῖν oder ἐπισημαίνειν (Athen. VIII, p. 350) mochte oft mit tobendem Lärm stattfinden, wozu zuweilen der Dichter selbst aufforderte, z. B. Aristoph. Equit. 546:

> αἵρεσθ᾽ αὐτῷ πολὺ τὸ ῥόθιον, παραπέμψατ᾽ ἐφ᾽ ἕνδεκα κώπαις
> θόρυβον χρηστὸν ληναΐτην.

So sagt der Sophist bei Lucian. de salt. 5: καθῆσθαι μέσον ἐν τοῖς γυναίοις καὶ τοῖς μεμηνόσιν ἐκείνοις θεαταῖς κροτοῦντά τε προσέτι καὶ ἐπαίνους ἀπρεπεστάτους ἐπιβοῶντα. Vgl. c. 76 und 83, wo erzählt wird, dass ein Schauspieler den rasenden Aias so natürlich dargestellt habe, dass er fast dem Odysseus den Kopf gespalten hätte: ἀλλὰ τό γε θέατρον ἅπαν συνεμεμήνει τῷ Αἴαντι, καὶ ἐπήδων καὶ ἐβόων καὶ τὰς ἐσθῆτας ἀπερρίπτουν. Letzteres (togam iactare) mag vielleicht mehr der römischen Sitte angehören. Vielleicht geschah es auch, dass durch lautes Rufen (αὖθις, da capo) die Wiederholung einer Stelle gefordert wurde. Die Analogie dafür findet sich wenigstens bei Gelegenheit der Pantomime in Xenoph. Symp. 9. 4: οἱ δὲ συμπόται ὁρῶντες ἅμα μὲν ἐκρότουν, ἅμα δὲ ἐβόων· αὖθις.

Desto heftiger waren aber auch die Ausbrüche des Missfallens. Das gewöhnlichste Zeichen desselben war auch hier Pfeifen. So sagt z. B. Demosth. de cor. §. 265 zu Aeschines, der bekanntlich ein schlechter tragischer Schauspieler gewesen war: ἐξέπιπτες, ἐγὼ δ᾽ ἐσύριττον. Allein dabei blieb man nicht stehen, und besonders missfällige Schauspieler erfuhren zuweilen eine Behandlung, bei der aus dem tragischen Agon ein ἀγὼν περὶ ψυχῆς wurde. Vorzüglich interessant in Bezug auf das Verhältniss des Schauspielers zu den Zuschauern

ist, was Demosthenes an zwei Stellen eben von dem Schau-
spielerleben des Aeschines mit bitterem Hohne erzählt, de cor.
§. 262: μισθώσας σαυτὸν τοῖς βαρυστόνοις ἐπικαλουμένοις ἐκείνοις ὑποκριταῖς, Σιμύλῳ καὶ Σωκράτει, ἐτριταγωνίστεις, σῦκα
καὶ βότρυς καὶ ἐλάας συλλέγων ὥσπερ ὀπωρώνης ἐκ τῶν ἀλλοτρίων χωρίων, πλείω λαμβάνων ἀπὸ τούτων (τραύματα, was
jedoch hier néuerdings mit Recht verworfen wird) ἢ τῶν
ἀγώνων οὓς ὑμεῖς περὶ τῆς ψυχῆς ἠγωνίζεσθε· ἦν γὰρ ἄσπον-
δος καὶ ἀκήρυκτος ὑμῖν πρὸς τοὺς θεατὰς πόλεμος· ὑφ' ὧν
πολλὰ τραύματ' εἰληφὼς εἰκότως τοὺς ἀπείρους τῶν τοιούτων
κινδύνων ὡς δειλοὺς σκώπτεις. Dass die τραύματα im eigentlichen Sinne zu nehmen sind, ersieht man aus der zweiten
Stelle de falsa leg. §. 337: ἐμοὶ δὲ δοκεῖτε ἀτοπώτατον
ἁπάντων ἂν ποῆσαι εἰ, ὅτε μὲν τὰ θυέστου καὶ τῶν ἐπὶ Τροίᾳ
κακὰ ἠγωνίζετο, ἐξεβάλλετε αὐτὸν καὶ ἐξεσυρίττετε ἐκ τῶν
θεάτρων καὶ μόνον οὐ κατελεύετε οὕτως, ὥστε τελευτῶντα τοῦ
τριταγωνιστεῖν ἀποστῆναι. Eben auf diese thätlichen Aeusserungen des Unwillens bezieht sich die Anekdote von dem Pa-
rodiendichter Hegemon bei Athen. IX. 72, p. 406: εἰσῆλθε
δέ ποτε καὶ εἰς τὸ θέατρον διδάσκων κωμῳδίαν λίθων ἔχων
πλῆρες τὸ ἱμάτιον, οὓς βάλλων εἰς τὴν ὀρχήστραν διαπορεῖν
ἐποίησε τοὺς θεατὰς καὶ ὀλίγον διαλιπὼν εἶπε,

λίθοι μὲν οἶδε· βαλλέτω δ' εἴ τις θέλει.

Denn auch dem Dichter mochte zuweilen ein nicht viel besserer
Empfang zu Theil werden; wenigstens konnte es kommen, dass
man ihn mit Gewalt aus dem Theater vertrieb, wie z. B. Diphi-
los bei Athen. XIII. 46, p. 583; und wie möchte man sich
darüber wundern, da selbst Scenen der Art vorkamen, wo ein
Choreg wie Alkibiades seinen Antichoregen mit Schlägen fort-
trieb, Andoc. in Alcib. §. 20.

Eben daraus aber, dass dergleichen Ausbrüche des Unwillens sich nicht nur gegen die Schauspieler richteten, geht
hervor, dass man irrig annehmen würde, sie seien als solche
verachtet gewesen; im Gegentheile finden wir tüchtige Künstler

der Art in Achtung und Ansehen, wie Kallippides bei Plutarch. Ages. 21; [vgl. Cornel. Nep. praef. 5: »in scenam
vero prodire et populo esse spectaculo nemini in iisdem gen-
tibus fuit turpitudini«. Ueber ihren politischen Einfluss als
Unterhändler und ihre Stellung als οἱ περὶ τὸν Διόνυσον τεχνῖται vergl. P. Foucart de collegiis scenicorum artificum apud Graecos. Paris 1873. Lüders die dionys.
Künstler. Berlin 1873. Bursian, Schauspieler und
Schauspielkunst im griech. Alterth. im Historisch.
Taschenbuch 5. F. 5. Jahrg. p. 1—34.] In Griechenland
erscheinen erst in später Zeit Schauspielertruppen auch als
verachtete, für geringen Lohn geworbene und selbst aus Sklaven bestehende Gesellschaften. Lucian. Icarom. 29: (σο-
φισταὶ) ἐοικότες μάλιστα τοῖς τραγικοῖς ἐκείνοις ὑποκριταῖς,
ὧν ἦν ἀφέλῃς τὰ προσωπεῖα καὶ τὴν χρυσόπαστον ἐκείνην στο-
λήν, τὸ καταλειπόμενόν ἐστι γελοῖον ἀνθρώπιον ἑπτὰ δραχμῶ ν
ἐς τὸν ἀγῶνα μεμισθωμένον. Doch spricht derselbe auch nicht
mit grösserer Achtung von Schauspielern, welche einen be-
deutenderen Ruf hatten; p. merc. cond. 5: οἳ ἐπὶ μὲν τῆς
σκηνῆς Ἀγαμέμνων ἕκαστος αὐτῶν ἢ Κρέων ἢ αὐτὸς Ἡρακλῆς
εἰσιν, ἔξω δὲ Πῶλος ἢ Ἀριστόδημος ἀποθέμενοι τὰ προσωπεῖα
γίγνονται ὑπόμισθοι τραγῳδοῦντες ἐκπίπτοντες καὶ συριττόμενοι,
ἐνίοτε δὲ μαστιγούμενοί τινες αὐτῶν ὡς ἂν τῷ θεάτρῳ δοκῇ.
Vgl. Nigrin. 8, Necyom. 16, und über Polos, den Zeit-
genossen Alexander's des Grossen, Plutarch. Demosth. 28
und an seni resp. ger. 3, auch Stob. Serm. XCVII. 28 und
Gell. N. A. VII. 5. In Plutarch's eigener Zeit war allerdings
die Bühne schon in grossem Verfalle, und derselbe de sera
num. vind. 9 spricht davon, dass Verbrecher vor Erleidung
der Strafe als Pyrrhichisten auftraten, wenn er nicht etwa
dabei Rom im Auge hat.

Wenn nun aber auch nach dem Obigen das Benehmen
der Zuschauer etwas roh erscheinen könnte, wozu noch Theophrast's Schilderung des βδελυρός einen Beitrag liefern mag,

Char. 11: καὶ ἐν θεάτρῳ κροτεῖν ὅταν οἱ ἄλλοι παύωνται καὶ σιρίττειν οὓς ἡδέως θεωροῦσιν οἱ λοιποί· καὶ ὅταν σιωπήσῃ τὸ θέατρον, ἀνακύψας ἐρυγεῖν, ἵνα τοὺς καθημένους ποιήσῃ μεταστραφῆναι: so liegt auf der andern Seite darin selbst ein Beweis für die überall wahrnehmbare gespannte Aufmerksamkeit, mit der man die Vorstellung verfolgte, und den feinen Geschmack und richtigen Takt, der sich in der Würdigung der Leistungen aussprach, so dass jedes ἀσχημονεῖν des Dichters oder Schauspielers sofort durch Zeichen des Missfallens geahndet wurde. Bezeichnend dafür sind Anekdoten, wie bei Plutarch. de aud. poet. 12, wo von Kleanthes erzählt wird: ὁ μὲν εὖ μάλα τοὺς Ἀθηναίους ἰδὼν θορυβήσαντας ἐν τῷ θεάτρῳ (über den Vers des Euripides):

τί δ᾽ αἰσχρόν, ἢν μὴ τοῖσι χρωμένοις δοκῇ;

παραβάλλων εὐθύς,

αἰσχρὸν τό γ᾽ αἰσχρόν, κἂν δοκῇ κἂν μὴ δοκῇ,

Ich kann wenigstens nicht glauben, was Serin. bei Stob. Serm. V. 82 (der übrigens Plato nennt) sagt: Εὐριπίδης εὐδοκίμησεν ἐν θεάτρῳ εἰπών κ. τ. λ., und verstehe θορυβεῖν von Zeichen der Missbilligung [vgl. Schol. zu Eurip. Orest. 269 und Medea 476; Schol. zu Aristoph. Eccl. 22; Bernhardy Grundr. II. 2, S. 124.] Uebrigens muss man jedenfalls annehmen, dass die Vorstellungen der Tragöden mit mehr Ernst und Ruhe abgewartet wurden, als die der Komöden. Der tiefe Eindruck, welchen erstere auf das leicht zu Theilnahme und Mitleid hingerissene Gemüth des Atheners machten, wird am besten durch das charakterisirt, was Lykon in Xenoph. Symp. 3. 11 von Kallippides sagt: ὃς ὑπερσεμνύνεται, ὅτι δύναται πολλοὺς κλαίοντας καθίζειν, womit man Isocr. Paneg. §. 168, Plutarch. de esu carn. II. 5, Lucian. de gymn. 23, Dio Chrysost. XIII. 20 vergleichen kann. Die merkwürdige Wirkung, welche die Darstellung der Troerinnen (oder der Hekabe?) des Euripides auf Alexander, den

Wütherich von Pherae, äusserte, berichtet uns Plutarch. de
Alex. fort. 1: Ἀλέξανδρος δὲ ὁ Φεραίων τύραννος — θεύ-
μενος τραγῳδὸν ἐμπαθέστερον ὑφ᾽ ἡδονῆς διετέθη πρὸς τὸν
οἶκτον· ἀναπηδήσας οὖν ἐκ τοῦ θεάτρου θᾶττον ἢ βάδην ἀπῄει,
δεινὸν εἶναι λέγων, εἰ τοσούτους ἀποσφάττων πολίτας ὀφθήσε-
ται τοῖς Ἑκάβης καὶ Πολυξένης πάθεσιν ἐπιδακρύων: vgl. Pelop. 29 und Aelian. V. Hist. XIV. 40; was aber hier .als
einzelner Widerspruch erscheint, das stellen eben Isokrates
und Dio als allgemeinen Charakterzug hin. — Die Komödie
dagegen forderte ja selbst die Zuschauer zu Gelächter und lauter Theilnahme auf, und wenn manche Dichter diesen Zweck
sogar durch allerhand nicht zur Sache gehörige Spässe, wie
Auswerfen von Nüssen und Feigen unter die Zuschauer, zu
erreichen suchten (Aristoph. Plut. 797, Vesp. 58), so lässt
es sich denken, dass es dabei unruhig genug hergehen mochte.

ERSTER EXCURS ZUR EILFTEN SCENE.

DIE KLEIDUNG.

Bei vielen der bisher behandelten Gegenstände hat man zu beklagen, dass nicht zahlreichere Nachrichten oder Denkmäler sich erhalten haben, durch deren Vergleichung man dahin gelangen könnte, über die vorkommenden Fragen mit grösserer Gewissheit zu entscheiden; bei der Kleidung tritt der entgegengesetzte Fall ein, und die Masse des Stoffs, welchen Schriftsteller und Kunstdenkmäler liefern, ist so gross, dass, wenn man ihn ganz verarbeiten, alle Namen erklären, alle Besonderheiten berücksichtigen und (wenn dieses je möglich wäre) damit und unter sich die sämmtlichen Kunstdarstellungen zu vereinigen suchen wollte, ein eigenes ausgedehntes Werk erforderlich, eine übersichtliche Darstellung der Sitte aber fast unmöglich werden würde. Dazu kommt, dass die particulären Untersuchungen gelehrter Archäologen die Behandlung im Ganzen weniger erleichtern als erschweren. Die älteren Schriften, wie Ferrarius und Rubenius de re vestiaria in Graev. Thes. t. VI oder Montfaucon Expl. III. 1 werden gegenwärtig die, welche aus den doppelten Quellen Besseres zu gewinnen wissen, leicht entbehrlich finden; aber auch was Winckelmann Werke Th. V, S. 1 ff. N. A. Th. I, S. 210 ff. hauptsächlich in Bezug auf die Denkmäler über die Kleidung gesagt hat, ist seinem eigenen Geständnisse zufolge keineswegs erschöpfend (auch selbst im

Wesentlichsten nicht) und wird überdies manche Berichtigung
erfahren müssen, wofür die Erörterungen von Mongez sur
les vêtemens des anciens in Mém. de l'Instit. t. IV
und Clarac. Mus. de Sculpt. t. II, p. 49 nicht ausreichen.
Besonders häufig sind einzelne Stücke der griechischen Kleidung von Böttiger zur Erklärung gezogen worden, als: Raub
d. Cassandra S. 58 ff.; Vasengemälde H. II, S. 55. 89 ff.,
III, S. 225; Furienmaske in Kl. Schr. Th. I, S. 211 ff.
273 ff.; Archäol. d. Malerei S. 210 ff.; Amalthea Tb. III,
S. 149 ff.; ausserdem an mehreren Stellen der Sabina und
Kl. Schr. Th. II, S. 181; III, S. 25—61. 213 ff.; diese Untersuchungen jedoch knüpfen sich gewöhnlich an einzelne Denkmäler, und darin liegt wohl der Grund, dass bei allem Verdienste vielen Erklärungen die allgemeine Gültigkeit fehlt, da
natürlich die Freiheit, die der Künstler sich bei der Darstellung nehmen mochte, keinen Schluss auf die Tracht im
wirklichen Leben erlaubt. Kurze Andeutungen vom kunst-
archäologischen Standpunkte aus finden sich in Müller's
Handbuch §. 336 ff. und dazu kommen noch desselben schätzbare Erörterungen über die dorische Tracht Dorier Th. II,
S. 263 ff. und über den ionischen Chiton de Minerva Pol.
p. 40 f., [Vgl. K. F. Hermann's Griech. Privatalt. §. 21
u. 22 mit B. Stark's Zusätzen. Guhl u. Koner das Leben
d. Griech. u. Röm. S. 185 ff. Weiss Kostümkunde II,
S. 700 ff. von der Launitz in Verhandl. der Heidel-
berger Philologenvers. im J. 1865, S. 42 ff. F. Braungarten Untersuchung über die Tracht der Athener
auf Grundlage einer Zusammenstellung aller einzelnen Ausdrücke, welche sich in den Komödien und
Fragmenten des Aristophanes finden. Mies 1876.]
Wenn es mir nun vorzüglich darauf ankommen musste,
die wirkliche Tracht des gewöhnlichen Lebens so bestimmt
als möglich anzugeben und mit erreichbarer Deutlichkeit zu
beschreiben, auch hier aber eine Menge Verschiedenheiten den

Gesammtüberblick störend unterbrechen, so habe ich nach
manchen Versuchen, das wirre Material zu bewältigen, es für
das Zweckmässigste gehalten, zunächst bei dem Wesentlichen
stehen zu bleiben und von allen Besonderheiten und Abweichungen in Nebendingen vor der Hand absehend zuerst
das Allgemeine und Nationale der Kleidung festzustellen, dann
erst zu dem Besonderen und Zufälligen, durch Zeit, Mode
und Putzsucht Hervorgerufenen überzugehen. Denn im Allgemeinen gilt von der griechischen Kleidung, wie von der
römischen, dass die einzelnen Stücke derselben von der ältesten
bis in die späte Zeit ohne wesentliche Veränderungen durchaus
dieselben bleiben. Ueberhaupt herrscht darin eine grosse Einfachheit, die theils durch das milde Klima begünstigt, theils
durch den angeborenen Sinn für einfach edle Formen bedingt
wurde. Daher findet sich weder ein Einzwängen in enge noch
ein Uebereinanderziehen vieler Kleidungsstücke, kein unnützes
Umhängen von hunderterlei Putz und Tand, wie bei uns, wo
selbst zum einfachen Anzuge des Mannes ein Dutzend einzelner Stücke erforderlich ist. Die wenigen Stücke der
griechischen Kleidung zerfallen in zwei Klassen, ἐνδύματα
und ἐπιβλήματα oder περιβλήματα, überhaupt ἀναβολή, [Poll.
VII. 50].

Das einzige ἔνδυμα ist der Chiton, der aber, wie es
scheint, schon in früher Zeit von den verschiedenen Stämmen
verschieden getragen wurde, bis der zweckmässigere dorische
weitere Verbreitung erhielt und vielleicht allgemein wurde.
Dieser letztere war zunächst in Bezug auf die männliche
Kleidung ein kurzes wollenes Hemd ohne Aermel, während
der ionische Stamm und namentlich die Athener einen länge-
ren linnenen Chiton trugen. Ob dies freilich schon von der
vorgeschichtlichen Zeit gelte, oder ob später erst von den
ionischen Colonien her diese Tracht in Athen Eingang fand,
darüber lässt sich schwer eine entschiedene Ansicht fassen;
doch heisst es in der bekannten Stelle bei Thucyd. I. 6. von

den Athenern: *οὐ πολὺς χρόνος, ἐπειδὴ χιτῶνάς τε λινοῦς ἐπαύσαντο φοροῦντες καὶ χρυσῶν τεττίγων ἐνέρσει κρωβύλον ἀναδούμενοι τῶν ἐν τῇ κεφαλῇ τριχῶν, ἀφ᾽ οὗ καὶ Ἰώνων τοὺς πρεσβυτέρους κατὰ τὸ ξυγγενὲς ἐπιπολὺ αὕτη ἡ σκευὴ κατέσχε:* und wenn auch Müller Min. Pol. p. 41 und Dorier Th. II, S. 267 dieses Zeugniss verwirft und annimmt
(apertum est), dass diese Tracht aus den unter asiatischem
Einflusse verweichlichten ionischen Städten nach Athen ver-
pflanzt worden sei, so erhält die Angabe des Historikers dadurch eine bedeutende Unterstützung, dass die Ionier schon
von Homer Iliad. XIII. 685 *ἑλκεχίτωνες* genannt und dass
darunter eben Athener verstanden werden; vergl. Eustath.
p. 954. 47 und Strabo X. 3. 8. Dabei ist auch eine von
Pausan. I. 19. 1 erwähnte Sage, die freilich manchen Widerspruch zu enthalten scheint, nicht zu übersehen. Er erzählt,
dass Theseus in solcher Tracht nach Athen gekommen und
deshalb verlacht worden sei: *οἷα δὲ χιτῶνα ἔχοντος αὐτοῦ ποδήρη καὶ πεπλεγμένης δὲ εὐπρεπῶς οἱ τῆς κόμης, ὡς ἐγένετο κατὰ τὸν τοῦ Δελφινίου ναόν, οἱ τὴν στέγην οἰκοδομοῦντες ἤροντο σὺν χλευασίᾳ, ὅ τι δὴ παρθένος ἐν ὥρᾳ γάμου πλανᾶ-ται μόνη.* Vgl. Näke Opusc. t. II, p. 85. Nach dieser Sage
müsste Theseus die damals in Athen ungewöhnliche Kleidung
(aus Trözen?) dahin gebracht haben; allein wenn man auch
diese fast an das Unmögliche grenzende Unwahrscheinlichkeit
dadurch beseitigen wollte, dass man nur den allgemeinen Sinn
darin suchte, die Tracht sei durch ihn oder unter ihm aufgekommen, so widerspricht der Vergleich mit einer Jungfrau
gänzlich der Angabe Herodot's, der V. 87 einen viel späteren Zeitpunkt angiebt, wo die athenischen Frauen diesen Chiton angenommen haben sollen; und enthält nun diese letztere
Nachricht Wahrheit, so kann man wieder mit Recht fragen,
ob es wahrscheinlich sei, dass die Männer schon längst den
weibischeren Chiton getragen haben, während für Frauen nur
ein dem dorischen ähnlicher üblich war? [Thukydides hat

aber zu Anfang des 6. Kapitels gesagt: ἐν τοῖς πρῶτοι δὲ Ἀθηναῖοι τόν τε σίδηρον κατέθεντο καὶ ἀνειμένη τῇ διαίτῃ ἐς τὸ τρυφερώτερον μετέστησαν. Er nimmt also eine auf das Aufhören des σιδηροφορεῖν folgende Zwischenperiode der Verfeinerung und Verweichlichung an, in welcher auch die jonische Tracht aufkam, und dies widerspricht natürlich sowohl der Theseussage, als auch jener auch sonst verdächtigen homerischen Stelle, da ja eben im heroischen Zeitalter Schwert und Lanze auf der Reise und in der Volksversammlung getragen worden.]

Etwas genauer lässt sich der Zeitpunkt beistimmen, wo man von dieser alterthümlichen Tracht abging. Thukydides sagt: οὐ πολὺς χρόνος, und es scheint gewiss, dass sie zur Zeit der Perserkriege noch herrschend war. Denn nicht nur sagt Heraclid. Pont. bei Athen. XII. 5, p. 512: καὶ ἡ Ἀθηναίων πόλις, ἕως ἐτρύφα, μεγίστη τε ἦν καὶ μεγαλοψυχοτάτους ἔτρεφεν ἄνδρας· ἁλουργῆ μὲν γὰρ ἠμπίσχοντο ἱμάτια, ποικίλους δ' ὑπέδυνον χιτῶνας, κορύμβους δ' ἀναδούμενοι τῶν τριχῶν χρυσοῦς τέττιγας περὶ τὸ μέτωπον καὶ τὰς κόμας ἐφόρουν, ὀκλαδίας τε αὐτοῖς δίφρους ἔφερον οἱ παῖδες, ἵνα μὴ καθίζοιεν ὡς ἔτυχεν· καὶ οὗτοι ἦσαν οἱ τοιοῦτοι οἱ τὴν ἐν Μαραθῶνι νικήσαντες μάχην καὶ μόνοι τὴν τῆς Ἀσίας ἁπάσης δύναμιν χειρωσάμενοι (vgl. Aelian. V. Hist. IV. 22; Clem. Alex. Paedag. II. 10, p. 233 Pott.), sondern auch Aristophanes verbindet mehrmals die Schilderung dieser alterthümlich gekleideten Vorfahren mit der Erwähnung der marathonischen Heldenthat: Equit. 1331:

ΑΓ. ὅθ' ἐκεῖνος ὁρᾶν τεττιγοφόρας, ἀρχαίῳ σχήματι λαμπρός,
οὐ χοιρινῶν ὄζων, ἀλλὰ σπονδῶν, σμύρνῃ κατάλειπτος.
ΧΟΡ. χαῖρ', ὦ βασιλεῦ τῶν Ἑλλήνων· καί σοι ξυγχαίρομεν ἡμεῖς·
τῆς γὰρ πόλεως ἄξια πράττεις καὶ τοῦ Μαραθῶνι τροπαίου:

und Nub. 984, wo der Ἄδικος λόγος auf die Paränese des Δίκαιος sagt:

ΑΔ. ἀρχαῖά γε καὶ Διπολιώδη καὶ τεττίγων ἀνάμεστα
καὶ Κηκείδου καὶ Βουφονίων:
und letzterer erwiedert:
— ἀλλ' οὖν ταῦτ' ἐστὶν ἐκεῖνα,
ἐξ ὧν ἄνδρας Μαραθωνομάχους ἡμή παίδευσις ἔθρεψε.

Dagegen ergiebt sich eben aus Aristophanes, dass zur Zeit
des peloponnesischen Kriegs diese Tracht ganz abgekommen
war, und es wird als Zeitpunkt, wo man sie mit dem kürze-
ren Chiton vertauschte, die Epoche genannt, da Perikles an
der Spitze des Staats stand. Eustath. a. a. O.: μέχρι γάρ,
φασί, τῆς Περικλέους στρατηγίας ποδήρεις εἶχον χιτῶνας φοροῦντες καὶ τέττιγας. [In Bezug auf den κρωβύλος sagt der
Scholiast zu Thucyd. I. 6: κρωβύλος δέ ἐστιν εἶδος πλέγμα-
τος τῶν τριχῶν ἀπὸ ἑκατέρων εἰς ὀξὺ ἀπολῆγον. — κρωβύλον
ὃν οἱ ἐπίσημοι ἐφύρουν Ἀθήνησι ἐπὶ τῆς κεφαλῆς ἔμπροσθεν
ἐγκαθήμενον, ὡς δ' ἄλλοι ἐπὶ τοῦ τραχήλου. Er bestand in
einem Aufbinden der Haare über dem Nacken oder längs der
beiden Seiten des Vorderkopfes. Ob davon Beispiele, namentlich an Dionysosköpfen nachweisbar sind (Stark zu Hermann's Privatalt. §. 23, n. 11), ist zweifelhaft (Conze
Nuove Mém. d. Inst. p. 408ff. und Jahn in Abh. d. Berl.
Ac. 1873, S. 159). Ueber die τέττιγες hat neulich Helbig
in Archaeolog. Zeitung XXXV. 1877, S. 89 behauptet,
dass darunter nicht Haarnadeln mit Cikaden, als Knöpfen, zu
verstehen seien, sondern metallene Spiralen (σύριγγες), wie
sie noch häufig in etrurischen Gräbern vorkommen; diese
hätten zum Zusammenhalten der Zöpfe und zur Fixirung der
Locken gedient, der Name selbst aber rühre von der Aehnlichkeit her, welche die in die Haare eingeflochtenen Spiralen
mit den eingesenkten Leibern der Cikaden gehabt hätten. Er
stützt sich dabei auf den von Thukydides gebrauchten Ausdruck ἐνέρσει (von ἐνείρειν »hineinknüpfen«) und auf die Worte
in der Ciris v. 128: »Cecropiae et tereti nectebant dente ci-
cadae.« Sehr passend kann zu allen die τέττιγες berührenden

Stellen verglichen werden Hom. Il. XVII. 53: *πλοχμοὶ ϑ' οἳ χρυσῷ τε καὶ ἀργύρῳ ἐσφήκωντο.* Denn hier werden an dem Trojaner Euphorbos die eingeschnürten Stellen der Haare mit Wespenleibern verglichen; es ist also die Sache da, nur unter anderem, aber ähnlichem Namen.]

Der nachmals allgemein übliche Chiton der Männer war zweifacher Art. Poll. VII. 47: *χιτὼν δὲ ὁ μὲν ἀμφιμάσχαλος ἐλευϑέρων σχῆμα, ὁ δὲ ἑτερομάσχαλος οἰκετῶν.* Es ist falsch, anzunehmen, dass dieses Kleid jederzeit Aermel gehabt habe. Hesychius sagt freilich: *ἀμφιμάσχαλος χιτὼν χειριδωτὸς ἐλευϑέρων, ὡς Πλάτων, δύο χειρίδας ἔχων, ἃς μασχάλας ἔτι καὶ νῦν λέγουσιν:* allein wie der *ἑτερομάσχαλος* bald einen Aermel hat, bald nicht, so genügten meist beim *ἀμφιμάσχαλος* weite Armlöcher, wodurch dann immer die Achseln umschlossen wurden, [denn ursprünglich bestand der Chiton in seinem oberen Theile aus Hinter- und Vorderblatt und beide wurden auf den Schultern genestelt;] vgl. Suidas und den Scholiast zu Aristoph. Equit. 882 und namentlich Eccles. 60 mit d. Schol. Der *ἑτερομάσχαλος*, für welchen Pollux II. 138 auch den gleichbedeutenden Namen *ἑκατερομάσχαλος* gebraucht, hatte nur ein Armloch für den linken Arm; den rechten mit der Schulter und einem Theile der Brust liess er ganz frei und wurde deshalb auch *ἐξωμίς* genannt. Hesych.: *ἑτερομάσχαλος χιτὼν δουλικὸς ἐργατικὸς ἀπὸ τοῦ τὴν ἑτέραν μασχάλην ἔχειν ἐῤῥαμμένην.* Phot. Lex. p. 25: *ἑτερομάσχαλος χιτὼν δουλικός, ἣν ἐξωμίδα λέγουσιν.* Vgl. den Schol. zu Aristoph. Vesp. 444. Sehr deutlich beschreibt diesen Chiton Heliod. Aethiop. III. 1: *ἡγεῖτο μὲν ἑκατόμβη τῶν τελουμένων, ἀνδρῶν ἀγροικοτέρων βίον τε καὶ στολὴν ἐφελκομένων· τὸ μὲν ζῶσμα ἑκάστῳ χιτῶνα λευκὸν εἰς ἀγκύλην ἀνέστελλε, χεὶρ δὲ ἡ δεξιὰ σὺν ὤμῳ καὶ μαζῷ παραγυμνουμένη πέλεκυν δίστομον ἐπεκράδαινεν,* und als Kleid der eleischen Wettläuferinnen Pausan. V. 16. 3: *χιτὼν ὀλίγον ὑπὲρ γόνα-*

τος καθήκει, τὸν ὦμον ἄχρι τοῦ στήθους φαίνουσι τὸν δεξιόν.
[Vgl. Plaut. Mil. IV. 4. 43:

Palliolum habeas ferrugineum ; nam is colos thalassicust,
Id connexum in humero laevo, expapillato brachio,
Praecinctus aliqui assimulato, quasi gubernator sies.

Denn die Exomis ist nicht nur Tracht der Sklaven, sondern
überhaupt der arbeitenden Klasse. Darum nennt sie Hesych.
ἐργατικός und ein Scholion zu Aristoph. Equit. 882 sagt:
ἦν δὲ καὶ ἑτερομάσχαλος ὁ τῶν ἐργατῶν, οὐ τὴν μίαν μασχάλην ἔῤῥαπτον. In Aristoph. Lysistr. erscheint der Chor
der Greise in der Exomis v. 662: τὴν ἐξωμίδ᾽ ἐκδυώμεθα.
Darum kommen auch Hephaestos und Daedalos gern in dieser
Tracht vor: Combe Terrac. 10 und 16, Winckelmann
Oper. T. LVII und auf vielen anderen Bildwerken.] Allein
die ἐξωμίς ist nicht nur ein Chiton, sondern kann auch ein
ἱμάτιον oder περίβλημι sein. Das wird gewöhnlich so verstanden, als habe ein und dasselbe Kleidungsstück mittelst
eines eigenthümlichen Schnitts sowohl die Stelle des Chiton
als des Himation vertreten können. Am bestimmtesten sagt
dies Hesychius: ἐξωμὶς χιτὼν ὁμοῦ καὶ ἱμάτιον· τὴν γὰρ
ἑκατέρου χρείαν παρεῖχεν· καὶ χιτῶνα μὲν διὰ τὸ ζώννυσθαι,
ἱμάτιον δέ, ὅτι τὸ ἕτερον μέρος ἐβάλλετο, παρ᾽ ὃ καὶ οἱ κωμικοὶ ὁτὲ μὲν ἔνδυθι, ὁτὲ δὲ περιβαλοῦ: und auch Aelios
Dionysios bei Eustath. zu Iliad. XVIII. 595, p. 1166. 54
scheint es so zu verstehen: χιτῶνος εἶδος καὶ ἡ ἐξωμίς· ἐξωμὶς γάρ, φησί, χιτὼν ἅμα καὶ ἱμάτιον τὸ αὐτό: gleichwohl
kann ich mich von der Richtigkeit der Erklärung nicht überzeugen, und gewiss ist es wenigstens, dass Pollux es nicht
so meint. Er sagt: ἡ δ᾽ ἐξωμὶς καὶ περίβλημα ἦν καὶ χιτὼν
ἑτερομάσχαλος, und will also offenbar zwei verschiedene Kleidungsstücke verstanden wissen, die beide den Namen Exomis
haben, das eine ein Umwurf, das andere ein Chiton, welche
Erklärung auch durch Kunstdenkmäler unterstützt wird. Vor
allen andern macht die Sache das Relief im Mus. Pio-Clem.

IV. 11 deutlich. Dort ist Hephästos allerdings mit einer Exomis
bekleidet, allein diese ist kein Chiton, sondern ein Himation,
das nur ganz in der Weise umgeworfen und wenn es gegürtet
wird, den Körper wie eine Exomis bekleidet. Irre ich nicht,
so muss auch die kleine Bronzestatue im königlichen Museum
zu Berlin so bekleidet sein, was aus Hirt's Bilderbuch VI. 2
nicht ersichtlich ist. Vgl. auch Stuart u. Revett Antiqu.
of Athens V. II, ch. 4, p. 36, Vign. V. III, ch. 1, pl. 8. 15.
Dagegen sieht man anderwärts den wirklichen χιτὼν ἑτερομάσχαλος, z. B. auf zwei polychromen Vasengemälden bei
Stackelberg Gräber Taf. 47. 48, wo Charon ihn trägt. [Be-
reits Wieseler in Götting. Studien 1847, S. 731 und
Denkmäl. d. Bühnenwes. 73 u. 91, vgl. Göttinger gelehrte Anzeig. 1862, p. 581, sowie K. F. Hermann S. 164
und 165 des Charikles haben sich gegen die Annahme zweier
Kleidungsstücke unter dem Namen Exomis ausgesprochen. Die
von Wieseler noch angeführten Stellen Schol. zu Dio Chrysost. p. 789 Emper. und Etymol. M. p. 349. 43 bringen
nicht viel Neues, ausser dass sie von einer in später Zeit an
der Exomis üblichen Art von Aufschlag, κοσύμβη genannt,
reden. Ich glaube, dass der von Becker getadelte Gellius
Recht hat, der VII. 12 schreibt: »ipsi substrictis et brevibus
tunicis utebantur circa humerum desinentibus, quas Graeci
dicunt ἐξωμίδας«. Er meint eben den gewöhnlichen ärmel-
losen Chiton, der in jedem Augenblick durch einseitige Lösung der Nestelung oder Knüpfung, auch noch später durch
Auftrennung der Armlöchernaht (Plut. Cleom. 37), in eine
ἐξωμίς verwandelt werden konnte. Freilich widersprechen dem
die Angaben der Grammatiker. Aber diese hatten eben die
Sitte ihrer Zeit im Auge, wo der χιτών gewöhnlich mit Aermeln versehen war und der einärmelige ἑτερομάσχαλος sich
nun als Anziehkleid von der alten, um die linke Schulter ge-
schlungenen oder geknüpften Exomis, wenn auch nur unwesentlich, unterschied. Vgl. Gerhard Trinkschalen d.

Königl. Museums zu Berlin, Taf. IX und Overbeck
Gallerie her. Bildw., Taf. XVIII, n. 6. Ursprünglich konnte
natürlich jede Seite des χιτών geöffnet werden und so kommt
auch die linke Schulter entblösst vor Panofka Bild. antik.
Lebens Taf. 15 und Mus. Pio-Clem. III. 34. Auf der·
Bühne scheint nach Poll. IV. 118 und Schol. zu Dio Chrysost. p. 789 Emper. dies typisch gewesen zu sein].

Eine Frage, von deren Beantwortung die Erklärung mehrerer Ausdrücke abhängt, ist, ob der Chiton auf dem blossen
Leib (ἀμέσως πρὸς τῇ σαρκί) getragen wurde, oder ob man
unter ihn noch ein inneres Kleid als eigentliches Hemd an-
zog. Eustathios, der sich von der Sitte der späten Zeit,
wo man längst eine tunica interior trug, nicht losmachen
kann, spricht mehrmals zweifelhaft davon zu Iliad. XVIII,
416, p. 1151. 21: χιτῶνα δὲ νῦν φανερῶς ἔφη τὸν προσεχῶς
ἐπικεχυμένον τῷ σώματι: dagegen zu XVI. 224, p. 1056. 59:
ὅτι δὲ χιτὼν οὐκ ἐξ ἀνάγκης μόνον ὁ τῆς σαρκὸς ἀμέσως
ἐχόμενος, ἀλλὰ καὶ τὸ ἁπλῶς ἔνδυμα: vgl. IX. 486, p. 767. 4;
XXII. 493, p. 1282. 35; endlich XVIII. 25, p. 1129. 1: χιτῶνα
δὲ νῦν τὸ ἐπιπολάζον ἱμάτιον ἔφη καὶ οὐκ ἐξ ἀνάγκης τὸ ἀμέσως ἐπικεχυμένον τῷ σώματι, εἰ μὴ ἴσως μονοείμων ἔτυχεν
εἶναι ὁ Ἀχιλλεύς. Das war freilich die einzige Vorstellung, die
er sich von einem homerischen Helden hätte machen sollen;
eine andere Frage aber ist es, ob man späterhin ein besonderes Unterkleid getragen habe. Allerdings wird oft ein Kleidungsstück erwähnt, das man für verschieden von dem eigentlichen Chiton halten könnte. Es heisst χιτωνίσκος bei den
Männern, χιτώνιον bei den Frauen, und wenn auch einmal
bei Plutarch der erstere Name für beide Geschlechter gebraucht wird, so gilt doch der letztere nur vom weiblichen
Kleidungsstücke. Lucian. Lexiph. 25: ὅτε χιτώνιον μὲν
καὶ τὸν ἀνδρεῖον ᾤου λέγεσθαι, δουλάρια δὲ καὶ τοὺς ἄρρενας
τῶν ἀκολούθων ἀπεκάλεις, ἃ τίς οὐκ οἶδεν ὅτι χιτώνιον μὲν
γυναικὸς ἐσθής, δουλάρια δὲ τὰ θήλεα καλοῦσι; vgl. Thomas

Mag. p. 401 und Eustath. zu Iliad. XVIII. 595, p. 1166.
51: ὁ δὲ ἀνδρεῖος χιτωνίσκος, ὅ τινες ἐπενδύτην, τὸ δὲ βραχὺ
χιτωνισκάριον· χιτώνιον δὲ καὶ χιτωνάριον λεπτὸν ἔνδυμα γυναικεῖον πολυτελές. Daher heisst es bei Plutarch. de gen.
Socr. 14: σοὶ δὲ, ὦ πάτερ, Μιλησίαν χλαμύδα, τῇ δὲ μητρὶ παραλουργὸν ὠνησόμεθα χιτώνιον: und Aristoph. Lysistr. 150:
εἰ γὰρ καθοίμεθ᾽ ἔνδον ἐντετριμμέναι
κἀν τοῖς χιτωνίοισι τοῖς ἀμοργίνοις
γυμναὶ παρίοιμεν.

Vgl. v. 48; Ran. 411; Lucian. Dial. mer. XIV. 3. In demselben Dialoge sagt freilich die Hetäre, sie habe ihrem Liebhaber geschenkt: τὸ μικρὸν ἐκεῖνο χιτώνιον τὸ μέχρι τῶν μη-
ρῶν, ὡς ἔχοις ἐρέττων: allein daraus lässt sich kein Gegen-
beweis abnehmen. Dagegen braucht Plutarch den Namen
χιτωνίσκος auch vom weiblichen Kleidungsstücke Mul. virt.
26: παρεκαλύψατο τῷ χιτωνίσκῳ τὸ πρόσωπον, wo der Chiton
der Xenokrita selbst gemeint ist; das hat aber seinen Grund
darin, dass die kymäischen Frauen männliche Kleidung tragen
mussten (s. nachher), und hierher gehört nur Alcib. 39:
ἡ Τιμάνδρα τὸν νεκρὸν ἀνείλετο καὶ τοῖς αὑτῆς περιβαλοῦσα
καὶ περικαλύψασα χιτωνίσκοις ἐκ τῶν παρόντων ἐκήδευσε λαμπρῶς καὶ φιλοτίμως. [Aber auch Athen. XIII, p. 590 heisst
es von Hypereídes und Phryne: περιρρήξας τοὺς χιτωνίσκους
γυμνά τε τὰ στερνὰ ποιήσας, von demselben Vorfall bei
Alciphr. Epist. I. 31: τὸν χιτωνίσκον περιψρηξαμένη und
Aelian. Var. Hist. VII. 9 von Phokion's Frau: οὐδὲν ἐδεῖτο
— βαπτῶν χιτωνίσκων. Und so findet sich auch in den
Tempelinventarverzeichnissen bei Rangabé Antiq. Hellén.
χιτώνιον n. 863 und 865 von weiblichem Anzug, aber unzählige
Male ganz in derselben Bedeutung χιτωνίσκος, z. B. n. 861:
χιτωνίσκος κτενωτὸς περιποίκιλος, χιτωνίσκος ἀλουργὸς ποικί-
λος ἐμ πλαισίῳ. 862: χιτωνίσκος λευκὸς παραποίκιλος. 863:
χιτωνίσκον βατραχεοῦν, χιτωνίσκου κτενωτοῦ πτέρυγας, dann

14*

γλαυκόν, aber auch ausdrücklich χιτωνίσκον ἄνδρεον und
865: χιτωνίσκιον παιδειον.] Bei der weiblichen Kleidung scheint es allerdings, als
dürfe man χιτώνιον von einem Unterhemde verstehen, wovon
weiter unten die Rede sein wird; wenn aber Böttiger Raub
d. Cassandra S. 59 durch Salmas. zu Tertull. de pallio
p. 70 u. 409 ff. verleitet, dasselbe auch von der männlichen
annimmt und die Ausdrücke μονοχίτων von dem, welcher bloss
den Chitoniskos ohne oberen Chiton, ἀχίτων dagegen von dem,
der kein Unterhemd trug, erklärt, so ist dies eine ganz irrige
Meinung. Denn χιτωνίσκος ist nur ein kurzer Chiton, nicht
ein Hemd, das unter dem Chiton getragen wurde, sondern,
wie Eustathios sagt, ἐπιπολάζων. Es ist der Chiton der
Männer und deshalb sagt Plutarch. Mul. virt. 26 von der
Tyrannei des Aristodemos gegen die kymäischen Frauen: τὰς
δὲ θηλείας ἠνάγκαζε περιτρύχαλα κείρεσθαι καὶ φορεῖν ἐφη-
βικὰς χλαμύδας καὶ τῶν ἀναχώλων χιτωνίσκων. Es
lässt sich durch viele Stellen beweisen, dass χιτωνίσκος der
äussere (oder vielmehr einzige) sichtbare Chiton ist; z. B. aus
der Beschreibung eines Akademikers, Antiphan. bei Athen.
XII. p. 545:

   λευκὴ χλανίς, φαιὸς χιτωνίσκος καλός,

oder Demosth. in Mid. §. 216: ὥστε με φοβηθέντα τὸν ὑμέ-
τερον θόρυβον θοιμάτιον προέσθαι καὶ μικροῦ γυμνὸν ἐν τῷ
χιτωνίσκῳ γενέσθαι: auch Aeschin. in Timarch. §. 131:
εἰ γάρ τίς σου τὰ κομψὰ ταῦτα χλανίσκια περιελόμενος καὶ
τοὺς μαλακοὺς χιτωνίσκους, ἐν οἷς τοὺς κατὰ τῶν φίλων λόγους γράφεις, περιενέγκας δοίη εἰς τὰς χεῖρας τῶν δικαστῶν:
Lysias in Theomn. I, §. 10: εἴ τις ἀπάγοι τινὰ φάσκων
θοιμάτιον ἀποδεδύσθαι ἢ τὸν χιτωνίσκον ἐκδεδύσθαι: Xenoph.
Anab. V. 4. 13; Plato Leg. XII, p. 954: Plutarch. Mul.
virt. 3 u. s. w. Andere Stellen, welche Pierson zu Moer.
p. 306 für ein besonderes Hemd hat geltend machen wollen,
beweisen gerade das Gegentheil, als Aristoph. Ran. 1067:

χιτῶνά γ᾽ ἔχων οὔλων ἐρίων ὑπένερθε. So aus dem Zusammenhange gerissen kann allerdings ὑπένερθε auf einen inneren Chiton hinzuweisen scheinen; allein es ist übersehen, dass vorher
vom Tribonion die Rede ist:

> οὔκουν ἐθέλει γε τριηραρχεῖν πλουτῶν οὐδεὶς διὰ ταῦτα,
> ἀλλ᾽ ἐν ῥακίοις περιιλάμενος κλάει καὶ φησὶ πένεσθαι.

Auf diese ῥάκια bezieht sich eben ὑπένερθε, nicht auf einen
zweiten Chiton; überhaupt aber ist das kein Fall aus der Wirklichkeit. So zeugt auch eine zweite Stelle, Av. 944 ff., wo
der Dichter sagt: ἀκλεῆς δ᾽ ἔβα σπολὰς ἄνευ χιτῶνος· ξύνες,
ὅ τοι λέγω, und Peisthetäros antwortet:

> ξυνῆχ᾽ ὅτι βούλει τὸν χιτωνίσκον λαβεῖν·
> ἀπόδυθι· δεῖ γὰρ τὸν ποιητὴν ὠφελεῖν:

gegen die Bedeutung des χιτωνίσκος als Unterkleid; am deutlichsten aber ist Plato Hipp. Min. p. 368, wo die bekannte
Erzählung von Hippias sich findet, der nichts an sich trug,
was er nicht selbst gefertigt hatte: ἔφησθα δὲ ἀφικέσθαι ποτὲ
εἰς Ὀλυμπίαν, ἃ εἶχες περὶ τὸ σῶμα, ἅπαντα σαυτοῦ ἔργα ἔχων·
πρῶτον μὲν δακτύλιον, ὃν εἶχες, σαυτοῦ ἔχειν ἔργον, ὡς ἐπι-
στάμενος δακτυλίους γλύφειν, καὶ ἄλλην σφραγῖδα, σὺν ἔργον,
καὶ στλεγγίδα καὶ λήκυθον, ἃ αὐτὸς εἰργάσω· ἔπειτα ὑποδήματα, ἃ εἶχες, ἔφησθα αὐτὸς σκυτοτομῆσαι, καὶ τὸ ἱμάτιον
ὑφῆναι καὶ τὸν χιτωνίσκον... ἔτι δὲ τὴν ζώνην ἔφησθα
τοῦ χιτωνίσκου, ἣν εἶχες, εἶναι μὲν οἵα αἱ Περσικαὶ τῶν πολυτελῶν, ταύτην δὲ αὐτὸς πλέξαι. Wenn Hippias noch ein
drittes Kleidungsstück ausser Himation und Chiton getragen
hätte, so würde und müsste es genannt sein.

So erscheinen also überall ἱμάτιον, χλαῖνα oder χλανίς auf
der einen und χιτών oder χιτωνίσκος auf der andern Seite als
die zwei einzigen Stücke der männlichen Kleidung, und es ist an
kein inneres Hemd zu denken; μονοχίτων aber bedeutet den,
der über dem Chiton kein περιβόλαιον trägt, dasselbe, was
Homer οἰοχίτων nennt, Odyss. XIV. 488: οὐ γὰρ ἔχω χλαῖ-

ναν· παρά μ' ἤπαφε δαίμων, οἰοχίτων' ἴμεναι: und eben das
meint Pythänetos bei Athen. XIII. 56, p. 589: Πυθαίνετος
ἐν τρίτῳ περὶ Αἰγίνης Περίανδρόν φησιν ἐξ Ἐπιδαύρου τὴν Προ-
κλέους θυγατέρα Μέλισσαν ἰδόντα Πελοποννησιακῶς ἠσθημένην,
ἀναμπέχονος γὰρ καὶ μονοχίτων ἦν καὶ ᾠνοχόει τοῖς ἐργαζομένοις, ἐρασθέντα γῆμαι. Es ist höchst willkürlich, wenn
Böttiger die Worte Diodor. Sic. XVII. 35: αἱ γὰρ πρότερον διὰ τρυφὴν ἐπ' ἀπήναις πολυτελέσι μόγις κατακομιζόμεναι
καὶ γυμνὸν μέρος τοῦ σώματος οὐδὲν φαίνουσαι τότε μονο-
χίτωνες καὶ τὰς ἐσθῆτας περιῤῥήττουσαι μετ' ὀδυρμῶν ἐκ
τῶν σκηνῶν ἐξεπήδων, übersetzt: »kaum mit einem einzigen
Unterkleide bedeckt«, während sie nichts anderes sagen als:
im blossen Hemde oder Chiton, ohne Ueberwurf. Das ist eben
der Nachtheil, welchen die Mittheilung der Beweisstellen in
der Uebersetzung bringt, ein Verfahren, mittelst dessen sich
freilich Alles beweisen lässt. Ferner ergiebt sich daraus, dass
der nicht ἀχίτων genannt werden konnte, der nur ein Untergewand trug, eine Erklärung, die überhaupt äusserst gewaltsam ist; vielmehr bedeutet es den, der ohne Chiton das blosse
Himation trug, was Leute, die ein sehr einfaches und strenges
Leben führten, allerdings thaten. So haben wir uns Sokrates
zu denken, zu dem Antiphon bei Xenoph. Mem. I. 6. 2
sagt: καὶ ἱμάτιον ἠμφίεσαι οὐ μόνον φαῦλον, ἀλλὰ τὸ αὐτὸ
θέρους τε καὶ χειμῶνος, ἀνυπόδητός τε καὶ ἀχίτων διατελεῖς:
so heisst es von Agesilaos bei Plutarch. Apophth. Lac.
33, p. 210: σφοδροῦ χειμῶνος ὄντος ἀχίτων περιέρχεται: und
noch deutlicher sagt von demselben Aelian. V. Hist. VII.
13: γέρων ἤδη ὢν ἀνυπόδητος πολλάκις καὶ ἀχίτων προῄει τὸν
τρίβωνα περιβαλλόμενος αὐτόν, καὶ ταῦτα ἑωθινὸς ἐν ὥρᾳ χειμερίῳ, und von Gelon in Syrakus Diodor. Sic. XI. 26: αὐτὸς
δὲ οὐ μόνον τῶν ὅπλων γυμνὸς εἰς τὴν ἐκκλησίαν ἦλθεν, ἀλλὰ
καὶ ἀχίτων ἐν ἱματίῳ προσελθών κ. τ. λ. Es wäre in der
That eine unerhörte τρυφή für einen Spartaner gewesen, einen
doppelten Chiton zu tragen, da schon vom zwölften Jahre an

die heranwachsende Jugend nur mit dem Tribon sich bekleidete. Plutarch. Lyc. 16: γενόμενοι δὲ δωδεκαετεῖς ἄνευ χιτῶνος ἤδη διετέλουν, ἓν ἱμάτιον εἰς τὸν ἐνιαυτὸν λαμβάνοντες. So hielten es auch die Philosophen der strengeren Schulen. Von Antisthenes sagt Diog. Laört. VI. 13: πρῶτος ἐδίπλωσε τὸν τρίβωνα, καθά φησι Διοκλῆς, καὶ μόνῳ αὐτῷ ἐχρῆτο, von Kleanthes VII. 169: ἡγούμενόν τε τῶν ἐφήβων ἐπί τινα θέαν ὑπ’ ἀνέμου παραγυμνωθῆναι (φασὶ) καὶ ὀφθῆναι ἀχίτωνα, und wie viele andere Beispiele liessen sich anführen, wenn nicht schon hierdurch jene Erklärung Böttiger’s mehr als hinreichend widerlegt wäre! Der Irrthum ist übrigens nicht neu; bei Moer. Attic. p. 306 findet sich: χιτωνίσκος καὶ χιτὼν Ἀττικά, ὑποδύτης καὶ ἐπενδύτης Ἑλληνικά: aber auch bei einem nicht-attischen Schriftsteller der besseren Zeit würde man die Namen ὑποδύτης oder ὑπενδύτης vergeblich suchen, und wenn ἐπενδύτης, was Poll. VII. 45, wiewohl verwerfend, mit einigen Beispielen belegt, einen oberen Chiton bedeuten sollte, was keineswegs nöthig ist, so wäre damit noch immer nicht gesagt, dass es auf männliche Kleidung zu beziehen sei.

Das ἐπίβλημα oder περίβλημα der Griechen, das ἱμάτιον Ἑλληνικόν, wie es Lucian. de merc. cond. 25 im Gegensatze zu der römischen Toga nennt, war ein grosses viereckiges Tuch. Diese Form wird in der Erzählung von den Griechen, welche unter römischer Herrschaft die Toga angenommen hatten und, um der grausamen Verfolgung Mithridat’s zu entgehen, sie wieder mit der vaterländischen Tracht vertauschten, ausdrücklich genannt. Posidon. bei Athen. V, p. 213: τῶν δ’ ἄλλων Ῥωμαίων οἱ μὲν θεῶν ἀγάλμασι προςπεπτώκασιν, οἱ δὲ λοιποὶ μεταμφιεσάμενοι τετράγωνα ἱμάτια τὰς ἐξ ἀρχῆς πατρίδας πάλιν ὀνομάζουσι. Vgl. Appian. de bello civ. V. 11; Petron. 135: »incincta quadrato pallio« und mehr im Gallus B. III, S. 142 ff. Die Weise des Anlegens gleicht ganz dem älteren einfacheren Umwurfe der Toga. Das Gewand wurde zuerst über die linke Schulter geworfen und

mit dem Arme festgehalten, dann im Rücken nach der rechten
Seite über den rechten Arm oder unter ihm hinweg gezogen und
wieder über die linke Schulter oder den linken Arm geschlagen.
Das nannte man ἐπὶ δεξιὰ ἀναβάλλεσθαι oder ἀμπισχνεῖσθαι
und an der Weise des geschickteren oder ungeschickteren Um-
wurfs erkannte man die feinere und die bäuerischere oder
auch nicht-griechische Sitte. Plato Theaet. p. 175 giebt
ausdrücklich als Merkmal des ἀνελεύθερος und ἀπαίδευτος an,
ἀναβάλλεσθαι μὴ ἐπίστασθαι ἐπιδέξια ἐλευθέρως, und mit Beziehung darauf sagt Athen. I, p. 21: ἔμελε δὲ αὐτοῖς καὶ τοῦ
κοσμίως ἀναλαμβάνειν τὴν ἐσθῆτα καὶ τοὺς μὴ τοῦτο ποιοῦν-
τας ἔσκωπτον, wo mehr Beispiele angeführt werden. Daher
sagt Poseidon zu dem Barbaren bei Aristoph. Av. 1565:

> οὗτος, τί δρᾷς; ἐπ᾽ ἀριστέρ᾽ οὕτως ἀμπέχει;
> οὐ μεταβαλεῖ θοἰμάτιον ὡς ἐπὶ δεξιά;

Die ältere Sitte gebot dabei in ruhiger Haltung wie bei den
Römern »cohibere brachium«, die rechte Hand nicht frei, sondern im Gewande zu tragen, ἐντὸς τὴν χεῖρα ἔχειν, was in
keinem Falle bloss auf die Redner zu beziehen ist, für die
es nur Aeschin. in Timarch. §. 26 mit Berufung auf eine
Statue Solon's in Salamis geltend macht. Diese Statue war
jedoch damals vor noch nicht funfzig Jahren aufgestellt und
nur der alten Sitte gemäss bekleidet. Demosth. de falsa
leg. §. 251. Unter den Rednern verletzte zuerst Kleon diesen
Anstand, Plut. Nic. 8; doch blieben manche auch später
noch der alten Sitte treu. Von Phokion sagt Duris bei Plutarch. c. 4: οὐδ᾽ ἐκτὸς ἔχοντα τὴν χεῖρα τῆς περιβολῆς, ὅτε
τύχοι περιβεβλημένος. Er ging nämlich gewöhnlich γυμνός,
im blossen Chiton, so dass man, wenn er einmal ein Himation
trug, scherzend sagte, es müsse sehr kalt sein. Vgl. Böttiger
Vasengem. Hft. II, S. 57; Archäol. d. Malerei S. 211. —
Das Himation sollte wenigstens bis an das Knie oder wohl
noch über dasselbe hinabfallen, und eine kürzere ἀναβολή

galt für unanständig. Theophr. Charact. 4: (ἀγροίκου) ἀναβεβλημένος ἄνω τοῦ γόνατος καθιζάνειν, ὥστε τὰ γυμνὰ αὐτοῦ φαίνεσθαι. Philetaer. bei Athen. I, p. 21: ἀμφὶ στέρνοις φᾶρος οὐ καθήσεις μηδ᾽ ἀγροίκως ἄνω γόνατος ἀμφέξει; Gewöhnlich aber reichte es wohl noch tiefer herab. Quint. Instit. XI. 3. 143 sagt: »togas veteres ad calceos usque demittebant, ut Graeci pallium«, und so sehen wir es an den sogenannten Mantelfiguren; vgl. Böttiger Vasengem. S. 56. Gleichwohl kann dies von der eigentlichen Blüthezeit des athenischen Staats nicht angenommen werden; vielmehr gilt da ein so tief herabhängendes Gewand für ein Zeichen der Üeppigkeit und des Hochmuths. Plato Alcib. I, p. 122: εἰ δ᾽ αὖ ἐθέλεις εἰς πλούτους ἀποβλέψαι καὶ τρυφὰς καὶ ἐσθῆτας ἱματίων θ᾽ ἕλξεις καὶ μύρων ἀλοιφάς κ. τ. λ. Demosth. de falsa leg. §. 314: καὶ διὰ τῆς ἀγορᾶς πορεύεται θοἰμάτιον καθεὶς ἄχρι τῶν σφυρῶν, ἴσα βαίνων Πυθοκλεῖ, τὰς γνάθους φυσῶν κ. τ. λ. So sagt auch Archippos bei Plutarch. Alcib. 1 von dem jüngeren Alkibiades: βαδίζει διακεχλιδώς, θοἰμάτιον ἕλκων, ὅπως ἐμφερὴς τῷ πατρὶ μάλιστα δόξειεν εἶναι, und noch in Lucian's Zeit wurde es für τρυφή erachtet, Amor. 3: φαιδρὰ μὲν ἐσθὴς μέχρι ποδῶν τὴν τρυφὴν καθειμένη. [Um einen schöneren Faltenwurf herstellen zu können und um dem Gewande mehr Halt auf den Schultern zu geben, pflegte man kleine Gewichte in die Ecken einzunähen.]

In Kreta (Strabo X. 4. 20) und Sparta trug man einen kurzen Mantel, μετρία ἐσθής, Thucyd. I. 6, βραχεῖαι ἀναβολαί, Plato Protag. p. 342, von gröberem Zeuge, der mit den bekannten Namen τρίβων, τριβώνιον genannt wurde. Ihn nahmen natürlich auch die, welche die Aeusserlichkeiten der spartanischen Sitte nachäfften, die λακωνίζοντες, welche Plato a. a. O. verspottet, und die Philosophen der kynischen und stoischen Schule an, und mit Recht findet Aristot. Eth. Nic. IV, 13, p. 127 Bekk. darin auch eine Art von Prahlerei: οἱ

δὲ καὶ τὰ μικρὰ καὶ τὰ φανερὰ προσποιούμενοι βαυκοπανοῦργοι
λέγονται καὶ εὐκαταφρύνητοί εἰσιν, καὶ ἐνίοτε ἀλαζονεία φαίνεται, οἷον ἡ τῶν Λακώνων ἐσθής· καὶ γὰρ ἡ ὑπερβολὴ καὶ
ἡ λίαν ἔλλειψις ἀλαζονικόν. S. Manso Sparta Th. I. 2, S. 197
und Müller Dorier Th. II, S. 267. Wenn freilich sonst in
Athen und anderwärts mit Bezug auf die niedere Klasse der
Tribon genannt wird, so ist das natürlich nur eine Folge der
Dürftigkeit, die sich mit geringerem Stoffe und abgetragener
Kleidung begnügen musste, s. z. B. Isaeus de Dicaeog.
her. §. 11, Aristoph. Vesp. 116. 1131. Eccl. 850. [Später
zeichneten sich nach Sokrates' Vorgange (Plato Symp. p. 219)
die Philosophen durch diese Tracht aus; vergl. Arrian.
Diss. Epict. IV. 8. 15: εὐθὺς ἀναλαβόντες τρίβωνα καὶ πώγωνα καθέντες φασίν· ἐγὼ φιλόσοφός εἰμι, mit Wyttenb.
ad Plutarch. p. 440 und Göttling gesamm. Abh. S. 256.]

Die Knaben trugen in Athen in früherer Zeit den blossen
Chiton; gegen den peloponnesischen Krieg hin aber wurde es
gewöhnlich, auch ihnen ein Obergewand zu geben. Deshalb
sagt von der alten Sitte der Δίκαιος λόγος bei Aristoph.
Nub. 964:

εἶτα βαδίζειν ἐν ταῖσιν ὁδοῖς εὐτάκτως ἐς κιθαριστοῦ
τοὺς κωμήτας γυμνοὺς ἀθρόους, κεἰ κριμνώδη κατανίφοι,

und von der späteren Verweichlichung v. 987:

σὺ δὲ τοὺς νῦν εὐθὺς ἐν ἱματίοις προδιδάσκεις ἐντετυλίχθαι.

[Vgl. B. II, S. 80.] Von der spartanischen Sitte, welche den
Knaben nur bis zum zwölften Jahre den Chiton gestattete,
dann aber den Tribon als einziges Kleidungsstück vorschrieb,
ist schon oben gesprochen worden. Die Worte ἓν ἱμάτιον εἰς
τὸν ἐνιαυτόν werden gewiss nicht richtig von der Dauer des
Kleides erklärt; vielmehr liegt darin, dass ein und dasselbe Gewand in jeder Jahreszeit getragen wurde, was durch Xenoph.
de republ. Lac. 2. 4 noch deutlicher wird: καὶ ἀντί γε τοῦ
ἱματίοις διαδρύπτεσθαι, ἐνόμισεν ἑνὶ ἱματίῳ δ' ἔτους προσεθί-

ζεσθαι νομίζων ούτω καὶ πρὸς ψύχη καὶ πρὸς θάλπη ἄμεινον
ἂν παρασκευάσασθαι, also ganz wie es auch von dem attischen
Redner Lykurg in Vit. X Orat. p. 842 heisst: ἱμάτιον ἓν καὶ
ταὐτὸ ἐφόρει τοῦ χειμῶνος καὶ τοῦ θέρους. [Denn dass der
Vermögende sonst nach den Jahreszeiten auch die Kleidung
wechselte, bezeugt Xenoph. Mem. I. 6; Artemid. Onir.
II. 3; Alciphr. III. 41 und Plaut. Mil. glor. III. 1. 93:
»eme vir lanam, tibi unde pallium malacum et calidum con-
ficiatur tunicaeque hibernae bonae, ne algeas hac hieme.«]
    Trat dagegen der attische Knabe in das Ephebenalter
ein, so war von nun an sein eigentliches Gewand die von
dem Himation gänzlich verschiedene Chlamys; [ἐγγραφῆναι
καὶ λαβεῖν τὸ χλαμύδιον für ἔφηβον γίγνεσθαι Ath. VI. 37,
p. 240. Poll. X. 164. Artemid. Onir. I. 56. Plut. Virt.
mul. 26 und Jacobs zu Anthol. Graec. I. 1, p. 24]. Sie
stammte ursprünglich aus Thessalien oder Makedonien, von
wo sie sich jedoch über ganz Griechenland verbreitet zu haben
scheint. Pollux VII. 46: τὰς δὲ θετταλικὰς χλαμύδας θετταλικὰ πτερὰ ὠνόμαζον, καὶ ἐντεθετταλίσμεθα ἔλεγον τὸ χλαμυ-
δοφοροῦμεν. Vgl. Stephan. Byz. Θεσσαλία, Diogenian.
Prov. V. 20. Die deutlichste Beschreibung ihrer Form giebt
Plutarch. Alex. 26, wo der Umriss von Alexandria damit
verglichen wird: κυκλοτερῆ κόλπον ἦγον, οὗ τὴν ἐντὸς περι-
φέρειαν εὐθεῖαι βάσεις, ὥσπερ ἀπὸ κρασπέδων εἰς σχῆμα χλα-
μύδος, ὑπελάμβανον ἐξ ἴσου συνάγουσαι τὸ μέγεθος: noch
besser aber zeigen sie Denkmäler, wie Tischbein I. 5. 14
und die Figur des Oedipus bei demselben II. 24, ebenso der
πολίτης in Antiqu. du C. Pourtalès pl. 36 [und die Statue
des Phokion: Mus. Pio-Clem. II. Tav. XLIII.] Sie wurde
auf der rechten Schulter (zuweilen auch über der Brust) durch
einen Knopf zusammengeheftet, und die herabhängenden Zipfel
sind eben die πτερά oder πτέρυγες. Hesych. θετταλικὰ πτερά·
τοῦτο εἴρηται διὰ τὸ πτέρυγας ἔχειν τὰς θετταλικὰς χλαμύδας·
πτέρυγες δὲ καλοῦνται αἱ ἑκατέρωθεν γωνίαι διὰ τὸ ἐοικέναι

πτέρυξιν. Ebenso Phot. u. Suid. Vgl. Eustath. zu Iliad.
II. 732, p. 331. 14. Die Zeit, wo sie in Griechenland verbreitet wurde, ist unbekannt, doch kannte man keine ältere
Erwähnung als durch Sappho; vgl. Ammon. diff. vocab.
p. 146 und Poll. X. 124: οἱ μέντοι Ἀττικοὶ τὸ λεπτὸν χλανίδα, τὸ δὲ ἱππικὸν χλαμύδα, ὡς Θετταλῶν· πρώτην δέ φασι
χλαμύδα ὀνομάσαι Σαπφὼ ἐπὶ τοῦ Ἔρωτος εἰποῦσαν· Ἐλθόντ᾽
ἐξ ὀρανῶ πορφυρέαν ἔχοντα προϊέμενον χλαμύν. Mit Recht
nennt sie Pollux τὸ ἱππικόν: denn sie ist der eigentliche
Reitermantel, den man namentlich auch auf Reisen trug. Vgl.
Müller Dorier Th. II, S. 266 und Wieseler Denkmäler
des Bühnenwesens S. 72 [Der Chlamys ähnlich wurde das
Himation, wenn man es in Kriegszeiten zusammenlegte und
diesen Umwurf mittelst einer Spange auf der rechten Schulter
befestigte: Lycurg. in Leocrat. §. 40: τῶν δὲ ἀνδρῶν τοὺς
τοῖς σώμασιν ἀπειρηκότας ἰδεῖν ἦν καθ᾽ ὅλην τὴν πόλιν διπλᾶ
τὰ ἱμάτια ἐμπεπορπημένους und Polyaen. Strateg. IV. 14.
Ebenso ist die δίπτυχος λώπη und χλαῖνα διπλῆ bei Hom.
Odyss. XIII. 224 und XIX. 226 im Gegensatze zur ἁπλοΐς:
XXIV. 276 zu verstehen und Ameis hätte nicht an »zwei-
maliges Herumschlagen« denken sollen.] Andere Namen, wie
χλαῖνα, χλανίς u. s. w. beziehen sich weniger auf die Form
als auf den Stoff, aus dem sie gefertigt waren, daher von
ihnen weiterhin die Rede sein wird.

[In seiner Darstellung der weiblichen Tracht hat sich
Becker von vornherein dadurch nicht klar werden können,
dass er einen zu starken Unterschied zwischen dem früheren
und späteren χιτών in Athen annahm, während Herodot an
der schon erwähnten Stelle V. 85 nur von dem Wegfall der
Spangen und der Aenderung des Stoffes spricht: μετέβαλλον
ὦν εἰς τὸν λίνεον κιθῶνα, ἵνα δὴ περόνῃσι μὴ χρέωνται. Wenn
derselbe dann fortfährt: ἔστι δὲ ἀληθέϊ λόγῳ χρεωμένοισι οὐκ
Ἰὰς αὕτη ἡ ἐσθὴς τὸ παλαιόν, ἀλλὰ Κάειρα· ἐπεὶ ἦ γε Ἑλληνικὴ ἐσθὴς πᾶσα ἡ ἀρχαίη τῶν γυναικῶν ἡ αὐτὴ ἦν, τὴν νῦν

Δωρίδα καλέομεν, so stimmt damit so ziemlich Alles überein,
was wir vom homerischen πέπλος wissen. Il. XIV. 180: χρυ-
σείῃς ἐνετῇσι κατὰ στῆθος περονᾶτο und Od. XVIII.
293: ἐν δ᾽ ἄρ᾽ ἔσαν περόναι δυοκαίδεκα πᾶσαι χρύσειαι, κληῖσιν
εὐγνάμπτοις ἀραρυῖαι, wozu Eustathios bemerkt: τί δήποτε
δώδεκα περόνας ἐχρῆν ἔχειν αὐτὸν μανδυοειδῆ ὄντα; δοκεῖ δὴ
μάλιστα γυναικεῖον ἱμάτιον εἶναι ὁ πέπλος κατὰ τὰ Δωρικά,
σχιστὸν ἐπὶ μόνα τὰ ἔμπροσθεν καὶ διὰ τοῦτο περόνας ἐθέλον
πολλάς. Derselbe zu Il. p. 599. 40: ἔστι δὲ πέπλος καὶ ἐνταῦθα γυναικεῖος χιτών, ὃν οὐκ ἐνεδύοντο ἀλλ᾽ ἐπερονῶντο καὶ
τῆς περόνης ἀρθείσης καταρρέων αὐτὸς εἰς τὸ ἔδαφος φαίνεται. Mit den περόναι vergleicht W. Helbig über Frauen-
toilette bei Homer im Neuen Reich 1874. I, S. 721 ff.
die in etruskischen Gräbern gefundenen fibulae, deren Nadeln
in die an der anderen Seite des Brustschlitzes befindlichen
Ringe eingeführt wurden, worauf Röhren darüber sich schoben,
die in vertikaler Reihe einen einzigen Streifen bildeten. Aelian
aber, der Var. Hist. I. 18 von dem Luxus der πανὺ παλαιαί
sagt: τῶν δὲ χιτώνων τὰ περὶ τοὺς ὤμους ἀχρὶ τῶν χειρῶν
οὐ συνέρραπτον, ἀλλὰ περόναις χρυσαῖς καὶ ἀργυραῖς συνεχέσι
κατελάμβανον, befindet sich in Bezug auf die ältere Sitte im
Irrthum oder hat die spätere Mode der geschlitzten Aermel
auf dieselbe übertragen. Auch das spätere dorische Frauengewand (jedenfalls länger als das der spartanischen Jungfrauen;
vgl. Müller Denkm. II, Taf. XVII. 188) war ein ἐμπερόναμα.
Beim Schol. zu Eurip. Hec. ed. Cobet 915 heisst es von
den Spartanerinnen: ἄζωστοι καὶ ἀχίτωνες ἱματίδιον ἔχουσαι
πεπορπημένον ἐφ᾽ ἑκατέρων τῶν ὤμων. Auch Theocr. Idyll.
XV. 21 lässt sich Praxinoa bringen τὠμπέχονον καὶ τὰν περο-
νατρίδα. Dann wäscht sie sich im χιτώνιον: v. 31; Gorgo
reicht ihr das καταπτυχὲς ἐμπερόναμα d. h. eben die περονατρίς: v. 34 und endlich verlangt sie τὠμπέχονον und die θο-
λία (vgl. B. I, S. 202). Uebrigens hat wohl auch Becker
Unrecht, wenn er II, S. 332 in derselben Idylle v. 69:

οἴμοι δειλαία, δίχα μευ τὸ θερίστριον ἤδη •
ἔσχισται, ἰ’ὀργώ. — πὸτ τῶ Διός, εἴ τι γένοιο
εὐδαίμων, ὤνθρωπε, φυλάσσεο τὠμπέχονόν μευ

glaubt, das Sommerkleid sei eben das *ἀμπέχονον*, während
Praxinoa offenbar die *περονατρίς* meint. Wegen des *χιτὼν
σχιστός* der dorischen Jungfrauen vgl. B. II, S. 227. Etwas
Aehnliches bietet Gerhard Archaeol. Zeit. 1843, Taf. XI.
Guhl u. Koner Fig. 209. Der lange Chiton der Athenerinnen
war von unten bis zur Taille durch eine Naht geschlossen,
von da ab bestand er anfangs immer noch aus zwei Blättern,
πτέρυγες, die wie beim Männerchiton geheftet wurden und
ärmellos waren. Vergl. Panofka Bild. ant. Leb. IX. 5.
Poll. VII. 60. Wurde dieser Chiton nicht gegürtet, so hiess
er *ὀρθοστάδιος*: Poll. VII. 48: *χιτὼν ὀρθοστάδιος, ὁ οὐ ζων-
νύμενος*. Suid. s. *ὀρθοστάδια: οἱ στατοὶ χιτῶνες ὀρθοστάδιοι,
οἱ δὲ συρόμενοι συρτοί* und ähnlich Hesych. u. Phot. Wie
Müller - Strübing in der Voss. Zeit. 1862, 3. Juli behaupten konnte, aus dem *κιμβερικὸν ὀρθοστάδιον*: Aristoph.
Lysistr. 45, in Verbindung mit dem v. 113 genannten *ἔγκυκλον* müsste man auf den Gebrauch der Krinoline schliessen,
ist mir unerfindlich, da ja das *ἔγκυκλον*, auf das wir weiter
unten kommen, gar kein Chiton, sondern ein *περίβλημα* war.

Eine andere Art des Weiberchitons erforderte eine die
Körpergrösse weit überschreitende Länge des Zeuges. Den
Rock zog man unter einem die Hüften umschliessenden Gürtel, *ζώνιον*, so weit herauf, dass er bloss bis auf die Füsse
hinabreichte, während über den Gürtel ein gefältelter Bausch,
κόλπος, hinabhing. Dann schlug man die beiden, gewöhnlich
noch das Doppelte der nöthigen Höhe messenden Obertheile
hinten und vorn über um, so dass der Ueberschuss, wenn die
Doppelung über den beiden Schultern genestelt wurde, bis
über den Gürtel hinabflatterte (Mus. Borb. II. 4 und Gerhard Denkm. u. Forsch. Taf. 1) oder auch häufig mit dem
Gürtelbausche horizontal parallel lief (ebendas. t. 6 und Millin

Peint. d. Vas. II. 70). Diese Art von Chiton hiess, wie es scheint, διπλοῖς, διπλόη: Rangabé n. 862 und 865 κροκωτὸν διπλοῦν. Dem entsprechend ist das von Poll. VII. 49 genannte διπλοΐδιον gleich dem χιτώνιον διπλοῦν bei Rangabé n. 863; χιτώνιον ἀμόργενον διπλοῦν und χιτώνιον ἰσοπτυχὲς διπλουν: n. 865, also wahrscheinlich ein Doppelchiton, der nur bis an die Kniee reichte, ein χιτὼν οὐ ποδήρης: Rangabé n. 862. Dagegen kann ich in dem ἡμιδιπλοΐδιον bei Aristoph. Eccles. 318, trotzdem es die Scholien und die diesen folgenden Wörterbücher als selbständiges Kleidungsstück ausgeben, nichts Anderes sehen, als einen unwilligen Scherz des Blepyros, da dasselbe ihm für die kalte Nacht zu wenig ist. Nennt er es doch selbst den Nachbarn gegenüber erst v. 332 κροκωτίδιον und v. 374 χιτώνιον. Endlich hindert mich zugleich die Identifizirung des διπλοΐδιον mit χιτώνιον, dabei an ein selbständig aus dem doppelten Ueberschlag des χιτών entstandenes, bloss bis zur Taille reichendes Ueberwürfchen oder gar Jäckchen zu denken. Es war das Hauskleid der Frau, die eben wie der Mann zu Hause nur den Chiton trug. Auch Mnesilochos, der sich Aristoph. Thesmoph. 253ff. als Frau verkleidet, erhält zuerst den κροκωτός und dazu das στρόφιον. Dann sagt er in Bezug auf die Kürze des ersteren bezeichnend: ἴθι νῦν κατάστειλόν με τὰ περὶ τὼ σκέλη, worauf er das ἔγκυκλον bekommt, von dem der Scholiast mit Recht sagt: δῆλον δὲ ὅτι τὸ ἔγκυκλον ἱμάτιον, ὁ δε κροκωτὸς ἔνδυμα. Vgl. Lysistr. 114 und Rangabé n. 863: ἔγκυκλον λευκὸν, s. weiter unten.] Schwieriger ist die Frage nach der Bedeutung von ἐπωμίς, was ich jedoch eben so wenig mit Müller bloss von dem Zipfel, welcher an der Schulter befestigt wurde, verstehen möchte. Die von ihm angeführten Stellen, Eurip. Hecub. 553:

> λαβοῦσα πέπλους ἐξ ἄκρας ἐπωμίδος
> ἔρρηξε λαγόνος ἐς μέσον παρ' ὀμφαλόν,

und Chaerem. bei Athen. XIII, p. 608:

*ἔκειτο δ᾽ ἡ μὲν λευκὸν εἰς σεληνόφως
φαίνουσα μαστὸν λελυμένης ἐπωμίδος,*

scheinen das nicht zu verlangen; es kann eben so gut das
Gewand selbst sein, insofern es über den Schultern durch
Agraffen befestigt wurde, und als solches nimmt es offenbar
Poll. VII. 49: *καὶ ἴδια δὲ γυναικῶν ἐπωμίς, διπλοΐδιον, ἡμι-
διπλοΐδιον κ. τ. λ.*: auch ist nur auf diese Weise das Fragment
des Apollodor bei Suidas s. *ἐγκομβώσασθαι* (vgl. Etym.
M. *ἐγκόμβωμα*) zu verstehen:

> *τὴν ἐπωμίδα
> πτύξασα διπλῆν ἄνωθεν ἐνεκομβωσάμην.*

Wie Böttiger Amalth. a. a. O. dieses *ἐγκομβοῦσθαι* durch
aufbauschen übersetzen mag, verstehe ich nicht. Das Wort
wird ganz eigentlich von dem Anheften eines Theiles des
Kleides an einen andern gebraucht, *κομβίον* s. v. a. *περόνη*,
Eustath. ad Il. X. 129.

Die Aermel erscheinen an dem späteren Chiton völlig geschlossen und hängen als weite, faltige Säcke herab; oft aber
wurden sie auch von der Achsel an oberhalb aufgeschlitzt
und durch Spangen· zusammengeheftet, so dass man durch
den Schlitz den Arm sehen kann, was freilich Böttiger Kl.
Schr. Th. III, S. 56 sehr unpassend einen *χιτὼν σχιστύς*
nennt. Dieselbe Bedeutung wie *ὀρθοστάδιος* scheint übrigens
συμμετρία zu haben, was jedenfalls einen Chiton bedeutet,
der gerade die Länge des Körpers hat. Poll. §. 54: *καὶ ἡ
συμμετρία χιτών ἐστι ποδήρης ἔς τε τοὺς ἀστραγάλους καθή-
κων:* vgl. IV. 120 und Hesychios: *συμμετρία ἔνδυμα γυναικεῖον ποδῆρες οὐκ ἔχον σύρμα.* Zuweilen war der Chiton unten
mit einer in Falten gelegten Falbel besetzt und hiess dann
στολιδωτός. Poll. §. 54: *εἴη δ᾽ ἄν τις καὶ στολιδωτὸς χιτών·
στολίδες δέ εἰσιν αἱ ἐξεπίτηδες ὑπὸ δεσμοῦ γιγνόμεναι κατὰ
τέλη τοῖς χιτῶσιν ἐπιπτυχαί, μάλιστα ἐπὶ λινῶν χιτωνίσκων:*
vergl. Xenoph. Cyrop. VI. 4. 2 und Schneider's Ind.

Script. r. r. tela. [Wenn aber endlich Becker Char. II,
S. 328 gesagt hat: »*Συρτός* war der Chiton nur vor der Gür-
tung; keineswegs wurde er aber als Schleppgewand getragen,«
so widerspricht dem für später Theocr. Id. II. 74: *ὠμάρτευν*
βύσσοιο καλὸν σύροισα χιτῶνα. Vgl. Ovid. Her. XXI. 162: »et
trahitur multo splendida palla croco«. Wenn aber O. Lüders
Ein Stück griech. Kunstlebens in Im Neuen Reich.
1874, I, S. 176 ff. von Schleppgewändern an den Terracotten
von Tanagra spricht, so scheint er die Himatien zu meinen.

Das *ἱμάτιον* der Frauen unterschied sich wohl nicht wesentlich von dem Männerumwurf, so dass die Frau selbst das
des Mannes benutzen konnte. Aelian. Var. H. VII. 9: *ἡ Φω-*
κίωνος γυνὴ τὸ Φωκίωνος ἱμάτιον ἐφύρει καὶ οὐδὲν ἐδεῖτο οὐ
κροκωτοῦ, οὐ ταραντινοῦ, οὐκ ἀναβολῆς, οὐκ ἐγκυκλίου, οὐ κε-
κρυφάλου, οὐ καλυπτρᾶς, οὐ βαπτῶν χιτωνίσκων. 10: *τῇ Ξαν-*
θίππῃ δὲ ὁ Σωκράτης, ἐπεὶ οὐκ ἠβούλετο τὸ ἐκείνου ἱμάτιον
ἐνδύσασθαι κ. τ. λ. Diog. Laërt. II. 37. Aristoph. Eccl.
341. Dennoch scheint der Schnitt etwas verschieden gewesen
zu sein. Denn es werden *ἱμάτια ἀνδρεῖα* und *γυναικεῖα* im
engeren Sinne geschieden: Xenoph. Memor. Socr. II. 7. 5.
Auch Rangabé n. 861: *ἱμάτιον λευκὸν γυναικεῖον* und *ἱμάτιον*
γυναικεῖον πλατυαλουργές. Aus der ersten Stelle Aelian's geht
hervor, dass man sich in dieses Gewand ganz einhüllen konnte
und man sieht dies auch bei Stackelberg Gräb. d. Hellen.
Taf. LXVII. u. Kékulé Thonf. v. Tanagra T. 1, 8, 9, 10, 15.

Dieses *ἱμάτιον* veränderte sich natürlich auch der Mode gemäss. Aristoph. Plut. 985 ist von einem *ἱματίδιον*, Fragm.
Babyl. 22 von einem *ἱματιδάριον* die Rede, so wie das mit
ἱμάτιον gleichbedeutende *ἀμπεχονή* oder *ἀμπέχονον* in *ἀμπε-*
χόνιον sich selbst bis zu shawlartigen Tüchern verkleinerte.
Vgl. Millin Peint. d. Vas. II. 70. Bei der von Guhl und
Koner für *ἀμπεχόνιον* Fig. 213 aufgeführten Gestalt aus Gerhard Auserles. Vasenb. III. Taf. CLXXXIX denkt man
eher an *διπτέρυγον ἀμόργινον:* Rangabé n. 863. Was das

ἔγκυκλον betrifft, so soll es seinen Namen nach Phot. Lexic.
p. 388 und Poll. VII, 53 haben κύκλῳ τὴν πορφύραν ἔχον.
Irregeführt durch Moeris Att. p. 124: ζώνιον τὸ γυναικεῖον Ἀττικῶς, ζώνη ἡ τοῦ ἀνδρός: auch Ammonius p. 65
oder Ptolem. Ascal. de differ. voc. 87: ζώνην λέγουσι
τὴν τοῦ ἀνδρός, ζώνιον δὲ τὸ γυναικός, hat Becker ζώνιον
und στρόφιον für den Frauengürtel überhaupt genommen.
Dass aber ζώνη nicht ausschliesslich auf das männliche Geschlecht Bezug hat, ist kaum nötbig, durch Stellen zu belegen. Aeschyl. Suppl. 452: ἔχω στρόβους ζώνας τε συλ-
λαβὰς πέπλων. Herod. I. 51: γυναικός — τὰς ζώνας. Plat.
Alcib. I, p. 123 b: ζώνην τῆς βασιλέως γυναικός. Plut.
Lycurg. 15: ὁ δὲ νύμφιος ἔλυε τὴν ζώνην τῆς νύμφης. Quaest.
Graec. 12: λύσασα τὴν ζώνην ἀνήρτησεν ἑαυτήν. Eurip.
Hecub. 762: τοῦτον ἔφερον ζώνης ὕπο.] Davon ist zu unterscheiden die Binde, welche man um die Brüste (gewöhnlich)
unter dem Chiton legte. Für sie giebt es viele Benennungen,
von denen die üblichsten [στρόφιον, ζώνιον,] ταινία, μίτρα, ἀπόδεσμος und στηθόδεσμος gewesen zu sein scheinen. [Die
Identität von στρόφιον und ζώνιον ergiebt sich aus Poll. VII.
67: τὸ μὲν γυναικεῖον ζώνιον οὕτω τι ἐκάλουν καὶ στρόφιον
ὠνόμαζον, ὡς Ἀριστοφάνης, denn Aristoph. Lys. 72 lässt
die Bedeutung von ζώνιον unbestimmt. Für στρόφιον aber,
als Busenbinde, spricht Aristoph. Thesm. 255. Dort heisst
es von Mnesilochos: σύζωσον ἀνύσας, und dann αἶρε νῦν στρόφιον. Als er dann wieder entkleidet wird, sagt Kleisthenes:
χάλα ταχέως τὸ στρόφιον, worauf ein Weib bemerkt: νὴ Δία
τιτθούς γ᾽ ὥσπερ ἡμεῖς οὐκ ἔχει. Auch Lysistr. 931 sagt
Myrrhine während des Entkleidens: τὸ στρόφιον ἤδη λύομαι.
Ferner gehört hierher Turpilius bei Non. XIV. 8:

> »me miseram! quid agam? inter vias epistula cecidit mibi,
> infelix inter tuniculam ac strophium quam collocaveram.«

Catull. LIV. 65: »tereti strophio luctantes vincta papillas.«
Vgl. Ritschl Inc. S. 20.] Poll. VII. 65: τὸ δὲ τῶν μαστῶν

τῶν γυναικείων ζῶσμα ταινίαν ὠνόμαζον καὶ ταινίδιον ... ἄν-
τικρυς δὲ τὸ νῦν καλούμενον ὑπὸ τῶν γυναικῶν στηθύδεσμον·
εὕροις δ᾽ ἂν ὀνομαζόμενον ἀπόδεσμον ἐν θεσμοφοριαζούσαις
Ἀριστοφάνους (nicht den vorhandenen, sondern den δευτέραις)·
τὴν πτέρυγα παραλύσασα τοῦ χιτωνίου καὶ τῶν ἀποδέσμων, οἷς
ἐνῆν τὰ τιτθία. Der Ausdruck ταινίη μαστῶν findet sich auch
Anacr. 20. 13; [vgl. Appul. Met. X, p. 248 Elm.: »cuncto
spoliata tegmine, taenia quoque, qua decoras devinxerat papillas.«] Eben so allgemein aber ist μίτρα: Anthol. Pal.
V. 199:

> σάνδαλα καὶ μαλακαί, μαστῶν ἐκδύματα, μίτραι.

Vgl. Theocr. XXVII. 54. Der ἀπόδεσμος entspricht seiner
Bestimmung nach, wie das Wort andeutet, der römischen fascia
pectoralis (s. Gallus B. III, S. 182), ist dann aber auch überhaupt ein Busenband. Lucian. Dial. mer. XII: ἡ δὲ φι-
λήσασα μεταξὺ τῶν μαστῶν ὑπὸ τῷ ἀποδέσμῳ παρεβύσατο.
Das Anlegen des ἀπόδεσμος sieht man an der Bronze An-
tich. d'Erc. VI. 17. 3, Galeria di Firenze Stat. 21 [und
Caylus VI. 11. 12. Die ἀπόδεσμοι sind wohl dasselbe wie
die Kreuzbänder, welche auf Bildwerken die Frauen theils über
dem Untergewand, theils auf dem nackten Körper tragen:
Stephani Compte rendu pour 1860, p. 80; 103. 1861,
p. 40. 1862, p. 36. 1864, p. 239. 1865, p. 63. 1866, p. 142.
1868, p. 19; 57; 70. 1869, p. 164; 188; 226. 1870 und 1871,
p. 53; 112; 165; 202; 216. C. Curtius in Archaeolog.
Zeit. 1872, S. 22.] Etwas anderes dagegen war die Leib-
binde, die wohl dazu diente, den zu starken Leib einzu-
schnüren. Poll. §. 65: τὸ δὲ περὶ τῇ κοιλίᾳ ζῶσμα περίζωμα
ἢ περιζώστραν. Vgl. Wieseler in Gött. Stud. 1847, S. 732.
Ueberhaupt aber kannten die griechischen Frauen allerhand
Mittel, sich den Schein gefälligeren Wuchses zu geben, wenn
auch vielleicht wenige und namentlich nur Hetären davon Gebrauch machen mochten. Ein langes Verzeichniss, in dem

auch.etwas einem cul de Paris Gleichendes vorkommt, giebt
Alexis bei Athen. XIII, 23, p. 568:

> οὐκ ἔχει τις ἰσχία·
> ὑπενέδυσ᾽ ἐρραμμέν᾽ αὐτήν ὥστε τὴν εὐπυγίαν
> ἀναβοᾶν τοὺς εἰσιδόντας. κοιλίαν ἁδρὰν ἔχει·
> στηθί᾽ ἔστ᾽ αὐταῖσι τούτων, ὧν ἔχουσ᾽ οἱ κωμικοί.
> ὀρθὰ προσθεῖσαι τοιαῦτα γοῦν αὐτῶν τῆς κοιλίας,
> ὡσπερεὶ κόντοισι τούτοις εἰς τὸ πρόσθ᾽ ἀπήγαγον.

So stutzten die Kupplerinnen die Mädchen, mit denen sie ihr
Gewerbe trieben, zu. [Vgl. namentlich in Bezug auf die Busen-
bänder Terent. Eunuch. II. 3. 21:

»haud similis virgo est virginum nostrarum, quas matres student
demissis humeris esse, vincto pectore, ut graciles sient.
Si qua est habitior paulo, pugilem esse ajunt, deducunt cibum;
tametsi bona est natura, reddunt curatura junceas.«]

Es ist endlich die Frage, ob die Frauen wie die Männer
mit den beiden Stücken, dem Chiton und irgend welchem
Ueberwurfe, ausreichten, oder ob sie unter dem Chiton noch
ein inneres Hemd trugen? Ich mag diese Frage auch für
Athen nicht allgemeinhin bejahen; aber dass es geschah, dass
es häufig und vielleicht in der Regel geschah, das, glaube
ich, lässt sich behaupten. Ein Denkmal, an dem man deutlich zwei über einander gezogene Chitonen wahrnehmen könnte
(wie das bei römischen der Fall ist), kenne ich nicht, [ja,
sehr viele bildliche Darstellungen und jetzt auch die Terracotten von Tanagra sprechen dagegen. Becker konnte sich
nicht von dem Gedanken trennen, dass das χιτώνιον nicht
allein im Hause getragen werden konnte; »denn,« sagt er,
»eine solche Bekleidung war um nichts besser, als Nacktheit
und jedenfalls wurde noch ein Chiton darüber gezogen.« Wenn
er nun aber Theocr. XV. für sich anführt, so giebt diese
Idylle gerade gegen ihn den Ausschlag. Denn Praxinoa zieht
dort zwar die περονατρίς an, aber sie thut dies eben nur,

weil sie ausgehen will und lässt sich erst v. 21 dieselbe nebst dem ἀμπέχονον bringen, nachdem sie im blossen χιτώνιον die besuchende Gorgo empfangen und mit ihr konversirt hatte! Endlich steht aber auch kein Wort davon dort, dass sie die περονατρίς gerade über das χιτώνιον gezogen hat und nicht vielmehr zuvor dieses abgelegt! Und ergiebt sich nicht aus der oben angeführten Stelle in den Ecclesiazusen des Aristophanes dasselbe? Das χιτώνιον, welches Blepyros v. 318 am Morgen fand, war das Hauskleid seiner Frau, das sie beim Schlafengehen abgelegt hatte, weil sie — wie unsere guten Urältermütter im Mittelalter und darüber hinaus — sich nackt in's Bett zu legen pflegte! Ebenso nehme ich bis auf γύμναι wörtlich Aristoph. Lysistr. 149:

> εἰ γὰρ καθῄμεθ᾽ ἔνδον ἐντετριμμέναι
> κἀν τοῖς χιτωνίοισι τοῖς ἀμοργίνοις
> γύμναι παρίοιμεν.

Denn das Unwirkliche liegt bloss in dem Stoffe. Schliesslich beweist sogar Athen. XIII, p. 590 nicht das, was Becker will. Es heisst dort von Phryne: διόπερ οὐδὲ ῥᾳδίως ἦν αὐτὴν ἰδεῖν γυμνήν· ἐχέσαρκον γὰρ χιτώνιον ἠμπείχετο καὶ τοῖς δημοσίοις οὐκ ἐχρῆτο βαλανείοις. Denn wo wollte man sie γυμνὴν ἰδεῖν, als zu Hause? Jedenfalls ist also der Verkehr mit den sie besuchenden Liebhabern gemeint und das ἐχέσαρκον χιτώνιον hat nichts mit dem Unterchiton zu schaffen. Auch dass es a. a. O. von Hyperides heisst περιρρήξας τοὺς χιτωνίσκους hat bei einem Schriftsteller, dem die römische Sitte so bekannt war, nicht viel zu bedeuten und wird durch Alciphr. Epist. I. 31: περιρρηξαμένη τὸν χιτωνίσκον aufgewogen. Damit soll nicht geleugnet werden, dass auch viele Athenerinnen zu Hause grössere Toilette machten, vgl. Lysistr. 42 ff., auch nicht, dass zu gewissen Zwecken, z. B. beim Baden Tricots getragen wurden, wie man sie bei Tischbein Recueil I. 59 in zwei Sorten erblickt. Vgl. Wieseler in Göttinger Stud. S. 683 u. 703.]

Nach dieser Erklärung der zur Kleidung der griechischen
Männer und Frauen gehörigen Hauptstücke spreche ich zunächst von den Stoffen, aus denen sie gefertigt waren. Hier
kann in Bezug auf die Männer, nachdem der linnene Chiton
abgekommen war, von Verschiedenheit des Stoffs nur insofern
die Rede sein, als das Zeug entweder stärker und wolliger,
daher wärmer, oder dünner und leichter war. Uebrigens war
alle männliche Kleidung, von einzelnen Ausnahmen abgesehen,
aus Schafwolle, theils gewalkte Tücher, theils leichtere Zeuge.
Die berühmteste Wolle kam aus Milet, Aristoph. Lysistr.
729; [vgl. Bähr ad Plut. Alcib. p. 194 ff. Büchsenschütz
Erwerb u. Bes. S. 221. Marquardt Röm. Privatalt. II,
S. 87.], wenn auch andere Orte in einzelnen Hinsichten mit ihr
wetteiferten; vgl. Strabo XII. 8. 16: φέρει δ' ὁ περὶ τὴν
Λαοδίκειαν τύπος προβάτων ἀρετὰς οὐκ εἰς μαλακότητας μόνον
τῶν ἐρίων, ᾗ καὶ τῶν Μιλησίων διαφέρει, ἀλλὰ καὶ εἰς τὴν
κοραξὴν χρόαν, [und im Allgemeinen J. Yates Textrinum
antiquorum, London 1843. 8, p. 34 ff. H. Grothe die
Gesch. der Wolle und Wollenmanufactur im Alterth.
in der Deutsch. Vierteljahrschr. 1866. Heft IV, S. 259 ff.
Blümner Technologie u. Terminologie der Gewerbe
und Künste bei Griechen u. Römern 1874. I, S. 90 ff.]
Für den Winter aber hatte man besonders starke und wollen-
reiche, auch wohl auf einer oder auf beiden Seiten zottige
Tücher. Der Art war die χλαῖνα, der Form nach wahrscheinlich ein gewöhnliches Himation, nur von stärkerem Tuche,
weil für den Winter bestimmt. Hesych. χλαῖνα (χλαμὶς ἤ)
ἱμάτιον χειμερινόν, ἀπὸ τοῦ χλιαίνειν, ὅ ἐστι θερμαίνειν. Suid.
παχὺ καὶ χειμερινὸν ἱμάτιον. Vergl. Aristoph. Vesp. 738.
1132. Ran. 1459. Eustath. zu Iliad. III. 126, p. 393. 2.
Poll. VII. 46. 47. [Dass die χλαῖνα ein ἱμάτιον war, ergiebt sich recht klar aus der Geschichte von dem λωποδύτης
Aristoph. Av. 493 ff., wo sie zuletzt auch so genannt wird.]
Aber auch der Chiton wurde dann von wolligerem Zeuge ge-

tragen, wie bei Aristoph. Ran. 1067 χιτὼν οὔλων ἐρίων, und Poll. §. 57 erwähnt den χιτὼν δασύς, ἀμφίμαλλος oder μαλλωτός, wobei freilich die Zeit, in welcher er üblich war, ungewiss bleibt. [Vgl. Marquardt Röm. Privatalt. II, S. 175.] Dagegen hatte man wiederum eigentliche Sommerkleider, θερίστρια, was Winckelmann irrig für Schleier erklärt. Pollux sagt §. 48: κοινὰ δὲ ἀνδρῶν καὶ γυναικῶν λῆδος, λήδιον, ληδάριον, φάρος, χιτὼν ὀρθοστάδιος ... θέριστρον, θερίστριον, ξυστόν, ξυστίς. Hesych. θέριστον, λεπτὸν ὕφασμα, θερινὸν ἱμάτιον. Bei Theocr. XV. 69 trägt Praxinoa der Jahreszeit der Adonisfeier ganz angemessen ein θερίστριον, [nämlich die περονατρίς.] Auch das λήδιον oder ληδάριον war ein solches leichtes Sommergewand, wie man schon aus Aristophanes Av. 714 sieht, wo gesagt wird, die Schwalbe zeige an:

ὅτι χρὴ χλαῖναν πωλεῖν ἤδη καὶ ληδάριόν τι πρίασθαι:

und eben dahin gehört vermuthlich auch die χλανίς. Wenigstens sagt Poll. §. 48: χλανὶς δὲ ἱμάτιον λεπτόν, χλανίδια δ᾽ αὐτὸ καὶ χλανίσκια ἐκάλουν: vgl. Hesych. χλανίδες λεπτὰ ἱμάτια und Athen. VI, p. 256: λεπτῷ ληδίῳ.

[Dass die χλανίς ein Oberkleid war, zeigt Aristoph. Av. 1116:

ὅταν ἔχητε χλανίδα λευκήν, τότε μάλισθ᾽ οὕτω δίκην
δώσειθ᾽ ἡμῖν, πᾶσι τοῖς ὄρνισι κατατιλώμενοι,

dass sie aber als Festgewand galt, Av. 1693: ἀλλὰ γαμικὴν δότω τις δεῦρό μοι und Lysistr. 1189, wo χλανίδια neben ξυστίδες als Feierkleider der Jugend aufgeführt werden.]

Für die Kleidung der Frauen aber gab es ausser Wolle und Linnen noch mehrere andere Stoffe. Dahin gehört zuerst die Byssos, ein zweideutiger Name, dessen Erklärung darum grosse Schwierigkeit hat, weil unstreitig die Alten selbst verschiedene, wenn auch ähnliche Stoffe verwechselt und mit demselben Namen benannt haben. Was unsere Naturforscher

byssus nennen, hat mit der Byssos der Alten im gewöhnlichen
Sinne nichts gemein. Jenes ist ein Büschel seidenartiger Haare,
mit welchem einige Schalthiere, ihre Locomotivität aufgebend,
sich anheften. Dieses Secret der pinna marina wird allerdings
auch von manchen Schriftstellern später Zeit erwähnt, s. Tertull. de pallio 3, p. 15: »de mari vellera, quae muscosae
lanositatis·lautiores conchae comant«, und Man. Philes de
anim. propr. 88 spricht von seinem Gebrauche zum Haar-
schmucke. S. Salmas. zu Tertull. p. 219, Schneid. zu
Aristot. Hist. an. V. 13, t. III, p. 320 und A. Müller
über d. Byssus d. Acephalen in Wiegmann's Archiv
f. Naturgesch. 3. Jahrg. 1. Bd. S. 2. Yates a.a.O. S. 152ff.
Marquardt II, S. 112. Wenn aber von Kleidern aus Byssos
die Rede ist, so hat man ein vegetabilisches Product zu verstehen, einen Stoff, der aus den Fasern gewisser Pflanzen bereitet wurde. Darüber sind die alten Schriftsteller wie die
neueren einig; allein die Unbestimmtheit, mit welcher die
Nachrichten darüber gegeben werden, und die öfteren Widersprüche machen die Untersuchung, welche Pflanzen man zu
verstehen habe, sehr schwierig. Herodot, welcher der Byssos
mehrmals gedenkt, sagt von der Bereitung der Mumien in
Aegypten II. 86: κατειλίσσουσι πᾶν τὸ σῶμα σινδόνος βυσσίνης
τελαμῶσι κατατετμημένοισι: und da nun die Untersuchungen
gelehrt haben, dass wenigstens die Mumien der ersten und
zweiten Klasse mit Binden aus Baumwolle umwickelt sind
[Neuere Untersuchungen haben eben auch für diese nicht
baumwollene, sondern linnene Stoffe ergeben: Fiedler Reise
durch Griechenl. B. I, S. 807; Yates p. 267ff. u. Brugsch
in der Allgem. Monatsschr. 1854, S. 633], so muss man
annehmen, dass ihm der Name βύσσος für Baumwolle gilt.
Gleichwohl muss es auffallen, dass er III. 106 von der in-
dischen Baumwolle spricht, ohne des Namens Byssos zu gedenken: τὰ δὲ δένδρεα τὰ ἄγρια αὐτόθι φέρει καρπὸν εἴρια
καλλονῇ τε προφέροντα καὶ ἀρετῇ τῶν ἀπὸ τῶν ὀΐων, καὶ

ἐσθῆτι οἱ Ἰνδοὶ ἀπὸ τούτων τῶν δενδρέων χρέωνται: und wenn
er VII. 181 angiebt, dass bei den Persern σινδύνος βυσσίνης
τελαμῶνες zum Verbinden der Wunden gebraucht würden, so
scheint Baumwolle dazu ein sehr ungeeigneter Stoff zu sein.
Am meisten aber steht seine Nachricht über die ägyptischen
Priester den Angaben anderer Schriftsteller entgegen; denn
von ihnen sagt er II. 37: ἐσθῆτα δὲ φορέουσι οἱ ἱρέες λινέην
μούνην καὶ ὑποδήματα βύβλινα· ἄλλην δέ σφι ἐσθῆτα οὐκ ἔξεστι
λαβεῖν. Nun ist zwar die linigera turba der Isispriester hinlänglich bekannt (s. Tibull. I. 3. 30; Ovid. Art. am. I. 77;
Metam. I. 747; Martial. XII. 29. 19; Appul. Apol. 56);
allein wiederum sagt in der Beschreibung des Baumwollen-
strauchs Plin. N. Hist. XIX. 1. 2: »superior pars Aegypti in
Arabiam vergens gignit fruticem, quem aliqui gossypion vo-
cant, plures xylon et ideo lina inde facta xylina. Parvus est
similemque barbatae nucis defert fructum, cuius ex interiore
bombyce lanugo netur nec ulla sunt eis candore mollitiave
praeferenda: vestes inde sacerdotibus Aegypti gra-
tissimae«; und damit stimmt in der Hauptsache überein Philostr. Vit. Apollon. II. 20: καὶ βύσσῳ δὲ τοὺς φανερωτέ-
ρους αὐτῶν (Ἰνδῶν) φασιν ἐστάλθαι, τὴν δὲ βύσσον φύεσθαι
δένδρου φασίν, ὁμοίου μὲν τῇ λεύκῃ τὴν βάσιν ... καὶ ἐς
Αἴγυπτον δὲ ἐξ Ἰνδῶν ἐς πολλὰ τῶν ἱερῶν φοιτᾷ ἡ βύσσος.
Soll man nun vielleicht annehmen, die Priester hätten erst
später Kleider aus Byssos getragen? Ich glaube nicht; vielmehr scheint Herodot selbst über den Namen nicht im Klaren gewesen zu sein, und wie Plinius sagt »lina inde facta«,
so verwechselt auch er vermuthlich das dichtere baumwollene
Fabrikat mit Leinwand. Denn jedenfalls fertigte man aus Baumwolle nicht nur mousselinartige Zeuge, sondern auch unseren
Kattunen und anderen weissen Fabrikaten ähnliche dichtere.
Darum sagt Plutarch. de Pyth. orac. 4: τί γὰρ κωλύει, ταὐτὸ
εἶναι καὶ λεπτὸν καὶ πυκνὸν ὥσπερ τὰ σηρικὰ καὶ τὰ βύσσινα τῶν
ὑφασμάτων; und bestimmter noch Poll. VII. 75: καὶ μὴν καὶ τὰ

βύσσινα καὶ ἡ βύσσος λίνου τι εἶδος παρ᾽ Ἰνδοῖς· ἤδη δὲ καὶ παρ᾽ Αἰγυπτίοις ἀπὸ ξύλου τι ἔριον γίγνεται, ἐξ οὗ τὴν ἐσθῆτα λινῆ ἄν τις μᾶλλον φαίη προσεοικέναι πλὴν τοῦ πάχους. Was so wie Leinwand aussah, das wurde wahrscheinlich auch häufig so genannt, und so mag sich das Schwanken im Ausdruck erklären. Es haben sich daher auch die gewichtigsten Stimmen dafür entschieden, dass unter βύσσος Baumwolle zu verstehen sei. Forster de bysso antiquorum, Lond. 1776, p. 47; Böttiger Aldobrand. Hochzeit S. 127 und Kl. Schr. Th. III, S. 261; Heeren Ideen Th. I. 1, S. 106; Sprengel Hist. rei herb. t. I, p. 15. [Nach der Beseitigung der baumwollenen Mumienbinden und der gründlichen Darlegung von Yates a. a. O. ist heute die Ansicht überwiegend, dass βύσσος feine Leinwand sei und Herodot Recht habe, während Plin. XIX. 1. 2. den eigentlichen Ausdruck für Baumwolle, gossypium, zu den Arten des linum zählt und deshalb Herodot nur zu widersprechen scheint. In ähnlicher Weise ging es mit ὀθόνη und ὀθόνια. Diese Wörter beziehen sich nach Brandes über die antiken Namen u. die geogr. Verbreitung der Baumwolle im Alterth. S. 106: nicht sowohl auf einen bestimmten Stoff, als vielmehr auf bestimmte Arten oder Formen von Geweben, welche als Kleidungsstück dienen können. Ebenso haben die Römer mit dem Worte κάρπασος, carbasus, Baumwolle, beliebige feine Gewebe bezeichnet. Blümner a. a. O. S. 187 und Marquardt S. 99. Vgl. im Allgemeinen O. Heer über den Flachs und die Flachskultur im Alterthum. Eine kulturhistor. Skizze. Zürich. 1872.]

Trotzdem lässt es sich jedoch nicht bezweifeln, dass es noch mehr als einen Stoff gegeben habe, der wesentlich verschieden denselben Namen führte. Denn neben der gewöhnlichen weissen Byssos geht aus mehreren Erwähnungen hervor, dass es auch eine gelbe Byssos gab; vgl. Philostr. a. a. O.: καὶ ἡσθῆναι τῇ βύσσῳ φησὶν ὁ Ἀπολλώνιος, ἐπειδὴ

ἔοικε φαιῷ τρίβωνι: und Empedokles bei Plutarch. de
def. orac. 4: βύσσῳ δὲ γλαυκῆς κρόκου καταμίσγεται. Nun
wurde zwar in Elis, und zwar nur da, wenigstens in Griechenland, eine gelbe Byssos gezogen, Pausan. V. 5.
2: θαυμάσαι
δ᾽ ἄν τις ἐν τῇ γῇ Ἠλείᾳ τήν τε βύσσον, ὅτι ἐνταῦθα μόνον,
ἑτέρωθι δὲ οὐδαμοῦ τῆς Ἑλλάδος φύεται ... ἡ δὲ βύσσος ἡ
ἐν τῇ Ἠλείᾳ λεπτότητος μὲν εἵνεκα οὐκ ἀποδεῖ τῆς Ἑβραίων,
ἔστι δὲ οὐχ ὁμοίως ξανθή: vgl. VII. 21. 7 von den Frauen
zu Patrae: βίος δὲ αὐτῶν ταῖς πολλαῖς ἐστιν ἀπὸ τῆς βύσσου
τῆς ἐν τῇ Ἠλιδι φυομένης· κεκρυφάλους τε γὰρ ἀπ᾽ αὐτῆς καὶ
ἐσθῆτα ὑφαίνουσι τὴν ἄλλην, und Plin. XIX. 1. 4: »proximus
byssino (lino principatus), mulierum maxime deliciis circa Elim
in Achaia genito; quaternis denariis scripula eius permutata
quondam, ut auri, reperio«. Allein schon der ungeheure Preis
weist darauf hin, dass diese gelbe Byssos wohl zu Haarnetzen
und allerhand Putz verwendet werden mochte, nicht leicht
aber zu ganzen Kleidern, und die Nachricht bei Philostratos
spricht entschieden von einer anderen farbigen Byssos. Das
scheint mir Voss zu Verg. Georg. II. 120 und in dem lehr-
reichen, aber manche willkürliche Annahme und gewagte Com-
bination enthaltenden Aufsätze »weisser Byssos« in s. Mythol. Briefen Th. III, S. 262 ff. nicht gehörig beachtet zu
haben. Nach ihm ist die wahre Byssos die gelbe Baumwolle
(gossypium religiosum?); allein es fragt sich hier vor Allem,
was die wahre sei; denn Herodot versteht die gelbe wenigstens sicher nicht, und die eleische scheint immer eine besondere Art gewesen zu sein. [Der so spät erwähnte eleische
Byssos scheint allerdings kein Flachs gewesen zu sein, da
Pausan. VI. 26. 4 sagt: τὴν μὲν δὴ κανναβίδα καὶ λίνον καὶ
τὴν βύσσον σπείρουσι. Movers die Phönizier II. 3, S. 218
hält die Pflanze für das einjährige gossypium herbaceum, eine
noch jetzt im Küstengebiete des mittelländischen Meeres, im
Alterthume aber namentlich in Judäa gezogene krautähnliche
Staude. Marquardt II, S. 93. Curtius Peloponnes I,

S. 439; II, S. 11 u. 95. Riedenauer Handwerk u. Handwerker in d. homer. Zeiten. 1873, S. 79.]

In welcher Zeit baumwollene Kleidung in Griechenland
Eingang gefunden habe möge, darüber wird sich schwerlich
etwas Bestimmtes sagen lassen. Eine merkwürdige Erzählung,
welche von einer Aufsicht der Astynomen über Luxus in der
Kleidung spricht, findet sich im Leben des Krates bei Diog.
Laërt. VI. 90: ὑπὸ τῶν Ἀθήνησιν ἀστυνόμων ἐπιτιμηθείς, ὅτι
σινδόνα ἠμφίεστο, ἔφη, καὶ Θεόφραστον ὑμῖν δείξω σινδόνα
περιβεβλημένον· ἀπιστούντων δὲ ἀπήγαγεν ἐπὶ κουρεῖον καὶ
ἔδειξε κειρόμενον: der ziemlich dunkele Ausdruck σινδών mag
jedoch ursprünglich wohl Leinwand, nur jedenfalls ausländisches
Fabrikat bezeichnen. So sagt Pollux VII. 72 im Kapitel περὶ
λινῶν ἐσθήτων: σινδών ἐστιν Αἰγυπτία μέν, περιβόλαιον δ᾽ ἂν
εἴη, τὸ νῦν δίκροσσον καλούμενον. Das könnte nun allenfalls
so viel heissen, dass man Sindon zum περιβόλαιον nahm, wie
es auch von Theophrast angegeben wird, denn auf die Form
bezieht sich der Name nicht; indessen sagt Phot. Lex. p. 512:
σινδονίτης χιτὼν λινοῦς, und an einer anderen Stelle IV. 181
führt Pollux, vom chirurgischen Apparate sprechend, τελα-
μῶνα σινδονίτην neben ὀθόνη und ἐπίδεσμον an. Wie man
aber auch bei Herodot II. 86, VII. 181 und Josephus Ant.
Jud. III. 7. 2 σινδὼν βυσσίνη nehme, so ist kein Zweifel,
dass auch Baumwollenfabrikate mit demselben Namen genannt
wurden; s. Böttiger Kl. Schriften Th. III, S. 262 und
Yates Textr. p. 337 ff.; und wären mithin in jener Erzählung, die nur gerade auf Krates wenig passt, baumwollene
Gewänder zu verstehen, so würde daraus folgen, dass dieses
für Männer in dieser Zeit eine sehr auffällige Tracht gewesen
sei; aber wie früh Frauen davon Gebrauch gemacht haben
können, ergiebt sich daraus nicht. [Das Wort σινδών ist eben
so unbestimmt wie ὀθόνη und bezeichnet jedes fertige Gewebe-
stück aus Flachs oder Baumwolle: Brandes a. a. O. S. 103
und Marquardt a. a. O. S. 101. Nach letzterem S. 98 ge-

langte zu den Griechen eine genauere Kenntniss der Baumwolle erst durch die Expedition Alexander des Grossen. Herodot erwähnt sie zwar III. 47; wenn er aber c. 106 sagt:
καὶ ἐσθῆτι Ἰνδοὶ ἀπὸ τούτων τῶν δενδρέων χρέωνται, so sieht
man, dass das Gewebe in Griechenland damals nicht getragen
wurde.]

Etwas einer Art der Byssos Aehnliches mögen die ἀμόργινα gewesen sein, doch nicht aus Baumwolle, sondern einer nicht
näher zu bestimmenden Art feinen Flachses, der am besten
auf der Insel Amorgos gewonnen wurde. Aristoph. Lysistr.
150 nennt χιτώνια ἀμόργινα, die gewiss mit den διαφανέσι
χιτωνίοις v. 48 gleichbedeutend sind, und Aeschin. in Timarch. §. 97: γυναῖκα ἀμόργινα ἐπισταμένην ἐργάζεσθαι καὶ
ἔργα λεπτὰ εἰς τὴν ἀγορὰν ἐκφέρουσαν. Man sieht daraus,
dass es besonders feine und durchsichtige Gewänder waren;
aus anderen Nachrichten aber erhellt, dass sie der Byssos (vermuthlich nicht der weissen) ähnelten. Eustath. zu Dionys.
Perieg. 525, p. 204: τὸ δὲ ἀμόργινος προπαροξυτόνως χιτῶνος ἐπίθετον ἀπὸ χρώματος ἴσως ἐλαιοχρόου τινός· ἀμόργη γὰρ
ἡ τοῦ ἐλαίου ὑποστάθμη, ὅ ἐστιν ὁ τρυγίας (das ist seine eigene
schlechte Erklärung)· Παυσανίας δέ, οὗ τὸ Ἀττικὸν λεξικόν,
ἄλλο τι ἐμφαίνει λέγων· ἀμοργὸς ὅμοιον βύσσῳ. So auch
Harpocr. ἀμοργός: ἔστι παραπλήσιόν τι βύσσῳ: und Pollux
VII. 74 stellt sie geradezu mit den linnenen Zeugen zusammen:
τὰ δὲ ἀμόργινα γίγνεσθαι μὲν τὰ ἄριστα ἐν τῇ Ἀμοργῷ· λίνου
δ᾽ οὖν καὶ ταύτας εἶναι λέγουσιν· ὁ δὲ ἀπόργινος χιτὼν καὶ
ἀμοργὶς ἐκαλεῖτο. Das letztere ist wohl nur Irrthum. Bei
Aristoph. Lysistr. 735. 737 ist ἀμοργὶς ἄλοπος ungehechel-
ter Flachs. Der Scholiast sagt dazu: τῆς λινοκαλάμης· ἔστι
δὲ ἡ ἀμοργὶς ὅμοιον ἀλεπίστῳ λίνῳ· περιλεπίζουσι δὲ αὐτὸ καὶ
ἐργάζονται· ἔστι δὲ σφόδρα λεπτὸν ὑπὲρ τὴν βύσσον καὶ τὴν
κάρπασον. Der gewöhnliche Flachs war es also nicht, aber
ein ähnliches Produkt, das aus Amorgos, wie es scheint, roh
ausgeführt und anderwärts verarbeitet wurde. Steph. Byz.

238 Erster Excurs zur eilften Scene.

sagt unter Ἀμοργός: τὸ δὲ ἀμόργινος χιτὼν χρώματος ἴδιον.
Demnach dürfte man ihn also nicht weiss denken. [Doch
erscheint bei Rangabé n. 863 ein χιτὼν λιτὸς Ἀμόργινος,
der, als glattes, einfaches Gewebe, auch auf buntdurchwirkte
oder gestickte hinweist; ein Ἀμόργινος περιποίκιλος wenigstens
ebendaselbst. Yates hat die Ἀμόργινα mit den μολόχινα iden-
tificirt, die aus den Fasern einer Malvenart gewonnen wurden.
Vgl. Plaut. Aul. III. 5. 40. Caecil. Stat. bei Non. p. 548,
14. Nov. bei dems. 539, 20 und 540, 23. Möglicherweise
sind es doch feine Linnengewebe gewesen: Plat. Epist. XIII,
p. 363: ταῖς Κέβητος θυγατράσι χιτώνια τρία ἑπταπήχη, μὴ τῶν
πολυτελῶν τῶν Ἀμοργίνων, ἀλλὰ τῶν Σικελικῶν τῶν λίνων.]
Fast noch dunkler ist die Geschichte des Seidenbaues
und der Seidenfabrikation im Alterthume, worüber die Schriftsteller die abenteuerlichsten Berichte liefern. Man würde sich
weniger darüber wundern, wenn diese Fabeln der Zeit vor
Alexander angehörten, da sich die Unkenntniss der Produktion
leicht durch die weite Entfernung des Vaterlandes der Seide
und durch die auch anderwärts sich bestätigende Annahme
erklären würde, dass durch die Zwischenhändler absichtlich
Unwahrheiten verbreitet wurden (s. Voss zu Verg. Georg.
II. 121; Mythol. Briefe Th. III, S. 340); dass aber durch
die makedonische Eroberung keine bessere Bekanntschaft mit
der Sache erlangt wurde, muss allerdings auffallen. Dass
Aristoteles, der Hist. anim. V. 19 von dem Bombyx handelt, wirklich unsern bombyx mori L. versteht, ist nicht zu verkennen; gleichwohl geht aus dem, was er über den vierfachen
Stand des Insekts und über die Gestalt der Raupe sagt, hervor, dass er ihn nicht genauer und aus eigener Beobachtung
kannte. Seine Worte sind: ἐκ δέ τινος σκώληκος μεγάλου,
ὃς ἔχει οἷον κέρατα καὶ διαφέρει τῶν ἄλλων, γίγνεται τὸ πρῶτον μὲν μεταβαλόντος τοῦ σκώληκος κάμπη, ἔπειτα βομβύλιος,
ἐκ δὲ τούτου νεκύδαλος· ἐν ἓξ δὲ μησὶ μεταβάλλει ταύτας τὰς
μορφὰς πάσας· ἐκ τούτου τοῦ ζώου καὶ τὰ βομβύκια ἀνα-

λύουσι τῶν γυναικῶν τινες ἀναπηνιζόμεναι κἄπειτα ὑφαίνουσι,
πρώτη δὲ λέγεται ὑφῆναι ἐν Κῷ Παμφίλη Πλάτεω θυγάτηρ.
Wenn es nun auch gegründet ist, dass Asien mehrere Arten
solcher Insekten hat und dass man wirklich die Gespinnste
mehrerer zu Webereien benutzte (Heeren Ideen Th. I. 1,
S. 109), so leidet doch der angegebene vierfache Stand auf
keines derselben Anwendung; vgl. Keferstein über d. Bombyx d. Alten in Germar's Magazin d. Entomol. B. III,
S. 8 ff. Was andere Schriftsteller betrifft, so hat Plinius
N. Hist. VI. 17. 20, XI. 22. 23 theils Aristoteles ohne alle
eigene Kenntniss excerpirt, theils andere Fabeln eingemischt;
aber auch Strabo XV. 1. 21 berichtet, und zwar nach Nearch,
Byssos und Seide verwechselnd: τοιαῦτα δὲ καὶ τὰ σηρικὰ ἔκ
τινων φλοιῶν ξαινομένης βύσσου, und noch weit fabelhafter
sind die Traditionen, denen Pausan. VI. 26. 4 und Eustath.
zu Dionys. Perieg. 753, p. 242 folgen. Letzterer, in dessen
Zeit man über den Seidenbau vollkommen unterrichtet war,
hat offenbar nur die Verse des Periegeten über die Seren:

οἷ τε βόας μὲν ἀναίνονται καὶ ἴφια μῆλα,
αἰόλα δὲ ξαίνοντες ἐρήμης ἄνθεα γαίης
εἵματα τεύχουσιν πολυδαίδαλα, τιμήεντα,
εἰδόμενα χροιῇ λειμωνίδος ἄνθεσι ποίης·
κείνοις οὔτι κεν ἔργον ἀραχνάων ἐρίσειεν,

weiter ausgeführt und dabei vermuthlich angenommen, dass
σηρικά ein von der Seide verschiedener Stoff sei. So sagt
auch wirklich Poll. VII. 76: τὰ δὲ ἐκ βομβύκων, σκώληκές
εἰσιν οἱ βόμβυκες, ἀφ᾽ ἑαυτῶν τὰ νήματα ἀνέντες ὥσπερ ὁ
ἀράχνης· ἔνιοι δὲ καὶ τοὺς Σῆρας ἀπὸ τοιούτων ἑτέρων ζώων
ἀθροίζειν φασὶ τὰ ὑφάσματα: vergl. Solin. Polyh. 50 und
Ammian. Marc. XXIII. 6.

Jedenfalls muss man annehmen, dass die Seide in doppelter Gestalt, theils roh, theils zu Geweben verarbeitet, nach
dem Westen kam, und nur im letzteren Falle scheint es, dass
sie eben σηρικά genannt wurde; weit häufiger aber scheint

sie roh verhandelt worden zu sein, und dann hiess sie μέταξα:
vergl. Hesych. s. Σῆρες und Procop. Bell. Pers. I. 20,
Goth. IV. 17, aus dem Suidas geschöpft hat. Erst in Griechenland wurden in diesem Falle die Cocons abgehaspelt (nach
Aristoteles zuerst auf der Insel Kos) und aus dem Gespinnste die βομβύκινα gewebt. Die Dunkelheit des Ausdrucks
bei Aristoteles: ἀναλύουσιν ἀναπηνιζόμεναι κἄπειτα ὑφαίνουσι,
und mehr noch bei Plin. VI. 17. 20: »unde geminus feminis
nostris labor, redordiendi fila rursumque texendi«, hat den Irrthum veranlasst, den noch Forster de bysso p. 16 theilt,
als seien die bereits fertigen Gewebe wieder aufgelöst worden;
aber schon Salmasius Exercit. ad Solin. II, p. 101 und
dann Schneider Ind. Script. rei rust. p. 367 haben richtig
erklärt, dass ἀναλύειν sich auf die Cocons bezieht. — Allem
Anscheine nach hat übrigens der Gebrauch seidener Gewänder
in Griechenland erst spät Eingang gefunden. Bei den Asiaten
reicht er in das hohe Alterthum hinauf; denn die ἐσθῆτες
Μηδικαί, welche Herodot. III. 84 und VII. 116 als Ehren-
geschenke erwähnt, waren jedenfalls der Art, wie Procopius
ausdrücklich sagt, Pers. I. 20: (μέταξα) ἐξ ἧς εἰώθεσαν τὴν
ἐσθῆτα ἐργάζεσθαι, ἣν πάλαι μὲν Ἕλληνες Μηδικὴν ἐκάλουν,
τὰ δὲ νῦν σηρικὴν ὀνομάζουσιν. Vgl. Heeren Ideen Th. I.
1, S. 113. 214 ff., Baehr zu. Herod. III. 84. In Griechenland dagegen scheint die eigene Fabrikation noch in Aristoteles' Zeit sehr beschränkt gewesen zu sein, da er sagt ἔνιαι
τῶν γυναικῶν. Das würde freilich nicht ausschliessen, dass
fertige Gewänder eingeführt worden seien; allein es fehlen
mir dazu die Belege, und der ungeheure Preis, den die Seide
noch in später Zeit hatte, lässt wenigstens einen sehr beschränkten Gebrauch erwarten, wenn gleich in späterer Zeit
selbst seidene Chitonen genannt werden, Alciphr. epist. I.
39: βόμβυξ δ' ἦν τὸ χιτώνιον: [Nach Marquardt's auf die
neuesten Untersuchungen (namentlich Yates a. a. O. p. 176,
Movers die Phönizier II. 3. 1, S. 263 ff. und Pariset

Histoire de la soie, Paris, 1862) gestützten Darstellung
(Röm. Privatalt. II, S. 103 ff.) sind die bombycinae vestes
mit den Coae identisch dem Stoffe nach, nicht aber in Bezug
auf die Fabrik, da die nach Kos importirten und später dort
selbst gewonnenen Cocons nach der oben citirten Stelle des
Aristoteles schon damals auf dieser Insel verarbeitet wurden,
während die anderen bombycinae als fertige Waare, namentlich von Assyrien aus, in den Handel kamen. Beide Arten
stammten von dem Gespinnste wilder Seidenwürmer, das nicht
abgewickelt wird, sondern in langen Fäden von den Bäumen
herabhängt und abgekämmt werden muss. Die künstlich ge-
wonnene chinesische Seide, Sericum, war glänzender und feiner,
und wurde erst in gewebten Zeugen, später auch als Garn,
νῆμα σηρικόν, und als Rohseide, μέταξα, eingeführt. Die
fertigen Zeuge wurden aber meist wieder aufgelöst und mit
Leinen oder Baumwolle zu Halbseide verarbeitet. Solche Gewänder waren durchsichtig (Horat. Sat. I. 2. 101. Senec.
Controv. II. 13, p. 159. Senec. de benef. VII. 9. 5. Epist.
90. 2). Was endlich die von Becker erwähnten ἐσθῆτες
Μηδικαί betrifft, so haben Pariset und Marquardt, weil
Prokop der Erste ist, der von Seide spricht, angenommen,
dass der Stoff anfangs Wolle und erst später Seide war und
dass das charakteristische Merkmal derselben überhaupt mehr
im Schnitte lag.]

Demnach wird man zwar nicht daran zweifeln können,
dass die berüchtigten koischen Gewänder florartige seidene
Gewebe waren; allein die öfter aus früherer Zeit erwähnten
εἵματα διαφανῆ müssen aus anderem Stoffe gewesen sein, βύσσινα
oder ἀμόργινα. S. Aristoph. Lysistr. 48: διαφανῆ χιτώνια,
und Philem. bei Clem. Alex. Paedag. II, p. 90: ἱμάτια
διαφαίνοντα. [Klearchos bei Athen. XII, p. 522 von den
Tarentinern: ἐφόρουν δὲ καὶ παρυφὴν διαφανῆ πάντες, οἷς νῦν
ὁ τῶν γυναικῶν ἁβρύνεται βίος, woraus zugleich hervorgeht,
dass die so häufig genannten Ταραντῖνα ebenfalls durchscheinend

waren. Dass diese διαφανῆ auch aus Flachs hergestellt wurden, sieht man aus Publil. Syrus bei Petron. 55:

»aequum est induere nuptam ventum textilem,
palam prostare nudam in nebula linea?«]

Die Künstler haben solche Stoffe oft benutzt, um durch die
Gewandung die ganze Form des Körpers durchschimmern zu
lassen. S. z. B. August. III. 105; Marm. Oxon. 5; Mus.
Borb. III. 36, VII. 38, und besonders schön VIII. 5. Das
ist allerdings, wie es bei Lucian. Amor. 41 heisst, εἰς πρό-
φασιν ἐσθής, und so konnte Hippolochos bei Athen. IV,
p. 129a wohl sagen: εἰσβάλλουσιν αὐλητρίδες καὶ μουσουρ-
γοὶ καὶ συμβυκίστριαί τινες Ῥόδιαι, ἐμοὶ μὲν γυμναὶ δοκῶ,
πλὴν ἔλεγόν τινες αὐτὰς ἔχειν χιτῶνας. — Von dem Gegen-
stücke derselben, der ledernen Kleidung mancher Volksstämme
oder Menschenklassen, wird unten näher gesprochen werden;
hier nenne ich als Curiosität nur noch die Gewebe aus Asbest,
der sich bei Karystos auf Euböa fand, Strabo X. 1. 6: ἐν
δὲ τῇ Καρύστῳ καὶ ἡ λίθος φύεται ἡ ξαινομένη καὶ ὑφαινο-
μένη, ὥστε τὰ ὑφη χειρόμακτρα γίνεσθαι, ῥυπωθέντα δ᾽ εἰς
φλόγα βάλλεσθαι καὶ ἀποκαθαίρεσθαι τῇ πλύσει τὸν πόνον πα-
ραπλησίως. Dasselbe berichtet Stoph. Byz. s. Κάρυστος und
Apollon. Hist. mirabil. 36; vgl. Yates Textr. p. 356 ff.
Zur Kleidung wurden sie in keinem Falle gebraucht, man
müsste denn die funebres tunicas regum aus Plin. XIX. 1. 4
dahin rechnen. [Vgl. vorzüglich Plut. de orac. defectu
Vol. VII, p. 701 R. von Karystos: χρόνος οὐ πολύς, ἀφ᾽ οὗ
πέπαυται μηρύματα λίθων μαλακὰ νηματῶδη, συνεκφέρουσα. Καὶ
γὰρ ὑμῶν ἑωρακέναι τινὰς οἴημαι χειρόμακτρα καὶ δίκτυα καὶ
κεκρυφάλους ἐκεῖθεν, οὐ περικαομένους, ἀλλ᾽ ὅσ᾽ ἂν ῥυπανθῇ
χρωμένων, ἐμβαλόντες εἰς φλόγα, λαμπρὰ καὶ διαφανῆ κο-
μίζονται· νῦν δ᾽ ἠφάνισται καὶ μόλις οἷον ἶνες ἢ τρίχες ἀραιαὶ
διατρέχουσιν ἐν τοῖς μετάλλοις.]

An die Untersuchung über die Stoffe knüpft sich die Frage,

von welcher Farbe sie getragen wurden? Wenn irgendwo, so
möchte ich hier einem, wie es scheint, tief eingewurzelten Vor-
urtheile begegnen, dass für den Stand der freien Bürger und
selbst für alle anständigen Frauen mit geringen Abweichungen
durchaus nur weisse Kleidung in Gebrauch gewesen sei. Ich
habe auch hier besonders gegen Böttiger zu sprechen, der
wiederholt in mehreren Schriften diese Behauptung ausgesprochen, jede bunte Kleidung auf Hetären und leichtfertige
Weiber beschränkt und den anständigen Frauen nichts als ein
safranfarbiges Diploidion zugestanden hat. Ich hebe nur eine
Stelle aus dem Aufsatze »über die herrschende Mode der gewürfelten Stoffe« Kl. Schr. Th. III, S. 44 aus, wo er behauptet, »dass so lange die alte Hellenenwelt und später auch
Rom sich noch von Vermischung mit den Barbaren frei erhielt — was unter den späteren Imperatoren Roms freilich
nicht der Fall war — die herrschende Farbe aller weiblichen
Kleidungen der Frauen und Jungfrauen und in den höheren
Ständen stets die weisse blieb; dass es in Athen sogar als
Abzeichen leichtfertiger Frauen von nicht ganz unbescholtenem
Rufe galt, purpurfarbige und andere hellfarbige Gewänder zu
tragen.« Dieselbe Behauptung findet sich in mehreren Schriften; nur in einem seiner letzten Aufsätze äussert er sich
anders, Kl. Schr. Th. I, S. 293: »denn wenn auch die
Griechinnen unstreitig auch farbige, besonders gelb gefärbte
und schillernde Gewänder stets getragen haben, wie sie schon
Polygnot malte, so ist dieses doch sehr von den buntstreifigen
und quadrillirten Stoffen zu unterscheiden.« Solche Widersprüche finden sich in Böttiger's Schriften häufig, so dass
man zuweilen sehr zweifelhaft wird, was seine wahre Meinung,
sein Ultimatum sei. In diesem Falle ist das letzte, von ihm
nicht weiter begründete Urtheil das richtigere, für das eben
sowohl Zeugnisse der Schriftsteller als Denkmäler sprechen.
Um dieses zu begründen und die Ausdehnung zu bestimmen,
in welcher farbige Kleidung nicht nur für Frauen, sondern

auch für Männer angenommen werden kann, beginne ich mit
Anführung dessen, was Pollux darüber sagt, VII. 55: αἱ δὲ
ἀπὸ χρωμάτων ἐσθῆτες καλούμεναι, ἁλουργίς, πορφυρίς, φοινικὶς καὶ φοινικοῦς χιτών, βατραχίς· αὗται μὲν ἀνδρῶν· γυναικῶν δὲ κροκωτός, κροκώτιον, παραλουργίς, ὀμφάκινον· τούτῳ
δὲ τῷ χρώματι καὶ Ἀλέξανδρον ἥδεσθαι λέγουσι· τὸ δὲ ὑδρο-
βαφὲς εἴη ἂν ἱμάτιον, ὃ νῦν ψυχροβαφὲς καλοῦσιν· ἔστι δὲ
καὶ κίλλιον ἐσθῆτος χρῶμα, τὸ νῦν ὀνάγρινον καλούμενον· καὶ
κίλλον γὰρ τὸν ὄνον οἱ Δωριεῖς καὶ κιλλακτῆρα τὸν ὀνηλάτην·
φαιὸν δὲ καὶ μέλαν ἀλλήλοις ἐστὶν ἐγγύς, καὶ τὸ κοκκοβαφὲς
δὲ καλεῖται ἀπὸ τοῦ χρώματος. Ist nun hier auch die Trennung
der Farben, welche für Männer und für Frauen üblich waren,
sehr schätzbar, so wird man doch diesen Angaben nicht zu
viel Gewicht beilegen dürfen, da schwerlich alle diese farbigen
Gewänder, wie z. B. die βατραχίς, jedenfalls ein froschgrünes
Kleid, in das gewöhnliche Leben gehören mögen. Vgl. Aristoph.
Equ. 1406. Daher ist es erwünscht, dass Pollux an einem
anderen Orte, wo er vom Theaterkostüm handelt, näher bezeichnet, was auf der Bühne hinsichtlich der Farbe für bestimmte Charaktere für schicklich gehalten wurde. Ich sehe
von dem Kostüm der Tragödie ganz ab; denn das sind Darstellungen aus einer andern Welt, welche die Entfaltung einer
ungewöhnlichen Pracht gestatten; die Komödie aber copirt
nur das gemeine bürgerliche Leben, namentlich die neuere,
und darf sich wenigstens nicht erlauben, Veränderungen vor-
zunehmen, die aller Sitte und Gewohnheit zuwiderlaufen. So
lächerlich es auf unserer Bühne sein würde, wenn die Männer
in weissem oder rosenrothem Frack aufträten, so auffallend
müsste es in Athen gewesen sein, wenn ein attischer Bürger
oder Jüngling ein purpurfarbiges Himation getragen hätte,
wenn das im Leben überhaupt ganz ungewöhnlich und alle
Gewänder weiss waren. Pollux sagt nun vom Kostüm der
komischen Charaktere IV. 119: γερόντων δὲ φόρημα ἱμάτιον,
καμπύλη· φοινικὶς ἢ μελαμπόρφυρον ἱμάτιον φόρημα νεωτέρων ...

καὶ πορφυρᾷ δὲ ἐσθῆτι ἐχρῶντο οἱ νεανίσκοι, οἱ δὲ παράσιτοι
μελαίνῃ ἢ φαιᾷ: und dann weiter von den weiblichen: ἡ δὲ
γυναικῶν ἐσθὴς κωμικῶν, ἡ μὲν τῶν γραῶν μηλίνη ἢ ἀερίνη
πλὴν ἱερειῶν· ταύταις δὲ λευκή, αἱ δὲ μαστροποὶ ἢ μητέρες
ἑταιρῶν ταινίδιόν τι πορφυροῦν περὶ τῇ κεφαλῇ ἔχουσιν· ἡ δὲ
τῶν νέων λευκὴ ἢ βυσσίνη, ἐπικλήρων δὲ λευκὴ κροσσωτή...
ἐνίαις δὲ γυναιξὶ καὶ παράπηχυ καὶ συμμετρία, ὅπερ ἐστὶ χιτὼν ποδήρης ἁλουργὴς κύκλῳ. Wenn hier dem jüngeren Manne
(nur im Gegensatze zum γέρων) ein dunkelfarbiges (μελαμπόρφυρον), dem Jünglinge auch ein hellpurpurnes Himation
(πορφυρᾶ ἐσθής) gegeben wird, so wäre es freilich thöricht,
daraus zu folgern, dass dies die gewöhnliche allgemeine Tracht
gewesen sei; als Regel wird man vielmehr annehmen müssen,
dass das ἐπίβλημα der Männer weiss war; allein darüber wird
kein Zweifel stattfinden können, dass daneben, namentlich in
den höheren Ständen und von eleganteren Männern, farbige
Gewänder, wenn auch nicht für gewöhnlich, getragen wurden,
und dass die scenische Repräsentation nicht etwa im Leben
Unerhörtes einführte, sondern nur die elegantere Tracht zum
stehenden Kostüm für gewisse Charaktere machte. Es wäre
auch in der That wunderbar, wenn nicht neben so vielem
anderem Luxus, der von Ionien her im Mutterlande Eingang
fand, auch die dort in der Kleidung herrschende Pracht ihren
Einfluss auf Athen besonders geübt haben sollte. Denn die
Tracht der dortigen Griechen war allerdings so auffallend
bunt, wie es in Athen höchstens in spätester Zeit angenommen
werden kann. Demokritos von Ephesos in seinem Buche
über den ephesischen Tempel sagt bei Athen. XII, p. 525:
τὰ δὲ τῶν Ἰώνων ἰοβαφῆ καὶ πορφυρᾶ καὶ κρόκινα ῥόμβοις
ὑφαντά, καὶ σαράπεις μήλινοι καὶ πορφυροῖ καὶ λευκοί, οἱ δὲ
ἀλουργεῖς, καὶ χαλασίρεις Κορινθιουργεῖς· εἰσὶ δὲ αἱ μὲν πορφυραῖ τούτων, αἱ δὲ ἰοβαφεῖς, αἱ δὲ ὑακίνθιναι· λάβοι δ᾽ ἄν
τις καὶ φλογίνας καὶ θαλασσοειδεῖς. [Vgl. Chrysippos bei
Athen. IV, p. 159: νεάνισκόν φησί τινα ἐκ τῆς Ἰωνίας σφόδρα

πλούσιον ἐπιδρμῆσαι ταῖς Ἀθήναις πορφυρίδα ἠμφιεσμένον ἔχουσαν χρυσᾶ κράσπεδα. So haben sich auch bei der Aufdeckung des Maussoleums von Halikarnass in den Falten der Statuengewänder eine Masse bunter Farbenspuren vorgefunden.] Wenn nun aber auch von dieser üppigen Kleidung nur wenig auf Athen überging, so lässt sich doch der theilweise Gebrauch farbiger Gewänder auch für Männer nicht hinwegleugnen. Was hätte es sonst für einen Sinn, wenn bei Aristoph. Plut. 530 die Πενία die Nachtheile schildernd, welche allgemeiner Reichthum haben müsste, indem Niemand würde arbeiten wollen, sagt:

ἔτι δ᾽ οὐχ ἕξεις υὗτ᾽ ἐν κλίνῃ καταδαρθεῖν· οὐ γὰρ ἔσονται·
οὔτ᾽ ἐν δάπισιν· τίς γὰρ ὑφαίνειν ἐθελήσει χρυσίου ὄντος;
οὔτε μύροισιν μυρίσαι σταχτοῖς, ὁπόταν νύμφην ἀγάγησθον,
οὔθ᾽ ἱματίων βαπτῶν δαπάναις κοσμῆσαι ποικιλομόρφων.

Wie könnte es dem Ischomachos einfallen, seine Frau zu fragen, ob sie es gern sehen würde, wenn er falschen Schmuck und unächte Purpurgewänder ihr als ächte zeigte, Xenoph. Oecon. 10. 3: ἐπιδεικνύς τε ἀργύριον κίβδηλον καὶ ὅρμους ὑποξύλους καὶ πορφυρίδας ἐξιτήλους φαίην ἀληθινὰς εἶναι; wie könnte der Freund des Sokrates, der über die Theuerung in Athen klagt, bei Plutarch. de tranq. an. 10 sagen: μνᾶς ὁ Χῖος οἶνος, ἡ πορφύρα τριῶν μνῶν, τοῦ μέλιτος ἡ κοτύλη πέντε δραχμῶν? wo nur ein Gewand verstanden werden kann, da Sokrates entgegensetzt, eine Exomis koste nur zehn Drachmen. Ueberhaupt sind zwar nähere Angaben über die Kleidung Einzelner selten: aber doch finden sich auch da farbige Gewänder erwähnt. So sagt Athen. IX, p. 374 von dem Komiker Anaxandrides: ἦν δὲ τὴν ὄψιν καλὸς καὶ μέγας καὶ κόμην ἔτρεφε καὶ ἐφύρει ἀλουργίδα καὶ κράσπεδα χρυσᾶ, auch von dem Maler Parrhasios XII, p. 543: οὕτω δὲ παρὰ τοῖς ἀρχαίοις τὰ τῆς τρυφῆς καὶ πολυτελείας ἠσκεῖτο, ὡς καὶ Παῤῥάσιον τὸν ζωγράφον πορφύραν ἀμπέχεσθαι, χρυσοῦν στέφανον

ἐπὶ τῆς κεφαλῆς ἔχοντα: eben so Aelian. V. Hist. IX. 11
und derselbe sogar von älteren Philosophen XII. 32: Ἐμπε-
δοκλῆς δὲ ὁ Ἀκραγαντῖνος ἀλουργεῖ ἐχρήσατο καὶ ὑποδήμασι
χαλκοῖς, Ἱππίαν δὲ καὶ Ἰοργίαν ἐν πορφυραῖς ἐσθῆσι πρυϊέναι
διαβρεῖ λόγος. Wenn diese Beispiele gerade als etwas Besonderes angeführt zu werden scheinen, so muss man bedenken, dass von unbedeutenden Personen überall nichts berichtet wird, und für gewöhnliche Sitte soll auch das Tragen
farbiger Gewänder und namentlich so kostbarer nicht gelten;
aber bei festlichen Gelegenheiten geschah es gewiss; und wie
viele ἀ,3ροδίαιτοι mögen es nicht auch sonst gethan haben?
Man vergleiche zum Beispiel, was bei Lucian. Bis accus.
17 die Akademie, sich gegen Methe rechtfertigend, von der
durch sie bewirkten Veränderung im Lebenswandel des An-
geklagten sagt: ἀφήρει τε τοὺς στεφάνους καὶ τὴν αὐλητρίδα
κατεσιώπα καὶ ἐπὶ τῇ πορφυρίδι ᾐσχύνετο. Die ganze Schilderung giebt ein so treffendes Bild eines attischen Weichlings,
dass man nicht das späte Zeitalter des Schriftstellers dagegen
geltend machen kann. [Dagegen scheint Lucian. Nigrin.
14: ληφθέντα γάρ τινα τῶν πολιτῶν ἄγεσθαι παρὰ τὸν ἀγω-
νοθέτην, ὅτι βαπτὸν ἔχων ἱμάτιον ἐθεώρει, τοὺς δὲ ἰδόντας —
συγγνώμην ἀπονέμειν αὐτῷ τοιαῦτά γε ἀμπεχομένῳ· μὴ γὰρ ἔχειν
αὐτὸν ἕτερα auf kein Luxuskleid hinzudeuten, sondern in Verbindung zu stehen mit Artemid. Onir. II. 3: οὐ γὰρ πρὸς
ἔργῳ ὄντες οἱ ἄνθρωποι — λευκοῖς ἱματίοις χρῶνται.] — Namentlich aber glaube ich, dass man sehr häufig nicht weisse,
sondern dunkelfarbige Chitonen trug. Dafür spricht vorzüglich ein Fragment des Antiphanes bei Athen. XII. 63,
p. 544, wo die Tracht der nach XI, p. 509 sich geflissentlich
der Mode anbequemenden Akademiker geschildert wird:

ὦ τᾶν, κατανοεῖς, τίς ποτ' ἐστὶν οὑτοσί
ὁ γέρων; ἀπὸ τῆς μὲν ὄψεως Ἑλληνικός·
λευκὴ χλανίς, φαιὸς χιτωνίσκος καλός,
πιλίδιον ἁπαλόν, εὔρυθμος βαχτηρία,

βαιὰ τράπεζα· τί μακρὰ δεῖ λέγειν; ὅλως
αὐτὴν ὁρᾶν γὰρ τὴν Ἀκαδημείαν δοκῶ.

Unter φαιός muss man keineswegs schwarz verstehen, sondern gemischt, μικτόν, wie Joh. Philop. ad Arist. de anima II. sagt, nur dunkel, Poll. VII. 55: φαιὸν δὲ καὶ μέλαν ἀλλήλοις ἐστὶν ἐγγύς: also entweder grau, wie Phot. Lex. p. 637: χρῶμα σύνθετον ἐκ μέλανος καὶ λευκοῦ ἤγουν μύϊνον, oder auch braun von der ungefärbten Wolle der braunen Schafe. S. Böttiger Kl. Schr. Th. I, S. 205.

In viel grösserer Ausdehnung hat man jedenfalls das Tragen farbiger Gewänder von Seiten der Frauen anzunehmen. Wahr ist es allerdings, dass in der Theorie für die anständige sittsame Frau die weisse Kleidung als die schicklichste anerkannt wurde. Phintys bei Stob. Serm. LXXIV. 61: περὶ δὲ τῶ κόσμω τῶ περὶ τὸ σῶμα δοκεῖ μοι οὕτως· δεῖ λευχείμονα ἦμεν καὶ ἁπλοϊκὰν καὶ ἀπερίσσευτον, ἐσεῖται δὲ τοῦτο, αἴκα μὴ διαφανέεσσι μηδὲ διαποικίλοις μηδὲ ἀπὸ βέμβικος ὑφασμένοις (Athen. XII, p. 525: ῥόμβοις ὑφαντά) χρᾶται τοῖς περὶ τὸ σῶμα, ἀλλὰ μετρίοις καὶ λευκοχρωμάτοις. Wenn aber irgend ein Zeugniss laut dafür spricht, dass die Praxis des wirklichen Lebens es anders hielt, so ist es eben diese Vorschrift der Pythagoreerin, welche, die bestehende Sitte verwerfend, die bunte Kleidung eben sowohl als Schmuck und Schminke abgeschafft wissen will. Die Nachricht, welche Plinius XXXV. 9. 35 über Gemälde Polygnot's giebt: »primus mulieres lucida veste pinxit, capita earum mitris versicoloribus operuit«, scheint mir eine ganz andere Andeutung zu enthalten, als Böttiger Kl. Schr. Th. III, S. 44 meint. Es lässt sich vielmehr daraus schliessen, dass nach den Perserkriegen in der Tracht selbst eine solche Veränderung vorging; oder gesetzt auch, es seien hier zugleich die Fortschritte in der Malerei und Farbenbereitung in Anschlag zu bringen, so ist das doch gewiss, dass Polygnot diese Neuerung nicht hätte wagen dürfen, wenn, wie Böttiger meint, in

Athen bunte Tracht ein gesetzliches Abzeichen der Hetären
gewesen wäre. S. was darüber B. II, S. 103 ff. gesagt worden
ist und die entscheidende Stelle bei Artemid. Onirocr. II.
3: γυναικὶ δὲ ποικίλη καὶ ἀνθηρὰ ἐσθὴς συμφέρει, μάλιστα δὲ ἑταίρᾳ
καὶ πλουσίᾳ· ἡ μὲν γὰρ διὰ τὴν ἐργασίαν, ἡ δὲ διὰ τὴν τρυφὴν ἀνθηραῖς ἐσθῆσι χρῶνται. Wenn übrigens Polygnot zuerst
die Frauengewänder in hellen leuchtenden Farben malte, so
ist damit noch keineswegs gesagt, dass die früheren Maler
ihnen nur weisse Kleidung gaben, und die farbigen Kopf-
binden und Haarsäcke finden sich eben sowohl als bunte Gewänder durch Andeutung mannichfaltiger Musterverzierungen
auch auf den monochromen Vasengemälden, die nur die Farbe
des ganzen Gewandes nicht bezeichnen konnten. [Von hellen,
leuchtenden Farben scheint bei Plinius gar nicht die Rede
zu sein, sondern von einer Art von Durchsichtigkeit, die der
Maler dadurch hervorbrachte, dass er trotz des Gewandes die
verdeckten Körperformen hervortreten liess. Brunn Gesch.
der griech. Künstler. B. II, S. 28 ff. Uebrigens glaube
ich, dass in der Blüthezeit Athen's das einfarbige, mit Kanten
und Säumen ornamentirte bunte Gewand nie Anstoss erregt
hat, wohl aber die gemusterten, geblümten und gewürfelten,
denen die Bezeichnung ἀνθινός und ἀνθηρός wohl auch vorzugsweise zukam. Vgl. Marquardt Röm. Privatalt. II,
S. 142, Anm. 1338.

Da nun bei den Gemälden aus Herculanum und Pompeji
der Einwurf der späten Zeit und, in wie weit sie histo-
rischer und idealer Natur sind, der Abweichung von der gewöhnlichen Sitte gemacht werden kann, so haben die in
Stackelberg's Gräbern der Hellenen bekannt gemachten polychromen Vasenbilder und Terracotten für die Beantwortung unserer Frage einen unschätzbaren Werth, da sie
nur eben Figuren aus dem Leben darstellen; und das Interesse, das sie an sich erregen, wird namentlich noch dadurch
erhöht, dass manche Angaben bei Pollux dadurch bestätigt

und auf die deutlichste Weise versinnlicht werden. Die ursprüngliche Beschaffenheit der Farben lässt sich freilich in den meisten Fällen nicht mit Gewissheit erkennen, da sie durch die Zeit viel verloren haben mögen und zuweilen ganz verblichen sind; aber der Grundton der Farbe ist geblieben und der Umstand, dass man neben den farbigen auch eben so gut weisse Chitonen und Himatien findet, weist unverkennbar darauf hin, dass wir hier Trachten des gewöhnlichen Lebens vor Augen haben. So zeigt z. B. Tf. 44. 2 an einer Stele zwei weibliche Figuren (ἐναγίζουσαι), deren eine über einem mattgelben Aermelchiton ein dunkles Obergewand, ἀμ-πεχόνη, mit ringsum laufender weisser Kante trägt. Den gelben, nankingartigen Chiton möchte ich mit Stackelberg für eine Art von Byssos (nur nicht eleischer) halten und vergleiche Philostr. Vit. Apollon. II. 20: καὶ ἡσθῆναι τῇ βύσσῳ φησὶν ὁ Ἀπολλώνιος, ἐπειδὴ ἔοικε φαιῷ τρίβωνι. [Sollte nicht hierher zu ziehen sein Rangabé, n. 862: χιτώνιον θάψινον παραλουργές? Vgl. Athen. V, p. 198. Plut. Phoc. 28. Blümner Technol. I, S. 244.] Das Himation mit weisser Einfassung ist das, was Pollux περίλευκον nennt, VII. 52: Ἀντιφάνης δέ πού φησι περίνησα καὶ περίλευκα καὶ πεντάκτενα· ἔστι δὲ τὰ μὲν πεντάκτενα χιτωνίσκοι παρὰ τὴν ᾤαν πορφύραν ἔχοντες, πέντε κτένας ἐνυφασμένοι, τὰ δὲ περίλευκα τοὐναντίον εἴη, ἂν ὕφασμα ἐκ πορφύρας ἢ ἄλλου χρώματος ἐν τῷ περιδρόμῳ λευκὸν ἐνυφασμένον, τὰ δὲ περίνησα πρόσκροσσόν ἐστι περίβλημα ἔχον τὰ νήματα ἐξηρτημένα, ἢ πορφύρα κύκλῳ τὰ τέλη τοῦ ὑφάσματος περιέρχεται νήσου σχῆμα ποιοῦσα τῇ περιφροᾷ, τοῦ χρώματος· καὶ τοῦτ᾽ ἴσως νῆσον Ἀναξίλας ἀπεκάλει, εἰ μὴ ἕτερόν τι ὕφασμα δηλοῖ, ὅταν εἴπῃ,

καὶ πῶς γυνή
ὥσπερ θάλατταν νῆσον ἀμφιέννυται;

τοιοῦτον δ᾽ ἂν εἴη καὶ τὸ ἔγκυκλον. Die zweite Figur ist in einen goldbraunen Peplos ebenfalls mit weisser Kante ge-

kleidet. Auf Tf. 45. 1 sieht man, auch an einer Stele, zwei
Frauen, deren eine unter einem rothen Himation einen weissen
Aermelchiton trägt; die zweite ist ganz in ein rothes Gewand
gehüllt. Besonders interessant ist das Gemälde auf Taf. 46. 2.
Die eine der an dem Grabmale stehenden Frauen ist mit einem
weiten blauen Gewande bekleidet, das nichts von dem Unterkleide sehen lässt; die zweite aber trägt einen kurzen und
engen purpurfarbigen Chiton ohne Aermel, dessen Saum mit
einer ziemlich breiten gelben Kante verziert ist. Diese Kante
besteht in aufrechtstehenden Zacken, die sich auch anderwärts
auf monochromen Vasenbildern finden [s. z. B. Tischbein
Recueil I. 15; Millin Peint. de Vases I. 52. 61; ähnlich
der χιτὼν πυργωτός bei Rangabé n. 861; vgl. Athen. V,
p. 196: δοκούς, μεσολεύκοις ἐμπετάσμασι πυργωτοῖς κατειλη-
μένας], unter diesem Kleide aber scheint sie noch ein Chito-
nion von der gewöhnlichen gelben Farbe zu tragen, dessen
Aermel sichtbar sind. Auch Männer erscheinen auf diesen
polychromen Lekythen in farbigen Gewändern, wie auf Taf. 45.
2 ein junger Mann in kirschfarbiger Chlamys (irgend einer
Nüance der πορφύρα) und die Schatten an der Barke des
Charon Taf. 48 in rothen Himatien; Charon's Exomis hingegen
ist ganz der Sitte gemäss grau oder braun, denn das ist die
eigentliche Schifferfarbe, Plaut. Mil. IV. 4. 43:

Palliolum habeas ferrugineum; nam is colos thalassicu'st;

und überhaupt muss man sich die Kleidung der arbeitenden
Klasse durchaus dunkelfarbig denken. Vgl. die schon berührte
Stelle Artemidor. Onirocr. II. 3: οὐ γὰρ πρὸς ἔργῳ ὄντες
οἱ ἄνθρωποι καὶ μάλιστα οἱ τὰς βαναύσους τέχνας ἐργαζόμενοι
λευκοῖς ἱματίοις χρῶνται.

[Den farbigen Gewändern in Stackelberg's Gräbern
der Hellenen entspricht die Kleidung der Mädchen und
Frauen in Kékulé die Thonfiguren von Tanagra. Auch
hier sieht man hellblaue, blassrothe und gelbe Himatien,

zum Theil mit verschiedenfarbigen Säumen. Der Chiton der
Mädchen ist durchgängig weiss (Taf. 2, 7, 8, 13 und 14),
ohne δπλοίς gegürtet und entbehrt, obgleich die Terracotten
dem dritten Jahrhundert und höchstens dem Ende des vierten
zugesprochen werden, mit Ausnahme der Artemisstatuette, der
Aermel, sondern ist überall, als ἑτερομάσχαλος oder ἀμφιμάσχαλος, über einer Schulter oder beiden einfach genestelt.
Mit der weissen Farbe der Chitonen lässt sich auch Pollux
IV. 120 vereinigen, wo es heisst: ἡ δὲ τῶν νέων (ἐσθὴς) λευκὴ
ἢ βυσσίνη. Wenn aber Becker hierzu sagt: »Einer Ampechone
gedenkt er nicht und überhaupt gehört sie mehr zum Anzuge
verheiratheter Frauen, als der Jungfrauen, die nicht leicht das
Haus verliessen und also derselben nicht bedurften,« so steht
diese Meinung in Widerspruch zu dem wahrscheinlich aus
athenischen Fabriken herrührenden Funde zu Tanagra (vgl.
Kékulé Taf. 2, 8, 9, 10, 14 und 15) und stimmt nur zu der
von ihm angenommenen klösterlich strengen Abgeschlossenheit
der attischen Jungfrauen, die sich allmählich doch etwas ge-
lockert haben mag. Wenn endlich F. Braungarten a. a. O.
S. 4 gesagt hat: »die Mäntel waren im Winter braun, im
Sommer weiss«, so muss ihm der Beweis für diesen Satz zuge-
schoben werden.] Dagegen nennt Pollux als für Frauen gehörig
zuerst den safrangelben κροκωτός scil. χιτών, vgl. Aristoph.
Thesmoph. 253: τὸν κροκωτὸν πρῶτον ἐνδύου λαβών und
die weiter oben angeführten Stellen nebst Rangabé n. 862.
865 und 866. Wenn also Pollux IV. 117 im Verzeichnisse
des Kostüms für die Tragödie sagt: ὁ δὲ κροκωτὸς ἱμάτιον·
Διόνυσος δὲ αὐτῷ ἐχρῆτο, so ist das ganz gewiss ein Irrthum;
[vgl. auch Wieseler in Gött. Stud. 1847, S. 711—716.]
Offenbar ist die Angabe nach Aristoph. Ran. 45 gemacht,
wo Herakles dem Dionysos gegenüber sagt:

ἀλλ' οὐχ οἷός τ' εἰμ' ἀποσοβῆσαι τὸν γέλων
ὁρῶν λεοντῆν ἐπὶ κροκωτῷ κειμένην:

allein darin liegt nicht die mindeste Andeutung eines Himation

und das Lächerliche liegt eben darin, dass Dionysos bei sonst
weibischem Anzuge eine Löwenhaut umgeworfen hat. [Vgl.
Creuzer zur Gallerie der Dramatiker. S. 109. K. F.
Hermann zu Lucian. histor. conscr. p. 80. Welcker
Nachtrag zur Trilogie, S. 109 und 221 ff. Ebenso wurde
ja auch Herakles bei Omphale gedacht: Plut. an seni sit
ger. resp. 4: καθάπερ ἔνιοι τὸν Ἡρακλέα παίζοντες οὐκ εὖ
γράφουσιν, ἐν Ὀμφάλης κροκωτοφόρον ἐνδιδόντα Λυδαῖς θε-
ραπαινίσι ῥιπίζειν καὶ παραπλέκειν ἑαυτόν.] — Die übrigen Farben, welche Pollux nennt, sind meistens an sich verständlich. Ὀμφάκινον ist vielleicht ein Olivengrün; μήλινον (auch
bei Plaut. Epid. II. 2. 49) apfelgrün oder gelb; ἀέρινον wohl
nicht nur himmelblau, sondern verschiedene Abschattungen
bis in helleres Grau; [γλαυκόν: Rangabé n. 863 und 865.
Ueber die viel umstrittene Farbe vergl. jetzt Magnus Ge-
schichtl. Entwicklung des Farbensinnes. Leipzig.
1877, S. 30]. Ein dunkler Ausdruck ist ὑδροβαφές, was
Pollux, selbst zweifelnd, mit ψυχροβαφές (oder ὑγροβαφές?)
zusammenstellt. Wenn ich Theocr. XXVIII. 11:

πολλὰ δ᾽ οἷα γυναῖκες φορέοισ᾽ ὑδάτινα βράχη,

und Plutarch. Quaest. Rom. 26: ἐν δὲ Ἄργει λευκὰ φοροῦσιν ἐν τοῖς πένθεσιν, ὡς Σωκράτης φησίν, ὑδατόκλυστα,
vergleiche, so möchte ich fast glauben, es sei gewässertes
Zeug (moiré) zu verstehen, und ist dann die undulata vestis
bei Plin. H. N. VIII. 191 oder toga aus Varro bei Nonius
p. 189 und das cumatile (κυματῶδες) bei Plaut. Epid. a. a. O.
[und Non. p. 548, 33] ebendahin zu deuten? [ὑδάτινα schwerlich; denn wenn man es auch nicht für »wasserfarbig« nehmen
möchte, so scheint es sich doch mehr auf die Durchsichtigkeit zu beziehen. Das ὑδατόκλυστα bei Plutarch ist sehr
dunkel. Dagegen ist wohl cumatilis nicht »meerfarbig«, wie
Rein zum Gallus III, S. 209 gemeint hat, sondern »ge-
wässert« und es ist dabei auch zu verweisen auf Corp. Inscr.

I, n. 155 und Rangabé, n. 861, wo die Lesart zwischen περ-
ριχυμάτιον und παραχυμάτιον schwankt.]

Die Annahme einer durchaus einfachen weissen Kleidung
würde sich auch schwer mit der überall bemerkbaren Sucht,
die Gewänder durch mannichfaltige eingewebte und eingestickte
Verzierungen zu schmücken, vereinigen lassen. Man kann
sie, was den Chiton anlangt, eintheilen in horizontale Verbrämungen, verticale Streifen, frei über das Gewand zerstreute
oder sonst auf verschiedene Weise angebrachte Stickereien
und endlich regelmässige Muster des ganzen Kleides. Die
ersteren, die Verbrämungen, laufen über den unteren Saum
des Chiton oder auch um den Halsausschnitt (beides heisst
ᾦα oder ᾦα, Poll. VII. 62: ᾦα δὲ τὸ ἐξωτάτω τοῦ χιτῶνος
ἑκατέρωθεν) entweder als einfache farbige Streifen oder als
musterartige Verzierungen. Sie heissen πέζαι. Poll. §. 62:
αἱ δὲ παρὰ τὰς ᾦας παρυφαὶ καλοῦνται πέζαι καὶ πεζίδες, καὶ
περίπεζα τὰ οὕτω παρυφασμένα. Hierher gehören auch die
περίλευκα [und περιποίκιλα]: was aber Pollux πεντάκτενα
nennt, bezieht sich wohl auf die besondere Art der Weberei.
Die Streifen scheinen auch mehrfarbig gewesen zu sein. An
der Nike bei Stackelberg Taf. 60 hat der Ueberschlag dicht
am unteren Saume einen schmalen blauen und darüber einen
breiteren rothen Streifen; vermuthlich verlief sich auch aus
der untersten dunkelsten Schattirung der Streif in lichter
werdenden Nüancen. Darauf beziehe ich das Fragment Menander's bei Athen. II. 86, p. 163 Dind.:

τῆς σκιᾶς τὴν πορφύραν
πρῶτον ἐνυφαίνουσ' · εἶτα μετὰ τὴν πορφύραν
τοῦτ' ἔστιν, οὔτε λευκὸν οὔτε πορφύρα,
ἀλλ' ὥσπερ αὐγὴ τῆς κρόκης κεκραμένη.

Diese Verbrämungen waren gewöhnlich angewebt; allein sie
wurden auch angenäht, und wenn sie unscheinbar geworden
waren, durch neue ersetzt. Poll. §. 64: περιῶσαι δὲ ἔλεγον
τῶν παλαιῶν ἱματίων τὰς ᾦας ἀφελόντα καινὰς παραθεῖναι.

Phot. Lex. p. 405 sagt über den Namen ᾦα unter πέζα: τὸ ἀπολῆγον τοῦ χιτῶνος, ὃ ἡμεῖς ᾦαν λέγομεν· πρότερον γὰρ ὑπὲρ τοῦ μὴ τρίβεσθαι δέρμα προβάτων προσέρραπτον. Uebrigens widersprechen sich hier die Grammatiker sehr. Während **Pollux** §. 61 ausdrücklich sagt: λέγνα δὲ τὰ ἐν τῷ ἱματίῳ ἑκατέρου μέρους, οὐχ ὅπου ἡ ᾦα (d. i. die beiden gesäumten Seiten des oblongen Himation), nimmt **Hesychius** λέγνη (jedenfalls dasselbe) für die ᾦα. Die verticalen Streifen erscheinen theils zu beiden Seiten des Chiton, wo die πτέρυγες (Poll. §. 62) zusammengenäht sind, und daher immer doppelt, theils vorn, auch in einem Doppelstreifen, entweder im Chiton bis zu den Füssen herab oder nur im Ueberschlage. S. z. B. **Tischbein Recueil** I. 4. Der allgemeine Name dieser Streifen ist ῥάβδοι oder παρυφαί. **Poll.** §. 53: αἱ μέντοι ἐν τοῖς χιτῶσι πορφυραῖ ῥάβδοι παρυφαὶ καλοῦνται. Das gilt auch von dem clavus der Römer. Das Wort ὀχθοίβος scheinen die Grammatiker nicht alle so verstanden zu haben. **Hesych.** sagt: περιάπτειν τινὰ εἰώθασι περὶ τοὺς χιτῶνας καὶ καλοῦσιν ὀχθοίβους· εἰσὶ δὲ τὰ λεγόμενα λώματα. Er dachte also wohl an die πέζα. Dagegen sagt **Phot. Lex.** p. 366: ὀχθοίβους· τὰ λώματα· ἔστι δὲ περὶ τὸ στῆθος τοῦ χιτῶνος ἁλουργὲς πρόσραμμα, und versteht also wohl einen Besatz am Halsausschnitte, wie bei **Stackelberg** Taf. 45. 3. Allein in dem Fragmente aus den verlorenen Thesmophoriazusen des **Aristophanes** bei **Poll.** §. 95 wird es mit lauter Haarputz zusammengestellt:

προκόμιον, ὀχθοίβους, μίτρας, ἀναδήματα,

und war also wenigstens wohl ein selbstständiges Stück Putz. Vgl. **Böttiger Vasengem.** H. III, S. 225. Eigenthümlicher Art ist die Verzierung eines Chiton mit langen, bis an die Hände reichenden Aermeln (im wahren Sinne χειριδωτός) auf einem Vasengemälde bei **Millin** t. I, pl. 38. Dort läuft nicht nur eine Arabeske von der Brust bis zu dem unteren Saume, sondern es zieht sich auch ein gleicher Streif die ganze Länge der Aermel herab, und solche Aermelverzierungen finden sich, vielleicht dem tragischen Kostüm entlehnt, auch selbst an männlichen Chitonen. Man sehe z. B. den χιτὼν κατάστικτυς des Iobates bei Tischbein I. 3.

Auch die Himatien der Männer und Frauen sieht man gewöhnlich mit solchen Bordüren, die bald ringsum laufen, bald nur die beiden gesäumten Seiten des oblongen Tuches zu verbrämen scheinen. Auf die ersteren bezieht Pollux den Ausdruck περίνησα, weil sie wie eine Insel vom Meere umgeben seien, und rechnet dahin auch das ἔγχυκλον und eben so Photius in der gleich anzuführenden Stelle. Die zweite Art versteht Hesychius unter dem dunklen Namen παράπηχυ (bei ihm παραπῆχυς) ἱμάτιον τὸ παρ' ἑκάτερον μέρος ἔχον πορφύραν. Dieselben Worte hat Lex. Phot. p. 388, der hinzusetzt: τοῦτο δὲ καὶ παρυφὲς καλοῦσι, τὸ δὲ κύκλῳ τὴν πορφύραν ἔχον ἔγκυκλον. Pollux hingegen scheint etwas Anderes darunter zu verstehen. Er sagt §. 53: τὸ δὲ παράπηχυ ἱμάτιον ἦν τι λευκὸν πῆχυν πορφυροῦν ἔχον παρυφασμένον, τὸ δὲ παρυφὲς καὶ παραλουργὲς τὸ ἑκατέρωθεν ἔχον παρυφασμένην πορφύραν· Ἴωνες δὲ αὐτὸ καλοῦσι πηχυαλές. In den Hetärenwitzen Machon's bei Athen. XIII, p. 582 wird ein Κορίνθιον παράπηχυ λήδιον erwähnt. [Vgl. Wieseler in Gött. Stud. 1847, S. 647 und Rangabé n. 861: ἱμάτιον λευκὸν παραλουργές. 862: χιτωνίσκος λευκὸς παραποίκιλος. 863: χιτωνίσκος παραλουργής. Vergl. Plut. de genio Socr. 14 und Athen. VI, p. 235. Dagegen findet sich aber auch n. 863 χιτωνίσκος μεσαλουργής λευκός. Ueber die Bordürenmuster vgl. Weiss Kostümkunde II, S. 706. Fig. 244 a—l.] Auch mit Franzen (κροσσοῖς, θυσάνοις) wurden die Gewänder besetzt, Poll. IV. 120, VII. 64, und an den Zipfeln befestigte man, wie an der Toga, Quasten, wohl nicht nur als Staat, sondern um durch ihre Schwere das Gewand niederzuhalten.

Die dritte Klasse der Verzierungen ist die der über das

ganze Kleid einzeln gestreuten, eingewebten oder eingestickten Blumen, Sterne, Mouchen u. s. w. Sie sieht man namentlich an den Chitonen der Frauen, und das ist der χιτὼν κατάστιχτος. Poll. VII. 55: *ὁ δὲ κατάστιχτος χιτών ἐστιν ὁ ἔχων ζῶα ἢ ἄνθη ἐνυφασμένα, καὶ ζωωτὸς δὲ χιτὼν ἐκαλεῖτο καὶ ζωδιωτός:* vgl. Plato Republ. VIII, p. 557: *ἱμάτων ποικίλον, πᾶσιν ἄνθεσι πεποικιλμένον.* [Vgl. Rangabé, n. 863 u. 865. Man hat die Beobachtung gemacht, dass auf den Vasen mit schwarzen Figuren auf rothem Grunde solche Gewänder bei Weibern und Männern vorkommen, während auf denen der attischen Periode die vorkommenden Beispiele sich mehr auf weibliche Personen und namentlich auf Gottheiten beschränken.]

Endlich begegnen uns viertens auch selbst regelmässig gemusterte Kleider. Ein sehr merkwürdiges Vasenbild im archaischen (und zwar sehr alterthümlichen) Style bei Millin II. 61 (auch Böttiger Kl. Schr. Th. III, Taf. 2a) zeigt zwei attische Mädchen, welche dem Minotauros dargebracht werden. Sie sind ganz mit Gewändern aus einem karrirten und innerhalb der Carreaux noch weiter gemusterten kattunartigen Stoffe bekleidet. Es hätte dem Künstler wohl nicht einfallen können, so etwas zu malen, wenn es nicht wirklich vorkam, und wenn man auch mit Böttiger annimmt, dass es fremder, ägyptischer Geschmack sei, so finden sich doch dergleichen quadrillirte Zeuge auch anderwärts, wenigstens zu Haartüchern. Dadurch aber wird es in der That wahrscheinlich, dass die vestis impluviata bei Plaut. Epid. II. 2. 40 ein solches schachbretartig gemustertes Gewand sei, indem die Carreaux den Impluvien ähneln. [Die scutulatae (von σκυτάλη) unterschieden sich von ihnen dadurch, dass sie rautenförmige Muster besassen. Gewürfelte Stoffe erblickt man Gerhard Auserles. griech. Vasenb. etruskischen Fundorts II, Taf. 104; IV, Taf. 307 u. 308; I, Taf. 74. Élite céram. I. 78. II. 25. 36 ff. Mon. d. Inst. I, 37.]

Nach dieser Erörterung der gewöhnlichen Kleidungsstücke,

ihres Stoffes und ihrer Farbe gedenke ich noch einiger Namen, welche theils allgemeinerer Bedeutung sind, theils Kleider für die niedere Klasse und Sklaven bezeichnen. Zuerst sei der Name ξυστίς erwähnt. Davon sagt Böttiger Kl. Schriften Th. I, S. 273: »Ich habe dieses Wort noch nirgends richtig erklärt gefunden«; aber die Erklärung, die er selbst giebt, nach welcher es einen »gestickten Purpurrock« bedeuten soll, nach Taf. 5 einen kurzen oberen Chiton mit langen Aermeln, ist wenigstens höchst einseitig. Die Grammatiker erklären das Wort auf die verschiedenste Weise, bald durch ποδῆρες ἔνδυμα oder χιτὼν ποδήρης γυναικεῖος, bald durch τραγικὸν ἔνδυμα, und dann wieder durch χλαμὺς oder χλανὶς κωμική oder ἱμάτιον πορφυροῦν und κροκωτὸν oder ἱππικὸν ἔνδυμα, bald nur allgemein durch λεπτὸν ὕφασμα. S. Ruhnk. zu Tim. p. 188. Harpocr. Hesych. Phot. Schol. zu Aristoph. Nub. 70. Schol. zu Theocr. II. 74. Dass aber das, was man ξυστίς nannte, weder ausschliesslich ein ἔνδυμα war, noch bloss zum Kostüm der tragischen oder komischen Bühne gehörte, sondern darunter auch ein prächtiges Frauengewand verstanden werden kann, das beweisen am besten die Worte des Mädchens bei Theocr. II. 70 ff.:

> καί μ' ά Θευχαρίδα Θρᾶσσα τροφὸς ά Μαχαρῖτις
> ἀγχίθυρος ναίοισα κατεύξατο καὶ λιτάνευσε
> τὰν πομπὰν θάσασθαι· ἐγὼ δέ οἱ ά μεγάλοιτος
> ὡμάρτευν, βύσσοιο καλὸν σύροισα χιτῶνα
> κἀμφιστειλαμένα τὰν ξυστίδα τᾶς Κλεαρίστας.

Die Ungewissheit der Grammatiker erklärt sich daraus, dass der Name Xystis sich überhaupt gar nicht auf eine bestimmte Form des Kleidungsstückes, sondern lediglich auf seinen Stoff und Schmuck bezieht. Darum sagt Pollux VII. 49 mit Recht: ξυστὶς ἔνδυμά τε ὁμοῦ καὶ περίβλημα καὶ χιτών. Der beste Beweis dafür ist, dass auch gewisse prächtige Lagerdecken, στρώματα, so genannt wurden, wie man bei Poll. VI. 10 in der Aufzählung der verschiedenen Benennungen dafür sieht: ξυστίδες χρυσόπαστοι, ὡς Εὔβουλος·

τοῖς ξυστίσιν ταῖς χρυσοπάστοις στρώννυται.

Vgl. X. 42: τὰ δὲ στρώματα, ἐπιβλήματα, περιβόλαια, ἐφεστρίδες, χλαῖναι, ταπίδες, ξυστίδες. Es scheint also überhaupt nur ein Prachtgewand darunter verstanden zu werden, dessen nähere Beschaffenheit sich nicht angeben lässt und auch überhaupt wohl sehr verschieden war. [Doch muss man immer annehmen, dass es ein Obergewand war, mochte es nun ein ἔνδυμα oder ein περιβόλαιον sein. Klar ist sie ein solches bei Theocrit. II. 70, wo sie über dem Schleppenchiton getragen wird. Auch Aristoph. Nub. 50 ff. wird die ξυστίς des Megakles der διφθέρα des Strepsiades entgegengestellt. Ebenso ist die ξυστίς τραγική und ἐναγώνιος (Athen. XII, p. 535; Plut. Alcib. 32 und de glor. Athen. 6) allemal das sichtbarste, also oberste Stück der Kleidung. Genannt wird bei Rangabé, n. 861 ein κατάστικτον ξυστιδωτόν.]

Eine ähnliche Bewandniss hat es mit dem Namen ἐφεστρίς, der auch mehr ein Tuch oder eine Decke überhaupt als ein Kleidungsstück von bestimmter Form bezeichnet. Daher rechnet Pollux a. a. O. sie auch unter die στρώματα, so gut als die χλαῖνα, die doch auch als Gewand dient. Indessen geht aus mehreren Stellen hervor, dass sie der Chlamys ähnlich war, indem sie, wie diese, durch eine Spange zusammengeheftet wurde. Für das Himation überhaupt steht der Name bei Xenoph. Symp. 4. 38: ἐπειδάν γε μὴν ἐν τῇ οἰκίᾳ γένωμαι, πάνυ μὲν ἀλεεινοὶ χιτῶνες οἱ τοῖχοι, πάνυ δὲ παχεῖαι ἐφεστρίδες οἱ ὄροφοι, und als eleganteres Gewand bei Ath. III, p. 98: κόμιζέ μοι ἐπὶ τὸ γυμνάσιον τὰς βλαύτας τὰς ἀφορήτους καὶ τὴν ἐφεστρίδα τὴν ἄχρηστον, aber als chlamysartiges Gewand findet es sich bei Lucian. Dial. meretr. IX. 1: ἑώρακα δὲ κἀγὼ αὐτὸν ἐφεστρίδα περιπόρφυρον ἐμπεπορπημένον. Vgl. Dial. mort. X. 4 und Contempl. 14 von

Polykrates auf Samos: ὁ τὴν πορφυρᾶν ἐφεστρίδα ἐμπεπορπη-
μένος. Damit stimmt überein Artemid. Onirocr. II. 3:
χλαμύς, ἣν ἔνιοι μανδύην, οἱ δὲ ἐφεστρίδα, οἱ δὲ βίῤῥον καλοῦσι. Vgl. Etym. M. s. ἐφεστρίς, [namentlich auch Plut.
Lucull. 28, wo es von Lucullus in der Schlacht bei Tigra-
nocerta heisst: θώρακα μὲν ἔχων σιδηροῦν φολιδωτὸν ἀποστίλ-
βοντα, κροσσωτὴν δὲ ἐφεστρίδα. Vgl. Agathias bei Suid.
s. v.: οὐκ ἐπιφερόμεθα χρημάτων περιουσίαν, πλήν γε δὴ στρα-
τιωτικὴν ἐφεστρίδα, ἥν γε δὴ καὶ περιβεβλήμεθα.] Dagegen
findet sich der Name auch wiederum von der Ampechone der
Frauen. Heliod. Aethiop. III. 6: ἡ Χαρίκλεια δὲ ἐφεστρίδα
λευκὴν περιβαλομένη κ. τ. λ. [Agathias in Anthol. Gr. IX.
153: ἐφεστρὶς πάγχρυσος und bei Suid. a. a. O.: γύναια δὲ
πολλὰ διαπληκτιζόμενα καὶ τὰς ἐφεστρίδας περιῤῥηγνύντα ἀνὰ
τοὺς προμαχεῶνας ἐφοίτα. Dass die ἐφεστρίς gerade immer
ein wärmerer Ueberwurf gewesen sei (Hermann Privatalt.
§. 21, n. 22), scheint aus der angeführten Stelle Xenophon's
nicht hervorzugehen.]

Ein Kleid aus Fellen für Hirten und überhaupt Landleute
war die oft genannte διφθέρα. Aristoph. Nub. 71:

> ὅταν μὲν οὖν τὰς αἶγας ἐκ τοῦ φελλέως,
> ὥσπερ ὁ πατήρ σου, διφθέραν ἐνημμένος:

wozu der Scholiast sagt: ποιμενικὸν δὲ περιβόλαιον ἡ διφθέρα·
Ἀττικοὶ δὲ λέγουσιν, ἣν νῦν ἰσάλην καλοῦμεν· ἔστι δὲ ἐκ δέρματος. Vgl. Vesp. 444, [Eccles. 80,] Plato Crit. p. 53,
Lucian. Tim. 12. Man konnte sie auch über den Kopf
ziehen, Poll. VII. 70: διφθέρα δὲ στεγανὸς χιτὼν ἐπίκρανον
ἔχων. Jedenfalls muss man die Exomis aus Fellen, welche
der Hirt im Mus. Pio-Clem. III. 34 trägt, für eine διφθέρα
halten. Was Pollux dort weiter als σκυτίνη ἐσθής und χιτὼν ἐκ δέρματος aufführt, ist nicht griechisch; doch erwähnt
Paus. VIII. 1. 2 und zwar als noch in seiner Zeit gebräuchlich χιτῶνας τοὺς ἐκ τῶν δερμάτων τῶν ὑῶν, οἷς καὶ νῦν περί

τε Εὔβοιαν ἔτι χρῶνται (vgl. **Dio Chrysost.** VII. 62) καὶ ἐν τῇ Φωκίδι ὅσοι βίου σπανίζουσι. Auch die Ableitung des Namens Ὀζόλαι Λοκροί bei **Paus.** X. 38. 2 mag hierher gehören: ἐσθῆτα δὲ οὐκ ἐπιστάμενοί πω ὑφαίνεσθαι σκέπην πρὸς τὸ ῥῖγος θηρίων δέρματα ἐποιοῦντο ἀδέψητα, τὸ δασὺ τῶν δερμάτων ἐς τὸ ἐκτὸς ὑπὲρ εὐπρεπείας τρέποντες. Apokryphischer lautet das κώδιον, mit welchem nach **Philostr. Vit. Apollon.** I. 2 Anaxagoras zum Schutze gegen Regen in Olympia erschienen sein soll; obgleich auch bei **Ath.** V. 62, p. 220 von einem Sophisten gesagt wird, er borge sein Himation bei dem κναφεύς gegen tägliche Zahlung eines halben Obolos und gürte sich mit einem κώδιον: vergl. **Böttiger Vasengem.** H. III, S. 186 ff.

Etwas Aehnliches mag übrigens die σισύρα gewesen sein, nur dass sie nicht sowohl als Chiton, sondern vielmehr als Himation diente. Sie war ebenfalls ein κώδιον, wie man schon aus **Aristoph. Eccl.** 418 ff. sieht:

> ὅσοις δὲ·κλίνη μή 'στι μηδὲ στρώματα,
> ἰέναι καθευδήσοντας ἀπονενιμμένους
> ἐς τῶν σκυλοδεψῶν· ἦν δ' ἀποκλείῃ τῇ θύρᾳ,
> χειμῶνος ὄντος, τρεῖς σισύρας ὀφειλέτω:

und wie aus dieser Stelle erhellt und schon bei Gelegenheit des Bettes S. 79 gezeigt worden ist, diente sie hauptsächlich als Lagerdecke. Doch wurde sie auch als Mantel gebraucht; und zuweilen wird es zweifelhaft, ob damit nicht ein Fell, sondern ein grobes, dickes Zeug gemeint sei, z. B. **Lucian. Rhet. praec.** 16: ἡ πορφύρα μόνον ἔστω καλὴ καὶ εὐανθής, κἂν σισύρα τῶν παχειῶν τὸ ἱμάτιον ᾖ: während bei **Longus Past.** II. 3 eben so gut eine διφθέρα verstanden werden kann: τερπομένοις δὲ αὐτοῖς ἐφίσταται πρεσβύτης σισύραν ἐνδεδυμένος, καρβατίνας ὑποδεδεμένος, πήραν ἐξηρτημένος καὶ τὴν πήραν παλαιάν. [**Schol.** zu **Aristoph. Ran.** 1455: χλαίνης εἶδος εὐτελοῦς· τινὲς δὲ ἱμάτιον τραχὺ καὶ παχύ, περιβόλαιον

ἀγροικικόν, δουλικόν, παλαιόν· ἢ χιτὼν δερμάτινος — — δοκεῖ
βαπτὴ εἶναι ἐκ δερμάτων αἰγείων.] Eine Sklaventracht, die
vermuthlich auch nur auf das Land gehört, war die κατω-
νάκη, ein Chiton von grobem Tuche und am unteren Saume
mit Schafpelz besetzt. S. Aristoph. Lysistr. 1151. 1155,
Athen. VI. 101, p. 271, Poll. VII. 68, Hesych. und besonders Suidas mit Müller Dor. Th. II, S. 41. 59, und
über die sikyonischen κατωνακοφόρους insbesondere Welcker
ad Theogn. p. XXXV. Endlich trug die niedere Klasse und,
wie angegeben wird, besonders die Schiffer, geflochtene Matten,
φορμοί, und so war in der delphischen Lesche Elpenor gemalt.
Pausan. X. 29. 2: ὁ δὲ Ἐλπήνωρ ἀμπέχεται φορμὸν ἀντὶ ἐσθῆτος, σύνηθες τοῖς ναύταις φόρημα. Vgl. Hesych. s. φορμός,
[Theocrit. XXI. 13: νέρθεν τᾶς κεφαλᾶς φορμὸς βραχύς.
Plaut. Rud. II. 7. 18. Varro bei Non. p. 179. 4.]
      Es bleiben, wie ich wohl weiss, noch eine Menge Namen,
die sich auf Einzelheiten, Abweichungen von dem Gewöhnlichen oder fremde Tracht beziehen, zur Erklärung übrig; ich
kann sie aber hier nicht berühren und sie sind für die allgemeine griechische Sitte unwesentlich. Dagegen füge ich noch
einige Angaben über die Kopfbedeckungen der Männer
hinzu; denn für die Frauen giebt es deren eigentlich gar nicht,
und die haubenartigen Haarsäcke, Tücher und Netze werden
im dritten Excurse besprochen. [Für die Frauenhüte, die beim
Ausgange im Sonnenschein wohl öfter vorgekommen sein mögen,
als Becker annimmt, vgl. B. I, S. 202.] Freilich trugen
auch die Männer bei ihren Ausgängen in der Stadt, in den
Gymnasien und auf Spaziergängen ebenfalls keine Kopfbedeckung; weshalb der Skythe Anacharsis bei Lucian. de
gymn. 16 über die brennenden Strahlen der Sonne klagend
sagt: τὸν γὰρ πῖλόν μοι ἀφελεῖν οἴκοθεν ἔδοξεν, ὡς μὴ μόνος
ἐν ὑμῖν ξενίζοιμι τῷ σχήματι, und Solon darauf als Grund,
weshalb der Hut den Griechen entbehrlich sei, die Gewöhnung
in den Gymnasien angiebt: οἱ μάταιοι γὰρ οὗτοι πόνοι καὶ αἱ

συνεχεῖς ἐν τῷ πηλῷ κυβιστήσεις καὶ αἱ ὑπαίθριοι ἐν τῇ ψάμμῳ
ταλαιπωρίαι τοῦτο ἡμῖν τὸ ἀμυντήριον παρέχουσι πρὸς τὰς τοῦ
ἡλίου βολάς· καὶ οὐκ ἔτι πίλου δεόμεθα, ὃς τὴν ἀκτῖνα κωλύσει καθικνεῖσθαι τῆς κεφαλῆς. Aber für gewisse Gewerbe und
Verhältnisse und auf Reisen waren allerdings auch schützende
Kopfbedeckungen gewöhnlich. Sie lassen sich eintheilen in
Hüte mit Krämpen und schirmlose Mützen; aber beide Klassen
werden mit den gemeinschaftlichen Namen κυνῆ und πῖλος benannt. Unter den ersteren ist die bekannteste Form die des
πέτασος, thessalischen oder makedonischen Ursprungs, wie die
Chlamys, und zu ihr ganz eigentlich gehörig, daher auch gewöhnliche Tracht der Epheben und derer, die sonst in der
Chlamys erscheinen. Poll. X. 164: τὸ δὲ τῶν ἐφήβων φόρημα πέτασος καὶ χλαμύς. Hesych. πέτασος, τὸ τῶν ἐφήβων φόρημα. Mehr als diese Erklärungen sagen die Reliefs
vom Parthenon und überhaupt zahlreiche Denkmäler, wo er
zwar in mannichfaltigen Modifikationen, aber immer leicht
erkennbar erscheint. Die Verschiedenheiten liegen jederzeit
in der besonders geformten Krämpe. Die Epheben vom Parthenon tragen einen Petasos, dessen abwärts gebogene Krämpe
vier bogenförmige Ausschnitte hat, so dass dadurch vier Ecken
entstehen, deren eine gerade über der Stirn hervorragt, wodurch den anderen schon ihre Stelle angewiesen ist. Anderwärts sieht man ihn ohne Ausschnitt mit aufwärts gebogener
Krämpe, wie an dem Bellerophon bei Tischbein Recueil
I. 3. Der Petasos, welchen Hermes trägt, hat oft nur einen
sehr schmalen Rand oder fast gar keine Krämpe, s. Winckelmann Werke Th. IV, Taf. 7a und dagegen wieder Speci-
mens of anc. sculpt. I. 51 und Lippert's Dactyl. I. 138,
wo er, mit der Chlamys getragen, die obige attische Form
hat; aber das Charakteristische bleibt immer der runde ge-
wölbte Kopf, der allen gemeinsam ist; vgl. Yates Textr.
p. 408 ff. Auch bei Sophokles Oed. Col. 315 trägt Ismene
einen solchen Hut, wie er dort genannt wird, ἡλιοστερὴς κυνῆ

Θεσσαλίς: das ist eben ein Petasos und das Auffallende, ihn bei einem Weibe zu finden, erklärt sich aus der eben so ungewöhnlichen Erscheinung, eine Jungfrau auf solcher Wanderschaft zu sehen. Vgl. besonders Böttiger Kl. Schr. Th. I, S. 263, Vasengem. H. I, S. 119 und die Erklärer des Sophocl. a. a. O., die insbesondere auch die Worte des Kallimachos von der Hekate vergleichen:

— ἀμφὶ δέ οἱ κεφαλῇ νέον Αἱμόνιηθεν
μεμβλωκὸς πίλημα περίτροχον ἄλκαρ ἔκειτο:

[vgl. Näke Opusc. t. II, p. 110.]

Dem Petasos sehr nahe stehend war die (ursprünglich makedonische) *καυσία*, nur dass sie wohl einen höheren und oben platten Kopf und eine horizontale und völlig runde, oft sehr breite, nach oben zu sich erhebende Krämpe hatte. So z. B. Tischbein I. 10. Ihr glich vermuthlich auch die arkadische *κυνῆ:* denn was Böttiger von letzterer sagt, sie habe an der Krämpe einen abwärts gebogenen, gleichsam als *παραπέτασμα* dienenden Umschlag des Randes gehabt, scheint mir auf einem reinen Missverständnisse zu beruhen. Der Scholiast zu Aristophanes, auf den er sich beruft, sagt davon gar nichts, und die Stelle des Dichters so wie das Fragment aus Sophokles' Inachos sind selbst missverstanden worden. Bei Aristoph. Av. 1202 kommt Iris in die neu gegründete Stadt geflogen, und da fragt Peisthetäros:

ὄνομα δέ σοι τί ἐστι; πλοῖον ἢ κυνῆ;

Dazu sagt der Scholiast: *κυνῆ δὲ ὅτι ἔχει περικεφαλαίαν τὸν πέτασον, ὡς Ἑρμῆς ἄγγελος ὤν, παρὰ Σοφοκλεῖ ἐν Ἰνάχῳ ἐπὶ τῆς Ἴριδος· γυνὴ τίς ἦδε; κυκλὰς Ἀρκάδος κυνῆς· φασὶ δὲ καὶ κυνέαν τὸν πέτασον λέγεσθαι ἐν Πελοποννήσῳ.* Nun scheint es mir mehr als lächerlich, anzunehmen, Iris sei nicht nur bei Aristophanes, wo es sich denken liesse, sondern bei Sophokles in einem Petasos erschienen. Jedenfalls umgab ihren Kopf der Kreis des Regenbogens und dieser Reifen

glich dem Schirme eines arkadischen Sonnenhutes. Ueber die
Kausia vgl. Müller über die Makedoner S. 48. [Valcken.
ad Theocr. XV, p. 345 und Anthol. Graec. VI. 335, wo
Antipater aus Thessalonike von ihr sagt: *Μακεδόσιν εὔκο-
λον ὅπλον καὶ σκέπας ἐν νιφετῷ καὶ κόρυς ἐν πολέμῳ.*]
Die mützenartigen Kopfbedeckungen unterscheiden sich
sehr wenig; sie sind in der Regel halb eiförmig. So tragen
sie die Schiffer und deshalb Charon (s. Stackelberg Gräber Taf. 47. 48), Odysseus (gewöhnlich), auch wohl Kadmos
(Millingen Unedit. Mon. I. 27) u. A. Aehnlich tragen
sie aber auch die Handwerker und darum Hephästos, ebenfalls ganz ohne Schirm oder mit wenig vorstehendem Rande.
S. Hirt Bilderb. T. VI. 1. 2; Gerhard Ant. Bildw.
Taf. 81. 3; [Lenormant Élite céramogr. t. I, p. 102;
über dieselbe bei Kranken und Greisen auch oben B. I, S. 223.]
Auf dem Relief in Terrac. of the Brit. Mus. 10 indessen
trägt der Arbeiter an der Argo eine ähnliche Mütze mit
ringsum laufendem, etwas breiterem Schirme. [Vgl. die Abbildungen bei Guhl und Koner, S. 199. Zu erwähnen war
auch die sogenannte phrygische Mütze mit der nach vorn ge-
neigten Spitze, mit welcher Asiaten, wie Paris, Ganymed,
Anchises u. A. auf den Monumenten erscheinen. Auf sie bezieht sich wohl auch Aristoph. Acharn. 438:

κἀκεῖνά μοι δὸς τἀπόλουθα τῶν ῥαχῶν,
τὸ πιλίδιον περὶ τὴν κεφαλὴν τὸ Μύσιον·
δεῖ γάρ με δόξαι πτωχὸν εἶναι τήμερον.]

Die Farbe dieser Hüte und Mützen war verschieden. Charon's Mütze auf der oben angeführten polychromen Lekythos
ist roth. Plautus hingegen rechnet Mil. IV. 4. 42 zum orna-
tus nauclericus (*ναυκλήρου τρόπος*, Soph. Philoct. 128) eine
causia ferruginea. Auf einer andern Lekythos bei Stackelberg Taf. 45. 2 hat ein junger, mit der Chlamys bekleideter
Mann einen weissen Petasos mit rothem Rande. In Make-

donien war eine purpurfarbige Kausia ein Ehrenzeichen, das
die Könige verliehen, Plutarch. Eumen. 8: ἐξῆν γὰρ Εὐμέ-
νει καὶ καυσίας ἁλουργεῖς καὶ χλαμύδας διανέμειν, ἥτις ἦν
δωρεὰ βασιλικωτάτη παρὰ Μακεδόσι: vgl. Demetr. 41 und
Plut. Anton. 54. [Das auf dem Haupte der stehenden Frauen-
figur bei Kekulé Thonf. v. Tanagra Taf. 1 sich balancirende
spitze Hütchen hat eine roth gestreifte Krämpe.] — Der Stoff
kann zuweilen und namentlich in früherer Zeit Leder gewesen
sein, nachher aber ist es in der Regel Filz; und eben deshalb
heissen sämmtliche Kopfbedeckungen πῖλοι. [Vergl. Yates
Textr. p. 388 und Blümner Technol. u. Terminol. der
Gew. B. I, S. 212.]

ZWEITER EXCURS ZUR EILFTEN SCENE.

DIE BESCHUHUNG.

Der Gebrauch einer Fussbekleidung beschränkte sich bei den Griechen, wenigstens was die Männer anlangt, auf das Leben ausser dem Hause, und war auch dann noch zwar Regel, aber nicht völlig allgemein. So finden wir es schon im heroischen Zeitalter, wo die Sohlen, πέδιλα, nicht bloss für den Zweck einer Reise, sondern auch beim gewöhnlichen Ausgange, aber auch nur dann erst angelegt werden (Iliad. II. 44; Odyss. II. 4, XVII. 2), und eben das blieb auch die Sitte der späteren Zeit. Alle Beschuhung dient nur dazu, den Fuss beim Ausgehen gegen Verletzung und Schmutz zu schützen und die Unebenheit des Weges weniger fühlbar zu machen; im eigenen Hause bedarf es deren nicht, und selbst im fremden legt man sie wenigstens ab, ehe man sich zum Essen lagert. S. B. II, S. 305. Wahrscheinlich ist es wohl, dass weichlichere Menschen im Winter durch irgend eine Fussbekleidung, wenn auch nicht gerade durch Sohlen, gegen strengere Kälte sich schützten; aber Regel war dies wenigstens nicht, und im Gegentheile machten, wie es scheint, nicht wenige von der Sitte der Mehrzahl eine Ausnahme, und die niederen Klassen gingen nicht nur im Sommer, wo es wohl auch andere thaten (Plat. Republ. II, p. 372, Phaedr. p. 229; Lucian. Navig. 1), sondern selbst im Winter und bei strengerer Kälte ohne alle Beschuhung [Lucian. Catapl. 20].

Das spartanische Abhärtungssystem machte dies für junge
Leute selbst durch gesetzliche Vorschrift zur Regel. Xenoph.
de rep. Lac. 2. 3: ἀντί γε μὴν τοῦ ἁπαλύνειν τοὺς πόδας
ὑποδήμασιν ἔταξεν ἀνυποδησίᾳ κρατύνειν, νομίζων, εἰ τοῦτο
ἀσκήσειαν, πολὺ μὲν ῥᾷον ἂν ὀρθιάδε βαίνειν, ἀσφαλέστερον
δὲ πρανῆ καταβαίνειν· καὶ πηδῆσαι δὲ καὶ ἀναθορεῖν καὶ δραμεῖν θᾶττον ἀνυπόδητον, εἰ ἠσκηκὼς εἴη τοὺς πόδας, ἢ ὑποδεδεμένον : vgl. Plato Leg. I, p. 633, XII, p. 942, und auch
selbst bejahrte Leute thaten es noch, wie Aelian. Var. H. VII.
13 von Agesilaos erzählt: Ἀγησίλαος ὁ Λακεδαιμόνιος γέρων
ἤδη ὢν ἀνυπόδητος πολλάκις καὶ ἀχίτων προῄει... καὶ ταῦτα
ἑωθινὸς ἐν ὥρᾳ χειμερίῳ. Aber auch anderwärts, wie selbst
in Athen, gehört es zur Charakteristik besonders einfach
lebender Männer, dass sie im gewöhnlichen Leben sich der
Fussbekleidung enthielten und nur etwa bei besonderen Gelegenheiten, wo es der Anstand erforderte, sie anlegten.
Von Sokrates sagt Alkibiades bei Plato Symp. p. 220: πρὸς
δὲ τὰς τοῦ χειμῶνος καρτερήσεις — δεινοὶ γὰρ αὐτόθι (ἐν
Ποτιδαίᾳ) χειμῶνες — θαυμάσια εἰργάζετο τά τε ἄλλα καί
ποτε ὄντος τοῦ πάγου οἷου δεινοτάτου καὶ πάντων ἢ οὐκ ἐξιόντων ἔνδοθεν ἤ, εἴ τις ἐξίοι, ἠμφιεσμένων τε θαυμαστὰ δὴ ὅσα
καὶ ὑποδεδεμένων καὶ ἐνειλιγμένων τοὺς πόδας εἰς πίλους καὶ
ἀρνακίδας, οὗτος δ' ἐν τούτοις ἐξῄει ἔχων ἱμάτιον μὲν τοιοῦτον
οἷόνπερ καὶ πρότερον εἰώθει φορεῖν, ἀνυπόδητος δὲ διὰ τοῦ
κρυστάλλου ῥᾷον ἐπορεύετο ἢ οἱ ἄλλοι ὑποδεδεμένοι. So sagt
auch Phaedr. p. 229: εἰς καιρόν, ὡς ἔοικεν, ἀνυπόδητος ὢν
ἔτυχον· σὺ μὲν γὰρ δὴ ἀεί. Vgl. Xenoph. Mem. I. 6. 2.
Das ist aber nicht etwa ein eigenthümlicher Zug seines allerdings seltenen Charakters, dem nicht andere Beispiele zur
Seite stünden; vielmehr finden wir dasselbe von bedeutenden
und selbst reichen Männern berichtet, wie von dem Redner
Lykurg in Vit. X. Or. p. 842: εὔπορος δὲ ὢν ἱμάτιον ἓν καθ'
αὐτὸ ἐφόρει τοῦ χειμῶνος καὶ τοῦ θέρους καὶ ὑπεδέδετο ταῖς
ἀναγκαίαις ἡμέραις, und von Phokion Plutarch c. 4:

ἀνυπόδητος ἀεί, εἰ μὴ ψῦχος ὑπερβάλλον εἴη καὶ δυσκαρτέρητον.
Namentlich aber gehörte es zur äusseren Erscheinung der
strengeren philosophischen Sekten und besonders zur affektirten Simplicität der späteren Bartphilosophen; vgl. Lucian.
Icarom. 31: καὶ ψυχρολουτῶ καὶ ἀνυπόδητος τοῦ χειμῶνος
περιέρχομαι. [Vgl. Theocr. Id. XIV. 5:

> τοιοῦτος πρώαν τις ἀφίκετο Πυθαγορικτάς,
> ὠχρὸς κἀνυπόδητος· Ἀθηναῖος ἔφατ' ἦμεν.

und schon Aristoph. Nub. 103:

> τοὺς ὠχριῶντας, τοὺς ἀνυποδήτους λέγεις,
> ὧν ὁ κακοδαίμων Σωκράτης καὶ Χαιρεφῶν.

vgl. v. 363. Voss mythol. Br. Th. I, S. 138 und Jacobs
ad Anthol. gr. II. 2, p. 460.]

Solche Ausnahmen abgerechnet, trug man aber beim Ausgange in der Regel Sohlen oder eine andere Art der Fussbekleidung, und die Sklaven erhielten deren wenigstens im
Winter vom Herrn. Aristoph. Vesp. 445:

> καὶ νῦν γε τούτω τὸν παλαιὸν δεσπότην
> πρὸς βίαν χειροῦσιν οὐδὲν τῶν πάλαι μεμνημένοι,
> διφθερῶν κἀξωμίδων, ἃς οὗτος αὐτοῖς ἠμπόλα,
> καὶ κυνᾶς, καὶ τοὺς πόδας χειμῶνος ὄντος ὠφέλει.

[Ueberhaupt wurde das Beschuhtsein im Winter zu den nothwendigen Bedürfnissen gerechnet. Vergl. Solon bei Plut.
Sol. 2: γαστρί τε καὶ πλευραῖς καὶ ποσὶν ἁβρὰ παθεῖν und
dazu Westermann in N. Jahrbb. B. XXX, S. 376.] Es
wurde aber auch eine sorgfältige Beschuhung als ein wesentlicher Theil des εὐσχημονεῖν betrachtet. Daher wird der Schuhe
so häufig bei Plato Erwähnung gethan, theils insofern sie
zu den ersten Bedürfnissen gerechnet werden, Protag. p. 322,
theils indem sie zum Schmucke gehören, Phaedo p. 64: ἱμα
τίων διαφερόντων κτήσεις καὶ ὑποδημάτων καὶ τοὺς ἄλλους
καλλωπισμοὺς τοὺς περὶ τὸ σῶμα. Namentlich sah man darauf,

dass der Schuh knapp anlag. In der Erörterung, ob das *κα-λόν* in dem *πρέπον* zu suchen sei, sagt Sokrates bei Plato Hipp. major p. 294: *πότερα δ ποιεῖ φαίνεσθαι καλὰ ὥσπερ γε ἐπειδὰν ἱμάτιά τις λάβῃ ἢ ὑποδήματα ἁρμόττοντα, κἂν ᾖ γελοῖος, καλλίων φαίνεται;* vgl. Lucian. p. Imag. 10; und das Gegentheil galt als Zeichen der *ἀγροικία*, wie bei Theophr. Charact. 4, *μεῖζω τοῦ ποδὸς* (Lucian. l. c. *ὑπὲρ τὸν πόδα* oder Gall. 26 *οὐ κατὰ λόγον τοῦ ποδός*) *τὰ ὑποδή-ματα φορεῖν*: [Von zu weiten Schuhen heisst es bei Aristoph. Equ. 321 *νεῖν ἐν ταῖς ἐμβάσιν*, wozu K. F. Hermann den-selben Ausdruck bei Ovid. Ars am. I. 516 verglichen hat.]

Das ganze Schuhwerk der Griechen zerfällt trotz zahl-reicher Verschiedenheiten in Form und sonstiger Beschaffen-heit in zwei Hauptklassen: Sohlen und Schuhe, welche den ganzen Fuss bedecken; allein zwischen beiden finden eine Menge Uebergangsformen statt, so dass man von der ein-fachsten Sohle bis zur stiefelartigen Endromis eine zusammen-hängende Reihe nachweisen kann. Die Sohlen, welche nur dem Fusse untergebunden werden, sind die eigentlichen *ὑπο-δήματα* und ganz irrig ist die öfter nachgesprochene, von Salmasius zu Tertull. de pallio p. 387 ff. herrührende Behauptung, dass *ὑπόδημα* den eigentlichen Schuh und da-gegen *σανδάλιον* die Sohle bezeichne. Die Stelle bei Pollux VII. 84, wo ältere Ausgaben lasen: *λέγοις δ' ἂν καὶ ὑποδή-ματα κοῖλα, βαθέα, εἰς μέσην τὴν κνήμην ἀνήκοντα, τὰ δὲ οὐκ οἶδα εἰ μόνον ἀποχρῶν ἐστιν εἰπεῖν ὑποδήματα*, ist schon von Kühn aus Handschriften verbessert worden in *τὰ δὲ οὐ (μὴ) κοῖλα αὐτὸ μόνον ἀπόχρη εἰπεῖν ὑποδήματα*, und das ist das einzige, was Pollux sagen könnte; denn darüber kann kein Zweifel sein, dass eben die Sohlen, welche nur untergebunden werden, mit Recht schlechthin *ὑποδήματα* genannt werden; aber die Hohlschuhe sind eigentlich gar keine *ὑποδήματα*, und bedürfen, wenn ihnen jene allgemeine Benennung jeder Fuss-bekleidung beigelegt wird, einer besonderen Bestimmung. Dagegen macht das σανδάλιον oder σάνδαλον, wenn man von dem frühesten Gebrauche des Wortes bei Homer. H. Mercur. 79. 83 absieht, den ersten Uebergang zu den den oberen Theil des Fusses bedeckenden Schuhen. Denn es hatte einen über den Zehen liegenden Riemen, der auch wohl zu einem schmalen Oberleder wurde und ζυγός oder ζυγόν hiess. Aristoph. Lysistr. 416:

> ὦ σκυτοτόμε, τῆς μου γυναιχὸς τοῦ ποδός
> τὸ δαχτυλίδιον πιέζει τὸ ζυγόν
> ἄθ᾽ ἁπαλὸν ὄν· τοῦτ᾽ οὖν σὺ τῆς μεσημβρίας
> ἐλθὼν χάλασον, ὅπως ἂν εὐρυτέρως ἔχῃ.

Der Scholiast sagt dazu: μέρος τοῦ σανδαλίου· ζυγὸς γὰρ καλεῖται ὁ περιχείμενος τοῖς γυναιχείοις σανδαλίοις ἱμὰς κατὰ τοὺς δαχτύλους πρὸς τὸ συνέχειν ἐξαγόμενον τὸν πόδα. So auch Hesychios, der es ebenfalls durch ἱμάς erklärt. Dagegen sagen Poll. VII. 81 (vgl. X. 177) und Phot. Lex. p. 54 allgemeiner: τοῦ σανδαλίου τὸ τοὺς δαχτύλους συνέχον. Ohne dieses ζυγόν ist die Sohle kein σανδάλιον und jedenfalls wird Strabo VI. 1. 8, wo er von dem Hohne, mit dem Dionysios die Mädchen von Lokri behandelte, sagt: συναγαγὼν δὲ τὰς ὡραίας παρθένους περιστερὰς ὁλοπτέρους ἐν τοῖς συμποσίοις ἠφίει κἀκείνας ἐκέλευε γυρεύειν γυμνάς, τινὰς δὲ καὶ σανδάλια ὑποδουμένας ἄζυγα, τὸ μὲν ὑψηλόν, τὸ δὲ ταπεινόν, περιδιώκειν ἔφασαν τοῦ ἀπρεποῦς χάριν, von Böttiger Kl. Schr. Th. III, S. 78 missverstanden, wenn er ἄζυγα übersetzt: »die über den Fusszehen keine Bänder hatten«, da es offenbar nur heissen soll: nicht zusammen gehörige, die kein Paar bildeten, weil der eine hoch, der andere niedrig war. Dass aber das ζυγόν nicht bloss ein Riemen war, der über die Zehen ging, folgt daraus, dass die Sandalen mit Stickerei, auch in Gold geschmückt wurden. So heisst es in dem Fragmente des Kephisodoros bei Poll. §. 87:

> σανδάλιά τε τῶν λεπτοσχιδῶν,
> ἐφ᾽ οἷς τὰ χρυσᾶ ταῦτ᾽ ἔπεστιν ἄνθεμα:

und bei **Clem. Alex. Paed.** II. 11: *αἰσχρὰ γοῦν ἀληθῶς τὰ σανδάλια ἐκεῖνα, ἐφ᾽ οἷς ἐστι τὰ χρυσᾶ ἀναθέματα* (l. ἀνθεμα). Insofern mag nun das *σανδάλιον* mit dem Pantoffel verglichen werden; allein es wurde ausserdem mit Riemen an dem Fusse befestigt. Daraus erklärt sich, was **Poll. VII.** 92 von den tyrrhenischen Sandalen sagt: *οἱ δὲ ἱμάντες ἐπίχρυσοι, σανδάλιον γὰρ ἦν.* [Der eigentliche *ζυγός* war wohl gewöhnlich etwas breiter, als die übrigen Riemen; aber aus der Stickerei konnte **Becker** nichts für wirkliches Oberleder schliessen; vgl. **Plin. Nat. H. IX.** 114: »quin et pedibus, nec crepidarum tantum obstragulis, sed totis socculis (margaritas) addunt«.] Ueberhaupt aber sind *σανδάλια* vorherrschend eine Fussbekleidung für das weibliche Geschlecht. **Hesych.** *σανδάλια, σάνδαλα, γυναικεῖα ὑποδήματα, ἃ καὶ βλαύτια:* und umgekehrt sagt **Poll.** §. 87: *ἡ δὲ βλαύτη σανδαλίου τι εἶδος.* So findet es sich allerwärts, und schon darin liegt der Beweis, dass es nicht einfache Sohlen waren. [Wegen des *σανδάλιον* als Symbol des Frauenregiments überhaupt vergl. **B. II, S. 42,** wozu wir **Mercklin Aphrodite Nemesis.** 1854, S. 5 ff. nachtragen.]

Die Sohlen finden sich schon bei **Homer** (vergl. **Voss** mythol. **Briefe** Th. I, S. 131 ff.) und **Hesiod. Op.** 542 aus Rindsleder gefertigt, und es mögen auch späterhin für den Gebrauch der Frauen im Hause und für die niedere Klasse dergleichen einfache Sohlen ausgereicht haben (s. weiter unten über den Namen *ἁπλαῖ*); aber zum Behufe des Ausgehens wurden stärkere Sohlen aus mehreren Lagen gefertigt, wie es **Winckelmann** Th. V, S. 41. N. A. Th. I, S. 227 selbst aus Kunstdenkmälern nachweist. Man nahm dazu nicht nur Leder, sondern auch Kork, der dann die mittlere Lage bildet. [Nach den Bildwerken besteht die einfachste Befestigungsart der Sohle darin, dass sie durch einen quer über den Spann laufenden Riemen, eben den *ζυγός*, oder durch zwei an den Seiten angenähte, die auf dem Spanne vermittelst einer Schnalle sich

vereinigten, mit dem Fusse verbunden ward. Vgl. Mus. Pio-
Clem. IV. Tav. VIII. 2. Beim σάνδαλον] geht zwischen der
grossen und zweiten Zehe ein Riemen durch, der mittelst
einer fibula, die meistens die Gestalt eines Herzens oder eines
Blattes hat, mit einem anderen, der Länge nach über das
Fussplatt laufenden und mit dem hinteren Riemenzeuge zu-
sammenhängenden oder auch mit zwei zu beiden Seiten der
Sohle befestigten Riemen verbunden ist. Die ärmere Klasse
nahm dazu statt der Riemen auch σπάρτια, aus den Ruthen
des σπάρτος gedrehten Bindfaden, Athen. V, p. 220: τὰ ὑποδήματα σπαρτίοις ἐνημμένον σαπροῖς. Oft aber wurde das
Riemenwerk sehr vervielfältigt, so dass nicht nur der Fuss,
sondern selbst ein Theil des Beines bis zur Wade ganz ein-
geschnürt sind. S. z. B. Millingen Peint. d. Vases p. 51,
Millin I, 11. 51, Tischbein I. 14, Mus. Borbon. VII.
19. Solche Riemensohlen, auf die man vielleicht den Namen
ῥαίδια bei Poll. §. 94 (πολυέλικτον ὑπόδημα) beziehen kann
(s. Winckelmann Th. V, S. 43), gleichen gewissermaassen
durchbrochenen Schuhen oder Stiefeln und machen den Uebergang zu den eigentlichen Hohlschuhen, κοῖλα ὑποδήματα. Diese
letzteren, zu denen man nicht nur die stiefelartigen, bis zur
Wade reichenden (Poll. V. 18, VII. 84), sondern auch die
rechnen muss, welche den oberen Fuss oder wenigstens einen
Theil desselben bedecken, wurden, wie bei uns, über einen
Leisten, καλόπους, aber für jeden Fuss besonders gearbeitet.
Sie wurden von Männern und von Frauen getragen, namentlich in der Form unserer hohen Schuhe, die bis an die Knöchel
reichen und über dem Fussplatte aufgeschlitzt sind. So sieht
man sie häufig, z. B. Millingen Peint. d. Vases pl. 39;
Pitt. d'Ercol. I. 13—28; Mus. Borbon. VII. 20. 23—40.
X. 21. 7.

Die einzelnen, auf die Verschiedenheit der Form sich beziehenden Namen, die Pollux in grosser Zahl nennt, sämmtlich anzugeben, würde um so unnützer sein, als von den

meisten aus den kurzen Erwähnungen gar keine Vorstellung
zu erlangen ist; die Mode scheint in diesem Stücke veränder-
licher als in der ganzen übrigen Tracht·gewesen zu sein, so
dass sie selbst durch die Laune Einzelner bestimmt und die
von diesen beliebte Form von Anderen angenommen wurde.
Daher hatte man Schuhe, welche nach den Personen genannt
wurden, welche sie aufgebracht hatten, ἀπὸ τῶν χρησαμένων
(Poll. VII. 89): Ἰφικρατίδες, Δεινιάδες, Ἀλκιβιάδια, Σμινδυ-
ρίδια, Μυνάκια ἀπὸ Μυνάκου. Nur einige, welche als zur gewöhnlichen Tracht gehörig am häufigsten vorkommen, müssen
besonders berücksichtigt werden. Einer der zweifelhaftesten
Namen, für dessen Erklärung sich aus den spärlichen Andeutungen nur wenig Sicheres entnehmen lässt, ist κρηπίς.
Nach der anderweitigen Bedeutung des Wortes als Sockel
möchte es scheinen, als sei darunter eine blosse Sohle zu
verstehen, und dafür könnte nicht nur die Erklärung bei
Suidas sprechen: εἶδος ὑποδήματος, ἡ τοὺς πόδας κρατοῦσα
ὑποβάθρα, sondern auch, dass man eine Art Gebäck hatte,
welche so genannt wurde und den Namen wahrscheinlich
der Aehnlichkeit ihrer Form mit diesem ὑπόδημα verdankte.
Athen. XIV, p. 645: ἐμπέπτας ... πύρινος ἄρτος κοῖλος καὶ
σύμμετρος, ὅμοιος ταῖς λεγομέναις κρηπῖσιν, εἰς ἃς ἐντίθεται
τὰ διὰ τοῦ τυροῦ σκευαζόμενα πλακούντια. Poll. VI. 77: ἦν
δὲ καὶ κρηπὶς ἐξ ἀλεύρου καὶ μέλιτος, ᾗ ἐνέκειντο ἀμπελίδες
τινὲς ἢ συκαλίδες ὀπταί, ὧν βρωθεισῶν τὴν κρηπῖδα ζωμῷ
ὀρνιθείῳ ἐνθρύψαντες ἤσθιον. Hesych. s. κρηπίς: λέγεται δὲ
καὶ τὸ ἐπίθεμα τῶν ἐγγύτων πλακούντων. Es war also ein
in ähnlicher Weise wie unsere Pfannkuchen oder Krapfen
(nur mit anderen Dingen) gefülltes Gebäck, und ich weiss
nicht, ob sich darunter eine andere Form als die einer hohen
Sohle denken lässt. [Man könnte wohl auch an ein Backwerk
mit hohem Rande denken, dessen Inneres mit weichem Füllsel
versehen wurde, also ähnlich unseren Fruchtkuchen.] Dagegen
unterscheidet Athenaeos in demselben Buche, vom Kostüm

des *ἱλαρῳδός* sprechend, ausdrücklich die *χρηπίς* von dem eigentlichen *ὑπόδημα*: *καὶ τὸ μὲν παλαιὸν ὑποδήμασιν ἐχρῆτο, ὥς φησιν ὁ Ἀριστοκλῆς, νῦν δὲ χρηπῖσι*: und [sagt XII, p. 539 von Hagnon: *χρυσοῦς ἥλους ἐν ταῖς χρηπῖσι καὶ τοῖς ὑποδήμασιν ἐφόρει.* Vgl.] Poll. VII. 91: *ἦν δέ τι ὑπόδημα καὶ ὀπισθοχρηπίς.* Nun könnte man bei Athenaeos annehmen, dass die *χρηπίς* nur als eine hohe, aus vielen Lagen bestehende Sohle von dem einfacheren *ὑπόδημα* unterschieden werde und dass man bei Pollux eine Sohle zu verstehen habe, die nur hinten einen höheren Absatz hatte [und dies thut auch wirklich K. F. Hermann im Charikles B. III, S. 223 und Privatalt. §. 21, n. 30.]; allein nicht recht vereinbar scheint mir damit, was Theophr. Char. 2 vom *κόλαξ* sagt: *καὶ συνωνούμενος [ἐπὶ] χρηπῖδας τὸν πόδα φῆσαι εἶναι εὐρυθμότερον τοῦ ὑποδήματος:* denn das scheint auf eine eigentliche Bekleidung des Fusses hinzuweisen [und *ὑποδήματος* steht überhaupt im weitesten Sinne als Fussbekleidung, nicht, wie Hermann will, vollkommen identisch mit *χρηπίς*]. Am wahrscheinlichsten ist es mir, dass die *χρηπίς* eine Art Halbschuh war (für die Männer das, was für die Frauen das *σανδάλιον*), der nur den vorderen Theil des Fusses oberhalb bedeckte und hinten mit Riemen befestigt wurde. Man vergleiche damit Heliod. Aethiop. III. 3: *χρηπὶς μὲν αὐτοῖς ἱμάντι φοινικῷ διάπλοκος ὑπὲρ ἀστράγαλον ἐσφίγγετο* [und die obstragula crepidarum bei Plin. a. a. O. Dass die *χρηπίς* nur pantoffelartig den Vorderfuss ganz bedeckt habe und hinten mit Riemen geschnürt worden sei, ist nicht ganz richtig. Nach den Bildwerken, die sich hierher ziehen lassen, z. B. Guhl und Koner Fig. 223, N. 4 u. 5. und A. Rich Illustr. Wörterbuch der röm. Alterthümer unter crepida, muss sie mehr auf der hinteren Seite oder rings herum ein auf die Sohle genähtes niedriges Seitenleder besessen haben, an denen Oesen angebracht waren, durch welche die Riemen gezogen und geschnürt wurden. Vgl. Plin. Nat. H. XXXV. 85: »a sutore,

quod in crepidis una pauciores intus fecisset ansas«. Bei
dieser Form der χρηπίς kann es freilich nicht auffallen, wenn
sie Gell. Noct. XIII. 21 zu den soleae rechnet und ihren
Gebrauch an Festtagen Römern zum Vorwurf macht. Zugleich
ist daraus ersichtlich, dass Wieseler in Götting. Stud.
1847, S. 644 und Gött. Gelehrt. Anz. 1852, S. 1887 zu
weit geht, wenn er sie für eine »schuhartige Fussbekleidung«
erklärt. Der Name kommt bei Aristophanes noch nicht vor
und die χρηπίς scheint von Makedonien aus Mode geworden
zu sein. Theocr. Id. XV. 6; Plut. Arat. 21; Alex. 40;
Anton. 54. Aemil. 34. Herodian IV. 8. 2. Als starker
Schutz der Füsse wird sie bereits erwähnt Xenoph. de re
equ. XII. 10: ὁπλισθείη δὲ καὶ ταῦτα, εἰ ἐμβάται γένοιντο
σκύτους ἐξ οἰοῦπερ αἱ χρηπῖδες ποιοῦνται, während vielleicht
Plut. Nic., wo es von Lamachos heisst: πένης δὲ τοσοῦτον
καὶ λιτός, ὥστε καθ' ἑκάστην στρατηγίαν ἀπολογίζεσθαι τοῖς
Ἀθηναίοις μικρὸν ἀργύριον εἰς ἐσθῆτας καὶ χρηπῖδας ἑαυτῷ,
einen Anachronismus enthält. Ihr höchster Schmuck bestand
in goldenen oder silbernen Nägeln, womit man die Sohlen
beschlagen liess: Aelian. Var. H. IX. 3, Athen. XII, p. 539
und Valer. Max. IX. 1, ext. 4. Endlich waren die χρηπῖδες
für beide Füsse gleich: Isidor. Or. XIX. 34. 3. Ihre Zusammenstellung mit der χλαμώς: Theocr. Id. a. a. O. Plut.
Amat. 16. Valer. Max. III. 5. 2 und 3 bezeichnet sie vorherrschend als militärische Tracht und darum sagt auch Poll.
VII. 85 geradezu: χρηπῖδες — — φόρτημα στρατιωτικόν. Doch
mag es auch vorgekommen sein, dass in späterer Zeit das
weibliche Geschlecht der χρηπίς ähnliche σανδάλια trug: Lucian. Rhetor. praec. 15: καὶ ἡ χρηπὶς Ἀττικὴ καὶ γυναικεία
τὸ πολυσχιδές. Bei den Römern wurde daraus mit veränderter
Quantität die crepida, die aber gewiss auch nicht, wie Heindorf und Krüger zu Hor. Sat. I. 3. 127 annehmen, mit
solea gleichbedeutend war. Vgl. Pers. I. 127: crepidae Graio-
rum. Cic. p. Rab. 10. Liv. XXIX. 19. Serv. zu Aeneid.

VIII. 458 und Sperling de crepidis in Gronov. Thes.
T. IX.]

Eher dürfen wir uns als wirkliche Schuhe die ἐμβάδες
denken, welche daher unter die κοῖλα ὑποδήματα im weiteren
Sinne gerechnet werden müssen. Sie gehören ausschliesslich
zur männlichen Tracht, was sich entschiedener noch als aus
Suidas' Worten: ἐμβάς, τὰ ὑποδήματα τὰ ἀνδρεῖα, aus vielen
Stellen bei Aristophanes ergiebt. S. Eccl. 47. 314. 633.
848, Equit. 321. 872, Vesp. 103. 275. 447. 1157, Nub.
619. 858, Plut. 759. Daher auch vorzugsweise im komischen
Kostüm; vgl. Valck. ad Ammon. p. 49. Wie es scheint,
waren sie in jener Zeit die gewöhnlichste Art gemeiner Männerschuhe, wie Poll. §. 85 sagt, εὐτελὲς ὑπόδημα, das von Vornehmeren nicht getragen wurde. Die beste Bestätigung dieser
Angabe liefert Isaeus de Dicaeog. her. §. 11, wo die geringe, nicht standesmässige Tracht Jemandem von eben dem
zum Vorwurfe gemacht wird, durch den er arm geworden
war: καὶ πρὸς τοῖς ἄλλοις κακοῖς ὀνειδίζει καὶ ἐγκαλεῖ αὐτῷ,
ὅτι ἐμβάδας καὶ τριβώνια φορεῖ, ὥσπερ ... οὐκ ἀδικῶν, ὅτι
ἀφελόμενος αὐτὸν τὰ ὄντα πένητα πεποίηκεν. Das gilt zunächst von Athen; denn die ἐμβάς hatte nicht überall dieselbe Beschaffenheit, wie man aus Herod. I, 195 sieht, der
die böotische ausdrücklich unterscheidet, indem er sagt, die
Babylonier trügen ὑποδήματα ἐπιχώρια, παραπλήσια τῇσι Βοιω-
τίῃσι ἐμβάσι: man müsste denn annehmen, dass die ἐμβάδες
eigentlich in Böotien heimisch gewesen und nur von da aus
weiter verbreitet worden seien. Dem widerspricht indessen
Poll. §. 85, welcher sagt: Θράκιον δὲ τὸ εὕρημα, τὴν δὲ ἰδέαν
κοθόρνοις ταπεινοῖς ἔοικε, wobei er vielleicht an die ἐμβάς
der Bühne denkt. Wenn man aber geglaubt hat, in einem
weiterhin anzuführenden Fragmente Dikaearch's eine Beschreibung der böotischen ἐμβάς zu finden, so ist das irrig;
denn Dikaearch spricht von Weiberschuhen, die ἐμβάς aber
war eine Fussbekleidung für Männer.

Ebenfalls Männerschuhe und wahrscheinlich ähnlicher Art
wie die ἐμβάδες waren die Λακωνικαί, wie der Name es giebt,
aus Lakedämon stammend, aber auch in Athen sehr üblich.
Sie werden bald von der ἐμβάς unterschieden, bald mit ihr
verwechselt. Ersteres geschieht am deutlichsten bei Aristoph.
Vesp. 1157:

> ἄγε νῦν ἀποδύου τὰς καταράτους ἐμβάδας,
> τασδὶ δ' ἀνύσας ὑπόδυθι τὰς Λακωνικάς.

Dagegen werden die beiden Namen offenbar gleichbedeutend
gebraucht in den Ekklesiazusen, wo Blepyros erst v. 314
sagt, er habe seine ἐμβάδας gesucht, und bald darauf v. 345
dieselben Λακωνικάς nennt. Eben so sagt auch Praxagora,
als die Frauen aus der Versammlung kommen, v. 507:

> ῥιπτεῖτε χλαίνας, ἐμβὰς ἐκποδὼν ἴτω,
> χαλᾶτε συνάπτους ἡνίας Λακωνικάς.

Vielleicht gab es zweierlei lakonische Schuhe, ein εὐτελέστε-
ρον und ein πολυτελέστερον ὑπόδημα, und letzteres waren
dann vielleicht die 'Αμυκλαΐδες, nach Poll. §. 88 ein ἐλευθε-
ριώτερον ὑπόδημα, vgl. Hesychius: 'Αμυκλαΐδες εἶδος ὑποδήματος πολυτελοῦς Λακωνικοῦ. Solche Schuhe würde dann
wohl Pollux meinen, wenn er sagt: αἱ δὲ Λακωνικαὶ τὸ μὲν
χρῶμα ἐρυθραί. [Doch kamen auch weisse vor: Athen. V,
p. 215. Dass die λακωνικαί zu Aristophanes' Zeit zur gewöhnlichen Männertracht gehörten, ergiebt sich besonders aus
Thesmoph. 141:

> σύ τ' αὐτὸς, ὦ παῖ, πότερον ὡς ἀνὴρ τρέφει;
> καὶ ποῦ πέος; ποῦ χλαῖνα; ποῦ λακωνικαί;

und Lys. 74:

> λακωνικὰς γὰρ ἔχετε καὶ βακτηρίας
> καὶ θαιμάτια τἀνδρεῖα, καθάπερ εἴπομεν.

Die Verwechselung mit ἐμβάς rührt bloss davon her, dass
dieser Ausdruck eben der allgemeinere für den gewöhnlichen

Schuh war. Auch die ἀμυκλαΐδες oder ἀμύκλαι (Theocr. Id.
X. 35) würden vielleicht nur auf den Hauptfabrikort der λακωνικαί zu beziehen seien und keine neue Sorte bezeichnen,
wenn der Ausdruck überhaupt mit Amyklae in Lakonien etwas
gemein hat, was noch nicht fest steht.] Wenigstens kann
nicht an die λακωνικαί gedacht werden, wenn ἁπλαῖ genannt
werden, welche allerdings eben die λακωνίζοντες nebst dem
Tribon zu tragen pflegten. Demosth. in Conon. §. 34: οἵ
μεθ᾽ ἡμέραν μὲν ἐσκυθρωπάκασι καὶ λακωνίζειν φασὶ καὶ τρί-
βωνας ἔχουσι καὶ ἁπλᾶς ὑποδέδενται. Mit Bezug darauf sagt
Harpokration: Καλλίστρατός φησι τὰ μονύπελμα τῶν ὑποδημάτων οὕτω καλεῖσθαι. (Auch bei Suidas.) Das waren
also die einfachsten Sohlen, aus einer einzigen Lage bestehend
und vielleicht gar kein wirklicher Schuh, wie die ἐμβάδες es
allerdings waren. Wahrscheinlich meint solche Sohlen Pollux
§. 89: αὐτοσχιδές δὲ ὑπόδημα τὸ ἁπλῶς εἰργασμένον Ἕρμιππος
εἴρηκεν ἐν Δημόταις. Vgl. Müller Dorier Th. II, S. 20.
270. Dass aber die lakonischen Schuhe überhaupt im ganzen
Schnitte etwas Eigenthümliches hatten, erhellt aus Paus. VII.
14. 2: συνήρπαζον δὲ πάντα τινὰ καὶ ὃν Λακεδαιμόνιον σαφῶς
ὄντα ἠπίσταντο καὶ ὅτῳ κουρᾶς ἢ ὑποδημάτων εἵνεκα ἢ
ἐπὶ τῇ ἐσθῆτι ἢ κατ᾽ ὄνομα προσγένοιτο ὑπόνοια.

Eine elegantere Beschuhung, die von Männern und namentlich dann getragen wurde, wenn sie in ein fremdes Haus zum
Mahle gingen, waren die βλαῦται oder βλαυτία. So geht selbst
Sokrates zu Agathon. Plato Symp. p. 174: ἔφη γάρ οἱ Σωκράτη ἐντυχεῖν λελουμένον τε καὶ τὰς βλαύτας ὑποδεδεμένον,
ἃ ἐκεῖνος ὀλιγάκις ἐποίει. Vgl. Aristoph. Equit. 889. [Unter
den Zeichen der Ueppigkeit nennt Araxilas bei Athen. XII.
548: χλανίδας θ᾽ ἕλκων, βλαύτας σύρων.] Wie schon oben
erwähnt wurde, nennt sie Pollux §. 87 σανδαλίου τι εἶδος,
und so waren sie jedenfalls eine Art Halbschuhe, die mit
Riemen an den Knöcheln befestigt wurden, woraus sich erklärt, was Athen. XII, p. 543 nach Klearch von Parrhasios

erzählt: χρυσοῖς ἀνασπαστοῖς ἐπέσφιγγε τῶν βλαυτῶν τοὺς ἀναγωγέας. Vgl. Heindorf zu Hor. Sat. II. 8. 77. — Die καρβατίναι hingegen waren vielleicht die geringste Fussbekleidung des gemeinen Mannes, namentlich der Landleute, aus rohem Leder gefertigt. Pollux §. 88: καρβατίνη μὲν ἀγροικικὸν ὑπόδημα, κληθὲν ἀπὸ Καρῶν: vgl. Xenoph. Anab. IV. 5. 14 und Lucian. Philops. 13 mit dem Scholion: καρβατίναι τὰ τραχέα καὶ ποιμενικὰ ὑποδήματα, ἃς καὶ ἀρβύλας φασίν: auch Long. Pastor. II. 3 mit d. Ausl. u. Phot. Lex. p. 181; [Die καρβατίνη bestand aus einem einzigen Stück Leder (Hesych.: ἀγροικικὸν ὑπόδημα μονόδερμον), das ringsherum etwas heraufgebogen und dann über dem Fusse geschnürt wurde. Sie bekam dadurch Aehnlichkeit mit der κρηπίς und Catull. 97 sagt daher: »culos et crepidas lingere carbatinas«. Ob die πηλοπατίδες und ἀρβύλαι eine ähnliche Fussbekleidung gewesen sei, wie Hermann zu Charikles III, S. 227 annimmt oder hohe, schwere Lederschuhe, wie Stark zu desselben Privatalterth. §. 21, n. 32, lässt sich schwer entscheiden.]

Ausserdem verdienen unter den mannichfachen Arten männlicher Fussbekleidung noch die ἐνδρομίδες erwähnt zu werden, hoch herauf reichende Schuhe oder vielmehr Stiefel, welche Pollux III. 155 (vielleicht durch die Etymologie verleitet) als für Athleten (Läufer) geeignet nennt, VII. 93 hingegen der Artemis zuspricht: ἴδιον τῆς Ἀρτέμιδος τὸ ὑπόδημα. Damit stimmt wohl überein ein Scholion zu Callim. in Del. 248: ἐνδρομίδας κυρίως τῶν κυνηγῶν ὑποδήματα, und aus beiden letzteren Angaben, so wie aus Galen. in Hippocr. de art. t. XVIII. 1, p. 682 ff. ersieht man, dass sie im Wesentlichen mit dem κόθορνος übereinkommen mochten. [Darum Vergil. Eclog. VII. 32 von Diana: »puniceo stabis suras evincta cothurno«. Vgl. Aen. I. 337. Mus. Borb. X. tav. 20. Rich Wörterb. unter endromis nimmt an, dass der κόθορνος ein Stiefel mit geschlossenem Fusse, die ἐνδρομίς ein solcher mit offenen Zehen gewesen sei und vergleicht Mus. Borb. VIII, tav. 23 u. 25. S. noch Wieseler über das Diptychon Quirinianum Gött. 1868. Taf. I. II.] S. Salmas. zu Tertull. de pallio p. 310, die Herausg. Winckelmann's Th. V, S. 356, N. A. Th. I, S. 228, Spanheim zu Callim. p. 142, Brunck Anal. III, p. 206. Auffallend ist es, dass bei den Römern der Name eine ganz verschiedene Bedeutung hat, indem darunter bei Juven. III. 103 und VI. 246 ein warmes Tuch verstanden wird; vgl. Martial. IV. 19 und Gall. III, S. 161. Einen solchen Halbstiefel trägt u. A. die männliche Figur bei Millin Peint. de Vases II. 69. Er scheint vorn geschlitzt und geschnürt zu sein; allein diese Schnuren dienen nur zur Verzierung, wie man aus dem Akte des Anziehens sieht, womit auf demselben Bilde ein zweiter junger Mann eben beschäftigt ist. Die ganz gleichen Stiefeln haben hier zu diesem Behufe förmliche Strüppen.

Eben so gab es eine Menge Arten von Frauenschuhen, die Pollux §. 92—94 aufzählt; aber von den wenigsten ist mehr als der Name bekannt. Ausser dem σανδάλιον werden besonders von Aristophanes die Περσικά genannt, den meisten Angaben zufolge eine gemeinere Art jedenfalls den ganzen Fuss bedeckender Schuhe [letzteres erhellt namentlich aus Aristoph. Nub. 149:

> χηρὸν διατήξας, εἶτα τὴν ψύλλαν λαβών,
> ἐνέβαψεν εἰς τὸν χηρὸν αὐτῆς τὼ πόδε.
> κᾷτα ψυχείσῃ περιέφυσαν Περσικαί.]

Hesych. Περσικά — εὐτελῆ ὑποδήματα. Steph. Byz. Πέρσαι: καὶ Περσικαὶ εἶδος εὐτελοῦς ὑποδήματος· ἔοικε δὲ γυναικεῖον εἶναι. Jedenfalls ist es daher irrig, was Pollux §. 92 sagt: ἴδια δὲ γυναικῶν ὑποδήματα Περσικά· λευκὸν ὑπόδημα, μᾶλλον ἑταιρικόν, wenn nicht vielleicht die Worte λευκὸν ὑπόδημα sich gar nicht auf die Περσικά beziehen. Denn bei Aristophanes Lysistr. 229 und Thesm. 734 sind es die

gewöhnlichsten Frauenschuhe, die sich von anderen vermuthlich auch dadurch unterschieden, dass sie nicht wie gewöhnlich auf einen Fuss gearbeitet waren, sondern für den einen
wie für den andern passten. Desbalb wahrscheinlich werden
sie in den Ekklesiazusen auch *κόθορνοι* genannt, wo erst
Blepyros, weil Praxagora ihm Himation und Schuhe mitgenommen hatte, v. 319 sagt:

> — λαμβάνω
> τουτὶ τὸ τῆς γυναικὸς ἡμιδιπλοίδιον
> καὶ τὰς ἐκείνης Περσικὰς ὑφέλκομαι,

und weiterbin v. 346:

> ἐς τὼ κοθόρνω τὼ πόδ' ἐνθεὶς ἱέμην.

Die *κόθορνοι* aber (von dem tragischen und dem Jagdkothurn
abgesehen) waren eben eine Art Hohlschuhe, die auf beide
Füsse passten, mit hohen Sohlen, Wieseler in Gött. Stud.
1847, S. 635. Der Scholiast sagt: *κόθορνος εἶδος ὑποδήμα-*
τος ἁρμόζον ἀμφοτέροις ποσί. Poll. §. 90: *ὁ δὲ κόθορνος*
ἑκάτερος ἀμφοῖν τοῖν ποδοῖν. Suidas: *ὑπόδημα ἀμφοτερο-*
δέξιον. Vergl. Hesych. u. Phot. Lex. p. 176. Wenn von
letzteren auch angegeben wird, es sei *κοινὸν ἀνδρῶν καὶ γυναι-*
κῶν gewesen, so ist das vermuthlich eine Verwechselung mit
dem Jagdkothurn. Mit Recht hat aber Bast in einer An-
merkung zu Böttiger's Aufsatz (S. 79) darauf die sprüch-
wörtliche Redensart: *εὐμεταβολώτερος κοθύρνου* bezogen; [be-
sonders gehört hierher Xenoph. Hellen. II. 3. 31: *ὁ γὰρ*
κόθορνος ἁρμόττειν μὲν τοῖς ποσὶν ἀμφοτέροις δοκεῖ, ἀποβλέ-
πει δ' ἀπ' ἀμφοτέρων. Vgl. Plut. Nic. 2 und v. Leutsch
ad Zenob. III. 93. Sommerbrodt Scaenica p. 193 ff., der
auch mit Recht Herod. VI. 125 citirt hat.] Eine elegantere
Art waren die *βαυκίδες*, Poll. §. 94: *αἱ δὲ βαυκίδες πολυ-*
τελὲς ἦν ὑπόδημα κροκοειδὲς γυναικεῖον: als Beschuhung der
Sklavinnen hingegen nennt derselbe §. 92 die *περιβαρίς:* vgl.
Kephisod. daselbst §. 87:

> νῦν δ' ὥσπερ ἡ θεράπαιν' ἔχω περιβαρίδας:

[Doch gehören sie bei Arist. Lysistr. 45. 47 u. 53 gerade zum grössten Putze der Freien und waren wahrscheinlich eine elegante Art von Hausschuhen oder Pantoffeln.] Die Böotierinnen trugen nach Dikaearch p. 144 Fuhr ὑπόδημα λιτόν, οὐ βαθύ, φοινικοῦν δὲ τῇ χροίᾳ καὶ ταπεινόν· ὑσκλωτὸν δέ, ὥστε γυμνοὺς σχεδὸν ἐκφαίνεσθαι τοὺς πόδας: auswärts dagegen scheinen namentlich die Σικυώνια ὑποδήματα beliebt gewesen zu sein; [vgl. Lucian. Dial. meretr. 14. 2: ὑποδήματα ἐκ Σικυῶνος, δύο δραχμῶν, als Geschenk eines Liebhabers; Rhetor. praecept. 15: ἡ ἐμβὰς Σικυωνία, πίλοις τοῖς λευκοῖς ἐπιπρέπουσα. Athen. IV, p. 155 in Verbindung mit κροκωτός.]

Das sämmtliche Schuhwerk war in der Regel von Leder (τέμνων δέρμα βόειον ἐϋχροές, Odyss. XIV. 24), und daher begreift auch die allgemeine Benennung σκυτοτόμος, σκυτεύς und seltener βυρσοτόμος den Schuhmacher in sich; demungeachtet aber finden sich auch Fussbekleidungen aus anderem Stoffe. Bei Plato Symp. p. 220 können die πῖλοι und ἀρναχίδες auf Rechnung der strengen Kälte kommen; aber Filz findet sich auch anderwärts. So heisst es im Fragmente des Antiphanes bei Athen. XII, p. 545:

λευκὴ χλανίς, φαιὸς χιτωνίσκος καλός,
πιλίδιον ἀπαλόν, εὔρυθμος βακτηρία.

Man würde sehr irren, wenn man πιλίδιον hier von einem Hute verstehen wollte; der als nicht zur Tracht gehörig auch gar nicht in Betracht kommt, während auf die Beschuhung gar sehr gesehen wurde, vgl. Ephippos bei demselben XI, p. 509. [Trotzdem kann ich Becker in Betreff des πιλίδιον nicht recht geben, denn πῖλος und πίλημα bezeichnet zwar den Filz im Allgemeinen und speziell auch die Kopfbedeckung (Blümner Technol. u. Terminol. B. I, S. 212), schwerlich aber πιλίδιον etwas Anderes, als eben ein pileolum!] Für die Fussbekleidung zeugt Poll. VII. 171: οὐ μόνον δὲ ὁ ἐπὶ τῶν κεφαλῶν ἐπιτιθέμενος πῖλος οὕτως ἐκαλεῖτο, ἀλλὰ καὶ ὁ περὶ τοῖς ποσίν, ὡς δηλοῖ Κρατῖνος ἐν Μαλθακοῖς λέγων· λευκοὺς ὑπὸ ποσσὶν ἔχων πίλους: vergl. X. 50. [aber auch die schon citirte Stelle Lucian. Rhetor. praec. 15. In einer von Gerhard in Archaeol. Anz. 1858, n. 120 und Sauppe Abhandl. d. kön. Gesellsch. zu Gött. Th. VIII edirten Inschrift von Andania wird den Priesterinnen geboten, nur ὑποδήματα πίλινα ἢ δερμάτινα zu tragen. Vgl. Marquardt Röm. Privatalt. B. II, S. 115.] Man darf wohl nicht zweifeln, dass auf einer polychromen Lekythos bei Stackelberg Gräber d. Hell. Taf. 45, wo ein junger Mann weisse, bis zur Wade reichende Stiefel oder Socken trägt, die vorn geschlitzt und als Schnürstiefel roth und blau verziert sind, eben so wohl für diese Beschuhung weisser Filz angedeutet werden soll, als für den ebenfalls weissen, auch mit einem rothen Rande versehenen Hut. Der Art waren auch die Schuhe des Demetrios Poliorketes. Duris bei Athen. XII. 50, p. 535: τὴν μὲν γὰρ ὑπόδεσιν, ἣν εἶχε, κατεσκεύαζεν ἐκ πολλοῦ δαπανήματος· ἦν γὰρ κατὰ μὲν τὸ σχῆμα τῆς ἐργασίας σχεδὸν ἐμβάτης, πίλημα λαμβάνων τῆς πολυτελεστάτης πορφύρας· τούτῳ δὲ χρυσοῦ πολλὴν ἐνύφαινον ποικιλίαν ὀπίσω καὶ ἔμπροσθεν ἐνιέντες οἱ τεχνῖται. [Die hier berührten ἐμβάται bezeichnet Xenoph. de re equ. 12. 10 als ἅμα ὅπλον τε κνήμαις καὶ ποσὶν ὑποδήματα.] Uebrigens trug man Socken und Sohlen von Filz auch noch in den Schuhen oder auf den Ledersohlen. Schon Hesiod Op. 541 verlangt:

ἀμφὶ δὲ ποσσὶ πέδιλα βοὸς ἶφι κταμένοιο
ἄρμενα δήσασθαι πίλοις ἔντοσθε πυκάσσας,

Sie vertraten gewissermaassen die Stelle unserer Strümpfe. Von ihnen spricht Poll. VII. 91: ἃ δὲ πύδεια Κριτίας καλεῖ, εἴτε πίλους αὐτὰ οὑ̓τέον εἴτε περιειλήματα ποδῶν, ταῦτα πέλυντρα καλεῖ ἐν Φοινίσσαις Αἰσχύλος·

πέλυντρ᾽ ἔχουσιν εὐθέτοις ἐν ἀρβύλαις,

τὰ δὲ πέλυντρα εἶδος ὑποδήματος, ὥσπερ αὖ τὰ ποδεῖα ταὐτὸν ἦν ταῖς ἀναξυρίσιν, ἃς σκελέας ἔνιοι ὀνομάζουσι: vgl. Hesych.

σκελεαὶ τὰ τῶν σκελῶν σκεπάσματα. [Theophr. Hist. plant.
VII. 12. 8: ἔστι δὲ καὶ γένος βολβῶν ἐριοφόρων, ὃ φύεται ἐν
αἰγιαλοῖς. — — ὑφαίνεται δ᾽ ἐξ αὐτοῦ καὶ πόδεια καὶ ἄλλα
ἱμάτια (vgl. Athen. II, p. 64). Plin. XIX. 32 übersetzt die
πόδεια durch impilia; die Römer nannten sie aber auch udones:
Martial. XIV. 110. Auch gehört hierher, was Plat. Symp.
p. 220 von einem Feldzuge in Thrakien erzählt: καί ποτε ὄντος πάγου οἵου δεινοτάτου καὶ πάντων ἢ οὐκ ἐξιόντων ἔνδοθεν,
ἢ εἴ τις ἐξίοι ἠμφιεσμένων τε θαυμαστὰ δὴ ὅσα καὶ ὑποδεδεμένων καὶ ἐνειλιγμένων τοὺς πόδας εἰς πίλους καὶ ἀρνακίδας.]
S. Graev. Lect. Hesiod. c. 12; Salmas. zu Lamprid.
Alex. Sev. p. 521.

Zu der stärkeren Sohle, κάττυμα, wurde häufig Kork genommen, der dann die mittelste Lage bildete, und besonders
bedienten sich gern die Frauen solcher dicker und dabei doch
leichter Sohlen, um grösser zu scheinen als sie waren. So
die Frau des Ischomachos, Xenoph. Oecon. 10. 2: ὑποδήματα ἔχουσαν ὑψηλά, ὅπως μείζων δοκοίη εἶναι ἢ ἐπεφύκει.
So sagt auch Alexis, von den Kunstgriffen der Hetären
sprechend, bei Athen. XIII, p. 568:

> τυγχάνει μικρά τις οὖσα, φελλὸς ἐν ταῖς βαυκίσιν
> ἐγκεκάττυται· μακρά τις, διάβαθρον λεπτὸν φορεῖ.

Vgl. Böttiger »über die Stolzenschuhe der alten Griechinnen«
Kl. Schr. Th. III, S. 69 ff. — Männersohlen wurden zu besonderer Dauer auch mit Nägeln, ἥλοις, beschlagen. Für feine
Sitte galt dies nun allerdings wohl nicht, denn Theophr.
Char. 4 giebt als Zeichen der ἀγροικία eben an: καὶ εἰς τὰ
ὑποδήματα δὲ ἥλους ἐγκροῦσαι. Vgl. Athen. XIII, p. 565:
βουλόμενοι γὰρ ἐνδύεσθαι τὴν αὐτάρκειαν καὶ τὴν εὐτέλειαν ...
καὶ τριβωνάρια περιβαλλόμενοι μικρὰ καὶ τῶν ἥλων ἐμπιπλάν-
τες τὰ καττύματα. Für den Zweck der Reise und ausserhalb
des städtischen Lebens geschah es wohl häufig, und wie sich
aus den oben S. 276 angeführten Stellen ergiebt, konnte selbst
darin der Luxus so weit gehen, dass man goldene oder silberne

Nägel dazu nahm. [Sich der Hülfe des Flickschusters, νευ-
ρορράφος, παλαιουργός, zu bedienen und neue Sohlen auf
altes Schuhwerk setzen zu lassen, τὰ ὑποδήματα παλιμπήξει
κεκαττυμένα φορεῖν, rechnet Theophr. Char. 22 unter die
Merkmale der ἀνελευθερία.]

Die gewöhnlichste Farbe der Schuhe war wohl die natürliche des Leders oder die schwarze [Das Schusterschwarz με-
λαντηρία. Vgl. Lucian. Catapl. 15: von einem Schuster:
ἀποῤῥίψας τὴν σμίλην καὶ τὸ κάττυμα — κρηπῖδα γάρ τινα ἐν
ταῖν χεροῖν εἶχον — ἀναπηδήσας εὐθὺς ἀνυπόδητος οὐδὲ τὴν
μελαντηρίαν ἀπονιψάμινος εἶπον. Dioscor. V. 117. Atramen-
tum sutorium: Cic. ad fam. IX. 21. 3. Plin. Hist. N. XX.
123; XXXIV. 112 u. 123.], und wie sie bei uns mit der Bürste
geputzt werden, so geschah es dort mit dem Schwamme. Aristoph. Vesp. 600:

τὸν σπόγγον ἔχων ἐκ τῆς λεκάνης τἀμβάδι' ἡμῶν περικωνεῖ.

Athen. VIII, p. 351: ἀπαντήσας δέ τινι τῶν γνωρίμων, ὡς
εἶδεν ἐσπογγισμένα τὰ ὑποδήματα καλῶς, συνηχθέσθη ὡς πράτ-
τοντι κακῶς, νομίζων, οὐκ ἂν οὕτως ἐσπογγίσθαι καλῶς, εἰ
μὴ αὐτὸς ἐσπόγγισεν. Aber wie schon aus mehreren der angeführten Stellen hervorgeht, wurden auch sehr häufig weisse
und bunte Schuhe getragen, nicht nur von Frauen, wie bei
Poll. VII. 92. 94, sondern eben sowohl von Männern;
vergleiche Poll. §. 88: αἱ δὲ Λαχωνικαὶ τὸ μὲν χρῶμα
ἐρυθραί und dieselben von weisser Farbe bei Athen. V, p. 215.
[Auch die φαικάσια, welche in Athen und Alexandria von
Priestern und Gymnasiarchen, sonst aber auch von Leuten
aus allen Ständen und selbst von Frauen getragen wurden
(die Stellen s. bei Marquardt II, S. 194), waren weiss.
Gelbe Schuhe mit roth lackirten Sohlenrändern finden sich bei
Kekulé Thonfig. v. Tanagra Fig. 7, 13 u. 16.]

DRITTER EXCURS ZUR EILFTEN SCENE.

HAAR UND BART.

Je weniger der griechische Mann gewohnt war, im gewöhnlichen Leben das Haupt mit irgend einer Bedeckung zu versehen, mit desto grösserer Sorgfalt wurde der natürliche Schmuck des Haares gepflegt, die οἰκεῖοι πῖλοι, welche auch Plato Leg. XII, p. 942 nicht durch fremdartige Bedeckung, τῇ τῶν ἀλλοτρίων σκεπασμάτων περικαλυφῇ, beeinträchtigt wissen will. Hat die Natur überhaupt den Bewohnern südlicherer Länder, wie Winckelmann W. Th. III, S. 49; N. A. Th. I, S. 32 bemerkt, diesen Schmuck in reicherem Maasse und in gefälligerer Form verliehen als den nordischen Völkern, so ist es natürlich, dass ein Volk wie die Griechen, dem ein so lebendiger Sinn für menschliche Schönheit innewohnte, das Geschenk der Natur nicht vernachlässigte, sondern sorgfältig benutzte, um der Gestalt Würde und gefälliges Ansehen zu geben.

Ueberdies hatte ja das Haar eine gewisse politische Bedeutung erlangt, nach welcher sich Stämme, Stände und Altersstufen unterschieden. Wie schon bei Homer die καρηκομόωντες Ἀχαιοί und ὄπιθεν κομόωντες Ἄβαντες genannt werden, so unterschied sich nachmals der ionischer Sitte anhängende Athener von dem die alte dorische Sitte bewahrenden Spartaner. Letztere liessen, wie vielfältig berichtet wird, das Haupthaar als wohlfeilsten Schmuck (ὅτι τῶν κόσμων ἀδαπανώτατος οὗτός ἐστιν, ein Ausspruch, der mehr als einem Spartaner zugeschrieben wird, Plutarch. Apophth. Reg. p. 189, Lac. p. 230) lang wachsen. Die Hauptstellen dafür sind bei Plutarch. Lyc. 22: κομῶντες εὐθὺς ἐκ τῆς τῶν ἐφήβων ἡλικίας μάλιστα περὶ τοὺς κινδύνους ἐθεράπευον τὴν κόμην λιπαράν τε φαίνεσθαι καὶ διακεκριμένην, und mehr noch Lysand. 1: Λυσάνδρου δέ ἐστιν εἰκονικὸς (ἀνδριάς) εὖ μάλα κομῶντος ἔθει τῷ παλαιῷ καὶ πώγωνα καθειμένου γενναῖον· οὐ γάρ, ὡς ἔνιοί φασιν, Ἀργείων μετὰ τὴν μεγάλην ἧτταν ἐπὶ πένθει κιρέντων (Herodot. I. 82) οἱ Σπαρτιᾶται πρὸς τὸ ἀντίπαλον αὐτοῖς τὰς κόμας ἀγαλλόμενοι τοῖς πεπραγμένοις ἀνῆξαν, οὐδὲ Βαχιαδῶν τῶν ἐκ Κορίνθου φυγόντων εἰς Λακεδαίμονα ταπεινῶν καὶ ἀμόρφων διὰ τὸ κείρασθαι τὰς κεφαλὰς φανέντων εἰς ζῆλον αὐτοὶ τοῦ κομᾶν ἦλθον· ἀλλὰ καὶ τοῦτο Λυκούργειόν ἐστι, καί φασιν εἰπεῖν αὐτόν, ὡς ἡ κόμη τοὺς μὲν καλοὺς εὐπρεπεστέρους ὁρᾶσθαι ποιεῖ, τοὺς δὲ αἰσχροὺς φοβερωτέρους. Dieses letztere Urtheil wird auch irgendwo dem Brasidas in den Mund gelegt, und daher stammt wohl auch, was Heliod. Aethiop. II. 20 sagt: ὡς κόμη τοὺς μὲν ἐρωτικοὺς ἱλαρωτέρους, τοὺς δὲ λῃστρικοὺς φοβερωτέρους ἀποδείκνυσιν, vergl. Xenoph. de republ. Lac. 11. 3; aber ein neues lykurgisches Institut war diese Haartracht gewiss nicht, sondern unstreitig frühe dorische Sitte. Die Nachricht, dass die Spartaner vor der Schlacht oder überhaupt bei bevorstehender Gefahr das Haupt schmückten, hat Plutarch wahrscheinlich aus Herodot. VII. 208. 209 geschöpft; denn dort, wo die Vorbereitungen zum Kampfe bei Thermopylae getroffen werden, findet der Spion des Xerxes die Schaar des Leonidas τὰς κόμας κτενιζομένους und Herodot lässt den Demarat sagen: νόμος γάρ σφι οὕτω ἔχων ἐστί, ἐπεὰν μέλλωσι κινδυνεύειν τῇ ψυχῇ, τότε τὰς κεφαλὰς κοσμέονται. Vgl. Müller Dor. Th. II, S. 270 und Baehr zu Herodot. a. a. O. — Mit diesen unzweifelhaften Angaben stehen indessen einige andere Erwähnungen der entgegengesetzten Sitte in geradem Widerspruche. Plutarch selbst sagt Alcib. 23 von der Gefügigkeit, mit welcher sich Alkibiades der spartanischen Sitte accommodirt habe: τοὺς πολλοὺς κατεδημαγώγει καὶ κατεγοήτευε τῇ διαίτῃ λακωνίζων, ὥσθ᾽ ὁρῶντας ἐν χρῷ κουριῶντα καὶ ψυχρολουτοῦντα καὶ μάζῃ συνόντα καὶ ζωμῷ μέλανι χρώμενον ἀπιστεῖν x. τ. λ.; ebenso de adul. 7: ἐν δὲ Λακεδαίμονι κειρόμενος ἐν χρῷ καὶ τριβωνοφορῶν καὶ ψυχρολουτῶν, und in gleicher Weise Lucian. Fugit. 27: γυναῖκα ἐν χρῷ κεκαρμένην εἰς τὸ Λακωνικόν, ἀρρενωπὴν καὶ κομιδῇ ἀνδρικήν. Dieser Widerspruch lässt sich wohl nur durch die Annahme erklären, dass Plutarch die Sitte seiner Zeit mit der früheren verwechselt; denn damals hatten die Spartaner längst diese alterthümliche Tracht aufgegeben, gewiss schon zur Zeit des achäischen Bundes, da Pausan. VII. 14. 2, von der Gewaltthat der Achäer sprechend, sagt: συνήρπαζον πάντα τινὰ καὶ ὃν Λακεδαιμόνιον σαφῶς ὄντα ἠπίσταντο καὶ ὅτῳ κουρᾶς καὶ ὑποδημάτων εἵνεκα ἢ ἐπὶ τῇ ἐσθῆτι ἢ κατ᾽ ὄνομα προσγένοιτο ὑπόνοια. So spricht auch nur von der früheren Zeit Philostr. Vit. Apollon. III. 15: κομᾶν δὲ ἐπιτηδεύουσιν (οἱ Βραχμᾶνες) ὥσπερ Λακεδαιμόνιοι πάλαι καὶ Θούριοι Ταραντῖνοί τε καὶ Μήλιοι καὶ ὁπόσοις τὰ Λακωνικὰ ἦν ἐν λόγῳ. [Vergl. für die frühere Zeit Plut. Nic. 19: τῶν δὲ στρατιωτῶν τινες καταγελῶντες ἠρώτων, εἰ διὰ παρουσίαν ἑνὸς τρίβωνος καὶ βακτηρίας Λακωνικῆς οὕτως ἰσχυρὰ τὰ Συρακουσίων ἐξαίφνης γέγονεν, ὥστ᾽ Ἀθηναίων καταφρονεῖν, οἳ πολὺ ῥωμαλεωτέρους Γυλίππου καὶ μᾶλλον κομῶντας, τριακοσίους ἔχοντες ἐν πέδαις δεδεμένους ἀπέδωκαν Λακεδαιμονίοις, und Aristoph. Av. 1281:

ἐλακωνομάνουν ἅπαντες ἄνθρωποι τότε,
ἐκόμων, ἐπείνων, ἐρρύπων, ἐσωκράτων,

selbst für die makedonische Zeit Aristot. Rhet. I. 9. 26: καὶ ὅσα σημεῖά ἐστι τῶν παρ᾽ ἑκάστοις ἐπαινουμένων, οἷον ἐν Λακεδαίμονι κομᾶν καλόν· ἐλευθερίας γὰρ σημεῖον· οὐ γάρ ἐστι κομῶντα ῥάδιον οὐδὲν ποιεῖν ἔργον θητικόν. Dagegen lässt sich aus Pausan. VII. 14. 2 nicht schliessen, dass bereits zur Zeit des achäischen Bundes die alte Haartracht von den Spartanern aufgegeben gewesen sei, da dort *κουρά* überhaupt den Haarschnitt, d. h. eine bestimmte Art, das Haar zu tragen, bezeichnet. Uebrigens wurde die Aenderung der Sitte dadurch erleichtert, dass das *κομᾶν* gar nicht auf gesetzlichem Gebote beruhte: Xenoph. a. a. O. *ἐφῆκε δὲ καὶ κομᾶν κ. τ. λ.*]

Wenn nun aber gesagt wird, dass die spartanischen Epheben anfingen das Haar wachsen zu lassen und es den Knaben, wie Plutarch. Lyc. 16 sagt, abgeschnitten wurde, worauf sich vielleicht der Ausdruck *ἀπόθριξ*, den Eustath. zu Iliad. VIII. 518, p. 727. 21 aus Kallimachos als gleichbedeutend mit *ἄνηβος* anführt [Callim. Fragm. 341], bezieht, so fand anderwärts und namentlich auch in Athen die entgegengesetzte Sitte statt. Dort war bekanntlich beim Eintritte in das Ephebenalter das Abschneiden des Haares ein feierlicher Akt, mit dem sich selbst religiöse Ceremonien verbanden. Denn es wurde vorher dem Herakles ein Opfer, *οἰνιστήρια*, gebracht. Hesych. t. II, p. 730: *Ἀθήνησιν οἱ μέλλοντες ἐφηβεύειν πρὶν ἀποκείρασθαι τὸν μαλλὸν εἰσέφερον Ἡρακλεῖ μέτρον οἴνου καὶ σπείσαντες τοῖς συνελθοῦσιν ἐπεδίδουν πίνειν, ἡ δὲ σπονδὴ ἐκαλεῖτο οἰνιστήρια:* vgl. Phot. Lex. p. 321, der sich auf Eupolis beruft, und Eustath. zu Iliad. XII. 311, p. 907. 18; Athen. XI, p. 494 und Poll. III. 52. Das Haar wurde dann gewöhnlich einer Gottheit geweiht, am häufigsten vielleicht einem einheimischen Flussgotte. So nennt Aeschyl. Choeph. 6 *πλόκαμον Ἰνάχῳ θρεπτήριον*, und Pausan. I. 37. 2 *ἀνάθημα χειρομένου τὴν κόμην τοῦ παιδὸς οἱ τῷ Κηφισῷ:* [Vgl. VII. 17. 4; VIII. 20. 2 und 41. 3. Eustath. zu Il. XXIII. 146: *ὅτι ἔθος ἦν, τρέφειν κόμην τοὺς νέους μέχρι τῆς ἀκμῆς, εἶτα κείρειν αὐτὴν ἐπιχωρίοις ποταμοῖς.* Bötticher Baumkult., S. 92 ff.] Doch war es auch ein alter Gebrauch, dieser Ceremonie wegen nach Delphi zu gehen, und schon Theseus sollte das gethan haben. Plutarch. Thes. 5: ἔθους δὲ ὄντος ἔτι τότε, τοὺς μεταβαίνοντας ἐκ παίδων ἐλθόντας εἰς Δελφοὺς ἀπάρχεσθαι τῷ θεῷ τῆς κόμης, ἦλθε μὲν εἰς Δελφοὺς ὁ Θησεύς. Diese Sitte hatte sich noch bis in Theophrast's Zeitalter erhalten; denn er giebt Char. 21 als Merkmal der μικροφιλοτιμία an: τὸν υἱὸν ἀποκεῖραι ἀπαγαγὼν εἰς Δελφούς. [Vgl. Athen. XIII, p. 605. Auf die apollinische Weihe deutete auch der an der Hausthüre befestigte Lorbeerzweig, die κορυθάλη, hin: Etymol. Magn. 531, 53; Hesych. s. v. κορυθαλία, Bötticher a. a. O. S. 373 ff. Im Allgemeinen auch Wieseler in N. Jahrb. 1855, S. 358.]

Die Epheben erscheinen daher allenthalben [vgl. Müller Arch. §. 330. 1] mit kurzem Haare, wie sie es jedenfalls in der Wirklichkeit trugen und wie es auch den Athleten eigen ist, Lucian. Dial. mer. V. 3: ἐν χρῷ ὤφθη αὐτὴ καθάπερ οἱ σφόδρα ἀνδρώδεις τῶν ἀθλητῶν ἀποκεκαρμένη. Diese κουρὰ ἐν χρῷ bedeutet eben das kurz und glatt abgeschnittene Haar, und wenn Eustath. zu Odyes. II. 376, p. 1450. 33 sagt: ἐν χρῷ κουρὰ ἡ ψιλὴ κατ' Αἴλιον Διονύσιον καὶ πρὸς τὸν χρῶτα, so darf der Ausdruck πρὸς τὸν χρῶτα nicht zu streng genommen werden. [Das kurzgeschorene Haar ging von den Athleten auch auf die Mehrzahl der Stoiker und Cyniker über: Diog. Laërt. VI. 31. Lucian. Vit. auct. 20. Juvenal. Sat. II. 15. Jahn zu Pers. Sat. III. 54. Theophr. Char. 10 rechnet es unter die Merkmale der μικρολογία. Endlich schreibt auch Clem. Alexandr. Paed. III. 11, p. 289 als christliche Tracht die ψιλὴ κεφαλή neben dem λάσιον γένειον vor.]

Abgesehen davon liess man übrigens im Mannesalter das Haar wieder länger wachsen, und das richtige [natürlich von der jeweiligen Mode abhängige] Maass, sowie überhaupt die ganze Weise es zu tragen, wurden eben so wohl Merkmal für die feinere Sitte als der Umwurf des Himation und die Beschuhung. Lucian. Lexiph. 10 lässt einen gemeinen Menschen schildern: ἔστιν ἐν τοῖς σκιραφείοις ἐγκαψικβαλος ἀν-

19*

θρωπος, τῶν αὐτοληκύθων καὶ τῶν αὐτοκαβδάλων, ἀεὶ κουριῶν, vgl. Poll. II. 33: καὶ κουριᾶν δὲ τὸ κομᾶν ἔλεγον ἀπὸ τοῦ δεῖσθαι κουρᾶς: dagegen ist wiederum bei Theophr. Char. 5. 3 das häufige Verschneiden, πλειστάκις ἀποκείρασθαι, ein Zeichen lächerlicher Eitelkeit und Gefallsucht, ἀρέσκεια. [Während des peloponnesischen Krieges ahmten die athenischen Stutzer die spartanische Haartracht nach und gefielen sich im κομᾶν: Aristoph. Equit. 579:

ἢν ποτ᾽ εἰρήνη γένηται καὶ πόνων παυσώμεθα,
μὴ φθονεῖθ᾽ ἡμῖν κομῶσι μηδ᾽ ἀπεστλεγγισμένοις.

vgl. 1120. Nub. 14. 332. 349. 1101. Thesmoph. 841. Lysistr. 561. Darum heisst es auch bei Agathon Fragm. 3: κόμαι — — μάρτυρες τρυφῆς und Aristot. Pol. II. 5 init.: ὥστε δοκεῖν ἐνίοις ζῆν περιεργύτερον τριχῶν τε πλήθει καὶ κόσμῳ πολυτελεῖ.]

Das Verschneiden geschah im κουρεῖον, der Frisirstube, wohin man sich jedesmal begab, das man aber auch ohne diesen Zweck häufig nur der Unterhaltung wegen besuchte. S. B. II, S. 182. Theophrast nannte deshalb diese Oerter weinlose Symposien. Plutarch. Symp. V. 5: διὸ καὶ Θεόφραστος ἄοινα συμπόσια παίζων ἐκάλει τὰ κουρεῖα διὰ τὴν λαλιὰν τῶν προσκαθιζόντων. [Ueber die Geschwätzigkeit der Barbiere: Plut. de garrul. 13.] Zu dem Bilde eines solchen κουρεῖον, ausgerüstet mit Instrumenten und Spiegeln, liefert Lucian. adv. ind. 29 Beiträge: τοὺς κουρέας τούτους ἐπίσκεψαι καὶ ὄψει τοὺς μὲν τεχνίτας αὐτῶν ξυρὸν καὶ μαχαιρίδας καὶ κάτοπτρον σύμμετρον ἔχοντας, τοὺς δὲ ἀμαθεῖς καὶ ἰδιώτας πλῆθος μαχαιριδίων προτιθέντας καὶ κάτοπτρα μεγάλα, οὐ μὴν λήσειν γε διὰ ταῦτα οὐδὲν εἰδότας, ἀλλὰ τὸ γελοιότατον ἐκεῖνο πάσχουσιν, ὅτι κείρονται μὲν οἱ πολλοὶ παρὰ τοῖς γείτοσιν αὐτῶν, πρὸς δὲ τὰ ἐκείνων κάτοπτρα προσελθόντες τὰς κόμας εὐθετίζουσι: auch Plutarch. de aud. 8: οὐ γὰρ ἐκ κουρείου μὲν ἀναστάντα δεῖ τῷ κατόπτρῳ παραστῆναι καὶ τῆς κεφαλῆς

ἅψασθαι τὴν περικοπὴν τῶν τριχῶν ἐπισκοποῦντα καὶ τῆς κουρᾶς τὴν διαφοράν, und über die Instrumente des κουρεύς
Poll. II. 32 und X. 140. [Die gewöhnliche Scheere, ψαλίς,
auch μία μάχαιρα (Arist. Acharn. 849) genannt, bestand
aus einem Stück elastischen Metalls, welches in der Mitte
gebogen war, so dass die beiden Schneiden leicht einander
genähert werden konnten (vgl. Blümner Technologie und
Terminologie der Gewerbe u. Künste S. 306, Fig. 43.
Klügmann in den Annalen d. Instit. XXXV, p. 107 ff.).
Dagegen scheint das von dem Haarschneider aus Tanagra
(Archäol. Zeit. B. VII, Taf. 14) gehandhabte Werkzeug zwei
ungleich lange Arme zu haben, die, wie bei unseren Scheeren,
in der Mitte mit einander verbunden waren, weshalb man
vielleicht mit Recht auf sie beziehen kann: Clem. Alex.
Paed. III. 11, p. 290: κείρειν οὐ ξυρῷ, ἀλλὰ ταῖς δυοῖν
μαχαίραις ταῖς κουρικαῖς.] Der κουρεύς besorgte aber nicht
nur das Verschneiden des Haares und Bartes (wovon nachher), sondern auch das Putzen der Nägel, die Entfernung
verhärteter Haut (τύλοι) und was sonst den Körper ent-
stellen konnte, war sein Geschäft. Auch in diesen Kleinig-
keiten beobachtete man sorgfältig das εὐσχημονεῖν und es galt
z. B. für sehr unanständig, mit unbeschnittenen Nägeln um-
herzugehen; vgl. Theophr. Char. 19: ὁ δὲ δυσχερὴς τοιοῦτός
τις, οἷος λέπραν ἔχων καὶ τοὺς ὄνυχας μεγάλους περιπατεῖν,
und dagegen c. 26: ἀκριβῶς ἀπωνυχισμένος. Vergl. Plaut.
Aulul. II. 4. 33. Nun scheint man allerdings in Athen es
nicht so unter seiner Würde gehalten zu haben, dies selbst
zu thun, dass man geglaubt hätte, einen »cultello proprios pur-
gantem leniter ungues« (Hor. Epist. I. 7. 51) verspotten zu
dürfen; vielmehr sagt Xenoph. Memor. I. 2. 54: ἔλεγε δὲ
ὅτι καὶ ζῶν ἕκαστος ἑαυτοῦ, ὃ πάντων μάλιστα φιλεῖ, τοῦ
σώματος ὅ τι ἂν ἀχρεῖον ᾖ καὶ ἀνωφελές, αὐτός τε ἀφαιρεῖ
καὶ ἄλλῳ παρέχει· αὐτοί τε γὰρ αὐτῶν ὄνυχάς τε καὶ τρίχας
καὶ τύλους ἀφαιροῦσι καὶ τοῖς ἰατροῖς παρέχουσι μετὰ πόνων

τε καὶ ἀλγηδόνων καὶ ἀποτέμνειν καὶ ἀποκάειν: allein schon die Erwähnung der Haare weist darauf hin, dass man dies weniger von der vornehmeren Klasse verstehen darf, und jedenfalls geschah es wenigstens auch im κουρεῖον, wo der κουρεύς seine besonderen Instrumente, ὀνυχιστήρια λεπτά (Posidipp. bei Poll. X. 140) dazu hatte. Auch das παρατίλλεσθαι und παραλεαίνεσθαι, das Ausreissen der kleinen Haare am Körper mit dem τριχολάβιον, war gewöhnlich; und die Tarentiner werden als die genannt, welche zuerst das schlechte Beispiel gegeben haben sollten. Athen. XII, p. 522: Ταραντίνους δέ φησι Κλέαρχος ... εἰς τοσοῦτον τρυφῆς προελθεῖν, ὥστε τὸν ὅλον χρῶτα παραλεαίνεσθαι καὶ τῆς ψιλώσεως ταύτης τοῖς λοιποῖς κατάρξαι. Vgl. Poll. VII. 165 und Böttiger Kl. Schr. Th. III, S. 257.]

Ueber besondere Arten der Haartracht bei Männern nach dem Abkommen des altattischen κρωβύλος weiss ich etwas Zuverlässiges nicht zu sagen. Pollux II. 29 nennt zwar viele εἴδη κουρᾶς, deren Namen sich auch zerstreut bei den übrigen Grammatikern und bei alten Schriftstellern finden: κῆπος, σκάφιον, πρόκοττα, περιτρόχαλα u. s. w.; aber wenn sie auch alle in den Kreis des gewöhnlichen Lebens gehören sollten, so lassen sich doch über ihre Eigenthümlichkeiten fast nur Vermuthungen aufstellen, und die sämmtlichen Portraitbüsten bei Visconti geben keine Anhaltepunkte; denn dass das Haar bald einen gefälligeren und zierlicheren Lockenwurf hat, bald schlichter und ungeordneter herabfällt, das mag wohl am häufigsten nur auf Rechnung des Künstlers kommen, der den darin liegenden Ausdruck zur Charakteristik der Individuen geschickt benutzte. [Nur zwischen σκάφιον und κῆπος lässt sich ein Unterschied feststellen. Zunächst ·sagt Aristoph. in den Thesmoph. 836:

εἰ δὲ δειλὸν καὶ πονηρὸν ἄνδρα τις τέκοι γυνή,
ὑστέραν αὐτὴν καθῆσθαι σκάφιον ἀποκεκαρμένην
τῆς τὸν ἀνδρεῖον τεκούσης,

und der Scholiast erklärt es für eine Art κουρᾶς δουλικῆς, so wie es zu Av. 806 heisst: τὸ μὲν οὖν σκάφιον τὸ ἐν χρῷ, ὁ δὲ κῆπος τὸ πρὸ μετώπου κεκοσμῆσθαι. Genauer drückt sich Hesychius aus: σκάφιον εἶδος κουρᾶς τῆς κεφαλῆς, ὃ κείρεσθαί φασι τὰς ἑταιρευούσας· εἶναι δὲ περιτρόχαλον und Photius: σκάφιον κουρὰ περιτρόχαλος. Nimmt man endlich dazu Herod. III. 8: κείρονται (Ἀράβιοι) περιτρόχαλα, περιξυροῦντες τοὺς κροτάφους (vgl. Plut. de mulier. virt. 26), so wird es ziemlich klar, dass das σκάφιον aus einem rings um den Kopf laufenden kurzen Schnitte bestand, während wahrscheinlich in der Mitte ein höherer Büschel stehen blieb, und dass es sich nur für geringere Leute aus beiden Geschlechtern eignete. Der κῆπος dagegen scheint das Haar umgekehrt in der Mitte vertieft zu haben; denn das Scholion Eurip. Troad. 1165 sagt: κῆπος κουρᾶς εἶδος, ἣν οἱ κειρόμενοι διεβάλλοντο, κατελίμπανον δὲ τὰς ἔξω τῆς κεφαλῆς περὶ τὰ ἄκρα τρίχας. Vielleicht meint auch diese Art Theophrast, wenn er Char. 26 vom ὀλίγαρχος schreibt: μέσην κουρὰν κεκαρμένος καὶ ἀκριβῶς ἀπωνυχισμένος. Vgl. Wieseler über einige Haartrachten d. Alterth. in N. Jahrb. 1855, S. 357 ff. Die athenischen Sklaven unterschieden sich hinsichtlich der Haartracht schon in früher Zeit von den Freien. Plat. Alcib. p. 120b: πάλαι γὰρ τοῖς ὀνόμασι διεχέκριντο οἱ ἐλεύθεροι τῶν δούλων καὶ ταῖς θριξί. Später war es ihnen wenigstens nicht erlaubt, sich das Haar lang wachsen zu lassen: Aristoph. Av. 911: ἔπειτα δοῦλος ὢν κόμην ἔχεις; Vgl. Plut. Nav. 2.]

Dieselbe Pflege, wie dem Haupthaare, wurde auch dem Barte zu Theil, den man wenigstens in der klassischen Zeit griechischer Freiheit nicht als eine lästige Bürde, sondern als einen Würde verleihenden Schmuck des reifen männlichen und Greisenalters ansah. Lucian. Cyn. 14: αὐτοὶ δ᾽, ὥσπερ ἦσαν, καὶ φαίνεσθαι ἄνδρες ἤθελον καὶ τὸν πώγωνα κόσμον ἀνδρὸς ἐνόμιζον, ὥσπερ καὶ ἵππων χαίτην καὶ λεόντων γένεια, .

οἷς ὁ θεὸς ἀγλαίας καὶ κόσμου χάριν προσέθηκέ τινα· οὕτωσὶ δὲ καὶ τοῖς ἀνδράσι τὸν πώγωνα προσέθηκε: vgl. Epictet. Dissert. I. 16. 13. Daher liess man den Bart um Wangen (πώγων), Lippen (μύσταξ und πάππος = ὑπήνη) und Kinn (γένειον) wachsen (πωγωνοτροφεῖν). Zwar werden die Namen πώγων, ὑπήνη und γένειον vielfältig für den Bart im Allgemeinen gebraucht; aber ursprünglich bezeichnen sie nur den gewissen Stellen des Gesichts entsprossonden. Poll. II. 80: αἱ δὲ ὑπὸ τῇ ῥινὶ τρίχες μύσταξ, ὑπορρόνιον, προπωγώνιον, πρώτη βλάστη· αἱ δὲ πρὸς τῷ κάτω χείλει πάππος· τὸ δὲ ἐξ ἀμφοῖν ὑπήνη: vgl. Eubulos bei demselben X. 120: καὶ τῇ σπαβίδι τὸν πώγωνά μου καὶ τὴν ὑπήνην μύρισον. Keinen dieser Theile pflegte man zu scheeren, und es bleibt mindestens eine starke Anomalie, wenn wir bei Plutarch. Cleomen. 9 und anderwärts lesen, dass die spartanischen Ephoren als Zeichen der Subordination ihren Mitbürgern alljährlich geboten hätten, den Schnauzbart abzunehmen: προεκήρυττον οἱ ἔφοροι τοῖς πολίταις εἰς τὴν ἀρχὴν εἰσιόντες, ὡς Ἀριστοτέλης φησί, κείρεσθαι τὸν μύσταχα καὶ προσέχειν τοῖς νόμοις, ἵνα μὴ χαλεποὶ ὦσιν αὐτοῖς· τὸ τοῦ μύσταχος, οἶμαι, προτείνοντες, ὅπως καὶ περὶ τὰ μικρότατα τοὺς νέους πειθαρχεῖν ἐθίζωσι: vergl. Valcken. ad Theocr. Adoniaz. p. 288, Wyttenb. ad Plutarch. ser. num. vind. p. 25, Müller Dor. Th. II, S. 125. 269. Die Schwierigkeit ist noch keineswegs gehoben. Nach dem, was Plutarch. Ages. 30 von der Beschimpfung sagt, welche denen widerfuhr, die sich im Treffen schlecht und furchtsam benommen hatten: ξυρῶνται μέρος τῆς ὑπήνης, μέρος δὲ φέρουσι, sollte man eher das Gegentheil erwarten, und damit würde Antiphanes bei Athen. IV, p. 143 [(ἐν Λακεδαίμονι) τοὺς βύσταχας μὴ καταφρόνει und ausser Aristoph. Lysistr. 1072: ἀπὸ τῆς Σπάρτης πρέσβεις ἔλκοντες ὑπήνας χωροῦσι auch Vesp. 476: τὴν θ᾽ ὑπήνην ἄκουρον τρέφων (der Lakonist) vortrefflich übereinstimmen. Plutarch selbst scheint, wie die letzten Worte aus Cleom. 9 andeuten,

das Gebot der Ephoren nur auf die Jugend bezogen zu haben.]
Im Allgemeinen galt jedenfalls ein starker, voller Bart, πώγων
βαθύς oder δασύς, als Zeichen männlicher Tüchtigkeit, auch
in Sparta, vgl. Plutarch. Lysand. 1: *Λυσάνδρου δέ ἐστιν
εἰκονικός, εὖ μάλα κομῶντος ἔθει τῷ παλαιῷ καὶ πώγωνα καθειμένου γενναίου:* und obgleich Aristoph. Lysistr.
1072 die langen Bärte der Spartaner zu verspotten scheint: *ἀπὸ
τῆς Σπάρτης πρέσβεις ἕλκοντες ὑπήνας,* so war es doch gewiss für die Athener eine sehr ergötzliche Ironie, wenn derselbe Thesmoph. 31 ff. den Mnesilochos in Bezug auf Agathon
fragen liess: *μῶν ὁ μέλας, ὁ καρτερός; μῶν ὁ δασυπώγων;* nur
ist es natürlich, dass Stamm und Ortsverschiedenheit, Stand
und individueller Charakter mannichfaltige Abweichungen in
der Barttracht bedingten, und die Künstler haben sich derselben fast mehr noch als in Behandlung des Haupthaares
zur Bezeichnung der Individualität bedient. Man vergleiche
z. B. die Büste Solon's bei Visconti Iconogr. Grecque
pl. 9 mit der Lykurg's pl. 8, oder die Plato's pl. 18 mit denen
des Antisthenes pl. 22 und Chrysippos pl. 23.

Allein dabei war man doch weit entfernt, ihn der Natur
zu überlassen und in der ganzen Länge seines Wuchses zu
tragen; vielmehr war es eben auch das Geschäft des *κουρεύς,*
ihn, wie das Haupthaar, der Sitte gemäss zu verschneiden, und
wer dies unterliess, konnte gleichfalls Gegenstand der Be-
spöttelung werden, wie Plato in einem Fragmente des Komi-
kers Ephippos bei Athen. XI, p. 509:

εὖ μὲν μαχαίρᾳ ξύστ' ἔχων τριχώματα,
εὖ δ' ὑποκαθιεὶς ἄτομα πώγωνος βάθη.

Nur den Bart ganz zu scheeren, ξύρειν, ward erst seit Alexander von Makedonien gebräuchlich. Dass es freilich hin und
wieder auch früher schon geschah, ist keine Frage; es wird
ja Mnesilochos bei Aristoph. Thesmoph. 218 ff. mit Agathon's Scheermesser rasirt:

ΕΥΡ. Ἀγάθων, σὺ μέντοι ξυροφορεῖς ἑκάστοτε·
χρῆσόν γε νῦν ἡμῖν ξυρόν. ΑΓ. αὐτὸς λάμβανε
ἐντεῦθεν ἐκ τῆς ξυροδόχης. ΕΥΡ. γενναῖος εἶ·
κάθιζε, φύσα τὴν γνάθον τὴν δεξιάν:

aber ebenso gewiss ist es, dass es jederzeit als etwas Verächtliches betrachtet wurde. Theopomp. bei Athen. VI, p. 260 schreibt von Philipp's Hofleuten: *τί γὰρ τῶν αἰσχρῶν ἢ δεινῶν αὐτοῖς οὐ προσῆν ἢ τί τῶν καλῶν καὶ σπουδαίων οὐκ ἀπῆν; οὐχ οἱ μὲν ξυρούμενοι καὶ λεαινόμενοι διετέλουν ἄνδρες ὄντες, οἱ δ' ἀλλήλοις ἐτόλμων ἐπανίστασθαι πώγωνας ἔχουσι;* und als es in der makedonischen Periode aufkam, mochte es so gut als das *πιττοκοπεῖσθαι* oder *δρωπακισθῆναι* noch vielfältig persiflirt werden. Man sehe das von Chrysippos angeführte Fragment des Alexis bei Athen. XIII, p. 565, wo er unter Anderem sagt:

τί γὰρ αἱ τρίχες λυποῦσιν ἡμᾶς, πρὸς θεῶν,
δι' ἃς ἀνὴρ ἕκαστος ἡμῶν φαίνεται;

und in demselben Fragmente des Chrysippos, in welchem diese Verse angeführt werden, heisst es: *Διογένης δὲ ἰδών τινα οὕτως ἔχοντα τὸ γένειον ἔφησε· μή τι ἔχεις ἐγκαλεῖν τῇ φύσει, ὅτι ἄνδρα σε ἐποίησε καὶ οὐ γυναῖκα;* Dass aber die neue, vermuthlich aus dem Oriente und Aegypten entlehnte Sitte unter Alexander eingeführt wurde, sagt Chrysipp a. a. O. ausdrücklich: *τὸ ξύρεσθαι τὸν πώγωνα κατ' Ἀλέξανδρον προῆκται, τῶν πρώτων οὐ χρωμένων αὐτῷ· καὶ γὰρ Τιμόθεος ὁ αὐλητὴς πώγωνα μέγαν ἔχων ηὔλει καὶ ἐν Ἀθήναις διατηροῦσιν οὐ σφόδρα ἀρχαῖον τὸν πρῶτον προσκεψάμενον παρωνύμιον ἔχειν Κόρσην.* Plutarch giebt es als eine strategische Klugheitsmaassregel Alexander's an, Thes. 5: *Ἀλέξανδρον τὸν Μακεδόνα φασὶ προστάξαι τοῖς στρατηγοῖς ξυρεῖν τὰ γένεια τῶν Μακεδόνων, ὡς λαβὴν ταύτην ἐν ταῖς μάχαις οὖσαν προχειροτάτην.* Vergl. Apophth. reg. 10, p. 180 und Eustath. z. Odyss. XXI. 305, p. 1910. 1. Dieser Neuerung wurde in manchen Staaten heftiger Widerstand entgegengesetzt und das Bartscheeren durch besondere Gesetze verboten, die indessen wenig gefruchtet zu haben scheinen. Chrysippos führt ein Paar Beispiele an: *ἐν Ῥόδῳ δὲ νόμου ὄντος μὴ ξύρεσθαι οὐδὲ ὁ ἐπιληψόμενος οὐδείς ἐστι διὰ τὸ πάντας ξύρεσθαι· ἐν Βυζαντίῳ δὲ ζημίας ἐπικειμένης τῷ ἔχοντι κουρεῖ ξυρόν, οὐδὲν ἧττον πάντες χρῶνται αὐτῷ.* Daraus lässt sich allerdings auf eine sehr allgemeine und schnelle Annahme der neuen Sitte schliessen. Alexander's Nachfolger blieben ihr auch für ihre Person treu und seit ihm erscheinen die Bildnisse aus den makedonischen Dynastien bartlos, wovon sich nur wenige Ausnahmen finden, als Philipp V. und Perseus, Visconti Iconogr. pl. 40; Ptolemäos Philadelphos auf dem berühmten Cameo Gonzaga, Mus. Odesc. I, pl. 15, Visconti pl. 53, Meyer Abbild. zur Kunstgesch. T. 14, Müller Denkm. alt. Kunst I. 51, n. 226 a. Ebenso sind auch die Bildnisse von Dichtern, wie Menander und Poseidippos, Aerzten, wie Asklepiades, und selbst Philosophen, wie Aristoteles, ohne Bart. S. Visconti pl. 6. 32 und über Aristoteles t. I, p. 187, pl. 20. Die Sophisten behielten jedoch wenigstens zum Theil die frühere Sitte bei, und bis in späte Zeit blieb der *πώγων βαθύς* das Aushängeschild der stoischen Aretalogi, das sie mit einer Affectation zur Schau trugen, welche zu mehr als einem Sprüchworte, als *ἐκ πώγωνος σοφός, πωγωνοτροφία φιλόσοφον οὐ ποιεῖ* u. s. w. Veranlassung gab. S. Plutarch. de Is. et Osir. 3, Lucian. Demon. 13, Alciphr. Ep. III. 55, Gell. IX. 2, und mehr bei Wytt. ad Plut. p. 439, Jacobs z. Anthol. II. 2, p. 425. Heind. z. Horat. Sat. I. 3. 133.

Eine artige Beschreibung des Aktes des Rasirens und mancher sonstiger Einzelheiten einer Barbierstube giebt Alciphr. epist. III. 66: *ἐθεάσω οἷά με εἰργάσατο ὁ κατάρατος οὗτος κουρεὺς ὁ πρὸς τῇ ὁδῷ; λέγω δὲ τὸν ἀκόρεστον καὶ λάλον, τὸν ἐκ Βρεντησίου προτιθέμενον ἔσοπτρα, τὸν τοὺς χειροήθεις*

κόρακας τιθασεύοντα, τὸν ταῖς μαχαίρισι κυμβαλισμὸν εὔρυθμον
ἀναχρούοντα. ὡς γὰρ ἀφιχόμην ξυρεῖσθαι τὴν γενειάδα βουλόμενος, ἀσμένως τε ἐδέξατο καὶ ἐφ' ὑψηλοῦ θρόνου καθίσας
σινδόνα καινὴν περιθεὶς πρᾴως εὖ μάλα κατέφερέ μοι τῶν γνά-
θων τὸ ξυρὸν ἀποψιλῶν τὸ πύκνωμα τῶν τριχῶν, aber, πα-
νοῦργος καὶ σκαιός, erlaubt sich der κουρεύς den Scherz,
einen grossen Theil des Bartes stehen zu lassen. Vgl. [noch
die schon erwähnte spasshafte Barbierscene bei Aristoph.
Thesmoph. 214 ff. und] überhaupt Böttiger Sabina Th. II,
S. 57—64, Gallus B. III, S. 172, St. John Hellenes t. III,
p. 138 ff. [auch Marquardt Röm. Privatalt. II, S. 199 und
205. Die Rasirmesser, ξυρά, die in einem Futterale, ξυροθήκη,
ξυροδόκη: Arist. Thesmoph. 220; Poll. II. 32, verwahrt
wurden und deren hohes Alter durch das Sprüchwort ἐπὶ ξυ-
ροῦ ἀκμῆς (Hom. Il. X. 173, Theogn. 569, Herod. VI. 11.)
bezeugt ist, hat man neuerdings in vielen in Attika, Böotien,
auf den griechischen Inseln, in Etrurien und den südlichen
Alpenthälern gefundenen, halbmondförmigen Bronce-Instrumen-
ten wiedererkennen wollen (Helbig Im neuen Reich 1875,
I, S. 14, vgl. Deutsch. Reichsanz. 1875, N. 297). Für die
Identität spricht die von E. Curtius in Archäolog. Zeit.
B. VIII, S. 1 ff. behandelte Figur des Kairos auf dem Turiner
Relief, welche einen Wagebalken auf der runden Schneide
eines derartigen Messers balanciren lässt, sowie der Umstand,
dass die Klingen (vgl. Guhl und Koner Fig. 221) anscheinend
keine hölzernen Handhaben besassen, zu welcher sie eingerichtet sein mussten, wenn sie, wie Friedrichs im Antiquar.
n. 1217—1221 und Blümner Technolog. u. Terminol.
S. 282 behaupten, den Schuhmachern zum Schneiden des Leders gedient haben. Vgl. namentlich Jahn in Bericht. der
Sächs. Ges. d. Wiss. f. 1867, T. IV, Blümner a. a. O.
Fig. 31 und O. Keller in Bursian's Jahresbericht über
die Fortschritte der klass. Alterthumswiss. B. II,
S. 327.] Dass übrigens jemand auch sich selbst rasire, wird

bei Artemid. Onirocr. I. 22 wenigstens als möglich vorausgesetzt, und für Rom ergiebt es sich jedenfalls als gebräuchlich aus Plutarch. Anton. 1: παιδαρίῳ προσέταξεν εἰς ἀργυροῦν σκύφον ὕδωρ ἐμβαλόντι κομίσαι, καὶ κομίσαντος ὡς ξύρεσθαι μέλλων κατέβρεχε τὰ γένεια. Die Haartracht der Frauen mag mannichfach genug gewesen sein, aber nicht leicht werden sich aus Denkmälern bestimmte herrschende Moden nachweisen oder auch nur die Benennungen erklären lassen, die hier und da vorkommen. Ein so auffallender und künstlicher Kopfputz, wie man ihn an den Jungfrauen vom Pandroseion (den sogenannten Karyatiden) sieht, gehört ganz gewiss eben so wenig, als das ganze Kostüm, zur Tracht gewöhnlicher Tage, und auch von manchen Varietäten, welche Stackelberg Gräber d. Hell. T. 75—78 von verschiedenen, aus attischen Gräbern stammenden Terracotten mittheilt, muss das gelten, wobei man noch überdies über die Zeit, der sie angehören, in Ungewissheit bleibt. Bei Weitem in den meisten Fällen sieht man das lange, reiche Haar weder geflochten noch in künstliche Locken gedreht, sondern, wenn nicht anderer Kopfschmuck hinzukommt, nach hinten oder auch selbst über dem Scheitel in einen Büschel oder Knoten zusammengefasst und gebunden. Dabei reicht gewöhnlich das Haar ziemlich tief über die Stirne herab, da ein schmaler Stirnbogen (βραχὺ τῷ μετώπῳ μεταίχμιον, tenuis frons, Horat. Od. I. 33. 5) für schön galt. Doch finden sich auch Beispiele sorgfältigeren Haarputzes, wie z. B. an der Büste der Aspasia bei Visconti Iconogr. pl. 15, und in derselben Weise an der Berenike, Gemahlin des Ptolemäos Soter, pl. 52. An beiden zieht sich (bei Aspasia wegen des Schleiers freilich nur halb sichtbar) ein Kranz langer, künstlich gedrehter und besonders im Nacken tief herabhängender Locken rings um das Haupt. Man vergleiche damit Lucian. Amor. 40: σιδηρᾶ τε ὄργανα πυρὸς ἀμβλείᾳ φλογὶ χλιανθέντα βίᾳ τὴν ἑλίκων οὐλότητα διαπλέκει· καὶ περίεργοι μὲν αἱ μέχρι τῶν ὀφρύων ἐφειλκυσμέναι κόμαι βραχὺ τῷ μετώπῳ μεταίχμιον ἀφιᾶσι, σοβαρῶς δὲ ἄχρι τῶν μεταφρένων οἱ ὄπισθεν ἐπισαλεύονται πλόκαμοι. Lange, an den Seiten herabhängende Locken gehörten indessen auf der komischen Bühne zum Kostüm der Hetären. Poll. IV. 153: τὸ δὲ τέλειον ἑταιρικὸν τῆς ψευδοκόρης ἐστὶν ἐρυθρότερον καὶ βοστρύχους ἔχει περὶ τὰ ὦτα. Das meint vielleicht Lucian. Bis accus. 31: τὰς τρίχας εὐθετίζουσαν εἰς τὸ ἑταιρικὸν καὶ φυκίον ἐντριβομένην καὶ τὼ ὀφθαλμὼ ὑπογραφομένην.

Am häufigsten sieht man das Haar auf Vasenbildern durch ein verschieden geformtes Band oder durch ein haubenartig umgeschlungenes Tuch, ein Netz oder etwas dem Aehnliches zusammengehalten. Dahin gehört zuerst die σφενδόνη, wie der Name sagt, ein schleuderähnliches, d. h. in der Mitte, über der Stirn, breites und nach den Seiten schmal zulaufendes Band, zuweilen vielleicht von Metall oder auch nur von vergoldetem Leder, da Poll. VII. 179 von der ähnlichen στλεγγίς sagt: ἔστι δὲ καὶ ἕτερόν τι στλεγγίς, δέρμα κεχρυσωμένον, ὃ περὶ τὴν κεφαλὴν φοροῦσι. Vgl. V. 96 mit Böttiger Vasengem. H. III, S. 225 und überhaupt Gerhard Prodromus mythol. Kunsterkl. S. 20 ff. und Berlin's ant. Bildw. S. 371. Dasselbe Band wurde auch als ὀπισθοσφενδόνη am Hinterkopfe getragen und oft σφενδόνη und ὀπισθοσφενδόνη zugleich. Siehe Böttiger Kl. Schr. Th. III, S. 108. Ausserdem kommen die mannichfaltigsten Formen solcher Haarbänder vor, die meistens mit goldenem Schmucke gedacht werden mögen, wie denn Poll. V. 96 nach Aufzählung der Namen sagt: χρυσᾶ καὶ ἐπίχρυσα πάντα: [Namentlich gehört hierher die στεφάνη, eine frontispizartig auf dem Vorderkopfe ruhende Metallplatte, die besonders als Haarschmuck für Göttinnen auf Denkmälern vorkommt. Stephani in Compte reudu pour 1870, p. 108. 175. 284; pour 1873, p. 6. 7. 250. Müller Denkm. II, Taf. IV, n. 54. 56. 268. Rangabé Ant. Hell. II, n. 834. Ueber die στλεγγίς vergl. Stephani in

Compte rendu pour 1865, p. 36; pour 1870—71, p. 28. Mon. publ. dell' Instit. arch. T. IX, tav. 29.] Die haubenartigen Kopfbedeckungen aber, deren Gebrauch sehr alt ist, kann man in Netze, Haarsäcke und Tücher eintheilen. Sie alle werden unter dem Namen $\varkappa\varepsilon\varkappa\rho\acute{v}\varphi\alpha\lambda o\varsigma$ zusammengefasst, aber eigentlich muss man wohl $\varkappa\varepsilon\varkappa\rho\acute{v}\varphi\alpha\lambda o\varsigma$, $\sigma\acute{a}\varkappa\varkappa o\varsigma$ und $\mu\acute{\iota}\tau\rho\alpha$ unterscheiden. Der eigentliche $\varkappa\varepsilon\varkappa\rho\acute{v}\varphi\alpha\lambda o\varsigma$ war ein Netz, das man nicht nur des Nachts, sondern auch der Bequemlichkeit wegen am Tage über die Haare zog, wie die Römerinnen das gleichartige reticulum. (S. Gallus B. III, S. 197 und den Artikel Calantica in Pauly's Realencykl. Th. II, S. 54.) Es war nur aus Fäden geflochten oder gestrickt, daher auch die Verfertiger $\varkappa\varepsilon\varkappa\rho\upsilon\varphi\alpha\lambda o\pi\lambda\acute{o}\varkappa o\iota$ heissen, Poll. VII. 179. Die von Demosth. in Olympiod. §. 12 genannten $\sigma\alpha\chi\upsilon\varphi\acute{a}\nu\tau\alpha\iota$ werden zwar auch von Poll. X. 192 durch $\tauo\grave{\upsilon}\varsigma$ $\pi\lambda\acute{\varepsilon}\varkappa o\nu\tau\alpha\varsigma$ $\tau\alpha\tilde{\iota}\varsigma$ $\gamma\upsilon\nu\alpha\iota\xi\grave{\iota}$ $\tauo\grave{\upsilon}\varsigma$ $\varkappa\varepsilon\varkappa\rho\upsilon\varphi\acute{a}\lambda o\upsilon\varsigma$ erklärt, haben aber dennoch wohl eine weitere Bedeutung. Solche Haarnetze werden sich auf Vasenbildern nicht leicht angedeutet finden (s. indessen Stackelberg Taf. 34 und Tischbein IV. 31), allein wohl auf sorgfältig ausgeführten herculanischen und pompejanischen Wandgemälden. S. Mus. Borb. IV. 49, VI. 18, VIII. 4. 5. Hier scheinen sie aus Goldfäden zu bestehen, womit Juven. II. 96:

Reticulumque comis auratum ingentibus implet,

und Petron. 97 übereinstimmt. Sonst aber fertigte man sie auch aus Seide, Salmas. Exerc. ad Solin. p. 392, und der kostbaren gelben eleischen Byssos, Pausan. VII. 24. 7; gewiss aber auch aus geringerem Stoffe. Dasselbe versteht wohl Hesychios unter $\tau\rho\acute{\iota}\chi\alpha\pi\tauo\nu\cdot$ $\tau\grave{o}$ $\beta o\mu\beta\acute{v}\varkappa\iota\nuo\nu$ $\ddot{v}\varphi\alpha\sigma\mu\alpha$ $\acute{v}\pi\grave{\varepsilon}\rho$ $\tau\tilde{\omega}\nu$ $\tau\rho\iota\chi\tilde{\omega}\nu$ $\tau\tilde{\eta}\varsigma$ $\varkappa\varepsilon\varphi\alpha\lambda\tilde{\eta}\varsigma$ $\acute{a}\pi\tau\acute{o}\mu\varepsilon\nuo\nu$. Ebenso Phot. und Suid.; aber Poll. II. 24 erklärt es ganz verschieden: $\varkappa\alpha\grave{\iota}$ $\tau\rho\acute{\iota}\chi\alpha\pi\tauo\nu$ $\delta\acute{\varepsilon}$ $\varphi\alpha\sigma\iota$ $\pi\lambda\acute{\varepsilon}\gamma\mu\alpha$ $\grave{\varepsilon}\varkappa$ $\tau\rho\iota\chi\tilde{\omega}\nu$: vergl. X. 32 und mehr im Allgemeinen bei Böttiger Aldobr. Hochzeit S. 79 f. 150 f. vergl. mit Kl. Schr. Th. III, S. 293 ff.

Sehr häufig sind hingegen die eigentlichen σάκκοι oder Haarsäcke aus dichterem Zeuge, die bald den ganzen Kopf bedecken, so dass oft die Haare, wie in einem Sacke, den Nacken hinabhängen (Tischbein Recueil I. 14), bald den vorderen Theil freilassen und auf der Stirne zusammengebunden sind (Stackelberg Taf. 68. 75. 76), bald hinten offen, so dass ein Büschel Haare heraushängt. An dem Zipfel des Sackes hängen zuweilen Quasten. Sie mochten aus verschiedenem Stoffe, von Seide, Byssos und Wolle sein. Von letzteren sagt Poll. VII. 66: φαρίον δὲ τὸν ἐρεοῦν κεκρύφαλον ὠνόμαζον. Gewöhnlich waren sie farbig und man sieht sie häufig, wie die Haartücher, mit Andeutung verschiedener bald glatter, bald gemusterter, auch gewürfelter Zeuge. S. z. B. Millingen Vases Coghill pl. 22; Millin Peint. de Vases I. 36. 37. 41. 58. 59, II. 43; Stackelberg Gräber Taf. 33. 34. Man nahm aber zu diesen Säcken auch Blasen; und wenn dies für die spätere römische Zeit aus dem Vergleiche einer allzu leichten goldenen Schale bei Martial. VIII. 33. 19:

Fortior intortos servat vesica capillos,

unwiderleglich hervorgeht, so erklärt Moeris Att. p. 301 auf dieselbe Weise die πομφόλυγας des Aristophanes: τὰ δερμάτια, ἃ ἐπὶ τῶν κεφαλῶν αἱ γυναῖκες ἔχουσι: vgl. das bekannte Fragment der verlorenen Thesmophoriazusen, das über fünfzig zum Frauenputze gehörige Dinge nennt, bei Pollux VII. 95. Ganz in ähnlicher Weise wurde aber auch ein farbiges Tuch um das Haar geschlungen, das den Kopf bald ganz, bald theilweise bedeckte; und das war es wohl, was man eigentlich μίτρα nannte [vergl. Hermann Privatalt. §. 22, n. 26]. Denn ursprünglich bedeutet das Wort doch nur ein Band, und in der oben angeführten Stelle aus Aristophanes, wo der κεκρύφαλος noch daneben genannt wird, kann auch nichts anderes als eine Binde zum Festhalten desselben verstanden werden; aus der allmählich breiter gewählten Binde aber wurde ein Tuch und endlich der Haarsack selbst, der dann aber denselben Namen erhielt, wie der römische Gebrauch es wahrscheinlich macht; vgl. Cic. in Clod. et Cur. p. 115 ed. Lips. und pro Rab. Post. 10; Vergil. Copa 1 und Iuven. Sat. III. 66 m. d. Ausl.

Was die Farbe der Haare anlangt, so mag wohl die schwarze die häufigste gewesen sein; allein daneben findet man auch häufig die Erwähnung blonden Haares, [und es scheint überhaupt, als ob den älteren Hellenen dasselbe als besonders edel und schön vorgekommen sei. Denn wenn auch bei Homer eben sowohl ξανθαὶ τρίχες, als ὑακινθίνῳ ἄνθει ὁμοῖαι (Odyss. VI. 231) genannt werden, so wird doch jenes sehr gern den Gottheiten und Heroen zuertheilt. Nicht bloss Menelaos wird so bezeichnet, sondern auch Odysseus, Rhadamanthys, Achilleus, Meleager, aber auch Demeter und Agamede. Hesiod spricht Theog. 947 von ξανθῆ Ἀριάδνη und Pindar nennt Nem. X. 7 u. V. 54 ebenso Athene und die Chariten; vgl. auch Eurip. Med. 834 : Ἁρμονία ξανθά. Der Bevorzugung dieser Haarfarbe mag eine dunkele Eriunerung des Volkes an die indogermanische Urcomplexion zu Grunde gelegen haben, wozu natürlich die Vorliebe für das Seltnere trat. Vgl. Hehn Kulturpfl. u. Hausthiere S. 457. Als natürliche Schönheit wird das blonde Haar noch später erwähnt. Von der jüngeren Aspasia rühmt es Aelian. Var. hist. XII. 1 und von Atalante sagt er XIII. 1: ξανθὴ δὲ ἦν αὐτῆς ἡ κόμη, οὔτι που πολυπραγμοσύνῃ γυναικείᾳ καὶ βαφαῖς ἅμα καὶ φαρμάκοις, ἀλλ' ἦν φύσεως ἔργον ἡ χροιά. Auch bei Alciphr. fragm. 5 heisst es von Lais: τρίχες ἐνιυλισμέναι φύσει, ξανθίζουσαι δὲ ἀφαρμάκευτα. Schon hieraus sieht man, dass die hochblonde Farbe bereits künstlich erzeugt zu werden pflegte], wogegen Menander bei Clem. Alex. Paedag. III. 2 eifert:

> νῦν δ' ἕρπ' ἀπ' οἴκων τῶνδε· τὴν γυναῖκα γάρ
> τὴν σώφρον' οὐ δεῖ τὰς τρίχας ξανθὰς ποιεῖν.

Wenn daher Plutarch. Amat. 25 das φάρμακον, ᾧ τὴν κόμην

αἱ γυναῖκες ἐναλειφόμεναι ποιοῦσι χρυσοειδῆ πυρράν, erwähnt,
so darf man nicht glauben, dass das nur später römischer
Gebrauch sei. Am ausführlichsten spricht davon der Misogyn
bei Lucian. Amor. 40: αἱ μὲν γὰρ φαρμάκοις ἐρυθαίνειν δυ-
ναμένοις πρὸς ἡλίου μεσημβρίαν τοὺς πλοκάμους ἴσα ταῖς τῶν
ἐρίων χροιαῖς ξανθῷ μεταβάπτουσιν ἄνθει τὴν ἰδίαν κατακρί-
νουσαι φύσιν· ὁπόσαις δὲ ἀρκεῖ ἡ μέλαινα χαίτη νομίζεται,
τὸν τῶν γεγαμηκότων πλοῦτον ἀναλίσκουσιν ὅλην Ἀραβίαν σχεδὸν ἐκ τῶν τριχῶν ἀποπνέουσαι. Ueberhaupt wurden beide
Farben künstlich hervorgebracht. Poll. II. 35: καὶ ἐψήσασθαι
δὲ τὴν κόμην τὸ καταχρῶσαι ἔλεγον· καὶ τὴν κόμην ἡψήσατο·
καί ἐφθὴν τὴν κόμην ξανθίζεται· καὶ μελαίνεσθαι τὴν κόμην
καὶ μέλασμα τὸ τῆς κόμης βάμμα. Und das thaten nicht bloss
Frauen, sondern auch Männer, namentlich wohl, um das Grau-
werden der Haare nicht bemerken zu lassen. Aelian. Var.
Hist. VII. 20: ἀνὴρ εἰς Λακεδαίμονα ἀφίκετο Κεῖος γέρων ἤδη
ὢν τὰ μὲν ἄλλα ἀλαζών, ἠδεῖτο δὲ ἐπὶ τῷ γήρᾳ καὶ διὰ ταῦτα
τὴν τρίχα πολιὰν οὖσαν ἐπειρᾶτο βαφῇ ἀφανίζειν. So erzählt
Plutarch Apophth. reg. 23, p. 178 von Philipp dem Make-
donier: τῶν δὲ Ἀντιπάτρου φίλων τινὰ κατατάξας εἰς τοὺς δι-
καστάς, εἶτα τὸν πώγωνα βαπτόμενον αἰσθανόμενος καὶ τὴν
κεφαλήν, ἀνέστησε: aber desselben Kunstgriffes bediente sich
auch Demetrios Phalereus nach Duris bei Athen. XII, p. 542,
τὴν τρίχα τὴν ἐπὶ τῆς κεφαλῆς ξανθιζόμενος. Vgl. Dionys.
Halic. VII. 9 κομᾶν τε γὰρ τοὺς ἄρρενας ὥσπερ τὰς παρθένους ἐκέλευσε (der Tyrann Aristodemos von Kyme) ξανθιζο-
μένους καὶ βοστρυχιζομένους.

[Auch die in Aegypten von uralter Zeit her gebräuchliche
(Wilkinson Manners and Customs 1837, III, p. 355) und
zur persischen Königstracht gehörende (Xenoph. Cyrop. I.
3. 2.) Perücke, περιθετή, προκόμιον, φενάκη, πηνήκη, ἔντριχον,
wird in Bezug auf Frauen und Männer erwähnt. Aelian.
Var. hist. I. 26. Aristoph. Thesmoph. 258. Aristot.
Oec. II. 14. Athen. XII, p. 523. Polyb. III. 78. Polyän.

V. 42. Lucian. Dial. meretr. V. 3; XI. 4; XII. 5. Poll. II. 130; VII. 95; X. 170. Suid. s. πηνίκη. Hesych. II, p. 111.] Das Salben des Haares war sehr gebräuchlich, und wer auch dergleichen Wohlgerüche, von denen Lucian spricht, verschmähte, der wandte doch das reine Oel an, um das Wachsthum der Haare zu befördern und ihnen Geschmeidigkeit zu geben. Daher sagt Plutarch. Praec. coniug. 29: ἡ φοβουμένη γελάσαι πρὸς τὸν ἄνδρα καὶ πρᾶξαί τι, ἵνα μὴ φανῇ θρασεῖα καὶ ἀκόλαστος, οὐδὲν διαφέρει τῆς ἵνα μὴ δοκῇ μυρίζεσθαι τὴν κεφαλὴν μηδὲ ἀλειφομένης: denn ἀλείφεσθαι gilt eben von dem blossen Oele, das man als dem Haare sehr zuträglich betrachtete. Plato Protag. p. 334: ἐπεὶ καὶ τὸ ἔλαιον τοῖς μὲν φυτοῖς ἅπασίν ἐστι πάγκακον καὶ ταῖς θριξὶ πολεμιώτατον ταῖς τῶν ἄλλων ζώων, πλὴν ταῖς τοῦ ἀνθρώπου.

EXCURS ZUR ZWÖLFTEN SCENE.

DIE FRAUEN.

Ueber das Verhältniss des weiblichen Geschlechts zu dem
männlichen, über die Geltung der griechischen Frauen in den
Augen der Männer und ihre Stellung im häuslichen Kreise sind
die verschiedensten Ansichten ausgesprochen worden. Während
die meisten Gelehrten, welche diese Frage anregten, das ganze
Geschlecht als in den Augen der Männer verachtet, sein Leben
als eine Art von Sklaverei, die Gynäkonitis als einen Gewahr-
sam ähnlich dem türkischen Harem, in dem die Frauen »auf
gut orientalisch« behandelt worden seien, geschildert haben,
hat es auch andere gegeben, welche für die historische Eman-
cipation der Griechinnen lebhaft Partei nahmen. Zu den ersteren
gehören insbesondere de Pauw Recherches sur les Grecs
t. I, p. 88 ff. 146 ff., Meiners Gesch. d. weibl. Geschl.
Th. I, S. 315 ff. und anderwärts, Böttiger in den Schriften
über die Theaterfrage und Vasengem. H. I, S. 145, Tholuck
in Neander's Denkwürdigkeiten Th. I; zu den letzteren
vor Allen Jacobs Verm. Schriften Th. IV, S. 159—307,
wo namentlich Tholuck's Aufsatz, welcher überhaupt eine
Herabsetzung der vorchristlichen Zeit beabsichtigt, mit um
so gerechterer Schärfe angegriffen ist, als er nur die von
de Pauw und Meiners vorgetragenen Ungereimtheiten nach-
spricht. Die Wahrheit scheint inzwischen auf keiner von beiden
Seiten getroffen zu sein: so offenbare Uebertreibungen auch

die Schriften der ersteren enthalten, so ist doch Jacobs
gleichfalls in seiner Ehrenrettung viel zu weit gegangen und
scheint dieses Mal ohne die zur Begründung eines sicheren
Urtheils unentbehrliche Uebersicht des in den alten Schriftstellern sich darbietenden Materials, hauptsächlich auf die
früheren Verhältnisse im heroischen Zeitalter sich stützend,
den griechischen Frauen eine Stellung angewiesen zu haben,
die sie gewiss im Allgemeinen nie hatten. Der früheren Ansicht schliesst sich daher wiederum, wiewohl mildernd, an
Limburg-Brouwer Hist. de la civilisation des Grecs
t. IV, p. 80 ff. 195 ff., und verkennen lässt es sich allerdings
nicht, dass bei aller Uebertreibung, wenn von der geschicht-
lichen Zeit die Rede sein soll, die Wahrheit mehr auf dieser
Seite ist. [Nicht anders urtheilen im Ganzen Wachsmuth
Hellen. Alterth. B. II, S. 384 ff. Bernhardy Griech.
Literat. B. I, S. 43 ff. K. F. Hermann Griech. Privatalt. §. 10 und zu Charikles B. III, S. 251 ff. Schömann
Griech. Alterth. B. I, S. 543 ff. mit dem mildernden Zusatze im Anhange S. 587. L. Wiese über die Stellung
der Frauen im Alterthume und in der christl. Zeit.
1854 und R. Lallier de la condition de la femme dans
la famille athénienne au V. et au VI. siècle. Paris,
1875. Eine günstigere, idealistisch gefärbte Schilderung hat,
namentlich gestützt auf die Tragiker, von der Stellung des
weiblichen Geschlechts entworfen E. von Lasaulx zur Geschichte und Philosophie der Ehe bei den Griechen
in Abhandl. der Bayr. Akad. 1851. Phil. Cl. B. VII,
Abth. 1 und dieselbe Ansicht vertritt Mähly die Frauen des
griech. Alterthums. Basel, 1853. Die Schriften J. Baissac
les femmes dans les temps anciens. Leipzig, 1867 und
Clarisse Bader la femme grecque. 2 vols. Paris, 1872
habe ich nicht einsehen können.]

Denn das lässt sich nicht leugnen, dass die Frauen in
den homerischen Schilderungen eine würdigere Stelle im Hause

einnehmen, als in der sogenannten historischen Zeit, weshalb
sie auch ganz für sich haben behandelt werden können; wie
namentlich von Lenz Gesch. d. Weiber im heroischen
Zeitalter, Hannov. 1790. 8; Helbig die sittl. Zustände
d. griech. Heldenalters, Lpz. 1839. 8, S. 73—96; vgl.
auch Nägelsbach homer. Theol. S. 216—226; Fried-
reich Realien in Iliade und Odyssee S. 196—214;
[J. L. Hoffmann die homer. Frauen im Album d. liter.
Vereins in Nürnberg. 1854. S. 3 ff.; Fr. R. Camboulin
Étude sur les femmes d'Homère. Toulouse, 1854; C. de
Sault les femmes Grecques au temps d'Homère in
Revue Germanique T. XXV; Mahaffy Social life in
Grece from Homer to Menander. London, 1874; Blume
das Ideal des Helden u. des Weibes bei Homer mit
Rücksicht auf das deutsche Alterthum. Wien, 1874.]
Eine Darstellung dieser Zustände gehört aber zur Aufgabe
unseres Buches nicht. Jene Zeit ist in vieler Hinsicht eine
völlig in sich abgeschlossene und Jeder kann sich leicht aus
der einzigen Quelle eine Vorstellung davon abstrahiren; wodurch aber diese Veränderung herbeigeführt worden sei, lässt
sich durchaus nicht beantworten, da uns über den dazwischen
liegenden Zeitraum von mehreren Jahrhunderten, in dem offenbar eine ganz neue Gestaltung des griechischen Lebens erfolgte, fast alle sicheren Nachrichten fehlen. Erscheint doch
mit einem Male, unerwartet und unerklärbar, die Homer ganz
fremde Verirrung zur Knabenliebe; hat sich doch das Verhältniss so umgekehrt, dass, während bei Homer der Mann
den Eltern die Braut gleichsam abkauft (Aristot. de republ. II. 8, p. 1268), nunmehr der Vater der Tochter eine
Mitgift bestimmt, als bedürfe es deren, um sie an den Mann
zu bringen. Ueber diese auffallenden Erscheinungen geht man
hinweg und will es gleichwohl unerklärlich finden, dass späterhin die Achtung der Frauen geringer, das eheliche Verhältniss
ein weniger zartes und liebevolles, die Freiheit des weiblichen

Geschlechts beschränkter gewesen sei! [Mahaffy und Blume
haben a. a. O. behauptet, dass Frauentugend im homerischen
Zeitalter keinen hohen Werth gehabt habe, weil auf Helena's
Geschick ihr früheres Benehmen keinen Einfluss gehabt habe
und Menelaos mit arger Gleichgiltigkeit von der Aufführung
seiner Frau spreche. Dabei ist übersehen, dass die Verführung
der Helena nur als eine von Aphrodite bewerkstelligte Ver-
blendung hingestellt wird (Odyss. XXIII. 218. Il. III. 164
und 399), ebenso wie der Dichter die Schuld Klytämnestra's
dem dunklen Loose des Tantalidengeschlechtes und der Geschicklichkeit des Verführers Aegisthos zuschreibt: Odyss.
III. 265 ff. Ebensowenig kann aber auch der Rath des be-
trogenen Ehemannes Agamemnon Od. XI. 441 ff. benutzt
werden, um die Stellung der Frauen zu verdächtigen. Freilich wissen wir über die Behandlung der Weiber der unteren
Stände in jener Zeit soviel als nichts. Dass der Vater seine
Tochter gleichsam verkauft, entspricht der uralten, auch bei
den Hebräern und Germanen herrschenden, patriarchalischen
Ansicht, dass die Töchter ein werthvoller Besitz für den
Hausstand seien, für den eine Entschädigung gewährt werden
müsse; denn die Sitte und ihre spätere Aenderung von dem
ungleichen Zahlverhältnisse der beiden Geschlechter abzulei-
ten, wie Nitsch zur Odyssee Th. I, S. 51 gethan hat, ist
unstatthaft, weil nicht nachweisbar. Ausserdem darf man
auch nicht übersehen, dass bereits bei Homer die Mitgift der
Töchter als etwas Gewöhnliches vorkommt. Od. I. 277; II.
196. Il. VI. 394; IX. 144. Aus Od. II. 132 ergiebt sich ja
sogar, dass das Heirathsgut im Falle der Scheidung an den
Vater zurückerstattet werden musste. Man darf also von vorn
herein die Entstehung der Mitgift nicht so ansehen, als habe
die Tochter derselben bedurft, um nur an den Mann gebracht
zu werden. Sehr richtig meint Schömann B. I, S. 588, es
sei die Sitte aus dem Gefühl entstanden, dass es ein Unrecht
sei, den Töchtern keinen Theil des elterlichen Vermögens zu-

kommen zu lassen. Ausserdem bildete ja auch die Mitgift
für den Ehemann, der nur Nutzniesser derselben war, einen
Hinderungsgrund in Betreff allzu voreiliger Scheidung (vgl.
Isaeus de Pyrrhi hered. §. 36). Der ganze Umschlag
hatte seinen Hauptgrund sicher in politischen Veränderungen,
namentlich in dem Aufkommen der Demokratie. Denn je mehr
der Einzelne sich als integrirendes Glied des Staates fühlen
lernte, je mehr aber auch der Staat vollständige Unterordnung,
ja ein Aufgehen des Bürgers im Zwecke des Ganzen forderte,
wurde auch die Oeffentlichkeit die Heimat des Mannes, er
selbst mehr und mehr dem Familienleben entfremdet, die Frau
aber in den Hintergrund geschoben und von den Fortschritten
der Kultur wenig berührt (Vgl. Xenoph. Oecon. VII. 30:
τῇ μὲν γὰρ γυναικὶ κάλλιον ἔνδον μένειν ἢ θυραυλεῖν, τῷ δὲ
ἀνδρὶ αἴσχιον ἔνδον μένειν ἢ τῶν ἔξω ἐπιμελεῖσθαι). Endlich
hat bereits K. F. Hermann zu Charikles B. III, S. 255
und in Privatalterth. §. 10, n. 4 darauf hingewiesen, dass
in Bezug auf die Ausschliessung der Weiber von den öffentlichen Angelegenheiten die Grundsätze der homerischen und
der späteren Zeit vollkommen sich glichen. Denn wie Od. I.
356 Telemach zu seiner Mutter spricht:

ἀλλ' εἰς οἶκον ἰοῦσα τὰ σαύτης ἔργα κόμιζε
ἱστόν τ' ἠλακάτην τε, καὶ ἀμφιπόλοισι κέλευε
ἔργον ἐποίχεσθαι· μῦθος δ' ἄνδρεσσι μελήσει,

(und wer diese von Aristarch athetierten Verse verwirft, vergleiche die ganz ähnliche Mahnung XXI. 350 u. Il. VI. 490),
so heisst es Aeschyl. Sept. 183:

μέλει γὰρ ἀνδρί, μὴ γυνὴ βουλευέτω
τἄξωθεν· ἔνδον δ' οὖσα μὴ βλάβην τίθει,

Soph. Aj. 293: γύναι, γυναιξὶ κόσμον κόσμον ἡ σιγὴ φέρει,
Eurip. Heracl. 476:

γυναικὶ γὰρ σιγή τε καὶ τὸ σωφρονεῖν
κάλλιστον, εἴσω θ' ἥσυχον μένειν δόμων,

wozu vortrefflich passt Aristoph. Lysistr. 513:

*τί βεβούλευται περὶ τῶν σπονδῶν ἐν τῇ στήλῃ παραγράψαι
ἐν τῷ δήμῳ τήμερον ὑμῖν; τί δὲ σοὶ ταῦτ'; ἢ δ' ὃς ἂν ἀνήρ·
οὐ σιγήσει; κἀγὼ 'σίγων,*

und 518:

*εἶτ' ἠρόμεθ' ἄν· πῶς ταῦτ' ὦνερ διαπράττεσθ' ὧδ' ἀνοήτως;
ὃ δὲ μ' εὐθὺς ὑποβλέψας ἂν ἔφασκ', εἰ μὴ τὸν στήμονα νήσω,
ὀτοτύξεσθαι μακρὰ τὴν κεφαλήν· πόλεμος δ' ἄνδρεσσι μελήσει.*]

Was aber die historische Zeit anlangt und namentlich
die, in welcher die reichhaltigste und vielseitigste Literatur
das hellste Licht über das griechische Leben verbreitet, so
ist es unleugbar, dass in dieser Zeit und gerade in dem Mittel-
punkte der Civilisation die Frauen durchaus als ein unter-
geordnetes, von der Natur im Vergleiche zu dem Manne den
Fähigkeiten des Geistes wie des Herzens nach vernachlässig-
tes Geschlecht, untüchtig zum öffentlichen Leben, leicht zum
Bösen sich hinneigend und in der Hauptsache nur der Fortpflanzung des Geschlechts, auch wohl der Sinnlichkeit und
anderen Zwecken des Mannes dienend angesehen wurden. —
Um diese Behauptung zu rechtfertigen, muss man sich freilich nicht auf den durch seine beständigen Invectiven gegen
die Weiber schon im Alterthume berüchtigten Euripides oder
die Klagen geplagter Ehemänner bei den Komikern berufen;
denn allerdings kann man, wie Jacobs dagegen bemerkt,
diesen auch eine Menge Lobsprüche auf das häusliche Wirken
rechtschaffener Frauen entgegensetzen; allein ganz darf man
sie doch auch nicht ignoriren. — Wenn freilich Eurip. Hippol. 615 den Hippolytos zum Zeus sprechen lässt:

*εἰ γὰρ βροτεῖον ἤθελες σπεῖραι γένος,
οὐκ ἐκ γυναικῶν χρῆν παρασχέσθαι τόδε·
ἀλλ' ἀντιθέντας σοῖσιν ἐν ναοῖς βροτούς
ἢ χρυσὸν ἢ σίδηρον ἢ χαλκοῦ βάρος
παίδων πρίασθαι σπέρμα τοῦ τιμήματος*

τῆς ἀξίας ἔκαστον, ἐν δὲ δώμασιν
ναίειν ἐλευθέροισι θηλειῶν ἄτερ,

und also so weit geht, das ganze Frauengeschlecht hinweg-
zuwünschen, während die Knaben unmittelbar von den Göttern
gekauft werden sollen; so ist dies eben eine jener rhetorischen
Uebertreibungen, die bei einem überall nach Effekt haschen-
den Dichter nicht befremden dürfen, zumal da seine Weiber-
hasserei sich nicht über die Tragödie hinaus erstreckte, wenn
es wahr ist, was Athen. XIII. 5, p. 557 nach Hieronymos
erzählt: *εἰπόντος Σοφοκλεῖ τινος, ὅτι μισογύνης ἐστὶν Εὐριπί-*
δης, ἔν γε ταῖς τραγῳδίαις, ἔφη ὁ Σοφοκλῆς· ἐπεὶ ἔν γε τῇ
κλίνῃ φιλογύνης: und wenn der *παίδων ἐραστής* bei Lucian.
Amor. 38 diesen Einfall des Dichters preist, so ist dies der
Rolle, die ihm Lucian zuertheilt, ganz angemessen, beweist
aber nichts für die allgemeine Gesinnung. Nicht mehr wird
für den Ausdruck derselben gelten können, was Hipponax
bei Stob. Serm. LXVIII. 8 sagt:

δύ' ἡμέραι γυναικός εἰσιν ἥδισται·
ὅταν γάμῃ τις κἀκφέρῃ τεθνηκυῖαν,

so viel sich auch ähnliche Aeusserungen beibringen liessen,
s. z. B. Plaut. Asin. I. 1. 30, V. 2. 55, Mil. III. 1. 91 ff.,
Achill. Tat. I. 7. Was aber Eurip. Iphig. Aul. 1373 der
Iphigeneia in den Mund legt:

εἷς γ' ἀνὴρ κρείσσων γυναικῶν μυρίων,

das ist, wenn man nicht etwa ein arithmetisches Exempel
daraus machen will, in der That die tief eingewurzelte Ansicht des griechischen Alterthums, und wenn Menand. bei
Stob. LXXII. 2 nach einem langen Sermon über das, worauf
ein Heirathslustiger zu sehen habe, endlich sagt:

— ἀνάγκη γὰρ γυναῖκ' εἶναι κακόν,
ἀλλ' εὐτυχής ἐσθ' ὁ μετριώτατον λαβών,

so liegt diesen Worten ebenfalls die Gewohnheit zu Grunde,

das Weib als ein für das Bestehen des Hauses nothwendiges
Uebel zu betrachten, wonach es weniger auffällig sein wird,
wenn es bei Lucian. a. a. O. heisst: ἄχρι τέκνων γυναῖκες
ἀριθμὸς ἔστωσαν.
Aehnliche Stellen liessen sich in grosser Zahl beibringen.
Die Tragödien und Komödien und andere Schriften sind voll
davon; allein es bedarf ihrer nicht, da Stimmen, die viel ge-
wichtiger in die Wagschale fallen, Stimmen der denkendsten,
freisinnigsten und über das Gemeine hoch erhabenen Philosophen sich natürlich zwar ohne jene bitter verächtliche Geringschätzung oder jenes komische Wehegeschrei, aber doch
dahin erklärt haben, dass die Natur selbst dem Weibe seinen
Platz tief unter dem Manne angewiesen habe. — Zwar bezeichnet die philosophische Ansicht die Gleichstellung des
Weibes mit dem Sklaven als unhellenisch: Aristoteles sagt
ausdrücklich de republ. I. 2, p. 1252: ἐν δὲ τοῖς βαρβάροις
τὸ θῆλυ καὶ δοῦλον τὴν αὐτὴν ἔχει τάξιν, und c. 13, p. 1260:
ἄλλον γὰρ τρόπον τὸ ἐλεύθερον τοῦ δούλου ἄρχει καὶ τὸ ἄῤῥεν
τοῦ θήλεος καὶ ἀνὴρ παιδός: und wenn es in einem Verse aus
Euripides bei Stob. Serm. LXVII. 2 heisst:

πᾶσα γὰρ δούλη πέφυκεν ἀνδρὸς ἡ σώφρων γυνή,

so ist offenbar ein freiwilliges Unterwerfen gemeint; allein
derselbe Aristoteles spricht weiterhin die völlige Unterordnung bestimmt aus cap. 5, p. 1254: ἔτι δὲ τὸ ἄῤῥεν πρὸς
τὸ θῆλυ φύσει τὸ μὲν κρεῖττον, τὸ δὲ χεῖρον, τὸ μὲν ἄρχον,
τὸ δ᾽ ἀρχόμενον: und wenn man den vorhergehenden Vergleich erwägt: ἡ μὲν γὰρ ψυχὴ τοῦ σώματος ἄρχει δεσποτικὴν
ἀρχήν, ὁ δὲ νοῦς τῆς ὀρέξεως πολιτικὴν καὶ βασιλικήν· ἐν οἷς
φανερόν ἐστιν, ὅτι κατὰ φύσιν καὶ συμφέρον τὸ ἄρχεσθαι τῷ
σώματι ὑπὸ τῆς ψυχῆς, καὶ τῷ παθητικῷ μορίῳ ὑπὸ τοῦ νοῦ
καὶ τοῦ μορίου τοῦ λόγον ἔχοντος, τὸ δ᾽ ἐξ ἴσου ἢ ἀνάπαλιν
βλαβερὸν πᾶσιν, so ergiebt sich daraus sehr gut der Abstand,
den er zwischen Mann und Weib annimmt. Vgl. Hist. anim.

IX. 1; Magn. Mor. I. 34. Und darin stimmt ihm auch Plato
bei, der bei aller Milde und Billigkeit Leg. VI, p. 781 sagt:
λαθραιότερον μᾶλλον καὶ ἐπικλοπώτερον ἔφυ τὸ θῆλυ, und
gleich darauf, die Frauen müssten um so mehr gezügelt werden, ὅσῳ ἡ θήλεια φύσις ἐστὶ πρὸς ἀρετὴν χείρων τῆς τῶν
ἀῤῥένων, womit Aristot. de republ. II. 9, p. 1270 und
Probl. XXIX. 11: διὰ τί δεινότερον γυναῖκα ἀποκτεῖναι ἢ ἄνδρα, καίτοι βέλτιον τὸ ἄῤῥεν τοῦ θήλεος φύσει: und endlich
noch der fast gleichlautende Ausspruch des Demokritos bei
Stob. Serm. LXXIII. 62: γυνὴ πολλὰ ἀνδρὸς ὀξυτέρη πρὸς
κακοφραδμοσύνην, zu vergleichen ist. Dies ist in der That
die herrschende Ansicht. Eine höhere Würde des Weibes
kennt jene Zeit nicht, und daher ist auch die ganze ἀρετή,
deren ein Weib für fähig gehalten wird, von der eines treuen
Sklaven nicht sehr verschieden. Oder sagt das nicht mit
deutlichen Worten Plato's Meno p. 71: εἰ δὲ βούλει, γυναικὸς ἀρετὴν οὐ χαλεπὸν διελθεῖν, ὅτι δεῖ αὐτὴν τὴν οἰκίαν εὖ
οἰκεῖν σώζουσάν τε τὰ ἔνδον καὶ κατήκοον οὖσαν τοῦ ἀνδρός?

Damit soll keineswegs geleugnet werden, dass in vielen
Fällen die Tugenden einer Frau ein innigeres Verhältniss zum
Manne zur Folge haben und dass im griechischen Hause auch
wahres Familienglück wohnen konnte, eben so wenig als dass
gar oft der Charakter der Frau oder ein bedeutendes eingebrachtes Vermögen der Frau die Herrschaft im Hause zu-
wenden mochte; allein die allgemeine Ansicht blieb immer
die oben aufgestellte. Das Leben der Frauen und ihr Wirken
wurde ausser ihrem nächsten Kreise kaum beachtet, und wenn
dann und wann einem ausgezeichneten Beispiele weiblicher
σωφροσύνη eine öffentliche Anerkennung zu Theil wurde, wie
von Phokion's Frau erzählt wird (Plutarch. Phoc. 19), so ist
dabei nicht zu übersehen, dass die Huldigung doch hauptsächlich dem Manne galt. Höchstens bei dem dorischen Stamme,
wo das weibliche Geschlecht eine viel grössere, von Aristoteles
streng gemissbilligte Freiheit genoss, als bei dem ionisch-

attischen, und namentlich in Sparta, wo Lykurg's Versuch, die Weiber unter ein strengeres Gesetz zu fügen, gescheitert sein sollte (Aristot. de republ. II. 9; vgl. Plutarch. Lyc. 14, Agis 7), mag das Verhältniss etwas anders gewesen sein; allein gerade dort hatte das Weib hauptsächlich nur einen physischen Werth, wovon weiterhin die Rede sein wird, so dass die Freiheit, welche dort ja die Jungfrauen noch in ausgedehnterem Maasse, als die Verheiratheten, genossen (Müller Dorier Th. II, S. 261; vgl. oben B. II, S. 224) vielmehr der mütterlichen Bestimmung, als der sittlichen Achtung des Geschlechts galt; und Aelian's Nachricht V. Hist. XII. 34: Παυσανίας μὲν γὰρ ἦρα τῆς αὑτοῦ γυναικός, ist so seltsam nicht, als es auf den ersten Blick scheinen kann.

Mit dieser geringen Geltung des Weibes stimmt auch sehr wohl überein die gänzliche Entziehung der juristischen Selbständigkeit, in Folge deren es wenigstens in Athen lebenslänglich als unmündig betrachtet wurde. Es geschieht der Frauen in Bezug auf Recht und öffentliche Angelegenheiten überhaupt nicht viel Erwähnung (Thucyd. II. 45 ; vgl. Plutarch. Mul. virt. 1); aber die wenigen Nachrichten reichen hin, um daraus zu schliessen, wie das Gesetz selbst sie betrachtete. Vgl. Euripides Suppl. 40 :

> — πάντα γὰρ δι' ἀρσένων
> γυναιξὶ πράττειν εἰκός, αἵτινες σοφαί.

War es ja doch gesetzliche Bestimmung, dass Alles, was ein Mann auf Rath oder Bitten eines Weibes gethan habe, ungiltig sein solle: Demosth. in Olymp. §. 56: καὶ ἄκυρά γε ταῦτα πάντα ἐνομοθέτησεν εἶναι Σόλων, ὅ τι ἄν τις γυναικὶ πειθόμενος πράττῃ, ἄλλως τε καὶ τοιαύτῃ (πόρνῃ). [Den Grund giebt an Plut. Sol. 21: εὖ πάνυ καὶ προσηκόντως τὸ πεισθῆναι παρὰ τὸ βέλτιστον οὐδὲν ἡγούμενος τοῦ βιασθῆναι διαφέρειν, ἀλλ'· εἰς ταὐτὸ τὴν ἀπάτην τῇ ἀνάγκῃ καὶ τῷ πόνῳ τὴν ἡδονὴν θέμενος, ὡς οὐχ ἧττον ἐκστῆσαι λογισμὸν ἀνθρώπου *δυναμένων.* Es bezog sich also die Bestimmung vorzüglich auf Schenkungen und Versprechungen, die man für Erpressungen ansah. Vergl. Demosth. in Steph. II, §. 16. Ausserdem wurde ja nie eine weibliche Person mündig, sondern hatte zum *κύριος* als Jungfrau den Vater oder sonstige Blutsverwandte, als Frau den Mann, als Wittwe wieder einen der nächsten Angehörigen oder selbst erwachsene Söhne. Schömann att. Proc. S. 455. Hermann Privatalt. §. 57, n. 3 ff. Alb. Dejardins de la condition de la femme dans le droit civil des Athéniens. Paris, 1865. Télfi Corp. jur. Att. n. 1364 ff.] Dass sie kein bedeutenderes Geschäft, Kauf oder dergleichen für sich abschliessen durften, bezeugt Isaeus de Aristarch. her. §. 10: *ὁ γὰρ νόμος διαῤῥήδην κωλύει, παιδὶ μὴ ἐξεῖναι συμβάλλειν μηδὲ γυναικὶ πέρα μεδίμνων κριθῶν:* und es ist nur ein Zugeständniss, das Plato den Frauen nach seiner eigenen Idee macht, wenn er Leg. XI, p. 937 sagt: *γυναικὶ δ᾽ ἐξέστω ἐλευθέρᾳ μαρτυρεῖν καὶ συνηγορεῖν, ἐὰν ὑπὲρ τετταράκοντα ἔτη ᾖ γεγονυῖα, καὶ δίκην λαγχάνειν, ἐὰν ἄνανδρος ᾖ· ζῶντος δὲ ἀνδρὸς ἐξέστω μαρτυρῆσαι μόνον.*

Dieser Zurücksetzung der Frauen entsprach auch die Weise, wie von Jugend auf für ihre Bildung gesorgt wurde. Wie schon gesagt, gab es keine Unterrichtsanstalten für Mädchen, noch weniger etwa Privatlehrer, die sie im Hause unterrichtet hätten. Ihre ganze Erziehung war den Müttern und Wärterinnen überlassen, die ihnen allerdings wohl auch einen nothdürftigen Unterricht in den *γράμμασι* gaben, hauptsächlich jedoch sie das lehrten, was vorzugsweise als Beruf des Weibes galt, die weiblichen Arbeiten, wie Spinnen und Weben. Vgl. Morgenstern de Plat. Republ. p. 219. [Vgl. Schömann Gr. Alterth. B. I, S. 543. Ueber das spätere Vorkommen von Mädchenschulen Charikles B. II, S. 54.] Allerdings gilt dies namentlich von Athen; wie es in anderen Staaten war, ist nicht bekannt; vermuthlich aber war es daselbst, mit Aus-

nahme von Sparta, wo indessen die wissenschaftliche Bildung
überall nicht in Betracht kommt, nicht anders. Daher mag
es denn auch wissenschaftlich gebildete Frauen oder gar gelehrte sehr selten gegeben haben (die wohl zu unterscheiden-
den Hetären ausgenommen), und die Worte des Hippolytos
bei Eurip. v. 635:

σοφὴν δὲ μισῶ· μὴ γὰρ ἔν γ᾽ ἐμοῖς δόμοις
εἴη φρονοῦσα πλεῖον ἢ γυναῖκα χρή,

können kaum durch solche Erfahrung hervorgerufen sein, wie
das bei den Römern oft der Fall ist, Hor. Epod. VIII. 15,
Juven. VI. 434 ff., Mart. II. 90. [Das Gesagte gilt namentlich von Attika und von dessen besserer Zeit und wenn Plat.
Phaedr. p. 235 gesagt hat: παλαιοὶ γὰρ καὶ σοφοὶ ἄνδρες τε
καὶ γυναῖκες περὶ αὐτῶν εἰρηκότες καὶ γεγραφότες ἐξελέγξουσί
με, so wird er an Pythagoreerinnen oder äolische Weiber gedacht haben. Vgl. H. Köchly Acad. Vorträge und Reden.
1859, S. 152 ff.] Ueberdies fehlte ihnen das wesentlichste
Förderungsmittel weiblicher Bildung, der Umgang mit Männern,
fast ganz. Nicht nur mit Fremden, sondern auch mit den
nächsten Verwandten, ja selbst dem Gatten und Vater war
er gering, da erstlich des Mannes Aufenthalt weit mehr ausser
dem Hause als in demselben war, und zweitens im Hause
selbst beide von einander getrennte Räume bewohnten. Denn
es war durchaus, wie Herodot. V. 18 sagt, Grundsatz: κεχω-
ρίσθαι ἄνδρας γυναικῶν, ein Grundsatz, den auch Plato Leg.
VII, p. 806, wo er Syssitien der Weiber einführen will, fest-
hält. Stellen, wie Orat. in Neaer. §. 110, womit man
Aeschin. in Timarch. §. 187 [und Aristoph. Lysistr.
513] vergleichen kann, setzen allerdings einen vertraulicheren
Umgang voraus; allein wenn auch solche Fragen der Neugierde in den Stunden des Frühstücks und des Mahls gethan
werden mochten, so lässt sich daraus nicht auf eine bildende
und belehrende Unterhaltung schliessen.

So war denn die Gynäkonitis (welchen Theil des Hauses
sie ausmachte, ist in dem Excurse zu Scene III erörtert worden) zwar nicht ein Kerker, auch nicht ein jederzeit ver-
schlossener Harem, aber doch der enge Raum, welcher der
Hauptsache nach dem weiblichen Personale des Hauses für
die Lebenszeit zum Aufenthalte angewiesen war, und mit Recht
nennt daher die Frauen Plato Leg. VI, p. 781 γένος εἰθι-
σμένον δεδυκὸς καὶ σκοτεινὸν ζῆν. — Vorzüglich gilt dies von
den Jungfrauen, welche bis zur Verheirathung in der grössten
Eingezogenheit lebten, ja man möchte sagen, ganz eigentlich
unter Schloss und Riegel gehalten wurden. Und in der That
werden sie von Callim. bei Hephaest. de metris p. 66
κατάκλειστοι, von Aristaenet II. 5 aus demselben Grunde
θαλαμευόμεναι und φρουρούμεναι genannt, und in dem Lehr-
gedichte des Phokylides v. 203 wird der Rath gegeben:

> παρθενικὴν δε φύλασσε πολυκλείστοις θαλάμοισι
> μηδέ μιν ἄχρι γάμων πρὸ δόμων ὀφθῆναι ἐάσῃς.

Darum antwortet anch Klytämnestra auf den Einwurf des Agamemnon, dass die Töchter daheim nicht allein bleiben dürften,
bei Eurip. Iphig. Aulid. 728:

> ὀχυροῖσι παρθενῶσι φρουροῦνται καλῶς,

und es ist wohl nicht ohne Grund, dass Sophokles, gleichsam einem Vorwurfe vorbeugend, den Oedipus zu seinen durch
Pietät ganz aus den Schranken des jungfräulichen Lebens
getriebenen Töchtern sagen lässt, Oedip. Col. 342:

> σφῷν δ', ὦ τέκν', οὓς μὲν εἰκὸς ἦν πονεῖν τάδε
> κατ' οἶκον οἰκουροῦσιν ὥστε παρθένοι,
> σφὼ δ' ἀντ' ἐκείνων τἀμὰ δυστήνου κακά
> ὑπερπονεῖτον κ. τ. λ.

[Auch bei Soph. Electr. 516 sagt Klytämnestra zu Elektra:

> ἀνειμένη μὲν, ὡς ἔοικας, αὖ στρέφει·
> οὐ γὰρ πάρεστ' Αἴγισθος, ὅς σ' ἐπεῖχ' ἀεί
> μή τοι θυραίαν γ' οὖσαν αἰσχύνειν φίλους.

Vergl. Antig. 579 und ebenso Philo de legg. spec.
p. 803: *θηλείαις δὲ οἰκουρεῖν καὶ ἔνδον μονὴ, παρθένοις μὲν
εἴσω κλισιάδων, τὴν μεσαύλιον ὅρον ποιουμέναις, τελείαις
δ᾽ ἤδη γυναιξὶ τὴν αὔλειον.* Darum heisst es bei Xenoph.
Oecon. 7. 5: *κόρη ἔζη ὑπὸ πολλῆς ἐπιμελείας, ὅπως ἐλάγιστα
μὲν ὄψοιτο, ἐλάγιστα δὲ ἀκούσοιτο, ἐλάγιστα δὲ ἔροιτο.*
Es wird daher bei der Jungfrau überhaupt wenig Verstand
vorausgesetzt. Aeschyl. Agam. 284: *παιδὸς νέας ὥς, κάρτ᾽
ἐμωμήσω φρένας.* Vgl. Eurip. Hippol. 429] und Böttiger
Aldobrand. Hochzeit S. 130. Aus dem Dunkel ihres
παρθενών (ἐν σκιᾷ τεθραμμέναι, Lucian. Abdic. 28; vgl.
Plut. Lyc. 14) traten sie nur bei besonderen Gelegenheiten,
etwa zur Schau eines Festaufzuges oder zur Theilnahme an
demselben, hervor, und gewöhnlich sind das die Gelegenheiten, bei denen sich eine Neigung zum männlichen Geschlechte entspann, wie das zuweilen von den Komikern benutzt wird. [Hauptstelle ist Arist. Lysistr. 641:

> *ἑπτὰ μὲν ἔτη γεγῶσ᾽ εὐθὺς ἠρρηφόρουν·*
> *εἶτ᾽ ἀλετρὶς ἦ δεκέτις οὖσα τἀρχηγέτι·*
> *κᾆτ᾽ ἔχουσα τὸν κροκωτὸν ἄρκτος ἦ βραυρωνίοις·*
> *κἀκανηφόρουν ποτ᾽ οὖσα παῖς καλὴ ᾽χουσ᾽*
> *ἰσχάδων ὁρμαθόν.*

Vgl. Acharn. 251. Ueber die Begegnung der Geschlechter
bei Festen: Plaut. Aulul. IV. 10. 64; Cistell. I. 1. 91;
Terent. Adelphi u. Hecyra; Cicer. de legg. II. 14;
Meineke Com. graec. fragm. IV, p. 192; Theocr. Id.
II. 66 ff. Alciphr. Ep. III. 1; Xenoph. Eph. I. 3; Long.
Past. II. 2; Plut. Amat. Narr. 1. Auch die Leichenbegängnisse boten solche Gelegenheit: Terent. Andr. I. 1.
90; Lys. de caed. Eratosth. §. 8. Doch kamen auch Be-
gegnungen auf der Strasse vor: Plut. Apophth. Reg. et
Imp. unter Peisistratos 3: *ἐπεὶ δὲ Θρασύβουλος ἐρῶν αὐτοῦ τῆς θυγατρὸς ἐφίλησεν ἀπαντήσας κ. τ. λ.*] Unerhört aber
wäre es, dass in einer Komödie eine *παρθένος ἐλευθέρα* irgend

einen Antheil an der Handlung hätte. In keinem der durch
die Römer uns erhaltenen Stücke findet sich ein Beispiel der
Art, den Persa des Plautus ausgenommen, wo aber das
Auftreten der Tochter des Parasiten hinlänglich durch den
Schwank des Vaters motivirt ist, der sie zum Scheine wie
eine Sklavin verkaufen will. Nur in der Tragödie konnte es
unbedenklich geschehen, wenn auch Eurip. Or. 108 sagt:

$$\text{ἐς ὄχλον ἔρπειν παρθένοισιν οὐ καλόν:}$$

aber dieser Stoff war durchaus dem epischen Kreise entnommen,
und in jener Zeit, wie wir sie aus Homer kennen, lebten die
Jungfrauen allerdings in mancher Hinsicht freier. S. Lenz
a. a. O. S. 64.

Mit der Verheirathung wurde dieser strenge Zwang allerdings gemildert, in der Hauptsache blieb jedoch auch die
attische Frau auf die Gynäkonitis beschränkt, und wenn auch
noch viel fehlte, um diese einen orientalischen Harem nennen
zu können, so ist doch das nicht hinwegzuleugnen, dass kein
fremder Mann sie betreten durfte; dass es der Frau, namentlich
im jugendlichen Alter, nicht ziemte, ohne Wissen des Mannes
das Haus zu verlassen, und dass dies überhaupt selten geschah; dass sie im Umgange sich der Hauptsache nach auf
ihre Sklavinnen beschränkt sah und es dem Manne wenigstens
unverwehrt war, sie einzuschliessen. Je lebhafter diese Sätze
bestritten worden sind, desto nöthiger ist es, über ihre Wahrheit genaue Nachweisungen zu geben; von dem ersten jedoch
wird weiterhin, wo über die Beobachtung des Anstandes von
Seiten der Männer die Rede sein muss, schicklicher zu sprechen
sein. Was aber das οἰκουρεῖν oder immerwährende Hüten des
Hauses anlangt, so wurde dies als die erste Pflicht der Frau
durchaus betrachtet. Stellen wie Eurip. Troad. 642:

$$\text{πρῶτον μέν, ἔνθα κἂν προσῇ κἂν μὴ προσῇ}$$
$$\text{ψόγος γυναιξίν, αὐτὸ τοῦτ' ἐφέλκεται}$$
$$\text{κακῶς ἀκούειν, ἥτις οὐκ ἔνδον μένει·}$$
$$\text{τούτου παρεῖσα πόθον ἔμιμνον ἐν δόμοις:}$$

oder Menand. bei Stob. Serm. LXXIV. 11:

> τοὺς τῆς γαμετῆς ὅρους ὑπερβαίνεις, γύναι,
> τὴν αὐλίαν· πέρας γὰρ αὔλιος θύρα
> ἐλευθέρᾳ γυναικὶ νενόμιστ᾽ οἰκίας,

sind gewiss der Ausdruck der allgemein herrschenden Ansicht und Sitte; da man aber ihre Beweiskraft dadurch schwächen will, dass man den Euripides als μισογύνης bezeichnet, die Worte des Menander aber auf einen besonderen Fall bezieht, so bedarf es anderer Belege. Wenn die Pythagoreerin Phintys in dem Buche περὶ γυναικὸς σωφροσύνης bei Stob. LXXIV. 61 sagt: ἴδια μὲν ἀνδρὸς τὸ στραταγέν, τὸ πολιτεύεσθαι καὶ δαμαγορέν· ἴδια δὲ γυναικὸς τὸ οἰκουρὲν καὶ ἔνδον μένεν καὶ ἐκδέχεσθαι καὶ θεραπεύεν τὸν ἄνδρα, so ist damit nicht bloss gemeint, dass die Frau häuslichen Sinn haben solle, was auch wir verlangen; sondern es werden weiterhin die Fälle, in denen ihr der Ausgang aus dem Hause gestattet sein soll, bestimmt bezeichnet. Wenn ferner Aristophanes von dem Zorne der Männer spricht, wenn die Frauen ohne ihr Wissen das Haus verlassen haben, Thesmoph. 790:

> εἰ κακόν ἐσμεν, τί γαμεῖθ᾽ ἡμᾶς, εἴπερ ἀληθῶς κακόν ἐσμεν;
> κἀπαγορεύετε μήτ᾽ ἐξελθεῖν μήτ᾽ ἐκκύψασαν ἁλῶναι,
> ἀλλ᾽ οὑτωσὶ πολλῇ σπουδῇ τὸ κακὸν βούλεσθε φυλάττειν;
> κἂν ἐξέλθῃ τὸ γύναιόν ποι κᾆθ᾽ εὕρητ᾽ αὐτὸ θύραισιν,
> μανίας μαίνεσθε,

so ist in dieser Stelle nicht der mindeste Grund, eine Uebertreibung anzunehmen. Ja, er spricht sich noch bestimmter und ganz in Menander's Sinne aus, Pax 980:

> καὶ μὴ ποίει γ᾽ ἅπερ αἱ
> μοιχευόμεναι δρῶσι γυναῖκες·
> καὶ γὰρ ἐκεῖναι παρακλίνασαι
> τῆς αὐλείας παρακύπτουσιν·
> κἄν τις προσέχῃ τὸν νοῦν αὐταῖς,
> ἀναχωροῦσιν·
> κᾆτ᾽ ἢν ἀπίῃ, παρακύπτουσιν.

[Vgl. Epicharmos bei Stob. Serm. LXIX. 17 mit Welcker
Rhein. Mus. III, S. 419.] Darum finden wir denn auch in
einem Falle, wo Angst und Sorge in jedem anderen Verhältnisse die Frauen aus den Häusern getrieben haben würden,
sie nur an den Hausthüren. Es ist der Augenblick, wo die
Nachricht von der Niederlage bei Chäroneia nach Athen kam;
da heisst es bei Lycurg. in Leocr. §. 40: ὁρᾶν δ᾽ ἦν ἐπὶ
μὲν τῶν θυρῶν γυναῖκας ἐλευθέρας περιφόβους, κατεπτηχυίας
καὶ πυνθανομένας, εἰ ζῶσι, τὰς μὲν ὑπὲρ ἀνδρός, τὰς δ᾽ ὑπὲρ
πατρός, τὰς δ᾽ ὑπὲρ ἀδελφῶν κ. τ. λ. und doch setzt der
Redner noch hinzu: ἀναξίως αὐτῶν καὶ τῆς πόλεως ὁρωμένας.
Ein ganz ähnliches Beispiel findet sich bei Plutarch. de
gen. Socr. 33 von Theben nach dem Sturze der Fremdherr-
schaft: αἱ δὲ γυναῖκες, ὡς ἑκάστη περὶ τοῦ προσήκοντος ἤκου-
σεν, οὐκ ἐμμένουσαι τῶν Βοιωτῶν ἤθεσιν ἐξέτρεχον πρὸς ἀλλήλας καὶ διεπυνθάνοντο παρὰ τῶν ἀπαντώντων ... οὐδεὶς δὲ
ἐκώλυεν. Endlich führt derselbe Lyc. 15 als einen Fehler
der übrigen griechischen Gesetzgebungen an, den Lykurg verwarf: τὰς δὲ γυναῖκας ἐγκλεισάμενοι φρουροῦσιν. Vgl. auch
Xenoph. Oec. 7. 30. Bei bejahrteren Frauen mag der Zwang
vielleicht weniger streng gewesen sein; jüngere wurden wahrscheinlich sorgfältiger gehütet. Das lässt sich aus den Worten des Hyperides schliessen bei Stob. LXXIV. 33: δεῖ τὴν
ἐκ τῆς οἰκίας ἐκπορευομένην ἐν τοιαύτῃ καταστάσει εἶναι τῆς
ἡλικίας, ὥστε τοὺς ἀπαντῶντας πυνθάνεσθαι μὴ τίνος ἐστὶ
γυνή, ἀλλὰ τίνος μήτηρ: und insofern ist es wohl angemessen,
dass Euripides Androm. 858 die Amme zur Hermione
sprechen lässt:

> ἀλλ᾽ εἴσιθ᾽ εἴσω μηδὲ φαντάζου δόμων
> πάροιθε τῶνδε, μή τιν᾽ αἰσχύνην λάβῃς
> πρόσθεν μελάθρων τῶνδ᾽ ὁρωμένη, τέκνον.

Vgl. Heraclid. 474 und Plato Republ. IX, p. 579, der vom
Tyrannen sagt: καταδεδυκὼς ἐν τῇ οἰκίᾳ τὰ πολλὰ ὡς γυνὴ
ζῇ. Endlich ist auch nicht zu übergehen, dass die Schild-

kröte, auf welche die Aphrodite Urania des Pheidias trat, für
das Symbol des eingeschlossenen Lebens der Frauen galt.
Plutarch. de Iside et Osir. 76: τῷ δὲ τῆς Ἀθηνᾶς (εἰκά-
σματι) τὸν δράκοντα Φειδίας παρέθηκε, τῷ δὲ τῆς Ἀφροδίτης
ἐν Ἤλιδι χελώνην, ὡς τὰς μὲν παρθένους φυλακῆς δεομένας,
ταῖς δὲ γαμεταῖς οἰκουρίαν καὶ σιωπὴν πρέπουσαν: vgl. Coning.
praec. 32 mit Wyttenbach p. 891 und Pausan. VI. 25. 2.
Mag auch die Deutung des Symbols zweifelhaft sein, so ist
es hier hinreichend, dass man es so verstand.

Was nun den Ausgang aus dem Hause anlangt, so haben
von ihm allerdings die Worte des Aristophanes Lysistr.
16: χαλεπή τοι γυναικῶν ἔξοδος, volle Geltung, wenn sie auch
dort in ganz anderem Sinne gesagt sind, als Böttiger Sab.
II, S. 193 ihnen unterlegt und ich selbst sie hier nehmen
will. Abgesehen von der oft gar umständlichen Toilette und
den häuslichen Beschäftigungen und Abhaltungen war der Ausgang der Frauen gar sehr beschränkt und erschwert. Athenaeos XII, p. 521 erzählt uns aus Phylarch, dass in Syrakus
ein Gesetz bestand: τὴν ἐλευθέραν μὴ ἐκπορεύεσθαι ἡλίου δε-
δυκότος ἐὰν μὴ μοιχευθησομένην, ἐκωλύετο δὲ καὶ ἡμέρας
ἐξιέναι ἄνευ τῶν γυναικονόμων, ἀκολουθούσης αὐτῇ μιᾶς
θεραπαινίδος. Aehnlich war das Gesetz Solon's bei Plutarch.
21: ἐπέστησε δὲ καὶ ταῖς ἐξόδοις τῶν γυναικῶν καὶ τοῖς πέν-
θεσι καὶ ταῖς ἑορταῖς νόμον ἀπείργοντα τὸ ἄτακτον καὶ ἀκό-
λαστον, ἐξιέναι μὲν ἱματίων τριῶν μὴ πλέον ἔχουσαν κελεύσας
μηδὲ βρωτὸν ἢ ποτὸν πλείονος ἢ ὀβολοῦ φερομένην μηδὲ κά-
νητα πηχυαίου μείζονα, μηδὲ νύκτωρ πορεύεσθαι πλὴν ἁμάξῃ
κομιζομένην λύχνου προφαίνοντος. Derselbe fügt nach Anführung des Gesetzes über die Leichenfeier hinzu: ὧν τὰ
πλεῖστα καὶ τοῖς ἡμετέροις νόμοις ἀπηγόρευται, und gedenkt
dabei auch der Aufsicht der Gynäkonomen, zunächst in Bezug
auf das letzte Gesetz. Diese γυναικονόμοι werden nun zwar
bei dem solonischen Gesetze nicht erwähnt; dass es deren
aber auch in Athen gab, sieht man aus Poll. VIII. 112 und

Hesych. s. πλάτανος, wenn es gleich zweifelhaft ist, ob schon in so früher Zeit; vgl. Böckh über den Plan d. Atthis d. Philochoros S. 24, [der aber gerade nachgewiesen hat, dass die γυναικονόμοι nicht vor dem Polizeistaate des Demetrios von Phaleron vorkommen, eine Ansicht, die F. v. Stojentin de Jul. Pollucis in publicis Atheniensium antiquitatibus enarrandis auctoritate. Vratislaviae, 1875, p. 50 ff. vergeblich angefochten hat. Vgl. die Recension von R. Schöll in Jen. Literaturz. 1876. N. 38, S. 599 und ausserdem Schömann B. I, S. 567]; und dass diese dann neben anderen Obliegenheiten (s. Athen. VI, p. 245) vorzüglich über die ἔξοδοι der Frauen zu wachen hatten, erhellt klar aus Aristot. de republ. IV. 15, p. 1300: παιδονόμος δὲ καὶ γυναικονόμος καὶ εἴ τις ἄλλος ἄρχων κύριός ἐστι τοιαύτης ἐπιμελείας ἀριστοκρατικόν, δημοκρατικὸν δ᾽ οὔ· πῶς γὰρ οἷόν τε κωλύειν ἐξιέναι τὰς τῶν ἀπόρων; und noch deutlicher VI. 8, p. 1323: τούτων δ᾽ ἔνιαι φανερῶς εἰσιν οὐ δημοτικαὶ τῶν ἀρχῶν, οἷον γυναικονομία καὶ παιδονομία· τοῖς γὰρ ἀπόροις ἀνάγκη χρῆσθαι καὶ γυναιξὶ καὶ παισὶν ὥσπερ ἀκολούθοις διὰ τὴν ἀδουλίαν: [vgl. van Stegeren in Misc. phil. et paed. 1849, p. 82 ff.] Etwas Aehnliches ist es, wenn Plato Leg. VI, p. 784 Frauen einsetzt, welche selbst ἐπίσκοποι der Sittlichkeit sein sollen.

Nun ist es fast unglaublich, dass auch nach dem syrakusischen Gesetze zu jedem Gange, den die Frau aus dem Hause thun wollte, die Erlaubniss des Gynäkonomen erforderlich gewesen sein sollte, und da in beiden Gesetzen des νύκτωρ πορεύεσθαι und bei Solon der ἅμαξα Erwähnung geschieht, so scheinen sich diese Bestimmungen auf kleine Ausflüge ausserhalb des Wohnortes zu beziehen, die wohl vorkamen. Allein auch die anderen Ausgänge waren sehr beschränkt. Unter den fünf Hauptmerkmalen der weiblichen Sittsamkeit, σωφροσύνη, welche Phintys in der oben erwähnten Schrift aufzählt, nimmt die dritte Stelle das ἐκ τῶν

ἐξόδων τῶν ἐκ τᾶς ἰδίας οἰκίας ein. Die Veranlassungen zum
Ausgehen können nach ihr sein: religiöse Handlungen oder
eine Festschau oder auch der Einkauf irgend eines häuslichen
Bedürfnisses. In letzterem liegt schon eine grössere Freiheit,
als für gewöhnlich anzunehmen sein möchte, und um so be-
deutender erscheinen die übrigen vorgeschriebenen Beschrän-
kungen. Sie sagt: τὰς δὲ ἐξύδως ἐκ τᾶς οἰκίας ποιεῖσθαι
τὰς γυναῖκας τὰς δαμοτελέας θυηπολούσας τῶ ἀρχαγέτᾳ θεῶ
τᾶς πόλιος ὑπὲρ αὑτᾶς καὶ τῶ ἀνδρὸς καὶ τῶ παντὸς οἴκω,
ἔπειτα μήτε ὀρφνᾶς ἀνισταμένας μήτε ἑσπέρας, ἀλλὰ πλαθούσας ἀγορᾶς καταφανέα γινομέναν τὰν ἔξοδον ποιεῖσθαι θεωρίας
ἕνεκά τινος ἢ ἀγορασμῶ οἰκήω μετὰ θεραπαίνας μιᾶς ἢ καττὸ
πλεῖστον δύο εὐκόσμως χειραγωγουμέναν. Wenn es aber schon
hier sehr liberal erscheint, dass die Frau soll ausgehen dürfen, um sich Bedürfnisse einzukaufen, so ist es noch viel auffälliger, in einem folgenden Bruchstücke des Nikostratos
π. γάμου daselbst LXXIV. 62 sogar Spaziergänge ausser dem
Hause erwähnt und empfohlen zu finden. Denn um anstatt
eines Gesichts, das der Schminke bedürfe, ein gesundes, blühen-
des Ansehen zu erlangen, empfiehlt er Bewegung und sagt:
τά γε μὴν γυμνάσια ἅμα μὲν ἂν ἔξω γένοιτο ἐν περιπάτοις, τὰ
δὲ ἔνδον παρὰ τὸν ἱστὸν ἰοῦσα εὕροι ἄν τι πονῆσαι δυνάμενον
ἢ τιθέμενον. Ob dieses nur eigener Gedanke sei oder ob hier
und da auch dergleichen Spaziergänge üblich gewesen, das
will ich nicht entscheiden; ich wüsste mich nicht zu erinnern,
irgendwo sonst etwas der Art erwähnt gefunden zu haben;
höchstens die platonische Vorschrift für die Schwangeren,
Leg. VII, p. 789: τὴν κύουσαν περιπατεῖν: vgl. Aristot. de
republ. VII. 16, p. 1335; aber so viel ist wenigstens gewiss,
dass es auf Attika durchaus nicht anwendbar ist. [Ueber die
γυναικεία ἀγορά in Athen vergl. B. II, S. 202.] Wohl aber
gaben den Frauen die Feste, welche von ihnen mit Ausschluss
der Männer gefeiert wurden, Gelegenheit, unter sich in Gesellschaft zu sein, und dann mochte es oft desto ausgelassener

zugehen, je grösser sonst die Beschränkung war. Denn an
diesen Festen fand nicht nur die allgemeine solenne Feier
statt, sondern sie gaben auch Veranlassung zu Privatvereinen
(s. Isaeus de Pyrrhi her. §. 80: ὑπὲρ τῆς γαμετῆς γυναικὸς θεσμοφόρια ἑστιᾶν τὰς γυναῖκας), und darauf oder auf
Familienfeste bezieht sich vielleicht Aristoph. Thesm. 795:

> κᾶν καταδαρθῶμεν ἐν ἀλλοτρίων παίζουσαι καὶ κοπιῶσαι,
> πᾶς τις τὸ κακὸν τοῦτο ζητεῖ περὶ τὰς κλίνας περινοστῶν.

[Eubul. bei Athen. XV, p. 668:

> εἶεν, γυναῖκες, νῦν ὅπως τὴν νύχθ' ὅλην
> ἐν τῇ δεκάτῃ τοῦ παιδίου χορεύσετε·
> θήσω δὲ νικητήριον τρεῖς ταινίας
> καὶ μῆλα πέντε καὶ φιλήματ' ἐννέα,

und ebendaselbst Kallippos:

> ὁ διαγρυπνήσας πυραμοῦντα λήψεται
> τὰ κοττάβια, καὶ τῶν παρουσῶν ἣν θέλει
> φιλήσει.]

In der in jenen Gesetzen enthaltenen Bestimmung, dass die
Frau nur eine Dienerin bei sich haben sollte — auch Phintys gestattet deren höchstens zwei — liegt übrigens eine
doppelte Vorschrift. Einerseits wäre es unschicklich gewesen,
wenn die Frau ohne Begleiterin ausgegangen wäre. Wer irgend
im Stande war, Sklaven zu halten, der gab gewiss seiner Frau
eine solche Dienerin; und für wie unerlässlich eine solche Begleitung angesehen wurde, sieht man an dem Beispiele des
ἀνελεύθερος, der jedesmal eine Dienerin miethet, Theophr.
Char. 22: τῇ γυναικὶ μὴ πρίασθαι θεράπαιναν, ἀλλὰ μισθοῦσθαι εἰς τὰς ἐξόδους παιδίον ἀκολουθῆσον. Aber schon daraus
lässt sich abnehmen, dass die ἔξοδοι nicht häufig vorkommen
mochten, und ebenso sollte andererseits auch dem Luxus ge-
wehrt werden, eine Menge Sklaven mit sich zu führen. Wie
sehr in später Zeit dieses Gefolge sich vermehrt hatte, sieht
man aus Lucian. Imag. 2, wo von einer vornehmen Frau

gesagt wird: *θεραπεία δὲ πολλὴ καὶ ἄλλη περὶ αὐτὴν παρασκευὴ λαμπρὰ καὶ εὐνούχων τι πλῆθος καὶ ἅβραι πάνυ πολλαι:*
Doch wurde wohl auch schon früher trotz des Verbotes
darin Aufwand gemacht, wie denn eben die seltene Genüg-
samkeit, mit einer Sklavin auszugehen, Phokion's Frau die
oben erwähnte öffentliche Anerkennung erwarb; ja selbst das
solonische Gesetz setzt einen vorhergegangenen Missbrauch
voraus.

Dass unter diesen Umständen auch die gegenseitigen Besuche, mit Ausnahme der Verwandten, nicht häufig sein mochten, lässt sich erwarten; ganz unterblieben sie indessen natürlich nicht. Naumach. bei Stob. Serm. LXXIV. 7:

> *μήτε γραῦν ποτε σοῖσι κακὴν δέξαιο μελάθροις·*
> *πολλῶν γρῆες ἔπερσαν ἐύκτιτα δώματα φώτων·*
> *μηδὲ μὲν ἀκριτόμυθον ἑταιρίσσαιο γυναῖκα·*
> *κεδνὰ κακοὶ φθείρουσι γυναικῶν ἤθεα μῦθοι,*

meint wohl keine *ἐλευθέρας γυναῖκας:* aber Euripides spricht
davon Androm. 925:

> *ἀλλ' οὔποτ', οὔποτ', οὐ γὰρ εἰς ἅπαξ ἐρῶ,*
> *χρὴ τούς γε νοῦν ἔχοντας, οἷς ἐστιν γυνή,*
> *πρὸς τὴν ἐν οἴκοις ἄλοχον εἰσφοιτᾶν ἐᾶν*
> *γυναῖκας· αὗται γὰρ διδάσκαλοι κακῶν·*
> *ἡ γάρ τι κερδαίνουσα συμφθείρει λέχος,*
> *ἡ δ' ἀμπλακοῦσα συννοσεῖν αὐτῇ θέλει.*

Vgl. Troad. 653. Allerdings leidet es keinen Zweifel, dass
namentlich bejahrtere und erfahrenere Frauen anderen in Krankheit, bei Entbindungen und dergleichen Beistand leisteten, vgl.
z. B. Aristoph. Eccl. 552 und Alciphr. I. 28, die alexan-
drinische Sitte aber, wie wir sie aus Theocr. XV kennen
lernen, ist von der eigentlich griechischen ganz verschieden.
[Dennoch ist auch Becker in der Beschränkung der attischen
Frauen noch zu weit gegangen. Denn mit der Zeit griff doch
eine mildere Praxis Platz. Zunächst lassen sich freundschaft-

liche Besuche der Weiber nicht wegleugnen. Demosth. in
Callicl. §. 23 heisst es: τῆς γὰρ μητρὸς τῆς ἐμῆς χρωμέ-
νης τῇ τούτων μητρὶ — — καὶ πρὸς ἀλλήλας ἀφικνουμένων,
οἷον εἰκὸς ἅμα μὲν ἀμφοτέρων οἰκουσῶν ἐν ἀγρῷ καὶ γειτνιω-
σῶν κ. τ. λ., und wenn man dies bloss vom Landleben gelten
lassen wollte, so kann auch für die Stadt nicht an die nie-
drigste Klasse gedacht werden, wenn Aristoph. Eccles. 445
Chremes sagt:

> ἔπειτα συμβάλλειν πρὸς ἀλλήλας ἔφη
> ἱμάτια χρυσί᾽ ἀργύριον ἐκπώματα
> μόνας μόναις, οὐ μαρτύρων ἐναντίον.

So meint auch in demselben Stücke v. 248 der Nachbar über
die abwesende Praxagora:

> τί δῆτ᾽ ἂν εἴη; μῶν ἐπ᾽ ἄριστον γυνὴ
> κέκληκεν αὐτὴν τῶν φίλων;

worauf Blepyros ganz arglos antwortet:

> γνώμην γ᾽ ἐμήν.
> οὔκουν πονηρά γ᾽ ἐστὶν ὅ τι κἄμ᾽ εἰδέναι.

(Menander schrieb ja auch ein Stück unter dem Titel Συναρι-
στῶσαι.) Wie verträgt es sich aber ferner mit der strengen
Abgeschlossenheit der Frauen aus besseren Ständen, wenn
Plutarch im Leben des Perikles c. 13 in Bezug auf dessen
Verhältniss zu Pheidias erzählt: καὶ τοῦτο τῷ μὲν φθόνον, τῷ
δὲ βλασφημίαν ἤνεγκεν, ὡς ἐλευθέρας τῷ Περικλεῖ γυναῖκας εἰς τὰ ἔργα φοιτώσας ὑποδεχομένου τοῦ Φειδίου?
Hier wird vorausgesetzt, dass die betreffenden Frauen, und
zwar ohne Begleitung ihrer Männer, die Bauten und das Atelier
des Meisters besuchten, und dasselbe ergiebt sich für den
Pfauenhof des Pyrilampes, wenn man Plutarch's Worte a. a. O.:
οἱ κωμικοὶ πολλὴν ἀσέλγειαν αὐτοῦ κατεσκέδασαν — — εἴς
τε τὰς Πυριλάμπους ὀρνιθοτροφίας, ὃς ἑταῖρος ὢν Περικλέους
αἰτίαν εἶχε ταῶνας ὑφιέναι ταῖς γυναιξίν, αἷς ὁ Περικλῆς ἐπλη-
σιαζε vergleicht mit Athen. IX, p. 397: ὅτι δὲ καὶ περισπού-

δαστος ἦν αὐτῶν (ταῶν) ἡ θέα, ἐν τῷ αὐτῷ λόγῳ πάλιν φησίν
('Αντιφῶν)· 'Αλλὰ τὰς μὲν νουμηνίας ὁ βουλόμενος εἰσῄει, τὰς
δ' ἄλλας ἡμέρας εἴ τις ἔλθοι βουλόμενος θεάσασθαι, οὐκ ἔστιν
ὅστις ἔτυχε. Auch die persönliche Abgabe des Scheidebriefes
bei dem Archonten (Plut. Alcib. 8) würde doch einen argen
Verstoss gegen die gute Sitte bilden, wenn die Ausgänge überhaupt so selten gewesen wären. Besuchte ja selbst die un-
verheirathete Elpinike im Interesse ihres Bruders Kimon den
Perikles: Plut. Pericl. 10 und Cim. 14! Endlich scheint
die Erzählung Plutarch's von dem Gebahren der Weiber
nach der von Perikles gehaltenen Leichenrede Pericl. 28:
καταβαίνοντα δ' αὐτὸν ἀπὸ τοῦ βήματος αἱ μὲν ἄλλαι γυναῖκες
ἐδεξιοῦντο καὶ στεφάνοις ἀνέδουν καὶ ταινίαις ὥσπερ ἀθλητὴν
νικηφόρον, ἡ δ' Ἑλπινίκη προσελθοῦσα πλησίον κ. τ. λ. in direk-
tem Widerspruche mit der oben citirten Stelle Lycurg. in
Leocr. §. 40 zu stehen. Man sieht aber eben daraus, dass
der Anstoss, den die Athenerinnen nach der Schlacht bei
Chäroneia gaben, hauptsächlich nur darin lag, dass sie des
Abends die vorübergehenden Männer ohne Scheu befragten.
Von humaneren Ansichten zeugen auch die Besuche, welche
Ehemänner mit ihren Frauen bei Aspasia machten: Xenoph.
Oec. III. 14; Plut. Pericl. 24; Cic. de invent. I. 31 und
Quintil. V. 11. 27.]

Aus diesen Nachweisungen wird man ersehen, dass die Beschränkung der Freiheit, welche man den griechischen Frauen,
und zwar, mit Ausnahme der niedrigsten Klasse, allgemein
auflegte, allerdings drückend genug war. Allein man ist damit
noch nicht zufrieden gewesen und es ist mehrfach behauptet
worden, dass viele griechische Männer ihre Frauen im eigentlichen Sinne unter Verschluss gehalten und zu grösserer Vor-
sicht wohl gar die Thüre der Gynäkonitis noch mit ihren
Siegelringen versiegelt hätten. Nun will ich es nicht gerade
leugnen, dass dann und wann ein eifersüchtiger und miss-
trauischer Mann sich der ehelichen Treue seiner Frau durch

Verschluss der *μέσαυλος* versichert haben könne; allein die
Beweise, welche man aus einigen Dichterstellen entlehnt,
scheinen mir kein besonderes Gewicht zu haben. Was zunächst die euripideische Tirade Androm. 932 anlangt:

$$πρὸς τάδ' εὖ φυλάσσετε$$
$$κλήθροισι καὶ μοχλοῖσι δωμάτων πύλας,$$

so ist erstlich überhaupt darauf aus den oben angeführten
Gründen nicht viel zu geben, und dann ist hier auch gar
nicht vom Einschliessen der Frauen, sondern wie Aeschyl.
Choeph. 865 vom Verschlusse der Hausthüre die Rede, um
die als verderblich geschilderten Besuche anderer Frauen abzuhalten. Was aber das Weib bei Aristoph. Thesm. 414 ff.
eben in Bezug auf Euripides sagt:

$$εἶτα διὰ τοῦτον ταῖς γυναικωνίτισιν$$
$$σφραγῖδας ἐπιβάλλουσιν ἤδη καὶ μοχλούς$$
$$τηροῦντες ἡμᾶς, καὶ προσέτι Μολοττικούς$$
$$τρέφουσι μορμολυκεῖα τοῖς μοιχοῖς κύνας,$$

das darf man gewiss nicht als Thatsache, sondern nur als
Persiflage eines euripideischen Wortes nehmen. Denn der
Dichter hatte z. B. in seiner Danae v. 58 gesagt: *πατὴρ δέ*
μιν κλήσας ἐν παρθενῶσι σφραγῖσι δέμας φυλάσσει, und viel-
leicht waren anderwärts ähnliche Aeusserungen vorgekommen.
Darauf spielt unstreitig Aristophanes an und thut, als
hätten die Männer solche Maassregeln von Euripides gelernt.
Etwas mehr Bedeutung scheint eine Stelle Menander's bei
Stob. Serm. LXXIV. 27 zu haben, da dort in einer übrigens
sehr ernsten Rede über die Behandlung des Weibes gesagt wird:

$$ὅστις δὲ μοχλοῖς καὶ διὰ σφραγισμάτων$$
$$σώζει δάμαρτα δρᾶν τι δὴ δοκῶν σοφόν,$$
$$μάταιός ἐστι καὶ φρονῶν οὐδὲν φρονεῖ.$$

Wenn man aber bedenkt, dass diese euripideisch-aristopha-
nische Erfindung sprichwörtliche Geltung erhalten haben konnte
oder doch allbekannt war, so wird man sich auch nicht veran-

lasst finden, aus dieser nur hypothetischen Erwähnung Menander's viel für die Wirklichkeit zu folgern. Eine ganz irrige Angabe aber ist es, dass die Gynäkonitis, wie Tholuck a. a. O.
uns lehren will, durch Eunuchen bewacht worden sei, und der
Verfasser kann diese Nachricht nur etwa aus Barthélemy
oder Potter's Archaeologia Graeca geschöpft haben;
der Eunuch des Kallias bei Plato Protag. p. 314 bewacht
wenigstens nur die Hausthüre selbst; vgl. oben S. 26.

Demungeachtet ist es natürlich, dass jene Eingezogenheit
besonders bei den Mädchen eine grosse Unerfahrenheit und
Schüchternheit zur Folge haben musste, die, wie schon erwähnt, oft selbst Einfalt und übertriebene Sprödigkeit genannt
werden kann; aber im Allgemeinen ging doch daraus jene
züchtige Verschämtheit der attischen Jungfrauen hervor, welche
zu der freien Ausgelassenheit der Mädchen bei manchen, den
Griechen näher stehenden Barbaren und der kecken Dreistig-
keit der spartanischen Jungfrauen den schärfsten Gegensatz
bildet. Es ist eine merkwürdige Nachricht, welche Herodot.
I. 93 von der Lebensweise der lydischen Mädchen (aus der
ärmeren Klasse) giebt: τοῦ γὰρ δὴ Λυδῶν δήμου αἱ θυγατέρες
πορνεύονται πᾶσαι συλλέγουσαι σφίσι φερνάς, ἐς δ ἂν συνοι-
κήσωσι τοῦτο ποιέουσαι· ἐκδιδόασι δὲ αὐταὶ ἑωυτάς. Sie wird
merkwürdiger noch, weniger dadurch, dass Strabo XI. 13. 16
(vgl. XIII. 4. 7) Aehnliches von den armenischen Mädchen erzählt, als dass gerade von den Etruskern dieselbe Sitte berichtet wird. Denn durch die Stelle aus Herodot erhalten erst
die Worte des Plautus Cist. II. 3. 20:

— non enim hic, ubi ex Tusco modo
Tute tibi indigne dotem quaeras corpore,

volles Licht, und wenn die vielfältige Uebereinstimmung ly-
discher und etruskischer Sitte überhaupt auf einen gemein-
samen Ursprung hinweisen, so ist das Zusammentreffen in
einem so sonderbaren Herkommen besonders auffallend. — Ein

solches Unwesen war freilich den Griechen überhaupt gänzlich fremd und einzelne Beispiele der Art wurden durch das
Gesetz selbst mit Schande gebrandmarkt. Aber in Athen und
gewiss auch in den meisten anderen griechischen Städten musste
auch die spartanische γύμνωσις und ἄνεσις einen widrigen Eindruck machen, und es ist gewiss die allgemeine Ansicht, welche
Eurip. Androm. 586 ff. ausspricht:

> — οὐδ' ἂν εἰ βούλοιτό τις
> σώφρων γένοιτο Σπαρτιατίδων κόρη,
> αἱ ξὺν νέοισιν ἐξερημοῦσαι δόμους
> γυμνοῖσι μηροῖς καὶ πέπλοις ἀνειμένοις
> δρόμους παλαίστρας τ' οὐκ ἀνασχετοὺς ἐμοί
> κοινὰς ἔχουσι,

siehe mehr darüber im Excurse I zu Scene V. — Davon stach
das Benehmen der attischen Jungfrauen so sehr ab, als von
jenem χιτὼν σχιστός ihre den Körper sorgfältig verhüllende
Kleidung. Selbst die verheirathete Frau zog sich erröthend
zurück, wenn sie etwa am Fenster von dem Blicke eines
Mannes getroffen wurde. Aristoph. Thesm. 797:

> κἂν ἐκ θυρίδος παρακύπτωμεν, ζητεῖ τὸ κακὸν τεθεᾶσθαι·
> κἂν αἰσχυνθεῖσ' ἀναχωρήσῃ, πολὺ μᾶλλον πᾶς ἐπιθυμεῖ
> αὖθις παρακύψαν ἰδεῖν τὸ κακόν:

und so war das ganze Benehmen voll Scheu und Verschämtheit, nicht bloss in Athen. Wenn aber gesagt worden ist,
dass diese zuweilen in lächerliche Einfalt ausartete, so habe
ich dabei solche Beispiele vor Augen, wie von Hieron's Frau
erzählt wird, Plutarch. cap. ex inim. util. 7: Ἱέρων ὑπό
τινος τῶν ἐχθρῶν εἰς τὴν δυσωδίαν ἐλοιδορήθη τοῦ στόματος·
ἐλθὼν οὖν οἴκαδε πρὸς τὴν γυναῖκα, τί λέγεις; εἶπεν, οὐδὲ σύ
μοι τοῦτο ἔφρασας· ἡ δὲ οὖσα σώφρων καὶ ἄκακος, ᾤμην,
εἶπεν, ὅτι τοιοῦτο πάντες ὄζουσιν οἱ ἄνδρες. Vgl. Apophth.
reg. p. 175 c und gegen die übertriebene Schüchternheit denselben in der oben angeführten Stelle Conjug. praec. 29.

Dagegen waren auch die Männer in Beobachtung des Anstandes, wenn Frauen gegenwärtig waren, sehr sorgfältig, und wenn ihnen auch jene rücksichtsvolle, aufopfernde Artigkeit und Zuvorkommenheit, die man bei uns gewöhnlich Galanterie nennt, wobei der Mann seinen eigenen Werth und seine höhere Würde aus den Augen setzt, gänzlich fremd war, so fand dagegen eine desto strengere Achtung der ehelichen Verhältnisse und überhaupt der Sitte statt, die den Mann von den Frauen trennte, wenn auch dieselbe mehr noch dem Rechte der Männer als den Frauen gelten mochte. Es wurde als schwere Beeinträchtigung dieser Rechte und grobe Ungeschliffenheit betrachtet, wenn ein Mann in ein Haus, in dem Frauen sich befanden, in Abwesenheit des Hausherrn trat. Wir finden ein merkwürdiges Beispiel der Gewissenhaftigkeit, mit welcher diese Rücksicht beobachtet wurde, in einem Falle, wo selbst der zu Hülfe gerufene Freund oder Verwandte es nicht wagt, in das Haus zu treten, bei Demosth. in Euerg. §. 60: προς-ελθὼν δὲ ὁ Ἀγνόφιλος προσκληθεὶς ὑπὸ τοῦ θεράποντος τοῦ Ἀνθεμίωνος, ὅς ἐστι μοι γείτων, εἰς μὲν τὴν οἰκίαν οὐκ εἰσῆλ-θεν· οὐ γὰρ ἡγεῖτο δίκαιον εἶναι μὴ παρόντος γε τοῦ κυρίου: und so dient es in derselben Rede zur Entschuldigung des Klägers, der in das Haus seines Gegners gedrungen war, dass dieser unverheirathet lebte, §. 38: καὶ ἐπεπύσμην αὐτὸν ὅτι οὐκ εἴη γεγαμηκώς. Darum hebt es Lysias (in einem ähnlichen Falle als bei Demosthenes §. 53 erzählt wird) als eine schwere ὕβρις heraus, dass Simon in die Gynäkonitis eingedrungen sei, adv. Simon. §. 6: ἐλθὼν ἐπὶ τὴν οἰκίαν τὴν ἐμὴν νύκτωρ μεθύων ἐκκόψας τὰς θύρας εἰσῆλθεν εἰς τὴν γυναικωνῖτιν ἔνδον οὐσῶν τῆς τε ἀδελφῆς τῆς ἐμῆς καὶ τῶν ἀδελφιδῶν, αἳ οὕτω κοσμίως βεβιώκασιν, ὥστε καὶ ὑπὸ τῶν οἰκείων ὁρώμεναι αἰσχύνεσθαι. Auch die folgenden Worte beweisen, dass die Augenzeugen das Vergehen besonders darin fanden, dass er die Achtung gegen die Frauen aus den Augen setzte: ἡγούμενοι δεινὰ ποιεῖν οἱ παραγενόμενοι καὶ οἱ μετ' αὐτοῦ ἐλθόντες ἐπὶ παῖδας κόρας καὶ ὀρφανὰς εἰσιόντα ἐξήλασαν βίᾳ. Ja, schon anstössige Reden im Beisein von Frauen gälten als sehr strafbar. So ist es ein Anklagepunkt des Demosthenes gegen Meidias §. 79: τῆς ἀδελφῆς ἔτ᾽ ἔνδον οὔσης τότε καὶ παιδὸς οὔσης κόρης ἐναντίον ἐφθέγγοντο αἰσχρὰ καὶ τοιαῦτα, οἷα ἂν ἄνθρωποι τοιοῦτοι φθέγξαιντο: so bestrafte deshalb Hieron den Epicharmos, Plutarch. Apophth. reg. p. 175: Ἐπίχαρμον δὲ τὸν κωμῳδοποιόν, ὅτι τῆς γυναικὸς αὐτοῦ παρούσης εἶπέ τι τῶν ἀπρεπῶν, ἐζημίωσε. Vgl. auch Terent. Heaut. V. 4. 19: »pudet dicere hac praesente verbum turpe« (er meint nur das Wort scortum). Eine schöne Sitte, wenn sie eben wahrem sittlichen Boden entsprossen und nicht vielmehr aus der Rücksicht auf das, was den Männern frommte und was man dem jedesmaligen κύριος schuldig sei, entsprungen wäre, und wenn sich nicht Beweise fänden, dass trotz der öffentlichen Meinung sie gar häufig nicht beachtet werden mochte.

Was nun die Ehe selbst anlangt, so wurde sie in Bezug auf die Kindererzeugung als eine durch die Pflichten gegen die Götter, den Staat und das eigene Geschlecht, namentlich die Verstorbenen bedingte Nothwendigkeit angesehen, und nebenbei kam der Vortheil, den das eheliche Verhältniss für den Haushalt hatte, in Anschlag. Aristot. Ethic. Nic. VIII. 14, p. 1162: οἱ δ᾽ ἄνθρωποι οὐ μόνον τῆς τεκνοποιίας χάριν συνοικοῦσιν ἀλλὰ καὶ τῶν εἰς τὸν βίον· εὐθὺς γὰρ διῄρηται τὰ ἔργα καὶ ἔστιν ἕτερα ἀνδρὸς καὶ γυναικός· ἐπαρκοῦσιν οὖν ἀλλήλοις εἰς τὸ κοινὸν τιθέντες τὰ ἴδια. Eine höhere Ansicht der Ehe dagegen fehlte wenigstens bis in sehr späte Zeiten gänzlich, und eben so wenig darf man den Grund zur Heirath häufig in heftiger Neigung des Mannes zu einem Mädchen suchen. Zwar würde man offenbar zu weit gehen, wenn man mit Müller Dorier Th. II, S. 281 behaupten wollte, es werde von Athen niemals berichtet, dass ein Mann eine Freigeborene geliebt und aus heftiger Neigung geheirathet habe. Erstlich wird dies in der That von Kallias erzählt, der, um die Schwester des Kimon zu erhalten, die Schuld des Vaters bezahlte, Plutarch. Cim. 4: *ἐπεὶ δὲ Καλλίας, τῶν εὐπόρων τις Ἀθήνησιν, ἐρασθεὶς προσῆλθε τὴν ὑπὲρ τοῦ πατρὸς καταδίκην ἐκτίνειν ἕτοιμος ὢν πρὸς τὸ δημύσιον, αὐτήν τε πεισθῆναι καὶ τὸν Κίμωνα τῷ Καλλίᾳ συνοικίσαι τὴν Ἐλπινίκην:* und es lassen sich gewiss noch andere Beispiele hinzufügen, wie Demosth. adv. Boeot. de dote §. 26. Zweitens darf man nur daran denken, dass so oft bei den Komikern das Hauptmotiv der Intrigue die heftigste Leidenschaft junger Leute zu irgend einem Mädchen ist und dass die Dichter doch nicht ein Verhältniss fingiren konnten, das in der Wirklichkeit sich gar nicht vorfand. Man sehe z. B. den Charinus und Pamphilus in der Andria des Terenz oder den Antipho im Phormio, um der vielen Fälle nicht zu gedenken, wo ein als Bürgerin wiedererkanntes Mädchen zur höchsten Wonne ihres Geliebten seine Gattin wird. Und wenn man sich der Antigone des Sophokles erinnert und des Hämon, wird man wohl glauben, dass der *Ἔρως ἀνίκατος μάχαν* nur für Hetären geschäftig gewesen sein sollte? Nur muss man freilich das nicht übersehen, dass Sinnlichkeit immer der Boden war, dem solche Leidenschaft entspross, und dass man zwischen Mann und Weib eine andere als sinnliche Liebe nicht einmal anerkannte. Sehr bestimmt sagt dies Pausanias bei Plato Symp. p. 181, indem er die von sinnlicher Begierde reine Liebe (*παίδων, ψυχῆς*) der Aphrodite Urania zutheilt, weil sie *ἀμήτωρ, οὐ μετέχουσα θήλεος* ist. Vgl. Plutarch. Amat. 4 und Xenoph. Conv. 9. 6.

Aber in den meisten Fällen war allerdings eine solche Neigung nicht vorausgegangen: das folgt schon nothwendig aus der ganzen Weise, wie gewöhnlich die Ehen geschlossen wurden. Zur Befriedigung der Sinnlichkeit waren ohnehin die Hetären geeigneter; wollte man daneben noch Pflege und Bedienung haben, so reichte eine *παλλακή* hin. Sehr gut

werden diese verschiedenen Verhältnisse unterschieden Orat.
in Neaer. §. 122: τὰς μὲν γὰρ ἑταίρας ἡδονῆς ἕνεχ᾽ ἔχομεν,
τὰς δὲ παλλακὰς τῆς καθ᾽ ἡμέραν θεραπείας τοῦ σώματος,
τὰς δὲ γυναῖκας τοῦ παιδοποιεῖσθαι γνησίως καὶ τῶν
ἔνδον φύλακα πιστὴν ἔχειν. Mit dieser Bestimmung finden
wir die παλλακή bei Antipho de veneficio. Sie folgt dem
Philoneos zum Opfermahle, §. 17: ἡ οὖν παλλακὴ τοῦ Φιλόνεω
ἡκολούθει τῆς θυσίας ἕνεκεν, sie bedient ihn und den Gast
bei Tische, §. 19: ἡ δὲ παλλακὴ τοῦ Φιλόνεω τὴν σπονδὴν ἅμα
ἐγχέουσα ἐκείνοις εὐχομένοις ἃ οὐκ ἔμελλε τελεῖσθαι, ὦ ἄνδρες, ἐνέχει τὸ φάρμακον. Hier ist sie völliges Eigenthum
des Herrn, denn er gedenkt, sich ihrer zu entäussern, §. 14:
καὶ ἦν αὐτῷ παλλακή, ἣν ὁ Φιλόνεως ἐπὶ πορνεῖον ἔμελλε κα-
ταστῆσαι. [Dagegen sagt umgekehrt Aristoph. Vesp. 1351
Philokleon zur Flötenspielerin:

> ἐὰν γένῃ δὲ μὴ κακὴ νυνὶ γυνή,
> ἐγώ σ᾽, ἐπειδὰν οὑμὸς υἱὸς ἀποθάνῃ,
> λυσάμενος ἔξω παλλακήν.]

Aber zuweilen fand zwischen dem Manne und der παλλακή ein
Verhältniss statt, das dem ehelichen näher kam. Das erhellt
am deutlichsten aus dem Gesetze, welches Demosth. in Aristocr. §. 55 anführt, wonach der Todtschlag ungestraft bleiben
sollte, wenn er geschehen sei ἢ ἐπὶ δάμαρτι ἢ ἐπ᾽ μητρὶ ἢ ἐπ᾽
ἀδελφῇ ἢ ἐπὶ θυγατρὶ ἢ ἐπὶ παλλακῇ ἣν ἂν ἐπ᾽ ἐλευθέροις
παισὶν ἔχῃ, wobei der Unterschied zwischen ἐλεύθεροι und
γνήσιοι wohl zu beachten ist. Dasselbe Gesetz zieht auch
Lys. de caede Eratosth. §. 31 an, ohne dieses Zusatzes
zu gedenken: οὕτω σφόδρα ὁ νομοθέτης ἐπὶ ταῖς γαμεταῖς γυναιξὶ δίκαια ταῦτα ἡγήσατο εἶναι, ὥστε καὶ ἐπὶ ταῖς παλλα-
καῖς ταῖς ἐλάττονος ἀξίαις τὴν αὐτὴν δίκην ἐπέθηκε. [Es kam
selbst vor, dass arme Töchter von Freien kontraktlich als
παλλακαί von ihren κύριοι vergeben wurden. Isaeus de
Pyrrhi hered. §. 39: δοκεῖ ἂν ὑμῖν οὕτως ὀλιγώρως ἔχειν
χρημάτων Νικόδημος, ὥστε, εἰ ἦν ἀληθὲς τὸ πρᾶγμα, οὐκ ἂν

σφόδρα διακριβώσασθαι περὶ τῶν ἑαυτῷ συμφερόντων; Ναὶ
μὰ Δία, ὥς ἔγωγ' οἶμαι, ἐπεὶ καὶ οἱ ἐπὶ παλλακίᾳ διδόντες τὰς
ἑαυτῶν, πάντες πρότερον διομολογοῦνται περὶ τῶν δοθησομένων
ταῖς παλλακαῖς· Νικόδημος δὲ ἐγγυᾶν μέλλων, ὥς φησι, τὴν
ἀδελφὴν τὴν αὑτοῦ μόνον τὸ κατὰ τοὺς νόμους ἐγγυῆσαι διε-
πράξατο; K. F. Hermann Privatalt. §. 29 n. 5 und nach
ihm Forbiger Hellas B. I, S. 14 wollen in diesen Worten
finden, dass die παλλακαί sogar eine Mitgift bekommen hätten.
Es ist aber an der Stelle weniger von der Mitgift selbst die
Rede, als von der dem κύριος der Braut obliegenden Sicher-
stellung derselben und der Familie, namentlich für den Fall
der Scheidung und des Todes. Die δοθησόμενα werden also
gewiss umgekehrt die vom κύριος für die künftige παλλακή
ausgemachte und vom Liebhaber zu zahlende Entschädigungs-
summe gewesen sein. Vergl. Schömann Griech. Alterth.
B. I, S. 550. Der ersten Ansicht widerspräche ja auch Plaut.
Trin. III. 2. 63:

»ne mi hanc famam differant,
me germanam meam sororem in concubinatum tibi,
si sine dote dem, dedisse magis quam in matrimonium.«]

Dass es aber gestattet gewesen, auch wenn man verheirathet
war, ausserdem noch eine παλλακή zu haben, wie das im
heroischen Zeitalter ganz gewöhnlich ist [Nägelsbach homer. Theol. S. 224 und Friedreich Realien S. 207], dagegen habe ich zwar keinen direkten Beweis; allein glauben
möchte ich es um so weniger, als es ja ein Grund zur Scheidung sein konnte, wenn der Mann eine Hetäre mit sich in's
Haus brachte, Andoc. in Alcib. §. 14, und geradehin verwirft es wenigstens Euripides Androm. 891:

κακόν γ' ἔλεξας, ἄνδρα δίσσ' ἔχειν λέχη,

und an mehreren Stellen. Ja selbst die Nachricht, welche
sich bei Diog. Laërt. II. 26 und Athen. XIII. 2, p. 555,
veranlasst durch Sokrates angebliche Digamie, findet, dass es

22*

in der Bedrängniss des peloponnesischen Krieges durch ein
Psephisma gestattet gewesen sei, γαμεῖν μὲν ἀστὴν μίαν, παιδοποιεῖσθαι δὲ καὶ ἐξ ἑτέρας, unterliegt noch manchem Zweifel,
obgleich dafür fünf Autoritäten angeführt werden, die indessen
vielleicht nur der nichtigen Anschuldigung des Sokrates gelten.
[Vgl. Luzac lect. Attic. p. 54—77 u. Mahne de Aristo-
xeno p. 76 ff.] Jedenfalls ist wenigstens nicht von Doppelehe
in dem Psephisma die Rede; und wurde wirklich in einer
Zeit, wo Pest und Kriegsnoth den Staat entvölkert hatten,
eine παλλακή neben der Gattin erlaubt, so beweist dies gerade,
dass es vorher nicht gestattet gewesen war. Dass aber der
Fall einzeln vorgekommen sein möge, ist wohl zu glauben,
da sich noch weit schlimmere Thatsachen finden. [Ueber die
Doppelehe des spartanischen Königs Anaxandridas vgl. Herod.
V. 39 ff. u. Pausan. III. 3. 9.]
Bei der wahren Ehe hingegen, in welcher die Frau als
γαμετή, homerisch κουριδίη ἄλοχος, Buttmann Lexil. Th. I,
S. 33, Doederlein homer. Gloss. Th. II, S. 209, Geppert
Urspr. d. homer. Gesänge Th. II, S. 137, Autenrieth zu
Il. I. 114, La Roche in Zeitschr. f. öster. Gymnasialw.
1859, S. 363 ff.] der παλλακή entgegengesetzt wird, war, wie der
Redner adv. Neaer. a. a. O. sagt, der Hauptzweck, vollbürtige
Kinder zu erhalten, παιδοποιεῖσθαι γνησίως, [vergl. die Ver-
lobungsformel ἐπὶ παίδων γνησίων ἀρότῳ Hemsterh. ad Lucian. Tim. c. 17 und Clem. Alex. Strom. II, p. 421.], wenn
auch in Athen dieser Zweck nicht in seiner ganzen Nacktheit, wie in Sparta, sich darstellte. Denn dort, wo der Staat
über der Forderung einer kräftigen Nachkommenschaft die
Heiligkeit des ehelichen Verhältnisses aus den Augen setzte,
wo überhaupt die Frauen lediglich der Zeugung wegen geheirathet wurden (Plutarch. Comp. Lyc. c. Numa 4: ὡς
ἐπ’ οὐδὲν ἄλλο γαμουμένων ἢ ἐπὶ τὸ τῆς τεκνώσεως ἔργον),
wo der Mann oft einem Kräftigeren seine Rechte bei übrigens
ungestört fortdauernder Ehe abtrat (Plutarch. ebendas. 3:

ὁ δὲ Λάκων οἴκοι τῆς γυναικὸς οὔσης παρ' αὐτῷ καὶ τοῦ γάμου μένοντος ἐπὶ τῶν ἐξ ἀρχῆς δικαίων μετεδίδου τῷ πεί-
σαντι τῆς κοινωνίας εἰς τέκνωσιν· πολλοὶ δέ, ὥσπερ εἴρηται,
καὶ παρακαλοῦντες εἰσῆγον ἐξ ὧν ἂν ἐδόκουν μάλιστα παῖδας
εὐειδεῖς καὶ ἀγαθοὺς γενέσθαι: vgl. Xenoph. de rep. Lac.
1. 8), da gehörte in der That nicht Spottsucht dazu, um die
Ehe nach Plutarch's eigener Andeutung (Lyc. 15) mit einem
Gestüte zu vergleichen, wo nur die Race erzielt werden soll.
Man braucht eben kein μισολάκων zu sein, um über so grobes
Verkennen der weiblichen Bestimmung und Würde den Stab
zu brechen, und wer die Sitte schildern will, der soll nicht
über die parties honteuses derselben einen verhüllenden Schleier
ziehen, sondern offen das Verwerfliche anerkennen, auch wenn
er Gefahr liefe, von dem Enthusiasten gescholten zu werden,
dass er den hohen Sinn des dorischen Stammes und den Geist
seiner Institutionen nicht erfasst habe. Vgl. Goguet Orig.
des lois t. V, p. 427. In Athen aber, und dasselbe lässt
sich auch von den übrigen griechischen Staaten erwarten, galt
allerdings auch für den obersten Zweck der Ehe die Kindererzeugung: Xenoph. Mem. II. 2. 4: καὶ μὴν οὐ τῶν γε ἀφρο-
δισίων ἕνεκα παιδοποιεῖσθαι τοὺς ἀνθρώπους ὑπολαμβάνεις, ἐπεὶ
τούτου γε τῶν ἀπολυσόντων μεσταὶ μὲν αἱ ὁδοί, μεστὰ δὲ τὰ
οἰκήματα· φανεροὶ δ' ἐσμὲν καὶ σκοπούμενοι, ἐξ ὁποίων ἂν
γυναικῶν βέλτιστα ἡμῖν τέκνα γένοιτο, αἷς συνελθόντες τεκνο-
ποιούμεθα: vgl. Demosth. p. Phorm. §. 30: ὑμῖν μὲν γὰρ
τοῖς γένει πολίταις οὐδὲ ἐν πλῆθος χρημάτων ἀντὶ τοῦ γένους
καλόν ἐστιν ἐλέσθαι: und wie hätte man nicht eben auch
wünschen mögen, eine gesunde und kräftige Nachkommenschaft zu erhalten? Aber weder opferte man diesem Wunsche
die Keuschheit des ehelichen Verhältnisses auf, noch war es
bloss die physische Tüchtigkeit und der Zweck des Staates,
welche man dabei vor Augen hatte.

Es war, wie schon oben bemerkt wurde, eine dreifache
Rücksicht, welche die Ehe als Pflicht gebot. Zuerst auf die

Götter, denen jeder an seine Stelle tretende Diener hinter-
lasseu sollte. Plato Leg. VI, p. 773: ὡς χρὴ τῆς ἀειγενοῦς
φύσεως ἀντέχεσθαι τῷ παῖδας παίδων καταλείποντα ἀεὶ τῷ
θεῷ ὑπηρέτας ἀνθ᾽ αὑτοῦ παραδιδόναι, woran sich ebeu das
Gebot der Ehe, χρὴ γαμεῖν, auschliesst. Zweitens sollte man
dadurch auch der Pflicht gegen den Staat genügen, indem
man durch Nachkommenschaft für das Bestehen desselben
sorgte. Der Staat forderte das allerdings, wenn es auch nur
ausnahmsweise durch Gesetze ausgesprochen war. Mit der
spartanischen gänzlichen Unterordnung des persönlichen Willens
unter den allgemeinen Staatszweck stimmt es sehr wohl überein, dass dort dergleichen bestand. Plutarch. Lyc. 15: οὐ
μὴν ἀλλὰ καὶ ἀτιμίαν τινὰ προσέθηκε τοῖς ἀγάμοις· εἴργοντο
γὰρ ἐν ταῖς γυμνοπαιδίαις τῆς θέας· τοῦ δὲ χειμῶνος οἱ μὲν
ἄρχοντες αὐτοὺς ἐκέλευον ἐν κύκλῳ γυμνοὺς περιιέναι τὴν ἀγο-
ράν, οἱ δὲ περιιόντες ᾖδον εἰς αὐτοὺς ᾠδήν τινα πεποιημένην
ὡς δίκαια πάσχοιεν, ὅτι τοῖς νόμοις ἀπειθοῦσι· τιμῆς δὲ καὶ
θεραπείας, ἣν νέοι πρεσβυτέροις παρεῖχον, ἐστέροντο. Von
einem dreifachen Gesetze ist nach Ariston die Rede bei
Stob. Serm. LXVII. 16: Σπαρτιατῶν νόμος τάττει ζημίας,
τὴν μὲν πρώτην ἀγαμίου, τὴν δευτέραν ὀψιγαμίου, τὴν τρίτην
καὶ μεγίστην κακογαμίου. Vgl. Clearch. bei Athen. XIII. 2,
p. 555; Plutarch. Lysand. 30; Poll. III. 48. VIII. 40. In
Athen aber und vermuthlich in allen oder den meisten andern
Staaten gab es so bestimmte Gesetze nicht. Zwar sagt Plutarch. de amore prol. 2: πρῶτον οὐκ ἀναμένει (τὰ ζῶα)
νόμους ἀγάμου καὶ ὀψιγάμου, καθάπερ οἱ Λυκούργου πολῖ-
ται καὶ Σόλωνος, und Poll. VIII. 40 redet von einer
γραφὴ ἀγαμίου ausserhalb Sparta; allein gegen deren Anwendung spricht alle Erfahrung. Vgl. Platner Process Th. II,
S. 248. [Doch hat vielleicht Osann de coelibum apud
veteres conditione comm. I. Gissae, 1827, p. 12 Recht,
wenn er ein solonisches Gesetz gegen die Hagestolze annimmt,
aber es schon früh in Vergessenheit gerathen lässt. Denn

kaum glaublich ist es doch vom Gesetzgeber, was man bei
Stob. Serm. LXVIII. 33 liest: Σόλων, συμβουλεύοντός τινος
αὐτῷ κατὰ τῶν μὴ γαμούντων ἐπιτίμιον τάξαι, χαλεπόν, εἶπεν,
ὦ ἄνθρωπε, φορτίον ἡ γυνή.] Plato Leg. IV, p. 721 u. VI,
p. 774 verlangt allerdings Gesetze der Art, und will ausser
der Atimie noch Geldstrafen eingeführt wissen; allein in wie
vielen Fällen schliesst er sich nicht mehr der spartanischen
als der attischen Gesetzgebung an? Er verlangt noch überdies, dass bei der Wahl die Rücksicht auf das, was dem Staate
fromme, vorwalten solle, p. 773: τὸν γὰρ τῇ πόλει δεῖ συμφέροντα μνηστεύειν γάμον ἕκαστον, οὐ τὸν ἥδιστον αὐτῷ. —
Indirekt spricht sich aber dieselbe Forderung aus in dem
Gesetze, welches dem Redner und Heerführer, damit das Volk
ihnen Vertrauen schenken könne, vorschrieb, sie sollten verheirathet sein. Dinarch. in Demosth. §. 71: καὶ τοὺς μὲν
νόμους προλέγειν τῷ ῥήτορι καὶ τῷ στρατηγῷ, τὴν παρὰ τοῦ
δήμου πίστιν ἀξιοῦντι λαμβάνειν, παιδοποιεῖσθαί κατὰ τοὺς νόμους, γῆν ἐντὸς ὅρων κεκτῆσθαι, πάσας τὰς δικαίας πίστεις
παρακαταθέμενον, οὕτως ἀξιοῦν προεστάναι τοῦ δήμου. Demungeachtet scheint die Zahl der Unverheiratheten bedeutend
genug gewesen zu sein, und man sieht aus sehr ausführlichen
Apologien des Cölibats, wie Antiphon bei Stob. Serm.
LXVIII. 37 oder Plaut. Mil. III. 1, recht wohl, wie Viele,
um ein ruhiges und bequemes Leben zu führen und der Sorge
um Weib und Kinder überhoben zu sein, oder aus Misstrauen
gegen das Geschlecht (Pittakos bei Stob. LXVII. 17) unverheirathet blieben. Vgl. Thales bei Diog. L. I. 26 und
Theophrast bei Hieronym. adv. Iovinian. I. 48 mit
Osann comm. II, p. 5 ff. Noch andere Gründe nimmt Fr.
Schlegel. Griechen und Römer S. 261 an. [Ich sehe
deshalb auch nicht ein, warum K. F. Hermann in den Privatalterth. §. 10, n. 20 die lebenslängliche Jungfrauschaft
für Griechenland als eine Seltenheit hinstellen will. Aus solchen Stellen, wo sie als ein Unglück angesehen wird, wie
Soph. Oed. Tyr. 1500:

κᾆτα τίς γαμεῖ;
οὐκ ἔστιν οὐδείς, ὦ τέκν᾽, ἀλλὰ δηλαδὴ
χέρσους φθαρῆναι κἀγάμους ὑμᾶς χρεών,

und Eurip. Helen. 283: θυγατὴρ ἄνανδρος πολιὰ παρθενεύεται, ergiebt sich dies keineswegs; denn bis auf den heutigen Tag gilt ja diese Ansicht im Allgemeinen. Bei den ewigen Fehden der griechischen Kleinstaaten musste im Gegentheil oft die Zahl der Weiber überwiegen. Vgl. Plut. Quaest. Graec. 49 von Byzanz: πολλῆς δὲ τὴν πόλιν ἐρημίας ἀνδρῶν κατεχούσης αἱ μὲν πλεῖσται γυναῖκες ὑπ᾽ ἀνάγκης ἀπελευθέροις καὶ μετοίκοις συνῴκησαν· αἱ δ᾽ ἀνανδρίαν ἀντὶ τοιούτων ἑλόμεναι γάμων αὗται δι᾽ αὐτῶν ἔπραττον κ. τ. λ. Ein anderer Grund für die Ungleichheit der Geschlechter lag in Patrā vor. Pausan. VII. 21: αἱ δὲ γυναῖκές εἰσιν ἐν ταῖς Πάτραις ἀριθμὸν μὲν καὶ ἐς δὶς τῶν ἀνδρῶν· Ἀφροδίτης δὲ, εἴπερ ἄλλαις γυναιξί, μέτεστι καὶ ταύταις· βίος δ᾽ αὐτῶν ταῖς πολλαῖς ἐστιν ὑπὸ τῆς βύσσου τῆς ἐν Ἤλιδι φυομένης. Endlich sagt auch in Bezug auf den Krieg Lysistrata bei Aristoph. Lys. 593: περὶ τῶν δὲ χορῶν ἐν τοῖς θαλάμοις γηρασκουσῶν ἀνιῶμαι und im Allgemeinen recht charakteristisch v. 596:

τῆς δὲ γυναικὸς σμικρὸς ὁ καιρός, κἂν τούτου μὴ ᾽πιλάβηται,
οὐδεὶς ἐθέλει γῆμαι ταύτην, ὀττευομένη δὲ κάθηται.]

Dazu kommt noch drittens die Rücksicht auf das eigene Geschlecht; nicht nur der Wunsch, sich in demselben fortdauern zu sehen, worüber sich Plato Sympos. p. 207 und Leg. IV, p. 721 schön ausspricht, sondern ganz besonders in Bezug auf die Verstorbenen, indem der Glaube an die wohlthuende Wahrnehmung der den Grabmälern dargebrachten Opfer und Liebeszeichen (ἐναγίσματα νεκρῶν), welche den Manen würde, auch insofern die Fortpflanzung des Geschlechts zur Pflicht machte. Das liegt in den Worten des Isocrates Plat. §. 60: χρὴ δὲ καὶ τῶν προγόνων ποιήσασθαί τινα πρόνοιαν καὶ μὴ παραμελῆσαι μηδὲ τῆς περὶ ἐκείνους εὐσεβείας, οἳ πῶς ἂν διατεθεῖεν, εἰ κυρίων ὑμῶν ὄντων αἴσθοιντο ...

τοὺς μὲν τῶν συγκινδυνευσάντων τάφους μὴ τυγχάνοντας τῶν νομιζομένων σπάνει τῶν ἐποισόντων κ. τ. λ. und deshalb such-ten Kinderlose ja auch durch Adoption dem Unterbleiben dieser Gebräuche vorzubeugen. Isaeus de Apollod. her. §. 30: *πάντες γὰρ οἱ τελευτήσειν μέλλοντες πρόνοιαν ποιοῦνται σφῶν αὐτῶν, ὅπως μὴ ἐξερημώσουσι τοὺς σφετέρους αὐτῶν οἴκους, ἀλλ᾽ ἔσται τις καὶ ὁ ἐναγιῶν καὶ πάντα τὰ νομιζόμενα αὐτοῖς ποιήσων· διὸ κἂν ἄπαιδες τελευτήσωσιν, ἀλλ᾽ οὖν ποιη-σάμενοι καταλείπουσι.* — Ausser diesen Rücksichten, welche die Ehe als Pflicht erscheinen liessen, bestimmte endlich dazu natürlich auch die Erwägung des ökonomischen Vortheils, wenn man eine Hausfrau hatte, welche dem Haushalte wohl vor-stand. [Vgl. die ganze Auseinandersetzung des Ehezweckes bei Xenoph. Oecon. VII. 10 ff.] Dass die Ehe einen höheren Zweck haben könne, davon findet sich nur selten die Ahnung, wie in dem Fragmente des Musonios bei Stob. Serm. LXVII. 20. Wie ihm wirkliche Ehe erst einen Hausstand begründet *⟨ἀρχὴ δὲ οἴκου περιβολῆς γάμος,* vgl. Aristot. de republ. I. 2), so setzt er auch die innige Verschmelzung der beiden Persönlichkeiten voraus: *τίσι δὲ νενόμισται κοινὰ εἶναι πάντα, καὶ σώματα καὶ ψυχὰς καὶ χρήματα, πλὴν ἀνδρὸς καὶ γυναι-κός;* vgl. Hierocl. daselbst 24 und Aristot. Eth. Nic. VIII. 14: *τοῖς μὲν οὖν ἄλλοις ἐπὶ τοσοῦτον ἡ κοινωνία ἐστίν, οἱ δ᾽ ἄνθρωποι οὐ μόνον τῆς τεκνοποιίας χάριν συνοικοῦσιν, ἀλλὰ καὶ τῶν εἰς τὸν βίον.* [Ob die Bezeichnung der Ehe als *τέλος* und der Ehegötter als *τέλειοι* darauf hindeutet, dass das ehe-lose Leben nur ein halbes sei und mit der Ehe erst das voll-kommene Leben beginne (Stob. Ecl. Eth. p. 54; Schol. Pind. Nem. X. 23; Hesych. unter *προτέλεια*, vgl. Schö-mann Gr. Alterth. B. II, S. 55 und v. Lasaulx a. a. O. S. 8 und 69), oder ob darunter bloss die den Ehebund abschliessende religiöse Weihe zu verstehen sei (Lobeck Aglaoph. I, p. 650 ff. Bernhardy Literaturg. B. I, S. 47. Böttiger Kunstmyth. II, S. 252, lässt sich schwer ent-scheiden.]

Die Wahl der Braut gründete sich in den meisten Fällen
keineswegs auf vorhergegangene, wenigstens nicht auf nähere
Bekanntschaft. Gewöhnlich sah man weit mehr darauf, aus
welcher Familie das Mädchen sei und was ihre Mitgift, als
auf ihre persönlichen Eigenschaften. Das sind die πλούτου
καὶ δυνάμεων διώγματα, die Plato Polit. p. 310 verwirft;
aber auch wo keine solche selbstsüchtige Absichten die Wahl
leiteten, war es Regel, vor allen Dingen auf Gleichheit der
äusseren Verhältnisse zu sehen, was auch das Sprüchwort:
τὴν κατὰ σαυτὸν ἔλα bei Plut. educ. puer. 19 (vgl. Diog.
L. I. 80 und mehr bei v. Leutsch Paroemiogr. t. I, p. 314)
einschärft und man nicht nur aus Plato in mehreren Stellen,
sondern namentlich aus manchen Aeusserungen der Komiker
ersieht, wenn Reiche um die Töchter oder Schwestern Aermerer
anhalten. So z. B. bei Plaut. Aulul. II. 2. 49 ff., wo der
reiche Megadorus um die Tochter des geizigen Euclio wirbt,
spricht letzterer v. 49 ff. in komisch-gemeinem Vergleiche:

> Venit hoc mihi, Megadore, in mentem, te esse hominem divitem,
> Factiosum; me item hominem pauperum pauperrimum.
> Nunc si filiam locassim meam tibi, in mentem venit,
> Te bovem esse et me esse asellum: ubi tecum iunctus siem,
> Ubi onus nequeam ferre pariter, iaceam ego asinus in luto,
> Tu me bos magis haud respicias, gnatus quasi nunquam siem,
> Et te utar iniquiore et meus me ordo irrideat.
> Neutrubi habeam stabile stabulum, si quid divorti fuat.
> Asini me mordicibus scindant, boves incursent cornibus.
> Hoc magnum est periculum ab asinis ad boves transcendere.

Anders denkt allerdings Hieron bei Xenoph. 1. 27: πρῶτον
μὲν γὰρ γάμος ὁ μὲν ἐκ μειζόνων δήπου καὶ πλούτῳ καὶ δυνά-
μει κάλλιστος δοκεῖ εἶναι καὶ παρέχειν τινὰ τῷ γήμαντι φιλο-
τιμίαν μεθ᾽ ἡδονῆς, δεύτερον δ᾽ ὁ ἐκ τῶν φαυλοτέρων πάνυ
ἄτιμός τε καὶ ἄχρηστος νομίζεται: allein man darf nicht übersehen, dass hier die ehrgeizige Gesinnung eines Tyrannen sich
ausspricht, der ächte Bürgerstolz dagegen bei Plutarch.

Amat. 2: ἡ μήτηρ ὑφεωρᾶτο τὸ βάρος τοῦ οἴκου καὶ τὸν ὄγκον, ὡς οὐ κατὰ τὸν ἐραστήν. Wenn also der Reiche sich nicht leicht entschloss, eine Unvermögende zu heirathen, so trug der Arme wiederum Bedenken, das Anerbieten anzunehmen, und darauf beruht ja eben die ganze Intrigue des Plautus im Trinummus, wo in dem trefflichen Wettstreite der beiden jungen Leute Lesbonicus sehr deutlich die Unschicklichkeit bezeichnet, welche in der beabsichtigten Verbindung für ihn und seine Schwester liegen würde, wenn der reiche Lysiteles sie ohne Mitgift zur Frau erhielte, III. 2. 62:

Nolo ego mihi te tam prospicere, qui meam egestatem leves;
Sed ut inops infamis ne sim: ne mi hanc famam differant,
Me germanam meam sororem in concubinatum tibi,
Si sine dotedem, dedisse magis quam in matrimonium.

Daher war es dann häufig und vielleicht der gewöhnlichste Fall, dass der Vater dem Sohne eine Frau wählte, die dieser vielleicht noch nie gesehen hatte, weshalb Pamphilus in Terent. Andr. I. 5. 14 sagt: »nisi si id est, quod suspicor: aliquid mostri alunt: ea quoniam nemini obtrudi potest, itur ad me«. Oft nöthigte der Vater nur zur Heirath, um den Ausschweifungen des Sohnes ein Ende zu machen, und dieser empfing die Frau gleichsam als Strafe für die früheren Verirrungen. So Terent. Heaut. V. 5 und Plaut. Trin. V. 2, wo Lesbonicus, den Vater versöhnend, sagt: »ego ducam pater, etiam si quam aliam iubebis«, und Charmides hinzufügt: »si pro peccatis centum ducat uxores, parum est«. Vgl. Achill. Tat. I. 8: γάμον, εἶπεν, ἤδη σοι δίδωσιν ὁ πατήρ; τί γὰρ ἠδίκησας, ἵνα καὶ πεδηθῇς;

Schon daraus ergiebt sich, dass von einer Neigung gewöhnlich nicht die Rede war; und wer möchte es dann unwahrscheinlich finden, dass in dem ehelichen Verhältnisse oft Kälte und Gleichgiltigkeit oder Unzufriedenheit herrschte, Folgen, welche Plato verhüten will, indem er den jungen Leuten Gelegenheit giebt, sich öfter zu sehen. Leg. VI, p. 771:

πρὸς γὰρ δὴ τὴν τῶν γάμων κοινωνίαν καὶ σύμμιξιν ἀναγκαῖον
ἔχει τὴν ἄγνοιαν ἐξαιρεῖν, παρ' ὧν τέ τις ἄγεται καὶ ἃ καὶ
οἷς ἐκδίδωσι, περὶ παντὸς ποιούμενον ὅτι μάλιστα τὸ μὴ σφάλ-
λεσθαι ἐν τοῖς τοιούτοις κατὰ τὸ δυνατόν. Daran fehlte es
in Athen gänzlich, und daher mochte man sich häufig gegen-
seitig getäuscht sehen. Wenigstens mag das der seltenere
Fall gewesen sein, dass, wie Plutarch es will, die Liebe
sich nach der Heirath fand, de virt. mor. 8: ἐπεὶ τοίνυν καὶ
γυναῖκα γήμας κατὰ νόμους ἀνὴρ ἐπιεικὴς διανοεῖται περιέπειν
καὶ συνεῖναι δικαίως καὶ σωφρόνως, χρόνῳ δὲ τῆς συνηθείας
ἐντεκούσης πάθος αἰσθάνεται τῷ λογισμῷ τὸ φιλεῖν καὶ τὸ
ἀγαπᾶν ἐπιτεινόμενον. Jedoch enthält die Hecyra des Terenz ein solches Beispiel, III. 1. Noch seltener mochten die
Fälle sein, wo etwa die Neigung des Mädchens befragt wurde
(Plutarch. Amat. narr. 1), und es wird das harte Loos
der Jungfrauen, einem unbekannten Manne für das Leben
dahin gegeben zu werden, mit starken Worten geschildert in
dem Bruchstücke aus Sophocl. Terens bei Stob. Serm.
LXVIII. 19:

> ὅταν δ' ἐς ἥβην ἐξικώμεθ' εὔφρονες,
> ὠθούμεθ' ἔξω καὶ διεμπολώμεθα
> θεῶν πατρῴων τῶν τε φυσάντων ἄπο —
> καὶ ταῦτ', ἐπειδὰν εὐφρόνη ζεύξῃ μία,
> χρεὼν ἐπαινεῖν καὶ δοκεῖν καλῶς ἔχειν.

[Vgl. Stob. Serm. LXXIV. 7: ἔστω σοι πόσις οὗτος, ὃν ἄν
κρίνωσι τοκῆες κ. τ. λ. und Charit. Aphrod. I. 1.] Da konnte
es natürlich nicht fehlen, dass wenigstens in der ersten Zeit
das Vertrauen zwischen den sich ganz fremden Gatten ganz
fehlte und dass erst allmählich durch die Gewohnheit des
Zusammenlebens namentlich von Seiten der Frau die Schüchternheit einem vertraulicheren Tone Platz machte. In hohem
Grade charakteristisch dafür ist, was Ischomachos von dem
Benehmen seiner Frau in der ersten Zeit seiner Ehe sagt,
Xenoph. Oecon. 7. 10: ἐπεὶ ἤδη μοι χειροήθης ἦν καὶ ἐτι-
θασσεύετο ὥστε διαλέγεσθαι, ἠρόμην αὐτὴν κ. τ. λ.

Das erste Erforderniss für den attischen Bürger war, dass die Braut ebenfalls Bürgerin, ἀστή, sei und so auch umgekehrt. Denn nur die aus solcher Ehe stammenden Kinder waren γνήσιοι, und zwischen einem ἀστός und einer ξένη oder umgekehrt war eine Ehe geradezu verboten. S. die beiden Gesetze bei dem Redner in Neaer. §. 16 u. 52. Die weitere Auseinandersetzung dieser der Zeit ihrer Gültigkeit und der Ausdehnung der νοθεία (Poll. III. 21) nach noch nicht hinreichend aufgeklärten Gesetze gehört nicht hierher. [Doch kann nicht unerwähnt bleiben, dass vor Perikles kein Gesetz den νόθοι die staatsbürgerlichen Rechte absprach. Er machte das Indigenat der Mutter zur Bedingung des attischen Bürgerrechtes und diese Bestimmung wurde allerdings am Ende des peloponnesischen Krieges nochmals eingeschärft, aber ohne für den Krieg rückwirkende Kraft zu haben und ohne auch später Ausnahmen unmöglich zu machen. In manchen andern Staaten scheint geradezu die reinbürgerliche Abstammung von einer Seite hingereicht zu haben. K. F. Hermann griech. Staatsalterth. §. 118; Schömann griech. Alterth. B. I, S. 378 ff.; Westermann in Ber. d. Leipzig. Gesellsch. d. Wissensch. 1849, S. 200 ff.; Sintenis im Philol. V, S. 27. Die familienrechtliche Ungleichheit der νόθοι dagegen blieb stets an die ἐπιγαμία oder die politische Ebenbürtigkeit beider Eltern geknüpft und der nicht legitimirte νόθος pflegte beim Tode des Vaters nur ein Legat von 1000 Drachmen zu erhalten. Kinder von einer Bürgerin und einem Fremden oder Sklaven folgten dem Stande des Vaters: Aristot. de rep. III. 4. 3. Philippi doctrina jur. att. 1871, S. 64.] Es scheint indessen nicht selten eine Hinterziehung dieses Gesetzes stattgefunden zu haben, wie man aus der von dem Redner in Neaer. §. 118 angeführten Thatsache und dem Versuche §. 59 sieht. In letzterer Stelle erscheint im Widerspruche mit Isaeus de Cir. hered. §. 19 und Demosth. in Eubul. §. 54 der Schwur des Vaters als eine Ausnahme, auf die Phrastor nicht gefasst gewesen war.

Verwandtschaft, auch nahe, war mit geringen Einschränkungen kein Hinderniss der Ehe. Sie konnte in allen Graden der ἀγχιστεία oder συγγένεια stattfinden, nur natürlich nicht unter Ascendenten und Descendenten, die Isaeus de Cir. hor. §. 33 als γένος im engeren Sinne jenen Verwandtschaftsgraden entgegensetzt: Κίρωνος θυγάτηρ ἢ ἀδελφὸς ἐγγυτέρω τοῦ γένους ἐστί; δῆλον γὰρ ὅτι θυγάτηρ· ἡ μὲν γὰρ ἐξ ἐκείνου γέγονεν, ὁ δὲ μετ’ ἐκείνου· θυγατρὸς δὲ παῖδες ἢ ἀδελφός; παῖδες δήπουθεν· γένος γάρ, ἀλλ’ οὐχὶ συγγένεια τοῦτ’ ἔστιν. Was die Ehen unter Geschwistern anlangt, so lässt sich allerdings aus Demosth. adv. Eubul. §. 21; Cornel. Nep. Cim. 1; Plutarch. Themistocl. 32, und man kann hinzufügen Paus. I. 7. 1 (Πτολεμαῖος Ἀρσινόης ἀδελφῆς ἀμφοτέρωθεν ἐρασθεὶς ἔγημεν αὐτὴν Μακεδόσιν οὐδαμῶς ποιῶν νομιζόμενα, Αἰγυπτίοις δέ, ὧν ἦρχε·), Achill. Tat. I. 3, Philo Iud. de leg. spec. p. 602 schliessen, dass sie wenigstens in so weit nachgesehen wurden, als die Geschwister nicht ὁμομήτριοι waren; ich möchte mich aber vielmehr überzeugt halten, dass dies immer nur einen Entschuldigungsgrund abgab, und dass, die älteste Zeit ausgenommen, solche Ehen überhaupt stets gemissbilligt wurden. So nehme ich denn auch die schwere Anklage des Lysias in Alcib. I, §. 41: οἱ δ’ ἀδελφαῖς συγγεγόνασι, τοῖς δ’ ἐκ θυγατέρων παῖδες γεγόνασι, sowie die Worte des Euripides Androm. 173:

— — τοιοῦτο πᾶν τὸ βαρβάρων γένος·
πατήρ τε θυγατρὶ παῖς τε μητρὶ μίγνυται
κόρη τ’ ἀδελφῷ,

ohne alle Einschränkung. Auch Plato, der Leg. XI, p. 925 die Grade der Verwandtschaft auf’s Genaueste durchgeht, welche, falls ein Vater ohne Testament stirbt, zur Ehelichung der hinterlassenen Töchter nicht nur berechtigen, sondern nöthigen sollen, gedenkt nur der Seitenlinien, der Geschwister aber mit keinem Worte. Vgl. VIII, p. 838. [Auch Andoc. c. Alcib. §. 33: ἐξωστράκισαν Κίμωνα διὰ παρανομίαν, ὅτι τῇ ἑαυτοῦ

ἀδελφῇ συνῴκησε, könnte wegen des begründeten Zweifels
an der Authentie der Rede nur als Beweis dafür gelten, dass
man solche Verbindungen keineswegs als tadelfreie betrachtete.] Wenn es trotz der missbilligenden öffentlichen Meinung
dennoch geschah, so darf man sich darüber nicht wundern,
da noch viel schlimmere Dinge vorkommen; vgl. Andocid.
de myst. §. 124: *γαμεῖ μὲν Ἰσχομάχου θυγατέρα· ταύτῃ δὲ
συνοικήσας οὐδ' ἐνιαυτὸν τὴν μητέρα αὐτῆς ἔλαβε, καὶ συνῴ-
κει ὁ πάντων σχετλιώτατος ἀνθρώπων τῇ μητρὶ καὶ τῇ θυγα-
τρί . . . καὶ εἶχεν ἐν τῇ οἰκίᾳ ἀμφοτέρας,* und die noch ab-
scheulichere Geschichte bei Athen. XII, p. 534. [Sonst aber
war das Heirathen unter Verwandten sehr beliebt (Demosth.
in Macart. §.74; Andoc. Myst. §.59; Isaeus de Apollod.
he red. §. 12; Plut. Narr. am. 1; Lys. in Diogit. §. 4;
Plaut. Rud. IV. 6. 8) und in Bezug auf Erbtöchter, *ἐπίκληροι,*
gesetzlich verlangt: Terent. Phorm. I. 2. 75: »lex est, ut
orbae, qui sunt genere proximi, iis nubant et illos ducere
eadem lex jubet«. Schömann Att. Proc. S. 469.] Dass
Wiederverheirathung der Wittwen sehr gewöhnlich war, dass
sie selbst durch testamentarische Verfügung des Mannes geschah, dass sie aber auch mit derselben Rücksichtslosigkeit,
wie bei den Mädchen, nach dem Willen ihres *κύριος* geschehen
konnte, ist hinlänglich bekannt. S. z. B. Isaeus de Philoctem. her. §. 51, de Cir. her. §. 31; Demosth. in
Aphob. I, §. 5, adv. Steph. I, §. 28; Plut. Amat. 2 ff. Es
geschah dies ja schon in den ältesten Zeiten und Pausan.'
II. 21. 8 weiss sogar zu erzählen, dass des Perseus Tochter
Gorgophone die erste Wittwe gewesen sei, die wieder geheirathet habe. Wenn also Eurip. Troad. 662 die Andro-
mache sprechen lässt:

*ἀπέπτυσ' αὐτήν, ἥτις ἄνδρα τὸν πάρος
χαινοῖσι λέκτροις ἀποβαλοῦσ' ἄλλον φιλεῖ,*

so ist das natürlich höchstens seine individuelle Ansicht; doch
trifft sie in gewisser Hinsicht mit einem Gesetze des Charon-

das bei Stob. Serm. XLIV. 40 zusammen, das eine zweite
Heirath des Mannes, welcher Kinder hatte, verwarf. [Nach
Pausan. X. 38 befand sich bei Naupaktos eine Grotte der
Aphrodite, in welcher αἱ χῆραι γάμον αἰτοῦσι παρὰ τῆς θεοῦ.]
Hinsichtlich des Alters scheint es auch für den terminus
a quo, vielleicht mit Ausnahme von Sparta (s. Müller Dor.
Th. II, S. 284), eine feste Bestimmung nicht gegeben zu haben.
Plato, der ein Alter festgesetzt wissen will, bleibt sich in
Bestimmung desselben nicht gleich. Während er Republ. V,
p. 460 sagt: ἔφαμεν γὰρ δὴ ἐξ ἀκμαζόντων δεῖν τὰ ἔκγονα
γίγνεσθαι.... ἆρ᾽ οὖν σοι ξυνδοκεῖ μέτριος χρόνος ἀκμῆς τὰ
εἴκοσιν ἔτη γυναικί, ἀνδρὶ δὲ τὰ τριάκοντα; gestattet er Leg.
VI, p. 772 dem jungen Manne, wenn er sich für das eheliche
Verhältniss reif fühle, die Ehe vom fünfundzwanzigsten Jahre
an, und dagegen setzt er p. 785 die Jahre, binnen deren die
Verheirathung geschehen solle, auf 16—20 und 30—35 fest:
γάμου δὲ ὅρον εἶναι κόρῃ μὲν ἀπὸ ἐκκαίδεκα ἐτῶν εἰς εἴκοσι
τὸν μακρότατον χρόνον ἀφωρισμένον, κύρῳ δὲ ἀπὸ τριάκοντα
μέχρι τῶν πέντε καὶ τριάκοντα: vgl. IV, p. 721. Etwas später
noch, was namentlich hinsichtlich des Mannes auffallend ist,
bestimmt den Zeitpunkt Aristot. de rep. VII. 16, p. 1335:
διὸ τὰς μὲν (κύρας) ἁρμόττει περὶ τὴν τῶν ὀκτωκαίδεκα ἐτῶν
ἡλικίαν συζευγνύναι, τοὺς δ᾽ ἑπτὰ καὶ τριάκοντα ἢ μικρόν:
[Doch hat wohl Hermann richtig vermuthet, dass hier τοὺς
δὲ περὶ τὰ τριάκοντα zu lesen ist. Vgl. Rhetor. II. 14, p. 1390:
ἀκμάζει δὲ τὸ σῶμα ἀπὸ τῶν τριάκοντα ἐτῶν μέχρι τῶν πέντε
καὶ τριάκοντα.] Dass es freilich hier und da wirklich so gehalten worden sei oder wenigstens die Heirath nicht sehr früh
stattgefunden habe, möchte man aus dem schliessen, was er
vorher sagt: ἐν ὅσαις γὰρ τῶν πόλεων ἐπιχωριάζεται τὸ τοὺς
νέους συζευγνύναι καὶ νέας, ἀτελεῖς καὶ μικροὶ τὰ σώματά εἰσιν, wenn nicht eben bloss auf Sparta Rücksicht genommen
ist; sonst aber darf man wohl nur annehmen, dass Jungfrauen
nicht leicht vor dem funfzehnten (Xenoph. Oecon. 7. 5),

Männer nicht vor dem zwanzigsten heiratheten, also nach dem Jahre der Mündigkeit; und auch davon finden sich noch Ausnahmen. Demosth. adv. Boeot. de dote §. 4: συνέβη γάρ μοι δεηθέντος τοῦ πατρὸς ὀκτωκαιδεκέτη γῆμαι. Dasselbe wird von dem Sohne des Messeniers Aristomenes, Gorgos, erzählt, welchem der Vater das Mädchen, dem er seine Befreiung verdankte, zur Frau gab, Pausan. IV. 19. 4: ταύτην τὴν παρθένον λαμβάνει γυναῖκα Γόργος Ἀριστομένους· ἐδίδου δὲ Ἀριστομένης τῇ παιδὶ ἐκτίνων σῶστρα, ἐπεὶ Γόργῳ οὐκ ἦν πω δέκατον καὶ ὄγδοον ἔτος, ὅτε ἔγημεν. Man sieht aber beiden Stellen an, dass dies nicht gewöhnlich war. Vergl. Meier u. Schömann att. Process S. 407 f. [Man darf wohl im Allgemeinen nicht zu viel auf die Bestimmungen des Plato und Aristoteles geben. Schon Hesiod. Op. et D. 695 hatte das dreissigste Jahr für den Mann und das achtzehnte für die Frau angerathen. In der Praxis wird aber der Fall des Ischomachos: Xenoph. Oec. VII. 5 häufiger vorgekommen sein, als Becker meint, ja, noch überboten worden. Bei Terent. Eunuch. II. 3. 27 wird das sechzehnte Jahr als Blüthezeit der Pamphila bezeichnet; wenn aber Epictet. Manual. 40 als das gewöhnlichste Jahr der Verheirathung für die Frau das vierzehnte angiebt, so haben wir keinen Grund, hierbei nur an römische Sitte zu denken. Nach Phlegon. Mirab. ed. Bas. p. 75 verwandelte sich zu Antiochia in Karien ein dreizehnjähriges Mädchen kurz vor der Hochzeit in einen Mann (45 n. Chr.) und Friedländer Darstell. aus der Sittengesch. Roms B. I, am Ende führt fünf Grabschriften von Griechinnen, die in Rom gestorben sind, auf, von denen eine im zwölften, drei im dreizehnten und eine im fünfzehnten Jahre sich verheirathet hatten. Vergl. B. II, S. 35.]

Im Allgemeinen sah man darauf, dass die Braut um ein Bedeutendes jünger war, als der Bräutigam, damit die schneller vorübergehende Blüthe des Weibes kein Missverhältniss in die

Ehe bringe. So sagt ausdrücklich Eurip. bei Stob. Serm.
LXXI. 3:

> κακὸν γυναῖκα πρὸς νέαν ζεῦξαι νέον·
> μακρὸν γὰρ ἰσχὺς μᾶλλον ἀρρένων μένει,
> θήλεια δ᾽ ἥβη θᾶσσον ἐκλείπει δέμας:

und ebenso spricht sich daselbst Sappho aus: ἀλλ᾽ ἔων φίλος
ἄμμιν λέχος ἄρνυσο νεώτερον· οὐ γὰρ τλάσομ᾽ ἔγω ξυνοίκην
ἔσσα γεραιτέρα. — Daher war es dann, wie heutzutage, gewöhnlich das Loos der Jungfrauen, die nicht früh den Mann
gefunden hatten, unverheirathet zu bleiben (vgl. oben Aristoph. Lysistr. 595) und dies konnte natürlich um so leichter geschehen, als sie eben in grosser Verborgenheit lebten.
Indessen ist nicht zu verschweigen, dass ausser der Sorge,
welche der Vater für die Verheirathung trug, es noch ein
Mittel gab, den Jungfrauen zum Ehestande zu verhelfen. Wie
man aus mehrfachen Andeutungen abnehmen kann, gab es
gefällige Frauen, welche ein Geschäft daraus machten, Ehen
zu stiften, und daher auch προμνήστριαι oder προμνηστρίδες
genannt wurden. Die Hauptstelle über sie ist bei Xenoph.
Mem. II. 6. 36: ἔφη γὰρ (Ἀσπασία) τὰς ἀγαθὰς προμνηστρίδας
μετὰ μὲν ἀληθείας τἀγαθὰ διαγγελλούσας δεινὰς εἶναι συνάγειν
ἀνθρώπους εἰς κηδείαν, ψευδομένας δ᾽ οὐκ ὠφελεῖν ἐπαινού-
σας· τοὺς γὰρ ἐξαπατηθέντας ἅμα μισεῖν ἀλλήλους τε καὶ τὴν
προμνησαμένην. [Aristoph. Nub. 41:

> εἴθ᾽ ὤφελ᾽ ἡ προμνήστρι᾽ ἀπολέσθαι κακῶς,
> ἥτις με γῆμ᾽ ἐπῆρε τὴν σὴν μητέρα.]

Dazu Poll. III. 31: καὶ προμνήστριαι μὲν αἱ συνάγουσαι τὸν
γάμον. So nennt sich auch Aphrodite bei Lucian. Deor.
dial. 20. 16 die προμνήστρια des Paris, womit noch derselbe
im Aëtion 6 und Dio Chrysost. Or. VII. 80 zu vergleichen
sind. Manchmal leisteten wohl auch vertraute Sklavinnen solchen Dienst, wie in Theokrit's Pharmakeutria; denn auch
dort ging ja die Absicht des Mädchens, das freilich in freieren

Verhältnissen leben musste, auf Heirath mit dem Manne, der es, wie v. 41 sagt,

ἀντὶ γυναικὸς ἔθηκε κακὰν καὶ ἀπάρθενον εἶμεν.

Was der Freier bei Charit. I. 2 klagt: ἡμεῖς δὲ ἐτάθημεν αὐλείοις θύραις προσαγρυπνοῦντες καὶ κυλακεύοντες τίτθας καὶ θεραπαινίδας καὶ δῶρα πέμποντες τροφοῖς, das ist der Sitte der späteren Zeit entsprechend gesagt. — Das ganze Gewerbe scheint indessen, da sich leicht dahinter Kuppelei im schlimmsten Sinne verstecken konnte, nicht in dem besten Rufe gestanden zu haben. Das sieht man aus Plat. Theaet. p. 150, der in Bezug auf die Hebammen sagt: ὅτι καὶ προμνήστριαί εἰσι δεινόταται ὡς πάνσοφοι οὖσαι περὶ τοῦ γνῶναι, ποίαν χρὴ ποίῳ ἀνδρὶ ξυνοῦσαν ὡς ἀρίστους παῖδας τίκτειν, aber weiterhin hinzusetzt: ἀλλὰ διὰ τὴν ἄδικόν τε καὶ ἄτεχνον ξυναγωγὴν ἀνδρὸς καὶ γυναικός, ᾗ δὴ προαγωγείᾳ ὄνομα, φεύγουσι καὶ τὴν προμνηστικὴν ἅτε σεμναὶ οὖσαι αἱ μαῖαι, φοβούμεναι μὴ εἰς ἐκείνην τὴν αἰτίαν διὰ ταύτην ἐμπέσωσιν. Vgl. Xenoph. Symp. 4. 61 f.

Die Gebräuche und Formalitäten bei der Vermählung selbst waren zahlreich. Die solenne Verlobung, ἐγγύησις, welche gesetzlich vorausgehen musste, wenn die Ehe vollgiltig sein sollte, war eine Rechtshandlung, deren Erörterung nicht im Plane dieser Abhandlung liegt. S. das Gesetz bei Demosth. in Steph. II, §. 18 mit Platner Beitr. z. att. Recht S. 109, Meier u. Schömann attisch. Process S. 409, Hermann Staatsalterth. §. 119, n. 6, Wachsmuth Hell. Alterth. Th. II, S. 165. — Ueberhaupt muss diese öffentliche Bestätigung von der schon vorhergegangenen Verlobung oder Zusage der Braut unterschieden werden. Auf einen herrschenden griechischen Gebrauch, die Verlobung beim Mahle zu feiern, indem man dem künftigen Schwiegersohne zutrank, wird sich aus Pind. Ol. VII. 1:

φιάλαν ὡς εἴ τις ἀφνειᾶς ἀπὺ χειρὸς ἑλών
ἔνδον ἀμπέλου καχλάζοισαν δρόσῳ

23*

δωρήσεται
νεανίᾳ γαμβρῷ προπίνων οἴκοθεν οἴκαδε, πάγχρυσον κορυφὰν
κτεάνων,
συμποσίου τε χάριν κᾶδός τε τιμάσαις ἑόν, ἐν δὲ φίλων
παρεόντων θῆκέ μιν ζαλωτὸν ὁμόφρονος εὐνᾶς,

schwerlich mit Böckh (Explic. p. 168: »phiala vino plena
data in convivio amicis simul vocatis desponderi filiolae ge-
neris solebant«) schliessen lassen. Die von Athen. XIII. 35,
p. 375 angeführten Beispiele sind beide ungriechisch, und
überdies trinkt in beiden Fällen nicht der Vater, sondern das
Mädchen selbst dem Bräutigam zu und erklärt dadurch ihre
Wahl, was Alles der griechischen Sitte gänzlich zuwider ist;
man müsste sich denn auf Plutarch. Amat. narr. 1 berufen wollen; allein dort stellen die beiden Bewerber selbst
dem Mädchen die Wahl anheim.

Bei der Verlobung wurde zugleich die Mitgift, προίξ oder
φερνή, der Braut bestimmt, die indessen kaum ein solches
gesetzliches Erforderniss wie die ἐγγύη gewesen zu sein, vielmehr auf einem allerdings streng beobachteten Herkommen beruht zu haben scheint, dessen Gründe schon oben angegeben worden sind. S. Meier u. Schömann S. 415. Gesetzlich konnte
sie insofern sein, als der κύριος der Braut in gewissen Fällen,
besonders wenn er sie als unvermögende Erbtochter, θῆσσα,
nicht selbst heirathen wollte, Demosth. adv. Macart. §. 54;
vgl. Herm. Staatsalt. §. 120, n. 10, die Verpflichtung zur
ἔκδοσις mit einer Aussteuer hatte; gewiss aber brachte der
Mangel derselben nicht die rechtlichen Nachtheile mit sich,
wie die Unterlassung der ἐγγύησις. Das ergiebt sich am
deutlichsten aus der Rede des Demosthenes gegen Böotos,
wo die Legitimität des Klägers, dessen Mutter ἄποικος gewesen sein soll, keineswegs in Zweifel gezogen, sondern nur
auf das Unziemliche hingewiesen wird, §. 25: πρὸς δὲ τούτοις
φαίνεται ἡ μήτηρ μου τὸ πρῶτον ἐκδοθεῖσα τῷ Κλεομέδοντι,
οὗ φασι τὸν πατέρα Κλέωνα τῶν ὑμετέρων προγόνων στρατη-

γοῦντα Λακεδαιμονίων πολλοὺς ἐν Πύλῳ ζῶντας λαβόντα μάλιστα πάντων ἐν τῇ πόλει εὐδοκιμῆσαι, ὥστ' οὔτε τὸν ἐκείνου προσῆκεν υἱὸν ἄποικον αὐτὴν γῆμαι: vergl. Platner Beitr. S. 110; Process Th. II, S. 260. Und eben deshalb, weil es für den Mann schicklicher war und die Frau durch die Mitgift eine angesehenere Stellung im Hanse erhielt, vereinigten sich auch öfter wohlthätige Bürger und statteten die Töchter oder Schwestern Unbemittelter auf eigene Kosten aus; z. B. Lysias bon. Aristoph. §. 59: ἔτι τοίνυν καὶ ἰδίᾳ τισὶ τῶν πολιτῶν ἀποροῦσι συνεξέδωκε θυγατέρας καὶ ἀδελφάς. [Es wnrden ja selbst vom Staate die Töchter verdienter armer Bürger ausgestattet: Plut. Aristid. 27 u. Diodor. XX. 84.]

Wann überhaupt die Sitte, dem zu verheirathenden Mädchen eine Mitgift zu bestimmen, aufgekommen sei, darüber fehlt es an Nachrichten; gewiss aber geschah es lange vor Solon. Im heroischen Zeitalter war, wie schon S. 311 bemerkt worden ist, das Verhältniss theilweise umgekehrt. In der Zeit, wo der Gebrauch einer Mitgift zuerst erwähnt wird, erscheint er schon als einer Beschränkung bedürfend, obgleich das solonische Gesetz bei Plutarch. Sol. 20: τῶν δ' ἄλλων γάμων (die der ἐπίκληροι ausgenommen) ἀφεῖλε τὰς φερνάς, ἱμάτια τρία καὶ σκεύη μικροῦ νομίσματος ἄξια κελεύσας, ἔτερον δὲ μηδὲν ἐπιφέρεσθαι τὴν γαμουμένην· οὐ γὰρ ἐβούλετο μισθοφόρον οὐδ' ὤνιον εἶναι τὸν γάμον, ἀλλ' ἐπὶ τεκνώσει καὶ χάριτι καὶ φιλότητι γίνεσθαι τοῦ ἀνδρὸς καὶ γυναικὸς συνοικισμόν, in gewisser Hinsicht immer räthselhaft bleibt, da in der durch die attischen Redner uns bekannten Zeit überhaupt von einer Beschränkung gar nicht die Rede ist. S. Meier u. Schömann S. 416. Der allerdings wahrscheinlichste Ausweg wäre, was Bunsen de jure her. Athen. p. 43 u. A. annehmen, dass hier unter φερνή nicht die eigentliche προίξ, sondern Nebengeschenke zu verstehen seien; doch hat auch diese Annahme ihre Schwierigkeiten. Allerdings bestand die Mitgift nicht bloss in baarem Gelde, sondern auch in Kleidung und Schmuck, ἱμάτια καὶ χρυσία, auch Sklaven (Eurip. Iphig. Aulid. 46: σῇ γάρ μ᾽ ἀλόχῳ τότε Τυνδάρεως πέμπεν φερνήν: vgl. Diog. Laërt. V. 13; Plaut. Asin. I. 1. 72: dotalis servus); diese Gegenstände aber werden bald von der προίξ unterschieden, wie in der schon von Bunsen angeführten Stelle des Demosth. in Spud. §. 27 ἅπερ ἔπεμψέ μοι χωρὶς τῆς προικός, bald in der Summe derselben begriffen, wie bei Isaeus de Cir. her. §. 8: ἐκείνων δὲ ἔτι ζώντων, ἐπεὶ συνοικεῖν εἶχεν ἡλικίαν, ἐκδίδωσιν αὐτὴν Ναυσιμένει Χολαργεῖ σὺν ἱματίοις καὶ χρυσίοις πέντε καὶ εἴκοσι μνᾶς ἐπιδούς: und wenn wirklich das solonische Gesetz nur von diesen Nebendingen sprach, so muss es wenigstens von Plutarch falsch verstanden worden sein; denn das ist doch entschieden, dass, wenn Solon nicht wollte μισθοφόρον οὐδ᾽ ὤνιον εἶναι τὸν γάμον, die eigentliche προίξ weit mehr in Betracht kommen musste, als die Nebengeschenke. [Ich habe mich bereits in meinen Griech. Privatalt. bei Ersch u. Gruber Encyclop. B. LXXXIII, S. 175 gegen die subtile Unterscheidung zwischen προίξ und φερνή, in Folge deren man Plutarch eines Irrthums zeihen will, ausgesprochen. Namentlich (denn sonst vgl. auch Herod. I. 93 u. Eurip. Iph. Aul. 46) erhellt aus Plat. Legg. VI, p. 774 D, der das solonische Verbot aller Mitgift mit Ausnahme von Kleidern und Mobiliar adoptirt, dass προίξ gerade für das gebraucht wurde, was φερνή besagen soll: περὶ δὲ προικὸς εἴρηται μὲν καὶ πρότερον (V, p. 742 C), εἰρήσθω δὲ πάλιν, ὡς ἴσα ἀντὶ ἴσων ἐστὶ τῷ μήτε λαμβάνοντι μήτ᾽ ἐκδιδόντι διὰ χρημάτων ἀπορίαν διδάσκειν τοὺς πένητας· τὰ γὰρ ἀναγκαῖα ὑπάρχοντά ἐστι πᾶσι τῶν ἐν ταύτῃ τῇ πόλει· ὕβρις δὲ ἧττον γυναιξὶ καὶ δουλεία ταπεινὴ καὶ ἀνελεύθερος διὰ χρήματα τοῖς γήμασι γίγνοιτο ἄν. καὶ ὁ μὲν πειθόμενος ἂν τῶν καλῶν ὁρῴη τοῦτ᾽ ἄν, ὁ δὲ μὴ πειθόμενος, ἀλλ᾽ ἢ διδοὺς ἢ λαμβάνων πλέον ἢ πεντήκοντα ἄξια δραχμῶν ἐσθῆτος χάριν, ὁ μὲν μνᾶς, ὁ δὲ τριῶν ἡμιμναίων, ὁ δὲ δυεῖν μναῖν, ὁ τὸ μέγιστον τίμημα κεκτημένος, ὀφειλέτω μὲν τῷ δημοσίῳ το-

σοῦτον ἕτερον, τὸ δὲ δοθὲν ἢ ληφθὲν ἱερὸν ἔστω τῆς Ἥρας
τε καὶ τοῦ Διός. Vgl. Stark zu Hermann's Gr. Privatalt. §. 30, n. 14 und v. Hahn Alban. Stud. S. 195].
Man sieht hieraus, dass auch Plato die Unabhängigkeit
des Ehemannes wahren wollte. Und in der That müssen die
griechischen Frauen gar häufig auf das Uebergewicht ihres
eingebrachten Vermögens die Herrschaft im Hause gegründet
und den Mann zur Unterwürfigkeit gebracht haben. Nicht
nur die Komiker sind voll von solchen Klagen, sondern auch
bei anderen abhandelnden Schriftstellern findet sich dieselbe
Warnung z. B. Plutarch. de educ. puer. 19: ἐγγυᾶσθαι δὲ
δεῖ τοῖς υἱοῖς γυναῖκας μήτε εὐγενεστέρας πολλῷ μήτε πλου-
σιωτέρας· τὸ γὰρ »τὴν κατὰ σαυτὸν ἔλα« σοφόν· ὡς οἵ γε
μακρῷ κρείττους ἑαυτῶν λαμβάνοντες οὐ τῶν γυναικῶν ἄνδρες,
τῶν δὲ προικῶν δοῦλοι λανθάνουσι γινόμενοι. Vgl. Amator. 7 :
χρυσαῖς ὥσπερ ἐν Αἰθιοπίᾳ πέδαις δεδέσθαι βέλτιον ἢ πλούτῳ
γυναικός. — Auf der anderen Seite erschienen die Töchter
dem Vater der Aussteuer wegen als eine Last, und gewiss
waren deshalb bei den Mädchen die Aussetzungen häufiger
(s. oben B. II, S. 23). Von den vielen Stellen, die davon
sprechen, mögen nur zwei Menander's hier stehen, aus
Stob. Serm. LXXVII. 5 u. 6:

> χαλεπόν γε θυγάτηρ κτῆμα καὶ δυσδιάθετον.

und:

> εὐδαιμονία τοῦτ᾽ ἔστιν υἱὸς νοῦν ἔχων·
> ἀλλὰ θυγάτηρ κτῆμ᾽ ἐστὶν ἐργῶδες πατρί.

Vgl. Artemid. Onirocr. I. 15 und III. 41: ἐπειδήπερ καὶ ἡ
θυγάτηρ μετ᾽ ἀνάγκης ἀπαιτεῖ, καὶ ὅταν μετὰ πολλῶν ἀνα-
τραφῇ φροντίδων, ἀπαλλάσσεται λαβοῦσα προῖκα ὡς δανειστής.
[Ueber die Höhe der Mitgift vergl. Isaeus de Pyrrhi her.
§. 51: δοκεῖ δ᾽ ἄν τις ὑμῖν οὕτως ἀναιδὴς ἢ τολμηρὸς εἰς-
ποίητος γενέσθαι, ὥστε μηδὲ τὸ δέκατον μέρος ἐπιδοὺς ἐκ-
δοῦναι τῇ γνησίᾳ θυγατρὶ τῶν πατρῴων; Böckh Staatshaush. I, S. 666. Zuweilen richtete sich die Mitgift auch

nach den Kindern, d. h. es fanden Nachzahlungen statt. Plut. Alcib. 8: ἔνιοι δέ φασιν, οὐχ᾽ Ἱππόνικον, ἀλλὰ Καλλίαν, τὸν υἱὸν αὐτοῦ, δοῦναι τῷ Ἀλκιβιάδῃ τὴν Ἱππαρέτην ἐπὶ δέκα ταλάντοις· εἶτα μέντοι τεκούσης, ἄλλα πάλιν δέκα προσεισπρᾶξαι τὸν Ἀλκιβιάδην, ὡς τοῦτο συνθέμενον, εἰ γένοιντο παῖδες.]
Es wurde nicht für gleichgiltig gehalten, zu welcher Jahreszeit die Ehe geschlossen würde. Bei weitem die meisten Vermählungen scheinen im Winter stattgefunden zu haben. Auch Aristoteles nennt das die geeignetste und gewöhnlichste Zeit, de republ. VII. 16: τοῖς δὲ περὶ τὴν ὥραν χρόνοις, ὡς οἱ πολλοὶ χρῶνται καλῶς καὶ νῦν, ὁρίσαντες χειμῶνος τὴν συναυλίαν ποιεῖσθαι ταύτην, und bekanntlich hatte der Monat Gamelion davon seinen Namen oder von den Ehegöttern, γαμήλιοι, namentlich der Hera: Hesych. t. I, p. 748. Vgl. Olympiod. ad Aristot. Meteorol. I. 6. 8, fol. 13 b: γαμηλιὼν δὲ ἐλέγετο μὴν παρ᾽ Ἀθηναίοις διὰ τὸ κατ᾽ ἐκεῖνον τὸν καιρὸν γάμους ἐπιτελεῖσθαι. Es wurde aber auch ein Tag für geschickter dazu gehalten, als der andere; vgl. Lobeck de prisc. gentium diebus nuptiarum religiosis, Lips. 1799. Hesiod bestimmt dafür Opp. 800 den vierten Tag des Monats, wobei es jedoch zweifelhaft scheinen kann, ob eben der vierte vom Anfange gemeint ist; denn die Worte heissen im Zusammenhange:

πεφύλαξο δὲ θυμῷ
τετράδ᾽ ἀλεύασθαι φθίνοντός θ᾽ ἱσταμένου τε
ἄλγεα θυμοβορεῖν· μάλα τοι τετελεσμένον ἦμαρ.
ἐν δὲ τετάρτῃ μηνὸς ἄγεσθ᾽ εἰς οἶκον ἄκοιτιν.

Da bei den Griechen der Monat mit dem Neumonde oder dem ersten Wahrnehmen der Mondsichel beginnt (Ideler Chronol. S. 106), so stimmt damit ziemlich überein, was Proklos zu v. 782 sagt: διὸ καὶ Ἀθηναῖοι τὰς πρὸς σύνοδον ἡμέρας ἐξελέγοντο πρὸς γάμους καὶ τὰ θεογάμια ἐτέλουν, τότε φυσικῶς εἶναι πρῶτον οἰόμενοι γάμον τῆς σελήνης οὔσης πρὸς ἡλίου σύνοδον. [Es beziehen sich diese Worte aber mehr auf den ἱερὸς γάμος selbst und die σύνοδος deutet mehr auf den Monat hin, als auf die Mondphase. Die Meisten nehmen den ἱερὸς γάμος in dem unserem Januar entsprechenden Gamelion an. Vgl. Mommsen Heortologie, S. 343 ff. Andere verlegen ihn seiner Bedeutung als Vermählung des befruchtenden Himmels mit der Erde gemäss in den Frühling: Welcker zu Schwenck's etymol.-mythol. Andeut. S. 272 u. Griech. Götterlehre I, S. 364 ff.; Schömann Griech. Alterth. II, S. 515. Unentschieden: Stark zu K. F. Hermann's Griech. gottesd. Alterth. §. 57, n. 28.] S. Böckh zu Pind. Isthm. VII. 44, p. 547. Pindar's Worte selbst aber: ἐν διχομηνίδεσσιν δὲ ἑσπέραις ἐρατὸν λύοι κεν χαλινὸν ὑφ᾽ ἥρωι παρθενίας, sprechen von dem entgegengesetzten Gebrauche, und ebenso der auch dort angeführte Eurip. Iphig. Aulid. 707, wo Agamemnon auf die Frage der Klytämnestra, wann die Hochzeit stattfinden solle, antwortet:

ὅταν σελήνης εὐτυχὴς ἔλθῃ κύκλος.

Denselben Gebrauch beobachtet endlich auch die einfache Jägerfamilie bei Dio Chrysost. Or. VII. 70: καὶ ποιήσομέν γε τοὺς γάμους ἡμέραν ἀγαθὴν ἐπιλεξάμενοι. κἀγώ, πῶς, ἔφην, κρίνετε τὴν ἀγαθὴν ἡμέραν; καὶ ὅς, ὅταν μὴ μικρὸν ᾖ τὸ σελήνιον. [Ueberhaupt geht aus den angeführten Stellen soviel als gewiss hervor, dass der griechische Aberglaube, wie der heutige bei uns, nur den abnehmenden Mond ängstlich vermied.]

Der Vermählung selbst gingen mehrere feierliche Gebräuche voraus. Der wichtigste darunter war das Opfer, welches den sämmtlichen Schutzgöttern der Ehe (θεοὶ γαμήλιοι) dargebracht wurde: τὰ προτέλεια γάμων, auch προγάμεια (siehe über den Namen vorzüglich Poll. III. 38, Ruhnk. ad Tim. p. 224, Böttiger Kunstmythol. Th. II, S. 252). Dass dies gerade an dem Tage vor der Hochzeit geschehen sei, wie gewöhnlich gesagt wird, erinnere ich mich nicht bestimmt ausgesprochen gefunden zu haben. [Einen Tag vor der Hochzeit giebt an

Hesych. unter γάμων ἔθη.] Die oben angeführte Stelle aus
Euripides stimmt wenigstens damit auf keine Weise überein.
Bei Achill. Tat. II. 12 scheint der Tag der Hochzeit selbst
verstanden werden zu müssen; denn nachdem vorausgegangen
ist: ἔθυεν οὖν τότε ὁ πατὴρ προτέλεια τῶν γάμων, heisst es
weiterhin, da der Adler das Opfer geraubt hat: καὶ δὴ ἐπέσχον
ἐκείνην τὴν ἡμέραν τοὺς γάμους. Zu bemerken ist übrigens,
dass in beiden Stellen der Vater der Opfernde ist. [Doch
opferten nicht bloss die Eltern der Braut, sondern auch der
Bräutigam mit den Seinigen: Poll. III. 38.]   Als die Gottheiten, welchen dieses Opfer gebracht wurde, nennt Diod.
Sic. V. 73 nur Zeus und Hera: προθύουσι δὲ πρότερον ἅπαντες τῷ Διὶ τῷ τελείῳ καὶ Ἥρᾳ τελείᾳ. [Zum Heraopfer vgl.
Plut. Conjug. praec. 27: οἱ τῇ γαμηλίᾳ θύοντες Ἥρᾳ τὴν χολὴν οὐ συγκαθαγίζουσι τοῖς ἄλλοις ἱεροῖς, ἀλλ᾽ ἐξελόντες ἔρριψαν
περὶ τὸν βωμόν· αἰνιττομένου τοῦ νομοθέτου τὸ μηδέποτε δεῖν
χολὴν μηδὲ ὀργὴν γάμῳ παρεῖναι.   Fr. de Daedal. Plat. 2.]
Dagegen sagt Phot. Lex. p. 464: προτελείαν ἡμέραν ὀνομάζουσιν, ἐν ᾗ εἰς τὴν ἀκρόπολιν τὴν γαμουμένην παρθένον ἄγουσιν οἱ γονεῖς ὡς τὴν θεὸν καὶ θυσίαν ἐπιτελοῦσιν. [Wenn so
schlechthin, wo von der Akropolis die Rede ist, die Göttin,
ἡ θεός, genannt wird, kann man nur an Athene denken. Vgl.
Jahn Archaeol. Aufsätze, S. 103 und Curtius Griech.
Gesch. 4. Aufl. B. II, S. 203.   Auch soll nach Suid. s. αἰγίς
und Zonar. Lex. p. 77 die Priesterin der Athene mit der
Aegis die Neuvermählte besucht haben.   Auch in Trözen, wo
sie als Apaturia verehrt wurde, weihten ihr die Bräute vor
der Hochzeit ihren Gürtel: Pausan. II. 33. 2.]   Ebenso hatte
Artemis an dem Opfer Theil: Pollux a. a. O.: διὰ τοῦτο καὶ
Ἥρα τελεία ἡ ζυγία· ταύτῃ γὰρ τοῖς προτελείοις προὔτελουν
τὰς κόρας καὶ Ἀρτέμιδι καὶ Μοίραις: und das beschränkt sich
nicht auf Athen; vielmehr sagt in Bezug auf Böotien und
Lokris Plutarch. Aristid. 20: τὴν δ᾽ Εὔκλειαν οἱ μὲν πολλοὶ
καὶ καλοῦσι καὶ νομίζουσιν Ἄρτεμιν· ἔνιοι δέ φασιν Ἡρακλέους

μὲν θυγατέρα καὶ Μυρτοῦς γενέσθαι τῆς Μενοιτίου μὲν θυγατρός, Πατρόκλου δ᾽ ἀδελφῆς· τελευτήσασαν δὲ παρθένον ἔχειν παρά τε Βοιωτοῖς καὶ Λοκροῖς τιμάς· βωμὸς γὰρ αὐτῇ καὶ ἄγαλμα παρὰ πᾶσαν ἀγορὰν ἵδρυται καὶ προθύουσιν αἵ τε γαμούμεναι καὶ οἱ γαμοῦντες. Ein Tempel der Artemis Eukleia befand sich aber auch in Athen, Paus. I. 14. 5. Uebrigens scheint eine Andeutung grösserer Allgemeinheit auch in der Verheissung der Artemis zu liegen, nach welcher Hippolyt in Trözen an solcher Ehre Theil haben soll. Eurip. Hippol. 1414:

> σοὶ δ᾽, ὦ ταλαίπωρ᾽, ἀντὶ τῶνδε τῶν κακῶν
> τιμὰς μεγίστας ἐν πόλει Τροιζηνίᾳ
> δώσω· κόραι γὰρ ἄζυγες γάμων πάρος
> κόμας κεροῦνταί σοι κ. τ. λ.

Vgl. [Pausan. II. 32. 1]; Lucian. de Syr. dea 60. Denn was in Trözen mit Rücksicht auf Hippolyt geschieht, das galt anderwärts den Göttern selbst. Poll. a. a. O.: καὶ τῆς κόμης δὲ τότε ἀπήρχοντο ταῖς θεαῖς αἱ κόραι. Vgl. Hesych. γάμων ἔθη, Spanhem. ad Callim. Del. 297 und zu Aeschyl. Agam. 65, p. 271 ed. Haupt. [In Megara weihten die Bräute ihr Haar der Iphinoë, auf Delos der Opis und Hekaërge (Pausan. I. 43. 4) oder der Hyperoche und Laodike (Herod. IV. 34). Vgl. Stat. Theb. II. 255 und Jahn ad Pers. II. 70, p. 138.] — Dass aber auch andern Gottheiten, deren Cult einzelnen Ortschaften eigenthümlich war, θεοῖς ἐγχωρίοις, die προτέλεια ausgerichtet wurden, sieht man z. B. aus der Erzählung des zu Haliartos verübten Jungfrauenraubes bei Plutarch. Amat. narr. 1: ὁ δὲ ἦχε παρεσκευασμένος ἑταίρων ὄχλον καὶ πλῆθος οὐκ ὀλίγον θεραπόντων, διεσπαρμένους παρὰ τούτοις καὶ λανθάνοντας, ἕως ἡ κόρη κατὰ τὰ πάτρια ἐπὶ τὴν Κισσύεσσαν καλουμένην κρήνην κατῄει ταῖς Νύμφαις τὰ προτέλεια θύσουσα. — Hingegen gehört das der Aphrodite gebrachte Opfer, von dem Diodor a. a. O. spricht (παραδοθῆναι δὲ τῇ μὲν Ἀφροδίτῃ τήν τε τῶν παρθένων ἡλικίαν, ἐν οἷς χρό-

νοις δεῖ γαμεῖν αὐτάς, καὶ τὴν ἄλλην ἐπιμέλειαν τὴν ἔτι καὶ
νῦν ἐν τοῖς γάμοις γινομένην μετὰ θυσιῶν καὶ σπονδῶν, ἃς
ποιῶσιν ἄνθρωποι τῇ θεῷ ταύτῃ), nicht zu den προτελείοις,
sondern fand wohl entweder am Hochzeitstage selbst statt,
wie denn auch zu Thespiae nach Plutarch. Amator. 26
der Brautzug zuerst zum Heiligthume des Eros (πρὸς τὸν θεόν)
zu gehen scheint, oder es ist, wie bei Aeschin. epist. 10,
ein Nachopfer gemeint, das die νεωστὶ γεγαμημένοι bringen.
[In Athen pflegten auch die Τριτοπάτορες, kosmogonische Dä-
monen der beseelenden Winde, von denen man allen Kinder-
segen ableitete, angerufen zu werden: Lobeck Aglaoph.
p. 754 ff.; Preller Mythol. I, S. 371; Schömann Griech.
Alterth. B. II, S. 556. Ueber Zeichenbeobachtungen bei den
Opfern vgl. oben Plut. Praecept. conjug. 27; Fragm. de
Daedal. 2; ausserdem Wernsdorf zu Himer. p. 346.]

Eine zweite, wie es scheint, allgemein übliche Ceremonie
war das Bad, das am Tage der Hochzeit von der Braut sowohl
als dem Bräutigam im Wasser einer Quelle oder eines Flusses
genommen wurde, der für den jedesmaligen Ort von besonderer
Bedeutung war. [Panofka z. Erklär. d. Plinius, Berl.
1853. 4, S. 12.] In Athen war es die Quelle Kallirrhoe, nach
der durch Peisistratos erhaltenen Fassung auch Ἐννεάκρουνος
genannt, aus welcher zu diesem Brautbade (λουτρὸν νυμφικόν, Aristoph. Lysistr. 378) das Wasser geschöpft wurde.
Thucyd. II. 15: καὶ τῇ κρήνῃ τῇ νῦν μὲν τῶν τυράννων οὕτω
σκευασάντων Ἐννεακρούνῳ καλουμένῃ, τὸ δὲ πάλαι φανερῶν
τῶν πηγῶν οὐσῶν Καλλιρρόῃ ὠνομασμένῃ, ἐκείνῃ τε ἐγγὺς οὔσῃ
τὰ πλείστου ἄξια ἐχρῶντο καὶ νῦν ἔτι ἀπὸ τοῦ ἀρχαίου πρό
τε γαμικῶν καὶ ἐς ἄλλα τῶν ἱερῶν νομίζεται τῷ ὕδατι χρῆσθαι.
Vergl. dazu Poll. III. 43 und Harpocrat. s. λουτροφόρος.
Letzterer, der am ausführlichsten darüber berichtet, sagt, das
Wasser sei von einem Knaben, dem nächsten Verwandten des
Bräutigams (oder der Braut?), geholt und dieser eben λουτροφόρος genannt worden. Die Stelle ist in mehr als einer Hin-

sicht zu wichtig, um nicht ganz hier zu stehen. Sie heisst:
ἔϑος ἦν τοῖς γαμοῦσι λουτρὰ μεταπέμπεσϑαι κατὰ τὴν τοῦ γάμου ἡμέραν, ἔπεμπον δ᾽ ἐπὶ ταῦτα τὸν ἐγγυτάτω γένους παῖδα
ἄρρενα καὶ οὗτοι ἐλουτροφόρουν· ἔϑος δὲ ἦν καὶ τοῖς ἀγά-
μοις ἀποϑανοῦσι λουτροφορεῖν καὶ ἐπὶ (λουτροφόρον ἐπί?) τὸ
μνῆμα ἐφίστασϑαι· τοῦτο δὲ ἦν παῖς ὑδρίαν ἔχων· λέγει
περὶ τούτων Δείναρχος ἔν τε τῷ κατὰ Θεοδότου καὶ ἐν τῇ
κατὰ Καλλισϑένους εἰσαγγελίᾳ. Dieselben Worte stehen bei
Suidas und Photius. Diese bestimmte Angabe, dass zu
dem Geschäfte ein Knabe gebraucht worden, mit Berufung
auf zwei leider verlorene Reden Dinarch's, müsste ganz unbedenklich erscheinen, wenn sie allein stünde und nicht mehrfache andere Nachrichten ihr widersprächen. Namentlich erwähnt Pollux a. a. O. einen männlichen λουτροφόρος gar
nicht; wohl aber sagt er: καὶ λουτρά τις κομίζουσα λουτροφόρος. Wenn man nun dieses Widerspruchs wegen annehmen
wollte, dass für den Bräutigam ein Knabe, für die Braut ein
Mädchen das Wasser geholt hätten, so scheint letztere Annahme allerdings durch noch vorhandene Kunstdenkmäler unterstützt zu werden; für den Knaben aber ist mir ein weiterer
Beweis nicht bekannt. Denn in der berühmten Stelle des
Demosthenes in Leochar. §. 18, aus welcher wir auch
ohne Harpokration den merkwürdigen Gebrauch kennen
lernen, auf das Grabmal eines unverheirathet Verstorbenen
irgend eine auf das Wassertragen sich beziehende Figur als
Symbol der Ehelosigkeit zu setzen, heisst es zwar bloss: ἠῤῥώ-
στησεν ὁ Ἀρχιάδης καὶ τελευτᾷ τὸν βίον ἀπόντος τοῦ Μιδυλίδου
ἄγαμος ὤν· τί τούτου σημεῖον; λουτροφόρος ἐφέστηκεν ἐπὶ
τῷ τοῦ Ἀρχιάδου τάφῳ, allein dass hier kein Knabe gemeint
ist, sieht man aus §. 30, wo Demosthenes ausdrücklich
sagt: καὶ ἡ λουτροφόρος ἐφέστηκεν ἐπὶ τῷ τοῦ Ἀρχιάδου
μνήματι. Ist nun hier das Femininum mit Sicherheit von einer
weiblichen wassertragenden Figur zu erklären, so muss eine
so bestimmte Angabe, dass sich eine solche auf dem Grab-

male eines unverheiratheten Mannes befunden habe, die ganze
Nachricht von einem Knaben als λουτροφόρος als sehr zweifelhaft erscheinen lassen. Freilich wird anderwärts wiederum
berichtet, es sei das Symbol bloss ein zum Wassertragen bestimmtes Gefäss (ein schwarzer Krug, daher auch λίβυς genannt) gewesen: Eustath. ad Iliad. XXIII. 141. p.
1293: καὶ τοῖς πρὸ γάμου τελευτῶσιν ἡ λουτροφόρος, φασίν, ἐπετί-
θετο κάλπις εἰς ἔνδειξιν τοῦ ὅτι ἄλουτος τὰ νυμφικὰ καὶ ἄγο-
νος ἄπεισι, vgl. Hesych. s. λιβύας und λουτροφύρα, und solche
finden sich auf Grabstelen, s. Stackelberg Taf. 1; allein
diese Deutung des Namens wird durch eine zweite Stelle aus
Pollux auf das Bestimmteste widerlegt, der VIII. 66 sagt:
τῶν δὲ ἀγάμων λουτροφόρος τῷ μνήματι ἐφίστατο κόρη, ἀγ-
γεῖον ἔχουσα ὑδροφόρον ἢ ὑδρίαν ἢ πρόχουν ἢ χρωσσὸν ἢ κάλ-
πιν. Wie dem aber auch sei: mit Harpokration würde auch
dies nicht übereinstimmen; wohl aber wird die von Pollux
gegebene Nachricht durch die Gemälde einiger volcentischer
Vasen unterstützt, welche wassertragende Mädchen darstellen,
und auf deren einer die Inschrift ΚΑΛΙΡΕ ΚΡΕΝΕ (Καλλιῤῥῆ
χρήνη) über die Bedeutung keinen Zweifel lässt. S. Brönd-
sted thirty two greek vases pl. 27; Müller in Gött.
gel. Anz. 1831, S. 1331. [Namentlich Gerhard Auserles.
Vasenb. III. 306. Es wird eben wohl Beides vorgekommen
sein und wir haben nicht nöthig, die Nachricht von einem
männlichen λουτροφόρος zu bezweifeln.]

Wenn Pollux a. a. O. nach Anführung des ättischen Gebrauchs hinzusetzt: ἀλλαχόθι δὲ ὅθεν ἂν καὶ τύχοι, so können
die Worte durchaus nicht in dem Sinne genommen werden,
als sei es anderwärts gleichgiltig gewesen, woher man das
Wasser schöpfte; sondern man muss sie so verstehen, dass
an anderen Orten, wie eben eine oder die andere Quelle den
Vorzug hatte, aus ihr das Wasser geholt wurde. Ausserdem
hätte Pollux Unwahres berichtet. Denn in Theben z. B.,
und das ist sehr natürlich, wurde das Brautbad aus dem

Ismenos geschöpft, und überhaupt wurde durchaus lebendiges
Quellwasser dazu genommen. Eurip. Phoen. 347: *ἀνυμέναια*
δ' Ἰσμηνὸς ἐκηδεύθη λουτροφόρου χλιδᾶς. Schol. *ἔθος ἦν*
τοῖς παλαιοῖς, ὅτε ἔγημέ τις, ἐπὶ τοῖς ἐγχωρίοις ποταμοῖς ἀπο-
λούεσθαι. And. *εἰώθασι γὰρ οἱ παλαιοὶ ἀπολούεσθαι ἐπὶ τοῖς*
ἐγχωρίοις ποταμοῖς καὶ περιρραίνεσθαι λαμβάνοντες ὕδωρ τῶν
ποταμῶν καὶ πηγῶν συμβολικῶς παιδοποιΐαν εὐχόμενοι, ἐπεὶ
ζωοποιὸν τὸ ὕδωρ καὶ γόνιμον. Vgl. Böttiger Vasengem.
Heft I, S. 143; Aldobr. Hochz. S. 158; Kunstmythol.
Th. II, S. 255. — Aehnlich ist der im angeblichen zehnten
Briefe des Aeschines angeführte Gebrauch in Troas, dass
die Mädchen vor der Hochzeit im Skamander badend dem
Gotte symbolisch ihre Jungfrauschaft weiheten, p. 680: *νενό-*
μισται δὲ ἐν τῇ Τρωάδι γῇ, τὰς γαμουμένας παρθένους ἐπὶ τὸν
Σκάμανδρον ἔρχεσθαι καὶ λουσαμένας ἀπ' αὐτοῦ τὸ ἔπος τοῦτο
ὥσπερ ἱερόν τι ἐπιλέγειν· λάβε μου, Σκάμανδρε, τὴν παρθενίαν.
Der Begleiter des Erzählenden, welcher, die Einfalt eines der
Mädchen benutzend, die Rolle des Skamander so natürlich
spielte, dass, als vier Tage darauf bei dem Festaufzuge zum
Tempel der Aphrodite die nunmehr Vermählte ihn unter den
Zuschauern erblickte, sie, zur Amme sich wendend, ausrief:
ὁρᾷς, τίτθη, τὸν Σκάμανδρον, ᾧ τὴν παρθενίαν ἔδωκα; führte
zu seiner Entschuldigung an, dass in Magnesia ein junger
Mann auf dieselbe Weise den Mäander vorgestellt habe: also
herrschte auch dort derselbe Gebrauch. [Eine der christlichen
Trauung ähnliche Ceremonie (Petersen der Hausgottes-
dienst d. a. Griech. 1851, S. 37) ist nicht nachweisbar.
Nur ergiebt sich eine Art von Copulation in Plutarch's Zeit
für Böotien und wahrscheinlich Chaeronea aus Plut. Conj.
praec. init.: *μετὰ τὸν πάτριον θεσμόν, ὃν ὑμῖν ἡ τῆς Δήμη-*
τρος ἱέρεια συνειργνυμένοις ἐφήρμοσεν, οἶμαι καὶ τὸν λόγον
ὁμοῦ συνεφαπτόμενον ὑμῶν καὶ συνυμεναιοῦντα, χρήσιμον ἄν
τι ποιῆσαι.]
Die spartanische Sitte wich auch in der Weise, wie die

Ehe geschlossen wurde, bedeutend von der attischen und so
wohl auch der übrigen Staaten ab. Bekanntlich war es Regel,
dass der Bräutigam die Braut, natürlich mit Uebereinstimmung
ihrer Eltern oder Verwandten, raubte; vgl. Plutarch. Lyc.
15; [Hermippos bei Athen. XIII, p. 555] und über die
weiteren Gebräuche Müller Dorier Th. II, S. 282. Dass
sich aber aus häufig auf Vasen wiederkehrenden Darstellungen,
wo ein junger Mann ein Weib verfolgt oder gewaltsam um-
fasst hält [vgl. z. B. den Leukippidenraub: Preller Griech.
Mythol. B. II, S. 98 und Stark zu Hermann's Privatalt.
§. 31, n. 12], auf eine weit verbreitete Sitte des virginem
rapere (Müller Archäol. §. 429. 2) sollte schliessen lassen,
scheint doch zweifelhaft. Die von Raoul-Rochette Mon.
d'antiqu. fig. t. 1 ff. mitgetheilten Gemälde der Art und
mehrere andere sind wohl mit Sicherheit auf den Raub der
Thetis zu beziehen. Noch weniger dürfte das schöne Vasenbild bei Millingen Vases Coghill t. 1 Entführungssceuen
darstellen; s. ausser Millingen selbst (Thiersch) Diss.
qua probatur artificum opp. poetar. carm. optime
explicari (Gratulationsschr. d. Müochener Universität 1835).
Von Achill. Tat. II. 13 wird indessen ein Gesetz der By-
zantier angegeben, das den Raub gewissermaassen legitimirte:
νόμου γὰρ ὄντος Βυζαντίοις, εἴ τις ἁρπάσας παρθένον φθάσας
ποιήσει γυναῖκα, γάμον ἔχειν τὴν βίαν, προσεῖχε τούτῳ τῷ
νόμῳ. [Die Entführung der Braut war jedenfalls ursprünglich
allgemeine griechische Sitte: Dionys. Halic. Arch. Rom.
II. 30. Ueber die an denselben alten Brauch erinnernde For-
malität in Rom vgl. Festus, p. 289a; Macrob. Saturn. I.
15. 21 und Catull. 61. 3. Vielleicht strafte deshalb auch
Solou (Plut. Sol. 23) die Entführung einer Jungfrau nur als
leichte Injurie. Vgl. den Trost bei Plut. Quaest. symp.
VII. 8. 3: αἱ δὲ φθοραὶ τῶν παρθένων εἰς γάμον ἐπιεικῶς κα-
ταστρέφουσι.
     Das hochzeitliche Mahl, γάμος, θοίνη γαμική, γαμοδαίσια,

wurde gewöhnlich vom Vater der Braut in seinem Hause gegeben. Bei Lucian. Conviv. 5 fragt Philo: τῷ παιδὶ τῷ Ζήνωνι ὁ Ἀρισταίνετας ἀγόμενος γυναῖκα, εἰστία ὑμᾶς; und erhält die Antwort: οὐκ, ἀλλὰ τὴν θυγατέρα ἐξεδίδου αὐτὸς τὴν Κλεανθίδα τῷ Εὐκρίτου. Dann heisst es nach dem prügelreichen Symposion c. 47: καὶ ὁ νύμφιος ἀπήγετο εἰς τὴν οἰκίαν, ταινίαις κατειλημένος τὴν κεφαλήν, ἐπὶ τὸ ζεῦγος ἀνατεθείς, ἐφ' οὗ τὴν νύμφην ἀπάξειν ἔμελλε. Dass der Bräutigam den Hochzeitsschmaus giebt, findet man auffällig Plaut. Aulul. II. 4. 15:

quid? hic non poterat de suo
senex obsonari filiae in nuptiis?

Als Grund wird die Armuth des Schwiegervaters angegeben; dennoch findet aber das Mahl in seinem Hause statt: III. 1. 2 und 6. 15. Wenn im Curculio des Plautus V. 2. 61 der Bräutigam ebenfalls zur Hochzeit einladet, so erklärt sich dies schon daraus, dass die Braut elternlos ist und ihr Bruder Soldat und unverheirathet. Dass aber das Mahl gerade nicht nothwendig ein Bestandtheil der Hochzeitsfeier war, erkennt man aus Terent. Andr. III. 4. 2.] Bei diesem Schmause waren, was sonst nicht stattfand, die Frauen zugegen. Auch Plato Leg. VI, p. 775 sagt: περὶ δὲ τῶν ἑστιάσεων φίλους μὲν χρὴ καὶ φίλας μὴ πλείους πέντε ἑκατέρων συγκαλεῖν, συγγενῶν δὲ καὶ οἰκείων ὡσαύτως τοσούτους ἄλλους ἑκατέρων, und p. 784 soll den unsittlich Lebenden nicht gestattet werden εἰς τοὺς γάμους καὶ γενέσεις παίδων zu gehen. Bei Lucian. Conv. 8 haben sie jedoch einen besonderen Tisch inne, und die Braut bleibt auch hier verschleiert: δέον δὲ ἤδη κατακλίνεσθαι ἁπάντων σχεδὸν παρόντων, ἐν δεξιᾷ μὲν εἰσιόντων αἱ γυναῖκες ὅλον τὸν κλιντῆρα ἐκείνων ἐπέλαβον οὐκ ὀλίγαι οὖσαι καὶ ἐν αὐταῖς ἡ νύμφη πάνυ ἀκριβῶς ἐγκεκαλυμμένη ὑπὸ τῶν γυναικῶν περιεχομένη, ja in einem Bruchstücke des Euangelos bei Athen. XIV, p. 644 werden τέτταρες τράπεζαι γυναικῶν, ἐξ ἀνδρῶν genannt. So ist auch wohl nicht

an ein abgesondertes Mahl zu denken, wenn Klytämnestra bei
Eurip. Iphig. Aul. 712 fragt:

ἡμεῖς δὲ θοίνην ποῦ γυναιξὶ θήσομεν;

Die Frauen kamen nur hauptsächlich in Betracht; denn für
die Männer waren Symposien nichts Seltenes. In anderen
Fällen, wie natürlich an den Thesmophorien, hätten allerdings
die Frauen ihr Festmahl für sich. S. Isaeus de Pyrrh.
her. §. 80. [Ihrer Anwesenheit beim Hochzeitsschmause wegen
rechnet es Theophrast Char. 12 unter die Merkmale des
ἄκαιρος: καὶ κεκλημένος εἰς γάμους τοῦ γυναικείου γένους κα-
τηγορεῖν. Im vierten Jahrhundert bestimmte ein Gesetz (von
Timokles und Menander bei Athen. VI, p. 245 καινός
genannt), dass die höchste Zahl der Tischgäste 30 sein sollte,
und die Gynäkonomen pflegten darauf hin die Hochzeitshäuser
zu visitiren. In Iasos waren sogar nur zehn Männer und
zehn Frauen gestattet: Heracl. Polem. 40.]

Bei dem Mahle scheinen die Kuchen, πέμματα, besonders
die symbolischen Sesamkuchen, eine bedeutende Rolle gespielt
zu haben. Schol. zu Aristoph. Pax 869: ἐδόκουν γὰρ ἐν
τοῖς γάμοις σήσαμον διδόναι, ὅς ἐστι πλακοῦς γαμικὸς ἀπὸ ση-
σάμου πεποιημένος διὰ τὸ πολύγονον, ὥς φησι Μένανδρος. Vgl.
Böttiger Aldobr. Hochz. S. 143. Unter dem Personale,
das bei der Hochzeit beschäftigt war, wird auch ein besonderes Weib erwähnt, das die Kuchen besorgte und δημιουργός
genannt wurde, Athen. IV, p. 172; Poll. III. 41. [Ferner
wird erwähnt, dass ein mit Dorn und Eicheln bekränzter
Knabe eine Schwinge mit Brödchen umhertrug und dabei ausrief: ἔφυγον κακόν, εὗρον ἄμεινον, Zenob. Prov. III. 98;
Paroemiogr. Gott. I, p. 82 und Merklin in Zeitschr. f.
d. Alterth. 1854, S. 97 ff. Endlich fehlte es am Ende des
Mahles nicht an Libationen und Segenswünschen: Sappho
bei Athen. XI, p. 475: κῆνοι δ᾽ ἄρα πάντες καρχήσι᾽ ἦχον
κάλειβον· ἀράσαντι δὲ πάμπαν ἐσλὰ τῷ γαμβρῷ.]

Nach dem Mahle wurde die Braut vom Bräutigam zu

Wagen (ἐφ᾽ ἁμάξης) in sein Haus geleitet. In diesem mit Maulthieren oder Ochsen (wohl aber auch mit Pferden) bespannten Wagen sass sie in der Mitte zwischen dem Bräutigam und dem παράνυμφος, einem nahen Verwandten oder besonders geachteten Freunde, der eben deshalb auch πάροχος genannt wurde. Am ausführlichsten spricht darüber Phot. Lex. p. 52: ζεῦγος ἡμιονικὸν ἢ βοεικὸν ζεύξαντες τὴν λεγομένην κλινίδα, ἥ ἐστιν ὁμοία διέδρῳ, τὴν τῆς νύμφης μέθοδον ποιοῦνται, παραλαβόντες δὲ αὐτὴν ἐκ τῆς πατρῴας ἑστίας ἐπὶ τὴν ἅμαξαν ἄγουσιν ἐς τὰ τοῦ γαμοῦντος ἑσπέρας ἱκανῆς· κάθηνται δὲ τρεῖς ἐπὶ τῆς ἁμάξης, μέση μὲν ἡ νύμφη, ἑκατέρωθεν δὲ ὅ τε νυμφίος καὶ ὁ πάροχος, οὗτος δέ ἐστι φίλος ἢ συγγενὴς ὅτι μάλιστα τιμώμενος καὶ ἀγαπώμενος· ἐπειδὴ δὲ ἡ ἅμαξα ὄχημα ἐλέγετο, ὁ ἐκ τρίτου ὁ παροχούμενος πάροχος ἐκλήθη καὶ ἀπὸ ταύτης τῆς συνηθείας, κἂν πεζοὶ μετίωσί τινες κόρην, ὁ τρίτος συμπαρὼν πάροχος λέγεται: vgl. Poll. III. 40: ὁ δὲ καλούμενος παράνυμφος νυμφευτὴς ὀνομάζεται καὶ πάροχος, ἐπὶ ζεύγους δὲ τὰς νύμφας ὡς ἐπὶ τὸ πολὺ μετῄεσαν· εἰ δὲ πεζῇ ἀφικνεῖτο ἡ νύμφη, χαμαίπους ἐλέγετο: auch X. 33: οὐ μέντοι ἀγνοῶ, ὅτι κλινὶς ἐκαλεῖτο τὸ ἐπὶ τῆς ἁμάξης καταστρωννύμενον, ὅταν μετίωσι τὰς νύμφας, ἐφ᾽ οὗ κάθηται ἡ νύμφη μεταξὺ τοῦ παρόχου τε καὶ τοῦ νυμφίου, [Hesych. s. v. κλινίς· ἐπὶ τῆς ἁμάξης νυμφικὴ καθέδρα,] und Schol. ad Aristoph. Av. 1735: (ὁ δ᾽ ἀμφιθαλὴς Ἔρως χρυσόπτερος ἡνίας εὔθυνε παλιντόνους, Ζηνὸς πάροχος γάμων τῆς τ᾽ εὐδαίμονος Ἥρας) πάροχοι γὰρ λέγονται οἱ παράνυμφοι παρὰ τὸ παροχεῖσθαι τοῖς νυμφίοις· ἐπ᾽ ὀχήματος γὰρ τὰς νύμφας ἄγουσιν: desgleichen Harpocr. πάροχος, Etym. M. ἁρματεῖον μέλος und μετίασι κόρης u. s. w. Das Ochsengespann findet sich selbst in der Erzählung von der List des Zeus, welche zur Versöhnung mit Hera führte, Pausan. IX. 3. 1; aber bei Hyperides p. Lycophr. col. 4 führt den Zug ein Maulthiertreiber, ὀρεωκόμος, und bei Eurip. Helen. 723, wo der Diener zur Helena sagt:

καὶ λαμπάδων μεμνήμεθ᾽, ἃς τετραόροις
ἵπποις τροχάζων παρέφερον· σὺ δ᾽ ἐν δίφροις
σὺν τῷδε νύμφῃ δῶμ᾽ ἔλειπες ὄλβιον,

werden ausdrücklich Rosse genannt. — An manchen Orten
herrschte der symbolische Gebrauch, nach der Ankunft die
Achse des Wagens zu verbrennen. Plutarch. Quaest. Rom.
29: καὶ γὰρ παρ᾽ ἡμῖν ἐν Βοιωτίᾳ καίουσι πρὸ τῆς θύρας τὸν
ἄξονα τῆς ἁμάξης, ἐμφαίνοντες δεῖν τὴν νύμφην ἐμμένειν ὡς
ἀνῃρημένου τοῦ ἀπάξοντος. Eine Abweichung von der Regel,
wohl nur durch die Verhältnisse der Bühne bedingt, ist es,
wenn bei Aristoph. Pax 1341 der Bräutigam getragen
wird: ἀλλ᾽ ἀράμενοι φέρωμεν οἱ προτεταγμένοι τὸν νυμφίον. —
Uebrigens fand eine solche Heimführung der Braut durch den
Bräutigam selbst nur bei der ersten Ehe des Mannes statt.
War es hingegen der Fall, dass ein Mann zum zweiten Male
heirathete, so wurde ihm die Braut wohl durch einen Verwandten oder Freund zugeführt, der in dieser Beziehung νυμφαγωγός hiess. Das sagt nicht nur Poll. III. 40: ὁ δὲ ἄγων
τὴν νύμφην ἐκ τῆς τοῦ πατρὸς οἰκίας νυμφαγωγός, ὁπότε μὴ
ὁ νυμφίος μετίει· οὐ νενόμιστο δὲ μετιέναι τοὺς δευτερογα-
μοῦντας, sondern noch bestimmter Hesych. νυμφαγωγός· ὁ
μετερχόμενος ἑτέρῳ νύμφην καὶ ἄγων ἐκ τοῦ πατρὸς οἰκίας,
ᾧ πρότερον γεγαμηκότι οὐκ ἔξεστι μετελθεῖν· διὸ ἀποστέλλουσι
τῶν φίλων τινάς· διαφέρει γὰρ ὁ νυμφαγωγὸς τοῦ παρόχου·
καλεῖται γὰρ πάροχος τῶν φίλων τις ὁ ἐπὶ τῷ ὀχήματι ἅμα
τῇ νύμφῃ καὶ τῷ νυμφίῳ ὀχούμενος, οἷον παράνυμφος.

Den Zug, der natürlich noch aus mehreren Personen bestand, vgl. Hyperides a. a. O. und Hermann Privatalt.
§. 31, n. 19 eröffnete ein προηγητής, Hesych. t. II, p. 1028;
wer aber die Hochzeitsfackeln (δᾷδας νυμφικάς) trug, scheint
aus keiner Nachricht mit Gewissheit hervorzugehen. Dass die
beiderseitigen Mütter Fackeln anzündeten, ergiebt sich unzweifelhaft aus Eurip. Phoen. 344:

ἐγὼ δ' οὔτε σοι πυρὸς ἀνῆφα φῶς νόμιμον ἐν γάμοις,
ὡς πρέπει ματέρι μαχαρίᾳ,

und für die Brautmutter insbesondere aus Iphig. Aul. 722:

ΚΛΥΤ. τίς δ' ἀνασχήσει φλόγα;
ΑΓ. ἐγὼ παρέξω φῶς, ὃ νυμφίοις πρέπει.
ΚΛΥΤ. οὐχ ὁ νόμος οὗτος καὶ σὺ φαῦλ' ἡγεῖ τάδε:

wenn aber der Scholiast zur ersteren Stelle sagt: *ἔθος ἦν,*
τὴν νύμφην ὑπὸ τῆς μητρὸς τοῦ γαμοῦντος μετὰ λαμπάδων
εἰσάγεσθαι, so möchte dies wenigstens aller weiteren Unterstützung entbehren, es müsste denn nur die Einführung in
den Thalamos gemeint sein. [Auch Schol. Apoll. Argon.
IV. 800 sagt nur allgemein: *τὸ παλαιὸν τὰς μητέρας τῶν γα-*
μούντων ἐν τοῖς γάμοις ὁᾳδουχεῖν ἔθος ἦν. Die »anus lampada
praeferens« bei Plin. Hist. N. XXXV. 78 in Bezug auf die
Hochzeit der Semiramis von Aëtion scheint wohl die Amme
der Braut gewesen zu sein (Stark Archaeol. Stud. S. 46);
warum aber die Brautmutter nicht auch, wie die meisten zu
Fusse gehenden Theilnehmer (Aristoph. Pax 1318), eine
Fackel getragen haben soll, kann ich nicht einsehen. Vgl.
Panofka Bild. antik. Leb. XI. 3. Auch die Mitgift wurde
von den weiblichen Verwandten und Freundinnen in Körben
auf den Köpfen getragen: Gerhard Auserl. griech. Vasenb.
III. Taf. 310 ff.] Wenn man annehmen darf, dass die Feierlichkeit eine Nachahmung des *ἱερὸς γάμος* war, so kann es
auch wahrscheinlich gefunden werden, dass ein besonderer
ὁᾳδοῦχος, gleichsam Hymen selbst, wie er auch auf dem berühmten Cameo bei Lippert I. 843 (siehe darüber Böttiger
Kunstmythol. Th. II S. 444 ff.) erscheint, als eigentlicher
symbolischer Fackelträger voranleuchtete. Vergl. Böttiger
Aldobr. Hochz. S. 142; Kunstmythol. Th. II, S. 254 u.
411, [und O. Jahn in Leipz. Ber. d. K. Sächs. Ges. d.
Wiss. 1854, S. 165.]

Braut und Bräutigam waren natürlich festlich geschmückt,

und in der homerischen Zeit erhielt auch die Begleitung Fest-
gewänder. Odyss. VI. 27:

> σοὶ δὲ γάμος σχεδόν ἐστιν, ἵνα χρὴ καλὰ μὲν αὐτήν
> ἕννυσθαι, τὰ δὲ τοῖσι παρασχεῖν, οἵ κέ σ' ἄγωνται.

Dass die Kleidung des Brautpaares farbig gewesen, sagt Soi-
das s. βαπτά nach dem die Stelle missverstehenden Schol.
zu Aristoph. Plut. 530: βαπτὰ γὰρ ἱμάτια φοροῦσιν οἱ νυμ-
φίοι πρὸς τὸ φαίνεσθαι τεκμήριον τῆς φθορᾶς· οὐκ ἔσται οὖν
σοι, φησί, ποικίλα ἱμάτια ἐπὶ τῷ κοσμῆσαι τὴν νύμφην. Von
der Braut könnte dies angenommen werden, wenn auch auf
der Aldobrandinischen Hochzeit der Fall gerade umgekehrt
ist. Achill. Tat. II. 11 sagt: ἐώνητυ δὲ τῇ κόρῃ τὰ πρὸς
τὸν γάμον, περιδέραιον μὲν λίθων ποικίλων, ἐσθῆτα δὲ τὸ πᾶν
μὲν πορφυρᾶν· ἔνθα δὲ ταῖς ἄλλαις ἐσθῆσιν ἡ χώρα τῆς πορφύρας (die ὦα), ἐκεῖ χρυσὸς ἦν. Allein das ist in keinem
Falle gewöhnliche griechische Sitte, und viel zweifelhafter ist
es hinsichtlich des Bräutigams. Die männliche Begleitung
wenigstens ging weiss. Plutarch. Amat. 26: καὶ νῦν ἐκὼν
στέφανον καὶ λευκὸν ἱμάτιον λαβὼν οἴός ἐστιν ἡγεῖσθαι δι'
ἀγορᾶς πρὸς τὸν θεόν, und wenn derselbe c. 10 auch sagt:
ἅμα δὲ αἱ μὲν γυναῖκες ἔνδον αὐτοῦ τὸ χλαμύδιον ἀφαρπάσα-
σαι περιέβαλον ἱμάτιον νυμφικόν, so ist dies nur im Gegensatze zu der Chlamys gemeint, mit der Bakchon aus dem
Gymnasium gekommen war; die Andeutung einer besonderen
Farbe liegt nicht darin. [Auf eine feinere Qualität des Stoffes
deutet entschieden hin Arist. Av. 1693: ἀλλὰ γαμικὴν χλανίδα δότω τις δεῦρύ μοι. Uebrigens trug auch wenigstens die
Braut besondere Schuhe, νυμφίδες, vgl. Hesych. s. v.]. Dagegen sagt Poll. IV. 119 vom Kostüm des Parasiten: οἱ δὲ
παράσιτοι μελαίνῃ ἢ φαιᾷ (χρῶνται), πλὴν ἐν Σικυωνίῳ λευκῇ,
ὅτε μέλλει γαμεῖν ὁ παράσιτος. Indessen musste sich doch
das Gewand auf irgend eine Weise von einem alltäglichen unterscheiden; denn Chariton sagt von der Leiche der Kallirrhoe
I. 6: κατέκειτο μὲν Καλλιρρόη νυμφικὴν ἐσθῆτα περιεμένη.

Kränze trugen jedenfalls Braut und Bräutigam (Schol. zu
Aristoph. Pax 869; vergl. Av. 159; Liban. Or. XXXVI,
p. 325 R.) und, wie man aus Plutarch sieht, auch die Begleiter [und das Haupt der Braut war ausserdem mit Tänien
besonderer Art geschmückt: Stephani Compte rendu pour
1872, p. 192; 1874, p. 140. Nach den angeführten Scholien
bekränzte sich der Bräutigam mit Mohn und Minze.] Auch
die Thüren der beiden hochzeitlichen Häuser waren festlich
mit Laubgewinden geschmückt. Plutarch. Amat. 10: οἰκέται δὲ περικύκλῳ δραμόντες ἀνέστεφον ἐλαίᾳ καὶ δάφνῃ τὰς
θύρας οὐ μόνον τὰς τῆς Ἰσμηνοδώρας, ἀλλὰ καὶ τὰς τοῦ Βάκ-
χωνος, und so geschieht der Sitte öftere Erwähnung. Zu dem
κόσμος der Braut gehörten ausserdem auch duftende Salben,
μύρον, Xenoph. Symp. 2. 3: αἱ μέντοι γυναῖκες, ἄλλως τε
καὶ ἢν νύμφαι τύχωσιν οὖσαι, μύρου μέν τι καὶ προσδέοιντ'
ἄν: vgl. Aristoph. Plut. 529: μύροισιν μυρίσαι σταχτοῖς,
ὁπόταν νύμφην ἀγάγησθον, mit Böttiger Aldobr. Hochz.
S. 42 ff., und ihren Kopf bedeckte ein tief herabreichender
Schleier, wovon weiterhin zu sprechen ist. [Poll. I. 246 und
X. 109 erzählt noch, die Braut habe ein Gefäss zum Rösten
des Gerstenschrotes in das Haus des Mannes mitgebracht:
Σόλων δὲ καὶ τὰς νύμφας ἰούσας ἐπὶ τὸν γάμον ἐκέλευσε φρύ-
γετρον φέρειν σημεῖον αὐτουργίας.]

In dieser Weise ging der Zug unter Absingung des Hy-
menäos mit Flötenbegleitung (s. Böttiger a. a. O. S. 142)
[Das Flötenspiel auf der Strasse begann schon vor der Heimführung der Braut. Denn sobald Plut. Amat. 10 der ge-
raubte Bräutigam im Hause der Ismenodora ist, werden die
Thüren bekränzt, ἡ δ' αὐλητρὶς αὐλοῦσα διεξῆλθε τὸν στε-
νωπόν. Vgl. Plaut. Casin. IV. 3. 1:

> age tibicen, dum illam educunt huc novam nuptam foras,
> suavi cantu concelebra omnem hanc plateam hymenaeo.]

nach dem Hause des Bräutigams, während in den Strassen
von den Begegnenden mancher glückwünschende Zuruf er-

folgen mochte. Das lässt sich aus Aristoph. Pax 1318
schliessen:

δᾳδάς τε φέρειν καὶ πάντα λεὼν ξυγχαίρειν κἀπικελεύειν.

Vgl. Chariton I, 1, V. 5, Heliodor. Aethiop. X. 41.
Bei der Ankunft im Hause fand der auch in Rom übliche Gebrauch
des Ausstreuens von allerhand Naschwerk, καταχύσματα, statt.
Schol. zu Aristoph. Plut. 768: τῶν γὰρ νεωνήτων δούλων
τῶν πρῶτον εἰσιόντων εἰς τὴν οἰκίαν ἢ ἁπλῶς τῶν ἐφ᾽ ὧν οἰω-
νίσασθαί τι ἀγαθὸν ἐβούλοντο ὡς καὶ ἐπὶ τοῦ νυμφίου περὶ τὴν
ἑστίαν τὰ τραγήματα κατέχεον εἰς σημεῖον εὐπορίας, ὡς καὶ
Θεόπομπός φησιν ἐν Ἰδυγάρει· φέρε σὺ τὰ καταχύσματα ταχέως κατάχει τοῦ νυμφίου καὶ τῆς κόρης. Vgl. Theopomp.
bei Harpocr. u. Phot. Lex. p. 145, Hesych. u. Suidas.
Die Braut wurde verschleiert in das Brautgemach (θάλαμος, παστάς, beides verbunden Heliodor. Aethiop. X. 16)
geführt, das der Bräutigam verschloss. Daher καταχλάζειν
τὴν νύμφην: vgl. Theocr. XVIII. 5:

ἀνίκα Τυνδαρίδα κατεκλάξατο τὰν ἀγαπατάν
μναστεύσας Ἑλέναν ὁ νεώτερος Ἀτρέος υἱός,

und das Sprichwort ebendaselbst XV. 77: ἐνδοῖ πᾶσαι, ὁ τὰν
νυὸν εἶπ᾽ ἀποκλάξας. [So sprach nämlich der einfältige Bräutigam, indem er umgekehrt die Braut hinausgesperrt und ihre
Gespielinnen im Brautgemach eingeschlossen hatte. Vergl.
Haupt Index lect. hibern. Univ. Berol. 1868.] In Athen
schrieb ein Gesetz Solon's vor, dass die Braut vorher eine
Quitte, μῆλον κυδώνιον, essen solle, Plutarch. Sol. 20; ein
seltsames Gesetz, wie es auch immer derselbe Quaest. Rom.
65 und Coniug. praec. 1 zu erklären suchen mag. [Die
Braut sollte sich jedenfalls dadurch dem Dienste der Aphrodite
weihen. Vgl. Hehn Kulturpfl. und Hausthiere. 2. Aufl.
S. 210; Hermann Privatalt. §. 31, n. 29 mit Stark's Zusatze; Charikles B. I, S. 292 und zu den dortigen Citaten
noch Stephani Compte rendu pour 1872, p. 160; 1873,

p. 17.] Vor der Thüre des Thalamos wurde indessen von einem Mädchenchore das Epithalamium gesungen. Die achtzehnte Idylle Theokrit's giebt uns ein solches Epithalamium auf die Hochzeit der Helena:

> πρόσθε νεογράπτω θαλάμω χορὸν ἐστάσαντο
> δώδεκα ταὶ πρᾶται πόλιος, μέγα χρῆμα Λακαινᾶν —
> ἄειδον δ' ἄρα πᾶσαι ἐς ἓν μέλος ἐγκροτέοισαι
> ποσσὶ περιπλέκτοις, περὶ δ' ἴαχε δῶμ' ὑμεναίῳ.

Dazu sagt der Scholiast: τῶν δ' ἐπιθαλαμίων τινὰ μὲν ᾄδεται ἑσπέρας, ἃ λέγεται κατακοιμητικά, ἅτινα ἕως μέσης νυκτὸς ᾄδουσι, τινὰ δ' ὄρθρια, ἃ καὶ προσαγορεύεται διεγερτικά· τὸν ἐπιθαλάμιον ᾄδουσιν αἱ παρθένοι πρὸ τοῦ θαλάμου, ἵνα τῆς παρθένου βιαζομένης ὑπὸ τοῦ ἀνδρὸς ἡ φωνὴ μὴ ἐξακούηται, λανθάνῃ δὲ κρυπτομένη διὰ τῆς τῶν παρθένων φωνῆς. [Vgl. Pind. Pyth. III. 30; Aeschyl. Prom. 558; Arist. Av. 1731 sequ.] Ausserdem hielt nach Pollux §. 42 ein Freund des Bräutigams die Thüre besetzt, θυρωρός, um die Frauen abzuhalten, die etwa der Braut zu Hülfe kommen wollten (εἴργων τὰς γυναῖκας βοηθεῖν τῇ νύμφῃ βοώσῃ). Wie viel jedoch von diesen vermuthlich aus den verschiedensten Zeitaltern und Staaten von den Grammatikern zusammengetragenen Gebräuchen auf die wirklich attische Sitte Anwendung leiden möchte, das bleibt zweifelhaft.

Nach der νὺξ μυστική (Charit. IV. 4; vergl. Alciphr. Epist. I. 4, Heliod. Aethiop. I. 17) erhielt die Neuvermählte von dem Gemahle und beide auch von Verwandten und Freunden Geschenke. In Bezug auf die Braut heissen sie ἀνακαλυπτήρια, ὀπτήρια u. s. w., weil sie nun erst unverschleiert sich zeigte; aber an welchem Tage sie gegeben wurden, ist nicht so klar, als man gewöhnlich annimmt. Hesych. sagt allerdings t. I, p. 325: ἀνακαλυπτήριων, ὅτε τὴν νύμφην πρῶτον ἐξάγουσι τῇ τρίτῃ ἡμέρᾳ: dagegen derselbe p. 1316: ἐπαύλια ἡ δευτέρα τῶν γάμων ἡμέρα οὕτως καλεῖται, ἐν ᾗ κομίζουσι δῶρα οἱ οἰκεῖοι τῷ γεγαμηκότι καὶ τῇ νύμφῃ.

Nun heissen aber eben diese Geschenke ἀνακαλυπτήρια. Harpocr.: ἀνακαλυπτήρια δῶρα διδόμενα ταῖς νύμφαις παρά τε τοῦ ἀνδρὸς καὶ τῶν οἰκείων καὶ φίλων, ὅταν τὸ πρῶτον ἀνακαλύπτωνται ὥστε ὁραθῆναι τοῖς ἀνδράσι· καλεῖται δὲ αὐτὰ καὶ ἐπαύλαια (sic), ταῦτα δ' εἰσὶ τὰ παρ' ἡμῖν θεώρετρα, und so liegt darin offenbar ein Widerspruch; denn dass der Tag nach der Hochzeit ἐπαυλία hiess, wird auch anderwärts bezeugt. Poll. III. 39: προαυλία δὲ ἡ πρὸ τῶν γάμων ἡμέρα, ἐπαυλία δὲ ἡ μετ' αὐτήν (wobei man nur an γάμων ἡμέρα denken kann). Derselbe sagt §. 36: καὶ ὀπτήρια καὶ ἀνακαλυπτήρια· οὐ γὰρ μόνον ἡ ἡμέρα, ἐν ᾗ, ἐκκαλύπτει τὴν νύμφην, οὕτω καλοῖτ' ἄν, ἀλλὰ καὶ τὰ ἐπ' αὐτῇ δῶρα· τὰ δὲ ἀνακαλυπτήρια καὶ προσφθεγκτήρια ἐκάλουν καὶ διαπαρθένια δῶρα κ. τ. λ. und gedenkt §. 39 noch eines besonderen Gebrauchs, nach welchem der neuvermählte Gatte einen der Tage im Hause des Schwiegervaters, von der Frau getrennt, zubrachte: καὶ ἀπαύλια δέ, ἐν ᾗ ὁ νυμφίος εἰς τοῦ πενθεροῦ ἀπὸ τῆς νύμφης ἀπαυλίζεται, οἱ δὲ τὰ διδόμενα δῶρα τῇ νύμφῃ καλοῦσιν ἀπαύλια, ἡ δὲ ἀπαυλιστηρία χλανὶς ἀπὸ τῆς νύμφης τῷ νυμφίῳ ἐν τοῖς ἀπαυλίοις πέμπεται. Demnach können vielleicht die verschiedenen Nachrichten neben einander bestehen, so dass ἐπαύλια oder ἐπαυλία ἡμέρα der Tag nach der Hochzeit ist, wo die Verwandten ihre Geschenke schickten. Pausan. bei Eustath. z. Iliad. XXIV. 29, p. 1337. 43: ἐπαυλίαν ἡμέραν, καθ' ἥν ἐν τῇ τοῦ νυμφίου οἰκίᾳ ἡ νύμφη πρῶτον ἐπηύλισται, καὶ ἐπαύλια τὰ μετὰ τὴν ἐχομένην ἡμέραν τοῦ γάμου δῶρα παρὰ τοῦ τῆς νύμφης πατρὸς φερόμενα τοῖς νυμφίοις ἐν σχήματι πομπῆς· παῖς γάρ, φησίν, ἡγεῖτο χλανίδα λευκὴν ἔχων καὶ λαμπάδα καιομένην, ἔπειτα παῖς ἑτέρα κανηφόρος, εἶτα λοιπαὶ φέρουσαι λεκανίδας, σμήγματα, φορεῖα, κτένας, κοίτας, ἀλαβάστρους, σανδάλια, θήκας, μύρα, νίτρα, ἐνίοτε, φησί, καὶ τὴν προῖκα. (Ebenso Suid. u. Etym. M.) Der zweite Tag waren dann vielleicht die ἀπαύλια, und erst am dritten wurden die ἀνακαλυπτήρια gegeben und die Neuvermählte zeigte sich zum

ersten Male unverschleiert [bei Archilochus in Anthol.
Palat. VI. 133 weiht sie den Schleier der Hera.] Dann würde
nur die Angabe bei Harpocr. unrichtig sein. Ueber die
ἀνακαλυπτήρια sprechen Vales. z. Harpocr. p. 222, Langb.
z. Longin. ed. Toll. p. 34, Spanh. z. Callim. Dian. 74,
Wessel. z. Diod. Sic. V. 2, Meineke z. Philem. p. 359,
Böttiger Kunstmythol. Th. II, S. 232. [Unter den ver-
worrenen Angaben der Grammatiker stehen die ἐπαύλια als der
Tag nach der Hochzeit fest nach Pausanias zu Eustath.,
Pollux und Hesychius; vgl. Alciphr. Ep. III. 49: ἔσται
γάμος Χαριτοῦς καὶ Λεωκράτους μετὰ τὴν ἔνην καὶ νέαν τοῦ
Πυανεψιῶνος, εἰς ὃν πάντως ἢ παρὰ τὴν πρώτην ἡμέραν ἢ
τοῖς ἐπαυλίοις κεκλήσομαι. Dagegen sind mir die ἀπαύλια
überhaupt zu unsicher bezeugt, um ihretwegen die ἀνακαλυπτήρια, die Harpocration ja auch ganz klar auf den Tag
nach der Hochzeit setzt, auf den dritten Tag zu verlegen, abgesehen davon, dass die Annahme, die junge Frau wäre so
lange verschleiert geblieben, doch einen starken Glauben beansprucht. Ich trenne also die Morgengabe des Mannes nicht
von den Spenden der den Familien Nahestehenden. Vergl.
W. Teuffel in d. Stuttgarter Realencycl. B. V, S. 780.]
Die Gaben, welche von Verwandten und Freunden kamen,
hiessen auch προσφοραί. Theophr. Char. 30 sagt von einem
schmutzigen Menschen: καὶ γαμοῦντός τινος τῶν φίλων ἢ ἐκ-
διδομένου θυγατέρα πρὸ χρόνου τινὸς ἀποδημῆσαι, ἵνα μὴ προς-
πέμψῃ προσφοράν. — Denkmäler, welche sich auf diese hochzeitlichen Scenen beziehen, s. bei Müller Archäologie
§. 429. [Kurz nach der Hochzeit, wie auch die eben erwähnte
Stelle aus Alciphr. Ep. III. 49 darthut, folgte ein zweiter
Hochzeitsschmaus, der entweder vom Vater des Bräutigams
in seinem Hause oder von letzterem selbst gegeben wurde.
Auf den ersten Fall bezieht sich die oben citirte Stelle Lucian. Conviv. 5 und Terent. Andr. II. 6. 20; auf den zweiten Isaeus de Ciron. hered. §. 18: ὅτε γὰρ ὁ πατὴρ αὐτὴν

ἐλάμβανε, γάμους εἱστίασε καὶ ἐκάλεσε τρεῖς αὐτοῦ φίλους
μετὰ τῶν αὐτοῦ προσηκόντων, τοῖς τε φράτορσι γαμηλίαν εἰσή-
νεγκε κατὰ τοὺς ἐκείνων νόμους. Der Ausdruck γάμον ἑστιᾶν
vgl. §. 8 u. 20, der auch von diesem Mahle gebraucht wird,
hat Becker und Teuffel (a. a. O.) verleitet, dasselbe mit
dem eigentlichen Hochzeitsschmause zu identificiren. Jenem
scheint am Tage ein Opfer in Gegenwart der οἰκεῖοι τῶν
φρατόρων (Demosth. in Eubul. §. 43), die auch des
Abends zum Schmause geladen wurden, vorhergegangen zu
sein; vgl. Didym. bei Harpocration s. γαμηλία. Möglicherweise war mit dem γαμηλίαν εἰσφέρειν auch eine Abgabe verbunden; vgl. Schömann Griech. Alt. B. II, S. 559. Uebrigens war dieses Mahl, wie es scheint, ein Herrensouper. Der
Frauen geschieht nirgend Erwähnung und selbst auf die Abwesenheit der jungen Frau lässt sich schliessen aus Apollodor. bei Athen. VI, p. 243:

καινόν γέ φασι Χαιρεφῶντ' ἐν τοῖς γάμοις
ὡς τὸν Ὀφέλαν ἄκλητον εἰσδεδυκέναι.
σπυρίδα λαβὼν γὰρ καὶ στέφανον, ὡς ἦν σκότος,
φάσκων παρὰ τῆς νύμφης ὁ τὰς ὄρνεις φέρων
ἥκειν, δεδείπνηχ', ὡς ἔοικεν, εἰσπεσών.

Denn das Mahl wurde wahrscheinlich im Hause des Schwiegervaters der jungen Frau gehalten und der Parasit baute seinen
Plan, in das Haus eingelassen zu werden, darauf, dass die
Neuvermählte bei dieser Gelegenheit auch mit ihrer Kochkunst
einige Ehre einzulegen pflegte. Bei dem Symposion scheint
es recht lustig hergegangen zu sein: Athen. I, p. 7. Es
diente aber dieses Hochzeitsmahl zugleich als Beurkundung
der rechtmässig geschlossenen Verbindung und deshalb musste
es wünschenswerth erscheinen, möglichst viele Zeugen der ein-
gegangenen Ehe zu haben, wozu die geladenen Gäste eben
dienten.] Demosth. in Onet. I, §. 21: ἀλλὰ τῶν τοιούτων
ἕνεκα καὶ γάμους ποιοῦμεν καὶ τοὺς ἀναγκαιοτάτους παρακα-
λοῦμεν, ὅτι οὐ πάρεργον, ἀλλ' ἀδελφῶν καὶ θυγατέρων βίους ἐγ-

χειρίζομεν, ὑπὲρ ὧν τὰς ἀσφαλείας μάλιστα σκοποῦμεν. Athen.
V, p. 185: ὡς νενόμισται ἄγειν συμπόσια περὶ τοὺς γάμους τῶν
τε γαμηλίων θεῶν ἕνεκα καὶ τῆς οἱονεὶ μαρτυρίας. Und in
der That wird der Beweis, dass die Frau wirkliche γαμετή
war, vor Gericht von dem ἑστιᾶσαι γάμους entlehnt, Isaeus
de Cir. her. §. 9. 20; de Pyrrh. her. §. 76 u. 79. Daher
hätte Plutarch. Symp. IV. 3 auf die Frage: διὰ τί πλείστους
ἐν γάμοις ἐπὶ δεῖπνον καλοῦσι; allerdings bei dieser einfachen
Erklärung (ἕνα πολλοὶ συνειδῶσι καὶ μαρτυρῶσιν ἐλευθέροις
οὖσι καὶ παρ' ἐλευθέρων γαμοῦσι) stehen bleiben und nicht
künstlichere versuchen sollen.

Von jetzt an war die Gynäkonitis der Frau regelmässiger
Aufenthalt, nur dass sie das Schlafgemach, welches auch von
der Frauenwohnung getrennt sein konnte (siehe den Excurs
über das Haus), mit dem Manne theilte. Am geeignetsten,
eine deutlichere Vorstellung von dieser Seite des Familien-
lebens zu geben, ist die Auseinandersetzung der häuslichen
Einrichtung, welche der des Mordes angeklagte Euphiletos bei
Lysias de caede Erastoth. giebt. Er erklärt, ein zwei
Stockwerke hohes Haus zu besitzen, worin er den oberen, die
Frauen und das Kind den unteren Theil bewohnten. Die Frau
schläft daher ebenfalls im oberen Stockwerke, getrennt von
dem Kinde, das doch ihre Gegenwart in der Gynäkonitis oft
nöthig machte. Daher heisst es §. 10: καὶ οὕτως ἤδη συνει-
θισμένον ἦν, ὥστε πολλάκις ἡ γυνὴ ἀπῄει κάτω καθευδήσουσα
ὡς τὸ παιδίον, ἵνα τὸν τιτθὸν αὐτῷ διδῷ καὶ μὴ βοᾷ. — Natürlich wurden auch die Mahlzeiten gemeinschaftlich eingenommen, vorausgesetzt, dass nicht andere Männer als Gäste
bei dem Hausherrn speisten. [Zu den B. II, S. 302 gebrach-
ten Belegen für das Sitzen der Frauen bei Tische füge noch
Stephani Compte rendu pour 1873, Taf. II. 5, p. 37.]
Denn keine Frau, welche nicht für eine μοιχάς oder ἑταίρα
gelten wollte, durfte auch selbst im eigenem Hause an den
Symposien der Männer Theil nehmen oder auch nur gegen-

wärtig sein, wenn etwa der Mann, wie bei L y s i a s §. 22, zufällig einen Freund mit sich zum Mahle brachte. Nur zwei
besonders klare Stellen mögen für diese bekannte Strenge in
der Absonderung der griechischen Frauen von den Gelagen
der Männer angeführt werden, I s a e u s de P y r r h i her. §. 14:
καίτοι οὐ δήπου γε ἐπὶ γαμετὰς γυναῖκας οὐδεὶς ἂν κωμάζειν
τολμήσειεν οὐδὲ αἱ γαμεταὶ γυναῖκες ἔρχονται μετὰ τῶν ἀνδρῶν
ἐπὶ τὰ δεῖπνα οὐδὲ συνδειπνεῖν ἀξιοῦσι μετὰ τῶν ἀλλοτρίων καὶ
ταῦτα μετὰ τῶν ἐπιτυχόντων, und (P s e u d o - D e m o s t h.) i n
N e a e r. §. 24: καὶ συνέπινε καὶ συνεδείπνει ἐναντίον πολλῶν
Νέαιρα αὕτη ὡς ἂν ἑταίρα οὖσα.

Der Wirkungskreis der Hausfrau war die Verwaltung des
gesammten Hauswesens und die Erziehung der Kinder: der
Knaben bis zu der Zeit des Unterrichts, der Mädchen bis zur
Verheirathung. P l a t o, der auch hier sich den lakedämoni-
schen Grundsätzen nähert, sagt L e g. VII, p. 805: νῦν γὰρ δὴ
τό γε παρ᾽ ἡμῖν ὧδέ ἐστι περὶ τούτων γιγνόμενον· εἴς τινα
μίαν οἴκησιν ξυμφορήσαντες τὸ λεγόμενον πάντα χρήματα, παρ-
έδομεν ταῖς γυναιξὶ διαταμιεύειν τε καὶ κερκίδων ἄρχειν καὶ
πάσης ταλασίας, und nennt gleich darauf als einzige Geschäfte
der Frauen θεραπεία, ταμιεία, παιδοτροφία. Damit stimmt im
Ganzen dann auch überein, was das Weib bei A r i s t o p h.
L y s i s t r. 17 sagt:

> ἡ μὲν γὰρ ἡμῶν περὶ τὸν ἄνδρ᾽ ἐκύπτασεν,
> ἡ δ᾽ οἰκέτην ἤγειρεν, ἡ δὲ παιδίον
> κατέκλινεν, ἡ δ᾽ ἔλουσεν, ἡ δ᾽ ἐψώμισεν.

Die grosse Unerfahrenheit der in klösterlicher Einsamkeit er-
zogenen Jungfrauen musste sie natürlich für den Anfang zu
diesen Geschäften, namentlich wenn der Haushalt bedeutend
war, sehr ungeschickt machen. Als Ischomachos bei X e n o p h.
O e c o n. 7. 4 von Sokrates gefragt wird, ob seine Frau, deren
häusliches Schaffen er gerühmt hatte, schon so verständig
und erfahren aus dem väterlichen Hause zu ihm gekommen
sei, antwortet er: καὶ τί ἂν ἐπισταμένην αὐτὴν παρέλαβον, ἣ

ἔτη μὲν οὔπω πεντεκαίδεκα γεγονυῖα ἦλθε πρὸς ἐμέ, τὸν δ᾽
ἔμπροσθεν χρόνον ἔζη ὑπὸ πολλῆς ἐπιμελείας, ὅπως ὡς ἐλάχιστα μὲν ὄψοιτο, ἐλάχιστα δ᾽ ἀκούσοιτο, ἐλάχιστα δ᾽ ἔροιτο;
und ganz dem entsprechend ist die gar naive Antwort der
jungen Frau, als Ischomachos sie auffordert, ihm bei der Verwaltung des Hauses beizustehen, §. 14: τί δ᾽ ἂν ἐγώ σοι δυ-
ναίμην συμπρᾶξαι; τίς δὲ ἡ ἐμὴ δύναμις; ἀλλ᾽ ἐν σοὶ πάντα
ἐστίν, ἐμὸν δ᾽ ἔφησεν ἡ μήτηρ ἔργον εἶναι σωφρονεῖν. Wohl
dann der Frau, wenn sie von Seiten des Mannes eine so ver-
ständige Anleitung erhielt, als dort Ischomachos der seinigen
giebt!

Diese allgemeine Bezeichnung des Kreises, in dem die
griechische Hausfrau sich bewegte, könnte schon genügend
scheinen; allein das Bild eines griechischen Haushalts wird
dadurch an Lebhaftigkeit gewinnen, wenn der Antheil, den
sie an den häuslichen Verrichtungen nahm, etwas näher betrachtet wird. — Von ihrer Sorge für die Erziehung der Kinder, namentlich der physischen, ist bereits die Rede gewesen.
[Es ist aber nothwendig, hier hervorzuheben, in wie grosser
Achtung die Hausfrauen als Mütter in Athen standen. Als
ein schlagendes Beispiel dafür hat Schömann Griech. Alterth. B. I, S. 588; Aristoph. Nub. 1321 ff. angeführt, wo
Strepsiades endlich seinem sophistisch gebildeten Sohne zugiebt, dass es zu Zeiten dem Sohne erlaubt sein müsse, den
Vater zu schlagen, als dieser aber das gleiche Recht auch in
Bezug auf die Mutter beansprucht, empört in die Worte aus-
bricht:

τί φής, τί φὴς σύ;
τοῦθ᾽ ἕτερον αὖ μεῖζον κακόν. — —
τί δ᾽ ἄλλο γ᾽ ἢ ταῦτ᾽ ἦν ποιῇς
οὐδέν σε κωλύσει σεαυ-
τὸν ἐμβαλεῖν ἐς τὸ βάραθρον.

Es passt auch recht gut die Zurechtsetzung hierher, die Sokrates seinem ältesten Sohn Lamprokles in Beziehung auf die

Pflicht der Dankbarkeit gegen die Mutter bei Xenoph. Memor. Socr. III. 2 ertheilt, sowie Alexis frgm. 290: *τοῖς γὰρ ὀρθῶς εἰδόσιν τὰ θεῖα μεῖζον μητρὸς οὐκ ἔστι ποτέ.* Gegen diese im Volke wurzelnde Ueberzeugung bedeuten die durch die Situation des Helden bedingten Sophismen bei Aeschyl. Eumenid. 644 ff. u. Eurip. Orest. 552 ff. nicht viel.] Dieser Sorge zunächst wurde ihre Thätigkeit durch das in Anspruch genommen, was man mit vielumfassendem Namen *ταμιεία* nannte. Dahin gehörte zuerst die Aufsicht über alles mobile Vermögen des Hauses, insoweit es in Geräthschaften aller Art, Gewändern, Vorräthen und Sklaven bestand. Immer scheint zwar die Frau dieses Vertrauen nicht genossen zu haben. Das geht schon aus der bekannten Stelle Aristoph. Thesm. 418 hervor:

> — — *ἃ δ' ἦν ἡμῖν προτοῦ*
> *αὐταῖσι ταμιείου προαιρούσαις λαβεῖν*
> *ἄλφιτον, ἔλαιον, οἶνον, οὐδὲ ταῦτ' ἔτι*
> *ἔξεστιν· οἱ γὰρ ἄνδρες ἤδη κλειδία*
> *αὐτοὶ φοροῦσι κρυπτά, κακοηθέστατα*
> *Λακωνίκ' ἄττα τρεῖς ἔχοντα γομφίους.*

[Zuweilen mögen auch triftige Gründe zum Mangel an Vertrauen vorgelegen haben; vgl. über das Weintrinken der Frauen Stephani in Compte rendu pour 1869, S. 167.] Auch Euphiletos bei Lysias de caede Eratosth. §. 6 beobachtet erst seine Frau eine Zeit lang, und erst als sie einen Knaben geboren hat, glaubt er eine sichere Bürgschaft zu haben und vertraut ihr das ganze Hauswesen an (*ἐπίστευον ἤδη καὶ πάντα τὰ ἐμαυτοῦ ἐκείνη παρέδωκα*) und spendet ihr das Lob §. 7: *ἐν μὲν οὖν τῷ πρώτῳ χρόνῳ πασῶν ἦν βελτίστη· καὶ γὰρ οἰκονόμος δεινὴ καὶ φειδωλὸς ἀγαθὴ καὶ ἀκριβῶς πάντα διοικοῦσα.* Es war überhaupt Regel, wenn auch vielleicht nicht überall in dem Umfange, wie in dem Hause des Ischomachos, und die Frauen werden anderwärts von Aristophanes selbst *ἐπίτροποι* und *ταμίαι* des Hauses genannt. Eccles. 212; Lysistr. 495:

οὐ γὰρ τἄνδον χρήματα πάντως ἡμεῖς ταμιεύομεν ὑμῖν;
[Hesych.: κληδοῦχος γυνὴ ἀπὸ τοῦ τὰς κλεῖς τῆς οἰκίας ἔχειν.
Xenoph. Oecon. 4. 12: ὅτῳ ἄλλῳ τῶν σπουδαίων πλείω
ἐπιτρέπεις ἢ τῇ γυναικί; Selbst der ἄπιστος bei Theophr.
Char. 18 lässt seiner Frau die Schlüssel und von dem ener-
gischen Eingreifen des Perikles in diese dem Manne sonst
fremde Sphäre sagt Plut. Pericl. 16: ὅθεν οὐχ ἡδὺς ἦν ἐνη-
λίκοις παισὶν οὐδὲ γυναιξὶ δαψιλῆς χορηγός, ἀλλ᾽ ἐμέμφοντο
τὴν ἐφήμερον ταύτην καὶ συνηγμένην εἰς τὸ ἀκριβέστατον δα-
πάνην.] Es versteht sich übrigens, dass im vornehmeren Hause
und wo eine bedeutende Wirthschaft zu führen war, der Frau
eine besondere ταμία zur Seite stand, s. Xen. Oec. 9. 11.
Besonders lag ihr die Beaufsichtigung der Sklaven und
ihre Verwendung für häusliche Zwecke ob, worüber Ischomachos
7. 33 weitläufig spricht und in dieser Hinsicht die Frau mit
dem Bienenweisel vergleicht. [Stob. Floril. IV, p. 221 Mein.
verlangt Musonius Rufus bei Joann. Damasc. von der Hausfrau ἀρχικὴν εἶναι τῶν οἰκετῶν. Vgl. Callier a. a. O. p. 63.]
Darum verlangt auch Plato, dass sie, den Uebrigen ein Muster,
des Morgens am frühesten aufstehe, Leg. VII, p. 808: καὶ δὴ
καὶ δέσποιναν ἐν οἰκίᾳ ὑπὸ θεραπαινίδων ἐγείρεσθαί τινων καὶ
μὴ πρώτην αὐτὴν ἐγείρειν τὰς ἄλλας, αἰσχρὸν λέγειν χρὴ πρὸς
αὐτοὺς δοῦλόν τε καὶ δούλην καὶ παῖδα καὶ εἴ πως ἦν οἷόν τε
ὕλην καὶ πᾶσαν τὴν οἰκίαν. Vgl. Aristoph. Lys. 18: ἡ δ᾽
οἰκέτην ἤγειρεν. — Namentlich verlangten die Arbeiten der
Sklavinnen, welche für das Haus spinnen und weben mussten,
besondere Aufsicht, wie denn überhaupt die gesammte Wollen-
arbeit die wichtigste und hauptsächlichste Beschäftigung der
Frauen ausmachte. Xenoph. Oec. 7. 6: οὐ γὰρ ἀγαπητόν σοι
δοκεῖ εἶναι, εἰ μόνον ἦλθεν ἐπισταμένη, ἔρια παραλαβοῦσα ἱμάτιον ἀποδεῖξαι καὶ ἑωρακυῖα, ὡς ἔργα ταλάσια θεραπαίναις δί-
δοται; Als Theano gefragt wurde, wie sie berühmt zu werden
gedenke (πῶς ἔνδοξος ἔσται; überhaupt wie ein Weib sich Ruhm
erwerben könne), antwortete sie mit dem homerischen Verse:

ἱστὸν ἐποιχομένη καὶ ἐμὸν λέχος ἀντιόωσα.

Stob. Serm. LXXIV. 32; vergl. Plutarch. Mul. virt. 19; Aristoph. Thesm. 821. — Daneben wurde von der Hausfrau auch die Küche besorgt. Im griechischen Hause fand sich noch weniger, als im alten römischen, ein Koch, der nur etwa für besondere Fälle gemiethet wurde. In der Regel besorgen die Frauen alles, was zum Mahle gehört, und die Hausfrau selbst ist dabei nicht müssig. Daher sagt Plat. Republ. V, p. 455: ἢ μακρολογῶμεν τήν τε ὑφαντικὴν λέγοντες καὶ τὴν τῶν ποπάνων τε καὶ ἑψημάτων θεραπείαν; ἐν οἷς δή τι δοκεῖ τὸ γυναικεῖον γένος εἶναι, οὗ καὶ καταγελαστότατόν ἐστι πάντων ἡττώμενον: und so kann es auch nicht auffallen, was Thucyd. II. 78 erzählt, dass bei der Belagerung von Plataeae, während die unnütze Einwohnerschaft entfernt worden war, hundert und zehn γυναῖκες σιτοποιοί zurückbehalten wurden. [Vgl. Artemid. Onirocr. III. 55: μάγειρος ὁ μὲν κατ᾽ οἶκον ὁρώμενος ἀγαθὸν τοῖς γῆμαι προῃρημένοις — — οἱ γὰρ ἐκτενεῖς τροφὰς ἔχοντες οὗτοι μαγείρῳ χρῶνται.]

Ausserdem lag den Frauen noch ein wichtiges Geschäft ob: die Pflege der Kranken, die ihnen ganz anheim fiel, da man wohl erkannte, dass sie die sorgsamsten und unermüdetsten Wärterinnen seien. Diese Pflege erstreckte sich aber nicht bloss auf Mann und Kinder, sondern auch auf die Sklaven. Ischomachos sagt zu seiner Frau 7. 37: ἐν μέντοι τῶν σοι προσηκόντων ἐπιμελημάτων ἴσως ἀχαριστότερον δόξει εἶναι, ὅτι, ὃς ἂν κάμνῃ τῶν οἰκετῶν, τούτων σοι ἐπιμελητέον πάντων, ὅπως θεραπεύηται. Vgl. Orat. in Neaer. §. 56: ἴστε δήπου καὶ αὐτοί, ὅσου ἀξία ἐστὶ γυνὴ ἐν ταῖς νόσοις παροῦσα κάμνοντι ἀνθρώπῳ.

Es versteht sich von selbst, dass ich bei dieser Bezeichnung des Wirkungskreises der Frauen den Haushalt eines wohlhabenden Bürgers aus höherem Stande vor Augen hatte. Die Frauen der niederen Klassen, denen vielleicht die Sklaven ganz fehlten, mussten sich natürlich mancher Arbeit unter-

ziehen, die sonst des Freien durchaus für unwürdig gehalten
wurde. Zu den anständigeren gehörte es noch, selbst in der
Frühe das Wasser vom Brunnen zu holen, ein Geschäft, das
in der ältesten Zeit so angesehen war, dass es selbst die
Töchter der Vornehmsten verrichteten. Man denke nur an die
Amymone und Euadne, und dass auch Athene in Scheria dem
Odysseus begegnet

> παρθενικῇ εἰκυῖα νεήνιδι κάλπιν ἐχούσῃ,

Odyss. VII. 20; vergl. Böckh z. Pind. Ol. VI, p. 157 und
Her. VI. 137: φοιτᾶν γὰρ αἰεὶ τὰς σφετέρας θυγατέρας τε καὶ
τοὺς παῖδας ἐπ᾽ ὕδωρ ἐπὶ τὴν Ἐννεάκρουνον· οὐ γὰρ εἶναι τοῦ-
τον τὸν χρόνον σφίσι κω οὐδὲ τοῖσι ἄλλοισι Ἕλλησι οἰκέτας.
Später war es freilich im Hause des Begüterten Sache der
Sklavinnen, das nöthige Wasser herbeizuschaffen; aber die
Unbemittelten — nicht nur die ärmste Klasse — fanden sich
mit ihnen zugleich am Brunnen ein. Interessant ist die Schil-
derung einer solchen Brunnenscene in der Frühdämmerung bei
Aristoph. Lysistr. 327:

> νῦν δὴ γὰρ ἐμπλησαμένη τὴν ὑδρίαν κνεφαία
> μόγις ἀπὸ κρήνης ὑπ᾽ ὄχλου καὶ θορύβου
> καὶ πατάγου χυτρείου,
> δούλαισιν ὠστιζομένη
> στιγματίαις τε κ. τ. λ.

vgl. Pausan. IV. 20. 3; X. 18. 2. [Auch holten sie ihre Bedürfnisse vom κάπηλος selbst: Athen. X, p. 441.] Dagegen
sind es in der That δούλια ἔργα, welche Simonides bei
Stob. Serm. LXXIII. 61 aufzählt; vgl. aber dagegen Hiero-
kles daselbst LXXXV. 21: ὥστε μὴ τῆς ταλασίας μόνον κοι-
νωνῆσαι ταῖς θεραπαίναις, ἀλλὰ καὶ τῶν ἄλλων ἔργων τῶν
ἐπανδροτέρων· καὶ γὰρ σιτοποιίας ἅφασθαι κατὰ τὴν ἐλευθέραν εἶναί μοι δοκεῖ καὶ ὕδωρ ἀνιμῆσαι καὶ πῦρ ἀνακαῦσαι καὶ
κλίνην καταστρῶσαι καὶ πᾶν τὸ τούτοις ἐοικός.]
Was nun das sittliche Verhältniss zwischen den beiden

Ebegatten anlangt, so brachte es zuvörderst schon der Anspruch auf hohe Geltung, welchen der Mann machte, mit sich,
dass er sorgfältig vermied, vor den Augen der Frau etwas zu
thun, wodurch er vielleicht an Achtung und Ansehen ver-
lieren konnte. Nun ist dies allerdings ein Bestreben, das
allenthalben und in jedem ehelichen Verhältnisse natürlich ist;
wie weit man aber den Begriff des ἀσχημονεῖν ausdehnte, und
wie der Mann vorzüglich darauf bedacht war, sich in allen
Fällen als ἐλεύθερος zu zeigen, das erhellt aus Aeusserungen,
wie bei Demosth. in Androt. §. 53: καίτοι, ὦ ἄνδρες Ἀθηναῖοι, τί οἴεσθε, ὑπότ' ἄνθρωπος πένης ὢν ἢ καὶ πλούσιος,
πολλὰ δ' ἀνηλωκὼς καί τιν' ἴσως τρόπον εἰκότως οὐκ εὐπο-
ρῶν ἀργυρίου, ἢ τέγος ὡς τοὺς γείτονας ὑπερβαίνοι ἢ ὑποδύοιτο
ὑπὸ κλίνην ὑπὲρ τοῦ μὴ τὸ σῶμα ἁλοὺς εἰς τὸ δεσμωτήριον
ἕλκεσθαι, ἢ ἄλλα ἀσχημονοίη, ἃ δούλων, οὐκ ἐλευθέρων ἐστὶν
ἔργα, καὶ ταῦθ' ὑπὸ τῆς ἑαυτοῦ γυναικὸς ὁρῷτο ποιῶν, ἢν ὡς
ἐλεύθερος ἠγγυήσατο καὶ τῆς πόλεως πολίτης κ. τ. λ. Man
muss bedenken, dass von einem unerhörten Eingriffe in die
Rechte eines attischen Bürgers die Rede ist und dass es
dennoch für ἄσχημον und in den Augen der Frau herab-
setzend gehalten wird, auf solche Weise der Gewalt zu weichen
und der augenblicklichen Gefahr sich zu entziehen. — Wenn
aber daraus hervorgeht, dass in der Regel zwischen den Ehe-
gatten eine gewisse Kluft blieb und dass ein recht innig
trauliches Verhältniss der beiderseitigen σεμνότης aufgeopfert
werden mochte, so konnte es doch nicht fehlen, dass nach
Verschiedenheit des Charakters und der Bildung auch darin
das eheliche Leben sich verschieden gestaltete, und so finden sich denn selbst zwischen Gatten ziemlich leichtfertige
Scherze, wie z. B. bei Lysias de caede Eratosth. §. 12,
wo Euphiletos die Frau in die Gynäkonitis hinabschickt, um
das Kind zu stillen und diese, scheinbar sich weigernd, sagt:
ἵνα σύγε πειρᾷς ἐνταῦθα τὴν παιδίσκην, καὶ πρότερον δὲ μεθύων εἷλκες αὐτήν· κἀγὼ μὲν ἐγέλων, ἐκείνη δὲ ἀναστᾶσα

καὶ ἀπιοῦσα προστίθησι τὴν θύραν προσποιουμένη παίζειν καὶ τὴν κλεῖν ἐφέλκεται.

Bei allem Ansehen übrigens, das der Mann im Hause in Anspruch nahm, gab es doch unstreitig eine Menge Ehen, in denen faktisch die Frau der gebietende Theil im Hause war, mochte nun geistige Ueberlegenheit oder herrschsüchtiger Charakter oder eingebrachtes Vermögen den Mann ihr unterwürfig machen, oder dieser selbst von seinem Rechte etwas nachlassen. Aristot. Eth. Nic. VIII. 12, p. 1161: *ἐνίοτε δὲ ἄρχουσιν αἱ γυναῖκες ἐπίκληροι οὖσαι.* — In Sparta, wo die Männer für *ὑπήκοοι τῶν γυναικῶν* galten (Plutarch. Agis 7) und die Weiber, von den Männern selbst *δέσποιναι* genannt (Lyc. 14), das Regiment im Hause führen sollten (*τῶν οἴκων ἄρχουσαι κατὰ κράτος*, Comp. Lyc. c. Numa 3), war vielleicht gerade weibliche Haustyrannei seltener, als in Athen, was sich schon aus dem, was Plutarch in der ersten Stelle hinzusetzt, schliessen lässt: *πλεῖον ἐκείναις τῶν δημοσίων ἢ τῶν ἰδίων αὐτοῖς πολυπραγμονεῖν διδόντας.* Was Plutarch von Themistokles erzählt, Themist. 18: *τὸν δὲ υἱὸν ἐντρυφῶντα τῇ μητρὶ καὶ δι᾽ ἐκείνην αὐτῷ σκώπτων ἔλεγε πλεῖστον τῶν Ἑλλήνων δύνασθαι· τοῖς μὲν γὰρ Ἕλλησιν ἐπιτάττειν Ἀθηναίους, Ἀθηναίοις δ᾽ αὐτόν, αὐτῷ δὲ τὴν ἐκείνου μητέρα, τῇ μητρὶ δ᾽ ἐκεῖνον,* mag nicht im strengsten Sinne zu nehmen sein; aber ohne das Beispiel der *πολυθρύλητος Ξανθίππη* gebrauchen zu wollen, [die ich neuerdings in d. Kulturb. aus Hellas und Rom, 3. Aufl. B. II, S. 380 ff. zu vertheidigen gesucht habe] lassen sich Fälle genug angeben, wo Frauen geradezu als *Λάμια* und *Ἔμπουσα* bezeichnet werden. S. Meineke ad Menandr. p. 144. Und dann konnte man in der That sagen, dass der Mann unter dem Pantoffel stand, dessen häufige Erwähnung bezeugt, dass die Frauen sich thatsächlich dieses Züchtigungsinstruments bedienten. Anthol. Pal. X. 55. 5:

εἰ δ᾽, οὐ σανδαλίῳ, φῄς, τύπτομαι οὐδ᾽ ἀκολάστου οὔσης μοι γαμετῆς, χρή με μύσαντα φέρειν·

vgl. Aristoph. Lysistr. 657:

> ἆρα γρυκτόν ἐστιν ὑμῖν; εἰ δὲ λυπήσεις τί με,
> τῷδέ γ᾽ ἀψήκτῳ πατάξω τῷ κοθόρνῳ τὴν γνάθον.

Die Männer hatten dann wenigstens die Genugthuung, dass es schon dem Herakles bei der Omphale nicht besser ergangen sein sollte. Lucian. Deor. dial. 13. 2: ἐγὼ δὲ εἰ καὶ μηδὲν ἄλλο οὔτε ἐδούλευσα, ὥσπερ σύ, οὔτε ἔξαινον ἔρια ἐν Λυδίᾳ πορφυρίδα ἐνδεδυκὼς καὶ παιόμενος ὑπὸ τῆς Ὀμφάλης χρυσῷ σανδάλῳ. S. Westerh. z. Terent. Eun. V. 7. 4, Meineke ad Menandr. p. 68, [vgl. B. II, S. 42 und III, S. 272].

Hinsichtlich der Verpflichtung zu gegenseitiger ehelicher Treue fand zwischen Mann und Frau selbst vor dem Gesetze eine grosse Ungleichheit statt. Während der Mann darin von der Frau die strengste Unverbrüchlichkeit forderte und jede Verletzung dieser Pflicht schwer ahndete, gestattete er sich gar oft wollüstigen Umgang mit Hetären oder den noch schändlicheren Missbrauch schöner Knaben. Wird auch solche Lebensweise nicht gerade gebilligt, so gereicht sie dem Manne doch auch eben nicht zum schwereren Vorwurfe und am wenigsten wird sie als Bruch der Ehe betrachtet. Das verständigere Urtheil bei Isocr. Nicocl. §. 40: ἔτι δὲ καὶ τῶν τοιούτων πολλὴν κακίαν κατεγίγνωσκον, ὅσοι γυναῖκας λαβόντες καὶ κοινωνίαν ποιησάμενοι παντὸς τοῦ βίου μὴ στέργουσιν οἷς ἔπραξαν, ἀλλὰ ταῖς αὑτῶν ἡδοναῖς λυποῦσι ταύτας ὑφ᾽ ὧν αὐτοὶ μηδὲν ἀξιοῦσι λυπεῖσθαι· καὶ περὶ μὲν ἄλλας κοινωνίας τινὰς ἐπιεικεῖς σφᾶς αὐτοὺς παρέχουσιν, ἐν δὲ ταῖς πρὸς τὰς γυναῖκας ἐξαμαρτάνουσιν, darf man durchaus nicht auf einzelne Beispiele unordentlichen Lebens beziehen, die sich in jeder Zeit und allenthalben finden; es ist vielmehr gegen die allgemeine Ansicht, die indirekt auch durch das Gesetz unterstützt wurde, gerichtet. Denn so strenge Strafe auf verbotenen Umgang mit der Frau eines Andern gesetzt war, weil dadurch dessen Rechte verletzt wurden, so begründete auf der andern Seite die Untreue des Mannes, wenn nicht besonders gravirende Umstände hinzukamen, keine Klage der Frau und am wenigsten traf den Mann irgend eine Atimie. Es ist daher ganz griechische Denkungsart und gesetzlicher Zustand, über den bei Plaut. Merc. IV. 6. 2 ff. geklagt wird:

> Nam si vir scortum duxit clam uxorem suam,
> Id si rescivit uxor, impune est viro;
> Uxor viro si clam domo egressa est foras,
> Viro fit causa, exigitur matrimonio.
> Utinam lex esset eadem, quae uxori est, viro!

Dass es in der That so war, lässt sich aus hundert Beispielen beweisen, und es ist nur eigene Idee, wenn Aristoteles fordert, dass beide Theile eine Atimie treffen soll, de republ. VII. 16, p. 1335: περὶ δὲ τῆς πρὸς ἄλλην ἢ πρὸς ἄλλον (ὁμιλίας) ἔστω μὲν ἁπλῶς μὴ καλὸν ἁπτόμενον φαίνεσθαι μηδαμῇ μηδαμῶς, ὅταν ᾖ καὶ προσαγορευθῇ πόσις, περὶ δὲ τὸν χρόνον τὸν τῆς τεκνοποιίας ἐάν τις φαίνηται τοιοῦτόν τι δρῶν, ἀτιμίᾳ ζημιούσθω πρεπούσῃ πρὸς τὴν ἁμαρτίαν.

Desto strenger wurde die Untreue der Frauen beurtheilt. Man sollte glauben, dass bei der Eingezogenheit und der strengen Obhut, unter der sie standen, die Fälle nicht häufig gewesen sein könnten; allein man fand doch allerhand Mittel, den Mann zu täuschen und aus den Andeutungen, welche man gelegentlich erhält, sieht man wohl, dass in·dieser Art gar viel gesündigt werden mochte. So sagt das Weib, welches dem Euphiletos den Betrug seiner Frau entdeckt, bei Lysias de caed. Erat. §. 16: ἔστι δ' Ἐρατοσθένης Οἴηθεν ὁ ταῦτα πράττων, ὃς οὐ μόνον τὴν σὴν γυναῖκα διέφθαρκεν, ἀλλὰ καὶ ἄλλας πολλάς, ταύτην γὰρ τέχνην ἔχει: vgl. Demosth. in Steph. I, §. 79. — In Sparta rühmte man sich, dass Ehebruch etwas völlig Unbekanntes sei. Als Geradatas von einem Fremden gefragt wurde, welche Strafe in Sparta den Ehebrecher treffe, antwortete er: πῶς ἂν ἐν Σπάρτῃ μοιχὸς γένοιτο; Plutarch. Lyc. 15. Wenn man auch darin keine

Prahlerei finden will, so ist doch gewiss zu bedenken, wie hoch überhaupt solche Treue in einem Staate anzuschlagen sein dürfte, wo der Mann einem Andern auf sein Bitten die Rechte des Ehebettes einräumte! Mit Recht sagt, wenn auch etwas hart ausgedrückt, in Bezug auf diese Grosssprecherei Limburg-Brouwer t. IV, p. 165: »c'est comme qui dirait que dans une bande de brigands il n'y avait pas un seul voleur«. Uebrigens kann dabei auch nur von der ältesten Zeit die Rede sein, wie denn auch Plutarch den Geradatas τῶν σφόδρα παλαιῶν τινα nennt und jene Zeit mit der späteren εὐχέρεια der Spartanerinnen vergleicht. S. de tranqu. an. 6. Wenn bei Jacobs a. a. O. S. 285 Beweise für die Bestechlichkeit der Sklavinnen, um dem μοιχός den Zugang zu dem Gynäkeion zu öffnen, vermisst werden, so darf man nur auf Lysias §. 20 [namentlich gehört hierher Alciphr. Epist. III. 62: μοιχὸς πολιορκεῖ τὴν οἰκίαν, ὁ Ἰλεῖος νεανίσκος, ὁ εἷς τῶν Ὀλυμπίασι βασκάνων· καὶ πρὸς τοῦτον γραμματίδια ὁσημέραι φοιτᾷ δίθυρα παρὰ τῆς γαμετῆς τοῦ τρέφοντος ἡμᾶς· καὶ στέφανοι ἡμιμάραντοι καὶ μῆλα ἀποδεδηγμένα, αἱ δὲ ἀλάστορες αὗται θεραπαινίδες συνίσασι καὶ ἡ ἐπιτύμβιος γραῦς, ἣν Ἔμπουσαν ἅπαντες οἱ κατὰ τὴν οἰκίαν καλεῖν εἰώθασιν ἐκ τοῦ πάντα ποιεῖν καὶ βιάζεσθαι, Aristoph. Thesmoph. 340 ff. und Eurip. Hippol. 645 ff.] verweisen, um zu sehen, wie eben durch die Dienerinnen dergleichen strafbare Verhältnisse eingeleitet wurden, und die Schliche, welche die Buhler gebrauchten, um in das Haus zu gelangen, setzen nothwendig Mitwissenschaft derselben voraus. Man lese nur das Fragment Xenarch's bei Athen. XIII. 24, p. 569:

μὴ κλίμαχ' αἰτησάμενον εἰσβῆναι λάθρα
μηδὲ δι' ὀπῆς κάτωθεν ἐκδῦναι στέγης
μηδ' ἐν ἀχύροισιν εἰσενεχθῆναι τέχνῃ.

Von wirklichen Bestechungen aber spricht mit Beziehung auf den goldenen Regen der Danae Dio Chrysost. Or. VII. 144: καὶ νὴ Δία ἀργυρίου στάζοντος κατ' ὀλίγον οὐδ' εἰς τοὺς τῶν

παρθένων κύλπους μόνους, ἀλλ᾽ εἴς τε μητέρων καὶ τροφῶν
καὶ παιδαγωγῶν καὶ ἄλλων πολλῶν καὶ καλῶν δώρων, τῶν μὲν
κρύφα εἰσιόντων διὰ τῶν στεγῶν, ἔστι δ᾽ οὐ φανερῶς κατ᾽
αὐτάς που τὰς κλισίας. Ausserdem geht schon daraus, dass
ein besonderes Gesetz gegen die προαγωγεία d. h. gegen die
Kuppler gerichtet, welche ein Gewerbe daraus machten, zu
unerlaubten Zusammenkünften freier Mädchen, Frauen oder
auch Knaben mit Männern die Gelegenheit zu verschaffen, bestand, genugsam hervor, dass nicht nur einzelne Fälle vorkamen, ohne dass man sich auf die Worte des Anaxandrides
bei Stob. Serm. LXVII. 1 zu berufen hätte:

> ἀλλ᾽ ἔλαβεν ὡραίαν τις· οὐδὲν γίγνεται
> μᾶλλόν τι τοῦ γήμαντος ἢ τῶν γειτόνων.

Die Hauptstelle über diese προαγωγοί findet sich bei Aeschin.
in Timarch. §. 184: καὶ τοὺς προαγωγοὺς γράφεσθαι κελεύει,
κἂν ἀλῶσι, θανάτῳ ζημιοῦν, ὅτι τῶν ἐξαμαρτάνειν ἐπιθυμούν-
των ὀκνούντων καὶ αἰσχυνομένων ἀλλήλοις ἐντυγχάνειν αὐτοὶ
τὴν ἀναίδειαν παρασχόντες ἐπὶ μισθῷ τὸ πρᾶγμα εἰς διάπειραν
καὶ λόγον κατέστησαν. Vgl. §. 14, Xenoph. Symp. 4. 61 ff.,
Plato Theaet. p. 150, mit Meier u. Schömann S. 332 ff.
Das Geschäft dieser Leute bestand nicht nur darin, Bestellungen
hin und her zu tragen, wie es Juvenal. III. 45 bezeichnet,
»ferre ad nuptam, quae mittit adulter, quae mandat,« sondern
sie boten ihre eigene Wohnung als Ort der Zusammenkünfte
dar. Solche Oerter mochten die ματρυλεῖα sein; vgl. Poll. VII.
201 mit Meineke ad Menandr. p. 65. Ein solches Haus
war jedenfalls das des Orsilochos. Aristoph. Lysistr. 723:

> τὴν δ᾽ ἐπὶ στρούθου μίαν
> ἤδη πέτεσθαι διανοουμένην κάτω
> ἐς Ὀρσιλόχου χθὲς τῶν τριχῶν κατέσπασα.

Dass übrigens zuweilen ein solches strafbares Verhältniss ganz
unverhohlen an den Tag gelegt wurde, sieht man aus Demosth.
in Steph. I, p. 79: τίνος γυναῖκα διέφθαρκα, ὥσπερ σὺ πρὸς

πολλαῖς ἄλλαις ταύτην, ἦ τὸ μνῆμα ᾠκοδόμησεν ὁ θεοῖς ἐχθρὸς
οὗτος πλησίον τοῦ τῆς δεσποίνης ἀνηλωκὼς πλέον ἢ τάλαντα
δύο; καὶ οὐκ ᾐσθάνετο, ὅτι οὐχὶ τοῦ τάφου μνημεῖον ἔσται τὸ
οἰκοδόμημα τοιοῦτον ὄν, ἀλλὰ τῆς ἀδικίας ῆς τὸν ἄνδρα ἠδί-
κηκεν ἐκείνη διὰ τοῦτον, und manchmal wurde auch die Sache
mit Uebereinstimmung des Mannes getrieben. Ein Beispiel
solcher aus Spekulation geschlossenen Ehe, wo die Frau durch
ihr Gewerbe das Haus ernähren muss, giebt die Rede in Neaer.
§. 39 und 67; vgl. Plutarch. de aud. poet. 8.

Das Gesetz überliess die Bestrafung des Verführers dem
gekränkten Ehemanne: er durfte den unzweideutig · bei dem
Vergehen Betroffenen [als Hausfriedensbrecher] unbedenklich
tödten. Lysias de caede Eratosth. §. 30: ἀκούετε, ὦ
ἄνδρες, ὅτι αὐτῷ τῷ δικαστηρίῳ τῷ ἐξ Ἀρείου πάγου, ᾧ καὶ
πάτριόν ἐστι καὶ ἐφ᾽ ὑμῶν ἀποδέδοται τοῦ φόνου τὰς δίκας
δικάζειν, διαῤῥήδην εἴρηται τοῦτον μὴ καταγιγνώσκειν φόνου,
ὃς ἂν ἐπὶ δάμαρτι τῇ ἑαυτοῦ μοιχὸν λαβὼν ταύτην τὴν τιμωρίαν ποιήσηται: vgl. Demosth. in Aristocr. §. 55, Plutarch. Sol. 23. Das Gesetz wird uns nur in Bruchstücken
bekannt, aus denen wir indessen das Wichtigste der einzelnen
Bestimmungen erfahren. So führt einige Worte daraus in
Bezug auf das Ertappen bei der That an Lucian. Eunuch.
10: καὶ μοιχὸς ἑάλω ποτέ, ὡς ὁ ἄξων φησίν, ἄρθρα ἐν
ἄρθροις ἔχων. Ein grösseres Bruchstück, das die Strafe
der Frauen betrifft, lesen wir in Neaer. §. 87: ἐπειδὰν δὲ
ἕλῃ τὸν μοιχόν, μὴ ἐξέστω τῷ ἑλόντι συνοικεῖν τῇ γυναικί,
ἐὰν δὲ συνοικῇ, ἄτιμος ἔστω· μηδὲ τῇ γυναικὶ ἐξέστω εἰσιέναι
εἰς τὰ ἱερὰ τὰ δημοτελῆ, ἐφ᾽ ᾗ ἂν μοιχὸς ἁλῷ, ἐὰν δὲ εἰσίῃ,
νηποινεὶ πασχέτω, ὅ τι ἂν πάσχῃ, πλὴν θανάτου. Endlich für
den Fall, dass es zur gerichtlichen Klage kam, fand sich nach
derselben Rede §. 66 die Bestimmung: ἐὰν δὲ δόξῃ μοιχὸς
εἶναι, παραδοῦναι αὐτὸν κελεύει τοὺς ἐγγυητὰς τῷ ἑλόντι, ἐπὶ
δὲ τοῦ δικαστηρίου ἄνευ ἐγχειριδίου χρῆσθαι ὅ τι ἂν βουληθῇ,
ὡς μοιχῷ ὄντι. Daraus ergiebt sich, dass, wo der Ehebrecher

auf der That ertappt wurde, es erlaubt war, ihn zu tödten;
und darum sagt mit trefflichem Wortspiele Menander bei
Stob. Serm. VI. 25:

οὐκ ἔστι μοιχοῦ πρᾶγμα τιμιώτερον·
θανάτου γάρ ἐστιν ὤνιον.

Diese Selbstrache war aber nicht nur in Athen, sondern in
vielen Staaten gesetzlich. Xenoph. Hier. 3.3: μόνους γοῦν
τοὺς μοιχοὺς νομίζουσι πολλαὶ τῶν πόλεων νηποινεὶ ἀποκτείνειν,
und auch Plato gestattet sie ihrer ganzen Ausdehnung nach
Leg. IX, p. 874. Vgl. das tenedische Beil im Sprichworte
bei Diogenian. VIII. 58 und Steph. Byz. p. 615. Dagegen
war später bei kalter Ueberlegung, und namentlich wenn es
zur Klage gekommen war, Tödtung nicht gestattet, wohl aber
schwere körperliche Züchtigung, wohin auch die berüchtigte
ῥαφανίδωσις zu rechnen ist. S. Aristoph. Nub. 1083, Schol.
z. Plut. 168, Eccl. 722, Lucian. Peregr. 9. Oft mochte
indessen der Ertappte durch eine Geldbusse an den Beleidig-
ten sich von einem schlimmeren Schicksale loskaufen, und so
wird eine solche in der That bei Lysias §. 25 angeboten und
in Neaer. §. 65 angenommen [Hesych. s. μοιχάγρια]. Bei
Achill. Tat. VIII. 8, wo es in einer Verhandlung vor Gericht heisst: τὸν δὲ (δεῖ) ὑποσχεῖν τὴν ὀφειλομένην τοῖς μοιχοῖς
τιμωρίαν, θάνατος δὲ ἔστιν αὐτῷ, ist das Gesetz missverstanden, was in solcher Zeit nicht befremden darf. — Ueber die
Bestrafung der Frau führt Aeschin. in Timarch. §. 183
noch speciellere Bestimmungen als in dem oben angeführten
Fragmente des Gesetzes an: τὴν γὰρ γυναῖκα, ἐφ᾽ ᾗ ἂν ἁλῷ
μοιχός, οὐκ ἐᾷ κοσμεῖσθαι οὐδὲ εἰς τὰ δημοτελῆ ἱερὰ εἰσιέναι,
ἵνα μὴ τὰς ἀναμαρτήτους τῶν γυναικῶν ἀναμιγνυμένη διαφθείρῃ·
ἐὰν δ᾽ εἰσίῃ ἢ κοσμῆται, τὸν ἐντυχόντα κελεύει καταῤῥηγνύναι
τὰ ἱμάτια καὶ τὸν κόσμον ἀφαιρεῖσθαι καὶ τύπτειν εἰργόμενον
θανάτου καὶ τοῦ ἀνάπηρον ποιῆσαι, ἀτιμῶν τὴν τοιαύτην γυναῖκα καὶ τὸν βίον αὐτῇ ἀβίωτον κατασκευάζων. Nur Todesstrafe traf die Frau nie und es ist ein grosser Irrthum He-

liodor's, namentlich da der Schauplatz seiner Erzählung
Athen ist, wenn er Aethiop. I. 11 die Sklavin sprechen lässt:
εἰ γὰρ ἐμὲ θεράπαιναν οὖσαν καὶ ἀργυρώνητον ἡγῇ χαλεπὸν
εἶναι προσομιλοῦσαν ἁλῶναι, τίνος ἐκείνην ἀξίαν εἴποις εἶναι
τιμωρίας, ἢ καὶ εὐγενὴς εἶναι φάσκουσα καὶ νόμῳ τὸν συνοι-
κοῦντα ἔχουσα καὶ θάνατον τὸ τέλος τοῦ παρανομήμα-
τος γινώσκουσα μοιχᾶται; Ebenso traf Atimie den Mann,
der sie zur Gattin behielt. — Eine eigenthümliche Strafe bestand für die Eheverbrecherinnen in Kyme nach Plutarch
Quaest. Gr. 2: τῶν γυναικῶν τὴν ἐπὶ μοιχείᾳ ληφθεῖσαν ἀγα-
γόντες εἰς ἀγορὰν ἐπὶ λίθου τινὸς ἐμφανῆ πᾶσι καθίστασαν·
εἶτα οὕτως ἀνεβίβαζον ἐπὶ ὄνον καὶ τὴν πόλιν κύκλῳ περιαχθεῖ-
σαν ἔδει πάλιν ἐπὶ τὸν αὐτὸν λίθον καταστῆναι καὶ τὸ λοιπὸν
ἄτιμον διατελεῖν ὀνοβάτιν προσαγορευομένην: und so mochte
es hier und da verschiedene Strafen geben, auch für den
Mann, Aelian. V. Hist. XII. 12: ὅτι ἐν Κρήτῃ ἐν Γορτύνῃ
μοιχὸς ἁλοὺς ἤγετο ἐπὶ τὰς ἀρχὰς καὶ ἐστεφανοῦτο ἐρίῳ ἐλεγ-
χθείς. Ausserdem traf ihn eine Geldstrafe und Atimie. Derselbe XIII. 24: Ζάλευκος ὁ Λοκρῶν νομοθέτης προσέταξε τὸν
μοιχὸν ἁλόντα ἐκκόπτεσθαι τοὺς ὀφθαλμούς. Vgl. auch das
Gesetz des Charondas bei Stob. Serm. XLIV. 40 und die
Lepreaten bei Heracl. Pol. 14: Λεπρεεῖς οὓς ἂν λάβωσι
μοιχοὺς περιάγουσι τρεῖς ἡμέρας τὴν πόλιν δεδεμένους καὶ ἀτιμοῦσι διὰ βίου, τὴν δὲ γυναῖκα ἕνδεκα ἐπ᾽ ἀγορᾶς ἄζωστον
ἐν χιτῶνι διαφανεῖ ἱστᾶσι καὶ ἀτιμοῦσι.

Auflösung der Ehe war demnach in diesem Falle gesetzlich geboten. Mit der ganzen Ansicht aber von der Ehe
stimmt es sehr wohl überein, dass auch ausserdem die Scheidungen — wenn man eine, wie es scheint, zum Theil wenigstens ohne alle weitere Förmlichkeit stattfindende Trennung
so nennen darf — überaus häufig waren. Der Mann verstösst
die Frau, ἐκπέμπει, die Frau verlässt den Mann, ἀπολείπει.
Es würde überflüssig sein, die rechtlichen Bestimmungen und
das Verfahren im zweiten Falle hier zu erörtern, da es ander-

wärts so genügend geschehen ist, dass sich nicht leicht etwas
hinzufügen lässt. Siehe Meier u. Schömann S. 413 ff. und
Andere. Nur das Bedenken sei geäussert: ob es dem Manne
gestattet gewesen, die Frau ohne besonderen Grund auch
gegen ihren Willen ihrem früheren *κύριος* zurückzuschicken?
Es gründet sich dieser Zweifel nicht etwa auf Plato, der
Leg. VI, p. 784 Kinderlosigkeit als Grund angenommen und
XI, p. 930 für die Fälle, wo Unverträglichkeit die Veranlassung wird, ein Schiedsgericht niedergesetzt wissen will.
Das sind seine eigenen Vorschläge, aus denen sich nicht
schliessen lässt, in wie weit so etwas in der Wirklichkeit
bestand. Dagegen heisst es in einem Fragmente aus dem
Athamas des Amphis, worin die Vorzüge des Umgangs
mit Hetären vor der Ehe gepriesen werden, bei Athen. XIII.
7, p. 559:

> εἶτ' οὐ γυναικός ἐστιν εὐνοϊκώτερον
> γαμετῆς ἑταίρα; πολύ γε καὶ μάλ' εἰκότως·
> ἡ μὲν νόμῳ γὰρ καταφρονοῦσ' ἔνδον μένει,
> ἡ δ' οἶδεν ὅτι ἢ τοῖς τρόποις ὠνητέος
> ἄνθρωπός ἐστιν ἢ πρὸς ἄλλον ἀπιτέον.

Es fragt sich, wie viel man aus diesen Worten folgern darf.
Eine Beschränkung der Willkür des Mannes scheint doch darin
zu liegen [und namentlich wird diesen am häufigsten die vom
Gesetze gebotene Rückgabe der Mitgift an der Verstossung ge-
hindert haben, in Neaer. §. 52: ἐὰν ἀποπέμπῃ τὴν γυναῖκα,
ἀποδιδόναι τὴν προῖκα, ἐὰν δὲ μή, ἐπ' ἐννέ' ὀβολοῖς τοκοφο-
ρεῖν καὶ σίτου εἰς ᾠδεῖον εἶναι δικάσασθαι ὑπὲρ τῆς γυναικὸς
τῷ κυρίῳ. Vgl. Isae. de hered. Menecl. §. 9; de Pyrrhi
her. 35; Eurip. Melanipp. vinct. fr. 31, v. 5]. Dass Kinderlosigkeit ein Grund zur Scheidung sein konnte, lässt sich aus
Dio Chrysost. Or. XV. 8 folgern, wo der Redner sagt, dass
unfruchtbare Frauen oft Kinder unterschoben, βουλομένη κα-
τασχεῖν ἑκάστη τὸν ἄνδρα τὸν ἑαυτῆς: [für Sparta Herod.
V. 39 und VI. 61]. Dass übrigens so häufig die Scheidungen

gewesen sein mögen, die öffentliche Meinung sich doch dagegen aussprach und, auch abgesehen von erschwerenden Umständen, doch immer in der *ἔκπεμψις*, wie in der *ἀπόλειψις* für die Frau etwas Beschämendes lag, sieht man aus einem Bruchstücke des Anaxandrides bei Stob. Serm. LXXIII. 1:

> χαλεπή, λέγω σοι, καὶ προσάντης, ὦ τέκνον,
> ὁδός ἐστιν ὡς τὸν πατέρ᾽ ἀπελθεῖν οἴκαδε
> παρ᾽ ἀνδρός, εἴ τίς ἐστι κοσμία γυνή·
> ὁ γὰρ δίαυλός ἐστιν αἰσχύνην ἔχων.

Freilich finden sich darüber anderwärts auch viel gelindere Urtheile, welche die einfache *ἀπόλειψις* als etwas Indifferentes hinstellen, z. B. bei Terent. Andr. III. 3. 35, wo Chremes wegen der Lebensweise des Pamphilus diesem seine Tochter zu geben verweigert und Simo sagt:

> Nempe incommoditas denique huc omnis redit,
> Si eveniat, quod di prohibeant, discessio.

Hier soll also in der That die Heirath auf Probe, zum Versuche stattfinden, fast so, wie Diog. Laërt. VI. 93 von dem Kyniker Krates erzählt: καὶ θυγατέρ᾽ ἐξέδωκ᾽ ἐκεῖνος, ὡς ἔφη αὐτός, ἐπὶ πείρᾳ δοὺς τριάκονθ᾽ ἡμέρας. — [Vgl. über die Scheidung und besonders auch den ungünstigen Ruf der Stiefmütter Lallier de la condition de la femme dans la famille athén. p. 231 ff. Ueber die auf fortgesetzten Umgang mit Hetären oder Lustknaben begründete δίκη κακώσεως ist B. II, S. 88 gesprochen worden.]

NACHTRAG
einiger Berichtigungen und Zusätze.

Band I.

S. 29 Z. 13 lies Axioch. statt Arioch.

S. 81 zu Anm. 12: Meisner das Naturgefühl der antiken u. modern. Welt im Neuen Schweiz. Mus. VI. Jahrg. 1866, S. 99 ff.

S. 86 zu Anm. 30 vgl. noch O. Benndorf über das Selbstporträt des Theodoros in Zeitschr. für d. österreich. Gymn. 1873, S. 401 ff.

S. 109 zu Anm. 11. Ich räume Herrn Bursian (Literar. Centralbl. 1877, N. 51, S. 1695) gern ein, dass die (auch von Pape u. Benseler im Wörterbuch der Eigennamen unter Σίμων wiederholte) Ansicht des Eustathios, Σίμων sei aus Σιμωνίδης verkürzt, vom etymologischen Standpunkt aus eine »verkehrte« ist. Allein die Griechen haben schliesslich so häufig die Form der Patronymika ohne jede Rücksicht auf deren Bedeutung gebraucht, dass ihnen nur überhaupt die vollere Form als die vornehmere dünkte und dass also wohl mein Vergleich mit den deutschen Verkürzungen der Eigennamen Berechtigung haben dürfte.

S. 129 Z. 12 v. u. zu streichen: »Im Allgemeinen A. Dumont de plumbeis apud Graecos tesseris. Paris 1870.

S. 132 Z. 7 vgl. noch über die melitäischen Hündchen: Athen. XII, p. 519; Gerhard Auserles. Vasenbild. Taf. 278; Heydemann Vasenbild. Taf. 12, 8; Biardot Terres cuites Pl. 18; Stephani Compte rendu pour 1873. taf. III, n. 4, p. 52; pour 1874, p. 24.

S. 133 Anm. 6. Eine reiche Literatur über bildliche Darstellungen der Hahnenkämpfe findet sich bei Stephani Compte rendu pour 1873, p. 20.

S. 136, Z. 17 lies τοιχωρυχία statt τοιχορυχία.

S. 192, Z. 14 lies Polyaen. statt Polyaem.

S. 203. Wir tragen hier noch den von Becker unerwähnt gelassenen Fächer, ῥιπίς, nach, dessen sich die griechischen Frauen und Mädchen sehr häufig bedienten: Poll. X. 94; Plaut. II. 1. 22; Terent. Eun. III. 5. 47. Er bestand oft aus Federn (Pfauenwedel): Anthol. Pal. VI. 306 und Eurip. Orest. 1428 (πτερίνη); öfter noch ist er blattförmig gestaltet und bunt bemalt: Kekulé Thonfig. v. Tanagra T. 1. 8. u. 14. Andere Nachweise s. in Hermann's Privatalt. §. 21, n. 32.

S. 222 Anm. 15 vgl. noch Marquardt Röm. Privatalt. B. I, S. 354.

S. 226 Anm. 18. Ueber das Händereichen zum Grusse: Stephani Compte rendu pour 1861, p. 91; 1873, p. 96 und 1874, p. 126.

S. 290 Anm. 31. Aufklärung über die Sitte giebt Athen. X, p. 427: τοῖς δὲ τετελευτηκόσι τῶν φίλων ἀπένεμον τὰ πίπτοντα τῆς τρυφῆς ἀπὸ τῶν τραπεζῶν. Διὸ καὶ Εὐριπίδης περὶ τῆς Σθενεβοίας φησίν, ἐπειδὴ νομίζει τὸν Βελλεροφόντην τεθνάνει·

πεσὸν δέ νιν λέληθεν οὐδὲν ἐκ χερός·
ἀλλ' εὐθὺς αὐδᾷ »τῷ Κορινθίῳ ξένῳ.«

Wenn man also ein Stückchen von der Speise oder ein Geräth aus der Hand fallen liess, nannte man, um die böse Vorbedeutung abzuwenden, den Namen eines geliebten Todten, und die Stelle des Aristophanes ist nur Parodie von Eurip. Sthenob. 667. Vgl. Hesych. s. Κορίνθιος ξένος und Jahn Kottabos auf Vasenb. S. 217.

S. 303. Vgl. Becker die Behandlung verlassener Kinder im klass. Alterthume. Frankfurt a. M. 1871. Die von Herrn Bursian a. a. O. beanstandete Notiz über die Stelle des βωμὸς Ἐλέου findet sich bei Preller Griech. Mythologie B. II, S. 281 Anm. 2.

S. 308, Z. 3 v. u. Ueber die Schlangenform an Armbändern und Ringen vgl. noch Poll. Vl. 99; Lucian. Amor. 41; Philostr. Epist. 22 (40); Clem. Alex. Paedag. II. 12. 123; Hesych. s. ὄφις; Stephani in Compte rendu pour 1870, p. 217 und pour 1873, p. 53.

Band II.

S. 15, Z. 14. In Bezug auf die Unsicherheit der Strassen in späterer Zeit vgl. Alciphr. Ep. III. 70: ἐγὼ δὲ αὖος ὢν ὑπὸ τῆς τῶν ἀναγκαίων ἐνδείας λῃσταῖς τισι Μεγαρικοῖς, οἳ περὶ τὰς Σκειρωνίδας τοῖς ὁδοπόροις ἐνεδρεύουσιν, ἐκοινώνησα.

S. 33, Z. 13 v. u. Kinderrasseln aus Terracotta, inwendig mit Kugeln versehen, weist nach Stephani in Compte rendu pour 1874, p. 7 ff.

S. 36. Zu den Spielen der Knaben mit Gänsen vgl. noch Stephani in Compte rendu pour 1873, p. 23; über Ziegenbock-Reiten und Fahren denselben in Compte rendu pour 1863 Pl. 2. 5, p. 154; pour 1869, p. 43. 62 70 88; über Knabenspiele überhaupt in Bezug auf Eroten denselben in Compte rendu pour 1873, p. 84.

S. 43. Ueber die Rolle, welche Lamia in den griechischen Kindermärchen spielte und noch heute spielt, vgl. noch B. Schmidt das Volksleben der Neugriechen und das hellen. Alterthum. 1. Th. 1871, S. 134.

S. 68. Zum antiken Rechnen vgl. G. Friedlein die Zahlzeichen u. das elementare Rechnen der Griechen u. Römer. Erlangen 1869 und II. Stoy zur Geschichte des Rechenunterrichts. I. Th. Jena, 1876.

S. 91, Z. 12 v. u. lies ›diobolares, diobolariae‹ für ›diabolares, diabolariae‹.

S. 104, Z. 1 v. u. vgl. P. Lacroix les courtisanes de la Grèce d'après les auteurs grecs et latins. Nizza, 1872.

S. 115. Ueber atrium und cavaedium hat Fr. Velissky über einige wichtige Bestandtheile d. röm. Hauses in

- Zeitschr. f. österreich. Gymnasien 1875, S. 811 ff.
eine vermittelnde Ansicht aufgestellt, indem er die Identificirung der ursprünglich geschiedenen Benennungen vom ersten Jahrhundert vor Christi datirt, wo man angefangen habe, dem Atrium ebenfalls die Gestalt eines Peristyls zu geben.

S. 138, Z. 6. Vgl. noch zu δωμάτιον Plat. Republ. III, p. 390 C. Aristoph. Lys. 160 und Lucian. Asin. 12; 51; 56.

S. 145, Z. 4. Da der Luxus der Teppiche als Verzierung der Wände und Decken über Griechenland aus dem Orient nach Rom gewandert ist, so kann man wohl auch füglich bei den ἐν ὀροφῇ ποικίλματα Plato's (Republ. V, p. 529) an einen οὐρανίσκος (Athen. V, p. 196) denken. Vergl. Philostr. Apollon. Tyan. I. 25. 24 und F. Buchholz de aulaeorum velorumque usu. P. I. Göttingen, 1876, p. 7 ff.

S. 152, Z. 5 lies σωληνοειδής für σωληνοευδής.

S. 161, Z. 1 vergl. Michaut Pauca de bibliothecis apud veteres cum publicis tum privatis. Nancy et Paris, 1876.

S. 165, Z. 5 lies »die« anstatt »wenn«.

S. 171, Zu den von den Epheben zu liefernden βιβλία εἰς τὴν ἐν Πτολεμαίῳ βιβλιωθήκην ἑκατόν vgl. Köhler Inscr. Att. n. 465; 466; 468 und 482.

S. 219, vgl. Seitz die Leibesübungen d. alten Griechen und ihre Einwirkung auf Geist und Charakter d. Nation. Ansbach, 1872.

S. 241, Z. 14 vgl. noch Aelian. Var. Hist. IV. 24; X Orat. vit. 4 (Isocr.); Plut. Amat. 2.

S. 244, Z. 9. Vgl. jetzt U. Köhler Inscript. Att. n. 446, S. 226: »Evarchides, qui Anthesterio archonte vicit inter pueros primae aetatis (tit. 445, vs. 61, col. I), Phaedria archonte fuit inter ἔνους ἐφήβους (vs. 64 col. I). At idem Evarchides vs. 43 col. II inter παῖδας ἐκ πάντων vicisse dicitur. Igitur et ephebi et οἱ ἔνοι ἔφηβοι puerorum nomine comprehensi sunt.« — Auch die auf derselben und der nächsten Seite von mir angenommene Anwesenheit des παιδοτρίβης bei den Vorübungen in den Gymnasien zu den Agonen (in Bezug auf Antiph. Tetral II. 2) bestätigt Köhler zu n. 471, S. 275; nur sind diese Pädotriben von den Kosmeten zu dem genannten Zwecke bestellte Beamte, die manchmal mehrere Jahre hintereinander die Exercitien leiteten.

S. 251, Z. 6 v. u. Vgl. U. Köhler Inscr. Att. n. 466; n. 471 heisst es: προσεκαρτέρησαν δὲ καὶ Ζηνοδότῳ σχολάζοντες ἔν τε τῷ Πτολεμαίῳ καὶ ἐν Λυκείῳ, ὁμοίως δὲ καὶ τοῖς ἄλλοις φιλοσόφοις ἅπασιν τοῖς τε ἐν Λυκείῳ καὶ ἐν Ἀκαδημίᾳ δι' ὅλου τοῦ ἐνιαυτοῦ. N. 478 und 482 werden auch σχολαὶ ῥητόρων καὶ γραμματικῶν erwähnt.

S. 268. Zu ἐκ συνθήκης ἑταιρηκώς vergl. Caillemer Études sur les antiquités juridiques d'Athènes. VIII. 1869.

S. 306, Z. 11 v. u. lies προσκεφάλαιον statt προσκεφάλειον.

S. 324, Z. 2 v. u. Bohnenmehl zum Reinigen des Gesichts erwähnt Append. ad Sim. Seth. p. 131.

S. 355. Ueber Darstellungen von οἰνοχόοι vergl. Stephani in Compte rendu pour 1873, p. 142.

S. 361 a. E. In Compte rendu pour 1874, p. 54 zieht Stephani seine auf ἑωλοκρασία gehende frühere Deutung der in der Sammlung der Petersburger Akademie der Wissenschaften befindlichen Heraklesvase wieder zurück und denkt an Juvenal. Sat. III. 226.

Band III.

S. 16, Z. 13. Plut. Amator. 21: ἴσμεν δὴ καὶ θεραπαινίδια δεσποτῶν φεύγοντα συνουσίας. Conjug. Praec. 43: ἦν γὰρ, ὡς ἔοικε, τίς ἔρως τοῦ Γοργίου καὶ ζηλοτυπία τῆς γυναικὸς πρὸς τὸ θεραπαινίδιον.

S. 55, Z. 18 lies »Hagnodike« für »Agnodike«.

S. 57, Ende der 10. Zeile fehlt].

S. 59, Z. 5 lies τιμησάτω für τιμάσητω.

S. 63, Z. 2 vgl. Alciphr. Ep. III. 7: εἰ μὴ γὰρ ἀναζεύξαντά με τοῦ συμποσίου κατά τινα ἀγαθὴν τύχην Ἀκεσίλαος ὁ ἰατρὸς

ἡμιθνῆτα, μᾶλλον δὲ αὐτόνεκρον θεασάμενος μαθηταῖς ἐπι-
τάττων φοράδην ἀνελεῖν ἤγαγεν ὡς ἑαυτὸν οἴκαδε καὶ ἀπε-
ρᾶν ἐπηνάγκασεν — — οὐδὲν ἐκώλυσεν ἀνεπαισθήτῳ με
τῷ θανάτῳ διαφθαρέντα ἀπολωλέναι.

S. 136, Z. 3 lies Duncker für Dunker.
S. 183, Z. 8 lies »Tragödie« für »Komödie.«
S. 279, Z. 6 v. u. lies Anaxilas für Araxilas.
S. 318, Z. 10 lies Télfy statt Telfi.

REGISTER.

Da in diesem Register das griechische Alphabet dem deutschen untergeordnet ist, so hat man alle mit aspirirtem Vocale anfangende Wörter unter *H* und die aspirirten Anfangsconsonanten bei der entsprechenden Tenuis zu suchen. Ausserdem wolle man bemerken, dass auch wo ein Gegenstand mehrere Seiten hindurch behandelt ist, nur die erste derselben angegeben wird.